Bankwirtschaft in kundennahen Lernsituationen

Wolfgang Grundmann · Marion Leuenroth

Bankwirtschaft in kundennahen Lernsituationen

Problem- und lösungsorientiertes Lehrbuch für Bank- und Finanzkaufleute

4. Auflage

Springer Gabler

Wolfgang Grundmann
Norderstedt, Deutschland

Marion Leuenroth
Göttingen, Deutschland

ISBN 978-3-658-34411-5 ISBN 978-3-658-34412-2 (eBook)
https://doi.org/10.1007/978-3-658-34412-2

Die Deutsche Nationalbibliothek verzeichnet diese Publikation in der Deutschen Nationalbibliografie; detaillierte bibliografische Daten sind im Internet über http://dnb.d-nb.de abrufbar.

Ursprünglich erschienen unter „Fallorientierte Bankbetriebswirtschaft - Mittels bankpraktischer Aufgabenstellungen BBWL verstehen und umsetzen“

Planung/Lektorat: Guido Notthoff
Springer Gabler ist ein Imprint der eingetragenen Gesellschaft Springer Fachmedien Wiesbaden GmbH und ist ein Teil von Springer Nature.
Die Anschrift der Gesellschaft ist: Abraham-Lincoln-Str. 46, 65189 Wiesbaden, Germany

Vorwort

Dieses Lehrbuch für Bank- und Finanzkaufleute wendet sich insbesondere an Auszubildende des Kredit- und Finanzgewerbes sowie angehende Finanzkaufleute. Das Lehrbuch vermittelt den Auszubildenden grundlegendes Fachwissen aus den Gebieten in- und ausländischer Zahlungsverkehr, Geld- und Vermögensanlage und Kreditgeschäft. Die einzelnen Segmente der Fachgebiete enthalten jeweils eine einführende bank- und finanzspezifische Lernsituation, die dazugehörige Aufgabenstellung und einen Infoteil mit den wesentlichen Informationen, Gesetzen und Vorschriften. Die Aufgabenstellung sollen die Auszubildenden selbstständig mit Hilfe der Lösungsbausteine in den jeweiligen Infos bearbeiten. Gleichzeitig erschließen sich die Auszubildenden über die Lösungsbausteine das notwendige Strukturwissen, das sie zur erfolgreichen Bewältigung ihrer Abschlussprüfung im Finanzsektor benötigen.

Mit diesem Lehrbuch werden die Auszubildenden von Anfang an zu einem lernsituationsorientierten Verständnis der Bankbetriebswirtschaftslehre geführt. Alternativ zu traditionellen Lehrbüchern lernen sie den Stoff aus seiner Anwendung heraus anhand von praxisnahen Lernsituationen. Die vorliegende Kombination aus Sach- und Fachinhalten, Strukturwissen und korrespondierendem Anwendungsfall erleichtert es den Auszubildenden, die theoretischen Inhalte auf praxisorientierte Handlungssituationen zu übertragen und anzuwenden. So eignen sich die Auszubildenden die komplexen Zusammenhänge selbst schneller und transparent an und sie gewinnen so die notwendige Sicherheit in Problem- und Entscheidungssituationen der Bank- und Finanzpraxis. Durch Lösung der Lernsituationen und Aufgaben vertiefen die Auszubildenden ihr praktisches Verständnis der theoretischen Inhalte. Die Inhalte dieses lernsituationsorientierten Lehrbuches sind dem Rahmenlehrplan sowie dem Prüfungskatalog der Industrie- und Handelskammer der Ausbildungsberufe Bank- und Finanzkauffrau/-kaufmann entnommen. Die Inhalte sind analog dem aktuellen Prüfungskatalog und der neuen zweistufigen Abschlussprüfung in den Prüfungsteil A und den Prüfungsteil B untergliedert.

Getrennt vom Lehrbuch werden die Lösungen zu diesem Lehrwerk in einem Lösungsbuch angeboten.

Die 4. Auflage dieses Lehrbuches wurde vollständig überarbeitet und auf den rechtlich aktuellen Stand gebracht. Insbesondere wurden die Kapitel inländischer Zahlungsverkehr, Anlageberatung sowie die Investmentbesteuerung neu ausgerichtet und erweitert. Das Kapitel „Scheck“ wurde vollständig aus den Inhalten zum Zahlungsverkehr herausgenommen. Der neue Prüfungskatalog sieht dieses Thema nicht mehr vor. Da der Reisescheck im Auslandszahlungsverkehr keine Bedeutung mehr hat, wurde der Inhaltspunkt 2.6 durch das Kapitel „Reisezahlungsmittel“ ersetzt. Das

Thema „Verbraucherdarlehen“ ist analog der neuen Prüfungsordnung in den Prüfungsteil A verschoben worden.

Die Kapitel „Vermögensanlage“ und „Kredite“ wurden ergänzt und aktualisiert. Das Lerngebiet „Vermögensanlage“ enthält die Inhaltspunkte Effekten, Effektenbörsen, Effektenbesteuerung und die Verwahrung und Verwaltung von Effekten. Das Lerngebiet „Kredite“ enthält die Inhaltspunkte Baufinanzierung, Firmenkredite, Kreditsicherheiten und Kreditüberwachung.

Hamburg und Göttingen, im September 2021

Wolfgang Grundmann
E-Mail: wolfgang@grundmann-norderstedt.de

Marion Leuenroth
E-Mail: marion.leuenroth@posteo.de

Inhaltsverzeichnis

Prüfungsteil A **1**

1. Das Konto **1**

1.1 Eröffnung von Einzelkonten **1**

1.1.1 Kontoeröffnung für einen Minderjährigen 7

1.1.2 Gemeinschaftskonto 12

1.1.3 Betreuerkonto 15

1.1.4 Anderkonten und Anderdepots 21

1.1.5 Pfändungsschutzkonto (P-Konto) 24

1.2 Rahmenbedingungen bei der Kontoeröffnung **28**

1.2.1 Schutzgemeinschaft für allgemeine Kreditsicherung (SCHUFA) 28

1.2.2 Die Allgemeinen Geschäftsbedingungen (AGB) 34

1.2.3 Maßnahmen zur Verhinderung von Geldwäsche 41

1.3 Verfügungen über Konten **47**

1.3.1 Verfügungen im Todesfall 47

1.3.2 Online-Banking - Bankgeschäfte mit der Maus 55

1.3.3 Ombudsmann des privaten Bankgewerbes hilft seit vielen Jahren 60

1.4 Eröffnung von Firmenkonten bei unterschiedlichen Rechtsformen **62**

1.4.1 Kontoeröffnung für eine offene Handelsgesellschaft (OHG) 67

1.4.2 Kontoeröffnung einer Kommanditgesellschaft (KG) 69

1.4.3 Firmenkonto für eine Gesellschaft mit beschränkter Haftung (GmbH) 70

1.4.4 Kontoeröffnung für eine Aktiengesellschaft (AG) 73

1.4.5 Kontoeröffnung für eine Partnerschaft 75

1.4.6 Kontoeröffnung für einen Verein 77

1.4.7 Bankgeheimnis und Bankauskunft 79

2. Zahlungsformen **87**

2.1 Kassengeschäfte **87**

2.2 Zahlung mittels Überweisung **90**

2.3 Zahlungen von Rechnungen mittels Lastschrift **96**

2.4 Kartengestützte Zahlungen 102
2.4.1 Die Bankkarte 102
2.4.2 Die elektronische Geldbörse 108
2.4.3 Zahlungen mit Kreditkarte 111
2.5 Reisezahlungsmittel 126
2.6 Auslandszahlungsverkehr 128
2.6.1 Risiken im Außenwirtschaftsverkehr 128
2.6.2 Sorten und Devisen 129
2.6.3 Nichtdokumentäre Zahlungen im Außenwirtschaftsverkehr 131
2.6.3.1 Zahlung einer Auslandsrechnung mittels Überweisungsauftrag 131
2.6.3.2 Scheckzahlungen im Auslandsverkehr 134
2.6.4 Dokumentäre Zahlungen im Außenwirtschaftgsverkehr 136
2.6.4.1 Dokumente im Außenwirtschaftsverkehr 136
2.6.4.2 Lieferbedingungen im Außenhandel (Incoterms) 138
2.6.5 Dokumentäre Zahlungen 139
2.6.5.1 Dokumenten-Inkasso 139
2.6.5.2 Dokumenten-Akkreditiv 142
3 Geldanlage auf Konten 145
3.1 Sichteinlagen 145
3.2 Termineinlagen 146
3.3 Spareinlagen 148
3.4 Sparen nach dem Fünften Vermögensbildungs-gesetz 153
3.5 Bausparen 157
3.6 Eigenvorsorge nach dem Altersvermögensgesetz 163
3.7 Versicherungssparen 170
4 Kreditgeschäft Teil 1 175
4.1 Kreditfähigkeit und Kreditwürdigkeit 175
4.2 Verbraucherdarlehen 179
4.3 Sicherheiten bei Privatkundenkrediten 193
4.4 Mietaval und Mietkaution 198

Prüfungsteil B ... **201**

5. Geldanlage in Wertpapieren ... **201**

5.1 Gläubigereffekten ... **201**

5.1.1 Inhaberschuldverschreibungen ... 201

5.1.2 Bundeswertpapiere ... 205

5.1.3 Stückzinsberechnung ... 210

5.1.4 Pfandbriefe ... 211

5.1.5 Floating Rate Notes (Floater) ... 215

5.2 Teilhabereffekten ... **218**

5.2.1 Die Aktie ... 218

5.2.2 Bezugsrechte ... 222

5.3 Investmentzertifikate ... **227**

5.4 Aktienanleihe ... **234**

5.5 Wandelanleihen ... **237**

5.6 Genussscheine ... **240**

5.7 Optionsanleihe ... **246**

5.8 Optionsschein ... **250**

5.9 Börse ... **254**

5.9.1 Organisation der Börse ... 254

5.9.2 Preisermittlung an der Effektenbörse ... 259

5.9.3 Kurszusätze ... 263

5.9.4 Wertpapierindizes ... 265

5.9.5 Abwicklung von Kauf- und Verkaufsaufträgen ... 267

5.9.6 Wichtige Börsenbegriffe ... 272

5.10 Depotgeschäft ... **280**

5.10.1 Offenes und geschlossenes Depot ... 280

5.10.2 Depotstimmrecht ... 285

5.11 Emissionsgeschäft ... **292**

5.12 Anlageberatung und Aktienanalyse ... **296**

5.12.1 Fundamentalanalyse ... 301

5.12.2 Technische Analyse ... 310

5.13 Besteuerung von Zinsen, Dividenden und Kursgewinnen ... **315**

5.14 Besteuerung von Investmentfonds und Investmenterträgen ... **319**

5.15 Eurex Deutschland **323**

6 Kreditgeschäft **333**

6.1 Privatdarlehen **333**

6.1.1 Baufinanzierung 333

6.1.2 Finanzierung einer Eigentumswohnung durch Bauspardarlehen 343

6.1.3 Grundpfandrechte 347

6.1.3.1 Grundstückskaufvertrag und Beurkundung 347

6.1.3.2 Wesentliche Bestandteile und Zubehör eines Grundstücks 349

6.1.3.3 Das Grundbuch 351

6.1.4 Der notleidende Kredit 354

6.2 Firmenkundenkreditgeschäft **361**

6.2.1 Investitionskredit 361

6.2.2 Betriebsmittelkredit 364

6.2.3 Sicherheitenstellung im Firmenkundenkreditgeschäft 366

6.2.3.1 Die Bürgschaft 366

6.2.3.2 Die sicherungsweise Abtretung von Forderungen 368

6.2.3.3 Die Sicherungsübereignung 372

6.2.4 Bilanzanalyse 375

6.2.5 Finanzierungsleasing 380

6.2.6 Factoring 390

Prüfungsteil A

1. Das Konto

Beim Konto handelt es sich um eine kontenartig geführte Rechnung eines Bankkunden, die auf der Grundlage eines Kontokorrentvertrages gemäß den §§ 355 bis 357 Handelsgesetzbuch oder auf der Grundlage eines Darlehensvertrages im Sinne der §§ 488 ff. BGB von einem Kreditinstitut geführt wird. Das Bankkonto kann kreditorisch oder debitorisch geführt werden. Wird das Bankkonto debitorisch geführt, handelt es sich um ein Darlehenskonto nach § 488 BGB. Wird das Bankkonto kreditorisch geführt, besitzt der Kunde als Inhaber des Bankkontos eine Forderung gegenüber dem Kreditinstitut. Der Kontoinhaber erhält über die Bestandsveränderungen auf seinem Bankkonto Informationen über die entsprechenden Kontoauszüge. Bestandsveränderungen entstehen durch Gutschriften, wie z. B. Bareinzahlungen, und durch Verfügungen z. B. Barabhebungen oder Überweisungen. Das Bankkonto kann je nach Anzahl der Kontoinhaber ein Einzelkonto oder ein Gemeinschaftskonto sein.

1.1 Eröffnung von Einzelkonten

Beim Einzelkonto handelt es sich um ein Bankkonto, bei dem nur ein Kontoinhaber als Vertragspartner dem Kreditinstitut gegenübersteht. In der Kontobezeichnung wird der alleinige Kontoinhaber namentlich zum Ausdruck gebracht. Kontoinhaber kann eine natürliche Person oder eine einzelne Unternehmung sein.

Lernsituation

Sandra Braun (19 Jahre alt) hat im Februar 2020 einen Ausbildungsvertrag zur Speditionskauffrau bei der Spedition AG abgeschlossen. Im Einstellungsgespräch hatte sie die Personalabteilung gebeten, wegen der Überweisung der Ausbildungsvergütung in Höhe von 835,00 EUR ein Girokonto eröffnen zu lassen. Frau Braun spricht im Juni bei der Nordbank AG mit der Bitte um Eröffnung eines Girokontos vor. Sie sind Kundenberater(in) der Nordbank AG und werden gebeten, das entsprechende Beratungsgespräch mit Frau Braun zu führen.

Aufgaben

a) Welche Vorteile bietet ein Girokonto für Frau Braun?
b) Wie könnte die Kontobezeichnung bei dieser Kontobezeichnung lauten?
c) Wie kommt der Kontovertrag rechtswirksam zustande?
d) Welche Verpflichtungen ergeben sich aus dem Kontovertrag für Frau Braun und die Nordbank AG?
e) Erklären Sie die Rechtsbegriffe „Rechtsfähigkeit“ und „Geschäftsfähigkeit“!

W. Grundmann und M. Leuenroth, *Bankwirtschaft in kundennahen Lernsituationen*, https://doi.org/10.1007/978-3-658-34412-2_1

f) Sie bitten Frau Braun im Rahmen der Kontoeröffnung um die Vorlage ihres Personalausweises. Frau Braun fragt Sie, welchen Zweck diese Legitimationsprüfung hat.

Frau Braun möchte ihrer Mutter Elisabeth Braun eine Vollmacht über das Girokonto geben.

g) Was muss Frau Braun veranlassen, um ihrer Mutter für jedes Konto zu bevollmächtigen?

h) Prüfen Sie, ob sie die Mutter als Bevollmächtigte des Kontos bei Ihnen legitimieren muss.

i) Zu welchen Verfügungen ist die Mutter als Bevollmächtigte des Kontos berechtigt?

j) Sie fragen Frau Braun, ob sie als Kontoinhaberin des eingerichteten Girokontos für „eigene" oder für „fremde Rechnung" handelt. Aus welchem Grund stellen Sie Frau Braun diese Frage?

INFO

Der Zugang zum bargeldlosen Zahlungsverkehr ist inzwischen eine wesentliche Voraussetzung für die Beteiligung am Wirtschaftsleben. Der Übergang von der Barzahlung zur bargeldlosen Abwicklung erspart dem Zahlungspflichtigen erhebliche Kosten. Auch Zahlungsempfänger profitieren durch die Möglichkeit des SEPA-Lastschriftverfahrens. Die Bedeutung des bargeldlosen Zahlungsverkehrs lässt sich daran ablesen, dass rund 95% der Haushalte über ein Girokonto verfügen. Es ist also wirtschaftlich konsequent, dass z.B. Arbeitergeber des öffentlichen Dienstes wie der Privatwirtschaft aus Kostengründen nicht mehr bereit sind, Gehaltszahlungen bar zu leisten.

Bevor das Kreditinstitut ein Konto eröffnet, müssen folgende Fragen geklärt werden:

- Wer soll Kontoinhaber sein?
- Ist der Kontoinhaber rechts- und geschäftsfähig?
- Wie soll die Kontobezeichnung lauten?
- Ist der Antragsteller antragsberechtigt?
- Kann sich der Antragsteller persönlich legitimieren?
- Welchem Zweck soll das Konto dienen?
- Wer genau soll zeichnungsberechtigt sein (Vollmacht haben)?

Rechtsgrundlagen der Kontoeröffnung

Der Kontovertrag kommt durch zwei gegenseitige und übereinstimmende Willenserklärungen zustande. Die Willenserklärung des Kunden ist der formelle Antrag auf Kontoeröffnung. Er wird mit der Unterschriftsleistung rechtswirksam. Sie muss vom Kontoinhaber oder von einem zur Kontoeröffnung berechtigten Stellvertreter des Kontoinhabers vorgenommen werden. Die Unterschrift sollte in den Räumen der Bank nach Prüfung der persönlichen Legitimation geleistet werden.

Mit der Annahme des Antrages kommt der Kontovertrag zustande. Die kontoführende Bank erklärt die Annahme entweder in einem ausdrücklichen Schreiben oder durch schlüssige Handlungen, indem sie z.B. dem Kunden eine Kontonummer mitteilt. Der Kontovertrag begründet ein Dauerschuldverhältnis zwischen Kreditinstitut und Kunden. Er beruht auf den Vorschriften des BGB über die Geschäftsbesorgung und hat folgenden wesentlichen Inhalt:

- Die Verpflichtung der Bank, Aufträge des Kunden mit der Sorgfalt eines ordentlichen Kaufmanns auszuführen und dem Konto diejenigen Beträge gutzuschreiben, die für den Kunden eingehen, sowie
- die Verpflichtung des Kunden, die ihm von der Bank überlassenen Unterlagen, z.B. Kontoauszüge, sorgfältig zu prüfen und Formulare der Bank sorgfältig aufzubewahren.

Grundlage des Kontovertrages sind die Allgemeinen Geschäftsbedingungen der Bank.

Beim Kontoeröffnungsantrag handelt es sich um eine Willenserklärung, die auf den Abschluss eines Vertragsverhältnisses gerichtet ist. Ihre Wirksamkeit ist deshalb an die Rechts- und Geschäftsfähigkeit des Antragsstellers gebunden. Unter Rechtsfähigkeit versteht man die Fähigkeit, Träger von Rechten und Pflichten zu sein und unter Geschäftsfähigkeit die Fähigkeit, Rechtsgeschäfte abschließen zu können. Unbeschränkt geschäftsfähig ist man mit der Vollendung des 18. Lebensjahres.

Bei Volljährigkeit ist des Weiteren zu prüfen, ob eine Geschäftsunfähigkeit nach § 104 Nr.2 BGB vorliegt.

Auszug aus dem Bürgerlichen Gesetzbuch (BGB)

§ 1 (Beginn der Rechtsfähigkeit)

Die Rechtsfähigkeit des Menschen beginnt mit der Vollendung der Geburt.

§ 2 (Eintritt der Volljährigkeit)

Die Volljährigkeit tritt mit der Vollendung des 18. Lebensjahres ein.

§ 104 Nr.2 (Geschäftsunfähigkeit)

Geschäftsunfähig ist, wer sich in einem die freie Willensbildung ausschließenden Zustand krankhafter Störung der Geistestätigkeit befindet, sofern nicht der Zustand seiner Natur nach ein vorübergehender ist.

Legitimationsprüfung

Neben der Bank selbst hat auch der Staat Interesse an einer korrekten Kontobezeichnung. Aus § 154 Abgabenordnung (AO) ergeben sich folgende Pflichten:

- Die Existenz und Richtigkeit des Antragstellers ist durch einen gültigen Personalausweis oder Reisepass nachzuweisen. Die Ausweisnummer ist anzugeben.
- Alle der Bank gegenüber verfügungsberechtigten Personen müssen sich persönlich legitimieren, am einfachsten durch einen amtlichen gültigen Bundespersonalausweis.

Auszug aus der Abgabenordnung (AO)

§ 154 Abgabenordnung (Kontenwahrheit)

(1) Niemand darf auf einen falschen oder erdichteten Namen für sich oder einen Dritten ein Konto errichten oder Buchungen vornehmen lassen, Wertsachen (Geld, Wertpapiere, Kostbarkeiten) in Verwahrung geben oder verpfänden oder sich ein Schließfach geben lassen.

(2) Wer ein Konto führt, Wertsachen verwahrt ... oder ein Schließfach überlässt, hat sich zuvor Gewissheit über die Person und Anschrift des Verfügungsberechtigten zu verschaffen und die entsprechenden Angaben in geeigneter Form, bei Konten auf dem Konto, festzuhalten. Er hat sicherzustellen, dass er jederzeit Auskunft darüber geben kann, über welche Konten oder Schließfächer eine Person verfügungsberechtigt ist.

(3) Ist gegen Abs. 1 verstoßen worden, so dürfen Guthaben, Wertsachen und der Inhalt eines Schließfachs nur mit Zustimmung des für die Einkommen- und Körperschaftsteuer des Verfügungsberechtigten zuständigen Finanzamts herausgegeben werden.

Bankvollmacht

Der Bevollmächtigte wird durch den Kontoinhaber (Vollmachtgeber) ermächtigt, Rechtsgeschäfte im Namen und für Rechnung des Vollmachtgebers in einem vereinbarten Rahmen vorzunehmen. Sie beschränken sich grundsätzlich auf alle Geschäfte, die im unmittelbaren Zusammenhang zu Kontoführung stehen. Der Bevollmächtigte hat sich ebenso wie der Kontoinhaber zu legitimieren und eine Unterschriftsprobe zu leisten. Der Kontoinhaber kann die Bankvollmacht gegenüber der Bank jederzeit widerrufen.

Der Bevollmächtigte darf

- über das jeweilige Guthaben verfügen,
- eingeräumte Kredite beanspruchen,
- im banküblichen Rahmen das Konto überziehen,
- Wertpapiere an- und verkaufen,
- Abrechnungen und Kontoauszüge entgegennehmen und anerkennen.

Diese Vollmacht berechtigt nicht

- zum Abschluss von Börsentermingeschäften,
- zur Beantragung von Kreditkarten,
- zur Bestellung und Rücknahme von Sicherheiten,
- zur Entgegennahme von Konto- und Kreditkündigungen,
- zur Auflösung des Kontos/Depots,
- zur Erteilung von Untervollmachten.

Die sich aus der Legitimationsprüfung ergebenden Angaben werden auf einem Kontostammblatt festgehalten. Außerdem muss das Kreditinstitut dafür sorgen, dass über ein Namensverzeichnis jederzeit alle über das Konto verfügungsberechtigten Personen festgestellt werden können. Hierfür werden alle Verfügungsbefugnisse in einer „Alpha-Datei" über die EDV erfasst und verbunden.

Legitimationsprüfung

Das Geldwäschegesetz, welches die Einschleusung sog. „Schwarzer Gelder" in den legalen Finanz- und Wirtschaftskreislauf verhindern soll, verlangt gewisse Vorkehrungen. Bei jeder Kontoeröffnung muss der Antragsteller angeben, ob er das Guthaben „für eigene Rechnung" führt.

Handelt der Kunde für fremde Rechnung, z. B. bei einem Anderkonto, so muss der wirtschaftlich Berechtigte ermittelt und seine Identität festgehalten werden. Privatkonten werden regelmäßig auf eigene Rechnung geführt. Da bei jeder Bareinzahlung ab 15.000 EUR die Legitimation des Einzahlers festzustellen und der Ausweis zu kopieren ist, stellte eine entsprechende Legitimation der Verfügungsberechtigten bereits bei der Kontoeröffnung eine erhebliche Erleichterung der weiteren Kontoführung dar. Kreditinstitute müssen sich nach § 347 HGB bei der Kontoeröffnung Gewissheit über die Person und Anschrift des bzw. der Verfügungsberechtigten verschaffen.

Auszug aus dem Handelsgesetzbuch (HGB)

§ 347 HGB (Sorgfaltspflicht)

(1) Wer aus einem Geschäfte, das auf seiner Seite ein Handelsgeschäft ist, einem anderen zur Sorgfalt verpflichtet ist, hat für die Sorgfalt eines ordentlichen Kaufmanns einzustehen.

(2) Unberührt bleiben die Vorschriften des BGB, nach welchen der Schuldner in bestimmten Fällen nur grobe Fahrlässigkeit zu vertreten oder nur für diejenige Sorgfalt einzustehen hat, welche er in eigenen Angelegenheiten anzuwenden pflegt.

Übersicht: Kontoeröffnung	
Kontobezeichnung	Nachname des Kontoinhabers und mindestens ein ausgeschriebener Vorname (bürgerlicher Name), z.B. Sandra Braun
Legitimationsprüfung	- gültiger amtlicher Personalausweis oder - Reisepass Begründung: - Kontenwahrheit nach § 154 AO - Gewissheit über die Person und Anschrift des Verfügungsberechtigten nach § 347 HGB - Verhinderung von Steuerhinterziehung - Bekämpfung der Geldwäsche nach dem Geldwäschegesetz (GwG) - Feststellung der devisenrechtlichen Stellung nach dem Außenwirtschaftsgesetz (AWG) - Prüfung der Volljährigkeit und der Geschäftsfähigkeit des Antragsstellers wegen der Rechtswirksamkeit künftiger Bankgeschäfte
Verfügungsberechtigung	- Kontoinhaber bei Volljährigkeit - Gesetzliche Vertreter, z.B. die Eltern als Vertreter minderjähriger Kinder - Betreuer bei volljährigen Personen, die z.B. aufgrund einer körperlichen und geistigen Behinderung ihre Angelegenheiten ganz oder teilweise nicht besorgen können.
Vollmachten	Üblich in der Bankpraxis ist die Kontovollmacht über den Tod hinaus. Konto- und Depotvollmachten berechtigen zu folgenden Geschäften: - Auskunft über Konten und Depots - Verfügung über Kontoguthaben und eingeräumte Kredite - Kauf und Verkauf von Wertpapieren und Devisen - Kontoabrechnungen entgegennehmen und anerkennen, - Auflösung des Kontos bei Tod des Kontoinhabers

g) Begründen Sie den Sinn der Prüfungspflichten, die Kreditinstitute bei der Kontoeröffnung zu erfüllen haben.

INFO

Zustimmung der gesetzlichen Vertreter

Gemäß §§ 107 und 108 BGB kann ein Minderjähriger einen Vertrag, der ihm nicht „lediglich einen rechtlichen Vorteil bringt", wirksam nur mit Einwilligung seines gesetzlichen Vertreters abschließen. Die Banken bestehen daher darauf, dass die gesetzlichen Vertreter rechtzeitig vor der Kontoeröffnung einbezogen werden. Fehlt die erforderliche Zustimmung der gesetzlichen Vertreter bei Vertragsabschluss, so ist das Rechtsgeschäft bis zur nachträglichen Genehmigung schwebend unwirksam. Obwohl das minderjährige Kind Gläubiger der Einlage ist, sind zunächst ausschließlich die Eltern kraft gesetzlicher Vertretung (§ 1629 BGB) über das Konto uneingeschränkt verfügungsberechtigt. Das BGB fordert die gemeinschaftliche Vertretung der Eltern. Bei Tod eines Elternteils steht die gesetzliche Vertretung dem anderen Teil allein zu (§§ 1678, 1680 BGB). Nach einer Ehescheidung oder bei dauerndem Getrenntleben wird durch das Familiengericht bestimmt, welchem Elternteil die elterliche Sorge für das gemeinschaftliche Kind zustehen soll (§ 1671 BGB).

Bei der Eröffnung eines Lohn- oder Gehaltskontos durch einen Minderjährigen ist die Vorschrift des § 113 BGB zu beachten. Nach dieser Bestimmung bewirkt die Ermächtigung des Minderjährigen durch die gesetzlichen Vertreter, in Arbeit zu treten, dass der Minderjährige für solche Rechtsgeschäfte unbeschränkt geschäftsfähig ist, die die Eingehung oder Aufhebung eines Dienst- oder Arbeitsverhältnisses der gestatteten Art oder die Erfüllung der sich aus einem solchen Verhältnis ergebenden Verpflichtungen betreffen. § 113 BGB findet jedoch auf Ausbildungsverträge keine Anwendung.

Verfügungen über Kontoguthaben

Bei der eindeutigen inhaltlichen Ausgestaltung eines Kontovertrages mit Minderjährigen sollte den gesetzlichen Vertretern die Wahlmöglichkeit eingeräumt werden, ob der Minderjährige Kontoverfügungen (z.B. Barein- und -auszahlungen, Überweisungen, Daueraufträge) allein oder nur mit der jeweiligen Zustimmung der Eltern vornehmen darf. Außerdem sollte eindeutig geklärt werden, ob dem Minderjährigen eine Kundenkarte zur Bedienung von Geldautomaten, Kontoauszugsdruckern und sonstigen Selbstbedienungseinrichtungen ausgehändigt wird.

Kurzfristige Kontoüberziehungen

Alle Konten von Minderjährigen sind auf Guthabenbasis zu führen. Aufgrund der Minderjährigkeit von Florian Buschmann kann ihm selbst mit Zustimmung seiner Eltern kein Überziehungslimit eingeräumt werden, da die Kreditgewährung grundsätzlich das Einverständnis des Familiengerichts erfordert. Kreditgeschäfte, Scheckverfügungen sowie Kapitalanlagen mit der Verpflichtung zu wiederkehrenden Leistungen erfordern neben der Zustimmung der gesetzlichen Vertreter zusätzlich die Genehmigung durch das Familiengericht. Ohne diese Genehmigung sind diese Geschäfte schwebend unwirksam. Sie können nur durch nachträgliche Genehmigung des Familiengerichts (§ 1829 Abs. 1 BGB) oder durch Genehmigung des volljährig Gewordenen (§ 1829 Abs. 3 BGB) wirksam werden.

Keine Ausgabe von ec-Karte und Kreditkarte an Minderjährige

Die Ausgabe von ec-Karten an Minderjährige ist grundsätzlich abzulehnen, wenn technisch nicht sichergestellt werden kann, dass Minderjährige ec-Karten nicht zu Kontoüberziehungen verwenden. Keine Bedenken bestehen dagegen bei der Aushändigung einer Kundenkarte an den Minderjährigen, wenn eine Online-Autorisierung von Abhebungen an Geldausgabeautomaten durch die ausgebende Bank gewährleistet ist und nicht genehmigte Kreditinanspruchnahmen ausgeschlossen sind.

Die Ausgabe einer Kreditkarte an Minderjährige muss wegen der dadurch eröffneten Möglichkeit der nicht genehmigten Kreditbeschaffung grundsätzlich unterbleiben.

Kapitalanlagen mit der Verpflichtung zu wiederkehrenden Leistungen

Um Arbeitnehmer-Sparzulage und Bauspar-Prämie zu erhalten, will Florian die vermögenswirksamen Leistungen in einem Bausparvertrag anlegen. Seine Eltern sind hiermit einverstanden. Da durch Bausparverträge keine Rechtspflicht für den Minderjährigen begründet wird, regelmäßige Beträge einzuzahlen, ist für diese Verträge eine familiengerichtliche Genehmigung nicht erforderlich. Eine Zahlungseinstellung hat für den Minderjährigen allenfalls die Konsequenz, einen Prämienanspruch zu verlieren.

Volljährigkeit

Mit Vollendung des 18. Lebensjahres ist Herr Buschmann grundsätzlich voll geschäftsfähig und somit zu allen Bankgeschäften berechtigt. In Fällen, in denen die Nordbank AG die Zustimmung der gesetzlichen Vertreter nicht eingeholt hat, ist der Vertrag mit dem Minderjährigen schwebend unwirksam. Wird Herr Buschmann während der schwebenden Unwirksamkeit des Vertrags volljährig, so kann er nach § 108 Abs. 3 BGB die Genehmigung eines von ihm geschlossenen Vertrages selbst vornehmen. Dieser wird aber nicht automatisch mit der Volljährigkeit wirksam. Erforderlich ist stets eine Genehmigungserklärung, die ausdrücklich oder stillschweigend abgegeben werden kann.

Kosten der Kontoführung

Bei Girokonten für Auszubildende und Studenten werden in der Regel keine Kontoführungsgebühren in Rechnung gestellt. Kontoguthaben werden darüber hinaus wie auf einem Sparbuch verzinst. Kontoauszüge sind mit Hilfe der Kundenkarte jederzeit an den Kontoauszugsdruckern der Bank erhältlich.

Verfügungsrecht der Eltern

Obwohl das minderjährige Kind Gläubiger der Einlage ist, sind zunächst ausschließlich die Eltern kraft gesetzlicher Vertretung (§ 1629 BGB) über das Konto uneingeschränkt verfügungsberechtigt. In bestimmten Fällen, z.B. wenn bei Kontoanlegung der Ausschluss der Verfügungsberechtigung der Eltern dadurch erfolgt, dass die Drittbegünstigung mit dem Antragsteller vereinbart wird, kann die Verfügungsberechtigung der Eltern aufgehoben oder eingeschränkt werden. In dem Vertrag wird dann z.B. die Klausel aufgenommen „Die Vermögensverwaltung der Eltern ist gemäß § 1638 BGB aufgehoben."

Die Eltern sind nicht befugt, am Kontoguthaben ihres minderjährigen Kindes für eigene Schulden Sicherheiten zu bestellen, etwa durch Abtretung oder Verpfändung (§ 1822 Nr. 10 BGB). Hierzu ist eine gesonderte familiengerichtliche Genehmigung erforderlich (§ 1643 Abs. 1 BGB).

Die gesetzlichen Vertreter können Forderungen aus Konten nicht an mit den Eltern in grader Linie verwandten Personen durch Abtretung übertragen, ohne dass ein Ergänzungspfleger bestellt wird (§ 1629 Abs. 2 BGB). Auch eine Verfügung des gesamten Vermögens des Minderjährigen durch die gesetzlichen Vertreter bedarf der Zustimmung des Familiengerichts.

Bei gemeinschaftlicher Sorgeberechtigung kommt dem Elternteil, bei dem das Kind seinen Aufenthalt hat, ein Alleinentscheidungsrecht in Angelegenheiten des täglichen Lebens zu. Dies sind Entscheidungen, die häufig vorkommen und keine schwer abzuändernden Auswirkungen auf die Entwicklung des Kindes haben. Bei der Vermögenssorge sind dies Verfügung über Taschengeld und Verwaltung kleiner Geldgeschenke. Auch die Eröffnung von Spar- und Girokonten und dessen Führung im üblichen Rahmen können zu den Alltagsangelegenheiten gerechnet werden.

Auszug aus der Abgabenordnung

§ 9 (Gewöhnlicher Aufenthalt)

> Den gewöhnlichen Aufenthalt hat jemand dort, wo er sich u.U. aufhält, die erkennen lassen, dass er an diesem Ort oder in diesem Gebiet nicht nur vorübergehend verweilt. Als gewöhnlicher Aufenthalt im Geltungsbereich dieses Gesetzes ist stets und von Beginn an ein zeitlich zusammenhängender Aufenthalt von mehr als sechs Monaten Dauer anzusehen; kurzfristige Unterbrechungen bleiben unberücksichtigt. Satz 2 gilt nicht, wenn der Aufenthalt ausschließlich zu Besuchs-, Erholungs-, Kur- oder ähnlichen privaten Zwecken genommen wird und nicht länger als ein Jahr dauert.

Anwendungserlass zur Abgabenordnung

§ 8 (Wohnsitz)

> (1) Die Frage des Wohnsitzes ist bei Ehegatten und sonstigen Familienangehörigen für jede Person gesondert zu prüfen. Personen können aber über einen Angehörigen einen Wohnsitz beibehalten. Ein Ehegatte, der nicht dauernd getrennt lebt, hat seinen Wohnsitz grundsätzlich dort, wo seine Familie lebt. ...

§ 9 (Gewöhnlicher Aufenthalt)

> (1) Sofern nicht die besonderen Voraussetzungen des § 9 Satz 3 vorliegen, wird an den inländischen Aufenthalt während eines zusammenhängenden Zeitraums von mehr als 6 Monaten die unwiderlegbare Vermutung für das Vorhandensein eines gewöhnlichen Aufenthalts geknüpft. Der Begriff „gewöhnlich" ist gleichbedeutend mit „dauernd". „Dauernd" erfordert keine ununterbrochene Anwesenheit, sondern ist im Sinne „nicht nur vorübergehend" zu verstehen. ...

Auszug aus dem Geldwäschegesetz (GwG)

§ 8 (Aufzeichnungs- und Aufbewahrungspflicht)

> (1) Soweit nach diesem Gesetz Sorgfaltspflichten bestehen, sind die erhobenen Angaben und eingeholten Informationen über Vertragspartner, wirtschaftlich Berechtigte, Geschäftsbeziehungen und Transaktionen aufzuzeichnen. In den Fällen des § 4 Abs. 4... sind auch die Art, die Nummer und die ausstellende Behörde des zur Überprüfung der Identität vorgelegten Dokuments aufzuzeichnen. Die Anfertigung einer Kopie des zur Überprüfung der Identität vorgelegten Dokuments... und die Anfertigung einer Kopie der zur Überprüfung der Identität vorgelegten oder herangezogenen Unterlagen... gelten als Aufzeichnung der

darin enthaltenen Angaben; im Falle einer Einsichtnahme auf elektronisch geführte Register- oder Verzeichnisdaten gilt die Anfertigung eines Ausdrucks als Aufzeichnung der darin enthaltenen Angaben. Wird... von einer erneuten Identifizierung abgesehen, so sind der Name des zu Identifizierenden und der Umstand, dass er bei früherer Gelegenheit identifiziert worden ist, aufzuzeichnen. ...

(3) Die Aufzeichnungen nach Absatz 1 und sonstige Belege über Geschäftsbeziehungen und Transaktionen sind unbeschadet anderer gesetzlicher Bestimmungen mindestens fünf Jahre aufzubewahren. Die Aufbewahrungsfrist... beginnt mit dem Schluss des Kalenderjahres, in dem die Geschäftsbeziehung endet. In den übrigen Fällen beginnt sie mit dem Schluss des Kalenderjahres, in dem die jeweilige Angabe festgestellt worden ist.

Auszug aus dem Handelsgesetzbuch (HGB)

§ 347 (Sorgfaltspflicht)

(1) Wer aus einem Geschäfte, das auf seiner Seite ein Handelsgeschäft ist, einem anderen zur Sorgfalt verpflichtet ist, hat für die Sorgfalt eines ordentlichen Kaufmanns einzustehen.

(2) Unberührt bleiben die Vorschriften des BGB, nach welchen der Schuldner in bestimmten Fällen nur grobe Fahrlässigkeit zu vertreten oder nur für diejenige Sorgfalt einzustehen hat, welche er in eigenen Angelegenheiten anzuwenden pflegt.

Auszug aus dem Bürgerlichen Gesetzbuch (BGB)

§ 106 (Beschränkte Geschäftsfähigkeit Minderjähriger)

Ein Minderjähriger, der das siebente Lebensjahr vollendet hat, ist ... in der Geschäftsfähigkeit beschränkt.

§ 107 (Einwilligung des gesetzlichen Vertreters)

Der Minderjährige bedarf zu einer Willenserklärung, durch die er nicht lediglich einen rechtlichen Vorteil erlangt, der Einwilligung seines gesetzlichen Vertreters.

§ 108 (Vertragsschluss ohne Einwilligung)

Schließt der Minderjährige einen Vertrag ohne die erforderliche Einwilligung des gesetzlichen Vertreters, so hängt die Wirksamkeit des Vertrags von der Genehmigung des Vertreters ab.

§ 113 (Dienst- oder Arbeitsverhältnis)

(1) Ermächtigt der gesetzliche Vertreter den Minderjährigen, in Dienst oder in Arbeit zu treten, so ist der Minderjährige für solche Rechtsgeschäfte unbeschränkt geschäftsfähig, welche die Eingehung oder Aufhebung eines Dienst- oder Arbeitsverhältnisses der gestatteten Art oder die Erfüllung der sich aus einem solchen Verhältnis ergebenden Verpflichtungen betreffen. Ausgenommen sind Verträge, zu denen der Vertreter der Genehmigung des Familiengerichts bedarf.

§ 1626 (Elterliche Sorge; ...)

(1) Die Eltern haben die Pflicht und das Recht, für das minderjährige Kind zu sorgen (elterliche Sorge). Die elterliche Sorge umfasst die Sorge für die Person des Kindes (Personensorge) und das Vermögen des Kindes (Vermögenssorge).

1.1.2 Gemeinschaftskonto

Das Gemeinschaftskonto ist ein Bankkonto mit mindestens zwei Kontoinhabern. Kontoinhaber können mehrere natürliche Personen gemeinsam sein, aber auch mehrere juristische Personen oder mehrere Unternehmungen können ein Gemeinschaftskonto eröffnen.

Lernsituation

Der Angestellte Niko Harms hat seit langem ein Girokonto bei der Nordbank AG, für das er seiner Ehefrau Sandra eine Vollmacht erteilt hat. Da Frau Harms nach längerer Hausfrauentätigkeit wieder in ihren erlernten Beruf zurückkehren wird, wollen die Eheleute entweder ein zweites Einzelkonto eröffnen oder das bestehende Konto in ein Gemeinschaftskonto umwandeln lassen.

Aufgaben

a) Erläutern Sie, welche Vorteile ein Gemeinschaftskonto gegenüber zwei Einzelkonten mit gegenseitiger Vollmacht bietet.
b) Erklären Sie, warum es sinnvoll ist, ein Gemeinschaftskonto mit Einzelverfügungsberechtigung zu wählen.
c) Begründen Sie, warum für Erbengemeinschaften nur Konten mit gemeinschaftlicher Verfügungsberechtigung in Frage kommen?
d) Welche Verfügungen bei einem Oder-Konto können nur unter Mitwirkung des/der anderen Kontoinhaber erfolgen? Machen Sie diesen Sachverhalt an Beispielen deutlich.
e) Wer haftet für die Verbindlichkeiten aus einem Gemeinschaftskonto mit Einzelverfügungsberechtigung?
f) Was geschieht mit einem Gemeinschaftskonto im Falle des Todes eines Ehepartners? Erläutern Sie die Auswirkungen bei einem Oder-Konto und bei einem Und-Konto.
g) Warum ist die Ausgabe von Bankkarten bei Und-Konten nicht möglich?
h) Das Ehepaar Harms entscheidet sich für ein Oder-Konto. Beraten Sie die Kunden bei der Wahl der Kontobezeichnung.
i) Das Konto der Eheleute Harms wurde am 20. November 20.. eröffnet.
i1) Rechnen Sie das Konto zum 31.12.20.. ab.

Konditionen	
Habenzinsen	0,5 % p.a.
Zinssatz für beanspruchte Dispositionskredite	12,5 % p.a.
Zinssatz für geduldete Überziehungen	16,5 % p.a.
Am 10.12. 20.. wurden die Sollzinssätze um 1 % heraufgesetzt.	
Die Kontoführungspauschale beträgt 5,00 EUR pro Monat.	
Ein Dispositionskredit wurde nicht eingeräumt.	

Datum/Wert	Umsätze	EUR
21.11.	Einzahlungen	3.000,00
23.11.	SEPA-Überweisungsauftrag	1.250,00
5.12.	SEPA-Basislastschrift	430,00
8.12.	SEPA-Überweisungsauftrag	2.960,00
9.12.	SEPA-Überweisungsauftrag	1.300,00
12.12.	Ec-Cash	710,00
15.12.	Gehaltsgutschrift	5.200,00

i2) Wie ändert sich die Zinsbelastung für das Ehepaar, wenn ab 01.12.20.. ein Dispositionskredit in Höhe von 5.000,00 EUR eingeräumt wurde?

INFO

Oder-Konto

Für Ehegatten wird häufig ein Gemeinschaftskonto mit Einzelverfügungsberechtigung (sog. Oder-Konto) geführt. Dieses Konto wird eingerichtet, um im Fall der Behinderung oder des Ablebens eines der Kontoinhaber dem anderen weiterhin uneingeschränkt Verfügungsbefugnis zu sichern. Alle Kontoinhaber werden namentlich erfasst und unterzeichnen den Kontoeröffnungsantrag. Die sog. „Oder-Klausel" muss auf dem Kontoeröffnungsantrag vermerkt werden, damit eine Einzelverfügungsberechtigung möglich ist. Zwischen dem Kreditinstitut und den Kontoinhabern entsteht ein gesamtgläubigerähnliches Rechtsverhältnis, d.h. jeder Kontoinhaber hat ein selbstständiges, von den anderen Kontomitinhabern völlig losgelöstes Gläubigerrecht. Jeder Mitkontoinhaber kann über das gesamte Guthaben uneingeschränkt verfügen. Bei widersprüchlichen Weisungen kommt es darauf an, ob z.B. der Widerruf vor oder nach Ausführung des Auftrags bei dem Kreditinstitut eingeht. Bei einem Überweisungsauftrag ist der Widerruf durch einen Kontoinhaber so lange möglich, wie der Überweisungsbetrag noch nicht dem empfangenden Kreditinstitut endgültig zur Gutschrift auf dem Konto des Begünstigten zur Verfügung gestellt wurde (§ 676 a BGB).

Eine Kontovollmacht kann nur von einem Kontomitinhaber erteilt werden, wenn dies ausdrücklich (z.B. im Kontoeröffnungsantrag) mit den Kontoinhabern vereinbart wurde. Bei Tod eines Kontomitinhabers bleibt das Verfügungsrecht des überlebenden Kontomitinhabers uneingeschränkt bestehen. Jeder Kontomitinhaber kann das Guthaben allein abtreten oder verpfänden (§ 429 BGB). Der einzelne Kontomitinhaber kann vertraglich eingeräumte Kreditlinien voll ausnutzen, Kontoüberziehungen im bankküblichen Rahmen vornehmen, aber nicht selbstständig mit Wirkung gegenüber dem anderen Kontomitinhaber Kredite aufnehmen. Jeder Kontomitinhaber kann selbstständig Salden anerkennen. Unabhängig davon, wem das Guthaben im Innenverhältnis zusteht, können Gläubiger des einen oder des anderen Ehegatten wegen dessen Verbindlichkeiten in das Gemeinschaftskonto hinein vollstrecken. Wird über das Vermögen eines Ehepartners das Insolvenzverfahren eröffnet, so kann der Insolvenzverwalter das gesamte Guthaben auf dem Gemeinschaftskonto zur Insolvenzmasse einziehen. Der von der Insolvenz nicht betroffene Ehegatte müsste dann seine Forderung im Rahmen des Insolvenzverfahrens anmelden und durchsetzen.

Eine Umschreibung oder Auflösung eines Gemeinschaftskontos ist nur bei Tod eines Ehegatten durch einen Kontoinhaber möglich. Im Innenverhältnis Kontoinhaber müssen alle Kontoinhaber ihre wirtschaftliche Berechtigung über das Kontoguthaben den anderen Kontoinhabern gegenüber nachweisen. Ansonsten besteht eine wirtschaftliche Berechtigung zu gleichen Teilen. Die Errichtung eines Oder-Depots gibt über die Eigentumslage i.d.R. keinen Aufschluss.

Und-Konto

Ein Und-Konto ist ein Gemeinschaftskonto, bei dem mit den Kontoinhabern (z.B. den Eheleuten) vereinbart wird, dass nur gemeinschaftlich verfügt werden kann. Die Eheleute können nur gemeinschaftlich verfügen und auch Weisungen nur gemeinschaftlich erteilen. Leistet das Kreditinstitut nur an einen Kontomitinhaber, so ist es verpflichtet, die Kontobelastung in voller Höhe rückgängig zu machen.

Durch das Ableben eines Kontomitinhabers bleibt der Charakter des Und-Kontos erhalten. Über das Kontoguthaben kann nur noch der überlebende Kontoinhaber zusammen mit den legitimierten Erben des verstorbenen Ehegatten verfügen. Durch Überziehung oder Inanspruchnahme eines Dispositionskredits wird ein Girokonto debitorisch. Da die Kontoinhaber nur gemeinschaftlich verfügen können, ist eine Kreditinanspruchnahme auch nur auf Grund gemeinschaftlichen Handelns aller Mitinhaber möglich. Die Kontoinhaber haften damit wie auch beim Oder-Konto gesamtschuldnerisch.

Und-Konten werden von den Kreditinstituten i. d. R. nur für Erbengemeinschaften geführt. Für den täglichen Zahlungsverkehr, z. B. für Ehepaare, sind sie ungeeignet, da jede Verfügung stets die Zustimmung aller Kontoinhaber erfordert. Auch eine Umwandlung in ein Oder-Konto ist nur gemeinschaftlich möglich. Jeder Kontoinhaber ist allerdings berechtigt, Vollmacht an einen Dritten zu erteilen. In diesem Fall tritt der Bevollmächtigte an die Stelle des bevollmächtigenden Kontoinhabers und kann gemeinsam mit den anderen Kontoinhabern verfügen. Wird einem Bevollmächtigten eine Kontovollmacht von allen Kontoinhabern erteilt, so ist er allein verfügungsberechtigt.

Die dem Kreditinstitut erteilt Kontovollmacht kann jederzeit durch Widerruf eines der Kontoinhaber zum Erlöschen gebracht werden. Der Widerruf ist eine einseitige empfangsbedürftige Willenserklärung. Zum Widerruf sind der Vollmachtgeber sowie dessen Rechtsnachfolger berechtigt. Der Widerruf eines von mehreren Erben bringt die Vollmacht nur für den Widerrufenden zum Erlöschen. Der Bevollmächtigte kann dann von der Vollmacht nur zusammen mit den Widerrufenden Gebrauch machen.

Grundsätzlich trägt der Vertretene (z.B. der Kontoinhaber) das Risiko des Vollmachtsmissbrauchs. Der vom Vertreter erteilt Auftrag, z.B. Überweisungsauftrag, ist für den Vertretenen wirksam.

Auszug aus dem Bürgerlichen Gesetzbuch (BGB)

§ 421 (Gesamtschuldner)

> Schulden mehrere eine Leistung in der Weise, dass jeder die ganze Leistung zu bewirken verpflichtet, der Gläubiger aber die Leistung nur einmal zu fordern berechtigt ist (Gesamtschuldner), so kann der Gläubiger die Leistung nach seinem Belieben von jedem der Schuldner ganz oder zu einem Teile fordern. Bis zur Bewirkung der ganzen Leistung bleiben sämtliche Schuldner verpflichtet.

§ 428 (Gesamtgläubiger)

Sind mehrere eine Leistung in der Weise zu fordern berechtigt, dass jeder die ganze Leistung fordern kann, der Schuldner aber die Leistung nur einmal zu bewirken verpflichtet ist (Gesamtgläubiger), so kann der Schuldner nach seinem Belieben an jeden der Gläubiger leisten. Dies gilt auch dann, wenn einer der Gläubiger bereits Klage auf die Leistung erhoben hat.

§ 430 (Ausgleichspflicht der Gesamtgläubiger)

Die Gesamtgläubiger sind im Innenverhältnis zueinander zu gleichen Anteilen berechtigt ...

§ 431 (Mehrere Schuldner einer unteilbaren Leistung)

Schulden mehrere eine unteilbare Leistung, so haften sie als Gesamtschuldner.

1.1.3 Betreuerkonto

Kann ein Volljähriger auf Grund einer psychischen Krankheit oder einer körperlichen oder geistigen und seelischen Behinderung seine Angelegenheiten ganz oder teilweise nicht besorgen, so bestellt das Betreuungsgericht auf seinen Antrag oder von Amts wegen für ihn einen Betreuer (§ 1896 BGB). Der Umfang der Befugnisse des Betreuers wird durch das Betreuungsgericht nach der jeweiligen Erforderlichkeit bestimmt. Grundsätzlich ist dabei die Beschränkung auf einen sehr begrenzten Aufgabenkreis möglich, beispielsweise bestimmte vermögensrechtliche Angelegenheiten wie die Verwaltung einer näher bezeichneten Immobilie. Im Regelfall werden die Aufgabenkreise jedoch weiter gefasst, wie beispielsweise Vermögensangelegenheiten und/oder Gesundheitsfürsorge.

Lernsituation

Frau Gerda Marten (89 Jahre alt) ist seit vielen Jahren Kundin der Nordbank AG. Frau Marten unterhält bei der Nordbank AG ein Girokonto sowie ein Wertpapierdepot. Bei der Kreissparkasse Pinneberg unterhält sie ein Sparkonto. Monatlich geht auf das Girokonto von Frau Marten die Rente in Höhe von 1.457 EUR ein. Frau Marten ist körperlich noch recht fit; leider hat sie jedoch in der letzten Zeit geistig stark nachgelassen. In der Nordbank AG ist aufgefallen, dass Frau Marten bei Routinegeschäften äußerst unkonzentriert wirkt. Sie verwechselt Formulare und kann sie auch nicht mehr richtig ausfüllen. Auch sind ihre Angaben bei Aufträgen widersprüchlich. An einem Tag hob sie sogar 1.000 EUR von ihrem Girokonto ab und erschien am Nachmittag des gleichen Tages erneut mit der Bitte um eine Auszahlung in gleicher Höhe, ohne sich auf Rückfrage der Kassiererin an die vorherige Auszahlung erinnern zu können. Da Frau Marten für ihre Konten keine Vollmachten erteilt hatte, informierte die Nordbank AG das Sozialamt über diese Entwicklung mit der Bitte zu prüfen, ob eine Betreuung für Frau Marten in diesem Fall angebracht sein könnte.

Die Sozialarbeiterin Birgit Grabe-Gunia wurde nach Überprüfung der Sachlage vom Betreuungsgericht nach einer amtsärztlichen Untersuchung von Amts wegen zur Betreuerin für Frau Marten bestellt. Die ärztliche Untersuchung ergab, dass Frau Marten aufgrund einer altersbedingten geistigen Verwirrung ihre persönlichen und finanziellen Angelegenheiten nicht mehr besorgen konnte. Die Betreuung wurde mit Einwilligungsvorbehalt u.a. auch für die Geld- und Vermögensangelegenheiten (Vermögenssorge) angeordnet, da Frau Marten ihr Handeln nicht mehr richtig einschätzen kann.

Aufgaben

a) Wer kann eine Betreuung für eine Person beantragen?

b) Frau Grabe-Gunia kommt zu Ihnen an den Beratungspoint und möchte eine Auskunft über die Konto- und Depotbestände von Frau Marten erhalten. Wie muss sich Frau Grabe-Gunia als Betreuerin legitimieren?

c) Welche Angaben sind von Frau Grabe-Gunia im Zusammenhang mit der Legitimationsprüfung nach der Abgabenordnung auf den Kontounterlagen festzuhalten?

d) Aus welchen Gründen kann ein Betreuer grundsätzlich vom Betreuungsgericht eingesetzt werden?

e) Welcher Personenkreis eignet sich für das Amt des Betreuers?

f) Eine Aufgabe von Frau Grabe-Gunia ist es, das Geld von Frau Marten, das nicht zur Bestreitung von Ausgaben bereitzuhalten ist, verzinslich mündelsicher anzulegen. Das Kontoguthaben bei der Nordbank AG beträgt zurzeit 9.945,47 EUR, im Wertpapierdepot befinden sich Investmentanteile des WEKANORD Aktienfonds im Gesamtwert von zurzeit 34.890,38 EUR. Das Sparkonto bei der Kreissparkasse Pinneberg weist einen aktuellen Saldo von 123.450,47 EUR auf.

   f1) Welche der o.a. Anlagen genügen den Vorschriften über Mündelsicherheit?

   f2) Welche Anlageentscheidungen muss Frau Grabe-Gunia bezüglich der Konten und der Wertpapiere von Frau Marten gemäß §§ 1806 und 1807 BGB treffen?

g) Aufgrund der jährlichen Nebenkostenabrechnung für die gemietete Wohnung muss Frau Marten an die Wohnungsgesellschaft 1.450,00 EUR zahlen. Frau Grabe-Gunia bittet Sie als Kundenberater(in) der Nordbank AG, den Betrag vom Konto Marten auf das entsprechende Konto der Wohnungsgesellschaft zu überweisen. Beschreiben Sie die Verfügungsvoraussetzungen!

h) Frau Grabe-Gunia möchte für Frau Marten einen Rollstuhl erwerben, der 3.740 EUR kosten soll. Der Betrag soll auf das Konto IBAN DE75206905000400775450 zugunsten der Reha Technik GmbH bei der Frankfurter Sparkasse von 1822 überwiesen werden. Unter welchen Voraussetzungen können Sie den Überweisungsauftrag durchführen?

i) Ein Großteil der Verfügungen von Frau Grabe-Gunia bezüglich der Vermögenssorge bedarf der Genehmigung des Betreuungsgerichts. Wie könnte in diesem Fall die Verfügungsberechtigung für Frau Grabe-Gunia in Zukunft erleichtert werden?

INFO

Aufgabenkreis der Betreuung

Zum Aufgabenkreis der Vermögenssorge gehört nicht nur die Sorge um die Verwendung von Einkünften und Vermögen, sondern auch die Prüfung, Sicherung und Erschließung aller in Betracht kommenden Einkommensquellen einschließlich Rentenansprüchen.

Wird dem Betreuer als Aufgabenkreis die Vermögenssorge zugewiesen, so kann er gegenüber der Bank für den Betreuten rechtswirksam im Rahmen der Geschäftsbeziehung handeln. Die Bank kann an den vom Betreuungsgericht eingesetzten Betreuer mit schuldbefreiender Wirkung leisten. Bei der Betreuung von größeren Vermögenswerten kann das Betreuungsgericht auch einen Gegenbetreuer einsetzen. Verfügungen können dann nur mit Zustimmung des Gegenbetreuers oder des Betreuungsgerichts erfolgen. Die Genehmigung durch das

Betreuungsgericht bei Verfügungen kann entfallen, wenn der Betreuer aus dem Kreise der engsten Familie, z.B. Eltern, Ehegatten, Abkömmlinge kommt oder Behörden- oder Vereinsbetreuer ist.

Mündelsichere Anlagen

Geld ist nach § 1806 BGB verzinslich anzulegen, soweit es nicht zur Bestreitung von Ausgaben bereit zu halten ist. Weiterhin ist das Geld des Betreuten mündelsicher gemäß § 1807 BGB anzulegen. Grundsätzlich ist der Betreuer nicht verpflichtet, bisherige Vermögensanlagen zu ändern. Die Beibehaltung der bisherigen Vermögensanlagen ist möglich, wenn es sich nicht um mündelsichere Anlagen handelt. Grundsätzlich ist auf die Wirtschaftlichkeit und die Risikostreuung der Anlagen zu beachten.

Verfügungen über die Konten des Betreuten

Über ein Girokonto, das zur Bestreitung von täglichen Ausgaben dient, ist keine Sperrvereinbarung nach § 1809 BGB notwendig. Über ein solches Girokonto kann der Betreuer ohne Genehmigung des Betreuungsgerichts verfügen (§§ 1908 i, 1813 Abs. 13 Nr. 2 BGB). Bei einer generellen Ermächtigung des Betreuungsgerichts nach § 1822 BGB können auch Beträge über 3.000 EUR vom Betreuer ohne Genehmigung des Betreuungsgerichts abgehoben werden. Weiterhin existiert bei der befreiten Betreuung keine betragsmäßige Beschränkung. Mit einer befreiten Betreuung kann auch ein Girokonto genehmigungsfrei gekündigt werden.

Bei Anlage der Gelder des Betreuten auf Spar- und Festgeldkonten, soll eine Genehmigung des Betreuungsgerichts eingeholt werden (§§ 1908 i, 1810,1807 Abs. 1 Nr. 5 BGB). Grundsätzlich ist bei der Anlage auf einem Sparbuch die Eintragung eines Sperrvermerkes notwendig (§ 1809 BGB). Bei Sparkonten kann der Betreuer genehmigungsfrei über die Sparzinsen verfügen, soweit sie noch nicht kapitalisiert sind, beispielsweise durch einen Übertrag auf das laufende Girokonto.

Auch Verfügungen über Wertpapierdepots unterliegen grundsätzlich der Genehmigung des Betreuungsgerichts. Dies bedeutet, dass eine Veräußerung, Umschichtung und Auflösung des Wertpapierdepots genehmigungspflichtig sind (§§ 1908 i, 1812 und 1819 BGB). Die Abhebung von fällig gewordenen Wertpapieren ist ebenfalls genehmigungspflichtig. Bei der befreiten Betreuung können Verfügungen über Wertpapiere ohne Genehmigung des Betreuungsgerichts vorgenommen werden. Die Genehmigung des Betreuungsgerichts wird erteilt, wenn durch die Verfügung keine Vermögensminderung eintritt, die Verfügung wirtschaftlich richtig ist oder ein Verkauf erforderlich ist, um Geld zur Bestreitung der Bedürfnisse des Betreuten zu bekommen. Zu Spekulationszwecken darf die Genehmigung nicht erteilt werden. Ein Erwerb von Aktien scheidet damit praktisch aus, da das Risiko einer Vermögensminderung hier nie auszuschließen ist. Die Verfügung über Zinsen und Dividenden bedarf nicht der Genehmigung des Betreuungsgerichts.

Willenserklärungen ohne Einwilligungsvorbehalt

Grundsätzlich sind Willenserklärungen des Betreuten wirksam, wenn dieser geschäftsfähig ist und kein Einwilligungsvorbehalt angeordnet ist. Der Betreute kann daher auch ohne Einwilligung seines Betreuers in Vermögensangelegenheiten tätig werden. Der geschäftsfähige Betreute kann daher rechtswirksam Willenserklärungen abgeben, selbst wenn diese Erklärungen denen des Betreuers widersprechen und damit für den Betreuten rechtliche und wirtschaftliche Nachteile verbunden sind.

Willenserklärungen mit Einwilligungsvorbehalt

Ein Einwilligungsvorbehalt wird angeordnet, wenn die Betroffenen im konkreten Aufgabenkreis nicht mehr zur freien Willensbestimmung in der Lage sind und eine konkrete erhebliche Gefahr für das Vermögen des Betreuten besteht. Besteht ein Einwilligungsvorbehalt nach § 1903 BGB, so ist dieser ausdrücklich in der Bestallungsurkunde aufgeführt. Er führt dazu, dass sämtliche Willenserklärungen des Betreuten, die in den Aufgabenkreis des Betreuers fallen, der Einwilligung des Betreuers bedürfen. Die Banken kennzeichnen daher die Betreuerkonten besonders, falls ein Einwilligungsvorbehalt in Vermögensangelegenheiten besteht.

Ist vom Betreuungsgericht ein Einwilligungsvorbehalt angeordnet, so sind Willenserklärungen des Betreuten nur wirksam, wenn der Betreuer seine Einwilligung erteilt hat. Dies entspricht der Stellung eines beschränkt Geschäftsfähigen. Ohne Einwilligung des Betreuers abgeschlossene Verträge sind schwebend unwirksam. Ihre Wirksamkeit hängt von der nachträglichen Genehmigung des Betreuers ab. Einseitige Rechtsgeschäfte, die der Betreute ohne die erforderliche Einwilligung des Betreuers abgeschlossen hat, sind unwirksam. Der Betreute kann ohne die Einwilligung seines Betreuers nur noch über die ihm im Rahmen des Taschengeldparagraphen (§ 110 BGB) überlassenen Mittel verfügen.

Auszug aus dem Bürgerlichen Gesetzbuch (BGB)

§ 1806 (Anlegung von Mündelgeld)

Der Vormund hat das zum Vermögen des Mündels gehörende Geld verzinslich anzulegen, soweit es nicht zur Bestreitung von Ausgaben bereitzuhalten ist.

§ 1807 (Art der Anlegung)

(1) Die im § 1806 vorgeschrieben Anlegung von Mündelgeld soll nur erfolgen:

1. in Forderungen, für die eine sichere Hypothek an einem inländischen Grundstücke besteht ...
2. in verbrieften Forderungen gegen ... einen Bundesstaat ...
3. ...
4. in Wertpapieren, insbesondere Pfandbriefen ...
5. bei einer inländischen öffentlichen Sparkasse, wenn sie von der zuständigen Behörde des Bundesstaats, in welchem sie ihren Sitz hat, zur Anlegung von Mündelgeld für geeignet erklärt ist, oder bei einem anderen Kreditinstitut, das einer für die Anlage ausreichenden Sicherungseinrichtung angehört.

§ 1813 (Genehmigungsfreie Geschäfte)

(1) Der Vormund bedarf nicht der Genehmigung des Gegenvormunds zur Annahme einer geschuldeten Leistung:

1. wenn der Gegenstand der Leistung nicht in Geld oder Wertpapieren besteht;
2. wenn der Anspruch nicht mehr als 3.000,00 EUR beträgt;
3. wenn der Anspruch das Guthaben auf einem Giro- oder Kontokorrentkonto zum Gegenstand hat oder Geld zurückgezahlt wird, das der Vormund angelegt hat,

§ 1822 (Genehmigung für sonstige Geschäfte)

Der Vormund bedarf der Genehmigung des Familiengerichts:

1. zu einem Rechtsgeschäft, durch das der Mündel zu einer Verfügung über sein Vermögen im Ganzen oder über eine ihm angefallene Erbschaft oder über seinen künftigen gesetzlichen Erbteil ... verpflichtet wird ...

8 zur Aufnahme von Geld auf den Kredit des Mündels,

10. zur Übernahme einer fremden Verbindlichkeit, insbesondere zur Eingehung einer Bürgschaft,

§ 1825 (Allgemeine Ermächtigung)

(1) Das Familiengericht kann dem Vormunde zu Rechtsgeschäften, zu denen ... die Genehmigung des Gegenvormundes erforderlich ist, ... eine allgemeine Ermächtigung erteilen.

(2) Die Ermächtigung soll nur erteilt werden, wenn sie zum Zwecke der Vermögensverwaltung ... erforderlich ist.

Rechtliche Betreuung

§ 1896 (Voraussetzungen)

(1) Kann ein Volljähriger aufgrund einer psychischen Krankheit oder einer körperlichen, geistigen oder seelischen Behinderung seine Angelegenheiten ganz oder teilweise nicht besorgen, so bestellt das Betreuungsgericht auf seinen Antrag oder von Amts wegen für ihn einen Betreuer ... Soweit der Volljährige aufgrund einer körperlichen Behinderung seine Angelegenheiten nicht besorgen kann, darf der Betreuer nur auf Antrag des Volljährigen bestellt werden, es sei denn, dass dieser seinen Willen nicht kundtun kann.

§ 1897 (Bestellung einer natürlichen Person)

(1) Zum Betreuer bestellt das Betreuungsgericht eine natürliche Person, die geeignet ist, in dem gerichtlich bestimmten Aufgabenkreis die Angelegenheiten des Betreuten rechtlich zu besorgen und ihn in dem hierfür erforderlichen Umfang persönlich zu betreuen.

(2) ...

(3) Wer zu einer Anstalt, einem Heim oder einer sonstigen Einrichtung, in welcher der Volljährige untergebracht ist oder wohnt, in einem Abhängigkeitsverhältnis oder in einer anderen engen Beziehung steht, darf nicht zum Betreuer bestellt werden.

§ 1903 (Einwilligungsvorbehalt)

(1) Soweit dies zur Abwendung einer erheblichen Gefahr für die Person oder das Vermögen des Betreuten erforderlich ist, ordnet das Betreuungsgericht an, dass der Betreute zu einer Willenserklärung, die den Aufgabenkreis des Betreuten betrifft, dessen Einwilligung bedarf (Einwilligungsvorbehalt). Die §§ 108 bis 113, 131 Abs. 2 und § 210 gelten entsprechend.

(2) ...

(3) Ist ein Einwilligungsvorbehalt angeordnet, so bedarf der Betreute dennoch nicht der Einwilligung seines Betreuers, wenn die Willenserklärung dem Betreuten lediglich einen rechtlichen Vorteil bringt ...

§ 1908 i (Entsprechend anwendbare Vorschriften)

(1) Im Übrigen sind auf die Betreuung ... §§ 1805 bis 1821 ... sinngemäß anzuwenden ...

Wichtige Begriffe zum Betreuerkonto	
Betreuer	Das Betreuungsgericht bestellt eine geeignete natürliche Person, die in dem gerichtlich bestimmten Aufgabenkreis die Angelegenheiten des Betreuten zu besorgen und ihn hierbei im erforderlichen Umfang zu unterstützen hat. Nur ausnahmsweise ist unter bestimmten Voraussetzungen die Bestellung eines Vereins- oder Behördenbetreuers vorgesehen. Nicht zum Betreuer bestellt werden dürfen Mitarbeiter der Anstalt, des Heims oder der Einrichtung, in der der Betreute untergebracht ist oder wohnt.
Betreuter	Ein Betreuter ist eine volljährige Person, die auf Antrag oder von Amts wegen auf Grund einer psychischen Krankheit oder körperlichen, geistigen oder seelischen Behinderung ein Betreuer bestellt wurde, weil sie ihre Angelegenheiten ganz oder teilweise nicht besorgen kann. Die Betreuung berührt nicht die Geschäftsfähigkeit des Betreuten. Gleichfalls besteht keine Verpflichtung zur Offenlegung der Betreuung oder eines Einwilligungsvorbehaltes im Geschäftsverkehr.
Einwilligungsvorbehalt	Zur Abwendung einer erheblichen Gefahr für die Person oder das Vermögen des Volljährigen ordnet das Betreuungsgericht für Willenserklärungen des Betreuten, die den Aufgabenkreis des Betreuers betreffen, die Einwilligung des Betreuers an. Der Betreute ist somit einer beschränkt geschäftsfähigen Person, deren Willenserklärungen bis zur Genehmigung durch den gesetzlichen Vertreter schwebend unwirksam sind, gleichgestellt.
Befreiter Betreuer	Auf Antrag des Betreuers kann das Betreuungsgericht diesen von der Verpflichtung der versperrten Anlage befreien. Die Stellung als befreiter Betreuer ist aus der Bestellungsurkunde nicht ersichtlich, vielmehr muss sie dem Betreuungsbeschluss entnommen werden. Dort steht auch, in wie weit der befreite Betreuer von der Befreiung ausgenommen ist. Kraft Gesetzes sind Eltern, Ehegatten, Abkömmlinge, Vereins- und Behördenbetreuer von den Beschränkungen befreit.
Versperrte Anlegung	Der Betreuer soll das Vermögen des Betreuten entsprechend den Vorschriften über Mündelgelder mit der Bestimmung anlegen, dass er nur mit Genehmigung des Betreuungsgerichts über das angelegte Geld verfügen darf.
Aufrechterhaltensprüfung	Eine unbefristete Betreuerbestellung ist unzulässig. Die Bestellung muss einen auf längstens 5 Jahre befristeten Endzeitpunkt enthalten. Nach Ablauf dieser Frist gelten zur erneuten Bestellung die Erfordernisse der Erstbestellung. Ggf. ist der Aufgabenkreis des Betreuers einzuschränken.

Bestellungsurkunde	Natürliche Personen erhalten vom Betreuungsgericht eine Bestellungsurkunde. Sie enthält sowohl Angaben über die Person des Betreuten als auch über die des Betreuers. Außerdem sind Art und Umfang der Betreuung, ggf. Anordnung eines Einwilligungsvorbehaltes sowie der Zeitpunkt der Aufrechterhaltungsprüfung durch das Betreuungsgericht eingetragen. Die Bestellungsurkunde oder schriftliche Verfügung des Betreuungsgerichts gibt keine Auskunft darüber, ob das Betreuungsverhältnis noch besteht. Der Betreuer ist jedoch verpflichtet, die Urkunde bei Beendigung der Betreuung von sich aus an das Betreuungsgericht zurückzugeben. Anlässe für die Beendigung können sein: Tod des Betreuten, Entzug der Betreuung durch das Betreuungsgericht oder Aufhebung, falls die Betreuung nicht mehr erforderlich ist.
Vergütung des Betreuers	Betreuungen werden grundsätzlich ehrenamtlich geführt. Einen Anspruch auf Vergütung haben die sog. Berufsbetreuer. Deren Vergütung, die nach Stunden berechnet wird, hat der Betreute zu zahlen, es sei denn, er ist mittellos. Der Betreuer braucht aber die mit der Betreuung verbundenen notwendigen Auslagen nicht aus der eigenen Tasche zu bezahlen, vielmehr steht ihm Kostenvorschuss bzw. –ersatz zu. Den entsprechenden Geldbetrag kann er unmittelbar dem Vermögen des Betreuten entnehmen, falls ausreichendes Vermögen vorhanden ist. Anderenfalls richtet sich der Anspruch gegen die Justizkasse.

1.1.4 Anderkonten und Anderdepots

Anderkonten und Anderdepots dienen der Verbuchung von Vermögenswerten, die nicht dem Kontoinhaber gehören. Der Kontoinhaber unterhält das Konto im eigenen Namen und für fremde Rechnung.

Anderkonten dürfen nur von Angehörigen bestimmter Berufsgruppen eröffnet werden, die einer besonderen, gesetzlich geregelten Standesaufsicht unterliegen, z.B. Notare, Rechtsanwälte. Anderkonten können als Kontokorrent-, Spar-, Termingeld- und Depotkonten eingerichtet werden. Zum Schutz des Mandanten gelten besondere Anderkonten-Bedingungen.

Lernsituation

Der Notar Jürgen Eichhorn beantragt bei der Nordbank AG die Eröffnung eines Notar-Anderkontos, auf das in Kürze 85.500,00 EUR zugunsten seiner Mandantin Daniela Feldberg überwiesen werden sollen.

Aufgaben

a) Nennen Sie die Kontobezeichnung, unter der das Konto geführt werden kann.

b) Da Herr Eichhorn häufig beruflich unterwegs ist, möchte er seiner langjährigen Kanzleiangestellten Franziska Nagel Vollmacht über das Konto erteilen. Nehmen Sie Stellung zu der beabsichtigten Vollmachterteilung.

c) Als es später zu Unstimmigkeiten über die Höhe seines Honorars kommt, lässt Herr Eichhorn ohne Zustimmung seiner Mandantin 1.500,00 EUR von dem Anderkonto auf sein Privatgirokonto übertragen. Nachdem Frau Feldberg davon erfahren hat, verlangt sie von der Nordbank AG Schadensersatz. Außerdem gibt sie die Anweisung, bis zur Klärung des Sachverhalts keine weiteren Verfügungen über das Anderkonto ohne ihre Zustimmung zuzulassen. Beurteilen Sie die Rechtslage.

d) Vor dem Notar wird am 30. Oktober ein Grundstückskaufvertrag zwischen Herrn Jens Nölle (Verkäufer) und den Eheleuten Klaus und Irmi Paulsen (Käufer) abgeschlossen. Der Vertrag enthält u.a. folgende Vereinbarungen:

> Der gesamte Kaufpreis ist zinslos fällig bis zum 15. Dezember und bei dem beurkundenden Notar auf dessen Anderkonto bei der Nordbank AG, IBAN DE65206905000000247700, zu hinterlegen.
>
> Der Notar wird den hinterlegten Betrag zuzüglich Zinsen und abzüglich Bankprovision an den Verkäufer zur Auszahlung bringen, sobald die lastenfreie Eigentumsumschreibung sichergestellt ist ...

Geben Sie zwei Gründe an, warum der Kaufpreis auf ein Notar-Anderkonto und nicht auf das laufende Kanzleikonto bei der Nordbank AG überwiesen werden soll.

e) Am 2. Januar einigen sich Herr Nölle und die Eheleute Paulsen über die Aufhebung des Grundstückskaufvertrags. Sie wenden sich gemeinsam an die Nordbank AG und verlangen die Auszahlung des bereits auf dem Notar-Anderkonto hinterlegten Kaufpreises. Sie weisen sich durch Vorlage des Notarvertrags sowie ihre Personalausweise aus. Kann die Nordbank AG der Zahlungsaufforderung nachkommen? Begründen Sie Ihre Entscheidung.

f) Am 25. Januar verstirbt der Notar. Die Nordbank AG führt zu diesem Zeitpunkt für ihn 7 Anderkonten mit Guthaben von insgesamt 575.000,00 EUR zuzüglich der bis zum Todestag aufgelaufenen Zinsen in Höhe von 1.259,00 EUR.

Die Übersicht über weitere Konten weist für den Todestag folgende Werte auf:

Kontenübersicht	
Geschäftsgiro Jürgen Eichhorn	Haben 12.560,90 EUR
Privatgiro Jürgen Eichhorn	Soll 2.350,00 EUR
Sparkonto Jürgen Eichhorn	25.600,90 EUR
Sparzinsen bis zum Todestag	250,80 EUR
Depot Jürgen und Eva Eichhorn (Aktien)	65.300,00 EUR

Welchen Betrag muss die Nordbank AG der Erbschaftsteuerstelle des Finanzamts melden?

g) Geben Sie Auskunft,

g1) wer nach dem Tod des Notars über die Anderkonten verfügungsberechtigt ist,

g2) wer die aus den Anderkonten erzielten Zinsen zu versteuern hat.

INFO

Anderkonten und Anderdepots weisen folgende Besonderheiten auf:

- Sie werden unter dem Namen des Treuhänders geführt, z.B. Ernst Welzkopp, Anderkonto. Der Name des Treugebers muss in der Kontobezeichnung nicht genannt werden.
- Anderkonten dienen ausschließlich der Verwaltung fremden Vermögens. Sie sind nicht dafür bestimmt, eigenen Zwecken des Kontoinhabers zu dienen.
- Der Kontoinhaber ist verpflichtet, bei jeder Eröffnung eines Anderkontos den Namen und die Anschrift desjenigen mitzuteilen, für dessen Rechnung er handelt.
- Kontovollmachten dürfen nur einem eng begrenzten Personenkreis erteilt werden, die selbst zur Führung eines Anderkontos befugt sind, z.B. für Rechtsanwalts-Anderkonten andere Rechtsanwälte.
- Kreditinstitute machen weder das Recht der Aufrechnung mit anderen Forderungen oder Verbindlichkeiten noch ein Pfand- oder Zurückbehaltungsrecht geltend.
- Ansprüche aus Anderkonten sind nicht abtretbar oder verpfändbar.
- Gläubiger des Kontoinhabers oder des Treugebers können grundsätzlich nicht in Anderkonten vollstrecken.
- Beim Tod des Kontoinhabers (Treuhänders) gehen Forderungen aus Anderkonten aufgrund von Vorschriften über eine Sondererbfolge nicht auf die Erben des Kontoinhabers über. Z. B. kann im Todesfall an die Stelle des verstorbenen Notars ein Notariatsverweser eingesetzt werden.

Bedingungen für Anderkonten und Anderdepots von Notaren

1. Für Notare werden Anderkonten und Anderdepots (beide im folgenden „Anderkonten" genannt) als Sonderkonten für fremde Gelder und Wertpapiere, die ihnen als Notare anvertraut wurden, eingerichtet. Der Bank gegenüber ist nur der Notar berechtigt und verpflichtet.
2. Bei jeder Kontoeröffnung ist der Notar verpflichtet, den Namen und die Anschrift desjenigen mitzuteilen, für dessen Rechnung er handelt. Wird das Anderkonto vom Notar für einen anderen als den nach Satz 1 benannten wirtschaftlich Berechtigten wiederverwendet, ist der Notar verpflichtet, unverzüglich Namen und Anschrift des neuen wirtschaftlich Berechtigten schriftlich mitzuteilen. Auf Wunsch des Notars kann die Bank weitere Anderkonten auch ohne schriftlichen Kontoeröffnungsantrag einrichten.
3. Ist der Notar auch Rechtsanwalt (Anwaltsnotar), so führt die Bank das Anderkonto als Rechtsanwaltsanderkonto, sofern er nicht beantragt hat, das Anderkonto als Notaranderkonto zu führen.
4. Der Notar darf Werte, die ihm nicht als Notar anvertraut wurden, nicht einem Anderkonto zuführen oder auf einem Anderkonto belassen.
5. Die Eigenschaft eines Kontos als Anderkonto kann nicht aufgehoben werden. Ist der Notar auch Rechtsanwalt (Anwaltsnotar), so kann er bestimmen, dass ein Anderkonto in Zukunft als Rechtsanwaltsanderkonto zu führen ist.
6. Die Bank nimmt unbeschadet der Regelung in Nr. 2 Satz 1 und 2 keine Kenntnis davon, wer bei einem Anderkonto Rechte gegen den Notar geltend zu machen befugt ist. Rechte

Dritter auf Leistung aus einem Anderkonto oder auf Auskunft über ein Anderkonto bestehen der Bank gegenüber nicht; die Bank ist demgemäß nicht berechtigt, einem Dritten Verfügungen über ein Anderkonto zu beschaffen oder Auskunft über das Anderkonto zu erteilen, selbst wenn nachgewiesen wird, dass das Konto im Interesse des Dritten errichtet worden ist.

7. Die Bank prüft die Rechtmäßigkeit der Verfügungen des Notars in seinem Verhältnis zu Dritten nicht, auch wenn es sich um Überweisungen von einem Anderkonto auf ein Eigenkonto handelt.
8. Ansprüche gegen die Bank aus Anderkonten sind nicht abtretbar und nicht verpfändbar.
9. Im Falle der Pfändung wird die Bank den pfändenden Gläubiger im Rahmen der Drittschuldnererklärung auf die Eigenschaft als Anderkonto hinweisen.
10. Die Bank wird bei einem Anderkonto weder das Recht der Aufrechnung noch ein Pfand- oder Zurückbehaltungsrecht geltend machen, es sei denn wegen Forderungen, die im Bezug auf das Anderkonto selbst entstanden sind.
11. Über das Notaranderkonto darf nur der Notar persönlich, dessen amtlich bestellter Vertreter oder der Notariatsverwalter oder eine sonstige nach § 54 b Abs. 3 Beurkundungsgesetz berechtigte Person verfügen. Wenn der Notar oder Notariatsverwalter aus rechtlichen Gründen (z.B. Erlöschen des Amtes, Verlegung des Amtssitzes, vorläufige Amtsenthebung) an der Amtsausübung gehindert ist, endet seine Verfügungsbefugnis. Nach einer vorläufigen Amtsenthebung geht die Verfügungsbefugnis dem von der Landesjustizverwaltung wegen der Amtsenthebung bestellten Vertreter oder Notariatsverwalter zu, vor dessen Bestellung der zuständigen Notarkammer. Bis zur Bestellung eines Vertreters oder Notariatsverwalters bleibt der Notar Kontoinhaber ohne Verfügungsbefugnis (§ 55 Abs. 2 Satz Bundesnotarordnung). Mit der Bestellung wird der Notariatsverwalter Kontoinhaber (§ 58 Abs. 1 Bundesnotarordnung). In den übrigen Fällen wird die zuständige Notarkammer Kontoinhaber, bis die Landesjustizverwaltung einen Notariatsverwalter bestellt oder einem anderen Notar die Verfügungsbefugnis übertragen hat (§ 54 b Abs. 3 Satz 2 Beurkundungsgesetz).
12. Für die Einzelverwahrung von fremden Wertpapieren und Kostbarkeiten, die nicht unter Verwendung eines Anderkontos erfolgt, gelten auf Antrag des Notars die vorstehenden Bedingungen mit Ausnahme mit Nr. 2 sinngemäß.

1.1.5 Pfändungsschutzkonto (P-Konto)

Lernsituation 1

Der Girokunde Felix Gärtner beantragt bei der Nordbank AG die Einrichtung eines Pfändungsschutzkontos. Das Girokonto ist mit einer Dispositionskreditlinie in Höhe von 3.000,00 EUR ausgestattet. Herr Gärtner besitzt eine Kreditkarte und eine Bankcard für dieses Girokonto.

Aufgaben

a) Prüfen Sie, ob Herr Gärtner Pfändungsschutz genießt, wenn er mit seinem Girokonto mit 2.000,00 EUR im Soll steht und der Nordbank AG ein Pfändungs- und Überweisungsbeschluss eines Gläubigers über 1.000,00 EUR vorliegt.

b) Unter welchen Voraussetzungen wird die Nordbank AG der Umwandlung des Girokontos in ein P-Konto zustimmen?

c) Herr Gärtner möchte wissen, über wie viel Geld auf dem P-Konto er in Zukunft verfügen kann. Erklären Sie, wie der Basispfändungsfreibetrag berechnet wird.

Lernsituation 2

Jörn Keller unterhält bei der Nordbank AG ein Kontokorrentkonto. Herr Keller, der aufgrund einer länger andauernden Krankheit Krankengeld bezieht, hat wegen nicht bezahlter Raten von der Kfz-Werkstatt Müller & Co. KG am 28. März 20.. eine Mahnung erhalten. Er befürchtet eine Pfändung seiner Bankguthaben und kommt am 11. Mai 20.. zu Ihnen als Kundenberater/in der Nordbank AG an den Beratungspoint. Herr Keller bittet Sie um die Umwandlung seines Girokontos in ein P-Konto.

Aufgaben

a) Können Sie dem Wunsch von Herrn Keller entsprechen, wenn der Pfändungs- und Überweisungsbeschluss der Nordbank AG bereits am 11. Mai 20.. vorgelegt wurde?

b) Prüfen Sie, ob Herr Keller Pfändungsschutz genießt, wenn Sie das Girokonto am 11. Mai 20.. für Herrn Keller in ein P-Konto umwandeln.

INFO

Pfändungsschutzkonto (P-Konto)	
Zweck des Pfändungsschutzkontos	Zweck des P-Kontos ist es, dem Schuldner trotz Pfändungen die Teilnahme am Zahlungsverkehr ermöglicht werden. Liegen Pfändungs- und Überweisungsbedschlüsse gegen Kontoinhaber vor, soll eine Kontokündigung vermieden werden.
Errichtung des P-Kontos (§ 850k Zivilprozessordnung, ZPO)	Der Kunde kann jederzeit von seinem Kreditinstitut verlangen, sein Einzelkonto in ein P-Konto umzuwandeln. Es gibt einen Rechtsanspruch auf eine kostenlose Umwandlung. Die Kontoführung ist aber kostenpflichtig. Die Umwandlung kann noch geschehen, obwohl schon Pfändungen auf dem normalen Girokonto lasten. Sie muss spätestens vier Wochen nach der Zustellung des Pfändungs- und Überweisungsbeschlusses erfolgen. Jede Person darf nur ein P-Konto unterhalten.

Pfändungs- und Überweisungsbeschluss	Der Pfändungsbechluss bewirkt die Beschlagnahme der Forderungen. Verfügungen des Schuldners sind damit unwirksam. Dem Kreditinstitut ist es verboten, an den Schuldner zu zahlen. Durch den Überweisungsbeschluss erhalten Gläubiger ein Einziehungsrecht. Garantierte Zahlungen, etwa beim Einsatz der Girocard, werden vor der Bedienung des Beschlusses eingelöst. Auch das AGB-Pfandrecht hat Vorrang, wenn das Konto bzw. die Kontoverbindung unverzüglich fällig gestellt wurde.
Verfügungen des Schuldners auf dem P-Konto (§ 850k Abs. 1 ZPO)	Kunden können über Guthaben innerhalb der Pfändungsfreigrenzen frei verfügen. Im Jahr 2021 beträgt der Sockelfreibetrag bei Pfändungen für Ledige ohne Unterhaltsverpflichtungen 1.252,64 €. Die Freigrenze wird automatisch für jeden Monat gewährt. Der Pfändungsfreibetrag kann etwa bei gesetzlichen Unterhaltsverpflichtungen erhöht werden (§ 850k Abs. 2-5 ZPO). Wird ein Anteil des pfändungsfreien Betrags eines Monats nicht verbraucht, so kann dieser nur auf den Folgemonat übertragen werden.
Besonderer Schutz bei Sozialleistungen	Sozialleistungen und Kindergeldzahlungen dürfen innerhalb von 14 Tagen nach Gutschrift nicht mit Forderungen aus Pfändungen verrechnet werden. Kunden können über diese Leistungen auch innerhalb der Frist verfügen, wenn das Konto im Soll geführt wird.
Hinweise für Kreditinstitute	Gemeinschafts- und Sparkonten können nicht als P-Konten geführt werden. Antragsteller sind immer der Kontoinhaber oder dessen gesetzlicher Vertreter, nicht Bevollmächtigte. Für die Umwandlung steht dem Kreditinstitut eine Frist von drei Bankarbeitstagen zur Verfügung. Bei einer Umwandlung bleiben nach einer Entscheidung des Bundesgerichtshofes sowohl ein eingeräumter Dispo, also eine eingeräumte Überziehung, als auch mögliche Verträge über Service- und Kreditkarten bestehen. Sie müssen bei Bedarf extra gekündigt werden. Kunden haben ein Recht auf Rückumwandlung des P-Kontos in ein gewöhnliches Konto. Nachgezahlte Sozialleistungen sind dem jeweiligen Leistungszeitraum zuzuordnen.

Neuregelung ab Dezember 2021

Ab Dezember ist die Führung eines Oder-Kontos oder eines Und-Kontos als Pfändungsschutzkonto auch als Gemeinschaftskonto möglich. Das Pfändungsschutzkonto wird dann als Unterkonto zum Gemeinschaftskonto geführt. Ziel ist es, den von einer Pfändung Betroffenen zu ermöglichen, Zahlungsgeschäfte des täglichen Lebens wie etwa Mietzahlungen und Energiekosten zu erledigen.

Falls im Kalendermonat nicht das gesamte pfändungsfreie Guthaben verbraucht wurde, wird es zu dem im nächsten Kalendermonat (ab 1. Dezember 2021 den nächsten drei Kalendermonaten) geltenden Pfändungsfreibetrag gerechnet und bleibt pfändungsfrei. Eine weitere Übertragung auf die nächsten drei Kalendermonate sieht das neue Gesetz ab 1. Dezember 2021 vor. Der Pfändungsfreibetrag wird dann auch statt alle zwei Jahre dann jedes Jahr neu festgestellt.

Die Bank, die ein P-Konto eingerichtet hat, muss also den geltenden Pfändungsfreibetrag feststellen und eine entsprechende Staffel über die jeweiligen Verfügungen des Pfändungsschuldners und den verbleibenden pfändungsfreien Betrag führen. Nach Eingang der Pfändung darf der Kontoinhaber im laufenden Monat der Pfändung noch über Guthaben und Eingänge in voller Höhe des Freibetrages verfügen. Der Freibetrag gilt also auch, wenn der Kontoinhaber in diesem Kalendermonat bereits vor Eingang der Pfändung Verfügungen vorgenommen hat. Für alle Folgemonate bis zur Erledigung der Pfändung durch Forderungstilgung oder Aufhebung fällt der Freibetrag erneut an.

1.2 Rahmenbedingungen bei der Kontoeröffnung

1.2.1 Schutzgemeinschaft für allgemeine Kreditsicherung (SCHUFA)

Kreditinstitute gewähren Privatkunden in immer stärkeren Maße Verbraucherdarlehen unabhängig von Ort und Zeit z. B. über das Internet. Bei der Bonitätsprüfung im Rahmen der Kreditgewährung spielt heute die SCHUFA eine wichtige Rolle.

Lernsituation

Die Kundin Susanne Feldmann beantragt bei der Nordbank AG die Eröffnung eines Girokontos. Bei der Kontoeröffnung weisen Sie Frau Feldmann darauf hin, dass sie die SCHUFA-Klausel durch Unterschrift anerkennen soll.

> Typische Schufa-Klausel
>
> "Ich bin / Wir sind damit einverstanden, dass die Nordbank AG der Schufa Holding AG, Kormoranweg 5, 65201 Wiesbaden, Daten über die Beantragung, Aufnahme und Beendigung dieses .... -Vertrages übermittelt und Auskünfte über mich / uns von der Schufa erhält.
>
> Die Nordbank AG wird der Schufa darüber hinaus Daten auf Grund nicht vertragsgemäßen Verhaltens (z.B. Kartenmissbrauch, Forderungsbetrag nach Kündigung) übermitteln. Diese Meldungen dürfen nach dem Bundesdatenschutzgesetz nur erfolgen, soweit dies nach Abwägung aller betroffenen Interessen zulässig ist."

Sofern z.B. der Antragsteller bei einer Kontoeröffnung keine solche Einverständniserklärung unterschrieben hat und sein Name nicht in öffentlichen Schuldnerverzeichnissen auftaucht, gibt es über ihn auch keine Schufa-Akte.

Aufgaben

a) Aus welchen Gründen verlangen Sie von Frau Feldmann die Unterzeichnung der SCHUFA-Klausel?

b) Welche Aufgaben übernimmt die SCHUFA für die Kreditwirtschaft?

c) Welche Daten werden bei der SCHUFA gespeichert?

Im Rahmen der Kreditwürdigkeitsprüfung von Kunden werden von Kreditinstituten auch Scoringtabellen genutzt.

d) Was versteht man in diesem Zusammenhang von „Scoring"?

e) Nennen Sie Merkmale, die beim Scoring verwendet werden.

INFO

Kredite werden heute in immer stärkerem Maße unabhängig von Ort und Zeit vergeben. Dabei spielt die SCHUFA als serviceorientierter Dienstleister rund um die Kreditgewährung eine immer wichtigere Rolle.

Die SCHUFA-Gesellschaft ermöglicht es dem Versand- oder Internethändler, höherwertige Waren auf Rechnung zu verschicken, dem Kaufhaus, Kundenkarten mit Kreditfunktion auszugeben oder der Bank, Bar- und Girokredite nach kurzer Prüfung am Schalter zur Verfügung zu stellen.

Von den Leistungen der SCHUFA profitieren Unternehmen und Verbraucher gleichermaßen: Den Vertragspartnern erlauben die SCHUFA-Dienstleistungen eine schnelle und einfache Kreditvergabe bei reduzierten Risiko- und Kreditbearbeitungskosten. Der Nutzen für den Verbraucher ist umso höher, je rascher und verlässlicher Anfragen bearbeitet werden.

Die Schufa verwaltet einem Datenbestand von derzeit 362 Millionen Informationen zu 62 Millionen Personen und bearbeitet mehr als eine Million Anfragen pro Jahr. Für den Verbraucher sind folgende Fragen wichtig:

Zweck der Schufa

Sinn des zentralen Bonitäts-Registers ist nicht nur der Schutz von Kreditgebern aller Art vor "zweifelhafter Kundschaft": Die Schufa dient auch Verbraucherinteressen, wenn bei der Datenerfassung, -verarbeitung und vor allem Datenlöschung alles korrekt abläuft.

Ein Kreditgeber oder Lieferant braucht von kauf- oder kreditwilligen Kunden dadurch **keine Einzelnachweise** ihrer Zahlungsfähigkeit zu verlangen (z. B. in Form von Bürgschaften oder Verdienstbescheinigungen). Stattdessen wird mittels einer kurzen Datenbankabfrage geprüft, ob aufgrund des bisherigen Zahlungsverhaltens der betreffenden Person zu erwarten ist, dass Rechnungen oder laufende Raten, Gebühren und Tilgungen vereinbarungsgemäß bezahlt werden.

Zulässigkeit der Datenerfassung und –übermittlung

Solange sich die Schufa und ihre Vertragspartner an die Bestimmungen des Bundesdatenschutzgesetzes (insbesondere die der §§ 4a und 29 BDSG) halten und die Verhältnismäßigkeit der eingesetzten Mittel beachten, ist gegen die Erhebung und Übermittlung personenbezogener Daten grundsätzlich nichts einzuwenden.

Auszug aus dem Bundesdatenschutzgesetz (BDSG)

§ 4a Einwilligung

(1) Die Einwilligung ist nur wirksam, wenn sie auf der freien Entscheidung des Betroffenen beruht. Er ist auf den vorgesehenen Zweck der Erhebung, Verarbeitung oder Nutzung sowie, soweit nach den Umständen des Einzelfalles erforderlich oder auf Verlangen, auf die Folgen der Verweigerung der Einwilligung hinzuweisen. Die Einwilligung bedarf der Schriftform, soweit nicht wegen besonderer Umstände eine andere Form angemessen ist. Soll die Einwilligung zusammen mit anderen Erklärungen schriftlich erteilt werden, ist sie besonders hervorzuheben.

(2) ...

(3) Soweit besondere Arten personenbezogener Daten (§ 3 Abs. 9) erhoben, verarbeitet oder genutzt werden, muss sich die Einwilligung darüber hinaus ausdrücklich auf diese Daten beziehen.

§ 29 Geschäftsmäßige Datenerhebung und -speicherung zum Zweck der Übermittlung

(1) Das geschäftsmäßige Erheben, Speichern oder Verändern personenbezogener Daten zum Zweck der Übermittlung, insbesondere wenn dies der Werbung, der Tätigkeit von

Auskunfteien, dem Adresshandel oder der Markt- und Meinungsforschung dient, ist zulässig, wenn

1. kein Grund zu der Annahme besteht, dass der Betroffene ein schutzwürdiges Interesse an dem Ausschluss der Erhebung, Speicherung oder Veränderung hat, oder
2. die Daten aus allgemein zugänglichen Quellen entnommen werden können oder die verantwortliche Stelle sie veröffentlichen dürfte, es sei denn, dass das schutzwürdige Interesse des Betroffenen an dem Ausschluss der Erhebung, Speicherung oder Veränderung offensichtlich überwiegt.

§ 28 Abs. 1 Satz 2 ist anzuwenden.

(2) Die Übermittlung im Rahmen der Zwecke nach Absatz 1 ist zulässig, wenn

1. a) der Dritte, dem die Daten übermittelt werden, ein berechtigtes Interesse an ihrer Kenntnis glaubhaft dargelegt hat oder

b) es sich um listenmäßig oder sonst zusammengefasste Daten nach § 28 Abs. 3 Nr. 3 handelt, die für Zwecke der Werbung oder der Markt- oder Meinungsforschung übermittelt werden sollen, und

2. kein Grund zu der Annahme besteht, dass der Betroffene ein schutzwürdiges Interesse an dem Ausschluss der Übermittlung hat. § 28 Abs. 3 Satz 2 gilt entsprechend. Bei der Übermittlung nach Nummer 1 Buchstabe a sind die Gründe für das Vorliegen eines berechtigten Interesses und die Art und Weise ihrer glaubhaften Darlegung von der übermittelnden Stelle aufzuzeichnen. Bei der Übermittlung im automatisierten Abrufverfahren obliegt die Aufzeichnungspflicht dem Dritten, dem die Daten übermittelt werden.

(3) Die Aufnahme personenbezogener Daten in elektronische oder gedruckte Adress-, Telefon-, Branchen- oder vergleichbare Verzeichnisse hat zu unterbleiben, wenn der entgegenstehende Wille des Betroffenen aus dem zugrunde liegenden elektronischen oder gedruckten Verzeichnis oder Register ersichtlich ist. Der Empfänger der Daten hat sicherzustellen, dass Kennzeichnungen aus elektronischen oder gedruckten Verzeichnissen oder Registern bei der Übernahme in Verzeichnisse oder Register übernommen werden.

Ob die Datenschutzbestimmungen erfüllt sind, hängt zu allererst von der Einwilligung in die so genannte **Schufa-Klausel** ab: Und zwar sowohl hinsichtlich der Eintragung als auch in Bezug auf die Abfrage von Daten. Beides ist grundsätzlich nur den Schufa-Vertragspartnern erlaubt.

Personenbezogene Daten dürfen zwischen der Schufa und ihren Vertragspartnern nur dann weitergegeben werden, wenn ein "berechtigtes Interesse" im Sinne des Bundesdatenschutzgesetzes vorliegt. Das ist nur bei Geschäften von "nennenswertem Umfang" der Fall, an die ein "wirtschaftliches Risiko" geknüpft ist, das zum Beispiel beim Abschluss eines Kontovertrages oder Handyvertrages vorliegt. Zudem müssen die Schufa-Vertragspartner bei der Datenübermittlung die Verhältnismäßigkeit wahren, das heißt auch die eventuellen Folgen eines Negativeintrags für den Kunden im Auge haben.

Wer veranlasst den Schufa-Eintrag?

Die Schufa selbst stellt nur die Datenbank zur Verfügung und übernimmt Schuldner-Informationen aus öffentlichen Verzeichnissen sowie amtlichen Bekanntmachungen. Eingetragen und abgefragt werden die Datensätze von den derzeit rund 4.500 Vertragspartnern, d.h. Unternehmen, die Schufa-Kunden sind. Diese stammen überwiegend aus dem Kredit- und Handelsgewerbe (Banken, Versandhandelshäuser etc.), zunehmend aber auch aus dem Dienstleistungsbereich (z.B. Telekommunikationsunternehmen).

Mögliche Einträge

Festgehalten werden die persönlichen Angaben des Kunden (Name, Geburtsdatum- und -ort sowie aktuelle und ehemalige Anschriften), soweit er sich mit der Übermittlung seiner Daten ausdrücklich einverstanden erklärt hat.

Gespeichert werden sowohl positive als auch negative Merkmale. Das kann zum Beispiel die Eröffnung eines Girokontos, die Vergabe einer Kreditkarte, der Abschluss eines Darlehens-, Leasing- und Ratenzahlungsvertrages oder auch der Kauf eines Handys sein. Vertragsgetreues Kundenverhalten (z B. die rechtzeitige Bezahlung von Raten, Gebühren oder Kredite in der vereinbarten Höhe), wird normalerweise nicht dokumentiert.

Stattdessen konzentriert sich die Schufa auf so genannte Zahlungsstörungen (etwa in Form unbezahlter Rechnungen oder rückständiger Ratenzahlungen) sowie Kontenmissbrauch durch Kunden und/oder Kontenkündigungen durch Vertragspartner. Erhoben werden außerdem Angaben aus öffentlichen Verzeichnissen und amtlichen Bekanntmachungen, insbesondere "eidesstattlichen Erklärungen" (EV, vormals "Offenbarungseid"- jetzt „Vermögensauskunft"), Haftbefehle zur Erzwingung eidesstattlicher Erklärungen, private Insolvenzverfahren, Abweisung und Einstellung von Verbraucherinsolvenzverfahren mangels Masse.

Was passiert nach der Erledigung des Schufa-Eintrags?

Nicht jeder Schufa-Eintrag bekommt einen Erledigungsvermerk. Wenn zum Beispiel ordnungsgemäß bediente Kredite nach der letzten Zins- und Tilgungszahlung nicht als erledigt gekennzeichnet werden, stellt das kein Problem dar: Die Mitarbeiter anfragender Vertragspartner erkennen anhand der Kredit-Konditionen und der Laufzeit, dass der Vertrag erfüllt ist.

Hinweise auf erledigte Darlehen ohne aufgetretene Zahlungsstörungen stellen grundsätzlich sogar ein Positivmerkmal dar: Sie gelten als Hinweis darauf, dass ein Kunde "Krediterfahrung" hat sowie bereit und in der Lage ist, eingegangenen Verpflichtungen nachzukommen.

Von großer Bedeutung ist die Eintragung von Erledigungsvermerken jedoch bei Zahlungsstörungen - etwa beim verspäteten, aber restlosen Begleichen einer Forderung. Dabei kann es zu Fehlern kommen:

Wenn ein Schufa-Vertragspartner die Zahlungsstörung meldet, das Eintreiben seiner Forderungen dann aber einem Inkassobüro überlässt, das seinerseits nicht Mitglied in der Schufa ist, unterbleibt der Erledigungsvermerk vielfach: Für Abhilfe sorgt in solchen Fällen nur eine Eigenauskunft mit anschließender Aufforderung an den ursprünglichen Vertragspartner, den Erledigungsvermerk vorzunehmen.

Ersatzweise kann man den Erledigungsvermerk auch direkt von der Schufa verlangen: Dafür muss der Sachverhalt aus Verbrauchersicht dargestellt werden. Die entsprechenden Nachweise müssen der Schufa in Kopie zur Verfügung gestellt werden (zum Beispiel die Quittung oder das Erledigungsschreiben des Inkassobüros).

Löschung und Auskunft

Es gibt keine sofortige Löschautomatik (beispielsweise nach einer vertragsgemäßen oder verspäteten Erledigung): Gelöscht werden Schufa-Einträge aller Art generell erst am Ende des dritten Kalenderjahres nach dem Jahr der Eintragung. Je nach Eintragsart gelten jedoch unterschiedliche Fristen:

- Sofort gelöscht werden nur Einträge, die unzulässig gespeichert worden sind. Nachweislich falsche Daten werden berichtigt. Beides muss vom Betroffenen selbst veranlasst werden. Voraussetzung dafür ist in aller Regel eine Eigenauskunft.
- **Negativeinträge** in Form von Mitteilungen über nicht vertragsgemäß abgewickelte Geschäfte ("Saldo Fälligstellung") werden frühestens am Ende des dritten Kalenderjahres nach Eintragung gelöscht. Eine Eintragung vom 22. Juni 2017 über ein "Konto in Abwicklung" taucht also erst am 1. Januar 2021 nicht mehr in der Schufa-Datenbank auf. Die Schufa-Vertragspartner haben die Möglichkeit, diese Frist durch regelmäßige **"Salden-Nachmeldungen"** zu verlängern: Das tun sie schon allein deshalb, weil sich die Höhe der Forderungen durch die auflaufenden Zinsen erhöht. Der Zeitpunkt einer eventuellen Erledigung spielt in dem Fall für den Löschtermin keine Rolle.
- Geht ein Geschäftsvorgang obendrein in das gerichtliche Mahnverfahren und erwirbt der Gläubiger einen gerichtlichen Vollstreckungstitel (Vollstreckungsbescheid), dann entsteht eine **"titulierte Forderung"**: Solche Schufa-Einträge werden taggenau drei Jahre nach einer Erledigung automatisch aus der Schufa-Datenbank entfernt. Angenommen der Gläubiger der am 8. Februar 2017 bei der Schufa eingetragenen Forderung erwirkt einen Vollstreckungsbescheid und der Schuldner zahlt am 22. Juni 2017, dann verschwindet der Negativeintrag am 22. Juni 2020.
- Informationen aus **öffentlichen Schuldnerverzeichnissen**, Insolvenzverfahren und Erzwingungs-Haftbefehle werden von der Schufa ebenfalls nach drei Jahren gelöscht - gerechnet wiederum ab dem Zeitpunkt, an dem das Gericht die Löschung vorgenommen hat.
- Im Unterschied zu den sonstigen Schufa-Einträgen haben Schuldner hierbei allerdings die Möglichkeit, von der Schufa die sofortige Löschung zu verlangen. Sie müssen dafür die Löschungsurkunde des Amtsgerichts vorweisen können.

Wer sieht was?

- Am umfangsreichsten ist die **Eigenauskunft**: Nur der Betroffene selbst erhält seinen kompletten Datensatz. Er erkennt sämtliche Anfragen aus den letzten zwölf Monate sowie Eintragungen und Erledigungs- oder Löschvermerke. In jedem Einzelfall kann er erkennen, wann welches Unternehmen die Anfrage gestellt oder die Eintragung vorgenommen hat.
- Die Mitarbeiter von **"A-Vertragspartnern"** der Schufa (Banken und Sparkassen) sehen "bankrelevante" Positiv- und Negativinformationen sowie die Negativinformationen von Unternehmen anderer Branchen (z. B. die von Telefongesellschaften oder Versandhändlern). Sie erfahren jedoch nicht, bei welchen Unternehmen der Betroffene Kunde ist. A-Partner sehen außerdem, ob ein anderes Unternehmen in den letzten zehn Tagen eine Auskunft über ihn bei der Schufa eingeholt hat.
- **B-Vertragspartner** (Handelsunternehmen) werden lediglich über die Art vorliegender Zahlungsstörungen informiert, nicht jedoch über die Branche oder gar darüber, um welche konkreten Unternehmen es sich handelt. Auch Telekommunikationsunternehmen gehören zu den B-Partnern. Sie wiederum erhalten zusätzlich Positiv- und Negativinformationen aus ihrer Branche.

Eigenauskunft

Gemäß § 34 Bundesdatenschutzgesetz können Betroffene schriftlich und unentgeltlich Auskunft verlangen über

- die zu ihrer Person gespeicherten Daten und deren Herkunft,

- den Zweck der Speicherung und
- die Empfänger, an die Daten weitergegeben werden.

Eine **gebührenfreie Auskunft** bekommt man nur dann, wenn man persönlich an einem der Schufa-Verbraucherservicestellen erscheint und die Auskunft verlangt. Dort darf man aber nur einen gebührenfreien Blick auf die über den Betroffenen gespeicherten Daten werfen.

Wenn man einen Ausdruck für seine Unterlagen machen möchte oder gleich eine schriftliche Auskunft per Post verlangt, kostet der Service 7,80 Euro.

Schufa-Scoring: SCHUFA Score I & II – Die Bonität des Verbrauchers in Zahlen

Vor einigen Jahren wurde das Angebot der SCHUFA um eine weitere Dienstleistung erweitert: Den Auskunft-Scoring-Service (ASS).

Ein Score (Punktwert) stellt eine Prognose über das künftige Verhalten von Personengruppen dar, die auf der Grundlage von statistisch-mathematischen Analyseverfahren berechnet wird. Es handelt sich nicht um die Bewertung der Bonität eines konkreten Kunden, sondern um die Einschätzung der Kreditwürdigkeit einer Gruppe, der dieser Kunde angehört. Dieser Score variiert je nach angefragtem Unternehmen. Deswegen kann es bei unterschiedlichen Vertragspartnern auch unterschiedliche Scores geben. Hierbei wird unterschieden in den drei Gruppen:

- Banken-, Leasing- und Kreditkartenunternehmen,
- Handelsunternehmen,
- Telekommunikationsunternehmen.

Der Score, gemessen in Werten zwischen 0 (schlechtester Wert) und 1.000 (bester Wert), soll also das durchschnittliche Risiko aller Personen mit gleichem Datenprofil charakterisieren. Er wird ergänzt um einen Prozentsatz, der angibt, wie hoch die Wahrscheinlichkeit einer Störung bei Kunden mit diesem Datenprofil ist.

Mit einem (miserablen) Schufa-Scoring von 130 landet man bei einer Bankanfrage in Ratingstufe "K", eine Telefongesellschaft würde den Betroffenen in Stufe "H" einordnen. Jeder Ratingstufe wiederum entspricht ein branchenspezifisches statistisches Risiko: Wird dem Kreditsachbearbeiter der Bank auf seine Schufa-Anfrage hin der Score-Wert 130 = Ratingstufe "K" rückgemeldet, dann müsste er damit rechnen, dass es bei einer Darlehensvergabe mit einer Wahrscheinlichkeit von 20 Prozent zu einer "Vertragsstörung" kommt, d.h. in einem von fünf Fällen droht ein Zahlungsausfall.

Das Score-Ergebnis wird nicht im SCHUFA-Datenbestand gespeichert und ist deshalb auch nicht Inhalt der Eigenauskunft an den Betroffenen. Man kann ihn sich allerdings bei der SCHUFA zusätzlich errechnen lassen. Die SCHUFA ist allerdings nicht bereit, die Berechnung des Scores zu veröffentlichen, da sie hierdurch Risiken für die Aussagekraft des Scores sieht. Denn "kriminelle" Subjekte könnten dann ihren Score zu ihren Gunsten beeinflussen.

Beispiele für Merkmale, die im Score berücksichtigt sein könnten:

Negativmerkmale

Hat der Betroffene eine eidesstattliche Erklärung/Vermögensauskunft abgelegt oder wurde ihm eine Haftandrohungen ausgesprochen, so wirkt dies äußerst negativ auf seinen Score. Auch das vom einem Mobilfunkbetreiber gemeldete "Nichtbezahlen einer Rechnung" wirkt negativ auf den Score. Gleiches gilt für überzogene Girokonten, vergessene Ratenzahlungen etc.

Wohnsitzwechsel

Ein häufiger Wohnsitzwechsel wirkt wegen der "fehlenden" Stetigkeit negativ, ein seltener Wechsel positiv.

Alter

Hier gilt der Grundsatz, desto älter desto besser. Das beste Alter liegt bei ca. 50 Jahren. Das "schlechteste" bei 18.

Kontoverbindungen

Ein häufiger Wechsel bzw. viele Kontoverbindungen wirken sich negativ auf den Score aus.

Kreditaufnahme

Jede Kreditaufnahme wirkt dämpfend auf den Score. Gerade häufige "Kleinkredite" bei Versandhäusern etc. können den Score in den Keller treiben.

Wohnort

Auch Ihr Wohnort ist nicht irrelevant. Ganze Regionen wie z.B. die Neuen Bundesländer sind für den Score ein klares Negativmerkmal.

Datenschützer sehen in dem Score eine klare Verletzung des Datenschutzes. Das Verfahren gilt als undurchsichtig und ist deshalb umstritten. Zumal nur wenige Bürger überhaupt von dem Score wissen.

1.2.2 Die Allgemeinen Geschäftsbedingungen (AGB)

Die Allgemeinen Geschäftsbedingungen werden den Kunden von den Kreditinstituten als vorformulierte Vertragsbedingungen vorgegeben.

Lernsituation

Georg Ehring ist neuer Kunde der Nordbank AG in Hamburg. Bei der Eröffnung seines Girokontos verlangt die Nordbank AG die Anerkennung ihrer Allgemeinen Geschäftsbedingungen.

Aufgaben

a) Wie begründen Sie dieses Erfordernis?
b) Welche Bedeutung haben die Allgemeinen Geschäftsbedingungen für die Kunden und die Bank?
c) Nennen Sie zwei Pflichten für Bankkunden, die sich aus den Allgemeinen Geschäftsbedingungen der Banken und Sparkassen ergeben.
d) In den AGB der Nordbank AG findet Herr Ehring den Hinweis, dass die Nordbank AG vierteljährlich für Girokonten einen Rechnungsabschluss erstellt. Stellen Sie fest, wann der Rechnungsabschluss rechtswirksam wird!

e) Erläutern Sie Herrn Ehring, welche Auswirkung es für ihn hat, wenn ein Rechnungsabschluss genehmigt ist und er anschließend feststellt, dass dem Kontokorrentkonto vor diesem Rechnungsabschluss eine von ihm nicht autorisierte Überweisung belastet wurde!

f) In den AGB findet Herr Ehring auch einen Hinweis zur Einlagensicherung von Privatbanken. Erklären Sie Herrn Ehring den Einlagenschutz im Rahmen des privaten Bankgewerbes!

INFO

Im heutigen Wirtschaftsleben spielen vorformulierte Vertragsbedingungen eine besondere Rolle, die eine Vertragspartei (Verwender) der anderen Vertragspartei beim Abschluss eines Vertrages stellt, ohne dass über den Inhalt dieser Bedingungen zwischen den Vertragsparteien verhandelt worden ist. Der Grund für die Verwendung solcher AGB besteht darin, dass die Vorschriften des BGB über die einzelnen Vertragstypen die Interessen der Vertragsschließenden nur recht allgemein berücksichtigen können und dass häufig Sonderregeln im Hinblick auf die speziellen Interessen der Vertragspartner erforderlich sind. Die AGB enthalten diese Sonderregeln und werden formuliert, damit nicht jedes Mal von Neuem bei gleichen Verträgen umfangreiche und komplizierte Regelungen gesucht und ausgehandelt werden müssen. Neben diesem Rationalisierungseffekt kann der Aussteller und Verwender von AGB eigene Interessen durch für ihn vorteilhafte Bestimmungen besonders schützen. Hierin liegt aber dann auch die Gefahr, dass AGB einseitig zum Vorteil des Verwenders formuliert sind und der andere Vertragspartner nicht in der Lage ist, ihre Änderung durchzusetzen, etwa wenn eine ganze Branche Leistungen nur nach gleichen AGB anbietet oder wenn es sich um ein marktbeherrschendes Unternehmen handelt. Die Rechtsprechung hat versucht, dieser Gefahr des Missbrauchs von AGB dadurch entgegenzuwirken, dass sie unangemessene Regelungen für nichtig erklärte und die Einbeziehung der AGB in den Einzelvertrag von bestimmten Voraussetzungen abhängig machte. Das Schuldrechtmodernisierungsgesetz hat die Vorschriften des AGB-Gesetzes weitgehend inhaltlich unverändert in das BGB als neue §§ 305 bis 310 eingefügt.

Zur gesetzlichen Regelung

Eine Beschreibung des Begriffs der Allgemeinen Geschäftsbedingungen enthält § 305 Abs. 1 BGB. In § 305 Abs. 2 und 3 BGB wird geregelt, wie AGB Bestandteil des einzelnen Vertrages werden können. § 305 c Abs. 1 BGB verbietet sog. überraschende Klauseln, d.h. Bestimmungen, die so ungewöhnlich sind, dass der Vertragspartner des Verwenders mit ihnen nicht zu rechnen braucht. Beispiel: In einen Kaufvertrag werden AGB einbezogen, die den Käufer verpflichten, den wartungsbedürftigen Kaufgegenstand nur von dem Verkäufer entgeltlich warten zu lassen.

Bedeutsam ist auch die Unklarheitenregel des § 305 c Abs. 2 BGB, wonach Zweifel bei der Auslegung von AGB zu Lasten des Verwenders gehen. Sind AGB ganz oder teilweise entgegen den Erwartungen der Parteien nicht Vertragsbestandteil geworden, so bleibt der Vertrag im Übrigen wirksam, wenn nicht ein Festhalten an dem Vertrag eine unzumutbare Härte für eine Vertragspartei darstellen würde. Entsteht infolge der Nichtgeltung von AGB eine Vertragslücke, so ist sie durch die gesetzlichen Vorschriften zu schließen, die abbedungen werden sollten (vgl. § 306 BGB). In den §§ 307 bis 309 BGB werden die Voraussetzungen genannt, die zur Unwirksamkeit von AGB führen.

Einbeziehung der AGB in den einzelnen Vertrag

Nach § 305 Abs. 2 BGB werden die AGB nur dann Bestandteil eines Vertrages, wenn der Verwender bei Vertragsschluss die andere Vertragspartei ausdrücklich oder durch deutlich sichtbaren Aushang am Ort des Vertragsschlusses auf die AGB hingewiesen und dem anderen Vertragspartner die Möglichkeit verschafft hat, in zumutbarer Weise von ihrem Inhalt Kenntnis zu nehmen, wobei auch eine für den Verwender erkennbare körperliche Behinderung, z.B. eine Sehschwäche, angemessen berücksichtigt werden muss. Außerdem muss die andere Vertragspartei mit der Geltung der AGB einverstanden sein. § 305 Abs. 2 BGB schafft also gegenüber der nach dem BGB geltenden Regelung zusätzliche Voraussetzungen. So genügt es z.B. nicht, dass sich der andere Vertragspartner mit der Geltung der ihm unbekannten AGB einverstanden erklärt, wenn er nicht in zumutbarer Weise Kenntnis nehmen konnte.

Allgemeine Geschäftsbedingungen der Banken

Die AGB sind Rahmenvereinbarungen, die für die gesamte Geschäftsverbindung zwischen dem Kunden und dem Kreditinstitut gelten. Sie regeln die allgemeinen Rechte und Pflichten der Kunden und der Kreditinstitute mit dem Ziel, eine weitgehend einheitliche und dadurch schnelle und kostengünstige Abwicklung der Bankgeschäfte zu ermöglichen. Die AGB müssen Vertragsbestandteil des Kontovertrages sein, damit sie für die Geschäftsbeziehung gelten. Im Wesentlichen enthalten die AGB

- Vorschriften über die Kontoführung
- Mitwirkungspflichten des Kunden, z.B. bei einem Wohnsitzwechsel dem Kreditinstitut die neue Anschrift mitteilen
- Entgeltregelungen
- Kündigungsregelungen

Auszug aus den AGB der Banken

2. Bankgeheimnis und Bankauskunft

(1) (Bankgeheimnis) Die Bank ist zur Verschwiegenheit über alle kundenbezogenen Tatsachen und Wertungen verpflichtet, von denen sie Kenntnis erlangt (Bankgeheimnis). Informationen über den Kunden darf die Bank nur weitergeben, wenn gesetzliche Bestimmungen dies gebieten oder der Kunde eingewilligt hat oder die Bank zur Erteilung einer Bankauskunft befugt ist.

(2) (Bankauskunft) Eine Bankauskunft enthält allgemein gehaltene Feststellungen und Bemerkungen über die wirtschaftlichen Verhältnisse des Kunden, seine Kreditwürdigkeit und Zahlungsfähigkeit; betragsmäßige Angaben über Kontostände, Sparguthaben, Depot- oder sonstige der Bank anvertraute Vermögenswerte sowie Angaben über die Höhe von Kreditinanspruchnahmen werden nicht gemacht.

(3) (Voraussetzungen für die Erteilung einer Bankauskunft) Die Bank ist befugt, über juristische Personen und im Handelsregister eingetragene Kaufleute Bankauskünfte zu erteilen, sofern sich die Anfrage auf ihre geschäftliche Tätigkeit bezieht. Die Bank erteilt jedoch keine Auskünfte, wenn ihr eine anderslautende Weisung des Kunden vorliegt. Bankauskünfte über andere Personen, insbesondere über Privatkunden und Vereinigungen, erteilt die Bank nur dann, wenn diese generell oder im Einzelfall ausdrücklich zugestimmt haben. Eine Bankauskunft wird nur erteilt, wenn der Anfragende ein berechtigtes Interesse an der gewünschten Auskunft glaubhaft dargelegt hat und kein Grund zu der

Annahme besteht, dass schutzwürdige Belange des Kunden der Auskunftserteilung entgegenstehen.

(4) (Empfänger von Bankauskünften) Bankauskünfte erteilt die Bank nur eigenen Kunden sowie anderen Kreditinstituten für deren Zwecke oder die ihrer Kunden.

5. Verfügungsberechtigung nach dem Tod des Kunden

Nach dem Tod des Kunden kann die Bank zur Klärung der Verfügungsberechtigung die Vorlegung eines Erbscheins, eines Testamentsvollstreckerzeugnisses oder weiterer hierfür notwendiger Unterlagen verlangen; fremdsprachige Urkunden sind auf Verlangen der Bank in deutscher Übersetzung vorzulegen. Die Bank kann auf die Vorlage eines Erbscheins oder eines Testamentsvollstreckerzeugnisses verzichten, wenn ihr eine Ausfertigung oder eine beglaubigte Abschrift der letztwilligen Verfügung (Testament, Erbvertrag) nebst zugehöriger Eröffnungsniederschrift vorgelegt wird. Die Bank darf denjenigen, der darin als Erbe oder Testamentsvollstrecker bezeichnet ist, als Berechtigten ansehen, ihn verfügen lassen und insbesondere mit befreiender Wirkung an ihn leisten. Dies gilt nicht, wenn der Bank bekannt ist, dass der dort Genannte (z.B. nach Anfechtung oder wegen Nichtigkeit des Testaments) nicht verfügungsberechtigt ist, oder wenn ihr dies in Folge Fahrlässigkeit nicht bekannt geworden ist.

Kontoführung

7. Rechnungsabschlüsse bei Kontokorrentkonten

(1) Erteilung der Rechnungsabschlüsse
Die Bank erteilt bei einem Kontokorrentkonto, sofern nicht etwas anderes vereinbart ist, jeweils zum Ende eines Kalenderquartals einen Rechnungsabschluss; dabei werden die in diesem Zeitraum entstandenen beiderseitigen Ansprüche (einschl. der Zinsen und Entgelte der Bank) verrechnet. Die Bank kann auf den Saldo, der sich aus der Verrechnung ergibt, nach Nr. 12 dieser Geschäftsbedingungen ... Zinsen berechnen.

(2) Frist für Einwendungen; Genehmigung durch Schweigen
Einwendungen wegen Unrichtigkeit oder Unvollständigkeit eines Rechnungsabschlusses hat der Kunde spätestens innerhalb von sechs Wochen nach dessen Zugang zu erheben; macht er seine Einwendungen schriftlich geltend, genügt die Absendung innerhalb der Sechs-Wochen-Frist. Das Unterlassen rechtzeitiger Einwendungen gilt als Genehmigung. Auf diese Folge wird die Bank bei Erteilung des Rechnungsabschlusses besonders hinweisen. Der Kunde kann auch nach Fristablauf eine Berichtigung des Rechnungsabschlusses verlangen, muss dann aber beweisen, dass zu Unrecht sein Konto belastet oder eine ihm zustehende Gutschrift nicht erteilt wurde.

8. Storno- und Berichtigungsbuchen der Bank

(1) Vor Rechnungsabschluss
Fehlerhafte Gutschriften auf Kontokorrentkonten (z.B. wegen einer falschen Kontonummer) darf die Bank bis zum nächsten Rechnungsabschluss durch eine Belastungsbuchung rückgängig machen, soweit ihr ein Rückzahlungsanspruch gegen den Kunden zusteht; der Kunde kann in diesem Fall gegen die Belastungsbuchung nicht einwenden, dass er in Höhe der Gutschrift bereits verfügt hat (Stornobuchung).

(2) Nach Rechnungsabschluss
Stellt die Bank eine fehlerhafte Gutschrift erst nach einem Rechnungsabschluss fest und steht ihr ein Rückzahlungsanspruch gegen den Kunden zu, so wird sie in Höhe ihres An-

spruchs sein Konto belasten (Berichtigungsbuchung). Erhebt der Kunde gegen die Berichtigungsbuchung Einwendungen, so wird die Bank den Betrag dem Konto wieder gutschreiben und ihren Rückzahlungsanspruch gesondert geltend machen.

(3) Information des Kunden; Zinsberechnung
Über Storno- und Berichtigungsbuchungen wird die Bank den Kunden unverzüglich unterrichten. Die Buchungen nimmt die Bank hinsichtlich der Zinsberechnung rückwirkend zu dem Tag vor, an dem die fehlerhafte Buchung durchgeführt wurde.

11. Mitwirkungspflichten des Kunden

(1) (Änderungen von Name, Anschrift oder einer gegenüber der Bank erteilten Vertretungsmacht) Zur ordnungsgemäßen Abwicklung des Geschäftsverkehrs ist es erforderlich, dass der Kunde der Bank Änderungen seines Namens und seiner Anschrift sowie das Erlöschen oder die Änderung einer gegenüber der Bank erteilten Vertretungsmacht (insbesondere einer Vollmacht) unverzüglich mitteilt. Diese Mitteilungspflicht besteht auch dann, wenn die Vertretungsmacht in ein öffentliches Register (z.B. in das Handelsregister) eingetragen ist und ihr Erlöschen oder ihre Änderung in dieses Register eingetragen wird.

(2) (Klarheit von Aufträgen) Aufträge jeder Art müssen ihren Inhalt zweifelsfrei erkennen lassen. Nicht eindeutig formulierte Aufträge können Rückfragen zur Folge haben, die zu Verzögerungen führen können. Vor allem hat der Kunde bei Aufträgen zur Gutschrift auf einem Konto (z.B. bei Überweisungsaufträgen) auf die Richtigkeit und Vollständigkeit des Namens des Zahlungsempfängers, der angegebenen Kontonummer und der angegebenen Bankleitzahl und der angegebenen Auftragswährung zu achten. Änderungen, Bestätigungen oder Wiederholungen von Aufträgen müssen als solche gekennzeichnet sein.

(3) (Besonderer Hinweis bei Eilbedürftigkeit der Ausführung eines Auftrags) Hält der Kunde bei der Ausführung eines Auftrags besondere Eile für nötig, hat er dies der Bank gesondert mitzuteilen. ...

(4) (Prüfung und Einwendungen bei Mitteilungen der Bank) Der Kunde hat Kontoauszüge, Wertpapierabrechnungen, Depot- und Erträgnisaufstellungen, sonstige Abrechnungen, Anzeigen über die Ausführung von Aufträgen und Überweisungen sowie Informationen über erwartete Zahlungen und Sendungen (Avise) auf ihre Richtigkeit und Vollständigkeit unverzüglich zu überprüfen und etwaige Einwendungen unverzüglich zu erheben.

(5) (Benachrichtigung der Bank bei Ausbleiben von Mitteilungen) Falls Rechnungsabschlüsse und Depotaufstellungen dem Kunden nicht zugehen, muss er die Bank unverzüglich benachrichtigen. Die Benachrichtigungspflicht besteht auch beim Ausbleiben anderer Mitteilungen, deren Eingang der Kunde erwartet (Wertpapierabrechnungen, Kontoauszüge nach der Ausführung von Aufträgen des Kunden oder über Zahlungen, die der Kunde erwartet).

Kosten der Bankdienstleistungen

12. Zinsen, Entgelte und Auslagen

(1) (Zinsen und Entgelte im Privatkundengeschäft) Die Höhe der Zinsen und Entgelte für die im Privatkundengeschäft üblichen Kredite und Leistungen ergibt sich aus dem „Preisaushang – Regelsätze im standardisierten Privatkundengeschäft" und ergänzend aus den „Preis- und Leistungsverhältnis". ...

(4) (Kündigungsrecht des Kunden bei Erhöhungen von Zinsen und Entgelten) Die Bank wird dem Kunden Änderungen von Zinsen und Entgelten nach Absatz 3 mitteilen. Bei ei-

ner Erhöhung kann der Kunde, sofern nichts anderes vereinbart ist, die davon betroffene Geschäftsbeziehung innerhalb von 6 Wochen nach Bekanntgabe der Änderung mit sofortiger Wirkung kündigen. ...

13. Bestellung oder Verstärkung von Sicherheiten

(1) (Anspruch der Bank auf Bestellung von Sicherheiten) Die Bank kann für alle Ansprüche aus der bankmäßigen Geschäftsverbindung die Bestellung bankmäßiger Sicherheiten verlangen, und zwar auch dann, wenn die Ansprüche bedingt sind (z.B. Aufwendungsersatzanspruch wegen der Inanspruchnahme aus einer für den Kunden übernommenen Bürgschaft). Hat der Kunde gegenüber der Bank eine Haftung für Verbindlichkeiten eines anderen Kunden der Bank übernommen (z.B. als Bürge), so besteht für die Bank ein Anspruch auf Bestellung oder Verstärkung von Sicherheiten im Hinblick auf die aus der Haftungsübernahme folgende Schuld jedoch erst ab ihrer Fälligkeit.

(2) (Veränderungen des Risikos) Hat die Bank bei der Entstehung von Ansprüchen gegen den Kunden zunächst ganz oder teilweise davon abgesehen, die Bestellung oder Verstärkung von Sicherheiten zu verlangen, kann sie auch später noch eine Besicherung fordern. Voraussetzung hierfür ist jedoch, dass Umstände eintreten oder bekannt werden, die eine erhöhte Risikobewertung der Ansprüche gegen den Kunden rechtfertigen. Dies kann insbesondere der Fall sein, wenn

- sich die wirtschaftlichen Verhältnisse nachteilig verändert haben oder sich zu verändern drohen, oder
- sich die vorhandenen Sicherheiten wertmäßig verschlechtert haben oder zu verschlechtern drohen.

Der Besicherungsanspruch der Bank besteht nicht, wenn ausdrücklich vereinbart ist, dass der Kunde keine oder ausschließlich im Einzelnen benannte Sicherheiten zu bestellen hat. Bei Verbraucherdarlehensverträgen besteht ein Anspruch auf die Bestellung oder Verstärkung von Sicherheiten nur, soweit die Sicherheiten im Kreditvertrag angegeben sind; wenn der Nettokreditbetrag 50.000 EUR übersteigt, besteht der Anspruch auf Bestellung oder Verstärkung auch dann, wenn der Kreditvertrag keine oder keine abschließenden Angaben über Sicherheiten enthält.

14. Vereinbarung eines Pfandrechts zu Gunsten der Bank

(1) (Einigung über das Pfand) Der Kunde und die Bank sind sich darüber einig, dass die Bank ein Pfandrecht an den Wertpapieren und Sachen erwirbt, an denen eine inländische Geschäftsstelle im bankmäßigen Geschäftsverkehr Besitz erlangt hat oder noch erlangen wird. Die Bank erwirbt ein Pfandrecht auch an den Ansprüchen, die dem Kunden gegen die Bank aus der bankmäßigen Geschäftsverbindung zustehen oder künftig zustehen werden (z.B. Kontoguthaben).

(2) (Gesicherte Ansprüche) Das Pfandrecht dient der Sicherung aller bestehenden, künftigen und bedingten Ansprüche, die der Bank mit ihren sämtlichen in- und ausländischen Geschäftsstellen aus der bankmäßigen Geschäftsverbindung gegen den Kunden zustehen. Hat der Kunde gegenüber der Bank eine Haftung für Verbindlichkeiten eines anderen Kunden der Bank übernommen (z.B. als Bürge), so sichert das Pfandrecht die aus der Haftungsübernahme folgende Schuld jedoch erst ab ihrer Fälligkeit.

(3) ...

(4) (Zins- und Gewinnanteilscheine) Unterliegen dem Pfandrecht der Bank Wertpapiere, ist der Kunde nicht berechtigt, die Herausgabe der zu diesen Papieren gehörenden Zins- und Gewinnanteilsscheine zu verlangen.

17. Verwertung von Sicherheiten

(1) (Wahlrecht der Bank) Wenn die Bank verwertet, hat sie unter mehreren Sicherheiten die Wahl. Sie wird bei der Verwertung und bei der Auswahl der zu verwertenden Sicherheiten auf die berechtigten Belange des Kunden und eines dritten Sicherungsgebers, der für die Verbindlichkeiten des Kunden Sicherheiten bestellt hat, Rücksicht nehmen.

(2) (Erlösgutschrift nach dem Umsatzsteuerrecht) Wenn der Verwertungsvorgang der Umsatzsteuer unterliegt, wird die Bank dem Kunden über den Erlös eine Gutschrift erteilen, die als Rechnung für die Lieferung der als Sicherheit dienenden Sache gilt und den Voraussetzungen des Umsatzsteuerrechts entspricht.

18. Kündigungsrechte des Kunden

(1) (Jederzeitiges Kündigungsrecht) Der Kunde kann die gesamte Geschäftsverbindung oder einzelne Geschäftsbeziehungen (z.B. den Scheckvertrag), für die weder eine Laufzeit noch eine abweichende Kündigungsregelung vereinbart ist, jederzeit ohne Einhaltung einer Kündigungsfrist kündigen.

(2) (Kündigung aus wichtigem Grund) Ist für eine Geschäftsbeziehung eine Laufzeit oder eine abweichende Kündigungsregelung vereinbart, kann eine fristlose Kündigung nur dann ausgesprochen werden, wenn hierfür ein wichtiger Grund vorliegt, der es dem Kunden, auch unter angemessener Berücksichtigung der berechtigten Belange der Bank, unzumutbar werden lässt, die Geschäftsbeziehung fortzusetzen.

19. Kündigungsrechte der Bank

(1) (Kündigung unter Einhaltung einer Kündigungsfrist) Die Bank kann die gesamte Geschäftsverbindung oder einzelne Geschäftsbeziehungen, für die weder eine Laufzeit noch eine abweichende Kündigungsregelung vereinbart ist, jederzeit unter Einhaltung einer angemessenen Kündigungsfrist kündigen (z.B. den Scheckvertrag, der zur Nutzung der Scheckkarte und von Scheckvordrucken berechtigt). Bei der Bemessung der Kündigungsfrist wird die Bank auf die berechtigten Belange des Kunden Rücksicht nehmen. Für die Kündigung der Führung von laufenden Konten und Depots beträgt die Kündigungsfrist mindestens sechs Wochen.

(2) (Kündigung unbefristeter Kredite) Kredite und Kreditzusagen, für die weder eine Laufzeit noch eine abweichende Kündigungsregelung vereinbart ist, kann die Bank jederzeit ohne Einhaltung einer Kündigungsfrist kündigen. Die Bank wird bei der Ausübung dieses Kündigungsrechts auf die berechtigten Belange des Kunden Rücksicht nehmen.

(3) (Kündigung aus wichtigem Grund ohne Einhaltung einer Kündigungsfrist) Eine fristlose Kündigung der gesamten Geschäftsverbindung oder einzelner Geschäftsbeziehungen ist zulässig, wenn ein wichtiger Grund vorliegt, der der Bank, auch unter angemessener Berücksichtigung der berechtigten Belange des Kunden, deren Fortsetzung unzumutbar werden lässt. Ein solcher Grund liegt insbesondere vor, wenn der Kunde unrichtige Angaben über seine Vermögenslage gemacht hat, die für die Entscheidung der Bank über eine Kreditgewährung oder über andere mit Risiken für die Bank verbundenen Geschäfte (z.B. Aushändigung einer Zahlungskarte) von erheblicher Bedeutung waren, oder wenn eine wesentliche Verschlechterung seiner Vermögensverhältnisse des Kunden oder der Werthaltigkeit einer Sicherheit eintritt oder einzutreten droht und dadurch die Rückzahlung des

Darlehens oder die Erfüllung einer sonstigen Verbindlichkeit gegenüber der Bank – auch unter Verwertung einer hierfür bestehenden Sicherheit - gefährdet ist, oder wenn der Kunde seiner Verpflichtung zur Bestellung oder Verstärkung von Sicherheiten nach Nr. 13 Abs. 2 dieser Geschäftsbedingungen oder aufgrund einer sonstigen Vereinbarung nicht innerhalb der von der Bank gesetzten angemessenen Frist nachkommt. Besteht der wichtige Grund in der Verletzung einer vertraglichen Pflicht, ist die Kündigung erst nach erfolglosen Ablauf einer zur Abhilfe bestimmten angemessenen Frist oder nach erfolgloser Abmahnung zulässig, es sei denn dies ist wegen der Besonderheit des Einzelfalles ... entbehrlich.

(4) (Kündigung von Verbraucherkrediten bei Verzug) Soweit das Bürgerliche Gesetzbuch Sonderregelungen für die Kündigung wegen Verzuges mit der Rückzahlung eines Verbraucherdarlehensvertrages vorsieht, kann die Bank nur nach Maßgabe dieser Regelungen kündigen.

(5) (Abwicklung nach einer Kündigung) Im Falle einer Kündigung ohne Kündigungsfrist wird die Bank dem Kunden für die Abwicklung (insbesondere für die Rückzahlung eines Kredits) eine angemessene Frist einräumen, soweit nicht eine sofortige Erledigung erforderlich ist (z.B. bei der Kündigung des Scheckvertrages die Rückgabe der Scheckvordrucke).

20. Einlagensicherungsfonds

(1) (Schutzumfang) Die Bank ist dem Einlagensicherungsfonds des Bundesverbandes deutscher Banken e.V. angeschlossen. Der Einlagensicherungsfonds sichert alle Verbindlichkeiten, die in der Bilanzposition „Verbindlichkeiten gegenüber Kunden" auszuweisen sind. Hierzu zählen Sicht-, Termin- und Spareinlagen einschließlich der auf den Namen lautenden Sparbriefe. Die Sicherungsgrenze je Gläubiger beträgt 20 % des für die Einlagensicherung jeweils maßgeblichen haftenden Eigenkapitals der Bank. Die Sicherungsgrenze mindert sich 2020 auf 15 %, im Jahr 2025 auf 8,75 % des haftenden Eigenkapitals. Diese Sicherungsgrenze wird dem Kunden von der Bank auf Verlangen bekannt gegeben. Sie kann auch im Internet unter www.bdb.de abgefragt werden.

(2) (Ausnahmen vom Einlegerschutz) Nicht geschützt sind Forderungen, über die die Bank Inhaberpapiere ausgestellt hat, wie z.B. Inhaberschuldverschreibungen und Inhabereinlagenzertifikate, sowie Verbindlichkeiten gegenüber Kreditinstituten.

1.2.3 Maßnahmen zur Verhinderung von Geldwäsche

Bei der Bekämpfung der weltweit verbreiteten Erscheinungsformen der organisierten Kriminalität ist ein Aufdecken der Rückführung rechtswidrig erworbener Mittel in den legalen Finanzkreislauf (sog. Geldwäsche) der erste und wichtigste Schritt. Durch den Zugriff auf das aus strafbaren Handlungen erlangte Vermögen wird ein zentrales Motiv des kriminellen Verhaltens getroffen, nämlich das Erzielen hoher finanzieller Vorteile.

Seit 1992 existiert im deutschen Recht ein spezielles Recht zur Bekämpfung des illegalen Rauschgifthandels und anderer Erscheinungsformen der organisierten Kriminalität sowie der Terrorismusbekämpfung. Es wird seit 1993 ergänzt durch das Geldwäschegesetz über das Aufspüren von Gewinnen aus schweren Straftaten.

Lernsituation 1

Harald Beckmann ist neben Günter Busse Geschäftsführer der Kora GmbH in Hamburg. Ein Firmenkonto der Kora GmbH wird bei der Nordbank AG geführt. Herr Beckmann zahlt 25.000,00 EUR bar auf das laufende Konto der Kora GmbH ein. Ihnen ist Herr Beckmann persönlich bekannt. Bei der Kontoeröffnung ist bereits für Herrn Beckmann sowie für Herrn Busse als Geschäftsführer der Kora GmbH, eine Identifizierung als regelmäßige Einzahler gemäß GwG durchgeführt worden. Herr Busse begleitet Herrn Beckmann auch bei diesem Besuch.

Herr Busse teilt Ihnen mit, dass in Zukunft am Ende eines jeden Geschäftstages die täglichen Einnahmen in den Nachttresor einer Zweigstelle der Nordbank AG von Herrn Beckmann persönlich eingeworfen werden.

Herr Beckmann teilt Ihnen mit, dass während des Geschäftstages einmal täglich ein Geldbeförderungsunternehmen die bis zu diesem Zeitpunkt erzielten Einnahmen der Nordbank AG übergibt.

Lernsituation 2

Ein Drogendealer bittet seine Mutter, 20.000 EUR auf ihr Konto einzuzahlen und diese an seinen Anwalt zu überweisen. Die Kundin kommt an den Schalter und will das Geld einzahlen.

Aufgaben:

a) Beschreiben Sie die Identifizierungspflichten des Kreditinstituts nach dem GwG bei den o.a. Bargeldeinzahlungen.

b) Wer ist in der Situation 2 der wirtschaftlich Berechtigte?

c) Begründen Sie die Notwendigkeit der Regelungen des Geldwäschegesetzes.

d) Welche Unternehmen sind nach dem GwG verpflichtet, bei Annahme oder Abgabe von Bargeld, Wertpapieren oder Edelmetallen im Wert von 15.000 EUR oder mehr den Einzahlenden zu identifizieren?

e) Welche Angaben müssen Sie bei der Identifizierung gesondert festhalten?

f) Wie verhalten Sie sich in Verdachtsfällen, wenn z.B. kleinere Beträge bar auf ein Konto eingezahlt werden?

g) Welche Regelung des GwG müssen Sie bei einer Kontoeröffnung beachten?

h) Beschreiben Sie Fälle, in denen auf die Identifizierung verzichtet werden kann.

i) Was müssen Sie beachten, wenn Sie in einem Verdachtsfall eine Identifizierung vorgenommen haben?

j) Welche Schritte müssen Sie unternehmen, wenn Sie Tatsachen feststellen, dass eine Einzahlung vorgenommen wurde, die wahrscheinlich einer Geldwäsche dienen soll?

k) Nennen Sie interne Sicherheitsmaßnahmen zur Vermeidung von Geldwäsche in Ihrem Institut.

INFO

Als Geldwäsche bezeichnet man das Einschleusen illegal erworbener oder der Terrorismusfinanzierung dienender Vermögenswerte in den legalen Finanzkreislauf unter Verschleierung ihrer wahren Herkunft. Wer sich an der Verschleierung illegal erworbener Vermögenswerte beteiligt, wird nach §261 Strafgesetzbuch mit einer Freiheitsstrafe von drei Monaten bis zu fünf Jahren bestraft. Auch die Bildung oder Unterstützung einer terroristischen Vereinigung ist bei einer Strafandrohung von bis zu 10 Jahren verboten (§129a StGB). Damit ist die Geldwäsche selbst ein Straftatbestand und nicht nur die kriminellen Handlungen zur Beschaffung des Geldes. Das Geldwäschegesetz (GwG) dient der Bekämpfung von Terrorismus und der organisierten Kriminalität („Bandenkriminalität"). Zentrales Ziel des Geldwäschegesetzes ist es, auf risikoorientierter Basis für Transparenz („Know-Your-Customer-Grundsatz") in den Geschäftsbeziehungen und Finanztransaktionen zu sorgen. Kreditinstitute müssen über ein angemessenes Risikomanagement verfügen und Sorgfaltspflichten beachten, um Geldwäsche frühzeitig zu erkennen und zu bewerten (§ 2Sb ff KWG). Dabei sind für Kundengruppen und Transaktionsarten Risikogewichtungen vorzunehmen.

Beispiel:

Das Geldwäscherisiko bei einem Gehaltskonto mit üblichen Zahlungsverkehrsleistungen ist erheblich niedriger einzuschätzen als bei einem Kontokorrentkonto für einen Gebietsfremden mit hohen Zahlungseingängen aus der Ukraine und Überweisungsausgängen nach Cayman Islands.

Verpflichtete nach §2 GwG

- Kreditinstitute
- Finanzdienstleistungsinstitute
- Zahlungsinstitute
- Finanzunternehmen
- Versicherungen
- Versicherungsvermittler
- Investmentgesellschaften
- Rechtsanwälte, Wirtschaftsprüfer, Steuerberater
- Immobilienmakler
- Spielbanken
- Personen, die gewerblich mit Gütern handeln

Phasen der Geldwäsche

1. Placement (Einspeisung)

Zunächst tauschen die „Geldwäscher“ das Bargeld in Buchgeld oder in andere Vermögenswerte (z. B. Wertpapiere). Für Einzahlungen auf Bankkonten werden oft „Strohmänner“ eingeschaltet, die selbst nicht direkt an den Verbrechen beteiligt sind. Wenn sie Gelder in mehreren kleineren Beträgen auf Bankkonten einzahlen, um keine Aufmerksamkeit zu erregen, spricht man von „Smurfing“.

2. Layering (Verschleierung)

Nun soll die wirkliche Herkunft des Geldes durch umfängliche Finanztransaktionen verschleiert werden. Dazu gründen die Kriminellen Scheinfirmen in verschiedenen Ländern, um die Gelder international hin- und herzubewegen.

3. Investition (Integration)

Ist die Herkunft des Geldes nicht mehr nachvollziehbar, erfolgt im letzten Schritt die Investition des gewaschenen Geldes in den legalen Wirtschaftskreislauf. Das Ziel ist erreicht, die Verbrecherorganisation besitzt legale Vermögensanlagen, über die sie frei verfügen kann.

Das Geldwäschegesetz soll ermöglichen, gegen die regelmäßig schwer erkennbare, weil gut getarnte Geldwäsche effektiv vorzugehen. Die Geldwäsche bezieht sich neben dem Bargeld auch auf das Giralgeld.

Staatsanwaltschaft und Kriminalpolizei sollen Anhaltspunkte für Geldwäsche-Transaktionen geliefert und diesen soll ein Zugriff auf Unterlagen verschafft werden, die finanzielle Vorgänge und die hieran beteiligten Personen dokumentieren. Schließlich werden Wirtschaftsunternehmen dazu veranlasst, Vorkehrungen zum Schutz dagegen zu treffen, dass sie für Geldwäsche missbraucht werden. Kernstück des Gesetzes ist eine Verpflichtung für Kreditinstitute im Sinne des KWG. Kreditinstitute sind nach §§ 2, 3 GwG verpflichtet, bei Annahme oder Abgabe von Bargeld, Wertpapieren im Sinne des Depotgesetzes oder Edelmetallen im Wert von 15.000,00 EUR oder mehr zuvor denjenigen zu identifizieren, der diesen Instituten gegenüber auftritt.

Sorgfaltspflichten

In Abhängigkeit von dem Geldwäscherisiko muss das Kreditinstitut unterschiedliche Sorgfaltspflichten beachten:

- **Allgemeine Sorgfaltspflichten** sind bei Geschäften mit allen Kunden zu beachten (§10 GwG und § 25 i KWG). Identifizierung des Vertragspartners (§ 11 GwG), Einholung von Informationen über Art und Zweck der Geschäftsbeziehung, Feststellung des wirtschaftlich Berechtigten, fortlaufende Überwachung von Konten und Transaktionen, Aufzeichnungs- und Aufbewahrungspflicht bestimmter Geschäfte (§ 8 GwG), Anzeige von Verdachtsfällen (§ 11 GwG). Bei Anderkonten genügt es, wenn der Kontoinhaber z. B. Notar den Namen des wirtschaftlich Berechtigten der Bank auf Anfrage mitteilen kann (§ 14 GwG). Wenn der wirtschaftlich Berechtigte eine juristische Person oder eine Personengesellschaft ist, muss die Bank die Eigentums- und Kontrollstruktur des Vertragspartners mit angemessenen Mitteln in Erfahrung bringen (§ 10 GwG).
- **Vereinfachte Sorgfaltspflichten** gelten für Geschäfte mit einem geringen Geldwäscherisiko (§§14 GwG, 25i KWG).
- Abschluss von staatlich geförderten Altersvorsorgeverträgen,
- Anlage der vermögenswirksamen Leistungen, sofern die Zahlungen nicht insgesamt 15.000,00 EUR übersteigen
- Sparverträge, wenn die Einzahlungen nicht 1.000,00 EUR pro Kalenderjahr oder einmalig 2.500,00 EUR übersteigen
- Verbraucherdarlehen, die 15.000,00 EUR im Kalenderjahr nicht übersteigen
- Geschäfte mit Banken in der EU oder mit Banken in Drittländern, die über eine gleichwertige Aufsicht verfügen
- Geschäfte mit börsennotierten Gesellschaften
- Transaktionen von oder zugunsten inländischer Behörden.

Verstärkte Sorgfaltspflichten gelten für Geschäfte mit einem erhöhten Geldwäscherisiko (§§15 GwG, 25k KWG).. Sie bestehen in folgenden Fällen:

- Bei Sorten- und Reisescheckgeschäften, die nicht über das Kundenkonto abgewickelt werden, ist die Legitimation des Kunden ab einem Schwellenbetrag von 2.500,00 EUR zu prüfen.
- Bei Bareinzahlungen zur Überweisung auf ein Auslandskonto ist immer Identifizierung vorzunehmen.
- Bei dem Kunden handelt es sich um eine nicht im Inland ansässige natürliche Person, die ein wichtiges öffentliches Amt ausübt oder ausgeübt hat oder um ein Familienmitglied dieser Person. Die Herkunft der Vermögenswerte ist zu hinterfragen.
- Der Kunde überweist Gelder in Drittländer ohne anerkannte Bankenaufsicht.
- Bei einer Geschäftsbeziehung zu einer Korrespondenzbank mit Sitz in einem Drittstaat sind Informationen über die Geschäfts- und Leitungsstruktur einzuholen, um zu prüfen, ob die Bank die Regeln zur Geldwäschebekämpfung einhält.
- Identifizierungspflichten des Kreditinstituts und der Mitarbeiter (§§ 2,3,7 und 9 GwG)
- bei der Annahme oder Abgabe von Bargeld, Wertpapieren oder Edelmetallen im Wert ab 15.000,00 EUR bzw. bei Sortenverkauf/-ankauf ab 2.500,00 EUR, wenn das Geschäft nicht über ein Kundenkonto abgewickelt wird (Bargeschäft).
- bei offensichtlicher Verbindung mehrerer kleinerer Finanztransaktionen, die zusammen einen Betrag von mindestens 15.000,00 EUR ausmachen („smurfing")
- Identifizierung durch Vorlage des Personalausweises oder Reisepasses. Die zur Identitätsfeststellung vorgelegten Dokumente werden fotokopiert.
- Ist die Person dem Bankangestellten persönlich bekannt, kann von der Identifizierung abgesehen werden, wenn eine Legitimationsprüfung schon früher (z.B. bei der Kontoeröffnung) durchgeführt wurde.

Ausnahmen:

- Regelmäßige Barzahlungen von Unternehmen: Die Namen der für das Unternehmen handelnden Personen müssen dem Kreditinstitut mitgeteilt werden. Sie müssen sich einmalig bei der ersten Ein- oder Auszahlung identifizieren. Der Name des Ein- bzw. Auszahlenden muss bei späteren Verfügungen jeweils auf dem Ein- bzw. Auszahlungsbeleg aufgezeichnet werden.
- Einzahlungen über den Nachtresor: Der Kontoinhaber unterzeichnet eine Erklärung, dass er nur Geld für eigene Rechnung über den Nachttresor einzahlt.
- Mitarbeiter eines Geldbeförderungsunternehmens: Es erfolgt keine Identifikationsprüfung. Der Name des Mitarbeiters wird jedoch festgehalten.

Aufzeichnungs- und Aufbewahrungspflicht (§ 8 Abs. 3 GwG)

Folgende Daten werden aufgezeichnet:

- Name der auftretenden Personen
- Ggf. Identifizierungsdaten (Kopie oder Daten des Ausweises)
- Feststellung des wirtschaftlich Berechtigten: Eigene Rechnung; Fremde Rechnung (Name und Anschrift des wirtschaftlich Berechtigten)
- Geschäftsart: Annahme oder Abgabe von Bargeld; Wertpapieren (Effekten i. S. des Depotgesetzes); Edelmetallen (z.B. Gold)

- Die Aufzeichnungen sind mindestens fünf Jahre aufzubewahren. Die Frist beginnt am Ende des Kalenderjahres, in dem die Informationen festgehalten wurden.

Anzeige und Meldung von Verdachtsfällen

Jedes Kreditinstitut hat einen „Geldwäschebeauftragten" zu bestellen, der Ansprechpartner für die Mitarbeiter des Kreditinstituts und der Strafverfolgungsbehörden ist (§§ 27, 28 GwG). Verdachtsfälle meldet der Bankmitarbeiter zunächst dem Geldwäschebeauftragten, der diese dann an die Zentralstelle für Finanztransaktionsuntersuchungen (FIU), Behörde der Generalzolldirektion dann unter Würdigung aller vorliegenden Daten weiterleitet. Die Anzeige hat unverzüglich zu erfolgen. Die Mitteilungen und Aufzeichnungen der Kreditinstitute dürfen nur zur Verfolgung der Drogen- und Bandenkriminalität verwandt werden. Bei der Einleitung eines Strafverfahrens dürfen die Informationen an die Finanzbehörde übermittelt werden. Die Finanzverwaltung kann die steuererheblichen Tatsachen unabhängig vom Fortbestehen des strafrechtlichen Verdachts verwerten und ggf. ein Steuerstrafverfahren einleiten.

Transparenzregister: In einem zentralen elektronischen Register sind die natürlichen Personen als wirtschaftlich Berechtigte aufgeführt, die unmittelbar oder mittelbar aufgrund ihrer Kapitalanteile und Stimmrechte einen beherrschenden Einfluss auf juristische Personen des Privatrechts und eingetragene Personengesellschaften (z. B. AG) ausüben.

Behörden (z. B. BaFin, Zentralstelle für Finanztransaktionsuntersuchungen, Strafverfolgungsbehörden, Bundeszentralamt für Steuern) können die Daten zur Erfüllung ihrer gesetzlichen Aufgaben abrufen.

1.3 Verfügungen über Konten

1.3.1 Verfügungen im Todesfall

Mit dem Tod des Kontoinhabers geht dessen Vermögen als Ganzes auf die Erben über. Gibt es mehrere Erben, so erfolgt die Verwaltung des Erbes grundsätzlich im einvernehmlichen Zusammenwirken aller Erben. Mit dem Eintritt des Erbfalles sind neben den erbrechtlichen auch bankrechtliche bzw. banktechnische Veränderungen zu beachten.

Lernsituation

Frank Deckel teilt am 02.09.20.. unter Vorlage einer Sterbeurkunde der Nordbank AG in Hamburg den Tod seines Vaters Ernst Deckel mit. Aus der Sterbeurkunde geht hervor, dass Ernst Deckel am 28.08.20.. verstorben ist. Die Nordbank AG führt für Ernst Deckel folgende Konten:

Kontenübersicht für den 28.08.20.. um 9.00 Uhr Engagement: IBAN DE29500500140003708870 Ernst Deckel		
		Kontostände in EUR
DE29500500140003708870	Girokonto Ernst Deckel	11.917,17 H
DE31500500140003708860	Sparguthaben Zinssatz 0,25 % p.a.	34.187,00 H
DE33500500140003708861	Sparguthaben Vertrag zu Gunsten Franziska Nottebaum Zinssatz 0,25 % p.a.	13.438,00 H
DE18500500140003708810	Wertpapierdepot: 980 Stück Internet Aktien 3,375 % Pfandbriefe Euro Hypothekenbank, Em. 01/11, Zinstermin 25.06. gzj.	Nom. 25.000,00
Schließfach	Nr. 1457	
Kreditkarte	Amexco	
Bankcard	gültig bis Ende 20..	
Vollmachten	Irina Deckel für alle Konten, über den Tod hinaus	
Freistellungsauftrag	************	

Aufgaben

a) Nennen Sie vier kontobezogene Arbeiten, die Sie vornehmen, sobald Sie vom Tod des Kunden Herrn Deckel Kenntnis genommen haben.

b) Entscheiden Sie, ob am 03.09. folgende Verfügungen zu Lasten des Girokontos des Verstorbenen ausgeführt werden können. Das Konto verfügt über ausreichendes Guthaben. Begründen Sie jeweils Ihre Entscheidung.

- Herr Frank Deckel legt Ihnen die Originalrechnung des Bestattungsinstituts GBI vor mit der Bitte um Überweisung.
- Von Herrn Frank Deckel unterschriebene zwei Überweisungen zwecks Zahlung des Arzthonorars und privater Pflegeleistungen für Ernst Deckel.
- SEPA-Basislastschrift wegen Kreditkartenumsätze
- Barauszahlung über 1.000,00 EUR an Irina Deckel

c) Bis zu welchem Tag (Datum) muss die Nordbank AG die Meldung gemäß Erbschaftsteuergesetz an das Finanzamt abgegeben haben?

d) Geben Sie an, welche Positionen und ggf. welche EUR-Beträge die Nordbank AG zu melden hat.

Kurs Internet Aktien	5,91 EUR
Kurs 3,375 % Pfandbriefe	101,05 %

Am 05.09. erscheint Franziska Nottebaum und verlangt die Auflösung des Sparkontos DE31500500140003708860 und die Auszahlung des Guthabens. Die Erben von Herrn Ernst Deckel haben sich zu diesem Konto bisher nicht geäußert.

e) Kann die Nordbank AG ihrem Wunsch entsprechen? Begründen Sie Ihre Antwort.

Am 02.10. erscheint Hanno Deckel und legt einen Erbschein vor. Hieraus ergibt sich folgende Erbenstellung:

1. Irina Deckel	1/3 Anteil
2. Frank Deckel	1/3 Anteil
3. Hanno Deckel	1/3 Anteil

Hanno Deckel verlangt die Auszahlung von einem Drittel des Guthabens vom Sparkonto DE31500500140003708861.

f) Kann die Nordbank AG seinem Wunsch entsprechen? Begründen Sie Ihre Antwort.

Am 09.10. widerruft Hanno Deckel die Vollmacht von Irina Deckel.

g) Beschreiben Sie die Folgen des Widerrufs für die Kontoführung.

INFO

Erhält das Kreditinstitut verlässliche Kenntnis vom Tod eines Kunden, i.d.R. geschieht dies durch Vorlage einer Sterbeurkunde, müssen alle Konten und Depots mit dem Zusatz „Erben“ oder „Nachlass“ versehen werden. Wird der Erblasser von mehreren Personen beerbt, so wird ein vormaliges Einzelkonto mit dem Erbfall automatisch zu einem Gemeinschaftskonto. Sämtliche Kontomitinhaber können fortan nur noch gemeinschaftlich über den Kontostand verfügen. War der Erblasser dagegen Mitkontoinhaber eines Oder-Kontos, z.B. als Ehepartner, so tritt die entstandene Erbengemeinschaft in die Kontoverbindung mit ein, die übrigen Mitkontoinhaber, z.B. die Ehefrau, bleiben jedoch einzelverfügungsbefugt. Eine Kontensperre ist mit dieser Veränderung nicht verbunden. So bleiben insbesondere Bevollmächtigte auch nach Eintritt des Erbfalls verfügungsberechtigt.

Handelt es sich bei dem Nachlasskonto um ein Gemeinschaftskonto mit Einzelverfügungsberechtigung, ändert sich auch nach dem Tod eines Kontoinhabers nichts an den Befugnissen des überlebenden Kontoinhabers. Die Rechte des Verstorbenen werden durch dessen Erben gemeinschaftlich wahrgenommen, jedem Erben steht allerdings das Recht zum Widerruf der Einzelverfügungsberechtigung zu: Widerruft ein einzelner Miterbe, so bedarf jede Verfügung des überlebenden Kontoinhabers dessen Mitwirkung. Widerrufen sämtliche Miterben die Einzelverfügungsberechtigung des überlebenden Kontoinhabers, so kann dieser nur noch gemeinschaftlich mit allen Miterben über das Konto verfügen.

Erbschaftsteuermeldung

Vorhandene Werte, z.B. Guthaben auf Giro-, Spar- und Festgeldkonten sowie Depotwerte und Guthaben auf Konten zu Gunsten Dritter, sind gemäß § 33 Erbschaftsteuergesetz innerhalb eines Monats nach Bekanntwerden des Todes der Erbschaftsteuerstelle des zuständigen Finanzamts zu melden. Die Erbschaftsteuerdurchführungsverordnung verlangt eine Anzeige, sofern

- die Vermögenswerte zu Beginn des Todestages zusammen einen Betrag von 5.000,00 EUR übersteigen,
- der Kunde ein Schrankfach angemietet oder ein Verwahrstück hinterlegt hat.

Legitimation der Erben

Bevor die Erben über die Nachlasskonten des verstorbenen Kontoinhabers verfügen können, müssen sich die Erben gegenüber der Bank als solche erbrechtlich legitimieren. Kenntnis vom Erbfall erhält die Bank in der Regel durch die Angehörigen des Erblassers, die an sie mit der Bitte herantreten werden, über das Konto des Erblassers verfügen zu dürfen. Zur Klärung der Verfügungsberechtigung nach dem Tod eines Kunden verlangen die Kreditinstitute gemäß AGB grundsätzlich die Vorlegung eines Erbscheins. Sie können auf die Vorlage eines Erbscheins verzichten, wenn eine Ausfertigung oder eine beglaubigte Abschrift der letztwilligen Verfügung (Testament oder Erbvertrag) nebst zugehöriger Eröffnungsniederschrift vorgelegt wird. Sie können an die darin als Erben bezeichneten Personen mit befreiender Wirkung leisten oder sie bargeldlos verfügen lassen. Im Rahmen der Legitimation durch Vorlage eines Testaments ist darauf hinzuweisen, dass eine solche Urkunde nur dann als möglicher Legitimationsnachweis akzeptiert wird, wenn der nachlassgerichtliche Eröffnungsvermerk derart mit der jeweiligen Urkunde verbunden ist, dass an der Eröffnung des betreffenden Testaments kein Zweifel bestehen kann. Bei dem vorgelegten Testament kann es sich sowohl um ein notarielles als auch um ein privatschriftliches Testament des Erblassers handeln. Auch die Vorlage eines Erbvertrags kann den Vorlegenden als verfügungsberechtigt legitimieren, wenn auch dieser mit einem Eröffnungsvermerk versehen ist.

Bevollmächtigte über den Tod hinaus und für den Todesfall können über die entsprechenden Nachlasskonten des Erblassers ohne erbrechtliche Legitimation verfügen. Sie sind den Erben gegenüber aber rechenschaftspflichtig.

Beerdigungskosten

Die erb- und bankrechtliche Legitimation der Erben kann einige Zeit in Anspruch nehmen. Dies gilt besonders für den Fall, in dem die Bank auf die Vorlage eines Erbscheins besteht. Einem noch nicht legitimierten Erben kann die Bank die Bestattungskosten gegen Vorlage einer entsprechenden Rechnung bevorschussen bzw. zu Lasten des Erblasserkontos erstatten. Rechtsgrundlage ist § 1968 BGB, der bestimmt, dass die Erben die Begräbniskosten zu tragen haben. Die Bank ist nicht verpflichtet, in Vorleistung zu gehen und tut dies nur grundsätzlich auf eigenes Risiko. Häufig lassen sich Kreditinstitute vom Erben eine Haftungs- oder Freistellungserklärung unterschreiben, um sich z.B. bei Rechtsstreitigkeiten wegen Leistungsstörungen mit dem Beerdigungsinstitut abzusichern oder wenn Leistungen berechnet wurden, die nicht zu den Begräbniskosten gemäß § 1968 BGB gehören.

Legitimation durch Erbschein oder Testamentsvollstreckerzeugnis

Erbschein und Testamentsvollstreckerzeugnis legitimieren den Vorlegenden ohne weitere Voraussetzungen, wenn der Vorlegende dort entweder als Erbe oder Miterbe bzw. Testamentsvollstrecker bezeichnet ist. Der Erbschein wird auf Antrag des/der Erben von dem zuständigen Nachlassgericht erteilt (§§ 2353 ff. BGB). Sowohl Testament und Erbvertrag nebst Eröffnungsniederschrift als auch ein vorgelegter Erbschein oder ein Testamentsvollstreckerzeugnis sind geeignet, den Vorlegenden als Verfügungsberechtigten für die Nachlasskonten zu legitimieren. Bezüglich des Vertrauensschutzes der Bank im Falle der Leistung sind die Legitimationsurkunden dann durchaus unterschiedlich. Der Erbschein ist mit öffentlichem Glauben versehen, d.h. die Bank kann an den Vorlegenden mit befreiender Wirkung leisten, ohne befürchten zu müssen, im Falle einer späteren Einziehung oder für Kraftloserklärung erneut leisten zu müssen. Gleiches gilt auch für das Testamentsvollstreckerzeugnis. Mit Beendigung des Amtes des Testamentsvollstreckers, z.B. durch Kündigung oder durch eine vom Erblasser gesetzte auflösende Bedingung, wird das Zeugnis ohne Einziehung kraftlos. Damit erlischt auch der öffentliche Glaube des Testamentsvollstreckerzeugnisses. Hier besteht für die Bank das Risiko, trotz eines vorgelegten Testamentsvollstreckerzeugnisses nicht mit befreiender Wirkung an den Vorlegenden leisten zu können. Enthält der Erbschein einen Testamentsvollstreckungsvermerk, so kann die Bank gemäß § 2366 BGB auf Vorlage des Erbscheins in jedem Fall befreiend leisten, selbst wenn das Amt des Testamentsvollstreckers inzwischen beendet worden ist.

Testamentsvollstrecker

Die Testamentsvollstreckung kann auch von einem Testamentsvollstrecker durchgeführt werden. Dabei kann ein Testamentsvollstrecker vom Erblasser durch Testament ernannt werden (§ 2197 BGB). Daneben kann der Erblasser die Bestimmung der Person des Testamentsvollstreckers auch einem Dritten oder dem Nachlassgericht überlassen (§§ 2198, 2200 BGB). Die Annahme des Amtes ist freiwillig und bedarf der Erklärung gegenüber dem Nachlassgericht. Der Testamentsvollstrecker hat sich durch eine vom Nachlassgericht auf Antrag ausgestellte Urkunde (Testamentsvollstreckerzeugnis) auszuweisen (§ 2368 BGB). In dem Zeugnis sind etwaige, dem Testamentsvollstrecker in der Verwaltung des Nachlasses auferlegte Beschränkungen anzugeben. Der Testamentsvollstrecker hat regelmäßig die Aufgabe, den Nachlass ordnungsgemäß zu verwalten, über Nachlassgegenstände zu verfügen und die letztwilligen Verfügungen des Erblassers auszuführen (§§ 2203, 2205 BGB). Die Herbeiführung der Erbauseinandersetzung obliegt ebenfalls seiner Aufgabe. Soweit die Nachlassgegenstände (z.B. Nachlasskonten) der Verwaltung durch den Testamentsvollstrecker unterliegen, sind die Erben gemäß § 2211 BGB von jeder Verfügung ausgeschlossen. Die Testamentsvollstreckung endet durch Zweckerreichung, Eintritt einer auflösenden Bedingung oder Fristablauf. Außerdem erlischt das Amt des Testamentsvollsteckers, wenn dieser z.B. wegen Unfähigkeit durch das Nachlassgericht auf Antrag eines Beteiligten entlassen wird.

Bankrechtliche Legitimation

Neben die erbrechtliche tritt nach dem Eintritt des Erbfalls auch die bankrechtliche Legitimation der Erben. Entsprechend dem in § 154 AO niedergelegten Grundsatz der Kontenwahrheit wird sich die Bank im Anschluss an die erbrechtliche Legitimation von jedem Miterben zumindest Ablichtungen z.B. des Personalausweises vorlegen lassen, um die Identität des jeweiligen Miterben zu überprüfen. Grundsätzlich müssen sich alle verfügungsberechtigten Erben gegenüber der Bank legitimieren.

Auskunftspflichten der Bank

Haben sich die Erben gegenüber der Bank des Erblassers legitimiert, so ist jeder neue Konto- bzw. Depotinhaber der Bank gegenüber auskunftsberechtigt und ebenso die Bank jedem Kontoinhaber gegenüber auskunftsverpflichtet. Den Auskunftsanspruch kann jeder einzelne Miterbe alleine gegenüber der Bank geltend machen (§ 2039 BGB). Auskunftsberechtigt ist grundsätzlich nur der Erbe. Personen, denen nur ein Vermächtnis zugewendet wurde, sind ebenso wie Pflichtteilsberechtigte nicht zur Einholung von kontobezogenen Auskünften berechtigt.

Kündigung

Sowohl die Erben als auch die Bank können daran interessiert sein, die durch den Erblasser begründete Geschäftsverbindung zu beenden. Ein Kündigungsrecht steht grundsätzlich nur allen Erben gemeinschaftlich zu. Auch die Bank kann eine Kündigung nur gegenüber sämtlichen Erben und Kontoinhabern wirksam aussprechen.

Schenkung auf den Todesfall

Eine Möglichkeit, bestimmte Personen nach Eintritt des Erbfalls zu begünstigen, ohne eine letztwillige Verfügung errichten zu müssen, ist eine Schenkung, deren wirtschaftliche Folgen erst nach dem Erbfall eintreten sollen. Ein häufiger Fall ist die Schenkung auf den Todesfall (§ 2301 BGB). Häufig werden Schenkungen aus Kostengründen nur privatschriftlich und damit unter Missachtung der für Schenkungsversprechungen geltenden Formvorschriften abgefasst. Um sicherzustellen, dass dem Begünstigten die Schenkung rechtswirksam ist, werden die Kreditinstitute vom Erblasser in die Rechtsbeziehung mit eingebunden. Dies geschieht dadurch, dass die Bank im Auftrag des Erblassers nach dessen Tod und auf dessen Weisung hin den Begünstigten von dem Schenkungsversprechen informiert und den Vermögensübergang durch ein neues Schenkungsangebots bewirkt. In solchen Fällen liegt ein Vertrag zu Gunsten Dritter auf den Todesfall vor (§§ 328, 331 BGB).

Gesetze und Vorschriften zum Nachlasskonto

Auszug aus dem BGB

Erbrecht

§ 1922 (Gesamtrechtsnachfolge)

(1) Mit dem Tode einer Person (Erbfall) geht deren Vermögen (Erbschaft) als Ganzes auf eine oder mehrere andere Personen (Erben) über.

(2) Auf den Anteil eines Miterben (Erbteil) finden die sich auf die Erbschaft beziehenden Vorschriften Anwendung.

§ 1924 (Gesetzliche Erben erster Ordnung)

(1) Gesetzliche Erben der ersten Ordnung sind die Abkömmlinge des Erblassers.

(4) Kinder erben zu gleichen Teilen.

§ 1942 (Anfall und Ausschlagung der Erbschaft)
(1) Die Erbschaft geht auf den berufenen Erben unbeschadet des Rechtes über, sie auszuschlagen (Anfall der Erbschaft).

§ 1943 (Annahme und Ausschlagung der Erbschaft)
Der Erbe kann die Erbschaft nicht mehr ausschlagen, wenn er sie angenommen hat oder wenn die für die Ausschlagung vorgeschriebene Frist verstrichen ist; mit dem Ablaufe der Frist gilt die Erbschaft als angenommen.

§ 1944 (Ausschlagungsfrist)
(1) Die Ausschlagung kann nur binnen 6 Wochen erfolgen.
(2) Die Frist beginnt mit dem Zeitpunkt, in welchem der Erbe von dem Anfall und dem Grunde der Berufung Kenntnis erlangt.

§ 1967 (Erbenhaftung, Nachlassverbindlichkeiten)
(1) Der Erbe haftet für die Nachlassverbindlichkeiten.
(2) Zu den Nachlassverbindlichkeiten gehören außer den vom Erblasser herrührenden Schulden die den Erben als solchen treffenden Verbindlichkeiten, insbesondere die Verbindlichkeiten aus Pflichtteilsrechten, Vermächtnissen und Auflagen.

§ 1968 (Beerdigungskosten)
Der Erbe trägt die Kosten der Beerdigung des Erblassers.

§ 1969 (Dreißigster)
(1) Der Erbe ist verpflichtet, Familienangehörigen des Erblassers, die zur Zeit des Todes des Erblassers zu dessen Hausstande gehören und von ihm Unterhalt bezogen haben, in den ersten dreißig Tagen nach dem Eintritte des Erbfalls in demselben Umfange, wie der Erblasser es getan hat, Unterhalt zu gewähren und die Benutzung der Wohnung und der Haushaltsgegenstände zu gestatten. ...

Testamentsvollstrecker

§ 2197 Ernennung des Testamentsvollstreckers
(1) Der Erblasser kann durch Testament einen oder mehrere Testamentsvollstrecker ernennen.
(2) Der Erblasser kann für den Fall, dass der ernannte Testamentsvollstrecker vor oder nach der Annahme des Amtes wegfällt, einen anderen Testamentsvollstrecker ernennen.

§ 2198 (Bestimmung des Testamentsvollstreckers durch einen Dritten)
(1) Der Erblasser kann die Bestimmung der Person des Testamentsvollstreckers einem Dritten überlassen. Die Bestimmung erfolgt durch Erklärung gegenüber dem Nachlassgerichte; die Erklärung ist in öffentlich beglaubigter Form abzugeben.
(2) Das Bestimmungsrecht des Dritten erlischt mit dem Ablauf einer ihm auf Antrag eines der Beteiligten von dem Nachlassgerichte bestimmten Frist.

§ 2205 (Verwaltung des Nachlasses, Verfügungsbefugnis)
Der Testamentsvollstrecker hat den Nachlass zu verwalten. Er ist insbesondere berechtigt, den Nachlass in Besitz zu nehmen und über die Nachlassgegenstände zu verfügen. Zu unentgeltlichen Verfügungen ist er nur berechtigt, soweit sie einer sittlichen Pflicht ... entsprechen.

Errichtung und Aufhebung eines Testaments

§ 2229 (Testierfähigkeit Minderjähriger ...)
(1) Ein Minderjähriger kann ein Testament erst errichten, wenn er das 16. Lebensjahr vollendet hat.

(2) Der Minderjährige bedarf zur Errichtung eines Testaments nicht der Zustimmung seines gesetzlichen Vertreters.

§ 2231 (Ordentliche Testamente)
Ein Testament kann in ordentlicher Form errichtet werden
1. zur Niederschrift eines Notars;
2. durch eine vom Erblasser nach § 2247 abgegebene Erklärung.

§ 2232 (Öffentliches Testament)
Zur Niederschrift eines Notars wird ein Testament errichtet, in dem der Erblasser dem Notar seinen letzten Willen mündlich erklärt oder ihm eine Schrift mit der Erklärung übergibt, dass die Schrift seinen letzten Willen enthalte. Der Erblasser kann die Schrift offen oder verschlossen übergeben; sie braucht nicht von ihm unterschrieben zu sein.

§ 2247 (Eigenhändiges Testament)
(1) Der Erblasser kann ein Testament durch eine eigenhändig geschriebene und unterschriebene Erklärung errichten.
(2) Der Erblasser soll in der Erklärung angeben, zu welcher Zeit (Tag, Monat und Jahr) und an welchem Ort er sie niedergeschrieben hat.
(3) Die Unterschrift soll den Vornamen und den Familiennamen des Erblassers enthalten. Unterschreibt der Erblasser in anderer Weise und reicht diese Unterzeichnung zur Feststellung der Urheberschaft des Erblassers und der Ernstlichkeit seiner Erklärung aus, so steht eine solche Unterzeichnung der Gültigkeit des Testaments nicht entgegen.

§ 2248 (Verwahrung des eigenhändigen Testaments)
Ein nach den Vorschriften des § 2247 errichtetes Testament ist auf Verlangen des Erblassers in besondere amtliche Verwahrung zu nehmen (§§ 2258 a und b). Dem Erblasser soll über das in Verwahrung genommene Testament ein Hinterlegungsschein erteilt werden.

§ 2260 (Eröffnung des Testaments durch das Nachlassgericht)
(1) Das Nachlassgericht hat, sobald es von dem Tode des Erblassers Kenntnis erlangt, zur Eröffnung eines in seiner Verwahrung befindlichen Testamentes einen Termin zu bestimmen. Zu dem Termin sollen die gesetzlichen Erben des Erblassers und die sonstigen Beteiligten ... geladen werden.
(2) In dem Termin ist das Testament zu öffnen, den Beteiligten zu verkünden und ihnen auf Verlangen vorzulegen. ...
(3) Über die Eröffnung ist eine Niederschrift aufzunehmen. ...

§ 2264 (Einsichtnahme in das und Abschriftserteilung von dem eröffneten Testament)
Wer ein rechtliches Interesse glaubhaft macht, ist berechtigt, ein eröffnetes Testament einzusehen sowie eine Abschrift des Testaments oder einzelner Teile zu fordern; die Abschrift ist auf Verlangen zu beglaubigen.

Erbschein

§ 2353 (Zuständigkeit des Nachlassgerichts, Antrag)
Das Nachlassgericht hat dem Erben auf Antrag ein Zeugnis über sein Erbrecht und, wenn er nur zu einem Teil der Erbschaft berufen ist, über die Größe des Erbteils zu erteilen (Erbschein).

§ 2357 (Gemeinschaftlicher Erbschein)
(1) Sind mehrere Erben vorhanden, so ist auf Antrag ein gemeinschaftlicher Erbschein zu erteilen. Der Antrag kann von jedem der Erben gestellt werden.

(2) In dem Antrage sind die Erben und ihre Erbteile anzugeben.

§ 2359 (Voraussetzungen für die Erteilung des Erbscheins)
Der Erbschein ist nur zu erteilen, wenn das Nachlassgericht die zur Begründung des Antrags erforderlichen Tatsachen für festgestellt erachtet.

§ 2366 (Öffentlicher Glaube des Erbscheins)
Erwirbt jemand von demjenigen, welcher in einem Erbschein als Erbe bezeichnet ist, durch Rechtsgeschäft einen Erbschaftsgegenstand, ein Recht an einem solchen Gegenstand ... so gilt zu seinen Gunsten der Inhalt des Erbscheins ... als richtig ...

Erbschaftsteuer- und Schenkungsteuergesetz (Auszug)

§ 33 (Anzeigepflicht der Vermögensverwahrer, Vermögensverwalter ...)
(1) Wer sich geschäftsmäßig mit der Verwahrung und Verwaltung fremden Vermögens befasst, hat diejenigen in seinem Gewahrsam befindlichen Vermögensgegenstände und diejenigen gegen ihn gerichteten Forderungen, die beim Tod eines Erblassers zu dessen Vermögen gehörten oder über die dem Erblasser zur Zeit seines Todes die Verfügungsmacht zustand, dem für die Verwaltung der Erbschaftsteuer zuständigen Finanzamt anzuzeigen. Die Anzeige ist zu erstatten:
1. in der Regel: innerhalb eines Monats, seit dem der Todesfall dem Verwahrer oder Verwalter bekannt geworden ist; ...

(2) Wer auf den Namen lautende Aktien oder Schuldverschreibungen ausgegeben hat, hat dem Finanzamt vor dem Antrag, solche Wertpapiere eines Verstorbenen auf den Namen anderer umzuschreiben, vor der Umschreibung Anzeige zu erstatten.
(4) Zuwiderhandlungen gegen diese Pflichten werden als Steuerordnungswidrigkeit mit Geldbuße geahndet.

Erbschaftsteuer-Durchführungsverordnung (Auszug)

Zu § 33 ErbStG
§ 1 (Anzeigepflicht der Vermögensverwahrer ...)
(1) Wer zur Anzeige über die Verwahrung ... von Vermögen eines Erblassers verpflichtet ist, hat die Anzeige nach § 33 Abs. 1 des ErbStG mit einem Vordruck nach Muster 1 zu erstatten. Die Anzeigepflicht bezieht sich auch auf die für das Jahr des Todes bis zum Todestag errechneten Zinsen für Guthaben, Forderungen und Wertpapiere (Stückzinsen). Die Anzeige ist bei dem für die Verwaltung der Erbschaftsteuer zuständigen Finanzamt (§ 35 des Gesetzes) einzureichen.
(2) Die Anzeigepflicht besteht auch dann, wenn an dem in Verwahrung ... befindlichen Wirtschaftsgut außer dem Erblasser auch noch andere Personen beteiligt sind.
(3) Befinden sich am Todestag des Erblassers bei dem Anzeigepflichtigen Wirtschaftsgüter in Gewahrsam, die vom Erblasser verschlossen oder unter Mitverschluss gehalten wurden (z.B. in Schließfächern), so genügt die Mitteilung über das Bestehen eines derartigen Gewahrsams und, soweit er dem Anzeigepflichtigen bekannt ist, die Mitteilung des Versicherungswerts.
(4) Die Anzeige darf nur unterbleiben,
1. wenn es sich um Wirtschaftsgüter handelt, über die der Erblasser nur Die Verfügungsmacht hatte, insbesondere als gesetzlicher Vertreter, Betreuer, Liquidator, Verwalter oder Testamentsvollstrecker, oder
2. wenn der Wert der anzuzeigenden Wirtschaftsgüter 1200 Euro oder nicht übersteigt.

Muster 1 ErbStDV
Firma:
Erbschaftsteuer
An das
Finanzamt
Erbschaftsteuerstelle
Anzeige
über die Verwahrung oder Verwaltung fremden Vermögens (§ 33 Abs. ErbStG und § 1 ErbStDV)
Erblasser
Name, Vorname, Geburtstag
Anschrift
Todestag Sterbeort
Standesamt Sterbebuch Nr.
Guthaben und andere Forderungen, auch Gemeinschaftskonten

Konto-Nr.	Nennbetrag am Todestag ohne Zinsen für das Jahr des Todes (volle EUR)	Aufgelaufene Zinsen bis zum Todestag (volle EUR)	Hat der Kontoinhaber mit dem Kreditinstitut vereinbart, dass die Guthaben oder eines derselben mit seinem Tod auf eine bestimmte Person übergehen? Wenn ja: Name und genaue Anschrift dieser Person

Wertpapiere, Anteile, Genussscheine und dergleichen, auch solche in Gemeinschaftsdepots

Bezeichnung der Wertpapiere usw. Wertpapierkenn-Nr.	Nennbetrag am Todestag (volle EUR)	Kurswert bzw. Rücknahmepreis am Todestag (volle EUR)	Stückzinsen bis zum Todestag (volle EUR)	Bemerkungen

Der Verstorbene hatte kein - ein Schließfach/..... Schließfächer
Versicherungswert .... EUR
Bemerkungen (z. B. Überschulden des Erblassers beim Kreditinstitut):
Ort, Datum Unterschrift

1.3.2 Online-Banking - Bankgeschäfte mit der Maus

Beim Online-Banking müssen Überweisungen, Daueraufträge oder Terminüberweisungen nicht mehr am Bankschalter erledigt werden. Über ein Online-Programm oder über eine spezielle Banksoftware können die alltäglichen Bankgeschäfte direkt über das Internet abgewickelt werden. Online-Banking ist eine Erleichterung im Alltag. Der Kunde muss nicht wegen jeder Kleinigkeit zur Bank rennen. Sämtliche Transaktionen werden digital angewiesen und verschlüsselt. Der Kunde verwaltet seine Konten und Wertpapierdepots online unter Nutzung von Internetprovidern.

Lernsituation

Der Kunde Marco Tiemann ist Privatkunde der Nordbank AG. Heute teilt Ihnen Herr Tiemann mit, dass er die Bankgeschäfte in Zukunft auch von zu Hause durchführen möchte. Ein PC und ein Internetanschluss seien in seinem Haushalt vorhanden.

Aufgaben

a) Beraten Sie Herrn Tiemann und erläutern Sie ihm die Voraussetzungen für die Teilnahme am Online-Banking. Machen Sie ihm dabei auch die Vorteile des Online-Banking deutlich.

b) Beschreiben Sie Herrn Tiemann den Ablauf einer Überweisung mittels PC unter Nutzung des photoTAN-Verfahrens.

c) Herr Tiemann will sich noch über die Sicherheitsvorkehrungen der Bank bei Zahlungsvorgängen online mittels PC informieren. Geben Sie Herrn Tiemann Auskunft.

d) Wie ist die Haftung beim Onlinebanking geregelt?

Herr Tiemann teilt Ihnen mit, dass er in Zukunft auch in verschiedenen Internetshops Waren einkaufen möchte. Deshalb möchte Herr Tiemann von Ihnen über ein sicheres Bezahlverfahren im Internet informiert werden.

e) Beschreiben Sie Herrn Tiemann ein sicheres Bezahlverfahren im Internet.

f) Welche Vorteile hat das Online-Banking für die Kreditinstitute?

INFO:

Mittels Telefon und/oder PC können Kunden von zu Hause aus ihre Bankgeschäfte erledigen. Dabei können Kontoinformationen abgerufen, Überweisungsaufträge erteilt, aktuelle Börsenkurse abgerufen und Aktien ge- bzw. verkauft werden. Die Möglichkeit der Erteilung von Wertpapieraufträgen erfordert allerdings eine vorherige ausgiebige Beratung des Kunden in der Bank.

Beim Online-Banking verwaltet der Kunde seine Konten und Depots online. Dieses kann sowohl über Anbieter wie z.B. AOL oder T-Online als auch über das Internet erfolgen. Da der Kunde sich beim Homebanking nicht persönlich durch seine Unterschrift legitimieren kann, werden beim Telefon-Banking und beim Online-Banking andere Sicherungsverfahren verwendet. So benötigt man in der Regel neben der Kontonummer eine Teilnehmernummer oder ein persönliches Kennwort, eine persönliche Identifikationsnummer (PIN) sowie eine Transaktionsnummer (TAN) oder Code, um erfolgreich Bankgeschäfte zu tätigen Mit der persönlichen Geheimzahl (PIN) und seiner Kontonummer bzw. Teilnehmernummer sowie einer auf das Handy übermittelten photoTAN oder smsTAN wählt sich der Konto in das Online-System seiner Bank ein. Erteilt der Kunde seiner Bank einen Auftrag, z.B. einen Überweisungsauftrag, bestätigt der Kunde den erteilten Auftrag durch die Eingabe einer auf das Handy übermittelten Transaktionsnummer oder eines Codes. Die TAN bzw. der Code wird über ein Autentifizierungsinstrument generiert und z. B. auf das Handy überspielt. Der Code wird dann in den PC eingegeben und damit die Transaktion freigegeben. .

Die TAN bzw. der Code tritt bei Homebanking-Aufträgen an die Stelle der Unterschrift. Jede TAN bzw. jeder Code kann nur einmal verwendet werden.

Beim Telefon-Banking muss sich der Kunde ebenfalls zunächst mit einer Geheimzahl identifizieren. Wird die Geheimzahl dreimal vom Kunden falsch eingegeben, wird das Telefon-Banking für das betreffende Konto automatisch gesperrt. Ferner werden die Telefongespräche und telefonisch erteilten Aufträge von der Bank aufgezeichnet und 6 Monate lang gespeichert. Auch für das Telefon-Banking gelten besondere Geschäftsbedingungen.

Sicherungseinrichtungen beim Online-Banking

Der Kunde benötigt für die Teilnahme am Online-Banking personalisierte Sicherheitsmerkmale und Authentizierungsinstrumente.

Personalisierte Sicherheitsmerkmale sind:

- die persönliche Identifikationsnummer PIN
- eine einmal verwendbare Transaktionsnummer TAN
- oder den Nutzungscode für die elektronische Signatur.

Der Kunde erhält nach Eingabe seiner Benutzerkennung (Kontonummer oder Kundenkennung) und seiner PIN sowie Eingabe eines auf sein Handy übermittelten Codes einen Onlinezugang zu seinem Bankkonto. Alternativ kann der Kunde sich durch Übermittlung seiner elektronischen Signatur legitimieren. Die Transaktionen autorisiert der Kunde durch Eingabe der TAN oder durch elektronische Signatur. Die Bank übermittelt die TAN bzw. den Nutzungscode für die elektronische Signatur mit Hilfe von Authentifizierungsinstrumenten an den Kunden.

Authentifzierungsinstrumente:

TAN-Generator als Bestandteil einer Chipkarte oder eines anderen elektronischen Gerätes zur Erzeugung von TAN (chip-TAN; smartTAN). Zur Erzeugung der TAN benötigt der Kunde einen TAN-Generator und eine zum Konto gehörende Chipkarte (Girocard), die in den Generator eingeschoben wird. Nach der Auftragserteilung wird auf dem Bildschirm ein Code angezeigt, den der Kunde mit Daten der Transaktion (z. B. Empfängerkontonummer, Betrag) in den Generator eingibt. Aus den eingegebenen Daten errechnet der Generator über den Chip eine auftragsbezogene TAN. Außerdem zeigt er noch einmal die Daten der Transaktion an. Die TAN ist nur zeitlich begrenzt nutzbar.

Vorteil:

Da die TAN aus den Auftragsdaten errechnet wird, kann sie für andere Transaktionen nicht missbraucht werden.

TAN-Generator und Online-Banking-Computer sind zwei voneinander unabhängige Geräte. Transaktionen können nur zusammen mit der für das Konto freigeschalteten Chipkarte ausgeführt werden. Der Kontoinhaber muss auch die Auftragsdaten auch anhand des Generators prüfen. Es besteht beim TAN-Generator kein Virenrisiko.

Mobiltelefon zum Empfang von TAN per SMS (smsTAN, mobile-TAN)

Die TAN wird von der Bank aus Bestandteilen des Kundenauftrages ermittelt. Die Bank übermittelt die TAN und die Auftragsdaten per SMS an eine vom Kunden hinterlegte Handynummer. Die TAN ist nur zeitlich begrenzt nutzbar.

Vorteile:

- Es besteht ein Zusammenhang zwischen TAN und Kundenauftrag.

- Der Kontoinhaber muss die Auftragsdaten auch anhand der SMS prüfen.
- Das Mobiltelefon darf nicht zugleich für Bankgeschäfte genutzt werden.

Nachteil:

- Es besteht bei Mobiltelefonen ein Viren- und Diebstahlrisiko.

Chipkarte mit Signaturfunktion (z. B. HBCI-Verfahren)

Für das HBCI-Verfahren (Homebanking-Computer-Interface-Verfahren) benötigt der Kunde eine HBCI-Chipkarte, einen HBCI-Kartenleser und eine HBCI-Software. Auf der Chipkarte ist ein spezieller Online-Banking-Schlüssel gespeichert.

Nach Eingabe der PIN in den Kartenleser werden die Daten mit einer elektronischen Signatur versehen und verschlüsselt an die Bank übertragen. Die Bank entschlüsselt die Daten und prüft die elektronische Signatur mit Hilfe eines öffentlichen Prüfschlüssels.

Vorteile:

- Bankgeschäfte sind nur unter Eingabe der PIN und unter Verwendung der Chipkarte möglich.
- Die Verschlüsselung mit einem geheimen Signaturschlüssel und die Entschlüsselung mit dem öffentlichen Schlüssel bieten den höchsten Sicherheitsstandard im Online-Banking.

Nachteil:

- Es besteht ein Diebstahlrisiko der Chipkarte.
- Die Anschaffungskosten für die Chipkarte und für das Lesegerät sind relativ hoch.

Pflichten des Kontoinhabers:

- Kontrolle der Auftragsdaten mit den von der Bank angezeigten Daten
- Geheimhaltung der personalisierten Sicherheitsmerkmale
- Sichere Aufbewahrung der Authentifizierungsinstrumente
- Keine Speicherung der Sicherheitsmerkmale auf dem PC
- Keine Weitergabe der Sicherheitsmerkmale an andere Personen
- Getrennte Aufbewahrung von PIN und Authentifizierungsinstrumenten

Sicherheit des Kundensystems:

- Firewall und Antiviren-Software

Haftung:

Vor der Sperranzeige haftet der Kunde bei nicht autorisierten Zahlungsvorgängen unbeschränkt für den Schaden, wenn er seine Sorgfaltspflichten grob fahrlässig verletzt hat. Nach der Sperranzeige haftet der Kunde nicht mehr für den Schaden.

PhotoTAN-Verfahren

Zur Nutzung der photoTAN benötigt der Kunde die passende Smartphone-App von seiner Bank oder ein spezielles Lesegerät. Ist die App oder das Lesegerät eingerichtet und möchte der Kunde auf seinem Computer eine Überweisung tätigen, wählt er zur Generierung der TAN die photoTAN aus.

Am Computer wird dem Kunden nun ein Bild-Code angezeigt, dieser ähnelt einem QR-Code. Der Kunde Scannt das Bild mit dem Smartphone oder Lesegerät ein und es wird die TAN generiert. Die generierte TAN wird anschließend auf dem Computer eingegeben, um die Überweisung zu legitimieren.

Wie sicher ist die photoTAN?
Durch die photoTAN nutzt der Kunde für seine Überweisungen sowohl seinen Computer, als auch sein Smartphone. Das Risiko wird dabei auf zwei Geräte verteilt und somit minimiert. Allerdings gibt es auch Risiken, wenn ein Smartphone verwendet wird: Handys lassen sich leicht hacken, sodass der Angreifer die Kontrolle über die jeweilige Banking-App übernehmen kann. So lassen sich Codes für andere Überweisungen generieren.
Um dieses Risiko zu eliminieren, sollte der Kunde ein Lesegerät verwenden und stets die Daten prüfen. Neben dem Scan-Code findet man immer auch die Überweisungs-Daten angegeben. Der Kunde sollte stets prüfen, ob diese immer noch mit der eingegebenen Kontoverbindung übereinstimmen.

Paydirekt

Es ist ein Online-Bezahlverfahren der deutschen Kreditwirtschaft, das eine für Käufer und Verkäufer sichere Zahlung im Internet ermöglicht. Die Kunden (Zahler) müssen für die Nutzung von Paydirekt am Online-Banking teilnehmen und sich einmalig bei Paydirekt registrieren. Die Verkäufer, die dieses Verfahren ihren Kunden anbieten wollen, müssen zuvor eine entsprechende Vereinbarung mit ihrer Bank treffen. Wenn ein Käufer beim Bezahlvorgang in einem Onlineshop die Zahlungsart Paydirekt wählt, öffnet sich in einer gesicherten Verbindung ein neues Fenster von Paydirekt. Nach Eingabe seines Benutzernamens und seines Passwortes werden dem Käufer die Kaufdaten zur Prüfung angezeigt. Nach einer Zahlungsbestätigung belastet die Bank das Konto des Zahlers und leitet den Betrag an den Verkäufer weiter.

Sicherheit:

Sollte der Kunde die bestellte Ware später nicht erhalten, erhält der Käufer von Paydirekt eine Erstattung des Kaufpreises, wenn der Verkäufer den Versand der Ware nicht nachweisen kann. Schon unmittelbar nach der Zahlung erhält der Verkäufer eine Zahlungsgarantie von der Bank und kann die Ware versenden.

Vorteile:
- Paydirekt-Zahlungen gelten als sicher, da die Zahlung im direkten geschützten Dialog auf den Online-Banking-Internetseiten der Bank ausgeführt wird.
- Der Zahlungsempfänger (Onlineshop) hat keine Einsicht in die Kundendaten.
- Die Daten werden nur auf Servern in Deutschland verarbeitet.

HBCI-Verfahren

Ein weiteres Verfahren zur Sicherheit im Online-Banking ist das HBCI-Verfahren. Der Kunde muss bei diesem Verfahren eine sog. elektronische Signatur verwenden. Diese Signatur wird dem Kunden in Form einer Chipkarte mit Lesegerät oder in Dateiform zur Verfügung gestellt.

Eine weitere Sicherheitsmaßnahme ist die mobile TAN (mTAN). Dabei wird bei der Einrichtung des Online-Banking-Zugangs eine Mobiltelefon-Rufnummer hinterlegt. Dem Kunden wird an diese Rufnummer die zeitlich begrenzte TAN per SMS übermittelt, die er im Online-Banking-Verfahren jeweils für eine spezielle Transaktion einzugeben hat. Beim smartTAN-Verfahren werden die TANs unter Verwendung eines TAN-Generators erstellt. Auf Knopfdruck wird jeweils eine neue TAN erzeugt.

1.3.3 Ombudsmann des privaten Bankgewerbes hilft seit vielen Jahren

Ein Rechtsstreit ist ärgerlich, langwierig und oft teuer. Damit Meinungsverschiedenheiten zwischen Kreditinstitut und Kunde einfacher geklärt werden können, haben die privaten Banken ein außergerichtliches Schlichtungsverfahren eingeführt. Bereits seit vielen Jahren hilft ein unabhängiger Ombudsmann den Bankkunden, Differenzen unbürokratisch und schnell aus dem Weg zu räumen. Vier unabhängige und neutrale Schlichter befinden nach bestem Wissen und Gewissen über die Streitigkeiten.

Welche Banken sind dem Verfahren angeschlossen?

Das Ombudsmannverfahren gilt nur für private Banken. Sparkassen, öffentliche Banken sowie Volks- und Raiffeisenbanken sind dem Verfahren nicht angeschlossen.

Wer kann sich an den Ombudsmann wenden?

Jeder Privatkunde kann sich an den Ombudsmann wenden. Geht es um eine Streitigkeit aus der Anwendung des Überweisungsrechts oder wegen des Missbrauchs einer Zahlungskarte, steht der Ombudsmann aber auch Unternehmen und Selbstständigen zur Verfügung.

Was kostet das Ombudsmannverfahren?

Das Ombudsmannverfahren ist für den Kunden kostenlos; er hat nur seine eigenen Auslagen (z. B. Porto oder Telefon) zu tragen.

Wann kann der Ombudsmann angerufen werden?

Wenn der Kunde meint, durch das Verhalten seiner Bank einen Nachteil erlitten zu haben, kann er den streitigen Vorgang dem Ombudsmann vorlegen. Dies gilt auch, wenn sich ein Verbraucher darüber beschwert, dass eine Bank ihm kein Girokonto – zumindest auf Guthabenbasis – einrichtet. Allerdings sind einige Fälle von dem Verfahren ausgenommen. Der Ombudsmann wird zum Beispiel nicht tätig, wenn sich bereits eine andere außergerichtliche Schlichtungsstelle oder ein Gericht mit dem Verfahren beschäftigt. Zudem sieht der Ombudsmann von einer Schlichtung ab, wenn nur nach einer weitergehenden Beweisaufnahme in der Sache entschieden werden könnte, zum Beispiel Zeugen gehört werden müssten, um einen streitigen Sachverhalt zu klären.

Was muss der Kunde tun?

Der Kunde schreibt an die Kundenbeschwerdestelle beim Bundesverband deutscher Banken, Postfach 04 03 07, 10062 Berlin, schildert kurz unter Angaben seiner geltend gemachten Ansprüche den Sachverhalt und fügt Kopien der notwendigen Unterlagen bei. Er versichert, dass er in der Streitigkeit noch kein Gericht, keine Streitschlichtungsstelle und keine Gütestelle die Streitbeilegung betreibt, angerufen oder auch keinen außergerichtlichen Vergleich mit der Bank abgeschlossen hat.

Wie läuft das Verfahren ab?

Die Kundenbeschwerdestelle prüft die vom Kunden eingereichten Unterlagen und bittet ihn – soweit erforderlich – um ergänzende Informationen. Hält die Kundenbeschwerdestelle die Beschwerde für unzulässig, legt sie diese dem Ombudsmann zur Entscheidung über die Zulässigkeit vor. Bei Beschwerden, deren Zulässigkeit die Kundenbeschwerdestelle oder der

Ombudsmann bejaht, wird die Stellungnahme der betroffenen Bank eingeholt. Bereinigt die Bank den Vorgang nicht, wird er dem Ombudsmann vorgelegt.

Der Ombudsmann entscheidet grundsätzlich im schriftlichen Verfahren. Für die Dauer des Verfahrens gilt die Verjährung für die Ansprüche des Kunden als gehemmt.

Wie erfährt der Kunde vom Ausgang des Verfahrens?

Der Ombudsmann benachrichtigt den Kunden selbst; er leitet ihm den Schlichtungsspruch unmittelbar zu.

Welche Wirkung hat der Schlichtungsspruch?

Der Schlichtungsspruch ist für die Bank bindend, wenn der zwischen Bank und Kunden strittige Betrag 5.000 EUR nicht übersteigt. Dies gilt jedoch nicht für den Kunden. Ist er mit der Entscheidung des Ombudsmannes nicht einverstanden, kann er auch nach einem Schlichtungsspruch sein Anliegen vor Gericht weiterverfolgen. Diese Möglichkeit hat die Bank nur, wenn der Streitwert mehr als 5.000 EUR beträgt.

Schlichtungssprüche bei Beschwerden von Verbrauchern, dass die Bank ihnen kein Girokonto – zumindest auf Guthabenbasis – einrichtet, beschränken sich auf die Feststellung, ob die Bank die Empfehlung der Spitzenverbände der deutschen Kreditwirtschaft (ZKA) zum „Girokonto für jedermann" beachtet hat.

Werden die Beschwerden vertraulich behandelt?

Alle Kundenbeschwerden werden vertraulich behandelt. Der Ombudsmann und die Mitarbeiter der Kundenbeschwerdestelle sind nach der Verfahrensordnung zur Verschwiegenheit verpflichtet.

Gibt es einen Tätigkeitsbericht des Ombudsmannes?

Ein Tätigkeitsbericht des Ombudsmannes wird regelmäßig erstellt und ist online abrufbar.

Wo sind Verfahrensgang und Zulässigkeitsvoraussetzungen geregelt?

Verfahrensgang und Zulässigkeitsvoraussetzung im Einzelnen sind in der Verfahrensordnung für die Schlichtung von Kundenbeschwerden im deutschen Bankgewerbe geregelt, die online abgerufen werden kann.

1.4 Eröffnung von Firmenkonten bei unterschiedlichen Rechtsformen

Bevor das Kreditinstitut ein Firmenkonto eröffnet, müssen folgende Fragen geklärt werden:

- Wer soll Kontoinhaber sein?
- Ist der Kontoinhaber rechts- und geschäftsfähig?
- Wie soll die Kontobezeichnung lauten?
- Ist der Antragsteller antragsberechtigt?
- Kann sich der Antragsteller persönlich legitimieren?
- Welchem Zweck soll das Konto dienen?
- Wer genau soll zeichnungsberechtigt sein (Vollmacht haben)?

Die Prokura ist eine rechtsgeschäftliche Vollmacht. Der Erklärende muss Inhaber eines Handelsgeschäfts und außerdem Kaufmann sein. Eine wirksame Erklärung ist mittels ausdrücklicher Erklärung persönlich durch den Inhaber des Handelsgeschäfts zu erteilen.

Eine Handlungsvollmacht wird vom Geschäftsinhaber an den Bevollmächtigten als einseitige empfangsbedürftige Willenserklärung erteilt.

Lernsituation

Der Vorstand der Wünsche AG beschließt in einer Vorstandssitzung am 26.11.20.., den Mitarbeitern Herrn Ingo Petersen und Herrn Ralf Schmalriede Gesamtprokura zu erteilen. Am selben Tag wird der Mitarbeiter Herr Manfred Laumen zum Handlungsbevollmächtigen bestellt. Am 27.11.20.. teilt der Vorstand den Mitarbeitern den Beschluss über die Prokuraerteilung sowie der Handlungsvollmachtserteilung persönlich mit. Der Vorstand veranlasst die sofortige Eintragung ins Handelsregister. Am 4.12.20.. erfolgte die Eintragung ins Handelsregister. Am 6.12.20.. wird die Handelsregistereintragung im regionalen Tagesanzeiger veröffentlicht.

Aufgaben

a) Wer ist berechtigt, Prokura und Handlungsvollmacht zu erteilen?

b) Wann wird die Erteilung der Prokura bzw. Handlungsvollmacht rechtswirksam?

c) Beschreiben Sie Umfang und Grenzen der Prokura bzw. Handlungsvollmacht!

d) Welche der drei Mitarbeiter werden ins Handelsregister eingetragen?

e) Wie kann die Prokura bzw. Handlungsvollmacht erlöschen?

INFO

Prokura		
Erteilung	**Umfang**	**Erlöschen**
Berechtigter Inhaber eines Handelsgeschäfts oder gesetzlicher Vertreter (mit Genehmigung des Familiengericht: § 1822 Nr. 11 BGB)	**Grundsatz** Für alle Geschäfte, die der Betrieb eines Handelsgewerbes mit sich bringt (§ 49 Abs. 1 HGB)	**Widerruf** Jederzeit möglich gemäß § 52 Abs. 1 HGB (in Verbindung mit §§ 168 Satz 3, 167 Abs. 1 BGB)
Art Ausdrücklich und persönlich durch mündliche oder schriftliche Erklärung an Prokuristen oder Dritte (§ 48 Abs. 1 in Verbindung mit § 167 Abs. 1 BGB)	**Beschränkungen** 1. durch Rechtsgeschäft nach außen unwirksam (§ 50 Abs. 1 und 2 HGB); möglich: „Filialprokura" nach § 50 Abs. 3 HGB 2. durch Gesetz: - Veräußerung und Belastung von Grundstücken gemäß § 49 Abs. 2 HGB nur mit besonderer Befugnis - nicht zum gewöhnlichen Betrieb gehörende Geschäfte; Einstellung oder Veräußerung des Unternehmens (arg. aus § 49 Abs. 1 HGB)	Beendigung des zugrunde liegenden Arbeitsverhältnisses (arg. aus § 168 Satz 1 BGB) Tod des Prokuristen (arg. aus § 52 Abs. 3 HGB) Insolvenz des Prinzipals (§ 117 Insolvenzordnung) Einstellung bzw. Veräußerung des Handelsgeschäfts
Adressat Natürliche (nicht juristische) Personen; ggf. mehrere Personen = Gesamtprokura (§ 48 Abs. 2 HGB)		
Eintragung ins Handelsregister: Gemäß § 53 Abs. 1 HGB Pflicht; deklaratorische Wirkung		**Eintragung ins Handelsregister** Gemäß § 53 Abs. 3 HGB Pflicht; deklaratorische Wirkung

Handlungsvollmacht		
Erteilung	**Umfang**	**Erlöschen**
Berechtigter Wie Prokura; außerdem auch Prokurist	**Grundsatz** Im Ermessen des Vollmachtsgebers, doch gesetzlich vermuteter Mindestinhalt gemäß § 54 Abs. 1 HGB (beachte: „Geschäfte ... die der Betrieb (nicht irgendeines, sondern) eines derartigen Handelsgewerbes ... gewöhnlich mit sich bringt"!)	**Widerruf** Vgl. §§ 168 Satz 2 und 3, 167 Abs. 1 BGB

<table>
<tr><th colspan="3">Handlungsvollmacht</th></tr>
<tr><th>Erteilung</th><th>Umfang</th><th>Erlöschen</th></tr>
<tr><td>Art
- ausdrücklich oder stillschweigend (konkludent) nach BGB-Regeln (§ 167 BGB)
- möglich auch: Anscheins- oder Duldungsvollmacht
- durch Umdeutung (§ 140 BGB) unwirksam erteilter Prokura</td><td>Arten (Typen)
General-Handlungsvollmacht = alle zum Betrieb des Handelsgewerbes gehörenden Geschäfte, außer gesetzliche Beschränkungen (siehe unten)
- Art-Handlungsvollmacht = bestimmte Art von Geschäften
- Spezial-Handlungsvollmacht = einzelne, spezielle Geschäfte</td><td rowspan="3">Beendigung des zugrunde liegenden Arbeitsverhältnisses
(arg. aus § 168 Satz 1 BGB)</td></tr>
<tr><td>Adressat
Natürliche, nicht juristische Personen</td><td rowspan="2">Beschränkungen
- Veräußerung und Belastung von Grundstücken, Wechselverbindlichkei-ten, Darlehen und Prozessführung (§ 54 Abs. 2 HGB)
- Rechtsgeschäftliche Beschränkungen, wenn Dritten bekannt (§ 54 Abs. 3 HGB)
- § 55 Abs. 2 und 3 HGB</td></tr>
<tr><td>Eintragung ins Handelsregister
Gesetzlich nicht vorgesehen und nicht eintragungsfähig</td></tr>
</table>

Auszug aus dem Handelsgesetzbuch (HGB)

Prokura und Handlungsvollmacht

§ 48 (Erteilung der Prokura; Gesamtprokura)

(1) Die Prokura kann nur von dem Inhaber des Handelsgeschäfts oder seinem gesetzlichen Vertreter und nur mittels ausdrücklicher Erklärung erteilt werden.
(2) Die Erteilung kann an mehrere Personen gemeinschaftlich erfolgen (Gesamtprokura).

§ 49 (Umfang der Prokura)

(1) Die Prokura ermächtigt zu allen Arten von gerichtlichen und außergerichtlichen Geschäften und Rechtshandlungen, die der Betrieb eines Handelsgewerbes mit sich bringt.
(2) Zur Veräußerung und Belastung von Grundstücken ist der Prokurist nur ermächtigt, wenn ihm diese Befugnis besonders erteilt ist.

§ 50 (Beschränkung des Umfangs)

(1) Eine Beschränkung des Umfangs der Prokura ist Dritten gegenüber unwirksam.

§ 52 (Widerruflichkeit; Unübertragbarkeit ...)

(1) Die Prokura ist ohne Rücksicht auf das der Erteilung zugrundeliegende Rechtsverhältnis jederzeit widerruflich ...
(2) Die Prokura ist nicht übertragbar.

§ 53 (Anmeldung der Erteilung und des Erlöschens)

(1) Die Erteilung der Prokura ist von dem Inhaber des Handelsgeschäfts zur Eintragung in das Handelsregister anzumelden. ...

(2) Das Erlöschen der Prokura ist in gleicher Weise wie die Erteilung zur Eintragung anzumelden.

§ 54 (Handlungsvollmacht)

(1) Ist jemand ohne Erteilung der Prokura zum Betrieb eines Handelsgewerbes oder zur Vornahme einer bestimmten zu einem Handelsgewerbe gehörigen Art von Geschäften oder zur Vornahme einzelner zu einem Handelsgewerbe gehöriger Geschäfte ermächtigt, so erstreckt sich die Vollmacht (Handlungsvollmacht) auf alle Geschäfte und Rechtshandlungen, die der Betrieb eines derartigen Handelsgewerbes oder die Vornahme derartiger Geschäfte gewöhnlich mit sich bringt.
(2) Zur Veräußerung und Belastung von Grundstücken, zur Eingehung von Wechselverbindlichkeiten, zur Aufnahme von Darlehen und zur Prozessführung ist der Handlungsbevollmächtigte nur ermächtigt, wenn ihm eine solche Befugnis besonders erteilt ist.

Auszug aus dem Bürgerlichen Gesetzbuch (BGB)

§ 167 (Erteilung der Vollmacht)

(1) Die Erteilung der Vollmacht erfolgt durch Erklärung gegenüber dem zu bevollmächtigenden oder dem Dritten, dem gegenüber die Vertretung stattfinden soll.

§ 168 (Erlöschen der Vollmacht)

Das Erlöschen der Vollmacht bestimmt sich nach dem ihrer Erteilung zugrunde liegenden Rechtsverhältnis. Die Vollmacht ist auch bei dem Fortbestehen des Rechtsverhältnisses widerruflich, sofern sich nicht auf diesem ein anderes ergibt . ...

Juristische Personen sind vom Gesetzgeber mit eigener Rechtspersönlichkeit ausgestattet und damit als rechtsfähig anerkannt. Juristische Personen handeln durch ihre Organe. Durch sie können sie Rechte erwerben und Verpflichtungen eingehen. Die Organe werden durch natürliche Personen gebildet.

Kontobezeichnung

Zur Vermeidung von Rechtsunklarheiten muss jeder Kontoinhaber von der kontoführenden Bank genau und eindeutig bezeichnet werden. Juristische Personen unterscheiden sich durch ihren Namen (Firma), mit dem sie in den entsprechenden Registern eingetragen sind. Als Kontobezeichnung ist die im Register bezeichnete Firma wörtlich zu übernehmen.

Legitimationsprüfung

Aus § 154 Abgabenordnung (AO) ergeben sich folgende Pflichten:

- Die Existenz und Richtigkeit der Firma ist durch einen Handelsregisterauszug nachzuweisen. Die Registernummer ist anzugeben.
- Alle der Bank gegenüber verfügungsberechtigten Personen müssen sich persönlich legitimieren, am einfachsten durch einen amtlichen gültigen Bundespersonalausweis.

Die sich aus der Prüfung ergebenden Angaben werden auf einem Kontostammblatt festgehalten. Außerdem muss das Kreditinstitut dafür sorgen, dass über ein Namensverzeichnis jederzeit alle über das Konto verfügungsberechtigten Personen festgestellt werden können. Hierfür werden alle Verfügungsbefugnisse in einer „Alpha-Datei" über die EDV erfasst und verbunden. Auch das Geldwäschegesetz, welches die Einschleusung sog. „Schwarzer Gelder" in den legalen Finanz- und Wirtschaftskreislauf verhindern soll, verlangt gewisse Vorkehrungen. Bei jeder Kontoeröffnung muss der Antragsteller angeben, ob er das Guthaben „für eigene

Rechnung" führt. Handelt der Kunde für fremde Rechnung, so muss der wirtschaftlich Berechtigte ermittelt und seine Identität festgehalten werden. Geschäftskonten werden regelmäßig auf eigene Rechnung geführt. Da bei jeder Bareinzahlung ab 15.000 EUR die Legitimation des Einzahlers festzustellen und der Ausweis zu kopieren ist, stellte eine entsprechende Legitimation der Verfügungsberechtigten bereits bei der Kontoeröffnung eine erhebliche Erleichterung der weiteren Kontoführung dar.

Das Handelsregister

Mit dem Handelsregisterauszug legitimiert sich das Unternehmen. Das Handelsregister ist ein öffentliches Verzeichnis der Vollkaufleute eines Amtsgerichtsbezirks. Es dient der Rechtssicherheit im Umgang mit Kaufleuten und enthält folgende wichtigen Informationen:

- Firma als Name des Kaufmanns,
- Sitz und Gegenstand des Unternehmens,
- Namen der Geschäftsführer und der haftenden Gesellschafter sowie Einschränkungen oder Erweiterungen von deren Vertretungsmacht ,
- Namen der Prokuristen,
- Bei Kapitalgesellschaften das Grund- oder Stammkapital, bei Kommanditgesellschaften die Höhe der Kommanditbeteiligungen.

Das Handelsregister wird in zwei Abteilungen geführt:

- Abteilung A: Einzelfirmen und Personenhandelsgesellschaften (OHG, KG),
- Abteilung B: Kapitalgesellschaften (AG, GmbH).

Die Abteilungen unterscheiden sich nur durch den Inhalt der Eintragungen, der sich aus der Besonderheit der Rechtsform ergibt, insbesondere durch die Haftungsverhältnisse.

Vertretungsberechtigung und Verfügungsberechtigung

Bei der GmbH vertreten der oder die Geschäftsführer die Gesellschaft nach außen. Die Geschäftsführung kann nur von voll geschäftsfähigen natürlichen Personen ausgeübt werden. Nach außen kann der Umfang der Vertretungsmacht der Geschäftsführung nicht beschränkt werden. Dies gibt den Geschäftspartnern der GmbH eine hohe Rechtssicherheit, wenn sie z.B. Verträge direkt mit der Geschäftsführung abschließen. Sind mehrere Geschäftsführer bestellt, so gilt nach Gesetz die Gesamtvertretung durch sämtliche Geschäftsführer gemeinsam.

Bei der Kontoeröffnung für juristische Personen muss das Kreditinstitut immer eine doppelte Legitimationsprüfung durchführen. Zum einen muss sich das Unternehmen mit dem entsprechenden Registerauszug legitimieren. Aus dem Auszug ist ersichtlich, wer das Unternehmen vertreten kann. Außerdem muss sich der Firmenkundenberater vergewissern, ob der Antragsteller mit der im Auszug als vertretungsberechtigt ausgewiesenen natürlichen Personen übereinstimmt.

Vertretung der Unternehmung gegenüber der Bank

Kaufleute können in einem größeren Geschäftsbetrieb nicht alle Rechtsgeschäfte selbst abschließen. Der Geschäftsinhaber oder die Organe juristischer Personen lassen sich rechtsgeschäftlich durch andere Personen, z.B. Prokuristen oder Handlungsbevollmächtigte, vertreten. Handelsrechtlich geregelt sind die Prokura und die Handlungsvollmacht.

Vollmachten eines Kaufmanns		
Bezeichnung	Erteilung	Umfang
Prokura	- ausdrücklich - Eintragung im Handelsregister - Erteilung nur durch Kaufleute	- gewöhnliche und außergewöhnliche Geschäfte, die allgemein in einem Handelsbetrieb vorkommen können - gerichtliche und außergerichtliche Vertretung - Ausnahme: Belastung und Veräußerung von Grundstücken nur mit besonderer Vollmacht - Prokura berechtigt nicht zu Bilanzunterzeichnung, Insolvenzantrag, Handelsregisteranmeldungen, Prokuraerteilungen
Handlungsvollmacht	- keine Eintragung ins Handelsregister - Erteilung nur durch Kaufleute	- gewöhnliche Geschäfte des die Vollmacht erteilenden Handelsbetriebes - Ausnahme: Belastung und Veräußerung von Grundstücken, Eingehen von Wechselschulden, Aufnahme von Darlehen, Führung von Prozessen
Generalvollmacht	- keine Eintragung im Handelsregister - Erteilung auch durch Privatpersonen (BGB-Vollmacht)	- alle Geschäfte, für die eine Stellvertretung zulässig ist

1.4.1 Kontoeröffnung für eine offene Handelsgesellschaft (OHG)

Lernsituation

Sie sind Mitarbeiter/in der Nordbank AG. Herr Olaf Ansorge legt Ihnen folgenden Handelsregisterauszug vor und möchte bei Ihrem Kreditinstitut ein Firmenkonto für diese Gesellschaft eröffnen:

Eintragungsnummer: 1

Firma: Kramer Delikatess OHG

Niederlassung: Bremen

Gegenstand des Unternehmens: Herstellung von Schnellgerichten

Persönlich haftende Gesellschafter:

Klaus Kramer, 23. Februar 1975, Bremen

Irmgard Isenau, 26. Dezember 1971, Bremen

Franz Kramer, 20. September 1979, Bremen

Prokura: Olaf Ansorge, 23. April 1974

Rechtsverhältnisse: Offene Handelsgesellschaft. Die Gesellschaft hat am 1. Januar 2000 begonnen. Der Gesellschafter Franz Kramer ist von der Vertretung ausgeschlossen. Prokuristen vertreten die Gesellschaft gemeinsam mit einem vertretungsberechtigten Gesellschafter.

Tag der Eintragung: 20. Januar 2000

Aufgaben

a) Nennen Sie die Personen, die laut Handelsregisterauszug rechtswirksam zur Kontoeröffnung berechtigt sind, und begründen Sie Ihre Entscheidung.

b) Kann die Kontobezeichnung „Kramer und Isenau OHG" gewählt werden? Begründen Sie Ihre Entscheidung.

c) Welche Unterlage benötigen Sie neben dem Handelsregisterauszug für die rechtswirksame Eröffnung des Firmenkontos? Begründen Sie Ihre Entscheidung.

Das Konto besteht jetzt bereits seit einiger Zeit, als Irmgard Isenau zum 2. Februar 20.. aus der OHG ausscheidet. Die Nordbank AG erfährt davon nichts. Am 6. Februar 20.. hebt Frau Isenau 3.000,00 EUR vom Firmenkonto ab. Die OHG fordert die Rückerstattung des Betrags von der Nordbank AG.

d) Wie ist die Rechtslage? Begründen Sie Ihre Entscheidung.

Ein Großkunde der OHG hat vereinbarungsgemäß seine Rechnung mit dem nachfolgenden Scheck bezahlt. Klaus Kramer will diesen Scheck bei der Nordbank AG zur Gutschrift auf dem Firmenkonto einreichen.

Scheckart: Orderscheck
Bezogene Bank: Handelsbank AG in Bremen
Betrag: 6.605,00 EUR (auch in Buchstaben)
Empfänger: an Delikatess OHG
Verwendungszweck: ---
Ausstellungsort und -datum: Syke, 24. April 20..
Unterschrift des Ausstellers: Hans Meyer KG ppa. Tholl

e) Die Handelsbank AG hat den Scheck mangels Deckung nicht eingelöst. e) Nennen Sie vier erforderliche Tätigkeiten der Handelsbank AG als bezogene Bank.

INFO

Offene Handelsgesellschaft

Die OHG ist eine Personengesellschaft, bei der sich mehrere Gesellschafter zum Zwecke des Betriebs eines Handelsgewerbes unter einer gemeinschaftlichen Firma zusammengeschlossen haben. Die OHG ist in den §§ 105 ff. HGB geregelt. Die Gesellschafter einer OHG haften alle unbeschränkt mit ihrem gesamten Vermögen. Die OHG kann unter ihrem Namen Rechte erwerben und Verbindlichkeiten eingehen. Sie wird in Abteilung A des Handelsregisters eingetragen. Die Eintragung hat nur deklaratorische Wirkung. Bei der Kontoeröffnung ist ein Handelsregisterauszug der OHG zwingend erforderlich, da aus diesem die Geschäftsführungs- und Vertretungsbefugnis sichtbar wird. Die Gesellschaft kann von jedem Gesellschafter selbstständig vertreten werden, falls nichts anderes im Gesellschaftsvertrag oder auf dem Kontoeröffnungsantrag oder im Kreditvertrag, auch in Abweichung vom Gesellschaftsvertrag, vereinbart wurde. Jeder Gesellschafter ist legitimiert, über das Firmenkonto zu verfügen, Überweisungsaufträge zu erteilen, Kredite und Darlehen für die Gesellschaft aufzunehmen, Sicherheiten aus dem Vermögen der Gesellschaft zu bestellen sowie Grundstücke, die auf die Firma der OHG eingetragen sind, zu belasten und zu veräußern.

Jeder Gesellschafter kann Vollmachten für die Firma erteilen und Prokuristen und Handlungsbevollmächtigte bestellen. Einem einzelnen Gesellschafter kann nicht die Vertretungsbefugnis für die OHG im Ganzen übertragen werden. Beschränkungen in der Vertretungsmacht der Gesellschafter gelten nur im Innenverhältnis, aber nicht der Bank gegenüber. Im Gesellschaftsvertrag kann vorgesehen sein, dass einzelne Gesellschafter von der Vertretung der Gesellschaft ausgeschlossen sind. Üblich ist auch bei einer OHG, dass mehrere oder sämtliche Gesellschafter gemeinsam (Gesamtvertretung) oder gemeinsam mit einem Prokuristen (unechte Gesamtvertretung) die Gesellschaft vertreten müssen. Wenn im Handelsregister ein Gesellschafter von der Vertretung der Gesellschaft ausgeschlossen ist, so darf die Bank mit ihm überhaupt keine Rechtsgeschäfte abschließen. Es kann folgenreich sein, wenn die Bank nur mit einem Gesellschafter einen Kreditvertrag abschließt, obwohl die Gesellschaft nach dem Eintrag im Handelsregister oder nach dem Inhalt des Gesellschaftsvertrags nur von mehreren Gesellschaftern gemeinsam vertreten werden darf. Aus diesem Grund muss die Bank, wenn sie mit einem Gesellschafter einer OHG irgendein Rechtsgeschäft abschließt, vorher das Handelsregister und den Gesellschaftsvertrag einsehen.

1.4.2 Kontoeröffnung einer Kommanditgesellschaft (KG)

Lernsituation

Ihnen liegt der nachstehende Handelsregisterauszug vor:

Firma: -Stapelfeldt Container-Transport KG
Ort der Niederlassung: Hamburg

Persönlich haftender Gesellschafter: Joachim Horst Ernst Stapelfeldt, Kaufmann, Hamburg.

Prokura:
Einzelprokurist<u>en</u>: Detlev Schult, Siek,
Rita Stapelfeldt geb. Müller, Hamburg.
Die Prokura D. Schult ist erloschen.

Rechtsverhältnisse:
Kommanditgesellschaft.
Die Gesellschaft hat am 1. September 1975 begonnen.
Kommanditistin:
Rita Stapelfeldt geb. Müller, Hamburg, mit einer Einlage von 10.000,00 EUR.

Die Kommanditeinlage der Kommanditistin Rita Stapelfeldt geb. Müller, die aus der Gesellschaft ausscheidet, ist im Wege der Sonderrechtsnachfolge übergegangen auf Joachim Hans Stapelfeldt, Dipl.-Holzwirt, Hamburg, der als Kommanditist mit einer Einlage von 10.000 EUR in die Gesellschaft eintritt.

Tag der Eintragung: 26. September 1975

Aufgaben

a) Wer ist laut Handelsregisterauszug rechtswirksam zur Kontoeröffnung berechtigt? Begründen Sie Ihre Entscheidung.

b) Kann die Kontobezeichnung „Stapelfeldt-Transport KG“ gewählt werden? Begründen Sie Ihre Entscheidung.

c) In welchem Umfang haften voll haftende Gesellschafter, Prokuristen und Kommanditisten für die Verbindlichkeiten der Kommanditgesellschaft?

INFO

Die Kommanditgesellschaft

Eine Kommanditgesellschaft (KG) liegt vor beim Zusammenschluss mehrerer zu einer Gesellschaft, deren Zweck auf den Betrieb eines Handelsgewerbes unter gemeinschaftlicher Firma gerichtet ist. Sie besteht aus einem oder mehreren persönlich haftenden Gesellschaftern (Komplementären) und mindestens einem Gesellschafter, dessen Haftung auf die Einlage beschränkt ist (Kommanditist).

Auch juristische Personen können Kommanditist oder Komplementär sein. Die Haftungssumme des Kommanditisten ins Handelsregister einzutragen. Die Geschäftsführung und die Vertretung der KG nehmen die Komplementäre wahr. Die Vertretungsbefugnisse entsprechen denen der OHG. Die Kommanditisten sind nicht gesetzliche Vertreter der KG. Ihnen könnten aber von der Gesellschaft Prokura, Handlungsvollmacht oder Einzelvollmacht zur Vertretung der Gesellschaft erteilt werden. Rechtsgrundlage sind die §§ 161 bis 177 a HGB, ergänzend gelten die Vorschriften über offene Handelsgesellschaften (OHG) und Gesellschaften des bürgerlichen Rechts (GbR).

1.4.3 Firmenkonto für eine Gesellschaft mit beschränkter Haftung (GmbH)

Lernsituation 1

Claudia Herrmann möchte bei der Nordbank AG ein Kontokorrentkonto auf den Namen der Fischer Spielwaren GmbH eröffnen. Sie importiert Spielwaren und elektronische Geräte aus Indonesien und vertreibt sie an deutsche Einzelhandelsgeschäfte. Die Rechtsverhältnisse der GmbH sind dem nachfolgenden Handelsregisterauszug zu entnehmen.

Firma: Fischer Spielwaren GmbH
Ort der Niederlassung: Pinneberg
Gegenstand des Unternehmens: Großhandel mit Spielwaren und elektronischen Geräten
Stammkapital: 50.000,00 EUR
Geschäftsführer:
Claudia Herrmann, Kauffrau, Pinneberg, geb. 06.09.1967
Nadine Nassar, Kauffrau, Hamburg, geb. 25.02.1962
Florian Brinkhaus, Kaufmann, Pinneberg, geb. 19.11.1968
Gesamtprokurist: Klaus Harke, Norderstedt, geb. 04.05.1971
Rechtsverhältnisse: Gesellschaft mit beschränkter Haftung. Gesellschaftsvertrag vom 14. August 2002. Ist ein Geschäftsführer bestellt, vertritt er die Gesellschaft allein; sind mehrere bestellt, sind zwei Geschäftsführer gemeinsam oder ein Geschäftsführer gemeinsam mit einem Prokuristen vertretungsberechtigt. Einzelnen Geschäftsführern kann Alleinvertretungsberechtigung verliehen werden. Claudia Herrmann ist alleinvertretungsberechtigt.
Tag der Eintragung: 17. September 2002

Neben den im Handelsregister aufgeführten Personen soll auch der Handlungsbevollmächtigte Rainer Schürmann eine Kontovollmacht erhalten. Herr Schürmann darf nur in Gemeinschaft mit einem Geschäftsführer oder einen Prokuristen handeln. Sie weisen Frau Herrmann darauf hin, dass die Nordbank AG bei der Kontoeröffnung eine Legitimationsprüfung durchführt.

Aufgaben

a) Erläutern Sie drei Gründe für die Legitimationsprüfung.

Sie erkundigen sich bei Frau Herrmann, ob das Konto für eigene oder für fremde Rechnung genutzt werden soll.

b) Begründen Sie, warum diese Frage gestellt werden muss.

c) Erläutern Sie Frau Herrmann den Unterschied zwischen dem Handeln für eigene bzw. dem Handeln für fremde Rechnung.

In den Kontounterlagen ist die Art der Vertretungsberechtigung festzuhalten.

d) Tragen Sie in die nachstehende Kontounterlage bei den genannten Personen ein

- „E" ein, wenn eine Einzelverfügungsberechtigung besteht bzw.
- „G" ein, wenn eine gemeinschaftliche Verfügungsberechtigung vorliegt.

Gehen Sie dabei von den oben beschriebenen Rechtsverhältnissen sowie den Rechtsverhältnissen gemäß Handelsregister-Auszug aus.

Vertretungsberechtigter	Vertretungsberechtigung „E" bei Einzelvertretungsberechtigung „G" bei gemeinschaftlicher Vertretungsberechtigung
Claudia Herrmann	
Nadine Nassar	
Florian Brinkhaus	
Klaus Harke	
Rainer Schürmann	

Frau Herrmann teilt Ihnen mit, dass Herr Harke und Herr Schürmann Vertretungsbefugnisse im gesetzlichen Umfang (ohne Sondervollmachten) besitzen.

e) Erläutern Sie Frau Hermann, welche Art von Geschäften die beiden Herrn in der Geschäftsverbindung mit der Nordbank AG tätigen dürfen, und nennen Sie je ein Beispiel.

Lernsituation 2

Sie sind Kundenberater/-in der Nordbank AG. Ihr Kunde Rudolf Teichmann führte über 20 Jahre lang das Hamburger Fachgeschäft für Tabak und Spirituosen „Pfeifen Tesch" in der Rechtsform des eingetragenen Kaufmanns (e.K.) mit über zehn Filialen.
Heute kommt Herr Teichmann mit seinen beiden volljährigen Söhnen Klaus Florian Teichmann und Ernst-Otto Teichmann zu Ihnen, um mit Ihnen ein ausführliches Beratungsgespräch zu führen. Die beiden Söhne sind keine Kunden der Nordbank AG.

Aufgaben

Herr Teichmann teilt Ihnen mit, dass er in den verdienten Altersruhestand gehen möchte und deshalb die Verantwortung auf seine beiden Söhne übertragen möchte. Zu diesem Zweck wurde die Pfeifen Tesch GmbH mit ihm und seinen beiden Söhnen als Gesellschafter gegründet. Geschäftsführer sind seine beiden Söhne; es gilt die gesetzliche Vertretungsregelung.
Für die Pfeifen Tesch GmbH soll ein Geschäftskonto eröffnet werden.

a) Entscheiden Sie, wer für die Pfeifen Tesch GmbH den Kontoeröffnungsantrag rechtswirksam stellen kann und begründen Sie Ihre Entscheidung!

b) Nennen Sie den Kunden die Unterlagen, die Sie von ihnen zur Kontoeröffnung für die Pfeifen Tesch GmbH benötigen!

c) Erläutern Sie, was Sie im Rahmen der Kontoeröffnung anhand der vorzulegenden Unterlagen jeweils prüfen müssen!

Sie eröffnen das Geschäftskonto für die Pfeifen Tesch GmbH.

d) Nennen Sie die Kontobezeichnung für dieses Geschäftskonto und begründen Sie Ihre Entscheidung.

Da immer mehr Kunden bargeldlos bezahlen möchten, interessiert sich Florian Teichmann für den Einsatz eines Kartenlesegeräts.

e) Erläutern Sie den Kunden drei Vorteile, die sich für das Tabakgeschäft durch die Nutzung eines Kartenlesegeräts ergeben!

Ernst-Otto Teichmann teilt Ihnen mit, dass bisher die in den Tabakfilialen eingenommenen Gelder erst am nächsten Bankarbeitstag in der Nordbank AG eingezahlt wurden. Sie erklären den Kunden, dass die Nordbank AG in ihren Geschäftsstellen Ein- und Auszahlungsgeräte stehen hat, an denen Bargeld ganztägig eingezahlt werden kann.

f) Erläutern Sie dem Kunden den Zahlungsverkehrsvorteil für das Unternehmen, der sich durch die Nutzung dieser Bankautomaten ergibt!

INFO

Die GmbH

Die GmbH ist eine Gesellschaft mit eigener Rechtspersönlichkeit, die ein in Stammeinlagen zerlegtes Stammkapital hat und für deren Schulden nur das Gesellschaftsvermögen haftet. Die GmbH kann zu jedem gesetzlich zulässigen Zweck errichtet werden. Die GmbH haftet nur mit dem Gesellschaftsvermögen.

Bei der GmbH gibt es zwei notwendige Organe, den Geschäftsführer und die Gesellschafterversammlung. Durch Satzung kann ein Aufsichtsrat berufen werden. Höchstes Organ ist die Gesellschafterversammlung. Hinsichtlich der Geschäftsführung ist eine jederzeitige Abberufung möglich, wenn der Gesellschaftervertrag nichts anderes bestimmt. Der Gesellschafterversammlung obliegt die Prüfung und die Überwachung der Geschäftsführung. Die Gesellschafterversammlung kann Beschlüsse in Bezug auf konkrete Geschäftsführungsmaßnahmen treffen und ist zuständig für die Feststellung der Bilanz und die Verteilung des Gewinns.

Bei der Gründung der GmbH ist der Abschluss eines notariell beurkundeten Gesellschaftsvertrags notwendig. Hierbei ist eine sog. Einmann-Gründung zulässig. Erforderlich ist die Übernahme der Stammeinlagen, die zusammen den Betrag des Stammkapitals ausmachen und die Ernennung der ersten Geschäftsführer. Zudem muss die versprochene Einlage geleistet werden und die Gesellschaft ins Handelsregister in Abteilung B eingetragen werden. Die Gesellschaft entsteht mit der Eintragung als juristische Person, ab diesem Zeitpunkt gilt die Beschränkung der Haftung auf das Gesellschaftsvermögen. Der Gesellschaftsvertrag muss folgenden Mindestinhalt haben:

- Firma und Sitz der Gesellschaft,
- Betrag des Stammkapitals in Höhe von mindestens 25.000 EUR,
- Gegenstand des Unternehmens,
- Betrag der Stammeinlage des einzelnen Gesellschafters in Höhe von mindestens 100 EUR.

Die Vertretungsverhältnisse bei der GmbH sind in § 35 GmbH-Gesetz geregelt. Die GmbH wird, wenn nur ein Geschäftsführer bestellt ist, von diesem vertreten. Sind mehrere Geschäftsführer bestellt, so wird die Gesellschaft nur dann rechtswirksam vertreten, wenn sämtliche Geschäftsführer zusammenwirken. Sind mehrere Geschäftsführer bestellt, kann die Vertretung der Gesellschaft auch auf einen Geschäftsführer übertragen werden.

1.4.4 Kontoeröffnung für eine Aktiengesellschaft (AG)

Lernsituation

Ihnen wird der nachstehende Handelsregisterauszug der Abteilung B vorgelegt:

Firma: Wünsche Aktiengesellschaft
Sitz: Hamburg

Gegenstand des Unternehmens:

1. Gegenstand des Unternehmens ist der Erwerb und die Verwaltung von Unternehmen und Beteiligungen an Unternehmen, insbesondere solchen der Handels- und Dienstleistungsbranche. Die Gesellschaft ist ferner zum Erwerb, Verwaltung und Veräußerung von unbebauten und bebauten Grundstücken, grundstücksgleichen Rechten und sonstigen Vermögensgegenständen berechtigt.
2. Die Gesellschaft darf die vorstehenden Tätigkeiten auch durch verbundene Unternehmen erfüllen und/oder dazu Zweigniederlassungen im In- oder Ausland errichten. Sie ist zu allen Maßnahmen und Geschäften berechtigt, die dem Gegenstand des Unternehmens dienen. Die Gesellschaft kann Unternehmen-, Kooperations- und Interessengemeinschaftsverträge abschließen.

Grundkapital: 150.000.000,00 EUR

Vorstand:
Kai Wünsche, Kaufmann, Hamburg
Wolf-Jürgen Wünsche, Kaufmann, Hamburg
Hartmuth K. Langer, Bankkaufmann, Hamburg
Werner Drognitz, Bankkaufmann, Pinneberg

Prokura:

Gesamtprokuristen:
Ingo Petersen, Dodau/Bösdorf,
Ralf Schmalriede, Hamburg.
Jeder von ihnen vertritt mit einem Vorstandsmitglied oder einem anderen Prokuristen.

Rechtsverhältnisse:
Aktiengesellschaft, die durch Umwandlung der offenen Handelsgesellschaft in Firma Ludwig Wünsche Holding oHG, in Hamburg entstanden ist.
Die Satzung ist am 28. April 1989 erstellt.
Der Vorstand besteht aus zwei oder mehreren Personen.
Die Gesellschaft wird durch zwei Vorstandsmitglieder oder einem Vorstandsmitglied in Gemeinschaft mit einem Prokuristen vertreten.
Alleinvertretungsbefugnis und Befreiung von den Beschränkungen des § 181 BGB können erteilt werden.
Jedes der Vorstandsmitglieder Kai Wünsche und Wolf-Jürgen Wünsche vertritt die Gesellschaft allein.

Tag der Eintragung: 25. Mai 1989

Aufgaben

a) Nennen Sie die Person/en, die die o.a. AG einzeln bzw. nur gemeinsam oder gar nicht vertreten kann/können.

Vertretungsberechtigter:	Vertretungsberechtigung: „E“ bei Einzelvertretungsberechtigung „G“ bei gemeinschaftlicher Vertretungsberechtigung mit einer anderen Person „N“ wenn keine Vertretungsberechtigung vorliegt
Kai Wünsche	
Wolf-Jürgen Wünsche	
Ingo Petersen	
Ralf Schmalriede	
Werner Drognitz	
Hartmuth K. Langer	

b) Wie hoch ist das aktuelle Grundkapital der AG gemäß Handelsregisterauszug?

c) Nennen Sie das Datum, an dem die Wünsche AG rechtsfähig geworden ist.

INFO

Die Aktiengesellschaft

Die AG ist eine Gesellschaft mit eigener Rechtspersönlichkeit und einem in Aktien zerlegten Grundkapital, für deren Verbindlichkeiten den Gläubigern nur das Gesellschaftsvermögen haftet. Die Gründung einer AG kann bereits durch eine Einzelperson erfolgen. Die Gesellschafter müssen einen Mindestnennbetrag von 50.000 EUR leisten. Der Nennwert einer Aktie beträgt mindestens 1 EUR. Es können aber auch nennwertlose Stückaktien ausgegeben werden. Sie unterscheiden sich von den herkömmlichen Aktien vor allem dadurch, dass auf der Urkunde kein Nennwert (Anteil am Grundkapital) vermerkt ist. Da gleichzeitig die Anzahl der jeweils ausgegebenen Aktien festgelegt ist und somit jede Aktie den gleichen Anteil am Grundkapital repräsentiert, lässt sich ein fiktiver Nennwert errechnen. Dieser darf den Mindestnennwert von einem EUR nicht unterschreiten. Bei einer Bargründung müssen mindestens 25 % des gezeichneten Nennwerts eingebracht werden.

Auf der Gründungsversammlung wird eine Satzung beschlossen, die gerichtlich oder notariell beurkundet werden muss. Die Gründer der AG bestellen den ersten Aufsichtsrat. Dieser beruft den ersten Vorstand. Die AG entsteht mit Eintragung ins Handelsregister. Die AG hat drei Organe: den Vorstand, den Aufsichtsrat und die Hauptversammlung.

Der Vorstand leitet die AG in eigener Verantwortung. Er besteht aus einer oder mehreren Personen, die für höchstens 5 Jahre vom Aufsichtsrat bestellt werden. Der Vorstand besitzt die Geschäftsführungsbefugnis und die Vertretungsmacht für die AG. Geschäftsführungsbefugnis und Vertretungsmacht werden in der Weise wahrgenommen, dass alle Vorstandmitglieder gemeinsam handeln (Gesamtgeschäftsführung, Gesamtvertretung). Dieser Grundsatz kann jedoch durch die Satzung abgeändert werden. Eine Einschränkung der Vertretungsmacht im Umfang ist nicht möglich. Der Vorstand hat dem Aufsichtsrat mindestens vierteljährlich Bericht zu erstatten und ist verantwortlich für die Aufstellung von Jahresabschluss und Geschäftsbericht.

Die Hauptaufgaben des Aufsichtsrats liegen in der Bestellung, Überwachung und Abberufung des Vorstands sowie der Prüfung von Jahresabschluss, Gewinnverteilung und Geschäftsbericht. Der Aufsichtsrat wird auf 4 Jahre gewählt. Eine Wiederwahl ist möglich. Der Aufsichtsrat besteht aus mindestens 3 Mitgliedern.

Aktiengesellschaften mit weniger als 500 Mitarbeitern unterliegen nicht der Mitbestimmung, sofern sie nach dem 10. August 1994 in das Handelsregister eingetragen wurden.

Die AG wird gerichtlich und außergerichtlich durch den Vorstand vertreten. Besteht der Vorstand aus mehreren Personen, so sind, wenn die Satzung nichts anderes bestimmt, sämtliche Vorstandsmitglieder nur gemeinsam zur Abgabe von Willenserklärungen und zur Zeichnung für die Gesellschaft befugt. Ist eine Willenserklärung gegenüber der Gesellschaft abzugeben, so genügt die Abgabe gegenüber einem Vorstandsmitglied.

Durch die Einsicht in das Handelsregister (HR) muss festgestellt werden, wie die Vertretungsverhältnisse der Gesellschaft geregelt sind. Es ist möglich, dass ein Vorstandsmitglied oder gemeinsam mit einem Prokuristen die Gesellschaft vertreten kann. Auch das ist aus dem Handelsregister zu ersehen. Die zur Vertretung der Gesellschaft berufenen Vorstandmitglieder vertreten sie in jeder Beziehung. Beschränkungen ihrer Vertretungsmacht, z.B. in der Hinsicht, dass zur Veräußerung und Belastung eines Grundstücks oder zur Abtretung von Grundpfandrechten die Zustimmung des Aufsichtsrats erforderlich sei, sind Dritten gegenüber unwirksam, berechtigen also nicht dazu, die Rechtsgültigkeit eines Rechtsgeschäfts anzuzweifeln.

1.4.5 Kontoeröffnung für eine Partnerschaft

Lernsituation

Ihnen liegt der nachfolgende Auszug aus dem Partnerschaftsregister vor:

Name: Dr. Ehlers, Gruttke, Dr. Volkmann und Partner Wirtschaftsprüfungsgesellschaft – Steuerberatungsgesellschaft – Notariat

Sitz: Hamburg

Gegenstand:
Die für Wirtschaftsprüfungsgesellschaften gesetzlich und berufsrechtlich zulässigen Tätigkeiten gemäß §§ 2 in Verbindung mit 43 a Abs. 4 WPO. Handels- und Bankgeschäfte sind ausgeschlossen.
Partner:
Dr. Hans-Uwe Ehlers, Wirtschaftsprüfer und Steuerberater, Hamburg
Fritz Gruttke, Wirtschaftsprüfer und Steuerberater, Hamburg
Dr. Bernd Volkmann, Wirtschaftsprüfer und Steuerberater, Hamburg
Udo Ehlers, Steuerberater und Notar, Hamburg

Tag der Eintragung: 18. Dezember 1995

Aufgaben

a) Wie könnte die Kontobezeichnung für diese Partnerschaft lauten?
b) Durch welche Personen kann diese Partnerschaft rechtswirksam vertreten werden?
c) Begründen Sie, warum eine Partnerschaft keine Prokuristen ernennen kann.
d) Zu welchen Handlungen ist ein Partner alleine nicht befugt?

INFO

Partnerschaft

Bezüglich der Vertretung der Partnerschaft sind die Vorschriften des Handelsgesetzbuches hinsichtlich der Vertretung der OHG entsprechend anwendbar. Daneben sind zusätzliche Regelungen zur Geschäftsführung der Partnerschaftsgesellschaft getroffen (§ 6 PartGG). Vertretungsbefugte Partner vertreten nur die Partnerschaft selbst, aber nicht die anderen Partner. Zur Vertretung der Partnerschaft ist jeder Partner ermächtigt, wenn er nicht durch den Partnerschaftsvertrag von der Vertretung ausgeschlossen ist. Es gilt das Prinzip der Einzelvertretung. Jeder Partner kann Willenserklärungen mit Wirkung für und gegen die Partnerschaft abgeben. Auch im Partnerschaftsvertrag kann bestimmt werden, dass Partner nur gemeinschaftlich zur Vertretung der Partnerschaft ermächtigt sein sollen. Dies kann dadurch geschehen, dass alle oder mehrere Partner gesamtvertretungsberechtigt sein sollen. Möglich ist dabei auch, dass die zur Gesamtvertretung berechtigten Partner einzelne von ihnen zur Vornahme bestimmter Geschäfte oder bestimmter Arten von Geschäften ermächtigen (Spezialvollmacht). Liegt Gesamtvertretung vor, so müssen sämtliche gesamtvertretungsberechtigten Partner bei Willenserklärungen für die Partnerschaft mitwirken.

Ist der Partnerschaft gegenüber eine Willenserklärung abzugeben, z.B. eine Kündigung, so genügt die Abgabe gegenüber einem der zur Mitwirkung bei der Vertretung befugten Partner (passive Vertretung). Der Ausschluss eines Partners von der Vertretung, die Anordnung der Gesamtvertretung sowie jede Änderung bedarf der Anmeldung und Eintragung im Partnerschaftsregister.

Die Möglichkeit der unechten Gesamtvertretung steht der Partnerschaft im Unterschied zur OHG nicht offen. Die Ernennung eines Prokuristen ist bei einer Partnerschaft nicht gestattet. Zudem betreibt die Partnerschaft nicht wie die OHG ein Handelsgewerbe. Die Vertretungsmacht der Partner erstreckt sich auf alle gerichtlichen und außergerichtlichen Geschäfte und Rechtshandlungen einschließlich der Veräußerung und Belastung von Grundstücken. Beschränkungen hinsichtlich des Umfangs der Vertretungsmacht sind Dritten gegenüber unwirksam. Die uneingeschränkte Vertretungsmacht des Partners wird begrenzt in den Grundlagen des Partnerschaftsverhältnisses. Ein Partner kann z.B. den Partnerschaftsvertrag nicht abändern. Ein Partner kann auch nicht die Partnerschaft auflösen oder ungefragt einen weiteren Partner aufnehmen.

1.4.6 Kontoeröffnung für einen Verein

Lernsituation

Sie sind Kundenberater/in der Nordbank AG. Zu Ihnen kommt Herr Dr. Oetjen an den Beratungstisch. Er legitimiert sich mit einem gültigen Personalausweis. Zudem legt er Ihnen den nachstehenden Vereinsregisterauszug vor. Er teilt Ihnen mit, dass er stellvertretender Vorsitzender des Verbandes der Tierambulanzen ist und für den Verein ein neues Girokonto eröffnen lassen möchte.

Auszug aus dem Vereinsregister:
Name: Verband der Tierambulanzen e.V.

Sitz des Vereins: Hamburg

Vorstand:
Thomas Thiede, Kaufmann, Hamburg, 1. Vorsitzender
Dr. vet. Hansjörg Kilian, Fachtierarzt, Hamburg, 1. Stellvertreter
Norbert Perrot, Versicherungskaufmann, Frankfurt, 2. Stellvertreter
Dr. vet. Stefan Oetjen, Tierarzt, Hamburg, 3. Stellvertreter

Rechtsverhältnisse:
Die Satzung ist am 27. April 1996 errichtet und am 30. November 1996 geändert und neu gefasst worden.
Der 1. Vorsitzende ist allein vertretungsberechtigt.
Die Stellvertreter sind allein vertretungsberechtigt mit der Beschränkung, dass bei Rechtsgeschäften von mehr als 3.000,00 EUR die Zustimmung des nächsten Stellvertreters einzuholen ist.

Tag der Eintragung und Unterschrift: 8.Januar 1997

Aufgaben

a) Unter welchem Namen ist das Vereinskonto zu eröffnen?

b) Prüfen Sie, ob Herr Dr. Oetjen den Kontovertrag mit Ihnen abschließen kann.

c) Wie ist bei dieser Kontoeröffnung die Verfügungsberechtigung geregelt?

d) Stellen Sie fest, wann der Verein rechtsfähig geworden ist.

e) Durch welche Personen konnte der Verein nach Errichtung der Satzung am 27. April 1996 vertreten werden. Gehen Sie davon aus, dass die Vorstandsmitglieder im Vereinsregister auch die Vereinsgründer sind und ihre jetzigen Funktionen in der Satzung bereits vorgesehen waren.

f) Beschreiben Sie Ihre Vorgehensweise bei der Kontoeröffnung, wenn es sich bei dem o.a. Verein um einen nicht eingetragenen Verein gehandelt hätte.

INFO

Der rechtsfähige Verein

Nach § 26 BGB wird der rechtsfähige Verein durch den Vorstand vertreten, der aus mehreren Personen bestehen kann. Der Satzung des rechtsfähigen Vereins ist zu entnehmen, ob Gesamtvertretung oder Einzelvertretungsrecht besteht. Enthält die Satzung keine Festlegung, gilt das Mehrheitsprinzip. Dabei ist zu beachten, dass nicht unbedingt alle in der Satzung als Vorstand bezeichneten Personen den Verein auch vertreten bzw. verpflichten können. Vorstand im Sinne von § 26 BGB sind nur diejenigen Personen, die zur Außenvertretung nach der Satzung ermächtigt sind.

Im Unterschied zu den Handelsgesellschaften kann die Vertretungsmacht der gesetzlichen Vertreter mit Wirkung nach außen beschränkt werden, z.B. kann in der Vereinssatzung bestimmt werden, dass zur Belastung des Vereinsgrundstücks die Genehmigung der Mitgliederversammlung erforderlich ist. Eine solche Beschränkung wirkt beim eingetragenen Verein aber nur, wenn die Beschränkung im Vereinsregister eingetragen ist. Beim wirtschaftlichen Verein wirkt die Beschränkung unmittelbar aufgrund der Satzung gegen Dritte, auch wenn der Dritte sie nicht kennt.

Nach § 30 BGB kann durch die Satzung des Vereins bestimmt werden, „dass neben dem Vorstand für gewisse Geschäfte besondere Vertreter zu bestellen sind. Die Vertretungsmacht eines solchen Vertreters erstreckt sich im Zweifel auf alle Rechtsgeschäfte, die der ihm zugewiesene Geschäftsbereich gewöhnlich mit sich bringt." Mit dieser Bestimmung wird größeren Vereinen eine differenzierte Vertretungsorganisation ermöglicht. Die Rechtstellung der besonderen Vertreter muss eine satzungsmäßige Grundlage haben, wobei es genügt, wenn die Satzung Geschäftskreise vorsieht, für die ein besonderer Vertreter erforderlich ist. Grundsätzlich erlangt der Verein seine Rechtsfähigkeit mit der Eintragung in das Vereinsregister.

Der nicht rechtsfähige Verein

Legitimationsfragen beim nicht rechtsfähigen Verein sind für die Praxis von Bedeutung, da zahlreiche Verbände, wie z.B. Gewerkschaften, die großen Parteien und einige Arbeitgeberverbände aber auch Bürgerinitiativen, als nicht rechtsfähige Vereine organisiert sind. Auf den nicht rechtsfähigen Verein findet das Vereinsrecht Anwendung. Auch der nicht rechtsfähige Verein wird durch seinen Vorstand vertreten, der aus einer oder mehreren Personen bestehen kann. Die Vertretungsmacht ergibt sich ihrem Umfang nach aus der Satzung oder aus entsprechenden Beschlüssen der Mitgliederversammlung. Satzung und Protokolle der Mitgliederversammlung sind bei der Legitimationsprüfung also immer heranzuziehen. Für alle Fälle der Vertretung von Vereinen ist darauf hinzuweisen, dass, wenn deren Vertreter ohne Vertretungsmacht handelt oder sie überschreitet, der Handelnde persönlich haftet (§ 54 BGB). Diese Haftung endet auch nicht nach der Genehmigung durch den Verein.

1.4.7 Bankgeheimnis und Bankauskunft

Die Geschäftsbeziehungen zwischen Bank und Kunden beruhen auf einem gegenseitigen besonderen Vertrauensverhältnis. Im Rahmen der Geschäftsabwicklung erhält das Kreditinstitut eine Vielzahl von Informationen über die persönlichen und finanziellen Verhältnisse des Kunden. Der Kunde muss sich darauf verlassen können, dass das Kreditinstitut diese Informationen nicht unbefugt an Dritte weitergibt. Das Kreditinstitut ist zur Verschwiegenheit über alle kundenbezogenen Tatsachen und Wertungen verpflichtet, von denen es Kenntnis erlangt (Bankgeheimnis). Das Bankgeheimnis besteht über die Dauer der Geschäftsbeziehung hinaus auch dann weiter, wenn die Geschäftsverbindung aufgelöst ist. Das Bankgeheimnis ist auch innerhalb der Banken zu beachten (internes Bankgeheimnis).

Die von der Bank gespeicherten Daten dürfen grundsätzlich nicht weitergegeben werden (Geheimhaltungspflicht). Dabei handelt es sich um die Grundlage für das Auskunftsverweigerungsrecht der Bank.

Bankgeheimnis besteht nicht uneingeschränkt. Es wird begrenzt durch gesetzliche Vorschriften, die eine Auskunftspflicht begründen. Ferner durch den Kunden selbst, wenn er als Geschäftskunde seine Bankverbindung als Referenz angibt oder als Privatkunde sein Kreditinstitut zur Erteilung von Bankauskünften ermächtigt.

Lernsituation 1

Die Nordbank AG erhält ein Auskunftsersuchen von der Neptunbank AG. Darin bittet sie diese um Auskünfte über die Camas Zaunelemente GmbH bezüglich eines Investitionskredits über 125.000,00 EUR.

Aufgabe

Inwieweit ist eine Bankauskunft an die Neptunbank AG gemäß AGB zulässig?

Lernsituation 2

Sie erhalten von der Südbank AG in München eine telefonische Anfrage, ob der Scheck Nr. 001110444978 Ihres Kunden Joachim Krämer, Hamburg über 30.000,00 EUR „in Ordnung" geht. Ihre Terminalabfrage ergibt folgendes Bild dieses Kunden:

Kontoinhaber: Joachim Krämer
Kontoart: Privatgirokonto
IBAN: DE75300403000000897374
Kontostand neu: 55.450,47 EUR Haben

Aufgaben

a) Unter welchen Voraussetzungen kann die Bankauskunft erteilt werden?

b) Wie würden Sie sich verhalten, wenn Herr Krämer bei Ihnen ein Firmenkonto unterhielte mit der Bezeichnung „eingetragener Kaufmann"?

c) In welchen Fällen kann bei der Erteilung von Bankauskünften auf die Zustimmung des Kunden verzichtet werden?

Lernsituation 3

Saskia Weber ist Kundin der Nordbank AG. In einem Beratungsgespräch teilt Ihnen Frau Weber mit, dass sie eine neue Wohnung in Eimsbüttel beziehen will. Sie teilt Ihnen mit, dass sie ihrem zukünftigen Vermieter eine Bankauskunft vorlegen muss. Sie Frau Weber bittet Sie daher um Informationen über Bankauskünfte durch die Nordbank AG gemäß den Regelungen der Allgemeinen Geschäftsbedingungen (AGB). Eine Bankauskunft enthält allgemein gehaltene Feststellungen und Bemerkungen.

Aufgaben

a) Erklären Sie Frau Weber anhand von drei Sachverhalten, worüber eine Bankauskunft allgemein gehaltene Feststellungen und Bemerkungen enthält!

b) Teilen Sie Frau Weber mit, wer grundsätzlich nur Empfänger einer Bankauskunft sein kann!

c) Nennen Sie Frau Weber zwei Voraussetzungen, unter denen die Nordbank AG den unter 1.7.2 genannten Empfängern Bankauskünfte über Privatkunden erteilt!

Lernsituation 4

Ein Vorstandsmitglied der Unionbank AG äußert sich in einem Beratungsgespräch mit seiner Hausbank negativ über die zukünftige Kreditwürdigkeit eines Geschäftskunden.

Aufgaben

a) Wie verhalten Sie sich richtig?

b) Welche Bedeutung hat das sog. Bankgeheimnis für die Bank und den Kunden?

Lernsituation 5

Sie sind Kundenberater/in der Nordbank AG. Ihnen werden die nachfolgenden Auskunftsersuchen vorgetragen. Entscheiden Sie bei den nachfolgenden Geschäftsvorgängen, ob von der Nordbank AG eine Meldevorschrift beachtet werden muss, bzw. kundenbezogene Information an Dritte weitergegeben werden können. Geben Sie ggf. auch die entsprechenden Voraussetzungen für eine Bankauskunft an.

Aufgaben

a) Der Geschäftsführer des Firmenkunden Schröder GmbH aus Hamburg möchte wegen verschiedener Verträge von der Nordbank AG wissen, ob

a1) die Firma Eurotech GmbH aus Leipzig, die bei der Südbank AG ein Firmenkonto unterhält, kreditwürdig für 150.000,00 EUR ist,

a2) der Scheck Nr. 1258973 des Privatkunden der Nordbank AG Arno Baumann über 15.400,00 EUR „in Ordnung geht“, a3) der Kunde Arno Krampert für die Zahlung der vorgesehenen monatlichen Leasingrate von 547,00 EUR „gut ist“. Herr Krampert unterhält bei der Nordbank AG ein Privatgirokonto.

b) Die Vilbo OHG, Firmenkundin der Nordbank AG, bittet um eine Bankauskunft über den bei der Fördebank AG geführten Firmenkunden LBI Immobilien GmbH. Die LBI GmbH hat die Fördebank AG beauftragt, über sie keine Bankauskünfte an Dritte zu erteilen.

c) Frau Marie Sagenschneider ist eine von fünf Erben des kürzlich verstorbenen Kontoinhabers Theo Gerske aus Neuenfelde. Die Konten des Verstorbenen werden bei Ihnen bereits als Nachlasskonten geführt. Frau Sagenschneider möchte als Erbin Auskünfte über die letzten Umsätze auf dem Girokonto von Herrn Gerske haben. Die erforderlichen Legitimationsunterlagen hat Ihnen Frau Sagenschneider vorgelegt.

INFO

Bankauskünfte enthalten allgemein gehaltene Feststellungen und Bemerkungen über die wirtschaftlichen Verhältnisse eines Kunden, über seine Kreditwürdigkeit und über seine Zahlungsfähigkeit. Sie enthalten keine Angaben zu Kontoguthaben, Depotguthaben sowie sonstige dem Kreditinstitut anvertrauten Vermögenswerten. Auch die Höhe der in Anspruch genommenen Kredite wird nicht mitgeteilt.

Die Berechtigung zum Erteilen von Auskünften über Kunden des Kreditinstituts ist in den AGB der Banken und Sparkassen geregelt. Kreditinstitute sind berechtigt, Bankauskünfte über juristische Personen und im Handelsregister eingetragene Kaufleute zu erteilen, sofern sich die Anfrage auf ihre geschäftliche Tätigkeit bezieht und keine anders lautende Weisung des Kunden vorliegt. Bankauskünfte über Privatkunden werden nur erteilt, wenn der Kunde zugestimmt hat. Bankauskünfte beschränken sich auf allgemein gehaltene Feststellungen, Bemerkungen und Urteile. Bankauskünfte werden nur an eigene Kunden und an andere Kreditinstitute für deren eigene Zwecke oder für Zwecke ihrer Kunden erteilt. Der Anfragende muss ein berechtigtes Interesse an der gewünschten Auskunft glaubhaft machen. Bankauskünfte sollen schriftlich erteilt werden.

Die gesetzlichen Ausnahmen von der Verschwiegenheitspflicht der Kreditinstitute

Im *Strafprozess* besteht eine unbeschränkte Auskunftspflicht gegenüber dem Strafrichter. Er kann auch Unterlagen einsehen. Der Staatsanwalt kann Mitarbeiter des Kreditinstituts als Zeugen vorladen. Für die Herausgabe von Akten, Geschäftsbüchern und Konten muss das Gericht eine Beschlagnahme anordnen. Im Zivilprozess haben die Kreditinstitute ein Auskunftsverweigerungsrecht.

Bei der Ermittlung eines Steuersachverhalts besteht eine bedingte Auskunftspflicht gegenüber den Finanzbehörden. Grundsätzlich sollen der Steuerpflichtige selbst oder andere im Steuerverfahren beteiligte Personen den Finanzbehörden alle Auskünfte erteilen, die zur Feststellung eines für die Besteuerung erheblichen Sachverhalts erforderlich sind. Erst wenn Auskünfte nicht erteilt werden, sollen Dritte um Auskünfte ersucht werden. Einen Schutz vor Ausforschung abgabenrechtlich legitimierter Konten bietet § 30a AO.

In *allgemeinen Besteuerungsverfahren* und im *Steuerfahndungsverfahren* sind Einzelauskunftsersuchen an Kreditinstitute zulässig. Das Kreditinstitut soll aber erst um Auskunft und Vorlage von Urkunden gebeten werden, wenn ein Auskunftsersuchen an den Steuerpflichtigen nicht zum Ziel führt oder keinen Erfolg verspricht. Im Auskunftsersuchen muss angegeben werden, worüber Auskünfte erteilt werden sollen und ob die Auskunft für die Besteuerung des Auskunftspflichtigen oder für andere Personen angefordert werden.

Im *Steuerstrafverfahren* haben die Finanzbehörden die gleichen Rechte und Pflichten wie die Staatsanwaltschaft im Strafermittlungsverfahren. Auch in Finanzgerichtsverfahren können als Zeugen geladene Mitarbeiter von Kreditinstituten sich nicht auf das Bankgeheimnis berufen.

Meldungspflichten der Kreditinstitute nach dem Einkommensteuergesetz

Aus Gründen der Erleichterung und der Vereinfachung im Einkommensteuerveranlagungsverfahren können Privatkunden ihrem Kreditinstitut einen Freistellungsauftrag über 801,00 EUR für Ledige und 1.602,00 EUR für Verheiratete erteilen. Damit wird das Kreditinstitut als auszahlende Stelle dazu veranlasst, den Steuerabzug bis zu diesem Betrag nicht vorzunehmen. Um eine Mehrfache Inanspruchnahme des Sparerfreibetrages zu vermeiden, wurde im Einkommensteuergesetz ein besonderes Mitteilungsverfahren eingeführt. Danach haben Kreditinstitute dem Bundeszentralamt für Steuern die persönlichen Datensätze der Kunden zu übermitteln.

Die mitzuteilenden Daten sollen zum einen eine eindeutige Identifizierung des Steuerpflichtigen ermöglichen, der einen Sparerfreibetrag in Anspruch nimmt, zum anderen dem Bundesamt für Finanzen dazu dienen, die tatsächliche Ausschöpfung des Sparerfreibetrages zu überprüfen.

Anzeigepflichten nach Erbschaftsteuergesetz und Bankauskünfte an Erben

Kreditinstitute sind als geschäftsmäßige Verwahrer und Verwalter fremden Vermögens gemäß § 33 Abs. 1 Erbschaftsteuergesetz verpflichtet, in ihrem Gewahrsam befindliche Vermögensgegenstände und gegen sie gerichtete Forderungen, die beim Tod eines Erblassers zu dessen Vermögen gehörten oder über die dem Erblasser zurzeit seines Todes die Verfügungsmacht zustand, dem jeweiligen für die Verwaltung der Erbschaftsteuer zuständigen Finanzamt anzuzeigen. Von dieser Anzeigepflicht sind auch Gemeinschaftskonten und -depots sowie solche Konten und Depots betroffen, für die ein Vertrag zu Gunsten Dritter auf den Todesfall geschlossen wurde. Entsprechendes gilt beim Versterben eines Treugebers für Treuhandkonten.

Die auf das Todesjahr entfallenden Guthabenzinsen sowie die bisher aufgelaufenen Zinsen aus verzinslichen Wertpapieren sind der Finanzverwaltung auf amtlichem Muster mitzuteilen. Die Anzeige darf nur unterbleiben,

1. wenn es sich um Wirtschaftsgüter handelt, über die der Erblasser nur die Verfügungsmacht hatte, insbesondere als gesetzlicher Vertreter, Betreuer oder Testamentsvollstrecker oder
2. wenn der Wert des bei einem Kreditinstitut befindlichen anzeigepflichtigen Vermögens eine Schwelle von 5.000 EUR nicht übersteigt.
3. Schließfächer und Verwahrstücke müssen immer gemeldet werden (§ 33 ErbStG).

Die Anzeige ist innerhalb eines Monats nach Bekanntwerden des Todes eines Kunden zu erstatten. Weiterhin können Bankauskünfte an die Erben (auch an einzelne Erben) über die Konto- und Depotbestände sowie die zurückliegenden Umsätze auf den Konten erteilt werden.

Auskünfte an Sozialbehörden

Kreditinstitute sind verpflichtet, den Sozialbehörden (z. B Arbeitsagentur, Sozialämter, BAföG-Stellen, Familienkassen) auf Anforderung Auskünfte über das Einkommen und Vermögen von Antragstellern und Leistungsbeziehern zu erteilen (§ 60 Abs. 2 SGB II). Die Sozialbehörden dürfen zudem beim Bundeszentralamt für Steuern eine Online-Kontoabfrage zu den Kontostammdaten anfordern und auch die Daten der Freistellungsaufträge prüfen.

Auskünfte an Ermittlungsbehörden

Ermittlungsbehörden (z. B. Staatsanwaltschaft, Strafgerichte, Zoll- und Steuerfahndung) können auf der Grundlage einer richterlichen Anordnung Durchsuchungen und Beschlagnehmen zu Kundenunterlagen vornehmen. Für Bankmitarbeiter besteht gegenüber diesen Behörden eine Auskunftspflicht.

Zu Finanztransaktionen, die der Geldwäsche oder der Unterstützung einer terroristischen Vereinigung verdächtig sind, können Ermittlungsbehörden über die BaFin eine Online-Kontoabfrage durchführen (§ 24 c KWG).

Aufsichtsbehörden

Der Bundesbank sind Groß- und Millionenkredite anzuzeigen. Der BaFin sind auf Verlangen Auskünfte über alle Geschäftsangelegenheiten zu erteilen.

Gläubigerschutz

Bei Zwangsvollstreckungen (z. B. Pfändungsbeschluss nach § 829 ZPO) muss das Kreditinstitut innerhalb von zwei Wochen nach Zustellung des Pfändungsbeschlusses dem betreibenden Gläubiger Auskunft erteilen, ob und inwieweit die Bank Zahlung leistet, ob Ansprüche anderer Gläubiger bestehen und ob es sich um ein Pfändungsschutzkonto handelt (§ 840 ZPO).

Spezielle Verwaltungsverfahren

Die Träger der Sozialhilfe haben bei der Überprüfung der Hilfsbedürftigkeit des Antragstellers keinen Anspruch gegen Kreditinstitute auf Auskunft über die Vermögensverhältnisse des Betroffenen. Dieser hat allerdings nach dem Sozialgesetzbuch auf Verlangen des zuständigen Leistungsträgers der Erteilung der erforderlichen Auskünfte durch Dritte zuzustimmen.

Auszug aus den Allgemeinen Geschäftsbedingungen der Banken (AGB)

2. Bankgeheimnis und Bankauskunft

(1) (Bankgeheimnis) Die Bank ist zur Verschwiegenheit über alle kundenbezogenen Tatsachen und Wertungen verpflichtet, von denen sie Kenntnis erlangt (Bankgeheimnis). Informationen über den Kunden darf die Bank nur weitergeben, wenn gesetzliche Bestimmungen dies gebieten oder der Kunde eingewilligt hat oder die Bank zur Erteilung einer Bankauskunft befugt ist.

(2) (Bankauskunft) Eine Bankauskunft enthält allgemein gehaltene Feststellungen und Bemerkungen über die wirtschaftlichen Verhältnisse des Kunden, seine Kreditwürdigkeit und Zahlungsfähigkeit; betragsmäßige Angaben über Kontostände, Sparguthaben, Depot- oder sonstige der Bank anvertraute Vermögenswerte sowie Angaben über die Höhe von Kreditinanspruchnahmen werden nicht gemacht.

(3) (Voraussetzungen für die Erteilung einer Bankauskunft) Die Bank ist befugt, über juristische Personen und im Handelsregister eingetragene Kaufleute Bankauskünfte zu erteilen, sofern sich die Anfrage auf ihre geschäftliche Tätigkeit bezieht. Die Bank erteilt jedoch keine Auskünfte, wenn ihr eine anderslautende Weisung des Kunden vorliegt. Bankauskünfte über andere Personen, insbesondere über Privatkunden und Vereinigungen, erteilt die Bank nur dann, wenn diese generell oder im Einzelfall ausdrücklich zugestimmt haben. Eine Bankauskunft wird nur erteilt, wenn der Anfragende ein berechtigtes Interesse an der gewünschten Auskunft glaubhaft dargelegt hat und kein Grund zu der Annahme besteht, dass schutzwürdige Belange des Kunden der Auskunftserteilung entgegenstehen.
(4) (Empfänger von Bankauskünften) Bankauskünfte erteilt die Bank nur eigenen Kunden sowie anderen Kreditinstituten für deren Zwecke oder die ihrer Kunden.

Grundsätze für die Durchführung des Bankauskunftsverfahrens zwischen Kreditinstituten

Auskunftsanfragen

1. Auskunftsanfragen sollten schriftlich, nur in Ausnahmefällen fernschriftlich oder fernmündlich, gestellt werden.
2. In der Auskunftsanfrage ist der Anfragegrund, mit dem das berechtigte Interesse an der Bankauskunft glaubhaft gemacht wird, anzugeben. Das anfragende Kreditinstitut hat klarzustellen, ob es die Auskunft im eigenen oder im Kundeninteresse einholt.
3. Bei Auskunftsanfragen im Interesse eines Kunden wird dessen Name nicht genannt. Das anfragende Kreditinstitut ist jedoch verpflichtet, den Namen des anfragenden Kunden dem angefragten Kreditinstitut zu nennen, wenn dem Kunden, über den eine Auskunft erteilt wurde, ein Anspruch auf Nennung des Anfragers zusteht.

Weiterleitung von Auskunftsanfragen

4. Wird eine Auskunftsanfrage von dem angefragten Kreditinstitut an ein drittes Kreditinstitut weitergeleitet, ist das Anfrageschreiben weiterzugeben.

Zustimmung des Betroffenen

5. Soweit nach Nr. 2 AGB eine Bankauskunft nur mit ausdrücklicher Zustimmung des Betroffenen erteilt werden darf, genügt auch die Versicherung des anfragenden Kreditinstituts, dass ihm diese Zustimmungserklärung vorliegt. Das anfragende Kreditinstitut ist verpflichtet, diese Erklärung auf Verlangen vorzulegen. Das anfragende Kreditinstitut haftet dem auskunftsgebenden Kreditinstitut für alle die Schäden, die diesem daraus entstehen, dass es im Vertrauen auf die Versicherung eine unberechtigte Bankauskunft erteilt hat.

Auskunftserteilung

6. Bankauskünfte sollen allgemein gehalten sein. Sie sollen schriftlich, nur in ... fernmündlich erteilt werden; mündlich erteilte Auskünfte sind zu dokumentieren und sollen in der Regel schriftlich bestätigt werden. Von einem Verbot der Weitergabe der Bankauskunft ist abzusehen, wenn die Anfrage im Kundeninteresse gestellt worden ist.
7. Bankauskünfte werden nur auf Grund von Erkenntnissen erteilt, die der auskunftsgebenden Stelle vorliegen. Es werden keine Recherchen angestellt.
8. Bankauskünfte werden – auch im Fall der Weiterleitung gemäß Ziffer 4 – unmittelbar der anfragenden Stelle erteilt.

Auskunftsverweigerung

9. Auskunftsverweigerungen sollen allgemein gehalten sein.
   Liegt bei Privatkunden eine Einwilligung nicht vor oder hat bei Geschäftskunden der Kunde die Erteilung einer Auskunft untersagt, ist die Auskunftsverweigerung so zu formulieren,

dass sie nicht als negative Auskunft verstanden werden kann. Hat die angefragte Stelle keinen Einblick in die wirtschaftlichen Verhältnisse des Kunden, ist dies in der Antwort deutlich zum Ausdruck zu bringen.

Weitergabe der Auskunft an den Kunden

10. Die im Kundeninteresse eingeholte Bankauskunft wird an diesen inhaltlich unverändert weitergegeben. Der Kunde, der eine Bankauskunft erhält, ist ausdrücklich darauf hinzuweisen, dass er empfangene Informationen nur für den angegebenen Zweck verwenden und nicht an Dritte weitergeben darf.

Erteilung einer Bankauskunft	**über juristische Personen und Kaufleute**	**über andere Personen (Privatkunden, Kleingewerbetreibende, Freiberufler)**
Einwilligung	Die Auskunft wird erteilt, sofern - sich die Anfrage auf die geschäftliche Tätigkeit bezieht, - keine gegenteilige Kundenweisung vorliegt.	Die Auskunft wird nur dann erteilt, wenn der Kunde generell oder im Einzelfall ausdrücklich zugestimmt hat.
Anfragegrund	Der Anfragende muss ein berechtigtes Interesse glaubhaft darlegen.	
Empfänger von Bankauskünften	Bankauskünfte erhalten nur eigene Kunden sowie andere Kreditinstitute für deren Zwecke oder die ihrer Kunden.	
Form	Auskunftsanfragen und Bankauskünfte erfolgen grundsätzlich schriftlich.	
Inhalt der Bankauskunft	Bankauskünfte sollen allgemein gehalten werden: allgemeine Feststellungen und Bemerkungen über die wirtschaftlichen Verhältnisse eines Kunden, über seine Kreditwürdigkeit und über seine Zahlungsfähigkeit. Bankauskünfte enthalten keine betragsmäßigen Angaben, z.B. über Kontostände oder die Höhe von Kreditinanspruchnahmen.	
Auskunftsverweigerung (Beispiele)	- „Über Privatkunden erteilen wir ohne Zustimmung des Kunden keine Auskunft." - „Mit Rücksicht auf das Bankgeheimnis können wir keine Auskunft erteilen." - „Wir haben keinen Einblick in die wirtschaftlichen Verhältnisse des Kunden."	

2. Zahlungsformen

Zahlungsformen setzen sich aus Barzahlungen, halbbaren Zahlungen und bargeldlosen Zahlungen zusammen. Bar bezahlt wird überwiegend beim Kauf von Waren des täglichen Bedarfs und entsprechenden Dienstleistungen. Halbbare Zahlungen werden geleistet, wenn z. B. der Zahlungsempfänger kein Bankkonto unterhält. Verfügungen über Buchgeld sind bargeldlos, wenn der Zahlungspflichtige z. B. mittels Überweisung, Lastschrift oder Verrechnungsscheck über Guthaben oder eingeräumten Kredit auf dem Girokonto bzw. Kontokorrentkonto verfügt und der Zahlungsempfänger ebenfalls ein Konto hat.

2.1 Kassengeschäfte

Einzahlungen von Kunden mit und ohne Konto können zur Gutschrift auf z. B. ein Sparkonto bestimmt sein. Bei Einzahlungen auf Sparkonten muss der Einzahlungsbetrag im Sparbuch eingetragen werden. Anschließend muss das neue Sparguthaben ausgewiesen werden. Bei der Entgegennahme des Bargeldes werden die Echtheit der Münzen und Banknoten und die Übereinstimmung des Betrages mit der Angabe auf dem Einzahlungsbeleg geprüft. Die Registrierung des Einzahlungsbetrages erfolgt durch Eingabe in ein Terminal. Der Kunde erhält dann eine Quittung durch maschinellen Belegausdruck.

Lernsituation 1

Herr Klaus König ist Privatkunde der *Nordbank AG.* Heute kommt Herr König zu Ihnen an das Kassenterminal. Er legt Ihnen jeweils eine Münzrolle der Münzwerte 0,01 EUR, 0,02 EUR, 0,05 EUR, 0,10 EUR, 0,20 EUR, 0,50 EUR, 1,00 EUR und 2,00 EUR zur Gutschrift auf sein Girokonto vor.

Lernsituation 2

Der Kassiererin der *Nordbank AG* Anja Thiede fällt bei einer Einzahlung auf ein Sparkonto ein gefälschter 50,00 EUR-Schein auf.

Lernsituation 3

Frau Sabine Momsen zahlt auf ihr Sparkonto bei der Nordbank AG 2.000,00 EUR ein. Beim Zählen der Geldscheine haben Sie als Kundenberater/in den Verdacht, dass es sich bei einer 100-Euro-Banknote um Falschgeld handelt.

Lernsituation 4

Frau Ella Cuda ist Kundin der Nordbank AG. Frau Cuda erscheint heute in ihrer Filiale der Nordbank AG und legt ihrem Kundenberater eine 100-Euro-Banknote vor, die sehr stark zerknittert ist. Sie sagt, dass ihr die Banknote versehentlich in den Wäschetrockner geraten ist

W. Grundmann und M. Leuenroth, *Bankwirtschaft in kundennahen Lernsituationen*, https://doi.org/10.1007/978-3-658-34412-2_2

und fragt, ob sie eine neue, unbeschädigte Banknote von der Nordbank AG erhalten kann. Die Echtheit der Banknote steht fest.

Aufgaben

a) Ermitteln Sie den Gegenwert, den Herr König auf sein Konto gutgeschrieben bekommt.

b) Prüfen Sie, wie sich Frau Thiede in dieser Situation verhalten muss.

c) Wie verhalten Sie sich gegenüber Frau Momsen, wenn Sie bei dieser Einzahlung eine möglicherweise gefälschte 100-Euro-Banknote entdeckt haben?

d) Prüfen Sie, ob Sie dem Wunsch von Frau Cuda entsprechen können.

INFO

Auszug aus dem Bundesbankgesetz

§ 35 (Unbefugte Ausgabe und Verwendung von Geldzeichen)

(1) Mit Freiheitsstrafe bis zu fünf Jahren oder mit Geldstrafe wird bestraft,

1. Wer unbefugt Geldzeichen (Marken, Münzen, Scheine oder andere Urkunden, die geeignet sind, im Zahlungsverkehr anstelle der gesetzlich zugelassenen Münzen oder Banknoten verwendet zu werden) oder unverzinsliche Inhaberschuldverschreibungen ausgibt, auch wenn ihre Wertbezeichnung nicht auf Euro lautet;
2. Wer unbefugt ausgegebene Gegenstände der in Nummer 1 genannten Art zu Zahlungen verwendet.

(2) Der Versuch ist strafbar.

(3) Handelt der Täter in den Fällen des Absatzes 1 Nr. 2 fahrlässig, so ist die Strafe Freiheitsstrafe bis zu sechs Monaten oder Geldstrafe bis zu 180 Tagessätzen.

§ 36 (Anhalten von Falschgeld sowie unbefugt ausgegebene Geldzeichen ...)

(1) Die Deutsche Bundesbank, Kreditinstitute ... und ihre Mitarbeiter haben nachgemachte oder verfälschte Banknoten oder Münzen (Falschgeld), als Falschgeld verdächtige Banknoten und Münzen sowie unbefugt ausgegebene Gegenstände der in § 35 genannten Art anzuhalten. Dem Betroffenen ist eine Empfangsbescheinigung zu erteilen.

(2) Falschgeld und Gegenstände der in § 35 genannten Art sind mit einem Bericht der Polizei zu übersenden. Kreditinstitute ... haben der Deutschen Bundesbank hiervon Mitteilung zu machen.

(3) Als Falschgeld verdächtige Banknoten und Münzen sind der Deutschen Bundesbank zur Prüfung vorzulegen. Stellt diese die Unechtheit der Banknoten oder Münzen fest, so übersendet sie das Falschgeld mit einem Gutachten der Polizei und benachrichtigt das anhaltende Kreditinstitut ...

§ 37 (Einziehung)

(1) Unbefugt ausgegebene Gegenstände der in § 35 genannten Art können eingezogen werden.

(2) Nach Absatz 1 eingezogene Gegenstände sowie nach § 150 des Strafgesetzbuches eingezogenes Falschgeld sind von der Deutschen Bundesbank aufzubewahren. Sie können, wenn der Täter ermittelt worden ist, nach Ablauf von 10 Jahren und, wenn der Täter nicht ermittelt worden ist, nach Ablauf von 20 Jahren nach Rechtskraft des die Einziehung aussprechenden Urteils vernichtet werden.

Beschädigte Banknoten

Im Regelfall werden auf irgendeine Weise zerstörte Banknoten von der Deutschen Bundesbank kostenlos ersetzt. Oft kommt es vor, dass Geldscheine versehentlich in die Waschmaschine und den Trockner gelangen, zerrissen werden oder verkleben. Diese Missgeschicke machen die Banknoten nicht zwingend wertlos. Meistens können die Geldscheine bei der Bank vor Ort eingetauscht werden, wenn diese nur leichte Beschädigungen aufweisen.

Bei gravierenden Beschädigungen kann jedoch nur die Deutsche Bundesbank einen kostenlosen Umtausch vornehmen. Dafür muss der Eigentümer mehr als die Hälfte des jeweiligen Geldscheins einreichen. Ist dies nicht möglich, muss der Eigentümer nachweisen, dass über die Hälfte des Geldscheins vernichtet wurde. Zur Einreichung bei der Deutschen Bundesbank sollten sämtliche Teile der Geldscheine, auch die kleinsten Ecken und Teile, eingesammelt und entsprechend verpackt werden.

2.2 Zahlung mittels Überweisung

Durch eine Überweisung überträgt der Auftraggeber einen Geldbetrag von seinem Konto auf das Konto des Zahlungsempfängers. Aufträge können beleghaft auf einem einheitlich gestalteten Überweisungsvordruck oder beleglos am Kundenterminal unter Verwendung einer Bankkarte und einer PIN oder am PC im Rahmen des Online-Banking z. B. unter Verwendung z. B. einer photoTAN erteilt werden.

Lernsituation 1

Jürgen Spengler hatte am 30.10.20.. der Schreinerei Stratmann in Castrop-Rauxel einen Auftrag zur Verkleidung seines Balkons erteilt. Der Auftrag wurde ordnungsgemäß ausgeführt. Die Rechnung mit der Nummer 20030174 wurde Herrn Spengler am 07.11.20.. zugesandt. In der Rechnung ist vermerkt, dass der Betrag in Höhe von 506,20 EUR spätestens am 18.11.20.. (Freitag) zahlbar ist. Bei Zahlung bis zum 14.11.20.. (Montag) kann Herr Spengler einen Skontoabzug von 2% vom Rechnungsbetrag berücksichtigen und dann nur noch 496,08 EUR überweisen. Die Schreinerei Stratmann GmbH hat ihr Geschäftskonto bei der Volksbank Castrop-Rauxel, IBAN DE93441600140022557890.

Wann müsste Herr Spengler die Überweisung tätigen, um den Skontoabzug nutzen zu können?

Lernsituation 2

Herr Kluge ist Kunde der Nordbank AG. Herr Kluge hatte rechtzeitig eine SEPA-Überweisung mittels Selbstbedienungsterminal in einer SB-Zweigstelle der Nordbank AG veranlasst. Er möchte jetzt wissen, wann das Geld spätestens auf dem Konto des Zahlungsempfängers bei der Isarbank AG in München angekommen sein wird.

Lernsituation 3

Frau Irmgard Nagel (19 Jahre alt) Hatte bei dem Gebrauchtwagenhändler Dello einen VW Golf zum Preis von 10.300,00 EUR erworben. Der Wagen steht nun abholbereit auf dem Parkplatz von Dello.

Aufgaben

a) Sie sind Kundenberater/in der Westfalenbank AG. Machen Sie Herrn Spengler die Zahlungsabwicklung mit Hilfe eines Schaubildes deutlich!

b) Machen Sie Herrn Spengler in diesem Zusammenhang auch die Rechtsbeziehungen der Beteiligten in der Überweisungskette:

- - Zahlungspflichtiger und Kreditinstitut des Zahlungspflichtigen
- - überweisendes Kreditinstitut und den überleitenden Kreditinstituten
- - endbegünstigtes Kreditinstitut und dem Zahlungsempfänger deutlich.

c) Herr Spengler muss im Überweisungsauftrag die IBAN des Empfängers angeben. Beschreiben Sie, wie die IBAN (International Bank Account Number) für Deutschland zusammengesetzt ist.

d) Prüfen Sie, wann Herr Spengler spätestens seiner Bank, der Westfalenbank AG, den Überweisungsauftrag erteilen muss, damit er den Skontoabzug nutzen kann.

e) Sie schlagen Herrn Spengler vor, den Überweisungsauftrag direkt am SB-Terminal auszuführen. Erläutern Sie Herrn Spengler den Ablauf dieses Zahlungsvorgangs.

f) Zwei Tage nach Ausführung des Überweisungsauftrags an die Stratmann GmbH holt sich Herr Spengler am Kontoauszugsdrucker seinen aktuellen Kontoauszug ab. Er stellt fest, dass er bei einer Überweisung an den Otto Versand in Hamburg statt 599,00 EUR 955,00 EUR überwiesen hat. Herr Spengler bittet Sie als Kundenberater/in, den zu viel überwiesenen Betrag „zurückzuholen". Beraten Sie Herrn Spengler.

g) Am 21.11.20.. teilt die Firma Stratmann GmbH Herrn Spengler mit, dass der Rechnungsbetrag erst am 16.11.20.. ihrem Geschäftskonto bei der Volksbank Castrop-Rauxel gutgeschrieben wurde. Deshalb habe er unberechtigt Skonto vom Rechnungsbetrag abgezogen. Die Firma Stratmann GmbH bittet nun um Überweisung des ausstehenden Restbetrages von 10,12 EUR. Da Herr Spengler den Überweisungsauftrag rechtzeitig erteilt hat, ist er der Meinung, dass die Westfalenbank AG den ihm entgangenen Skontoabzug ersetzen müsse. Nehmen Sie Stellung.

h) Herr Spengler hatte als Auftraggeber einer SEPA-Überweisung über 500,00 EUR für Hannelore Neumann Im Feld „IBAN" irrtümlich eine falsche IBAN eingesetzt. Herr Spengler bittet jetzt sein Kreditinstitut, ihm den Betrag wieder zurückzuholen. Beraten Sie Herrn Spengler!.

i) Herr Spengler hat in den letzten Monaten festgestellt, dass er am Ende des Monats stets einen kleineren Betrag auf seinem Konto übrig hat. Er überlegt sich jetzt, am Ende jeden Monats 50,00 EUR auf sein Sparkonto zu überweisen. Er bittet Sie um Beratung, wie er diesen Zahlungsvorgang ohne größeren Aufwand bewerkstelligen kann.

j) Ermitteln Sie das Datum, an dem der Zahlungsempfänger über den Zahlbetrag verfügen kann, wenn Herr Kluge den Überweisungsauftrag rechtzeitig am 14.11.20.. erteilt hatte.

k) Frau Nagel möchte den Wagen nicht bar bezahlen. Sie möchte stattdessen den Betrag von 10.300,00 EUR nach der Schlüsselübergabe online Überweisen. Der Autohändler verlangt allerdings, dass der Betrag sofort nach der Schlüsselübergabe sekundenschnell seinem Konto gutgeschrieben wird. Beraten Sie Frau Nagel!

INFO

Gironetze

Gironetze sind Zahlungsverkehrsnetze. Über ein Netz von überregionalen Kontoverbindungen zwischen den Zentralstellen aller Kreditinstitutsgruppen und der Deutschen Bundesbank werden Überweisungen ausgeführt sowie Lastschriften, Schecks und Wechsel eingezogen. Der beleglose (elektronische) Zahlungsverkehr wird über die Rechenzentren der Zentralstellen in den Gironetzen abgewickelt.

In der Bundesrepublik Deutschland bestehen folgende Gironetze:

- - das Gironetz der Deutschen Bundesbank
- - das Gironetz der Deutschen Postbank AG
- - das Gironetz der Sparkassen (Spargironetz)
- - das Gironetz der Genossenschaftsbanken (Deutscher Genossenschaftsring)
- - die Gironetze der Filialbanken

Die Gironetze dienen der kostengünstigen beleglosen Ausführung von Überweisungs- und Einzugsaufträgen durch Datenfernübertragung und der Vermeidung von Liquiditätsabflüssen aus der eigenen Institutsgruppe.

SEPA

SEPA bezeichnet einen einheitlichen Euro-Zahlungsverkehrsraum und innerhalb der Europäischen Union sowie der Länder Island, Lichtenstein, Norwegen und der Schweiz. SEPA bedeutet Single Euro Payment Area. In diesem Gebiet gelten einheitliche SEPA-Zahlungsinstrumente für inländische und für grenzüberschreitende Zahlungen. Kreditinstitute dürfen für SEPA-Auslandszahlungen keine höheren Provisionen in Rechnung stelle als für Inlandszahlungen.

Zu den SEPA-Zahlungsinstrumenten zählen:

- -die SEPA-Überweisung,
- -die SEPA-Lastschrift,
- -die SEPA-Kartenzahlungen.

Bei allen SEPA-Zahlungen sind die IBAN des Zahlers und des Zahlungsempfängers anzugeben. Die IBAN hat in Deutschland 22 Stellen einschließlich des Ländercodes „DE".

Zahlungsdienstleister sind z. B. Kreditinstitute, E-Geld-Institute, Zahlungsinstitute z. B. Paypal.

Ausführungsfrist für Zahlungsvorgänge nach § 675 s BGB

Bei Eurozahlungen innerhalb des Europäischen Wirtschaftsraumes muss der Zahlungsbetrag spätestens am Ende des auf den Zugangstag folgenden Geschäftstages beim Zahlungsdienstleister des Zahlungsempfängers eingehen. Beleghaft ausgelöste Zahlungsvorgänge kann die oben genannte Frist um einen weiteren Geschäftstag verlängert werden. Bei Fremdwährungszahlungen innerhalb des Europäischen Wirtschaftsraumes kann eine Frist von bis zu vier Geschäftstagen vereinbart werden.

Bei einem online erteilten SEPA-Echtzeitüberweisungsauftrag (Höchstbetrag 15.000,00 EUR) werden die Daten innerhalb von Sekunden an den Zahlungsdienstleister des Empfängers übermittelt, der den Betrag dann sofort dem Empfängerkonto gutschreibt. Der Zahlungsdienstleister des Zahlungsempfängers muss dem Zahlungsempfänger die Überweisungsdaten mitteilen, um ihn über den Auftraggeber und den Zahlungsgrund zu informieren. Dies geschieht regelmäßig im Kontoauszug. Mit der Gutschrift erhält der Zahlungsempfänger sofort eine Zahlungssicherheit.

Wertstellung und Verfügbarkeit von Geldbeträgen nach § 675 t BGB

Der Zahlungsdienstleister des Zahlungsempfängers muss den erhaltenen Geldbetrag unverzüglich mit der Wertstellung (Valuta) des Geldeingangstages dem Konto des Zahlungsempfängers gutschreiben. Bei einer Bareinzahlung eines Verbrauchers auf ein Zahlungskonto muss der Betrag unverzüglich auf dem Konto zur Verfügung gestellt werden. Ist der Einzahler kein Verbraucher, verschiebt sich die Frist auf den folgenden Geschäftstag.

Bei einer fehlerhaften Ausführung eines Zahlungsauftrages kann der Zahler die unverzügliche und ungekürzte Erstattung des Zahlungsbetrages verlangen. Ein Zahlungsdienstleister kann die Haftung bei einer autorisierten, aber nicht erfolgten oder fehlerhaften Ausführung eines Zahlungsauftrages auf 12.500,00 EUR begrenzen.

Eine vom Auftraggeber im Zahlungsauftrag fehlerhaft angegebene Kundenkennung des Zahlungsempfängers kann dazu führen, dass der Betrag irrtümlich einem falschen Konto gutgeschrieben wird. Dies setzt aber voraus, dass die zweistellige Prüfziffer in der IBAN zufälligerweise auch für die falsche Kontonummer zutrifft. Der Zahlungsdienstleister des Auftraggebers kann den Zahlungsdienstleister des Zahlungsempfängers um eine Rücküberweisung des Betrages bitten, die allerdings nach Gutschrift auf dem Konto des Zahlungsempfängers nur mit dessen Einwilligung möglich ist. Verweigert der Zahlungsempfänger seine Zustimmung, muss bei Beträgen ab 20,00 EUR sein Zahlungsdienstleister dem Zahlungsdienstleister des Auftraggebers auf Verlangen den Namen und die Anschrift des Zahlungsempfängers mitteilen, damit der Auftraggeber seine Ansprüche gegen den unberechtigten Empfänger durchsetzen kann.

Auszug aus dem BGB

Geschäftsbesorgungsvertrag

§ 675 (Entgeltliche Geschäftsbesorgung)

(1) Auf einen Dienstvertrag oder einen Werkvertrag, der eine Geschäftsbesorgung zum Gegenstand hat, finden ... die Vorschriften der §§ 663, 665 bis 670, 672 bis 674 ... entsprechende Anwendung.

§ 675 a (Informationspflichten)

(1) Wer zur Besorgung von Geschäften öffentlich bestellt ist oder sich dazu öffentlich erboten hat, stellt für regelmäßig anfallende standardisierte Geschäftsvorgänge (Standardgeschäfte) unentgeltlich Informationen über Entgelte und Auslagen der Geschäftsbesorgung in Textform zur Verfügung, soweit nicht eine Preisfestsetzung nach § 315 erfolgt oder die Entgelte und Auslagen gesetzlich verbindlich geregelt sind.

§ 675 d (Unterrichtung bei Zahlungsdiensten)

(1) Zahlungsdienstleister haben Zahlungsdienstnutzer bei der Erbringung von Zahlungsdiensten über die … bestimmten Umstände in der dort vorgesehenen Form zu unterrichten.

§ 675 f (Zahlungsdienstvertrag)

(1) Durch einen Einzelzahlungsvertrag wird der Zahlungsdienstleister verpflichtet, für die Person, die einen Zahlungsdienst als Zahler, Zahlungsempfänger oder in beiden Eigenschaften in Anspruch nimmt (Zahlungsdienstnutzer), einen Zahlungsvorgang auszuführen.
(2) Durch einen Zahlungsdienstrahmenvertrag wird der Zahlungsdienstleister verpflichtet, für den Zahlungsdienstnutzer einzelne und aufeinander folgende Zahlungsvorgänge auszuführen …

(3) Der Zahlungsdienstnutzer ist verpflichtet, dem Zahlungsdienstleister das für die Erbringung eines Zahlungsdienstes vereinbarte Entgelt zu entrichten. ...

§ 675 j (Zustimmung und Widerruf der Zustimmung)

(1) Ein Zahlungsvorgang ist gegenüber dem Zahler nur wirksam, wenn er diesem zugestimmt hat (Autorisierung). ... Insbesondere kann vereinbart werden, dass die Zustimmung mittels eines bestimmten Zahlungsauthentifizerungsinstruments erteilt werden kann.
(2) Die Zustimmung kann vom Zahler durch Erklärung gegenüber dem Zahlungsdienstleister solange widerrufen werden, wie der Zahlungsauftrag widerruflich ist.

§ 675 l (Pflichten des Zahlers in Bezug auf Zahlungsauthentifizierungsinstrumente)

Der Zahler ist verpflichtet, unmittelbar eines Zahlungsauthentifizierungsinstruments alle zumutbaren Vorkehrungen zu treffen, um die personalisierten Sicherheitsmerkmale vor unbefugtem Zugriff zu schützen. Er hat dem Zahlungsdienstleister ... den Verlust, den Diebstahl, die missbräuchliche Verwendung oder ... unverzüglich anzuzeigen ...

§ 675 n (Zugang von Zahlungsaufträgen)

(1) Ein Zahlungsauftrag wird wirksam, wenn er dem Zahlungsdienstleister des Zahlers zugeht. Fällt der Zeitpunkt des Zugangs nicht auf einen Geschäftstag des Zahlungsdienstleisters des Zahlers, gilt der Zahlungsauftrag als am darauf folgenden Geschäftstag zugegangen.

§ 675 p (Unwiderruflichkeit eines Zahlungsauftrags)

(1) Der Zahlungsdienstnutzer kann einen Zahlungsauftrag ... nach dessen Zugang beim Zahlungsdienstleister des Zahlers nicht mehr widerrufen.
(2) Ist zwischen dem Zahlungsdienstnutzer und seinem Zahlungsdienstleister ein bestimmter Termin für die Ausführung eines Zahlungsauftrags vereinbart worden, kann der Zahlungsdienstnutzer den Zahlungsauftrag bis zum Ende des Geschäftstages vor dem vereinbarten Tag widerrufen.

§ 675 s (Ausführungsfrist für Zahlungsvorgänge)

(1) Der Zahlungsdienstleister des Zahlers ist verpflichtet sicherzustellen, dass der Zahlungsbetrag spätestens am Ende des auf den Zugangszeitpunkt des Zahlungsauftrags folgenden Geschäftstags beim Zahlungsdienstleister des Zahlungsempfängers eingeht; Für Zahlungsvorgänge innerhalb des Europäischen Wirtschaftsraums, die nicht in Euro erfolgen, können ein Zahler und sein Zahlungsdienstleister eine Frist von maximal vier Geschäftstagen vereinbaren. Für in Papierform ausgelöste Zahlungsvorgänge können die Fristen ... um einen weiteren Geschäftstag verlängert werden.

§ 675 t (Wertstellungsdatum und Verfügbarkeit von Geldbeträgen)

(1) Der Zahlungsdienstleister des Zahlungsempfängers ist verpflichtet, dem Zahlungsempfänger den Zahlungsbetrag unverzüglich verfügbar zu machen, nachdem er auf dem Konto des Zahlungsdienstleisters eingegangen ist.

§ 675 u (Haftung des Zahlungsdienstleisters für nicht autorisierte Zahlungsvorgänge)

Im Fall eines nicht autorisierten Zahlungsvorgangs hat der Zahlungsdienstleister des Zahlers gegen diesen keinen Anspruch auf Erstattung seiner Einwendungen. Er ist verpflichtet, dem Zahler den Zahlungsbetrag unverzüglich zu erstatten ...

§ 675 v (Haftung des Zahlers bei missbräuchlicher Nutzung eines Zahlungsauthentifizierungsinstruments)

(1) Beruhen nicht autorisierte Zahlungsvorgänge auf der Nutzung eines verlorengegangenen, gestohlenen oder sonst abhanden gekommenen Zahlungsauthentifizierungsinstruments, so kann der Zahlungsdienstleister des Zahlers von diesem den Ersatz des hierdurch entstandenen Schadens bis zu einem Betrag von 150,00 EUR verlangen.
(2) Der Zahler ist seinem Zahlungsdienstleister zum Ersatz des gesamten Schadens verpflichtet, der infolge eines nicht autorisierten Zahlungsvorgangs entstanden ist, wenn er ihn in betrügerischer Absicht ermöglicht hat oder durch vorsätzliche oder grob fahrlässige Verletzung ... herbeigeführt hat.

§ 676 (Nachweis der Ausführung von Zahlungsvorgängen)

Ist zwischen dem Zahlungsdienstnutzer und seinem Zahlungsdienstleister streitig, ob der Zahlungsvorgang ordnungsgemäß ausgeführt wurde, muss der Zahlungsdienstleister nachweisen, dass der Zahlungsvorgang ordnungsgemäß aufgezeichnet und verbucht sowie nicht durch eine Störung beeinträchtigt wurde.

§ 676 a (Ausgleichsanspruch)

Liegt die Ursache für die Haftung eines Zahlungsdienstleisters ... im Verantwortungsbereich eines anderen Dienstleisters oder einer zwischengeschalteten Stelle, so kann er vom anderen Zahlungsdienstleister oder der zwischengeschalteten Stelle den Ersatz des Schadens verlangen ....

§ 676 b (Anzeige nicht autorisierter oder fehlerhaft ausgeführter Zahlungsvorgänge)

(1) Der Zahlungsdienstnutzer hat seinen Zahlungsdienstleister unverzüglich nach Feststellung eines nicht autorisierten oder fehlerhaft ausgeführten Zahlungsvorgangs zu unterrichten.

§ 676 f (Vertragstypische Pflichten beim Girovertrag)

Durch den Girovertrag wird das Kreditinstitut verpflichtet, für den Kunden ein Konto einzurichten, eingehende Zahlungen auf dem Konto gutzuschreiben und abgeschlossene Überweisungsverträge zu Lasten dieses Kontos abzuwickeln. Es hat dem Kunden eine weitergeleitete Angabe zur Person des Überweisenden und zum Verwendungszweck mitzuteilen.

§ 676 g (Gutschriftsanspruch des Kunden)

(1) Ist ein Überweisungsbetrag bei dem Kreditinstitut des Kunden eingegangen, so hat es diesen Betrag dem Kunden innerhalb der vereinbarten Frist, bei Fehlen einer Fristvereinbarung innerhalb eines Bankgeschäftstages nach dem Tag, an dem der Betrag dem Kreditinstitut gutgeschrieben wurde, gutzuschreiben ... Wird der überwiesene Betrag nicht fristgemäß dem Konto des Kunden gutgeschrieben, so hat das Kreditinstitut dem Kunden den Überweisungsbetrag für die Dauer der Verspätung zu verzinsen ...

2.3 Zahlungen von Rechnungen mittels Lastschrift

Mit der SEPA-Lastschrift können Euro-Einzüge grenzüberschreitend in einem einheitlichen Verfahren, mit einheitlichem Datenformat vorgenommen werden. Gesetzliche Grundlage ist die EU-Zahlungsdiensterichtlinie.

Eine Lastschrift ist ein vom Zahlungsempfänger ausgelöster Zahlungsvorgang zulasten des Kontos des Zahlungspflichtigen, bei dem die Höhe des jeweiligen Zahlungsbetrages vom Zahlungsempfänger angegeben wird.

Lernsituation 1

Der Sportverein SC Norderstedt e.V. führt seine Mitgliederverwaltung auf PC und besitzt ein Modem. Herr Gabriel Wirth ist hauptamtlicher Mitarbeiter beim SC Norderstedt und verwaltet und betreut die Mitglieder des Sportvereins. In diesem Zusammenhang ist er auch für den Einzug der Mitgliedsbeiträge zuständig. Der SC Norderstedt unterhält ein Geschäftsgirokonto bei der Nordbank AG. Herr Wirth hat eine allgemeine Kontovollmacht über dieses Konto.

Aufgaben

a) Beschreiben Sie Herrn Wirth das Einzugsverfahren mittels SEPA-Basis-Lastschrift.

b) Nennen Sie die Voraussetzungen für die Teilnahme am SEPA-Lastschriftverfahren für den Sportverein.

c) Erläutern Sie Herrn Wirth die Vorteile des SEPA-Basis-Lastschriftverfahrens für

d) den SC Norderstedt,

e) die Vereinsmitglieder.

f) Im Zusammenhang mit der Teilnahme am Lastschriftverkehr informieren Sie Herrn Wirth über die häufig gestellten Fragen:

g) Erklären Sie die Begriffe Gläubiger-ID und Mandatsreferenz!

h) Wann ist eine SEPA-Basis-Lastschrift fällig?

i) Wie wird das Vereinsmitglied über eine Belastung mittels SEPA-Basis-Lastschrift informiert?

j) Angenommen das Kontoguthaben des Vereinsmitglieds reicht bei Vorlage der Lastschrift nicht oder nicht ganz aus. Sind Teileinlösungen zulässig?

k) Wie muss sich der Zahlungsempfänger verhalten, wenn eine SEPA-Basis-Lastschrift nicht eingelöst wurde?

l) Das Konto Ihres Kunden Florian Gerber wurde am 18.11.20.. vom SC Norderstedt mit einer Lastschrift in Höhe von 485,00 EUR belastet. Dem SC Norderstedt liegt eine Einzugsermächtigung von Florian Gerber zum Einzug des monatlichen Mitgliedsbeitrags in Höhe von 48,50 EUR vor. Durch die Belastung weist das Konto von Herrn Gerber einen Sollsaldo aus. Herr Gerber ist mit der Belastung nicht einverstanden. Wie beraten Sie Herrn Gerber richtig?

m) Beschreiben Sie den Abwicklungsweg, wenn eine SEPA-Basis-Lastschrift mangels Kontodeckung von der Nordbank AG nicht eingelöst wird.

n) Nennen Sie weitere Gründe, warum eine SEPA-Basis-Lastschrift unanbringlich sein kann.

o) Vergleichen Sie aus der Sicht des Zahlungspflichtigen die SEPA-Überweisung mit einer Abbuchung aufgrund des SEPA-Basis-Lastschriftverfahrens.

p) Neben dem SEPA-Basis-Lastschriftverfahren bietet die Nordbank AG ihren Kunden auch das SEPA-Firmen-Lastschriftverfahren an, mit dem hauptsächlich Forderungen aus Kaufverträgen zwischen Wirtschaftsunternehmen eingezogen werden. Erläutern Sie Herrn Wirth den Unterschied zum SEPA-Basis-Lastschriftverfahren.

q) Vergleichen Sie das SEPA-Basis-Lastschriftverfahren mit dem SEPA-Firmen-Lastschriftverfahren und stellen Sie Gemeinsamkeiten und Unterschiede fest.

Lernsituation 2

Die Pfeifen Tesch GmbH ist Firmenkundin der Nordbank AG. Die GmbH hatte mit einigen Betreibern von Tankstellen-Shops vereinbart, dass diese die Rechnungsbeträge für die gelieferten Tabakwaren und Spirituosen überweisen. Der Geschäftsführer der Pfeifen Tesch GmbH, Herr Florian Teichmann beklagt sich, dass nicht alle Betreiber dieser Vereinbarung fristgerecht nachkommen, weshalb er ausstehende Zahlungen häufiger anmahnen musste. Sie schlagen als Firmenkundenberater/in der Nordbank AG Herrn Teichmann den Einsatz der SEPA-Lastschrift vor.

Aufgaben

a) Erläutern Sie Herrn Teichmann drei Vorteile, die sich neben der fristgerechten Zahlung für die Pfeifen Tesch GmbH durch die Nutzung dieser Zahlungsart ergeben! Sie erklären Herrn Teichmann, dass es zwei SEPA-Lastschriftverfahren gibt.

b) Schlagen Sie Herrn Teichmann eines der beiden Verfahren vor und begründen Sie Ihren Vorschlag, indem Sie einen Vorteil dieses Verfahrens gegenüber dem anderen Verfahren für die Pfeifen Tesch GmbH erläutern!

Herr Teichmann bittet um weitere Informationen zu dem von Ihnen vorgeschlagenen SEPA-Lastschriftverfahren.

c) Erläutern Sie Herrn Teichmann drei Maßnahmen, die sie ergreifen müssen, um das von Ihnen empfohlene SEPA-Lastschriftverfahren zu nutzen!

INFO

Rechtliche Grundlagen

Voraussetzungen für den Forderungseinzug mittels Lastschrift ist eine Vereinbarung zwischen dem Zahlungsempfänger und seinem Kreditinstitut (1. Inkassostelle) über den Lastschrifteinzug (Inkassovereinbarung).

Der Zahlungsempfänger erkennt die Bedingungen für Zahlungen mittels Lastschrift im SEPA-Basis-Lastschriftverfahren bzw. SEPA-Firmen-Lastschriftverfahren.

Der Zahlungspflichtige muss schriftlich dem Forderungseinzug mittels Lastschrift (SEPA-Lastschriftmandat) zustimmen.

Die Inkassovereinbarung zwischen Zahlungsempfänger und 1. Inkassostelle enthält:

1. Die zum Einzug eingereichten Lastschriften werden unter dem Vorbehalt der Einlösung und des Eingangs des Gegenwertes gutgeschrieben (Gutschrift E. v.).
2. Im Falle der Nichteinlösung ist das Kreditinstitut zu einer Rückbelastung berechtigt, und zwar auch nach einem zwischenzeitlich erfolgten Rechnungsabschluss.
3. Der Einreicher kann bei einer Gutschrift E. v. schon über den Betrag verfügen, bevor Gewissheit über die Einlösung besteht.
4. Vor der Zulassung zum Lastschriftverfahren ist die Bonität des Kunden im Rahmen einer Kreditwürdigkeitsprüfung zu beurteilen.
5. Zur Begrenzung dieses Risikos wird häufig ein Einreicherlimit (Einreicherobligo) festgelegt, bis zu dem innerhalb eines bestimmten Zeitraumes Lastschriften eingereicht werden dürfen.

Zahlungsabwicklung

Der Zahlungsempfänger (Gläubiger) reicht Lastschriften bzw. Lastschriftdateien bei seinem Zahlungsdienstleister (1. Inkassostelle) zum Einzug ein. Die 1. Inkassostelle leitet die Lastschrift an den Zahlungsdienstleister des Zahlungspflichtigen (Zahlstelle) weiter. Die Zahlstelle belastet bei Fälligkeit (Verrechnungstag) der Lastschrift das Konto des Zahlungspflichtigen und informiert ihn durch einen Ausdruck im Kontoauszug. Am Fälligkeitstag erfolgt auch die Verrechnung zwischen den Kreditinstituten und die Gutschrift für den Zahlungsempfänger (Gutschrift Eingang vorbehalten). Der Lastschriftverkehr wird zwischen den Kreditinstituten beleglos abgewickelt.

Merkmale der SEPA-Lastschrift

Das Lastschriftverfahren eignet sich zum Einzug von Forderungen, die

- in regelmäßigen oder unregelmäßigen Zeitabständen,
- in gleicher oder wechselnder Höhe,
- gegenüber einem bestimmten Schuldnerkreis laufend entstehen.
- Als Kundenkennung werden IBAN und BIC genutzt.
- Die Lastschrift enthält Mandatsinformationen, z. B. Gläubiger-ID und Mandatsreferenz. Die Gläubiger-Identifkationsnummer dient der Identifikation des Lastschrifteinreichers und kann bei der Deutschen Bundesbank im Internet beantragt werden,

Die Mandatsreferenz dient in Verbindung mit der Gläubiger-ID der Identifizierung des SEPA-Mandats. Sie wird vom Lastschrifteinreicher individuell für jedes Mandat vergeben.

Arten von SEPA-Lastschriftverfahren

- SEPA-Basis-Lastschriftverfahren für Verbraucher
- SEPA-Firmen-Lastschriftverfahren für Firmenkunden

Dieses Verfahren kann nur mit Zahlungspflichtigen, die keine Verbraucher sind, vereinbart werden. Im Unterschied zum SEPA-Basis-Lastschriftverfahren hat der Zahlungspflichtige. Bei autorisierten Zahlungen nach der Einlösung der Lastschrift keinen Erstattungsanspruch auf Wiedergutschrift des Lastschriftbetrages. Der Zahlungsempfänger hat damit eine Zahlungssicherheit.

Verfahrensschritte

Der Zahlungspflichtige Erteilt dem Zahlungsempfänger ein SEPA-Firmen-Lastschriftmandat. Die Erteilung des Mandats bestätigt er zudem seinem Kreditinstitut (Zahlstelle) durch Mitteilung der Daten oder durch Zusendung einer Kopie des Mandats. Die Mitteilung ist zu unterschreiben. Die Lastschriften müssen der Zahlstelle spätestens einen Geschäftstag vor Fälligkeit vorliegen. In einer Lastschrift müssen folgende Daten enthalten sein:

Gläubiger-ID,
Mandatsreferenz,
Datum der Mandatserteilung,
Name des Zahlungspflichtigen,
Adresse des Zahlungspflichtigen,
Betrag,
IBAN des Zahlungspflichtigen,
BIC der Bank des Zahlungspflichtigen,
Art der Lastschrift (Basis oder Firmenlastschrift),
Typ der Lastschrift (Erst- Folge-, Einmallastschrift),
Fälligkeit der Lastschrift.

Rücklastschriften:

Rückgabe spätestens 5 Bankarbeitstage nach Fälligkeit bei SEPA-Basis-Lastschrift,

Rückgabe binnen zwei Wochen Bankarbeitstage nach Fälligkeit bei SEPA-Firmen-Lastschriften,

Rückgabe einer Lastschrift innerhalb von 8 Wochen: Gutschrift mit Belastungswertstellung.

Eine nicht autorisierte Lastschrift kann innerhalb von 13 Monaten durch den Zahlungspflichtigen nach Belastung zurückgegeben werden.

	SEPA-Basis-Lastschriftverfahren	**SEPA-Firmen-Lastschriftverfahren**
Zahlungsraum	Zahlungen in EUR innerhalb der EU und des EWR sowie Schweiz und Monaco und Zahlungen im Inland	
Meldepflichten	Meldepflichten nach dem Außenwirtschaftsgesetz: ab 12.500,00 EUR	
Teilnehmer	Privatkunden	Firmenkunden
Teilnahmevoraussetzungen	- Beitrittserklärung vom Zahlungsempfänger und Kreditinstitut - Zahlungspflichtiger erteilt dem Zahlungsempfänger das SEPA-Lastschriftmandat.	- Beitrittserklärung vom Zahlungsempfänger und Kreditinstitut - Zahlungspflichtiger erteilt dem Zahlungsempfänger das SEPA-Lastschriftmandat. - Zahlungspflichtiger muss der Zahlstelle das SEPA-Lastschriftmandat bestätigen.

Erteilung des SEPA-Lastschriftmandats	Zahlungsautorisierung mittels Lastschriftmandat Weisung des Zahlungspflichtigen: - Einzugsermächtigung des Zahlungspflichtigen an den Zahlungsempfänger - Zahlungsauftrag an die Zahlstelle, vom Zahlungsempfänger eingereichte SEPA-Lastschriften einzulösen. Verfall des Mandats: Nach 36 Monaten, wenn innerhalb dieses Zeitraums keine Folgelastschriften eingereicht wurden. Ansonsten: Das Mandat gilt unbefristet bis zum Widerruf. Informationspflicht: Der Zahlungsempfänger muss den Zahlungspflichtigen über jeden bevorstehenden Lastschrifteinzug informieren (Pre-Notification). In der Lastschrift muss der Zahlungsempfänger ein Fälligkeitsdatum angeben, an dem das Konto des Zahlungspflichtigen belastet werden soll. Lastschriftmandat bleibt beim Zahlungsempfänger; Verwahrung 14 Monate nach dem letzten Lastschrifteinzug	Zahlungsautorisierung mittels Lastschriftmandat Bestätigung der Erteilung eines SEPA-Lastschriftmandats gegenüber der Zahlstelle Weisung des Zahlungspflichtigen: - Einzugsermächtigung des Zahlungspflichtigen an den Zahlungsempfänger - Zahlungsauftrag an die Zahlstelle, vom Zahlungsempfänger eingereichte SEPA-Lastschriften einzulösen. Verfall des Mandats: nach 36 Monaten, wenn innerhalb dieses Zeitraums keine Folgelastschriften eingereicht wurden. Lastschriftmandat bleibt beim Zahlungsempfänger; Verwahrung 14 Monate nach dem letzten Lastschrifteinzug
Ablauf des Lastschrifteinzugs	- Mandatseinholung des Zahlungsempfängers vom Zahlungspflichtigen - Zahlungspflichtiger erteilt Zahlungsempfänger ein SEPA-Lastschriftmandat. - Bestätigung der Mandatserteilung nur bei der Firmenlastschrift - Zahlungsempfänger gibt dem Zahlungspflichtigen eine Vorabinformation über Lastschrifteinzug - Inkassovereinbarung zwischen dem Zahlungsempfänger und seinem Kreditinstitut (1. Inkassostelle) - Zahlungsempfänger stellt transaktions- und mandatsbezogene Daten seinem Kreditinstitut zur Verfügung. - Weiterleitung aller Daten an die Zahlstelle - Clearing und Verrechnung zwischen 1. Inkassostelle und Zahlstelle - Konto des Zahlungspflichtigen wird belastet. - Mandatsprüfung nur bei der Firmenlastschrift - Kreditinstitut des Zahlungsempfängers erteilt Gutschrift beim Zahlungsempfänger.	

Internethandel	Für die Nutzung des SEPA-Basis-Lastschriftmandats im Internet gibt es keine Vorschriften, die eine Originalunterschrift zwingend vorsehen. Daher ist eine Anwendung für Lastschriften im Internethandel möglich.	
Erledigung des SEPA-Lastschriftmandats	Zahlungsempfänger teilt der Zahlstelle die Erledigung des Lastschriftmandats mit Einzug der letzten Lastschrift mit.	
Widerruf des SEPA-Lastschriftmandats	- Jederzeit vom Kunden durch Erklärung gegenüber seinem Kreditinstitut - Widerruf gegenüber dem Zahlungsempfänger	- Jederzeit vom Kunden durch Erklärung gegenüber seinem Kreditinstitut - Widerruf gegenüber dem Zahlungsempfänger
Voraussetzungen für die Einlösung der SEPA-Lastschrift	- Kein Widerruf liegt vor. - Ausreichendes Guthaben - Keine Teileinlösungen - Die IBAN des Zahlungspflichtigen ist zuzuordnen. - Benachrichtigung des Zahlungspflichtigen bei Nichteinlösung einer SEPA-Lastschrift	
Vorlagefristen bei Einreichung von SEPA-Lastschriften	Bei Erst- und Einmallastschriften: 5 Tage vor Fälligkeit Folgelastschriften: spätestens 2 Tage vor Fälligkeit	Einheitlich 1 Tag vor Fälligkeit
Zurückweisung	Der Kunde kann dem Kreditinstitut gesondert die Weisung erteilen, bestimmte Lastschriften nicht einzulösen.	
Widerspruch gegen Belastungsbuchungen mit gültigem Lastschriftmandat	- Rückerstattungsanspruch 8 Wochen ab Belastungsbuchung ohne Grundangabe - Erlöschen des Erstattungsanspruchs nach Genehmigung der Lastschriftbuchung	Kein Erstattungsanspruch nach erfolgter Einlösung
Widerspruch gegen Belastungsbuchungen mit ungültigem Lastschriftmandat	- Unverzügliche Erstattung des Lastschriftbetrages - Ausschluss der Ansprüche des Kunden nach Ablauf von 13 Monaten ab Belastungsbuchung	
Lastschriftrückgabe durch Zahlstelle	Bis 5 Tage nach Belastungsbuchung	Bis 2 Tage nach Belastungsbuchung

2.4 Kartengestützte Zahlungen

Im Umlauf sind eine Vielzahl von Kartentypen, wobei zwischen drei Grundtypen zu unterscheiden ist:

- der Bankkarte, in der Variante als Girocard oder Maestrocard bzw. V Pay-Card,
- der GeldKarte und,
- den Kreditkarten.

Die Geldkarte, die i.d.R. in die ec-Karte integriert ist, erlaubt die anonyme Zahlung an automatisierten Kassen, indem elektronische Werteinheiten von der Karte abgebucht und in das Terminal eines Akzeptanten umgebucht werden. Aufgeladen werden kann die Geldkarte zu Lasten eines auf sie ausgestellten Kontos, gegen Bargeld oder unter Einsatz einer anderen Karte. Allerdings ist die Einsatzmöglichkeit der Geldkarte begrenzt, da sie zurzeit nur mit maximal 200 EUR aufgeladen werden kann.

Daneben gibt es verschiedene Kreditkarten, bei denen sich der Kartenemittent gegenüber angeschlossenen Händlern verpflichtet, nach Einsatz der Karte unter Beachtung der dafür festgelegten Regeln, den Umsatz einzulösen und diesen Betrag dem Karteninhaber in Rechnung zu stellen.

2.4.1 Die Bankkarte

Bankkarten sind von Kreditinstituten ausgegebene Zahlungskarten für bargeldloses Zahlen. Diese Bankkarten lassen sich als Girocard im electronic-cash-System oder als Maestrocard als Instrument der Bargeldbeschaffung über Geldausgabeautomaten im In- und Ausland nutzen, können aber auch zur Erstellung von Kontoauszügen mittels Kontoauszugsdruckern sowie zur Bezahlung an automatisierten Kassen auch kontaktlos eingesetzt werden.

Lernsituation

Jürgen Sperling (23 Jahre alt) hat vor kurzem seine Ausbildung zum Speditionskaufmann bei der Firma Lutteroth Transit GmbH erfolgreich beendet und mit seinem Ausbildungsbetrieb einen unbefristeten Arbeitsvertrag abgeschlossen. Die Personalabteilung hat ihn darauf hingewiesen, dass häufig Überstunden anfallen werden und einige Mal im Jahr Geschäftsreisen ins Ausland anfallen werden. Während der Ausbildungszeit hat Herr Sperling sein Konto nur für die Gutschrift der Ausbildungsvergütung und wenige Barabhebungen genutzt. Jetzt möchte er sich bei der Nordbank AG über die zukünftige Kontoführung und mögliche Zahlungsformen für die Abwicklung seines Zahlungsverkehrs mit dem Girokonto informieren. Herr Sperling hat der Nordbank seine neue Anschrift mitgeteilt. Bislang hatte er noch bei seinen Eltern gewohnt. Er hat einen Internetanschluss. Seine nächste Urlaubsreise mit dem eigenen Motorrad hat er für den kommenden Sommer nach Schweden geplant.

Aufgaben

a) Zeigen Sie Herrn Sperling auf, für welche Zwecke er in Zukunft Zahlungen mit und ohne der Bankkarte zu leisten hat und wie sie abgewickelt werden können.

b) Welchen Nutzen hat eine Girocard für Herrn Sperling?

c) Welche Reisezahlungsmittel kann Herr Sperling für seinen geplanten Schwedenurlaub nutzen?

Auszahlungen von seinem Girokonto kann Herr Sperling während der Öffnungszeiten in der Zentrale oder einer der Filialen der Nordbank AG oder rund um die Uhr an Geldausgabeautomaten erhalten. Die Barauszahlungen in der Filiale erfolgen i.d.R. mittels automatischer Kassentresore (AKT). Sie werden entweder von den Kundenbetreuern direkt am Beratungsplatz oder von einem Angestellten im Servicebereich bedient.

d) Beraten Sie Herrn Sperling über die Möglichkeiten der Bargeldbeschaffung in Ihrem Kreditinstitut.

e) Erläutern Sie Herrn Sperling die Bargeldbeschaffung am Geldautomaten. Machen Sie ihn auch auf Sicherheitsaspekte im Zusammenhang mit der Bargeldbeschaffung mittels Girocard aufmerksam.

f) Herr Sperling möchte noch von Ihnen wissen, in welchem Umfang er für Schäden haftet, die durch missbräuchliche Verwendung seiner Girocard an Geldautomaten entstehen können.

INFO

Die Bankkarte gibt es in verschiedenen Ausformungen. Zum einen emittieren nahezu alle Kreditinstitute Girokarten (Maestro-Karten), die dem jeweiligen Kontoinhaber bestimmte, auf die Karte bezogene Serviceleistungen erlauben. Insbesondere gehört dazu die Möglichkeit, mittels dieser Karten Kontoauszüge an Kontoauszugsdruckern zu ziehen oder Bargeld an allen inländischen Geldautomaten – auch fremder Institute – abzuheben. Auch Electronic-Cash-Zahlungen sind an allen inländischen Akzeptanzstellen (Handelsgeschäfte, Tankstellen) möglich. Der Karteninhaber muss bei Barabhebungen und ec-Zahlungen im Rahmen seines individuellen Verfügungsrahmens seine persönliche Geheimzahl (PIN) in das jeweilige Terminal eingeben. Die jeweiligen Abhebungen bzw. Zahlungen werden dem Konto des Kontoinhabers aufgrund des bestehenden Online-Verbundes sofort belastet.

Daneben bieten Kreditinstitute ihren Kunden auch die Girocard (ec-Karte) mit einem Maestro- oder V-Pay-Logo an. Diese Bankkarte ermöglicht auch unter Eingabe der individuellen PIN Verfügungen an ausländischen Geldautomaten und Kartenzahlungen bei ausländischen Akzeptanzstellen. In Ländern außerhalb der europäischen Währungsunion erfolgt die Auszahlung an Geldautomaten in der jeweiligen Landeswährung. Die Währungsumrechnung erfolgt zum Devisengeldkurs.

Die Girocard ist generell für Abhebungen an Geldautomaten und Zahlungsverfahren im Electronic-Cash-System im Inland zugelassen. Der Karteninhaber kann im Inland bei allen an das Electronic-Cash-System und im Ausland bei allen an das Maestro-/V-Pay-System angeschlossenen Unternehmen gegen Eingabe seiner PIN im Rahmen seines individuellen Verfügungsrahmens bargeldlos zahlen. Die Zahlungen sind durch das Karten ausgebende Kreditinstitut garantiert und werden dem Konto des Kontoinhabers sofort belastet.

Das elektronische Lastschriftverfahren mit SEPA-Basis-Lastschriftmandat

Dieses Verfahren ist ein vom deutschen Handel entwickeltes Zahlungssystem,, bei dem der Käufer unter Vorlage der Girocard durch Unterschrift den Händler ermächtigt, den Rechnungsbetrag per Lastschrift von seinem Konto einzuziehen. Nach Vorlage der Girocard werden die Kontodaten vom Magnetstreifen im Kassenterminal eingelesen und ein Kassenbeleg ausgedruckt. Der Beleg enthält neben dem Rechnungsbetrag folgende Angaben: SEPA-Basis-Lastschriftmandat, Pflichtangaben für den Lastschrifteinzug, z. B. Gläubiger-ID, Mandatsreferenz), Hinweis auf Erstattungsrecht des Lastschriftbetrages binnen acht Wochen nach der Belastung, Anweisung an das Kreditinstitut, dem Händler im Fall von Lastschriftrückgaben den Namen und die Anschrift des Kunden mitzuteilen.

Der Käufer unterschreibt den Beleg und erhält eine Durchschrift. Der Rechnungsbetrag wird anschließend per Lastschrift sofort vom Konto des Zahlungspflichtigen eingezogen. Im Unterschied zum Electronic-Cash-Verfahren erfolgt beim elektronischen Lastschriftverfahren keine PIN-Eingabe durch den Karteninhaber, keine Autorisierung und damit auch keine Zahlungsgarantie durch das Karten ausgebende Institut. Der Händler trägt das Zahlungsrisiko.

Zur Risikobegrenzung haben die Händler die Möglichkeit, die persönliche Legitimation des Kunden zu prüfen, die Abfrage von Sperrdateien durchzuführen sowie die KUNO-Datenbank aufzurufen, die verlorene oder gestohlene Debit- und Kreditkarten erfasst.

Bedingungen für Bank-Card

I (Geltungsbereich) Der Karteninhaber kann die Karte, soweit diese entsprechend ausgestattet ist, für folgende Zahlungsdienste nutzen:

1. In Verbindung mit der persönlichen Geheimzahl (PIN) in deutschen Debitkartensystemen:

a) zum Abheben von Bargeld an Geldautomaten, die mit dem girocard-Logo gekennzeichnet sind.

b) zum Einsatz bei Handels- und Dienstleistungsunternehmen an automatisierten Kassen, die mit dem girocard-Logo gekennzeichnet sind.

c) zum Aufladen der Geldkarte an Ladeterminals, die mit dem GeldKarte-Logo gekennzeichnet sind.

d) zum Aufladen eines Prepaid-Mobilfunk-Kontos, das ein Mobilfunknutzer bei einem Mobilfunkanbieter unterhält, an einem Geldautomaten, sofern der Geldautomatenbetreiber diese Funktion anbietet und der Mobilfunkanbieter an dem System teilnimmt.

2. In Verbindung mit der persönlichen Geheimzahl (PIN) in fremden Debitkartensystemen:

a) Zum Abheben von Bargeld an Geldautomaten, soweit die Karte entsprechend ausgestattet ist.

b) Zum Einsatz bei Handels- und Dienstleistungsunternehmen an automatisierten Kassen im Rahmen eines fremden Systems, soweit die Karte entsprechend ausgestattet ist. In einigen Ländern kann anstelle der PIN die Unterschrift gefordert werden.

c) Zum Aufladen der Geldkarte an Geldautomaten.

d) Zum Aufladen eines Prepaid-Mobil-Kontos sofern der Geldautomatenbetreiber diese Funktion anbietet. Die Akzeptanz der Karte im Rahmen eines fremden Systems erfolgt unter dem für das fremde System geltenden Akzeptanz-Logo.

3. Ohne Einsatz der persönlichen Geheimzahl (PIN):

a) Zum kontaktlosen Einsatz bei Handels- und Dienstleistungsunternehmen an automatisierten Kassen (Girogoverfahren), die mit dem girocard-Logo gekennzeichnet sind bis 25,00 EUR bzw. 50,00 EUR pro Bezahlvorgang, soweit an den automatisierten Kassen nicht die Eingabe einer PIN verlangt wird.

Kontaktloses Bezahlen: Verfügt die Bankkarte über einen NFC-Chip (Near Field Communication), können die Daten auch kontaktlos an das Kassenterminal übertragen werden. Die Karte muss dazu in einem Abstand von wenigen Zentimetern vor das Lesegerät gehalten werden. Bei Beträgen über 25,00 EUR bzw. 50,00 EUR ist anschließend die PIN einzugeben. Bei Beträgen bis 25,00 EUR bzw. 50,00 EUR ist die Eingabe der PIN grundsätzlich nicht erforderlich. Aus Sicherheitsgründen wird jedoch bei mehreren aufeinanderfolgenden Zahlungen bis 25,00 EUR/50,00 EUR die PIN angefordert, wenn die Gesamtsumme ein bestimmtes Limit (z. B. 100,00 EUR) übersteigt oder wenn eine bestimmte Anzahl (z. B. fünf) dieser Zahlungen überschritten wird.

Bei Maestro-/V Pay-Zahlungen ist bei kontaktlosen Zahlungen mit der Karte oder mit dem Smartphone eine Eingabe der PIN oder eine Unterschrift ebenfalls erst nach Überschreiten bestimmter Schwellenbeträge notwendig.

Die Girocard kann auch als digitale Karte zur Speicherung auf einem mobilen Endgerät z. B. Smartphone ausgegeben werden. Mit der Girocard mobile kann der Kunde kontaktlos an Kassenterminals zahlen.

b) Als GeldKarte zum bargeldlosen Bezahlen an automatisierten Kassen im Inland, die mit dem GeldKarten-Logo und/oder dem girogo-Logo gekennzeichnet sind.

II Allgemeine Regeln

1. (Karteninhaber und Vollmacht)

Die Karte gilt für das auf ihr angegebene Konto. Sie kann nur auf den Namen des Kontoinhabers oder einer Person ausgestellt werden, der der Kontoinhaber Kontovollmacht erteilt hat.

2. (Finanzielle Nutzungsgrenze)

Der Karteninhaber darf Verfügungen mit seiner Karte nur im Rahmen des Kontoguthabens oder eines vorher für das Konto eingeräumten Kredits vornehmen.

3. (Umrechnung von Fremdwährungsbeträgen)

Nutzt der Karteninhaber die Karte für Verfügungen, die nicht auf EUR lauten, wird das Konto in EUR zum Devisengeldkurs belastet.

4. (Rückgabe der Karte)

Die Karte ist nicht übertragbar. Die Karte ist nur bis zu dem auf der Karte angegebenen Zeitraum gültig.

5. (Sperre und Einziehung der Karte)

(1) Die Bank darf die Karte sperren und den Einzug der Karte veranlassen,

- wenn sie berechtigt ist, den Kartenvertrag aus wichtigem Grund zu kündigen,

- wenn sachliche Gründe im Zusammenhang mit der Sicherheit der Karte dies rechtfertigen oder

- wenn der Verdacht einer nicht autorisierten oder betrügerischen Verwendung der Karte besteht.

(2) Befindet sich auf der Karte für das Online-Banking ein TAN-Generator oder eine Signaturfunktion, so hat die Sperre der Karte auch eine Sperre der Funktion für das Online-Banking zur Folge.

6. (Sorgfalts- und Mitwirkungspflichten des Karteninhabers)

6.1 (Unterschrift)

Sofern die Karte ein Unterschriftsfeld vorsieht, hat der Karteninhaber die Karte nach Erhalt unverzüglich auf dem Unterschriftsfeld zu unterschreiben.

6.2 (Sorgfältige Aufbewahrung der Karte)

Die Karte ist mit besonderer Sorgfalt aufzubewahren, um zu verhindern, dass sie abhandenkommt oder missbräuchlich verwendet wird. Sie darf insbesondere nicht unbeaufsichtigt in Kraftfahrzeugen aufbewahrt werden, da sie (z. B. im Rahmen des girocard-Systems) missbräuchlich eingesetzt werden kann. Darüber hinaus kann jeder, der im Besitz der Karte ist, den in der Geldkarte gespeicherten Betrag verbrauchen bzw. Transaktionen an automatisierten Kassen ohne PIN bis zur Sperre tätigen.

6.3 (Geheimzahl der persönlichen Geheimzahl, PIN)

Der Karteninhaber hat dafür Sorge zu tragen, dass keine andere Person Kenntnis von der persönlichen Geheimzahl (PIN) erlangt. Die PIN darf insbesondere nicht auf der Karte vermerkt oder in anderer Weise zusammen mit dieser aufbewahrt werden. Denn jede Person, die die PIN kennt und in den Besitz der Karte kommt, hat die Möglichkeit, zu Lasten des auf der Karte angegebenen Kontos Verfügungen zu tätigen, z. B. Geld an Geldautomaten abzuheben.

6.4 (Unterrichtungs- und Anzeigepflichten)

(1) Stellt der Karteninhaber den Verlust oder Diebstahl seiner Karte, die missbräuchliche Verwendung oder eine sonstige nicht autorisierte Nutzung von Karte oder PIN fest, so ist die Bank unverzüglich zu benachrichtigen (Sperranzeige). Die Sperranzeige kann der Karteninhaber auch jederzeit gegenüber dem Zentralen Sperrannahmedienst (Telefon 116116) abgeben. In diesem Fall ist eine Kartensperre nur möglich, wenn der Name der Bank möglichst mit Bankleitzahl und die Kontonummer angegeben werden.

7. (Autorisierung von Kartenzahlungen durch den Karteninhaber)

Mit dem Einsatz der Karte, durch Einführen der Karte in das Terminal oder bei kontaktlosen Bezahlvorgängen durch Heranführen der Karte an das Terminal erteilt der Karteninhaber die Zustimmung zur Ausführung der Kartenzahlung. Soweit dafür zusätzlich eine PIN oder die Unterschrift erforderlich ist, wird die Zustimmung erst mit deren Einsatz erteilt. Nach Erteilung der Zustimmung kann der Karteninhaber die Kartenzahlung nicht mehr widerrufen.

8. (Ablehnung von Kartenzahlungen)

Die Bank ist berechtigt, die Kartenzahlung abzulehnen, wenn

- sich der Karteninhaber nicht mit seiner PIN legitimiert hat,
- der für die Kartenzahlung geltende Verfügungsrahmen oder die finanzielle Nutzungsgrenze nicht eingehalten ist oder
- die Karte gesperrt ist.

9. (Entgelte)

(1) Die vom Kontoinhaber gegenüber der Bankgeschuldeten Entgelte ergeben sich aus dem in „Preis- und Leistungsverzeichnis“ der Bank.

11.4 (Haftungs- und Einwendungsausschluss)

(1) Ansprüche gegen die Bank sind ausgeschlossen, wenn der Kontoinhaber die Bank nicht spätestens 13 Monate nach dem Tag der Belastung mit der Kartenverfügung darüber unterrichtet hat.

12. (Haftung des Kontoinhabers für nicht autorisierte Kartenverfügungen)

12.1 (Haftung des Kontoinhabers bis zur Sperranzeige)

(1) Verliert der Karteninhaber seine Karte, wird sie ihm gestohlen oder kommt sie sonst abhanden und kommt es dadurch zu nicht autorisierten Kartenverfügungen in Form der

- Abhebung von Bargeld an einem Geldautomaten,
- Verwendung der Karte an automatisierten Kassen,
- Aufladen der GeldKarte,
- Verwendung der Karte zum Aufladen eines Prepaid-Mobilfunk-Kontos,

haftet der Kontoinhaber für Schäden, die bis zum Zeitpunkt der Sperranzeige verursacht werden, in Höhe von maximal 50,00 EUR. Die Haftung für Vorsatz und Fahrlässigkeit bleibt unberührt.

(6) Kommt es vor der Sperranzeige zu nicht autorisierten Kartenverfügungen und hat der Karteninhaber seine Sorgfaltspflichten nach diesen Bedingungen vorsätzlich oder grob fahrlässig verletzt, trägt der Kontoinhaber den hierdurch entstandenen Schaden in vollem Umfang. Grobe Fahrlässigkeit des Karteninhabers kann insbesondere dann vorliegen, wenn

- er den Verlust, Diebstahl der Bank oder dem Zentralen Sperrannahmedienst schuldhaft nicht unverzüglich nicht mitgeteilt hat,
- die persönliche Geheimzahl auf der Karte vermerkt oder zusammen mit der Karte verwahrt war.

Die Haftung für Schäden, die innerhalb des Zeitraums, für den der Verfügungsrahmen gilt, verursacht werden, beschränkt sich jeweils auf den für die Karte geltenden Verfügungsrahmen.

12.2 (Haftung des Kontoinhabers ab Sperranzeige)

Sobald der Bank oder dem Zentralen Sperrannahmedienst der Verlust oder Diebstahl der Karte … angezeigt wurde, übernimmt die Bank alle danach durch Verfügungen entstehenden Schäden.

12.3 (Haftung des Kontoinhabers für den in der GeldKarte gespeicherten Betrag)

Eine Sperrung der GeldKarte ist nicht möglich. Bei Verlust oder Diebstahl erstattet die Bank den in der GeldKarte gespeicherten Betrag nicht. Denn jeder, der im Besitz der Karte ist, kann in der GeldKarte gespeicherten betrag ohne Einsatz der PIN verbrauchen.

2.4.2 Die elektronische Geldbörse

Mit einem Chip ausgestattete Bankkarten und besondere Geldkarten können als elektronische Geldbörse genutzt werden.

Lernsituation

Frau Anna Brinkhaus (19 Jahre alt) hat vor kurzem ihre Ausbildung zur Notarsfachgehilfin erfolgreich abgeschlossen. Sie hat einen befristeten Arbeitsvertrag in der Rechtsanwaltskanzlei Joachim Schmitt und Partner erhalten. Frau Brinkhaus hat ein Girokonto bei der Nordbank AG in Hamburg. Am Wochenende fährt Frau Brinkhaus gerne mit dem öffentlichen Nahverkehr in die Stadt, um ihre Einkäufe zu erledigen. Sie hat häufig festgestellt, dass der Geldeinwurf an den Fahrkartenautomaten nicht funktioniert oder dass ihr die notwendigen Geldstücke bzw. Banknoten vor Antritt der Bus- oder U-Bahnfahrt fehlten, sodass sie sich erst in einem der umliegenden Geschäfte Wechselgeld besorgen musste.

Frau Brinkhaus bittet Sie als Kundenberater/in der Nordbank AG wegen dieser Angelegenheit um Informationen über die elektronische Geldbörse, da man ihr gesagt hat, dass sie im öffentlichen Nahverkehr und im Handels- und Dienstleistungsbereich auch die Geldkarte nutzen kann.

Aufgaben

a) Prüfen Sie, ob für die von Frau Brinkhaus vorgesehenen Zahlungsvorgänge eine gesonderte Geldkarte notwendig ist.

b) Informieren Sie die Kundin über weitere Zahlungsvorgänge, bei denen sie die Geldkarte einsetzen kann.

c) Beschreiben Sie Frau Brinkhaus die Abwicklung einer Zahlung mittels Geldkarte am Beispiel einer Zahlung an Fahrkartenautomaten.

d) Informieren Sie Frau Brinkhaus über den Ladevorgang der Geldkarte und mit welchem Betrag die Geldkarte maximal aufgeladen werden kann.

Frau Brinkhaus erwähnt im Rahmen des Beratungsgesprächs auch, dass sie über ein Smartphone verfügt. Sie teilt Ihnen mit, dass sie in einem Supermarkt gesehen habe, dass ein Kunde mit einem Handy kontaktlos seinen Einkauf bezahlt habe. Sie bittet Sie um nähere Informationen über das Bezahlen im Girogo-Verfahen.

e) Beschreiben Sie Frau Brinkhaus den Bezahlvorgang im Girogo-Verfahren.

Am Ende des Beratungsgesprächs möchte Frau Brinkhaus wissen, wie sie sich im Falle des Verlusts der Geldkarte vorschriftsmäßig verhalten soll.

f) Informieren Sie die Kundin über die Haftungsverhältnisse im Falle des Verlusts der Geldkarte.

INFO

Die Geldkarte dient der kostengünstigen bargeldlosen Zahlung kleiner Geldbeträge, z.B. Bezahlung an Getränkeautomaten, im öffentlichen Personennahverkehr sowie im Handels- und

Dienstleistungsbereich. Die Geldkarte unterscheidet sich von der ec-Karte dadurch, dass im ec-system, sofern die Karte an automatisierten Kassen verwendet wird, die Kontobelastung beim Electronic-Cash nach Einsatz der Karte erfolgt, während im System Geldkarte die Geldkarte an einem speziellen Terminal vom Kunden mit dem gewünschten Betrag aufgeladen werden kann und das Konto danach unmittelbar belastet wird. Der Ladebetrag wird einem Börsenverrechnungskonto des Karten emittierenden Instituts gutgeschrieben. Das Geldkartensystem basiert daher auf einer Vorauszahlung an die Bank.

Der in die Karte eingeladene Betrag kann später bei Kauftransaktionen oder bei der Inanspruchnahme von Dienstleistungen zum Zahlen verwendet werden, wobei mit jeder Transaktion der Kartenbetrag reduziert wird. Der Zahlungsvorgang erfolgt an speziellen Terminals offline, d.h. ohne Eingabe einer PIN und ohne eine Unterschrift. Sofern die Geldkarte nicht auf das Konto des Karteninhabers bezogen ist, ist deshalb die Zahlung völlig anonym. Die Akzeptanzstelle ist nicht verpflichtet zu überprüfen, ob der Karteninhaber auch tatsächlich berechtigt ist, die Geldkarte einzusetzen.

Der Akzeptant reicht die aus den einzelnen Geldkartentransaktionen gesammelten Umsätze bei seinem Kreditinstitut oder bei einer Evidenzstelle zur Prüfung ein. Diese bereitet die erforderlichen Daten für die Einleitung des Zahlungsvorganges auf und leitet die Umsätze zur Belastung der Börsenverrechnungskonten der Karten emittierenden Institute und zur Erkennung der Händlerkonten an die entsprechenden Institute weiter. Die Verrechnung erfolgt ausschließlich in Summen je Händler- und Börsenverrechnungskonto, sodass der Kreditkartenakzeptant die Kartenumsätze in einer Summe erhält, während die einzelnen Börsenverrechnungskonten jeweils auch nur mit einer Summe belastet werden. Die technische Akzeptanz einer Karte an einem Terminal stellt gleichzeitig eine „Garantie" des Karten emittierenden Instituts dar, dass die Werteinheiten auf seinem Börsenverrechnungskonto eingelöst werden.

Es gibt im Wesentlichen zwei Möglichkeiten, die Geldkarte aufzuladen:

- Die Geldkarte wird unter Einsatz der PIN zu Lasten des Kontos des Karteninhabers innerhalb des dem Kontoinhaber eingeräumten Verfügungsrahmens aufgeladen.
- Sowohl die kontogebundene als auch die kontoungebundene Geldkarte kann gegen Bargeld aufgeladen werden. Zu diesem Zweck werden an speziellen Terminals Geldscheine eingegeben und so die entsprechenden Werteinheiten in die Karte eingebucht.

Die Aufladung der Geldkarte kann an allen Terminals der an das Verfahren angeschlossenen Institute geschehen. Allerdings ist das Institut, das das Ladeterminal zur Verfügung stellt, berechtigt, dem kontoführenden Institut ein Entgelt dafür in Rechnung zu stellen, wenn es seinen Automaten für den Ladevorgang zur Verfügung gestellt hat.

Der Karteninhaber kann an Geldkarten-Ladeterminals einen Betrag bis zu maximal 200 EUR in den Speicherbereich der Chipkarte laden. Das Aufladen der Geldkarte erfolgt auf der Grundlage der PIN-Eingabe und einer Online-Autorisierung. Als Ladeterminals dienen bei entsprechender technischer Ausstattung Geldautomaten.

Die Zahlungen erfolgen offline, ohne Eingabe der PIN und ohne Unterschrift des Karteninhabers. Die Geldkarte wird in das Händlerterminal eingeschoben. Zusätzlich besitzt der Händler eine individuelle Händlerkarte, die er von seinem Kreditinstitut erhält. Diese Karte enthält Angaben zur Bankverbindung des Händlers sowie Sicherungsschlüssel. Der Kunde bestätigt den Zahlungsbetrag. Der Zahlungsbetrag vermindert das Guthaben auf der Geldkarte und wird als Zahlungsanspruch im Händlerterminal gespeichert. Dem Händler wird die Zahlung garantiert. Mit Hilfe eines Taschenkartenlesers kann sich der Karteninhaber jederzeit einen Überblick über den noch verfügbaren Restbetrag verschaffen.

Das Händlerterminal erstellt eine Einreicherdatei und überträgt sie an die zuständige Evidenzzentrale. Die Evidenzzentrale veranlasst die Zahlung des Karten ausgebenden Kreditinstituts an den Händler. Der Einzug erfolgt per Lastschrift über Verrechnungsbanken.

Das Risiko des Verlustes und der unrechtmäßigen Verwendung trägt allein der Karteninhaber. Bei einem Datenverlust auf der Karte wird das Kreditinstitut den Wert ersetzen. Zur Kontrolle wird deshalb bei der Evidenzzentrale der Kreditinstitute ein Kontrollkonto für jede Geldkarte geführt, um für jede Karte das jeweilige Restguthaben (Schattensaldo) bestimmen zu können.

Es ergeben sich folgende Kosten für den Händler:

- Kosten für das Terminal
- Kosten für den Datentransfer
- Händlerentgelt für die Karten ausgebenden Kreditinstitute in Höhe von 0,3 % vom Umsatz,

Besondere Regeln für die Nutzung der GeldKarte

Servicebeschreibung

Die mit einem Chip ausgestattete Karte kann auch als GeldKarte eingesetzt werden. Der Karteninhaber kann GeldKarten-Terminals des Handels- und Dienstleistungsbereiches bargeldlos bezahlen.

Aufladen und Entladen der GeldKarte

Der Karteninhaber kann seine GeldKarte an den mit dem GeldKarten-Logo gekennzeichneten Ladeterminals innerhalb des ihm von seiner Bank eingeräumten Verfügungsrahmens zu Lasten des auf der Karte angegebenen Kontos bis zu einem Betrag von maximal 200,00 EUR aufladen. Vor dem Aufladevorgang muss er seine persönliche Geheimzahl (PIN) eingeben. Der Karteninhaber kann seine GeldKarte auch gegen Bargeld sowie im Zusammenwirken mit einer anderen Karte zu Lasten des Kontos, über das die Umsätze mit dieser Karte abgerechnet werden, aufladen. Aufgeladene Beträge, über die der Karteninhaber nicht mehr mittels GeldKarte verfügen möchte, können bei der Karten ausgebenden Bank und an Geldautomaten der Banken entladen werden. Die Entladung von Teilbeträgen ist nicht möglich. Bei einer Funktionsunfähigkeit der GeldKarte erstattet die Karten ausgebende Bank dem Karteninhaber den nicht verbrauchten Betrag. Benutzt der Karteninhaber seine Karte, um seine GeldKarte oder die GeldKarte eines anderen aufzuladen, so ist die persönliche Geheimzahl (PIN) am Ladeterminal einzugeben. Die Auflademöglichkeit besteht nicht mehr, wenn die PIN dreimal hintereinander falsch eingegeben wurde. Der Karteninhaber sollte sich in diesem Fall mit seiner Bank in Verbindung setzen.

Sofortige Kontobelastung des Ladebetrages

Benutzt der Karteninhaber seine Karte, um seine GeldKarte aufzuladen, so wird der Ladebetrag dem Konto, das auf der Karte angegeben ist, belastet.

Zahlungsvorgang mittels GeldKarte

(1) Beim Bezahlen mit der GeldKarte ist die PIN nicht einzugeben. Bei jedem Bezahlvorgang vermindert sich der in der GeldKarte gespeicherte Betrag um den verfügten Betrag.

(2) An den GeldKarte-/girogo-Terminals des Handels und Dienstleistungsbereichs, die zusätzlich mit dem girocard-Logo gekennzeichnet sind und deshalb auch Verfügungen im Rahmen des electronic-fcash-Systems unterstützen, kann die GeldKarte zum bargeldlosen Bezahlen ohne PIN-Eingabe nur bis 25,00 EUR pro Verfügung eingesetzt werden. Höhere Verfügungen

können an diesem Terminal nur als electronic-cash-Zahlung mit PIN-Eingabe erfolgen. An allen ausschließlich mit GeldKarte und/oder dem girogo-Logo gekennzeichneten Terminals sind Verfügungen mit der GeldKarte im Rahmen des gespeicherten Guthabens auch über 25,00 EUR ohne PIN-Eingabe möglich.

Aufladen von Prepaid-Mobilfunkkonten (Servicebeschreibung)

Unter Verwendung seiner Karte und der persönlichen Geheimzahl kann der Karteninhaber ein Prepaid-Mobilfunkkontos eines Mobilfunkanbieters, auf dem vorausbezahlte Telefonwerteinheiten verbucht werden, an Geldautomaten innerhalb des ihm von seiner Bank eingeräumten Verfügungsrahmens zulasten des auf der Karte angegebenen Kontos aufladen. Voraussetzung ist, dass der vom Karteninhaber gewählte Geldautomat über eine entsprechende Ladefunktion verfügt und der Mobilfunkanbieter, der das Prepaid-Mobilfunkkonto führt, das aufgeladen werden soll, an dem System teilnimmt.

Zum Aufladen eines Prepaid-Mobilfunkkontos hat der Karteninhaber am Display des Geldautomaten den Menüpunkt „zum Aufladen des Prepaid-Mobilfunkkonots" zu wählen, die Mobilfunktelefonnummer (Handynummer) einzugeben und einen angezeigten Aufladebetrag zu wählen. Nach Autorisierung der Ladetransaktionen durch die Bank des Karteninhabers wird das Prepaid-Mobilfunkkonto beim Mobilfunkanbieter aufgeladen. Mit diesem Verfahren kann der Karteninhaber sowohl sein eigenes Prepaid-Mobilfunkkonto als auch das eines Dritten aufladen. Wird die Aufladung von der Bank, etwa wegen fehlender Kontodeckung, nicht autorisiert, wird am Display ein ablehnender Hinweis angezeigt.

Girogo

Mit dem Girogo-Verfahren wird das kontaktlose Bezahlen mit der Geldkarte ermöglicht. Die Karten verfügen über einen Funkchip, der eine Nahfeldkommunikation (NFC) mit dem Kartenterminal ermöglicht. Beim Zahlungsvorgang hält der Karteninhaber die Karte in einem Abstand von einigen Zentimetern an die Bezahlfläche des Terminals und das Guthaben auf der Karte wird um den Rechnungsbetrag verringert. Ein akustisches Signal bestätigt die erfolgreiche Zahlung. Der Höchstbetrag für eine einzelne Girogo-Zahlung beträgt 25,00/50,00 EUR.

Aufladung von Girogo-Geldkarten:

- Aufladung an Terminals von Kreditinstituten z. B. Geldautomaten. Nach Eingabe der PIN kann der Inhaber die Karte bis zum Höchstbetrag von 200,00 EUR aufladen.
- Mit einem Chipkartenleser ist das Aufladen auch über das Onlinebanking möglich.
- Aufladen an Kassenterminals des Einzelhandels. Wenn das Guthaben auf der Geldkarte nicht für die Zahlung ausreicht, kann der Inhaber die Karte nach Eingabe der PIN am Kassenterminal mit einem Standardbetrag von 35,00 EUR aufladen.
- Automatische Aufladung. Der Inhaber kann mit seinem Kreditinstitut vereinbaren, dass die Karte an einem Kassenterminal automatisch um einen vereinbarten Betrag zwischen 20,00 und 50,00 EUR aufgeladen wird. Eine Eingabe der PIN ist nicht erforderlich.

2.4.3 Zahlungen mit Kreditkarte

Die Kreditkarte bietet bei ihrer Nutzung eine Kreditgewährung durch Zahlungsaufschub oder die Möglichkeit der Ratenzahlung des Zahlungsbetrags. Sie dient dem bargeldlosen Zahlungsverkehr. Mit der Kreditkarte kann sich der Karteninhaber auch Bargeld beschaffen. Aber auch bei Einkäufen im Internet kann das Bezahlen mit Kreditkarte im Rahmen des Zwei-

Faktor-Authentifizierungsverfahrens genutzt werden. Die Leistungen werden von den Kartenanbietern garantiert.

Lernsituation

Sie sind Kundenberater/in der Nordbank AG. Zu Ihnen kommt Jan Plate an den Beratungspoint. Er teilt Ihnen mit, dass er häufig für seine Firma im europäischen Ausland arbeitet und in Zukunft auch in den USA und Südamerika tätig sein wird. Bisher habe er im europäischen Ausland stets seine Bankkarte mit dem Maestro-Logo verwendet und die Hotel- und Reisekosten bar oder mit der Bankkarte bezahlt. Die Reisekosten habe er vorgestreckt und in monatlichen Abständen im Nachhinein mit seiner Firma abgerechnet. Er fragt Sie, ob es nicht noch andere Bezahlkarten gibt, die seinen zukünftigen Bedürfnissen besser entsprechen.

Aufgaben

a) Beraten Sie Herrn Plate und begründen Sie Ihren Vorschlag.

b) Welche zusätzlichen Leistungen bietet die Kreditkarte im Vergleich zur Bankkarte für Herrn Plate?

c) Beschreiben Sie Sicherheitsmaßnahmen, die eine missbräuchliche Verfügung mittels Kreditkarte an Geldautomaten und automatisierten Kassen erschweren.

d) Herr Plate möchte von Ihnen wissen, wie ein Zahlungsvorgang z.B. in einem Hotel in den USA mit einer Kreditkarte durchgeführt wird.

Herr Plate teilt Ihnen mit, dass er in Zukunft auch im Internet Waren einkaufen will, die online bezahlt werden müssen.

e) Beschreiben Sie Herrn Plate den Bezahlvorgang mit einer Kreditkarte im Internet.

Am Ende des Beratungsgesprächs möchte Herr Plate von Ihnen noch wissen, in welchem Umfang er bei missbräuchlicher Verwendung einer Kreditkarte haftet.

f) Beschreiben Sie Herrn Plate den Umfang seiner Haftung bei missbräuchlicher Verwendung einer Kreditkarte.

Nach Rückkehr von einer Geschäftsreise führen Sie mit Herrn Plate ein weiteres Beratungsgespräch. Er teilt Ihnen mit, dass er bei der Prüfung seiner aktuellen Abrechnung der Kreditkartengesellschaft eine Zahlung feststellte, die von ihm nicht vorgenommen wurde.

g) Erläutern Sie eine Maßnahme, die die Nordbank AG im Zusammenhang mit der Kundenreklamation ergreifen muss!

INFO

Das Kreditkartenrecht basiert auf den AGB und auf dem Recht des Geschäftsbesorgungsvertrages.

Zwischen dem Kartenemittenten und dem Karteninhaber wird ein Kreditkartenvertrag abgeschlossen, der das Deckungsverhältnis regelt. In dem Vertrag wird geregelt, dass der Emittent dem Karteninhaber gegen ein entsprechendes Entgelt eine Kreditkarte und die mit ihr verbundenen Leistungen zur Verfügung stellt, damit bei den Akzeptanzunternehmen bargeldlos unter Nutzung der Kreditkarte Leistungen in Anspruch genommen werden können. Gleicht der Kartenemittent die gegen den Karteninhaber begründeten Forderungen aus, steht ihm dafür ein Aufwendungsersatzanspruch gemäß § 670 BGB zu, der regelmäßig in periodischen Abständen abgerechnet wird. Rechtlich wird die Kreditkarte nicht als Wertpapier, sondern als privatrechtliche Beweisurkunde betrachtet, die es dem Inhaber erlaubt, bargeldlos zu zahlen. Da die Kreditkarte auf einen Inhaber ausgestellt wird, aber nicht übertragen werden kann, ist sie nicht verkehrsfähig.

Das vertragliche Zahlungsversprechen der Kreditkartenunternehmen steht unter der Bedingung, dass die vertraglich festgelegten Prüfungspflichten eingehalten werden. Die Bezahlung mittels Kreditkarte setzt ihren Einsatz voraus. Die Erklärung durch Unterzeichnung eines Belegs, Nennung oder schriftliche Übermittlung der Kreditkartendaten ist als Weisung an das Kartenunternehmen anzusehen, gegenüber dem Vertragsunternehmen die Verbindlichkeiten zu tilgen. Die Beweislast für die Erteilung sowie für die Echtheit eines Auftrages durch den Karteninhaber trägt das Kartenunternehmen. Der Beweis kann grundsätzlich durch die Vorlage des Belegs geführt werden.

Kreditkarten werden genutzt zum Bezahlen von Waren und Dienstleistungen bei Vertragsunternehmen der Kartenemittenten sowie zur Bargeldbeschaffung an Geldautomaten und bei Kreditinstituten. Bekannte Kreditkarten sind Eurocard/Mastercard, Visa, American Express und Diners. Kreditkarten können mit Zusatzfunktionen ausgestattet sein, z.B. der Geldkartenfunktion, oder Zusatzleistungen wie Versicherungsleistungen beinhalten. Herausgeber von Kreditkarten sind Kreditkartengesellschaften und Kreditinstitute sowie in Kooperation mit anderen Wirtschaftsunternehmen auch beispielsweise Fluggesellschaften.

Der Karteninhaber kann zwischen verschiedenen Ausstattungen und Abrechnungsarten wählen. Nach dem Umfang der Zusatzleistungen, die im Grundpreis enthalten sind, unterscheidet man z.B. Standardkarten und Goldkarten. Nach dem Abrechnungssystem sind die Kreditkarten entweder Charge Cards, Credit Cards oder Debit Cards.

Arten von Kreditkarten

Die **Charge Card** kann entweder innerhalb eines monatlichen Verfügungsrahmens oder unbegrenzt genutzt werden. Die Kartenumsätze werden auf einem Kartenkonto gesammelt. Das Konto wird monatlich abgerechnet. Der Rechnungsbetrag wird i.d.R. durch Lastschrift vom Girokonto des Karteninhabers eingezogen. Damit erhält der Karteninhaber im günstigsten Falle einen Zahlungsaufschub von 4 Wochen.

Bei einer **Credit Card** kann der Karteninhaber innerhalb eines monatlichen Kreditrahmens verfügen. Die Kartenumsätze werden auf einem Kartenkonto gesammelt und abgerechnet. Der Rechnungsbetrag kann in einer Summe oder in Raten gezahlt werden. Wird das Kartenkonto auf Guthabenbasis geführt, erhöht sich der Verfügungsrahmen entsprechend.

Bei einer **Debit Card** wird dem Karteninhaber nur ein Verfügungsrahmen, aber kein Zahlungsziel eingeräumt. Die Kartenumsätze werden sofort taggenau zinswirksam auf einem Kartenkonto erfasst. Das Kartenkonto wird monatlich abgerechnet und bei einem Kreditinstitut wie ein Kontokorrentkonto geführt. Der Karteninhaber kann entscheiden, ob er den Saldo in einer Summe oder in Raten ausgleicht.

Pflichten der Vertragspartner

Für die Beteiligten am Kreditkartengeschäft bestehen unterschiedliche Verpflichtungen:

Das **Vertragsunternehmen** ist verpflichtet, den Karteninhabern Leistungen ohne Barzahlung, aber zu Barzahlungsbedingungen zu gewähren, bestimmte Kontrollmaßnahmen bei der Akzeptierung der Karte durchzuführen sowie dem Kartenherausgeber eine Service-Gebühr

(Disagio) zu zahlen. Das Disagio beträgt ca. 2 bis 5% und richtet sich nach der Marktstellung des Vertragsunternehmens bzw. nach dem Kreditkartenumsatz des letzten Jahres.

Der **Kartenherausgeber** muss Forderungen der Vertragsunternehmen sofort bezahlen. Er trägt das Risiko der Zahlungsunfähigkeit des Karteninhabers.

Der **Karteninhaber** muss den ihm eingeräumten Verfügungsrahmen beachten und für Deckung beim Einzug der Rechnungsbeträge sorgen. Er hat die Kreditkarte mit besonderer Sorgfalt aufzubewahren. Da jede Person, die im Besitz der Karte ist, missbräuchliche Verfügungen treffen kann, muss bei Verlust der Karte unverzüglich eine Meldung an den Kreditkartenherausgeber erfolgen. Nach der damit erfolgten Sperre der Karte haftet der Karteninhaber nicht für Schäden aus einer missbräuchlichen Verwendung. Für Schäden, die vor der Sperre entstanden sind, haftet er bis zu 50,00 EUR.

Abwicklung des Zahlungsvorgangs mittels Kreditkarte

Kreditkartenzahlungen werden überwiegend elektronisch abgewickelt. Zur Bezahlung der Ware oder Dienstleistung legt der Kontoinhaber dem Vertragsunternehmen seine Kreditkarte vor. Nach dem Einlesen der Karte und der Eingabe des Rechnungsbetrages werden die Daten über ein Magnetkartentelefon übertragen. Bei der Autorisierungszentrale wird der Verfügungsrahmen geprüft und die Sperrdatei abgefragt. Nach positiver Autorisierung erfolgt die sofortige Umsatzverarbeitung. Gleichzeitig wird ein Leistungsbeleg erstellt, auf dem die Daten erfasst sind. Dieser Beleg ist vom Karteninhaber zu unterzeichnen. Alternativ ist bei Kreditkartenumsätzen zur Autorisierung vom Kreditkarteninhaber die PIN einzugeben.

Bei beleghaften Kreditkartenzahlungen können Verfügungsrahmen und Sperrdatei telefonisch abgefragt werden. Eine von der Autorisierungszentrale vergebene Genehmigungsnummer bedeutet für den Händler eine Zahlungsgarantie, wenn er die Leistungsbelege zur Gutschrift bei der Kartengesellschaft einreicht.

Haftung

Das Abhandenkommen der Kreditkarte ist unverzüglich dem Karten ausgebenden Institut oder einem zentralen Sperrannahmedienst zu melden. Bei einem missbräuchlichen Karteneinsatz ist zudem Anzeige bei der Polizei zu erstatten. Vor der Verlustanzeige haftet der Karteninhaber mit maximal 50,00 EUR. Bei grober Fahrlässigkeit haftet der Karteninhaber allerdings unbeschränkt, z.B. wenn der Kartenverlust nicht umgehend mitgeteilt wurde oder die PIN auf der Karte vermerkt oder zusammen mit dieser verwahrt wurde. Nach der Verlustanzeige haftet der Karteninhaber nicht mehr.

Bedingungen für die Kreditkarten

I Zahlungsverkehrsbezogene Anwendungen

1. Verwendungsmöglichkeiten

1.1 Zu Zahlungsverkehrszwecken

(1) Die von der Bank ausgegebene MasterCard und VISA-Karte (nachfolgend „Karte") kann der Karteninhaber im Inland und als weitere Dienstleistung auch im Ausland im Rahmen des MasterCard- bzw. VISA-Verbundes einsetzen– bei Vertragsunternehmen und – darüber hinaus als weitere Dienstleistung zum Abheben von Bargeld an Geldautomaten sowie an Kassen von Kreditinstituten, dort zusätzlich gegen Vorlage eines Ausweispapiers (Bargeldservice).

Die Vertragsunternehmen sowie die Kreditinstitute und Geldautomaten im Rahmen des Bargeldservice sind an den Akzeptanzsymbolen zu erkennen, die auf der Karte zu sehen sind. Soweit mit der Karte zusätzliche Leistungen (z. B. Versicherungen) verbunden sind, richtet sich dies nach den insoweit geltenden besonderen Regeln.

(2) Sofern die Karte als Business Card ausgegeben wurde, darf diese ausschließlich für geschäftliche Zwecke verwendet werden.

1.2 Als Speichermedium für Zusatzanwendungen Verfügt die an den Karteninhaber ausgegebene Karte über einen Chip, so kann die Karte, sofern diese entsprechend ausgestattet ist, auch als

Speichermedium für Zusatzanwendungen – der Bank nach Maßgabe des mit der Bank abgeschlossenen Vertrages (bankgenerierte Zusatzanwendung) oder – eines Vertragsunternehmens nach Maßgabe des mit diesem abgeschlossenen Vertrages (unternehmensgenerierte Zusatzanwendung) verwendet werden.

2. Persönliche Geheimzahl (PIN)

Für die Nutzung von Geldautomaten und automatisierten Kassen wird dem Karteninhaber eine persönliche Geheimzahl (PIN = persönliche Identifizierungsnummer) für seine Karte zur Verfügung gestellt.

Die Karte kann an Geldautomaten sowie an automatisierten Kassen, an denen im Zusammenhang mit der Verwendung der Karte die PIN eingegeben werden muss, nicht mehr eingesetzt werden, wenn die PIN dreimal hintereinander falsch eingegeben wurde. Der Karteninhaber sollte sich in diesem Fall mit seiner Bank, möglichst mit der kontoführenden Stelle, in Verbindung setzen.

3. Autorisierung von Kartenzahlungen durch den Karteninhaber

(1) Bei Nutzung der Karte ist entweder ein Beleg zu unterschreiben, auf den das Vertragsunternehmen die Kartendaten übertragen hat, – oder an Geldautomaten und automatisierten Kassen die PIN einzugeben. Nach vorheriger Abstimmung zwischen Karteninhaber und Vertragsunternehmen kann der Karteninhaber – insbesondere zur Beschleunigung eines Geschäftsvorfalls – ausnahmsweise darauf verzichten, den Beleg zu unterzeichnen, und stattdessen lediglich seine Kartennummer sowie ggf. das Verfalldatum und die Kartenprüfziffer angeben.

(2) Mit dem Einsatz der Karte erteilt der Karteninhaber die Zustimmung (Autorisierung) zur Ausführung der Kartenzahlung. Soweit dafür zusätzlich eine PIN oder die Unterschrift erforderlich ist, wird die Zustimmung erst mit deren Einsatz erteilt. Nach der Erteilung der Zustimmung kann der Karteninhaber die Kartenzahlung nicht mehr widerrufen.

4. Ablehnung von Kartenzahlungen durch die Bank

Die Bank ist berechtigt, die Kartenzahlung abzulehnen, wenn

- sich der Karteninhaber nicht mit seiner PIN legitimiert hat,
- der für die Kartenzahlung geltende Verfügungsrahmen der Karte oder
  die finanzielle Nutzungsgrenze nicht eingehalten ist oder
- die Karte gesperrt ist.

Hierüber wird der Karteninhaber über das Terminal, an dem die Karte eingesetzt wird, unterrichtet.

5. Ausführungsfrist

Der Zahlungsvorgang wird vom Zahlungsempfänger ausgelöst. Nach Zugang des Zahlungsauftrages bei der Bank ist diese verpflichtet sicherzustellen, dass der Kartenzahlungsbetrag spätestens zu dem im „Preis- und Leistungsverzeichnis“ angegebenen Zeitpunkt beim Zahlungsdienstleister des Zahlungsempfängers eingeht.

6. Finanzielle Nutzungsgrenze

Der Karteninhaber darf die Karte nur innerhalb des Verfügungsrahmens der Karte und nur in der Weise nutzen, dass ein Ausgleich der Kartenumsätze bei Fälligkeit gewährleistet ist. Der Karteninhaber kann mit der Bank grundsätzlich eine Änderung seines Verfügungsrahmens der Karte vereinbaren.

Auch wenn der Karteninhaber die finanzielle Nutzungsgrenze nicht einhält, ist die Bank berechtigt, den Ersatz der Aufwendungen zu verlangen, die aus der Nutzung der Karte entstehen. Die Genehmigung einzelner Kartenumsätze führt weder zur Einräumung eines Kredites noch zur Erhöhung eines zuvor eingeräumten Kredites, sondern erfolgt in der Erwartung, dass ein Ausgleich der Kartenumsätze bei Fälligkeit gewährleistet ist.

Übersteigt die Buchung von Kartenumsätzen das vorhandene Kontoguthaben oder einen vorher für das Konto eingeräumten Kredit, so führt die Buchung lediglich zu einer geduldeten Kontoüberziehung.

Wurde die Karte als Prepaid-Karte ausgegeben, kann die Karte, abweichend von Absatz 1 und 2, nur im Rahmen des zuvor in der mit der Bank vereinbarten Weise auf das Kartenkonto überwiesenen Guthabens genutzt werden. Kommt es, z. B. aufgrund von Entgelten, zu einer Überziehung, wird der Sollsaldo im Rahmen einer Abrechnung gemäß Ziffer 8 Absatz 2 dem vereinbarten Abrechnungskonto belastet. Ziffer 6 Absatz 3 gilt in diesem Fall entsprechend.

7. Sorgfalts- und Mitwirkungspflichten des Karteninhabers

7.1 Unterschrift

Der Karteninhaber hat seine Karte nach Erhalt unverzüglich auf dem Unterschriftsfeld zu unterschreiben.

7.2 Sorgfältige Aufbewahrung der Karte

Die Karte ist mit besonderer Sorgfalt aufzubewahren, um zu verhindern, dass sie abhandenkommt oder missbräuchlich verwendet wird. Sie darf insbesondere nicht unbeaufsichtigt im Kraftfahrzeug aufbewahrt werden.

Denn jede Person, die im Besitz der Karte ist, hat die Möglichkeit, mit ihr missbräuchliche Verfügungen zu tätigen.

7.3 Geheimhaltung der persönlichen Geheimzahl (PIN)

Der Karteninhaber hat auch dafür Sorge zu tragen, dass keine andere Person Kenntnis von seiner persönlichen Geheimzahl erlangt. Sie darf insbesondere nicht auf der Karte vermerkt oder in anderer Weise zusammen mit dieser aufbewahrt werden. Jede Person, die die PIN kennt und in den Besitz der Karte kommt, hat die Möglichkeit, mit der Karte und der PIN zusammen Verfügungen zu tätigen (z. B. Geld an Geldautomaten abzuheben).

7.4 Unterrichtungs- und Anzeigepflichten des Karteninhabers

(1) Stellt der Karteninhaber den Verlust oder Diebstahl seiner Karte oder missbräuchliche Verfügungen mit dieser und ggf. seiner PIN fest, so ist die Bank, und zwar möglichst die kontoführende Stelle, oder eine Repräsentanz des MasterCard- bzw. VISA-Verbundes unverzüglich zu unterrichten, um die Karte sperren zu lassen. Die Kontaktdaten, unter denen eine Sperranzeige abgegeben werden kann, werden dem Karteninhaber gesondert mitgeteilt. Der Karteninhaber hat einen Diebstahl oder Missbrauch auch unverzüglich bei der Polizei anzuzeigen.

(2) Hat der Karteninhaber den Verdacht, dass eine andere Person unberechtigt in den Besitz seiner Karte und ggf. PIN gelangt ist, eine missbräuchliche Verwendung oder eine sonstige nicht autorisierte Nutzung von Karte und ggf. PIN vorliegt, muss er ebenfalls unverzüglich eine Sperranzeige abgeben.

(3) Befindet sich auf der Karte für das Online-Banking ein TAN-Generator oder eine Signaturfunktion, so hat die Sperre der Karte auch eine Sperrung des Online-Banking-Zugangs zur Folge.

(4) Die Sperrung einer unternehmensgenerierten Zusatzanwendung kommt nur gegenüber dem Unternehmen in Betracht, das die Zusatzanwendung in den Chip der Karte eingespeichert hat, und ist nur dann möglich, wenn das Unternehmen die Möglichkeit zur Sperrung seiner Zusatzanwendung vorsieht. Die Sperrung einer bankgenerierten Zusatzanwendung kommt nur gegenüber der Bank in Betracht und richtet sich nach dem mit der Bank abgeschlossenen Vertrag.

(5) Der Karteninhaber hat die Bank unverzüglich nach Feststellung einer nicht autorisierten oder einer fehlerhaft ausgeführten Kartenverfügung zu unterrichten.

8. Zahlungsverpflichtung des Karteninhabers

Die Bank ist gegenüber den Vertragsunternehmen sowie den Kreditinstituten, die die Karte zur Bargeldauszahlung an Schaltern oder Geldautomaten akzeptieren, verpflichtet, die vom Karteninhaber mit der Karte getätigten Umsätze zu begleichen. Die Bank unterrichtet den Karteninhaber mindestens einmal monatlich auf dem mit ihm vereinbarten Weg über alle im Zusammenhang mit der Begleichung der Kartenumsätze entstehenden Aufwendungen. Dies kann dadurch geschehen, dass die Bank nach vorheriger Vereinbarung mit dem Karteninhaber ihm diese gesammelte Abrechnung zum elektronischen Abruf bereitstellt. Mit Karteninhabern, die nicht Verbraucher sind, wird die Art und Weise sowie die zeitliche Folge der Unterrichtung gesondert vereinbart. Der Abrechnungsbetrag ist mit Erteilung der Abrechnung gegenüber dem Karteninhaber fällig und wird dem vereinbarten Abrechnungskonto belastet. Im Falle einer täglichen Einzelumsatzbelastung stellt diese selbst die Abrechnung dar. Bei einer Prepaid-Karte erfolgt eine Belastung des Abrechnungskontos nur im Falle eines Sollsaldos gemäß Ziffer 6 Absatz 4. Die Bank behält sich vor, Bargeldverfügungen einschließlich dabei anfallender Aufwendungen als sofort fällig dem vereinbarten Abrechnungskonto unmittelbar zu belasten. Einwendungen und sonstige Beanstandungen des Karteninhabers aus seinem Vertragsverhältnis zu dem Vertragsunternehmen, bei dem die Karte eingesetzt wurde, sind unmittelbar gegenüber dem Vertragsunternehmen geltend zu machen.

9. Fremdwährungsumrechnung

Nutzt der Karteninhaber die Karte für Verfügungen, die nicht auf Euro lauten, wird das Konto gleichwohl in Euro belastet. Die Bestimmung des Kurses bei Fremdwährungsgeschäften ergibt sich aus dem „Preis- und Leistungsverzeichnis“. Eine Änderung des in der

Umrechnungsregelung ggf. genannten Referenzwechselkurses wird unmittelbar und ohne vorherige Benachrichtigung des Karteninhabers wirksam.

10. Entgelte und Auslagen

(1) Die vom Karteninhaber gegenüber der Bank geschuldeten Entgelte und Auslagen ergeben sich aus dem „Preis- und Leistungsverzeichnis" der Bank.

(2) Änderungen der Entgelte werden dem Karteninhaber spätestens zwei Monate vor dem Zeitpunkt ihres Wirksamwerdens in Textform angeboten. Hat der Karteninhaber mit der Bank im Rahmen der Geschäftsbeziehung einen elektronischen Kommunikationsweg vereinbart (z. B. das Online-Banking), können die Änderungen auch auf diesem Wege angeboten werden. Die Zustimmung des Karteninhabers gilt als erteilt, wenn er seine Ablehnung nicht vor dem vorgeschlagenen Zeitpunkt des Wirksamwerdens der Änderungen angezeigt hat. Auf diese Genehmigungswirkung wird ihn die Bank in ihrem Angebot besonders hinweisen.

(3) Werden dem Karteninhaber Änderungen der Entgelte angeboten, kann er diese Geschäftsbeziehung vor dem vorgeschlagenen Zeitpunkt des Wirksamwerdens der Änderungen auch fristlos und kostenfrei kündigen. Auf dieses Kündigungsrecht wird die Bank den Karteninhaber in ihrem Angebot besonders hinweisen.

(4) Bei Entgelten und deren Änderung für Zahlungen von Karteninhabern, die nicht Verbraucher sind, bleibt es bei den Regelungen in Nr. 12 Absatz 2 bis 6 AGB-Banken.

11. Erstattungs- und Schadensersatzansprüche des Karteninhabers

11.1 Erstattung bei nicht autorisierter Kartenverfügung

Im Falle einer nicht autorisierten Kartenverfügung in Form

- der Abhebung von Bargeld oder
- der Verwendung der Karte bei einem Vertragsunternehmen

hat die Bank gegen den Karteninhaber keinen Anspruch auf Erstattung ihrer Aufwendungen. Die Bank ist verpflichtet, dem Karteninhaber den Betrag unverzüglich und ungekürzt zu erstatten. Wurde der Betrag einem Konto belastet, bringt die Bank dieses wieder auf den Stand, auf dem es sich ohne die nicht autorisierte Kartenverfügung befunden hätte.

11.2 Erstattung bei nicht erfolgter oder fehlerhafter Ausführung einer autorisierten Kartenverfügung

(1) Im Falle einer nicht erfolgten oder fehlerhaften Ausführung einer autorisierten Kartenverfügung in Form

- der Abhebung von Bargeld oder
- der Verwendung der Karte bei einem Vertragsunternehmen

kann der Karteninhaber von der Bank die unverzügliche und ungekürzte Erstattung des Verfügungsbetrages insoweit verlangen, als die Kartenverfügung nicht erfolgte oder fehlerhaft war. Wurde der Betrag einem Konto belastet, bringt die Bank dieses wieder auf den Stand, auf dem es sich ohne die nicht erfolgte oder fehlerhafte Kartenverfügung befunden hätte.

(2) Der Karteninhaber kann über den Absatz 1 hinaus von der Bank die Erstattung der Entgelte und Zinsen insoweit verlangen, als ihm diese im Zusammenhang mit der nicht er-

folgten oder fehlerhaften Ausführung der autorisierten Kartenverfügung in Rechnung gestellt oder seinem Konto belastet wurden.

(3) Besteht die fehlerhafte Ausführung darin, dass eine autorisierte Kartenverfügung beim Zahlungsdienstleister des Zahlungsempfängers erst nach Ablauf der Ausführungsfrist in Nr. I 5 eingeht (Verspätung), sind die Ansprüche des Karteninhabers nach den Absätzen 1 und 2 ausgeschlossen. Ist dem Karteninhaber durch die Verspätung ein Schaden entstanden, haftet die Bank nach Nr. 11.3.

(4) Wurde eine autorisierte Kartenverfügung nicht oder fehlerhaft ausgeführt, wird die Bank die Kartenverfügung auf Verlangen des Karteninhabers nachvollziehen und ihn über das Ergebnis unterrichten.

11.3 Schadensersatzansprüche des Karteninhabers aufgrund einer nicht autorisierten oder einer nicht erfolgten oder fehlerhaften Ausführung einer autorisierten Kartenverfügung.

Im Falle einer nicht autorisierten Kartenverfügung oder im Falle einer nicht erfolgten oder fehlerhaften Ausführung einer autorisierten Kartenverfügung kann der Karteninhaber von der Bank einen Schaden, der nicht bereits von Nr. 11.1 und 11.2 erfasst ist, ersetzt verlangen. Dies gilt nicht, wenn die Bank die Pflichtverletzung nicht zu vertreten hat. Die Bank hat hierbei ein Verschulden, das einer zwischengeschalteten Stelle zur Last fällt, wie eigenes Verschulden zu vertreten, es sei denn, dass die wesentliche Ursache bei einer zwischengeschalteten Stelle liegt, die der Karteninhaber vorgegeben hat. Handelt es sich bei dem Karteninhaber nicht um einen Verbraucher oder erfolgt der Einsatz der Karte in einem Land außerhalb Deutschlands und des Europäischen Wirtschaftsraumes (EWR) (Drittstaat) oder in der Währung eines Staates außerhalb des EWR (Drittstaatenwährungszahlung), beschränkt sich die Haftung der Bank für das Verschulden einer an der Abwicklung des Zahlungsvorgangs beteiligten Stelle auf die sorgfältige Auswahl und Unterweisung einer solchen Stelle. Hat der Karteninhaber durch ein schuldhaftes Verhalten zur Entstehung des Schadens beigetragen, bestimmt sich nach den Grundsätzen des Mitverschuldens, in welchem Umfang Bank und Karteninhaber den Schaden zu tragen haben. Die Haftung nach diesem Absatz ist auf 12.500,– Euro je Kartenverfügung begrenzt. Diese betragsmäßige Haftungsbeschränkung gilt nicht

- für vom Karteninhaber nicht autorisierte Kartenverfügungen,
- bei Vorsatz oder grober Fahrlässigkeit der Bank,
- für Gefahren, die die Bank besonders übernommen hat, und
- für den dem Karteninhaber entstandenen Zinsschaden, soweit der Karteninhaber Verbraucher ist.

11.4 Frist für die Geltendmachung von Ansprüchen nach Nr. 11.1 bis 11.3

Ansprüche gegen die Bank nach Nr. 11.1 bis 11.3 sind ausgeschlossen, wenn der Karteninhaber die Bank nicht unverzüglich, spätestens jedoch 13 Monate nach dem Tag der Belastung mit der Kartenverfügung darüber unterrichtet hat, dass es sich um eine nicht autorisierte, nicht erfolgte oder fehlerhafte Kartenverfügung handelt. Der Lauf der 13-monatigen Frist beginnt nur, wenn die Bank den Karteninhaber über die aus der Kartenverfügung resultierende Belastungsbuchung entsprechend dem für Umsatzinformationen vereinbarten Weg spätestens innerhalb eines Monats nach der Belastungsbuchung unterrichtet hat. Anderenfalls ist für den Fristbeginn der Tag der Unterrichtung maßgeblich. Haftungsansprüche nach Nr. 11.3 kann der Karteninhaber auch nach Ablauf der Frist in Absatz 1 geltend machen, wenn er ohne Verschulden an der Einhaltung dieser Frist gehindert war.

11.5 Erstattungsanspruch bei einer autorisierten Kartenverfügung ohne genaue Betragsangabe und Frist für die Geltendmachung des Anspruchs

(1) Der Karteninhaber kann von der Bank die unverzügliche und ungekürzte Erstattung des Verfügungsbetrages verlangen, wenn er eine Kartenverfügung bei einem Vertragsunternehmen in der Weise autorisiert hat, dass

– bei der Autorisierung der genaue Betrag nicht angegeben wurde und

– der Zahlungsvorgang den Betrag übersteigt, den der Karteninhaber entsprechend seinem bisherigen Ausgabeverhalten, dem Inhalt des Kartenvertrages und den jeweiligen Umständen des Einzelfalles hätte erwarten können. Mit einem etwaigen Währungsumtausch zusammenhängende Gründe bleiben außer Betracht, wenn der vereinbarte Wechselkurs zugrunde gelegt wurde.

(2) Der Karteninhaber ist verpflichtet, gegenüber der Bank die Sachumstände darzulegen, aus denen er seinen Erstattungsanspruch herleitet.

(3) Der Anspruch auf Erstattung ist ausgeschlossen, wenn er nicht innerhalb von acht Wochen nach dem Zeitpunkt der Belastung des Umsatzes auf dem Abrechnungskonto gegenüber der Bank geltend gemacht wird.

11.6 Haftungs- und Einwendungsausschluss

Ansprüche des Karteninhabers gegen die Bank nach Nr. 11.1 bis 11.5 sind ausgeschlossen, wenn die einen Anspruch begründenden Umstände

– auf einem ungewöhnlichen und unvorhersehbaren Ereignis beruhen, auf das die Bank keinen Einfluss hat und dessen Folgen trotz Anwendung der gebotenen Sorgfalt von ihr nicht hätten vermieden werden können,

oder

– von der Bank aufgrund einer gesetzlichen Verpflichtung herbeigeführt wurden.

12. Haftung des Karteninhabers für nicht autorisierte Kartenverfügungen

12.1 Haftung des Karteninhabers bis zur Sperranzeige

(1) Verliert der Karteninhaber seine Karte oder PIN, werden sie ihm gestohlen oder kommen sie ihm sonst abhanden und kommt es dadurch zu einer nicht autorisierten Kartenverfügung in Form

– der Abhebung von Bargeld oder

– der Verwendung der Karte bei einem Vertragsunternehmen,

so haftet der Karteninhaber für Schäden, die bis zum Zeitpunkt der Sperranzeige verursacht werden, gemäß Absatz 3 nur, wenn er seine Pflichten vorsätzlich oder grob fahrlässig verletzt hat.

(2) Das Gleiche gilt, wenn es vor der Sperranzeige zu einer nicht autorisierten Kartenverfügung kommt, ohne dass ein Verlust, Diebstahl oder ein sonstiges Abhandenkommen der Karte und/oder PIN vorliegt.

(3) Kommt es vor der Sperranzeige zu einer nicht autorisierten Verfügung und hat der Karteninhaber seine Sorgfaltspflichten nach diesen Bedingungen vorsätzlich oder grob fahrlässig verletzt oder in betrügerischer Absicht gehandelt, trägt der Karteninhaber den hier-

durch entstandenen Schaden in vollem Umfang. Grobe Fahrlässigkeit des Karteninhabers kann insbesondere dann vorliegen, wenn

- er den Verlust, Diebstahl oder die missbräuchliche Verfügung der Bank oder der Repräsentanz des MasterCard- bzw. VISA-Verbundes schuldhaft nicht unverzüglich mitgeteilt hat,
- die persönliche Geheimzahl auf der Karte vermerkt oder zusammen mit der Karte verwahrt war (z. B. im Originalbrief, in dem sie dem Karteninhaber mitgeteilt wurde) oder
- die persönliche Geheimzahl einer anderen Person mitgeteilt und der Missbrauch dadurch verursacht wurde.

(4) Die Haftung für Schäden, die innerhalb des Zeitraums, für den der Verfügungsrahmen gilt, verursacht werden, beschränkt sich jeweils auf den für die Karte geltenden Verfügungsrahmen bzw., bei Prepaid-Karten, auf das vorhandene Guthaben.

12.2 Haftung des Karteninhabers ab Sperranzeige

Sobald der Verlust oder Diebstahl der Karte, die missbräuchliche Verwendung oder eine sonstige nicht autorisierte Nutzung von Karte und/oder PIN gegenüber der Bank oder einer Repräsentanz des MasterCard- oder VISA-Verbundes angezeigt wurde, übernimmt die Bank alle danach durch Verfügungen in Form

- der Abhebung von Bargeld oder
- der Verwendung der Karte bei einem Vertragsunternehmen entstehenden Schäden.

Handelt der Karteninhaber in betrügerischer Absicht, trägt der Karteninhaber auch die nach der Sperranzeige entstehenden Schäden.

13. Gesamtschuldnerische Haftung mehrerer Antragsteller

Für die Verbindlichkeiten aus einer gemeinsam beantragten Karte haften die Antragsteller als Gesamtschuldner, d. h., die Bank kann von jedem Antragsteller die Erfüllung sämtlicher Ansprüche fordern. Jeder Antragsteller kann das Vertragsverhältnis nur mit Wirkung für alle Antragsteller durch Kündigung beenden. Jeder Antragsteller hat dafür Sorge zu tragen, dass die ausgegebene Karte mit Wirksamwerden der Kündigung unverzüglich an die Bank zurückgegeben wird. Die Aufwendungen, die aus der weiteren Nutzung der gekündigten Karte bis zu ihrer Rückgabe an die Bank entstehen, haben die Antragsteller ebenfalls gesamtschuldnerisch zu tragen. Unabhängig davon wird die Bank zumutbare Maßnahmen ergreifen, um Verfügungen mit der gekündigten Karte nach Erklärung der Kündigung zu unterbinden.

14. Eigentum und Gültigkeit der Karte

Die Karte bleibt im Eigentum der Bank. Sie ist nicht übertragbar. Die Karte ist nur für den auf der Karte angegebenen Zeitraum gültig. Mit der Aushändigung einer neuen, spätestens aber nach Ablauf der Gültigkeit der Karte ist die Bank berechtigt, die alte Karte zurückzuverlangen. Endet die Berechtigung, die Karte zu nutzen, vorher (z. B. durch die Kündigung des Kartenvertrages), so hat der Karteninhaber die Karte unverzüglich an die Bank zurückzugeben. Auf der Karte befindliche unternehmensgenerierte Zusatzanwendungen hat der Karteninhaber bei dem Unternehmen, das die Zusatzanwendung auf die Karte aufgebracht hat, unverzüglich entfernen zu lassen. Die Möglichkeit zur weiteren Nutzung einer bankgenerierten Zusatzanwendung richtet sich nach dem Vertrags-verhältnis zwischen dem Karteninhaber und der Bank. Die Bank behält sich das Recht vor, auch während der Laufzeit einer Karte diese gegen eine neue auszutauschen; Kosten entstehen dem Karteninhaber dadurch nicht.

15. Kündigungsrecht des Karteninhabers

Der Karteninhaber kann den Kartenvertrag jederzeit ohne Einhaltung einer Kündigungsfrist kündigen.

16. Kündigungsrecht der Bank

Die Bank kann den Kartenvertrag unter Einhaltung einer angemessenen, mindestens zweimonatigen Kündigungsfrist kündigen. Die Bank wird den Kartenvertrag mit einer längeren Kündigungsfrist kündigen, wenn dies unter Berücksichtigung der berechtigten Belange des Karteninhabers geboten ist. Die Bank kann den Kartenvertrag fristlos kündigen, wenn ein wichtiger Grund vorliegt, durch den die Fortsetzung dieses Vertrages auch unter angemessener Berücksichtigung der berechtigten Belange des Karteninhabers für die Bank unzumutbar ist. Ein solcher Grund liegt insbesondere vor, wenn der Karteninhaber unrichtige Angaben über seine Vermögenslage gemacht hat und die Bank hierauf die Entscheidung über den Abschluss des Kartenvertrages gestützt hat oder wenn eine wesentliche Verschlechterung seiner Vermögenslage eintritt oder einzutreten droht und dadurch die Erfüllung der Verbindlichkeiten aus dem Kartenvertrag gegenüber der Bank gefährdet ist.

17. Folgen der Kündigung

Mit Wirksamwerden der Kündigung darf die Karte nicht mehr benutzt werden. Sie ist unverzüglich und unaufgefordert an die Bank zurückzugeben. Auf der Karte befindliche unternehmensgenerierte Zusatzanwendungen hat der Karteninhaber bei dem Unternehmen, das die Zusatzanwendung auf die Karte aufgebracht hat, unverzüglich entfernen zu lassen. Die Möglichkeit zur weiteren Nutzung einer bankgenerierten Zusatzanwendung richtet sich nach den für diese Zusatzanwendung geltenden Regeln.

18. Einziehung und Sperre der Karte

(1) Die Bank darf die Karte sperren und den Einzug der Karte (z. B. an Geldautomaten) veranlassen,

- wenn sie berechtigt ist, den Kartenvertrag aus wichtigem Grund zu kündigen,
- wenn sachliche Gründe im Zusammenhang mit der Sicherheit der Karte dies rechtfertigen oder
- wenn der Verdacht einer nicht autorisierten oder betrügerischen Verwendung der Karte besteht.

Die Bank wird den Karteninhaber unter Angabe der hierfür maßgeblichen Gründe möglichst vor, spätestens jedoch unverzüglich nach der Sperre über die Sperre unterrichten. Die Bank wird die Karte auf Wunsch des Karteninhabers durch eine neue Karte ersetzen, wenn die Gründe für die Sperre nicht mehr gegeben sind. Auch hierüber unterrichtet sie den Karteninhaber unverzüglich.

(2) Befindet sich auf der Karte für das Online-Banking ein TAN-Generator oder eine Signaturfunktion, so hat die Sperre der Karte auch eine Sperrung des Online-Banking-Zugangs zur Folge.

(3) Hat der Karteninhaber auf einer eingezogenen Karte eine Zusatzanwendung gespeichert, so hat der Einzug der Karte zur Folge, dass er die Zusatzanwendung nicht mehr

nutzen kann. Zum Zeitpunkt der Einziehung in der Karte gespeicherte unternehmensgenerierte Zusatzanwendungen kann der Karteninhaber von der Bank herausverlangen, nachdem diese die Karte von der Stelle, die die Karte eingezogen hat, zur Verfügung gestellt bekommen hat. Die Bank ist berechtigt, das Herausgabeverlangen in Bezug auf unternehmensgenerierte Zusatzanwendungen dadurch zu erfüllen, dass sie dem Karteninhaber die um die Zahlungsverkehrsfunktionen bereinigte Karte aushändigt. Die Möglichkeit zur weiteren Nutzung einer auf der Karte befindlichen bankgenerierten Zusatzanwendung richtet sich nach den für jene Zusatzanwendung geltenden Regeln.

II Zusatzanwendungen

1. Speicherung von Zusatzanwendungen auf der Karte

   (1) Der auf der Karte befindliche Chip kann im Falle eines entsprechenden Angebotes der Bank auch als Speichermedium für eine bankgenerierte Zusatzanwendung (z. B. in Form eines Jugendschutzmerkmals) oder für eine unternehmensgenerierte Zusatzanwendung (z. B. in Form eines elektronischen Fahrscheins) genutzt werden.

   (2) Die Nutzung einer bankgenerierten Zusatzanwendung richtet sich nach dem Rechtsverhältnis des Karteninhabers zur Bank.

   (3) Eine unternehmensgenerierte Zusatzanwendung kann der Karteninhaber im Falle eines entsprechenden Angebotes eines Unternehmens nach Maßgabe eines hierzu mit dem Unternehmen zu schließenden Vertrages nutzen. Es obliegt der Entscheidung des Karteninhabers, ob er seine Karte zur Speicherung einer unternehmensgenerierten Zusatzanwendung nutzen möchte. Die Speicherung einer unternehmensgenerierten Zusatzanwendung auf der Karte erfolgt an einem Terminal des Unternehmens nach Absprache zwischen dem Karteninhaber und dem Unternehmen. Kreditinstitute nehmen vom Inhalt der am Unternehmensterminal kommunizierten Daten keine Kenntnis.

2. Verantwortlichkeit des Unternehmens für den Inhalt einer unternehmensgenerierten Zusatzanwendung

   Die Bank stellt mit dem Chip auf der Karte lediglich die technische Plattform zur Verfügung, die es dem Karteninhaber ermöglicht, in der Karte unternehmensgenerierte Zusatzanwendungen zu speichern. Eine Leistung, die das Unternehmen über die unternehmensgenerierte Zusatzanwendung gegenüber dem Karteninhaber erbringt, richtet sich ausschließlich nach dem Inhalt des Vertragsverhältnisses zwischen dem Karteninhaber und dem Unternehmen.

3. Reklamationsbearbeitung bei Zusatzanwendungen

   (1) Einwendungen, die den Inhalt einer unternehmensgenerierten Zusatzanwendung betreffen, hat der Karteninhaber ausschließlich gegenüber dem Unternehmen geltend zu machen, das die Zusatzanwendung in die Karte eingespeichert hat. Das Unternehmen bearbeitet derartige Einwendungen auf Basis der bei ihm gespeicherten Daten. Der Karteninhaber darf die Karte zum Zwecke der Reklamationsbearbeitung nicht dem Unternehmen aushändigen.

   (2) Einwendungen, die den Inhalt einer bankgenerierten Zusatzanwendung betreffen, hat der Karteninhaber ausschließlich gegenüber der Bank geltend zu machen.

4. Keine Angabe der von der Bank an den Karteninhaber ausgegebenen PIN bei unternehmensgenerierten Zusatzanwendungen

Bei der Speicherung, inhaltlichen Änderung oder Nutzung einer unternehmensgenerierten Zusatzanwendung auf der Karte wird die von der Bank an den Karteninhaber ausgegebene PIN nicht eingegeben. Sofern das Unternehmen, das eine unternehmensgenerierte Zusatzanwendung in die Karte eingespeichert hat, dem Karteninhaber die Möglichkeit eröffnet, den Zugriff auf diese Zusatzanwendung mit einem separaten, von ihm wählbaren Legitimationsmedium abzusichern, so darf der Karteninhaber zur Absicherung der unternehmensgenerierten Zusatzanwendung nicht die PIN verwenden, die ihm von der Bank für die Nutzung der Zahlungsverkehrsanwendungen zur Verfügung gestellt worden ist.

5. Möglichkeit zur Sperrung von Zusatzanwendungen

   Die Sperrung einer unternehmensgenerierten Zusatzanwendung kommt nur gegenüber dem Unternehmen in Betracht, das die Zusatzanwendung in den Chip der Karte eingespeichert hat, und ist nur dann möglich, wenn das Unternehmen die Möglichkeit zur Sperrung seiner Zusatzanwendung vorsieht. Die Sperrung einer bankgenerierten Zusatzanwendung kommt nur gegenüber der Bank in Betracht und richtet sich nach dem mit der Bank geschlossenen Vertrag.

III Änderungen der Geschäftsbedingungen

Änderungen dieser Geschäftsbedingungen werden dem Karteninhaber spätestens zwei Monate vor dem vorgeschlagenen Zeitpunkt ihres Wirksamwerdens in Textform angeboten. Hat der Karteninhaber mit der Bank im Rahmen seiner Geschäftsbeziehung einen elektronischen Kommunikationsweg vereinbart (z. B. das Online-Banking), können die Änderungen auch auf diesem Weg angeboten werden. Die Zustimmung des Karteninhabers gilt als erteilt, wenn er seine Ablehnung nicht vor dem vorgeschlagenen Zeitpunkt des Wirksamwerdens der Änderungen angezeigt hat. Auf diese Genehmigung wird ihn die Bank in ihrem Angebot besonders hinweisen. Werden dem Karteninhaber Änderungen dieser Bedingungen angeboten, kann er diese Geschäftsbeziehung vor dem vorgesehenen Zeitpunkt des Wirksamwerdens der Änderungen auch fristlos und kostenfrei kündigen. Auf dieses Kündigungsrecht wird ihn die Bank in ihrem Angebot besonders hinweisen.

IV Versicherungsbedingungen

Für eine Karte mit Versicherungsschutz gelten die zur jeweiligen Karte gehörenden Versicherungsbedingungen, Erläuterungen und Hinweise, die der Karteninhaber in Form der Versicherungsbestätigungen gesondert erhält. Die Versicherungsleistungen werden bei Besitz von zwei oder mehr von der Bank ausgegebenen Karten nicht je Karte, sondern je Karteninhaber erbracht.

V Außergerichtliche Streitschlichtung und Beschwerdemöglichkeit

Die Bank nimmt am Streitbeilegungsverfahren der Verbraucherschlichtungsstelle „Ombudsmann der privaten Banken“ (bankenombudsmann.de) teil. Dort hat der Verbraucher die Möglichkeit, zur Beilegung einer Streitigkeit mit der Bank den Ombudsmann der privaten Banken anzurufen. Betrifft der Beschwerdegegenstand eine Streitigkeit über einen Zahlungsdienstevertrag (§ 675f des Bürgerlichen Gesetzbuches), können auch Karteninhaber, die kein Verbraucher sind, den Ombudsmann der privaten Banken anrufen. Näheres regelt die „Verfahrensordnung für die Schlichtung von Kundenbeschwerden im deutschen Bankgewerbe“, die auf Wunsch zur Verfügung gestellt wird oder im Internet unter bankenverband.de abrufbar ist.

Bezahlen von Einkäufen im Internet mit Kreditkarte – die Zwei-Faktor-Authentifizierung

Wenn Verbraucher heute im Internet einkaufen wollen, müssen sie jetzt besonders auf Sicherheit bei Zahlungen mit Kreditkarte achten. Denn bei Käufen im Internet mit der Kreditkarte muss jetzt aus Sicherheitsgründen die sogenannte Zwei-Faktor-Authentifizierung genutzt werden. Sie ist seit 2021 gesetzlich verpflichtend.

Wer seine Kreditkarte für den Online-Einkauf benutzen möchte, muss sich durch einen zusätzlichen Schritt identifizieren: die Zwei-Faktor-Authentifizierung (2FA). Damit kommen Kreditinstitute den Vorschriften der EU-Zahlungsrichtlinie (PSD 2) nach.

Bisher war beim Einkauf oder einer Reisebuchung im Internet noch nicht einmal die Kreditkarte selbst erforderlich. Wer die Kartennummer, die Prüfnummer und das Ablaufdatum vorliegen hatte, konnte auch ohne Vorlage der Kreditkarte im Internet einkaufen und bezahlen.

Doch da die Kreditkarten Daten beispielsweise durch einen Hackerangriff oder Sicherheitslücken beim Onlinehändler in falsche Hände geraten konnten, wurde nun die Sicherheit durch die Zwei-Faktor-Authentifizierung erhöht.

Das SMS-Tan-Verfahren wird am häufigsten verwendet

Je nach Kreditkarten-Anbieter hat das sogenannte 3D-Secure-Verfahren unterschiedliche Bezeichnungen, zum Beispiel:

- Visa: "Verified bei Visa"
- Mastercard: "Mastercard Identity Check",
- American Express: "Safekey"

In der Regel müssen Kunden bei Internetkäufen ihre Kreditkartenzahlungen mit einer einmal gültigen Transaktionsnummer (Tan) freigeben. Die Kreditinstitute bieten verschiedene Verfahren an, die meist über das Mobiltelefon laufen. Am häufigsten gaben die von Finanztest befragten Kreditinstitute an, das SMS-Tan-Verfahren zu nutzen, da dieses Verfahren auch auf älteren Mobilhandies funktioniert.

Andere Kreditinstitute bieten die Erstellung der Tan über einen ChipTan-Generator an, den die Kunden vorab erwerben und freischalten lassen müssen. Nutzer von American Express Karten können sich die Tan auch per Mail zukommen lassen. Bei der Berliner Volksbank, der Deutschen Bank, der DKB und der Frankfurter Volksbank wird keine Tan erstellt. Es genügt, wenn Kunden ihre App mit Fingerabdruck oder Passwort öffnen und die Kreditkartenzahlung damit bestätigen.

Eine Registrierung ist zwingend erforderlich

Kreditkartennutzer müssen selbst aktiv werden und sich für die 3D-Secure-Verfahren auf den Websites der Kreditinstitute registrieren. Dann wird ein Identifikationscode angefordert, der dem Kunden innerhalb einer Cent-Überweisung, per Umsatzanzeige in der Kreditkartenrechnung oder per Post mitgeteilt wird. Wer sich für das Tan-Verfahren per Smartphone entscheidet, muss nun noch die passende App des jeweiligen Kreditinstituts installieren. Um die Registrierung abzuschließen, muss vom Kunden eines der angebotenen Verfahren gewählt werden. Danach muss der Code auf der Registrierungs-Website des Kreditinstituts eingegeben werden. Danach wird das gewählte Verfahren freigeschaltet.

2.5 Reisezahlungsmittel

Sie sind Kundenberater/in der Nordbank AG. Heute hat Herr Michael Brinkmann bei Ihnen ein Beratungsgespräch. In einem Monat startet er zu einer dreiwöchigen Rundreise durch Nordamerika. Zuvor will er für eine Woche seine Tochter in Großbritannien besuchen. Herr Brinkmann hat eine einwandfreie Bonität und möchte sich über mögliche Reisezahlungsmittel informieren.

Herr Brinkmann möchte 2.000,00 Britische Pfund in bar mitnehmen.

a) Mit welchem Betrag wird Herr Brinkmann auf seinem Konto belastet, wenn Sie als Grundlage für die Umrechnung die Kurse der Nordbank AG anwenden? Weitere Kosten fallen nicht an. Ermitteln Sie den Gegenwert in Euro.

Sortenkurse (für 1 Euro der Nordbank AG aus Sicht der Bank)				
Land	ISO-Code	Währung	Ankauf	Verkauf
Australien	AUD	Dollar	1,7048	1,4707
Dänemark	DKK	Kronen	7,7904	7,1428
Großbritannien	GBP	Pfund	0,8931	0,8308
Japan	JPY	Yen	126,6660	116,9493
Schweden	SEK	Kronen	11,4526	10,1450
Schweiz	CHF	Franken	1,1357	1,0652
Südafrika	ZAR	Rand	18,6205	14,2183
USA	USD	Dollar	1,1398	1,0679

Devisenkurse		
Währung	Geld	Brief
EURO -Australischer Dollar	1,5815	1,6315
EURO -Dänische Krone	7,4526	7,4926
EURO -Britisches Pfund	0,85945	0,86345
EURO -Japanischer Yen	120,4100	120,8900
EURO -Schwedische Krone	10,6690	10,7170
EURO- Schweizer Franken	1,0975	1,1015
EURO-Südafrikanischer Rand	16,1092	16,5692
EURO -US-Dollar	1,0999	1,1059

b) Erklären Sie zwei Gründe, warum die Sortenkurse von den Devisenkursen abweichen.

c) Herr Brinkmann besitzt eine Maestro-Karte der Nordbank AG. Nennen Sie ihm zwei Möglichkeiten zur Verwendung der Maestro-Karte in Nordamerika.

Als Zahlungsalternative empfehlen Sie Herrn Brinkmann, zusätzlich eine Kreditkarte der Nordbank AG mitzunehmen.

d) Erklären Sie vier Vorteile der Kreditkarte gegenüber der Maestro-Karte.

Herr Brinkmann steht der Kreditkarte skeptisch gegenüber, da er bei den im Ausland getätigten Umsätzen nicht weiß, zu welchem Kurs tatsächlich umgerechnet wird.

e) Nennen Sie Herrn Brinkmann den Kurs, der bei der Umrechnung der Auslandsumsätze der Kreditkarte zugrunde gelegt wird und die anfallenden Kosten (siehe Anlage 1).

Darüber hinaus schlagen Sie Herrn Brinkmann vor, als Ergänzung zur Maestro- und Kreditkarte auch Bargeld in US-Dollar mitzunehmen.

f) Erklären Sie zwei Argumente, die für die zusätzliche Mitnahme von US-Dollar Bargeld sprechen.

Auszug: Allgemeine Bedingungen für die Kreditkarte der Nordbank AG

10. Umrechnung von Forderungen in fremder Währung

Werden mit der Nordbank-Kreditkarte Forderungen begründet, die auf fremde Währung lauten, so werden diese zu dem im Referenzpreissystem „Euro FX" festgelegten Geldkurs des dem Eingang vorangegangenen Börsentages in Euro umgerechnet. Fehlt ein solcher Kurs, so wird die fremde Währung zum entsprechenden Marktkurs umgerechnet.

11. Entgeltregelung/Fremde Kosten

Die Bank ist berechtigt, vom Karteninhaber für die von ihr im Zusammenhang mit dem Kartenvertrag erbrachten Leistungen ein angemessenes Entgelt gemäß § 315 BGB zu berechnen.

Insbesondere ist sie berechtigt, für die Nutzung des Bargeldauszahlungs-Services und für den Einsatz der Karte im Ausland - ausgenommen Zahlungen in Euro - ein solches Entgelt zu erheben sowie der Bank von Dritten für die vorgenannten Tatbestände in Rechnung gestellte Entgelte dem Karteninhaber zu belasten. Gleiches gilt, wenn auf Wunsch des Karteninhabers Kopien von Abrechnungsbelegen zur Verfügung gestellt werden, sofern die Forderung gegen den Karteninhaber zu Recht bestand sowie für die Bearbeitung von Lastschriften, welche aus Gründen, die vom Karteninhaber zu vertreten sind, nicht eingezogen werden konnten. Die jeweils gültigen Konditionen sind dem Preisaushang in der Nordbank AG zu entnehmen bzw. werden auf Anfrage mitgeteilt.

Auszug: „Preisaushang der Nordbank AG":

1.3 Zahlungsverkehr

Einsatz der Nordbank-Maestro Card

im Ausland zum Bezahlen von Waren und Dienstleistungen (Maestro) bei Zahlung in Fremdwährung und/oder bei Zahlung in einem Land außerhalb der EU und der EWR-Staaten

1% vom Umsatz mind. EUR 0,75
max. EUR 3,50

Einsatz der Nordbank-Kreditkarte

im Ausland zum Bezahlen von Waren und Dienstleistungen (entfällt bei Zahlungen in Euro)

1,5 % vom Umsatz mind. EUR 4,00
max. EUR 10,00

g) Herr Brinkmann möchte für 1.500,00 EUR in US-Dollar in bar mitnehmen. Mit welchem Betrag belasten Sie das Konto von Herrn Brinkmann?

2.6 Auslandszahlungsverkehr

Der Außenwirtschaftsverkehr ist nach § 1 des Außenwirtschaftsgesetzes der Waren- Dienstleistungs-, Kapital-, Zahlungs- und sonstige Wirtschaftsverkehr mit fremden Wirtschaftsgebieten sowie der Verkehr mit Auslandswerten und Gold zwischen Gebietsansässigen. Der Außenwirtschaftsverkehr ist grundsätzlich frei und unterliegt nur den Beschränkungen, die das Außenwirtschaftsgesetz oder darauf beruhende Rechtsverordnungen vorschreiben.

2.6.1 Risiken im Außenwirtschaftsverkehr

Export- und Importgeschäfte sind für in- und ausländische Unternehmen mit Risiken behaftet.

Lernsituation

Die Sill GmbH ist seit kurzem Firmenkunde der Nordbank AG. Die GmbH ist ein junges aufstrebendes Unternehmen, das bisher Getränkeautomaten nur an inländische Abnehmer vertreibt. In Zukunft möchte die Sill GmbH ihr Absatzgebiet auf dem europäischen Markt ausweiten. Aufgrund dieser Geschäftsausweitung bittet der Geschäftsführer der Sill GmbH, Herr Hubertus Sill, die Nordbank AG um ein Finanzierungsgespräch.

Aufgabe

Herr Sill möchte sich über die Risiken bei Export- und Importgeschäften informieren. Beschreiben Sie Herrn Sill Risiken, die mit Export- und Importgeschäften verbunden sind und wie diese Risiken eingegrenzt werden können.

INFO

Risiken im Außenhandel	Kennzeichnung	Eingrenzung der Auslandsrisiken
Politische Risiken	*Transferrisiko:* Aufgrund von Devisenmangel verbietet der Staat Zahlungen in Fremdwährung. *Lieferungsrisiko:* Der Staat verbietet die Ausfuhr bestimmter Güter. Auch politische Unruhen und Kriege können die Lieferung der Ware verhindern.	keine Eingrenzungsmöglichkeiten

Risiken im Außenhandel	Kennzeichnung	Eingrenzung der Auslandsrisiken
Wirtschaftliche Risiken	*Erfüllungsrisiken für Importeure:*	*Erfüllungsrisiken für Importeure:*
	Der Exporteur kann die Ware nicht beschaffen und liefern.	Bankgarantie, Zahlung erst nach Lieferung
	Der Exporteur liefert mangelhafte Ware.	Vorlage von Qualitätszeugnissen, Zahlung erst nach Lieferung und Qualitätsprüfung
	Erfüllungsrisiken für Exporteure:	*Erfüllungsrisiken für Exporteure:*
	Der Importeur zahlt nicht.	Vorauszahlung des Kaufpreises durch den Importeur, Vereinbarung besonderer Zahlungsformen (Dokumenten-Inkasso, Dokumenten-Akkreditiv)
	Der Importeur nimmt die Ware nicht ab.	Abschluss eindeutiger Verträge, in denen der Gefahrenübergang geregelt ist (Vereinbarung einer Incoterm-Klausel)
	Transportrisiko:	*Transportrisiko:*
	Die Ware geht auf dem Transport verloren, z. B. geht das Frachtschiff unter.	Abschluss einer Seetransportversicherung
	Währungsrisiko (Wechselkursrisiko):	*Währungsrisiko (Wechselkursrisiko):*
	Das Warengeschäft wird in einer fremden Währung fakturiert. Wechselkursrisiken sind Verlustgefahren durch Veränderungen der Kursrelationen zwischen den Währungen der Vertragsparteien, in der die Zahlung geleistet wird.	Geschäftsabschlüsse in EUR fakturieren. Abschluss eines Kurssicherungsgeschäftes, z. B. Abschluss eines Devisentermin- oder Devisenoptionsgeschäftes.

Bei der Abwicklung von Außenhandelsgeschäften wird die Ware vom Exporteur in der Regel nicht an den Importeur sondern an den Verfrachter übergeben. Der Nachweis der ordnungsgemäßen Übergabe wird durch Dokumente geführt. Dokumente sind Urkunden, die im Zusammenhang mit Export- und Importgeschäften ausgestellt werden. Dazu gehören z. B. das Konnossement, die Versicherungspolice, die Handelsrechnung oder das Ursprungszeugnis.

2.6.2 Sorten und Devisen

Sorten sind Banknoten und Münzen, die über ausländische Währung lauten (ausländisches Bargeld). Gegenüber der Privatkundschaft werden Sorten zu Schalterkursen angeboten. Die Spanne zwischen Geld- und Briefkursen ist deshalb größer als bei Devisenkursen, weil die Abwicklungs-, Versand- und Kapitalbindungskosten hieraus gedeckt werden müssen.

Devisen sind über ausländische Währung lautende Kontoguthaben, Wechsel und Schecks. Im Rahmen der Devisengeschäfte unterscheidet man nach dem Zeitpunkt der Erfüllung Devisenkassageschäfte und Devisentermingeschäfte. Als Sonderform der Devisentermingeschäfte sind die Devisenoptionsgeschäfte zu nennen.

Lernsituation 1

Herr Schulze möchte wegen eines Skiurlaubs in der Schweiz in seiner Bankfiliale 2.500,00 CHF erwerben. Der Betrag soll seinem Girokonto belastet werden. Sie berechnen 1% Provision, mindestens 20,00 EUR.

Aufgabe

Mit welchem Betrag wird Herr Schulze belastet?

Lernsituation 2

Die Kora GmbH erhält aus einem Exportsgeschäft 18.500,00 USD. Der Betrag soll dem Firmenkonto gutgeschrieben werden.

Aufgabe

Ermitteln Sie den Gutschriftsbetrag unter Berücksichtigung von 1,25 % Provision.

Lernsituation 3

Ein deutscher Exporteur erwartet aus einem Exportgeschäft mit einem brasilianischen Importeur einen Betrag von 225.000,00 USD. Das Exportgeschäft wurde am 16.01.20.. abgeschlossen. Der Betrag ist laut Kontrakt am 17.07.20.. fällig. Der deutsche Exporteur möchte sich auf der Kursbasis vom 16.01.20.. (siehe Währungstabelle im INFO) mit einem Kurssicherungsgeschäft vor dem Kursrisiko schützen.

Konditionen der Nordbank AG

Die Nordbank AG berücksichtigt bei der Kalkulation des Terminkurses den aktuellen Kassakurs vom 16.01.20.. sowie die Zinssätze für 6-Monatsgelder in den USA von 0,75 % p.a. und in Euroland von 0,00 % p.a.

Aufgaben

Berechnen Sie

a) den Terminkurs (auf 4 Stellen nach dem Komma runden) und
b) die Gutschrift in EUR ohne Spesen.

INFO

Report: Bei Devisenterminkursen wird von einem Report (Aufschlag) gesprochen, wenn der Terminkurs über dem Kassakurs liegt. Ist das Zinsniveau im Ausland, z. B. in den USA höher als in Euroland, dann erhält der Kassakurs z. B. des USD einen Report.

Deport: Bei Devisenterminkursen wird von einem Deport (Abschlag) gesprochen, wenn der Kassakurs über dem Terminkurs liegt. Ist das Zinsniveau im Ausland niedriger als in Euroland, erhält der Kassakurs der ausländischen Währung einen Deport.

Währungen	Referenzkurse EuroFX		Preise am Bankschalter	
	Geld	*Brief*	*Verkauf*	*Ankauf*
USD	1,0650	1,0710	1,0320	1,1014
GBP	0,84820	0,85220	0,8219	0,8836
DKK	7,4147	7,4547	7,1074	7,7514
SEK	9,4530	9,5010	8,9843	10,1416
CHF	1,0652	1,0692	1,0352	1,0931

2.6.3 Nichtdokumentäre Zahlungen im Außenwirtschaftsverkehr

Nicht dokumentäre Zahlungen sind Zahlungen, die nicht mit einem Inkasso- oder Akkreditivgeschäft verbunden sind. Im internationalen Zahlungsverkehr gibt es die beiden Instrumente Überweisung und Scheck.

2.6.3.1 Zahlung einer Auslandsrechnung mittels Überweisungsauftrag

Inländische Kunden können Überweisungsaufträge in EUR oder fremder Währung in elektronischer Form oder beleghaft erteilen. Bei EUR-Zahlungen in EU- und EWR-Staaten und die Schweiz sind bei Auftragserteilung zwingend der BIC (**B**ank **I**dentifier **C**ode)des Empfängerinstituts und die IBAN (**I**nternational **B**ank **A**ccount **N**umber) des Empfängers anzugeben.

Lernsituation

Anna-Lena Förster hatte sich für das Oktoberfest in München Trachtenkleidung aus Klagenfurt in Österreich schicken lassen. Für die Überweisung des Rechnungsbetrages in Höhe von 340,20 EUR erhielt Frau Förster folgende Informationen:

Zahlungsempfänger	*Trachtendiele Arnoldstein*
Bankverbindung	Bank für Kärnten und Steiermark
BIC	BFKKAT2K
IBAN	AT061700000150163269
Land	Österreich
Auftraggeber	*Anna-Lena Förster*
Kontoverbindung	Commerzbank AG
IBAN	DE75200400000234284700

Aufgaben

a) Füllen Sie die EU-Standardüberweisung für Frau Förster aus.
b) Welche Bedeutung haben die beiden alphanumerischen Codes IBAN und BIC?
c) Prüfen Sie, ob für diese Überweisung eine Meldepflicht an die Deutsche Bundesbank besteht.
d) Prüfen Sie, ob die Auslandsüberweisung als SEPA -Überweisung ausgeführt werden kann.

INFO

SEPA-Überweisungen

Grenzüberschreitende EUR-Überweisungen innerhalb der Europäischen Union und mit den Ländern des Europäischen Wirtschaftsraums (EWR) werden als SEPA-Überweisungen ausgeführt. Die Kosten, Ausführungsfrist und Wertstellung entsprechend den Bedingungen für inländische Zahlungen. Es gelten die BGB-Bestimmungen zum Überweisungsverkehr.

Zahlungsauftrag im Außenwirtschaftsverkehr

Die Auftragserteilung bei Überweisungen in Fremdwährung und bei Zahlungen in Länder außerhalb der EU und der EWR-Länder (Nicht-SEPA-Länder) erfolgt auf dem Formular „Zahlungsauftrag im Außenwirtschaftsverkehr“. Der Auftrag des Kunden muss einen Hinweis über die Kostenverteilung enthalten. Die Ausführung des Auftrags erfolgt im Allgemeinen per S.W.I.F.T.

Target 2

Die Abwicklung grenzüberschreitender EUR-Zahlungen in andere EU-Länder kann über Target (**T**rans European **A**utomated **R**eal Time **G**ross Settlement **E**xpress **T**ransfer System) vorgenommen werden. Die Verrechnung und Abwicklung erfolgt über die Zentralbanken der EU. Die Zahlungen werden erst dann dem Empfänger gutgeschrieben, wenn sichergestellt ist, dass das Kreditinstitut, welches die Zahlung ausgelöst hat, auch belastet werden konnte. Hierdurch wird das Empfängerinstitut vor eventuellen Zahlungsschwierigkeiten des Auftraggeberinstituts geschützt.

Meldevorschriften für Auslandszahlungen

In Deutschland herrscht ein freier Kapitalverkehr mit dem Ausland, d. h. es können ohne Beschränkungen Zahlungen in das Ausland geleistet oder Zahlungen aus dem Ausland empfangen werden. Inländer haben eingehende und ausgehende Zahlungen von mehr als 12.500,00 EUR oder Gegenwert in fremder Währung der Deutschen Bundesbank zu melden. Die Datenerfassung durch die Deutsche Bundesbank dient ausschließlich statistischen Zwecken. Als Zahlungen gelten Bar-, Scheck- und Wechselzahlungen sowie Überweisungen über Kreditinstitute in EUR und Fremdwährungen (FW).

Fremdwährungs-Überweisung

- Der Auftraggeber unterhält EUR-Konto: Belastung in EUR, Umrechnung zum Devisengeldkurs

- Der Auftraggeber unterhält FW-Konto: Belastung des FW-Überweisungsbetrages auf dem FW-Konto, Belastung der Kosten auf dem EUR-Konto
- Das Kreditinstitut erteilt einem A-Korrespondenten den Auftrag, die Überweisung zu Lasten des bei dieser Auslandsbank geführten FW-Kontos vorzunehmen.

Ausführungsfristen bei SEPA-Überweisungen

Bei EUR-Zahlungen innerhalb des EWR muss der Zahlungsbetrag spätestens am Ende des auf den Zugangstag folgenden Geschäftstages beim Zahlungsdienstleisters des Zahlungsempfängers eingehen. Für beleghaft ausgelöste Zahlungsvorgänge kann die oben genannte Frist um einen weiteren Geschäftstag verlängert werden. Bei Fremdwährungszahlungen innerhalb des EWR kann eine Frist von bis zu vier Geschäftstagen vereinbart werden.

Der Zahlungsdienstleister des Zahlungsempfängers muss den erhaltenen Geldbetrag unverzüglich mit der Wertstellung (Valuta) des Geldeingangstages dem Konto des Zahlungsempfängers gutschreiben.

S.W.I.F.T.

Die Ausführung des Auftrages erfolgt im Allgemeinen per S.W.I.F.T. (**S**ociety for **W**orldwide **I**nterbank **F**inancial **T**elecommunication). S.W.I.F.T. ist eine Gesellschaft, die ein internationales Datentransfersystem für Zahlungsnachrichten zwischen Kreditinstituten betreibt. S.W.I.F.T. ist kein Clearingsystem. Es werden ausschließlich standardisierte Nachrichten übermittelt. Die Verrechnung der Zahlungen erfolgt über internationale Zahlungssysteme oder über Korrespondenzbanken. Im Rahmen von Boleor.net übernimmt S.W.I.F.T. auch das Speichern und elektronische Weiterleiten von Außenhandelsdokumenten. Die Steuerung des S.W.I.F.T.-Systems erfolgt über Switch-Center in den USA und den Niederlanden, denen bestimmte Konzentratoren der jeweiligen Länder angeschlossen sind, über die wiederum die einzelnen Kreditinstitute erreicht werden können.

IBAN und BIC

Die **IBAN** ist eine standardisierte internationale Bankkontonummer für inländische und grenzüberschreitende Zahlungen. Die IBAN besteht aus maximal 34 alphanumerischen Zeichen. Von Land zu Land ist die Länge der IBAN unterschiedlich. Die deutsche IBAN hat eine Länge von 22 Zeichen. Die Bestandteile der deutschen IBAN sind

- das Länderkennzeichen DE für Deutschland,
- eine zweistellige Prüfziffer für die Plausibilitätsprüfung bei der Auftraggeberbank,
- die achtstellige Bankleitzahl und
- die zehnstellige Kontonummer.

Kontonummern, die kürzer als zehn Stellen sind, müssen gemäß dem European Banking Standard (EBS 204) linksbündig mit Nullen aufgefüllt werden.

Der **BIC** ist der international standardisierte Bank-Code. Der BIC (oft auch als S.W.I.F.T.-Code) bezeichnet) wird neben der IBAN als zweites Identifikationsmerkmal für die Weiterleitung von grenzüberschreitenden Zahlungen benötigt. Im Prinzip ist der BIC eine internationale Bankleitzahl, mit der jedes Kreditinstitut weltweit eindeutig identifiziert werden kann. Der BIC hat maximal 11 Stellen. Beispiel des BIC der *Commerzbank AG* in Hamburg: COBADEHH

Abwicklung eines Zahlungsauftrags im Außenwirtschaftsverkehr

Ein Kunde in Hamburg erteilt der *Nordbank AG* den Auftrag, 20.000,00 USD auf das Konto seines Geschäftspartners in den USA zu überweisen. Bankverbindung des Begünstigten ist die *Citibank* in New York. Die *Nordbank AG* unterhält ein Fremdwährungskonto bei der *Citibank* in New York.

1. Entstehung einer Forderung aus Warenlieferung aufgrund eines Kontraktes zwischen dem Exporteur (USA) und dem Importeur (Hamburg)
2. Der Importeur erteilt einen Zahlungsauftrag im Außenwirtschaftsverkehr an die *Nordbank AG.*
3. Die *Nordbank AG* führt den Auftrag via S.W.I.F.T. aus.
4. Die *Citibank* schreibt dem Exporteur den entsprechenden Betrag gut.
5. *Die Nordbank AG* belastet den Importeur. Abrechnung: Betrag umgerechnet zum Devisen-Geldkurs zuzüglich Abwicklungsprovision, Courtage und Spesen.

Überweisungseingänge in EUR

Das Kreditinstitut belastet das (Loro-)Konto des auftraggebenden A-Korrespondenten und schreibt den Betrag dem Konto des Begünstigten unter Abzug von Abwicklungsgebühren und Spesen gut.

Überweisungseingänge in Fremdwährung

Das Kreditinstitut erhält Gutschrift auf seinem Fremdwährungskonto bei einem A-Korrespondenten. Der Begünstigte kann entscheiden, ob er Gutschrift in EUR oder Fremdwährung haben möchte:

- bei EUR-Gutschrift: Abrechnung zum Devisen-Briefkurs unter Abzug von Abwicklungsgebühren, Courtage und Spesen
- bei Fremdwährungsgutschrift: Gutschrift auf dem Fremdwährungskonto des Kunden unter Abzug von Abwicklungsgebühren und Spesen.

AGB-Regelungen

Geldbeträge in ausländischer Währung darf das Kreditinstitut mangels ausdrücklicher gegenteiliger Weisung des Kunden in EUR gutschrieben, sofern es nicht für den Kunden ein Konto in der betreffenden Währung führt.

2.6.3.2 Scheckzahlungen im Auslandsverkehr

Im Auslandszahlungsverkehr werden Schecks verwendet, wenn Zahlungen in Drittwährungen erfolgen sollen, z.B. Zahlungen in US-Dollar nach Südamerika, oder wenn im Empfängerland Scheckzahlungen bevorzugt werden.

Lernsituation

Die CEPACO Export-Import GmbH unterhält bei der Nordbank AG ein US-Dollar-Fremdwährungskonto. Mit der Overprint Ltd. in New York wurde ein Kontrakt über die Lieferung einer Druckmaschine im Wert von 280.000 US-Dollar geschlossen, der Bestimmungshafen ist Hamburg. Die CEPACO GmbH ist daran interessiert, nach Erhalt der Druckmaschine den Rechnungsbetrag von ihrem US-Dollar-Fremdwährungskonto zu überweisen. Der amerikanische Exporteur verlangt allerdings einen auf US-Dollar ausgestellten Bankenorderscheck der Nordbank AG. Der Prokurist der CEPACO GmbH bittet den Kontoführer bei der Nordbank AG um einen entsprechenden Bankenorderscheck zu Lasten des US-Dollar-Fremdwährungskontos. Die Nordbank AG unterhält mit der BankAmerica Intern. in New York ein A-Korrespondenzverhältnis. In dem Agenturvertrag ist vereinbart, dass die Nordbank AG zur Ausstellung von Orderschecks berechtigt ist.

Aufgaben

a) Die Nordbank AG händigt dem Prokuristen der CEPACO GmbH den geforderten Scheck sofort aus. Aus welchem Grund verlangt der amerikanische Exporteur einen Bankenorderscheck?

b) Warum avisiert die Nordbank AG der Bank America Intern. die Scheckziehung?

c) Beschreiben Sie Vorteile eines Fremdwährungskontos für die CEPACO GmbH.

d) Erstellen Sie die Abrechnung für die CEPACO GmbH. Verwenden Sie die Devisenkurse im INFO.

INFO

Der Bankenorderscheck ist praxisüblich und wird an die Order des Zahlungsempfängers ausgestellt. Er muss vor der Einreichung zur Einlösung indossiert werden. Er wird meistens vom Zahlungspflichtigen direkt an den Zahlungsempfänger gesandt. Gegenüber dem Zahlungspflichtigen wird der Scheck zum Devisengeldkurs abgerechnet.

Abwicklung einer Zahlung mittels Bankenorderscheck:

1. Zahlungsauftrag an die Bank des Zahlungspflichtigen.
2. Scheckziehung von Bank des Zahlungspflichtigen auf die bezogene Korrespondenzbank.
3. Belastung des Zahlungspflichtigen durch die Bank des Zahlungspflichtigen.
4. Scheckversand vom Zahlungspflichtigen zum Zahlungsempfänger.
5. Die Bank des Zahlungspflichtigen avisiert den Scheck an die bezogene Korrespondenzbank.
6. Zahlungsempfänger legt den Scheck der Bank des Zahlungsempfängers zur Einlösung vor.
7. Gutschrift der Bank des Zahlungsempfängers auf das Konto des Zahlungsempfängers.
8. Die Bank des Zahlungsempfängers sendet den Scheck an die bezogene Korrespondenzbank..
9. Die bezogene Korrespondenzbank schreibt den Scheckgegenwert der Bank des Zahlungsempfängers gut.
10. Die bezogene Korrespondenzbank belastet die Bank des Zahlungspflichtigen.

Devisenkurse

Land/Währung	Variable Kurse Geld (Euro)	Variable Kurse Brief (Euro)
Australien, AUD	1,37250	1,42250
Dänemark, DKK	7,4147	7,4547
Großbritannien, GBP	0,84820	0,85220
USA, 1 USD	1,0650	1,0710

2.6.4 Dokumentäre Zahlungen im Außenwirtschaftsverkehr

Dokumentäre Zahlungen sind dadurch gekennzeichnet, dass der Zahlungsvorgang durch Ergänzung von definierten Handels- und Zahlungsdokumenten und Einschaltung von Banken abgesichert wird. Eine genaue Beschreibung findet sich in den Einheitlichen Richtlinien der Internationalen Handelskammer in Paris.

Bei der Abwicklung von Außenhandelsgeschäften wird die Ware vom Exporteur in der Regel nicht an den Importeur sondern an Verfrachter übergeben. Der Nachweis der ordnungsgemäßen Übergabe wird durch Dokumente geführt. Dokumente sind Urkunden, die im Zusammenhang mit Export- und Importgeschäften ausgestellt werden.

2.6.4.1 Dokumente im Außenwirtschaftsverkehr

Zu den wesentlichen Dokumenten im Außenwirtschaftsverkehr zählen das Seekonnossement (Bill of Lading), die Handelsfaktura, das Versicherungszertifikat und Qualitätszertifikate, z. B. das Ursprungszeugnis.

Lernsituation

Sie sind Kundenberater der Nordbank AG. Ihre Kundin, die 3wann4wann GmbH, möchte zunehmend Übersee-Exportgeschäfte tätigen. Das Unternehmen ist langjähriger Kunde der Nordbank AG. Sie sind heute mit dem Prokuristen des Unternehmens, Thomas Wagenbauer, verabredet, um über die Unterstützung bei der bankmäßigen Abwicklung der zukünftigen Exportgeschäfte zu sprechen. Das Unternehmen steht in Vorverhandlungen mit der Universal Company aus New York. Herr Wagenbauer legt den Vertragsentwurf des Importeurs vor und bittet Sie um Erläuterungen.

3wann4wann GmbH
- Exportabteilung –
Contract – Vertrag (Entwurf)
No. RPK 4738/38

Seller: Verkäufer:	3wann4wann GmbH, 22850 Norderstedt/Germany
Buyer: Käufer:	Universal Company New York
Quantity: Menge:	20 printing machines Typ 267 20 Druckmaschinen Typ 267
Description: Beschreibung:	As above Wie oben
Price: Preis:	USD 50.000,00 (fiftythousend) per machine = USD 1.000.000,00 FOB Hamburg, CIF New York + USD 1.000,00 per machine USD 50.000,00 pro Maschine = USD 1 Million FOB Wilhelmshaven, CIF Hongkong + USD 1.000,00 pro Maschine
Incoterm: Lieferbedingung:	FOB or CIF FOB oder CIF

Payment: Zahlung:	Documents against payment Dokumenteninkasse (d/p)
Documents: Dokumente:	Full set of clean on board Ocean Bills of Lading made out to order and blank endorsed showing shippment from wilhelmshaven to Hongkong, latest 30. September 20.. Notify: Spedition "Express", Cowloon Road 12, New York. Voller Satz reingezeichneter "An-Bord"-Seekonnossemente, ausgestellt an Order und blanko indossiert mit dem Ausweis der Verschiffung von Hamburg nach New York, spätestens am 30. September 20... Notifyadresse: Spedition „Express", Cowloon Road 12, New York.

Aufgaben

Herr Wagenbauer erkundigt sich nach Details des Vertragsentwurfs. Das geforderte Konnossement weist einige Gestaltungsmerkmale auf.

a) Erklären Sie Herrn Wagenbauer den Unterschied zwischen der Lieferungsbedingung FOB Hamburg und CIF New York.

b) Erklären Sie Herrn Wagenbauer die inhaltliche Bedeutung von vier Merkmalen des Konnossements (ohne Berücksichtigung der Notifyadresse.

c) Begründen Sie Herrn Wagenbauer die Notwendigkeit der Notifyadresse.

INFO

Bill of Lading (Seekonnossement)

Es ist ein handelsrechtliches Wertpapier, das als Traditionspapier im Seefrachtverkehr den Anspruch auf Auslieferung der zur Beförderung übernommenen Güter verbrieft (HGB § 642) . Der Verfrachter stellt das Warendokument aus. Das Konnossement wird mit einer Orderklausel versehen (gekorenes Orderpapier) und blanko indossiert. Alle Originale bilden einen vollen Satz. Die Anzahl der Originale bestimmt der Ablader. Ein Original des Konnossements reicht aus, um die Ware im Bestimmungshafen ausgehändigt zu bekommen; die übrigen Originale sind damit erledigt. Wegen dieser Regelung verlangt der Importeur stets einen vollen Satz der Originale. Als Traditionspapier eignet sich das Konnossement auch als Kreditsicherheit für eine Export- bzw. Importfinanzierung. Grundsätzlich muss die Ware vom Verfrachter in äußerlich guter Verfassung und Beschaffenheit übernommen werden („clean on board", gemäß Artikel 32 der ERA).

Handelsfaktura

Die Handelsfaktura gibt Auskunft über das zugrunde liegende Warengeschäft und dient somit der vertragsmäßigen Abwicklung. Es ist auch Grundlage für Verzollung und Einfuhrprüfungen.

Versicherungsdokumente

Sie beweisen den Abschluss einer Seetransportversicherung, die die speziellen Risiken dieser Beförderung erfasst. Es ist ein handelsrechtliches Wertpapier, das den Anspruch gegen den Versicherer verbrieft. Die Versicherungsdokumente können auf den Inhaber/oder Order ausgestellt werden und sind damit qualifizierte Legitimationspapiere.

Ursprungszeugnis (Certificate of Origin)

Es ist ein Nachweis über die Herkunft einer Ware und wird in Deutschland von den Industrie- und Handelskammern ausgestellt.

2.6.4.2 Lieferbedingungen im Außenhandel (Incoterms)

Sie regeln die Pflichten des Exporteurs und des Importeurs betreffend der Lieferung von Waren. Im Seefrachtverkehr sind die beiden Klauseln FOB (free on board) und CIF (cost insurance freight) praxisüblich.

Lernsituation

Die 3wann4wann GmbH befindet sich im Beratungsgespräch mit der Nordbank AG über die Durchführung eines Exportgeschäfts (siehe 2.7.4.1).

Es muss zwischen den beteiligten Unternehmen noch abgestimmt werden, welche Lieferbedingung vereinbart werden soll.

Aufgaben

a) Erklären Sie Herrn Wagenbauer zu den Incoterms FOB Hamburg und CIF New York die Unterschiede zwischen diesen beiden Incoterms,

b) die wesentliche Gemeinsamkeit dieser beiden Incoterms.

c) Welche der beiden Lieferbedingungen ist für die 3wann4wann GmbH günstiger? Erklären Sie ein Kriterium, das für diese Entscheidung der 3wann4wann GmbH ausschlaggebend sein kann.

INFO

	FOB {... benannter Verschiffungshafen} **dt.: Frei an Bord {... benannter Verschiffungshafen}** **engl.: free on board {... named port of shipment}**
Geeignet für:	Schiffstransport (See- und Binnenschiffstransport)
Ausfuhrabfertigung:	durch den Verkäufer
Einfuhrabfertigung:	durch den Käufer
Abschluss des Fracht- bzw. Transportvertrages:	durch den Käufer
Lieferort:	an Bord des Schiffs im Verschiffungshafen
Kostenübergang vom Verkäufer auf den Käufer:	Verladung an Bord des Schiffs im Verschiffungshafen
Gefahrenübergang vom Verkäufer auf den Käufer:	Verladung an Bord des Schiffs im Verschiffungshafen

	CIF {... benannter Bestimmungshafen} dt.: Kosten, Versicherung und Fracht {... benannter Bestimmungshafen} engl.: cost, insurance and freight {... named port of destination}
Geeignet für:	Schiffstransport (See- und Binnenschiffstransport)
Ausfuhrabfertigung:	durch den Verkäufer
Einfuhrabfertigung:	durch den Käufer
Abschluss des Fracht- bzw. Transportvertrages:	durch den Verkäufer
Lieferort:	an Bord des Schiffs im Verschiffungshafen
Kostenübergang vom Verkäufer auf den Käufer:	am Bestimmungshafen
Gefahrenübergang vom Verkäufer auf den Käufer:	Verladung an Bord des Schiffs im Verschiffungshafen

2.6.5 Dokumentäre Zahlungen

2.6.5.1 Dokumenten-Inkasso

Im Rahmen eines Inkassoauftrags übergibt der Exporteur seiner Hausbank die Exportdokumente

(Handelsrechnung, Transportdokumente, Versicherungsdokumente ect.) mit der Weisung, diese Dokumente dem Importeur nur auszuhändigen, wenn dieser im Gegenzug bezahlt, einen Wechsel akzeptiert oder einen unwiderruflichen Zahlungsauftrag unterzeichnet. Im Allgemeinen schaltet die Hausbank des Importeurs in die Abwicklung des Dokumenten-Inkassos eine Korrespondenzbank im Importland oder die Hausbank des Importeurs als sog. vorlegende Inkassobank ein.

Lernsituation

Sie sind Firmenkundenbetreuer/in bei der Nordbank AG und beraten die SolarTech GmbH. Dieses mittelständische Unternehmen produziert Solaranlagen, die es im In- und Ausland vertreibt. Als neues Absatzgebiet soll Mexiko erschlossen werden. Auf einer Industriemesse hat der Geschäftsführer der SolarTech GmbH, Holger Rosenau, aussichtsreiche Vorverhandlungen mit der Bauunternehmung Valverde SA über die Lieferung von Solaranlagen geführt. Zu dieser mexikanischen Gesellschaft bestehen bisher keine Geschäftsbeziehungen. Vor seiner geplanten Geschäftsreise nach Mexiko sucht Herr Rosenau Sie zu einem Beratungsgespräch auf, um sich über das Dokumenten-Inkasso gegen Zahlung (d/p) zu informieren.

Aufgaben

a) Erläutern Sie den Vorteil dieser Zahlungsform für die SolarTech GmbH im Unterschied zu einer nicht dokumentären Zahlung.

b) Beschreiben Sie das beim Dokumenten-Inkasso verbleibende Risiko für die SolarTech GmbH und nennen Sie zwei mögliche Folgekosten.

Herr Rosenau berichtet, dass in den Vorverhandlungen noch keine Einigkeit über die Lieferungsbedingung erzielt wurde. Die Valverde SA möchte CIF/Veracruz vereinbaren, während er FOB/Hamburg bevorzugt.

c) Beschreiben Sie die Kosten, die von der SolarTech GmbH zu tragen sind, und nennen Sie den Ort des Gefahrenübergangs bei den zur Diskussion stehenden Lieferungsbedingungen.

d) Erläutern Sie einen möglichen Vorteil der Bedingung CIF/Veracruz im Unterschied zu FOB/Hamburg für die Valverde SA.

Die SolarTech GmbH und die Valverde SA schließen einen Kaufvertrag über 10 Solaranlagen. Herr Rosenau sucht Sie zu einem weiteren Beratungsgespräch auf und legt Ihnen den Kaufvertrag vor.

Auszug aus dem Kaufvertrag

Käufer: Bauunternehmung Valverde SA, Mexiko-City
Verkäufer: SolarTech GmbH, Itzehoe
Kaufgegenstand: 10 Solaranlagen, Typ SXT 2680
Kaufpreis: 200.000,00 USD
Zahlungsbedingung: Dokumente gegen Zahlung (d/p) bei Sicht
Einzureichen sind u.a. folgende Dokumente:
Voller Satz (3/3) reingezeichneter Bordkonnossemente, an Order ausgestellt und blanko indossiert mit dem Vermerk „Fracht bezahlt“
Lieferung: bis zum 5. März 20..
Lieferungsbedingung: CIF/Veracruz

Herr Rosenau möchte Näheres über die einzureichenden Konnossemente wissen.

e) Begründen Sie die Anforderungen

e1) voller Satz (full set),

e2) reingezeichnet (clean),

e3) Bordkonnossement.

Die SolarTech GmbH reicht die Dokumente zum Inkasso ein.

f) Welche Prüfungspflicht ergibt sich für die Nordbank AG aus den ERI?

INFO

Einheitliche Richtlinien für Inkassi

Die Einheitlichen Richtlinien für Inkassi sind für alle Beteiligten bindend, sofern nicht ausdrücklich anderweitige Vereinbarungen getroffen worden sind (vgl. ERI Artikel 1 a).

Definition

Inkassi sind in diesem Sinne die Bearbeitung von definierten Dokumenten durch Banken in Übereinstimmung mit erhaltenen Weisungen, um Zahlung zu erhalten (vgl. Artikel 2 a i). Unter Dokumenten sollen hier Zahlungs- und Handelspapiere verstanden werden.

Form der Vorlegung

Es ist die Art und Weise, wie die vorlegende Bank die Dokumente dem bezogenen verfügbar macht (vgl. Artikel 5 a).

Haftung

Banken handeln nach Treu und Glauben mit angemessener Sorgfalt (vgl. Artikel 9).

Zahlung

Eingezogene Beträge müssen in Übereinstimmung mit dem Inkassoauftrag unverzüglich dem Auftraggeber zur Verfügung gestellt werden (vgl. Artikel 16 a).

Die Beteiligten beim Dokumenteninkasso:

- Der Auftraggeber, der den Inkassoauftrag seiner Bank erteilt (Exporteur).
- Die Einreicherbank, ist die mit der Durchführung des Inkassos beauftragte Bank (Bank des Exporteurs).
- Die Inkassobank (vorlegende Bank) führt das Inkasso im Auftrag der Einreicherbank im Ausland durch.
- Der Bezogene (Importeur) ist derjenige, dem die Dokumente zur Bezahlung vorzulegen sind.

Abwicklung einer Zahlung mittels Dokumenteninkasso

- Importeur und Exporteur schließen einen Kaufvertrag ab.
- Der Exporteur bringt die Ware zum Ablade- oder Verschiffungshafen und beschafft die erforderlichen Dokumente.
- Der Exporteur erteilt der Einreicherbank einen Inkassoauftrag unter Einreichung der Dokumente.
- Die Einreicherbank versendet die Dokumente nach formaler Prüfung einschließlich des Inkassoauftrags an die vorlegende Bank.
- Die vorlegende Bank dient die Dokumente dem Importeur an.
- Der Importeur nimmt die Dokumente nach Prüfung auf und verfügt über die Ware.
- Die vorlegende Bank belastet den Importeur mit dem Inkassobetrag.
- Die vorlegende Bank verrechnet den Inkassobetrag mit der Einreicherbank.
- Die Einreicherbank schreibt dem Exporteur den Inkassobetrag gut.

Beim Dokumenteninkasso gegen Akzeptleistung wird der Zahlungsvorgang durch die Akzeptleistung auf einem Wechsel ersetzt.

Notadresse

Der Auftraggeber bestellt einen Vertreter, der bei Nichtzahlung tätig werden soll (vgl. Artikel 25).

Benachrichtigung

Die Inkassobank muss derjenigen Bank, von der ihr der Inkassoauftrag zuging, unverzüglich eine Bezahltmeldung zusenden (vgl. Artikel 26 c i).

2.6.5.2 Dokumenten-Akkreditiv

Das Dokumenten-Akkreditiv ist ein bedingtes, abstraktes Schuldversprechen des eröffnenden Kreditinstituts, im Auftrag und nach den Weisungen des Importeurs gegen Übergabe vorgeschriebener Dokumente eine Zahlung an den Exporteur zu leisten, sofern die Akkreditivbedingungen erfüllt sind. Gemäß § 780 BGB ist die versprochene Leistung losgelöst vom Grundgeschäft, hier Kaufvertrag.

Lernsituation

Die Hansa Druckmaschinen GmbH, Hamburg, die seit 5 Jahren bei der Nordbank AG in Hamburg ein Geschäftskonto unterhält, hat auf der internationalen Fachmesse für Siebdruck in Hannover mit der OVERPRINT Ltd., Mumbay, Indien, erstmals Geschäftsbeziehungen geknüpft. Sie will an die OVERPRINT Ltd. 3 Druckmaschinen im Gesamtwert von 1.426.000,00 EUR verkaufen. Die Fakturierung soll in USD erfolgen.

Aufgaben

a) Die Hansa GmbH ist im Unklaren über die mit diesem Geschäft verbundenen Risiken. Erläutern Sie 3 mit dem Auslandsgeschäft verbundene Risiken.

b) Schlagen Sie der Hansa GmbH geeignete Maßnahmen vor, wie sie die von Ihnen erwähnten Risiken absichern kann.

c) Nicht geklärt zwischen den beiden Vertragspartnern ist bisher die Frage der Lieferungsbedingung: FOB. Hamburg oder CIF. Mombay. Erklären Sie, inwieweit sich diese Lieferungsbedingungen unterscheiden, und beschreiben Sie mögliche Auswirkungen auf die Preisgestaltung.

d) Sie schlagen der Hansa GmbH vor, ein unwiderrufliches Dokumenten-Akkreditiv zu vereinbaren, zahlbar bei Sicht bei der Nordbank AG in Hamburg. Begründen Sie diesen Vorschlag.

   Für diese Zahlungsabwicklung sind u.a. folgende Dokumente erforderlich:

- An-Bord-Konnossement in dreifacher Ausfertigung, voller Satz,
- Handelsrechnung.

e) Erläutern Sie der Hansa GmbH die Funktionen dieser Dokumente sowie den Begriff „voller Satz“.

f) Die Hansa GmbH hat den Kaufvertrag unter Berücksichtigung Ihrer Empfehlungen abgeschlossen, und reicht einige Wochen später die erforderlichen Dokumente bei Ihnen ein. Nennen Sie die gemäß ERA zu überprüfenden Sachverhalte.

INFO

Art der Leistung aus dem Akkreditiv (Artikel 2 I bis III der ERA)

- Zahlung
- Akzeptleistung der begleitenden Tratten
- Ankauf der Tratten (Negoziierung)

Die Beteiligten bei einem Dokumenten-Akkreditiv

- Akkreditiv-Auftraggeber (Importeur)
- eröffnende Bank (Bank des Importeurs)
- avisierende Bank (Bank des Exporteurs)
- der Begünstigte (Exporteur)
- die bestätigende Bank: ggf. gibt die Bank des Exporteurs auf der Basis des bestehenden Akkreditivs ein zusätzliches abstraktes Schuldversprechen gegenüber dem Exporteur ab.

Abwicklung des Dokumenten-Akkreditivs:

1. Kaufvertrag zwischen Exporteur (Begünstigter) und Importeur (Akkreditiv-Auftraggeber)
2. Importeur erteilt den Akkreditivauftrag der eröffnenden Bank
3. Akkreditiveröffnung der Importbank
4. Avisierung des Akkreditivs (abstraktes bedingtes Schuldversprechen der eröffnenden Bank) durch beauftragte Bank an den Exporteur
5. Warenversand und Beschaffung akkreditivgerechter Dokumente durch Exporteur
6. sorgfältige Prüfung der Dokumente durch die beteiligten Kreditinstitute
7. Zahlung des Akkreditivbetrages durch die eröffnende Bank
8. Dokumente werden von der avisierenden Bank zur eröffnenden Bank aus Sicherheitsgründen in zwei Postsendungen versandt
9. Dokumentenprüfung beim eröffnenden Kreditinstitut
10. Aushändigung der Dokumente an den indischen Importeur unter gleichzeitiger Belastung mit dem Akkreditiv-Betrag zuzüglich Provision und Spesen
11. Anschaffung des Akkreditivbetrag (Verrechnung zwischen den beiden Kreditinstituten)
12. Empfang der Ware durch den Importeur gegen Vorlage entsprechender Dokumente

Inhalt des Dokumenten-Akkreditivs

Ein Akkreditiveröffnungsantrag sollte folgende Angaben enthalten:

- Art des Akkreditivs: widerruflich(unüblich), unwiderruflich(praxisüblich), bestätigt(zusätzliche Kosten)
- Übertragbarkeit: gegeben, nicht gegeben
- Übermittlung: brieflich, S.W.I.F.T.
- Verfall: Mit Ort und Datumsangabe
- Akkreditivbetrag: Betrag in entsprechender Währung
- Auftraggeber: Name und Anschrift des Importeurs
- Begünstigter: Name und Anschrift des Exporteurs u. U. Bankverbindung
- Benutzbarkeit: Zahlstelle und Art der Akkreditivleistung (Zahlung, Wechselakzeptierung, Ankauf der Dokumente)
- Warenbeschreibung: Art, Menge und Preis
- Verladung: Verladungsort, Bestimmungsort, Teil- und Umverladung erlaubt?
- Lieferbedingungen: z.B. FOB, CIF
- Dokumente: Bezeichnung der vereinbarten Dokumente, Anzahl, Aufmachung
- Frist ab Ausstellung des Transportdokuments: Gültigkeit der Dokumente, des Akkreditivs
- Kosten: Aufteilung der Bankspesen
- Mitteilung über die Akkreditivstellung: brieflich, S.W.I.F.T.

Prüfungspflichten (Artikel 13 bis 19 der ERA)

Bei der Prüfung der Dokumente werden folgende Sachverhalte überprüft:

- Sind die Dokumente rechtzeitig ausgestellt worden?
- Wird das Akkreditiv fristgemäß ausgenutzt?
- Sind alle geforderten Dokumente vorhanden?
- Sind die Dokumente in entsprechender Anzahl vorhanden?
- Entspricht die äußere Aufmachung den Akkreditivbedingungen?
- Sind alle erforderlichen Angaben auf den Dokumenten vorhanden?
- Entsprechen die Dokumente den ERA?
- Beziehen sich die Dokumente auf das entsprechende Warengeschäft?

Anforderung an die Dokumente (Artikel 23 ERA)

- Seekonnossement:

  Hat den Frachtführer auszuweisen; dass die Ware an Bord eines namentlich genannten Schiffs verbracht worden ist; zudem muss der Verlade- und der Löschungshafen ausgewiesen worden sein.

  Die Anzahl der Originale müssen angegeben worden sein.

  Es müssen Hinweise auf die Beförderungsbedingungen oder diese selbst angegeben worden sein.

  Kreditinstitute nehmen nur „reine“ Transportdokumente an, das sind solche, „die keine Klauseln oder Vermerke enthalten, die ausdrücklich einen mangelhaften Zustand der Ware und/oder der Verpackung vermerken“(Artikel 32 a ERA).

- Versicherungsdokkumente (Artikel 34 ERA)

  Aus den Versicherungsdokumenten muss hervorgehen, dass die Deckung spätestens am Tag der Verladung wirksam wird. Die Währung des Versicherungsdokuments muss der des Akkreditivs entsprechen. Die Mindestdeckung bei CIF muss 110% des Akkreditivbetrags entsprechen. Schreibt ein Akkreditiv vor, dass das Versicherungsdokument die Klausel „alle Risiken“ enthalten soll, reicht irgendein entsprechender Hinweis auf dem Dokument aus (Artikel 36 ERA).

- Handelsrechnung:

  Sie muss vom Begünstigten Ausgestellt sein und auf den Namen des Auftraggebers lauten.

3 Geldanlage auf Konten

3.1 Sichteinlagen

Sichteinlagen sind Einlagen, für die eine Laufzeit oder Kündigungsfrist nicht vereinbart ist. Zu den Sichteinlagen zählen auch Verbindlichkeiten mit einer vereinbarten Laufzeit von weniger als einem Monat (sogenannte terminierte Tagesgelder) bzw. einer Kündigungsfrist von unter einem Monat.

Lernsituation

Herr Carsten Bergmann möchte bei der Nordbank AG ein Gehaltskonto eröffnen lassen und gleichzeitig 3.000,00 EUR auf dieses Konto einzahlen.

Aufgaben

a) Aus welchen Gründen unterhalten Bankkunden Sichteinlagen auf Girokonten?
b) Wie ist die Verfügbarkeit über Sichteinlagen und die Verzinsung von Sichteinlagen geregelt?
c) Was versteht man im Bankbetrieb unter der „Goldenen Bankregel" und wie wird sie in den Kreditinstituten angewandt?
d) Erläutern Sie, wie im Bankbetrieb sogenannte „Floatgewinne" entstehen können.

INFO

Sichteinlagen

Sichteinlagen werden auf einem Girokonto (Kontokorrentkonto) bei einem Kreditinstitut unterhalten und dienen dem bargeldlosen Zahlungsverkehr. Der Kontoinhaber kann jederzeit bar, mittels Kartenzahlungen oder eines Überweisungsauftrags über sein Sichtguthaben verfügen.

Die Habenzinsen liegen i. d. R. zwischen 0 % und 0,5 % p.a. Häufig setzt die Verzinsung erst ab einem bestimmten Mindestbetrag ein, z. B. ab 2.000,00 EUR. Die Höhe des Zinssatzes wird durch die jeweilige Marktsituation bzw. die Geschäftspolitik des jeweiligen Kreditinstituts bestimmt. Soweit nichts anderes vereinbart ist, ist das Kreditinstitut berechtigt, die Zinssätze einseitig festzusetzen und zu ändern. Der jeweils geltende Zinssatz wird durch Aushang im Kassenraum des Kreditinstituts bekannt gemacht. Für die Zinsberechnung wird der Monat mit 30 Tagen angenommen.

Der Bodensatz an Sichteinlagen dient als Refinanzierungsquelle für das Aktivgeschäft. Sichteinlagen sind formal kurzfristige Guthaben, die aber zu einem gewissen Prozentsatz tatsächlich langfristig zur Verfügung stehen.

W. Grundmann und M. Leuenroth, *Bankwirtschaft in kundennahen Lernsituationen*, https://doi.org/10.1007/978-3-658-34412-2_3

3.2 Termineinlagen

Größere und mittlere Geldbeträge, die der Bankkunde vorübergehend nicht benötigt, können befristete der Bank gegen Verzinsung überlassen werden.

Lernsituation

Frau Bettina Sauer (47 Jahre alt) ist Privatkundin der Nordbank AG. Sie teilt Ihnen mit, dass sie auf Grund einer Erbschaft 20.000,00 EUR zinsbringend anlegen möchte. Sie hat sich bereits für den Betrag einen neuen Pkw bestellt, der allerdings erst in zwei Monaten geliefert wird. Für diesen Zeitraum möchte sie jetzt den Geldbetrag anlegen.

Aufgaben

a) Beschreiben Sie Frau Sauer kurz die Besonderheiten der Termineinlagen. Machen Sie ihr dabei auch die Unterschiede zu den Sichteinlagen deutlich.

b) Welche Möglichkeiten der Befristung von Termineinlagen werden unterschieden?

c) In welchen Beträgen können Termineinlagen angelegt werden?

d) Wovon hängt die Höhe der Verzinsung von Termineinlagen ab?

e) Beschreiben Sie kurz Situationen, in denen eine Anlage von Termingeld zweckmäßig ist.

f) Prüfen Sie, ob Termineinlagen eine liquide Anlagemöglichkeit sind.

g) Einem Kunden werden auf Grund einer Termingeldeinlage am Ende der Festlegungsfrist 50,67 EUR Zinsen berechnet. Welchen Zinsbetrag schreiben Sie dem Kunden gut, wenn kein Freistellungsauftrag erteilt wurde?

h) Welchen Betrag hatte der Kunde angelegt, wenn für den Festgeldbetrag eine Laufzeit von 60 Tagen und ein Zinssatz von 0,375 % vereinbart worden war?

INFO

Termineinlagen sind Einlagen, bei denen zwischen dem Kreditinstitut und dem Kunden vereinbart worden ist, dass die Fälligkeit erst nach Kündigung unter einer Einhaltung einer Kündigungsfrist (Kündigungsgelder) oder an einem vorher bestimmten Tag (Festgelder) eintritt. Für Termineinlagen wird eine Kündigungsfrist oder eine Laufzeit von mindestens einem Monat vereinbart. Termineinlagen werden auf Termingeldkonten erfasst.

Termingelder werden i. d. R. als Festgelder angelegt. Termingelder werden in runden Beträgen, z. B. 10.000,00 EUR für einen relativ kurzen, genau begrenzten Zeitraum angelegt. Übliche Laufzeiten für Festgelder sind 30 Tage, 60 Tage und 90 Tage. Auch Halbjahres- bzw. Jahresgeld kommt vor.

Termineinlagen werden im Allgemeinen als Darlehen nach § 607 BGB eingeordnet. Der Zinssatz für Termineinlagen wird mit dem Kreditinstitut individuell vereinbart. Die Höhe der Einlage, die Laufzeit, die örtliche Konkurrenzsituation sowie die Verhandlungsposition des Kunden, die allgemeine Geldmarktsituation und die jeweilige institutsspezifische Liquiditätslage bestimmen die Höhe des Zinssatzes für Termineinlagen. Die Zinszahlung erfolgt bei Festgeldern am Ende der Laufzeit bei Fälligkeit der Einlage. Wird über eine fällige Termineinlage nicht verfügt, wird sie entweder mit gleicher Fristigkeit zum dann geltenden Marktzins verlängert oder als Sichteinlage behandelt. Verfügt ein Kunde vorzeitig über seine Termineinlage, so hat er Zinsnachteile in Kauf zu nehmen. Kreditinstitute berechnen i. d. R. Vorschusszinsen analog zur vorzeitigen Rückzahlung von Spareinlagen oder sie behandeln die gesamte Termineinlage wie eine Sichteinlage mit geringer oder ohne Verzinsung.

Mit den Termingeldern können Kreditinstitute im Vergleich zu den Sichteinlagen genauer über ihre Liquidität disponieren. Bei der Verwendung der Termineinlagen im Aktivgeschäft müssen die Liquiditätsgrundsätze des Bundesaufsichtsamts für Finanzdienstleistungsaufsicht sowie der durch die Pflicht zur Haltung von Mindestreserven bewirkte Liquiditätsentzug berücksichtigt werden.

Die Zinserträge können auf den Freistellungsbetrag von jährlich 801,00/1.602,00 EUR für Alleinstehende/Verheiratete angerechnet werden. Sofern der Freistellungsbetrag bereits ausgeschöpft ist, werden die Zinserträge um eine Abgeltungsteuer von 25 % sowie dem Solidaritätszuschlag von 5,5 % auf die Abgeltungsteuer gekürzt.

3.3 Spareinlagen

Spareinlagen dienen der unbefristeten Kapitalanlage und Kapitalansammlung. Sie sind durch Ausfertigung einer Sparurkunde gekennzeichnet. Sie dienen nicht dem Zahlungsverkehr und weisen eine Kündigungsfrist von mindestens drei Monaten auf.

Lernsituation

Ivonne Komposch ist langjährige Girokundin der Nordbank AG. Seit einiger Zeit sind auf dem Konto wachsende Guthaben zu beobachten, die sich zurzeit auf 9.000,00 EUR belaufen. Ein Sparkonto oder ein Wertpapierdepot sind nicht vorhanden. Sie sind Kundenberater/in der Nordbank AG und entschließen sich, Frau Komposch anzurufen und sie zu einem Gespräch einzuladen.

Aufgaben

a) Mit welchen Argumenten könnte Frau Komposch für eine Spareinlage gewonnen werden?

b) Erläutern Sie, wie die drei Ziele des magischen Dreiecks der Geldanlage durch Spareinlagen mit vereinbarter Kündigungsfrist abgedeckt werden.

c) Warum bieten Kreditinstitute immer mehr Sondersparformen mit attraktiven Zinsen und Prämien bzw. Bonifikationen an?

d) Erläutern Sie, wie der Sparvertrag zwischen der Nordbank AG und Frau Komposch zustande kommt.

e) Welche wesentlichen Merkmale weist eine Sparurkunde auf?

f) Bis zu welchem Betrag kann Frau Komposch steuerfreie Einnahmen durch die Erteilung eines Freistellungsauftrags erzielen?

INFO

Bedarfssignale und Anlagemotive

Viele Menschen haben ein Sparkonto, auf dem sie Geldbeträge ansammeln, die sie zurzeit nicht für ihren Lebensunterhalt benötigen. Manche sparen überschüssige Mittel ohne klare Zielvorstellungen, andere sparen diese Mittel für ganz bestimmte Zwecke, z. B. für geplante Anschaffungen, für eine Existenzgründung, für in der Zukunft fällige Zahlungsverpflichtungen, für die Altersvorsorge, für die Ausbildung von Kindern oder für geplante Reisen.

Merkmale von Spareinlagen

Spareinlagen sind Guthaben auf Sparkonten. Es sind unbefristete Gelder, die die Voraussetzungen des § 21 Abs. 4 der Rechnungslegungsverordnung für Kreditinstitute erfüllen.

- *Sparurkunde:* Spareinlagen sind durch Ausfertigung einer Sparurkunde, insbesondere eines Sparbuches gekennzeichnet. Sparurkunden können als einheitliche Sparurkunden (Sparbücher, Sparkassenbücher) oder als Loseblatt-Sparurkunden ausgestellt werden. Eine Loseblatt-Sparurkunde besteht aus den Sparkontoauszügen und ggf. einem dazugehörigen Sparbuchumschlag oder einer Sparcard als Authentifizierungsinstrument.

- *Bildung und Anlage von Vermögen:* Spareinlagen dienen der Ansammlung und Anlage von Vermögen. Spareinlagen dienen insbesondere der Altersvorsorge, der Ausbildung, für unvorhersehbare Notfälle u. a. m.
- *Zahlungsverkehrsverbot:* Spareinlagen sind nicht für den Zahlungsverkehr bestimmt.
- *Befristungsverbot:* Spareinlagen sind unbefristete Gelder. Sie weisen eine Kündigungsfrist von mindestens 3 Monaten auf.
- *Anlegerkreis:* Spareinlagen können nicht von Kapitalgesellschaften, Genossenschaften, wirtschaftlichen Vereinen oder Personenhandelsgesellschaften angenommen werden, es sei denn, diese Unternehmen dienen gemeinnützigen, mildtätigen oder kirchlichen Zwecken oder es handelt sich um die Anlage von Mietkautionen.

Sondervereinbarungen

Sparvertrag zugunsten Dritter nach § 328 BGB: Durch eine besondere Vereinbarung zwischen dem Einzahlenden einer Spareinlage und dem Kreditinstitut kann geregelt werden, dass die Spareinlage nicht an ihn, sondern an einen Dritten ausgezahlt werden soll. Eine solche Begünstigung kann widerruflich oder unwiderruflich sein.

Sparkonten für Minderjährige: Sparkonten für Geschäftsunfähige können ausschließlich durch die gesetzlichen Vertreter eröffnet werden. Sparkonten für beschränkt Geschäftsfähige können grundsätzlich nur mit Einwilligung der gesetzlichen Vertreter eröffnet werden. Die Zustimmung der gesetzlichen Vertreter ist bei der Eröffnung eines Sparkontos für einen beschränkt Geschäftsfähigen dann nicht erforderlich, wenn der Minderjährige die Spareinlage aus Einkünften aus einem Dienst- oder Arbeitsverhältnis, das er mit Zustimmung seiner gesetzlichen Vertreter eingegangen ist, erbringt.

Sparkonten für Mündel: Steht ein Minderjähriger nicht unter der elterlichen Sorge, weil z. B. beide Eltern gestorben sind, so vertritt ein vom Familiengericht bestellter Vormund den Minderjährigen. Das Vermögen des Mündels ist sicher und verzinslich anzulegen, soweit es nicht zur Bestreitung von Ausgaben bereit zu halten ist.

Zustandekommen des Sparvertrags

Nach der allgemein anerkannten Realvertragstheorie kommt ein Sparvertrag erst dann rechtswirksam zustande, wenn die Spareinlage eingezahlt und eine Sparurkunde ausgehändigt wurde. Mit dem Antrag und der Annahme des Sparkontoeröffnungsantrags entsteht lediglich ein Darlehensvorvertrag. Die Aushändigung einer Sparurkunde kann erst dann verlangt werden, wenn zuvor eine Einlage getätigt wurde. Mit der vollen Rückzahlung einer Spareinlage wird der Sparvertrag beendet.

Bedeutung der Sparurkunde

§ 21 Abs. 4 RechtKredV schreibt vor, dass für Spareinlagen Urkunden ausgestellt werden müssen. Die wichtigste Form der Sparurkunde ist das Sparbuch.

Das Sparbuch hat *Beweisfunktion*:

- Wenn ein Dritter die Sparurkunde zur Abhebung vorgelegt hat, kann sich das Kreditinstitut gegenüber dem Gläubiger auf die Sparurkunde berufen.
- Die Sparurkunde beweist das Bestehen einer Spareinlage und enthält ein Zahlungsversprechen. Die Höhe der Spareinlage wird dadurch nicht ausgewiesen.

Das Sparbuch hat *Ausweisfunktion*:

- Das Kreditinstitut kann dem Vorleger des Sparbuches als verfügungsberechtigt ansehen, eine Prüfung seiner Legitimation ist grundsätzlich nicht erforderlich.

Das Sparbuch ist eine *Schuldurkunde* im Sinne des § 808 BGB:

- Das Kreditinstitut ist berechtigt, aber nicht verpflichtet, an jeden Vorleger des Sparbuchs fällige Zahlungen zu leisten und ihn als zur Kündigung berechtigt anzusehen.

Leitsätze zum Sparbuch

Das Sparbuch ist ein *hinkendes Inhaberpapier*: Das Kreditinstitut kann von jedem Inhaber eines Sparbuchs – auch bei Verfügungen im Rahmen der versprochenen Leistung – verlangen, dass er seine Verfügungsberechtigung über das Sparguthaben nachweist.

Das Sparbuch ist ein *qualifiziertes Legitimationspapier*: Das Kreditinstitut darf an einen nicht verfügungsberechtigten Sparbuchinhaber mit schuldbefreiender Wirkung im Rahmen der versprochenen Leistung zahlen. Das Sparbuch legitimiert den Vorleger. Das gilt auch für Zahlungen an geschäftsunfähige oder beschränkt geschäftsfähige Personen.

Als versprochene Leistung gilt nach einem Urteil des BGH

- bei einer ungekündigten Spareinlage der Betrag, der kündigungsfrei zurückgefordert werden kann. Das sind bei Spareinlagen mit dreimonatiger Kündigungsfrist 2.000,00 EUR je Kalendermonat;
- bei einer gekündigten Spareinlage der durch Kündigung nach Ablauf der Kündigungsfrist fällige Betrag.

Ein nicht verfügungsberechtigter Sparbuchinhaber hat aufgrund der Legitimationswirkung des Sparbuchs prinzipiell die Möglichkeit, die Einlage zu kündigen und über sie nach Ablauf der Kündigungsfrist zu verfügen. Die Legitimationswirkung des Sparbuchs geht jedoch nicht so weit, dass vorzeitige Verfügungen über Spareinlagen außerhalb bestehender Kündigungsfreibeträge durch nicht verfügungsberechtigte Dritte möglich sind. Die Legitimationswirkung der Sparurkunde wird in den Sonderbedingungen für den Sparverkehr auch für die Fälle eingeschränkt, in denen dem Kreditinstitut die fehlende Berechtigung des Vorlegers bekannt oder wegen grober Fahrlässigkeit unbekannt ist.

So liegt z. B. grobe Fahrlässigkeit vor, wenn

- ein Sperrvermerk „Auszahlungen nur gegen Stichwort" nicht beachtet wird,
- ein Sperrvermerk „Auszahlungen nur nach vorheriger Legitimationsprüfung" nicht beachtet wird,
- ein Mündelvermerk nicht beachtet wird,
- ein Bankangestellter den Sparbuchinhaber persönlich kennt und dennoch an einen offensichtlich Unberechtigten auszahlt.

Verzinsung der Spareinlage

Die Sparzinssätze im standardisierten Privatkundengeschäft werden durch Aushang im Kassenraum bekannt gegeben. Sonderzinssätze aus einem Individualvertrag werden häufig an die standardisierten Regelsätze gekoppelt. Eine Änderung im Standardzinsniveau wirkt sich dann automatisch auf die Höhe der Sonderzinssätze aus.

Für die Verzinsung von Spareinlagen gelten nach den Sonderbedingungen für den Sparverkehr folgende Regelungen: Die Verzinsung beginnt mit dem Tage der Einzahlung und endet mit dem der Rückzahlung vorhergehenden Kalendertag. Der Monat wird zu 30 Tagen, das Jahr zu 360 Tagen gerechnet.

Im Unterschied zu Girokonten werden die Zinsen für Spareinlagen nicht aus den Salden, sondern aus den Umsätzen nach der sog. progressiven Postenmethode ermittelt. Die Zinsen werden vorausgreifend bis zum Jahresende berechnet. Es wird unterstellt, dass keine Kontoveränderung mehr folgen wird. Bei noch anfallenden Kontobewegungen wird der Zinsbestand entsprechend korrigiert. Zum Schluss des Kalenderjahres werden die aufgelaufenen Zinsen gutgeschrieben, dem Kapital hinzugerechnet und mit diesem vom Beginn des neuen Kalenderjahres an verzinst. Wird über die gutgeschriebenen Zinsen nicht innerhalb von zwei Monaten nach Gutschrift verfügt, unterliegen sie der für die Spareinlage vereinbarten Kündigungsregelung.

Abrechnung eines Sparkontos mit einer vereinbarten Kündigungsfrist von 3 Monaten

Zinssatz für Spareinlagen mit vereinbarter Kündigungsfrist von 3 Monaten laut Aushang 0,25 % p.a. Für den Kunden liegt ein Freistellungsauftrag vor.

Vorgang	Geschäftstag	Interne Wertstellung	Betrag EUR	Tage	Zinszahlen	Zinsen EUR
Vortrag	01.01.	31.12.	2.500,00	360	9.000	6,25
Einzahlung	15.03.	14.03.	2.000,00	286	5.720	3,97
Zwischensumme			4.500,00			10,22
Abhebung	11.10.	10.10.	- 1.000,00	80	- 800	- 0,56
Zwischensumme			3.500,00			9,66
Einzahlung	01.12.	30.11.	10.000,00	30	3.000	0,21
Zwischensumme			13.500,00			9,87
Abhebung	04.12.	03.12.	-2.000,00	27	-540	- 0,76
Zwischensumme			11.500,00			9,11
Einzahlung	10.12.	09.12.	1.000,00	21	210	0,15
Zwischensumme			12.500,00			9,26
Einzahlung	20.12.	19.12.	2.000,00	11	220	0,15
Zwischensumme			14.500,00			9,41
Gutschrift der Zinsen	31.12.	31.12.	9,41			
Guthaben	31.12.	31.12.	14.509,41			

Verfügungen über Spareinlagen

Über Spareinlagen können Kunden grundsätzlich nur nach vorheriger Kündigung und Ablauf der vereinbarten Kündigungsfrist verfügen. In der Praxis lassen Kreditinstitute jedoch vorzeitige Verfügungen unter Berechnung von Vorschusszinsen oder Vorfälligkeitsentschädigungen zu. Der Kunde hat jedoch keinen Rechtsanspruch auf vorzeitige Verfügungen, da er von der ursprünglichen Vertragsvereinbarung abweichen will. Die Bundesanstalt für Finanzdienstleistungsaufsicht (BaFin) erwartet von den Banken und Sparkassen ausdrücklich, dass sie bei vorzeitigen Verfügungen einen Vorfälligkeitspreis berechnen, da sich nur so die sofort verfügbaren Gelder (Sichteinlagen) von den Spareinlagen abgrenzen lassen.

Die Höhe der Vorschusszinsen wird meist im Preisaushang bekannt gegeben. In der Regel berechnen die Banken 25 % des Habenzinssatzes. Die Belastung der Vorschusszinsen muss im Sparbuch gesondert ausgewiesen werden. Ein Kreditinstitut kann in Ausnahmefällen auf die Berechnung von Vorschusszinsen verzichten. Diese Möglichkeit wird von der BaFin eingeräumt, um in Einzelfällen besondere Härten zu vermeiden. Beispiele für Härtefälle sind Erwerbsunfähigkeit, Arbeitslosigkeit, längere Krankheit oder Wohnsitzwechsel.

Vorschusszinsen

Vorschusszinsen betragen i. d. R. ein Viertel des Haben-Zinssatzes auf den Betrag und für den Zeitraum der vorzeitigen Verfügung.

Die Vorschusszinsberechnung wird nach der 90-Tage-Methode durchgeführt, d. h. die Vorschusszinsen werden für 90 Tage auf den Betrag berechnet, der den Freibetrag von 2.000,00 EUR übersteigt.

In der Praxis wird der Zeitraum der Vorschusszinsberechnung auf höchstens 2 ½ Jahre begrenzt. Über die zu vergütenden Habenzinsen des laufenden Jahres sowie ggf. die kapitalisierten Zinsen der Vorjahre hinaus werden keine Vorschusszinsen berechnet.

Beispiel: Berechnung des Vorfälligkeitspreises

Von einem Sparkonto mit einer Kündigungsfrist von 3 Monaten werden am 20.04. ohne vorherige Kündigung 9.000,00 EUR abgehoben. Der Habenzinssatz beträgt 0,4 %. Weitere Verfügungen gab es in dem Jahr nicht. 2.000,00 EUR sind für den Monat April frei verfügbar. 7.000,00 EUR sind für 3 Monate (90 Tage) mit einem Vorschusszinssatz von 0,1% = 1,75 EUR Vorschusszinsen zu verzinsen.

Die Besteuerung der Zinserträge

Zinsen aus Spareinlagen und Bonuszahlungen zählen zu den Einkünften aus Kapitalvermögen. Der Steuerpflichtige hat die Einkünfte aus Kapitalvermögen in seiner Einkommensteuererklärung anzugeben. Die Kapitalerträge müssen jedoch nur dann versteuert werden, wenn sie den Sparer-Freibetrag übersteigen.

Zinsen aus Guthaben bei inländischen Kreditinstituten werden grundsätzlich unter Abzug der Abgeltungsteuer von 25 % gutgeschrieben. Auf die Abgeltungsteuer wird zudem der Solidaritätszuschlag von 5,5 % einbehalten.

Steuerabzüge können innerhalb festgelegter Höchstgrenzen durch Erteilung eines Freistellungsauftrags vermieden werden.

Steuerfrei bleiben Zinserträge bis zu einem Höchstbetrag von 801,00/1602,00 EUR für Ledige/Verheiratete jährlich, wenn ein entsprechender Freistellungsauftrag vorliegt.

3.4 Sparen nach dem Fünften Vermögensbildungs-gesetz

Es handelt sich um solche Leistungen, die entweder zusätzlich zum Lohn, zum Gehalt bzw. zur Ausbildungsvergütung oder als Bestandteil dessen durch den Arbeitgeber erbracht werden. Dabei können die vermögenswirksamen Leistungen in einen Sparvertrag über Wertpapiere oder andere Vermögensbeteiligungen sowie Kontensparverträge, Bausparverträge, Kapitallebensversicherungen oder andere Anlagen eingebracht werden.

Lernsituation

Sabine Meixner (19 Jahre alt) ist seit 5 Monaten Auszubildende bei der Nordbank AG in Hamburg mit dem Ausbildungsziel Bankkauffrau. Die Nordbank AG ist tarifgebunden. Ihre Ausbildungsvergütung beträgt im 1. Ausbildungsjahr 872,00 EUR. Frau Meixner ist engagierte Auszubildende und möchte sich bei den nächsten Wahlen zur Jugendvertretung als Kandidatin aufstellen lassen. Sie möchte sich über die vermögenswirksamen Leistungen ihres Ausbildungsbetriebs und die entsprechenden Regelungen dazu im Vermögensbildungsgesetz genauer informieren, denn sie hat sich vorgenommen, als künftige Jugendvertreterin alle Auszubildenden der Nordbank AG detailliert über dieses Thema zu informieren.

Aufgaben

a) Zunächst stellt Frau Meixner fest, dass ihr bisher von der Nordbank AG keine vermögenswirksamen Leistungen gezahlt worden sind. Prüfen Sie, ob ihr gemäß Tarifvertrag vermögenswirksame Leistungen zustehen.

b) Danach möchte sich Frau Meixner einen Überblick über die wesentlichen Regelungen des Vermögensbildungsgesetzes verschaffen. Fassen Sie anhand der nachstehenden Fragestellungen die wesentlichen Inhalte des Vermögensbildungsgesetzes in einer kurzen Übersicht zusammen.
   - Welcher Personenkreis wird nach diesem Gesetz gefördert?
   - In welchen Verträgen und Anlageformen können die vermögensbildenden Leistungen angelegt werden?
   - Mit welchen Laufzeiten sind die jeweiligen Verträge ausgestattet?
   - Welcher Betrag kann jährlich maximal staatlich gefördert werden und wie hoch ist die Arbeitnehmer-Sparzulage in diesem Fall?

c) Erklären Sie kurz die Grundzüge des Investmentsparens und des Bausparens als zwei wesentliche Anlageformen des Vermögensbildungsgesetzes. Machen Sie dabei die Vorteile dieser Anlageformen für Auszubildende deutlich.

d) Stellen Sie fest, welche der nachfolgenden Anlageformen mit einer Arbeitnehmer-Sparzulage gefördert werden können. Geben Sie in diesem Zusammenhang auch die Prozentsätze und die Höchstbeträge an, mit denen die Anlagen jährlich staatlich gefördert werden.
   - Erwerb von Anteilscheinen an einem Aktienfonds
   - Abschluss eines Vertrags über eine Kapitallebensversicherung auf den Erlebens- oder Todesfall

- Einzahlungen auf ein Sparbuch mit einjähriger Kündigungsfrist
- Abschluss eines Bausparvertrages und Einzahlungen von Bausparbeiträgen

e) Wie funktioniert das vermögenswirksame Sparen, wenn ein Vertrag mit einer Investmentgesellschaft (Kapitalanlagegesellschaft) oder einer Bausparkasse geschlossen wurde?

f) Wann und wie kann die Arbeitnehmer-Sparzulage realisiert werden?

g) Zum Schluss möchte Frau Meixner überprüfen, ob das Vermögensbildungsgesetz Möglichkeiten vorsieht, vorzeitig über die vermögenswirksamen Leistungen zu verfügen, ohne auf die Arbeitnehmer-Sparzulagen verzichten zu müssen. Stellen Sie prämienunschädliche, vorzeitige Verfügungsmöglichkeiten über vermögenswirksame Sparleistungen anhand des Vermögensbildungsgesetzes fest.

h) Warum fördert der Staat das Beteiligungs- und das Bausparen?

INFO

Staatliche Förderung nach dem Fünften Vermögensbildungsgesetz

Das Fünfte Vermögensbildungsgesetz (5. VermBG) gilt für Zahlungen, die unmittelbar vom Arbeitgeber an das Kreditinstitut oder das Unternehmen überwiesen werden, bei dem die vermögenswirksame Anlage erfolgt. Diese Sparleistungen können auf zwei Wegen aufgebracht werden:

- Der Arbeitgeber zahlt, z. B. auf Grund einer tarifvertraglichen Vereinbarung, zusätzlich zum Bruttogehalt einen Teil oder die gesamte vermögenswirksame Sparleistung.
- Dem Arbeitnehmer wird der Sparbetrag auf Antrag von seinem Nettogehalt abgezogen.

Eine staatliche Förderung wird im Wesentlichen für die nachstehenden Anlageformen gezahlt.

Anlagen in Beteiligungswerten und Arbeitnehmerdarlehen:

- Aktien und Wandelschuldverschreibungen (börsengehandelt oder vom Arbeitgeber ausgegeben)
- Gewinnschuldverschreibungen des Arbeitgebers
- Wertpapier-, Beteiligungs- oder Immobilienfondsanteile (ab 60 % Aktienanteil)
- Genussrechte (vom Arbeitgeber ausgegebene oder börsengehandelte Genussscheine von Nichtkreditinstituten)
- Stille Beteiligungen oder GmbH-Anteile des Arbeitgebers
- Genossenschaftsanteile des Arbeitgebers
- Darlehensforderungen gegenüber dem Arbeitgeber

Die maximal geförderte Sparleistung beträgt 400,00 EUR. Die Arbeitnehmer-Sparzulage beträgt für diese Anlageform 20 %.

Anlagen nach dem Wohnungsbau-Prämiengesetz:

- Bausparverträge bei Bausparkassen
- Direkte Aufwendungen zum Bau, Erwerb oder zur Erweiterung einer Immobilie
- Ersterwerb von Anteilen an Bau- oder Wohnungsgenossenschaften

Die maximal geförderte Sparleistung beträgt 470,00 EUR. Die Aufwendungen sind auf volle EUR aufzurunden. Die Arbeitnehmer-Sparzulage beträgt 8,8 %.

Die Kapitallebensversicherung und der normale Banksparvertrag sind im Vermögensbildungsgesetz als Anlageformen ohne staatliche Sparförderung enthalten.

Die beiden unterschiedlichen Sparzulagen können einzeln oder gleichzeitig in Anspruch genommen werden. Da der Arbeitgeber aber i. d. R. maximal 470,00 EUR für vermögenswirksame Leistungen des Arbeitnehmers beisteuern wird, ist bei gleichzeitiger Nutzung beider Förderungsmöglichkeiten i. d. R. eine Eigenleistung des Arbeitnehmers z. B. in Höhe von 400,00 EUR Voraussetzung. Staatlich gefördert werden Anlagen von Arbeitnehmern (Angestellte, Arbeiter, Beamte, Auszubildende), deren zu versteuerndes Einkommen im Jahr der Sparleistung folgende Grenzen nicht übersteigt:

für Alleinstehende 17.900,90 EUR

für Verheiratete 35.800,00 EUR

Das Anlageinstitut bescheinigt dem Sparer jeweils die im Laufe eines Jahres angelegten Leistungen. Diese Bescheinigung wird mit der Einkommensteuererklärung beim Finanzamt eingereicht, das die von ihm festgesetzte Arbeitnehmer-Sparzulage an die sog. „Zentralstelle" meldet. Die Arbeitnehmer-Sparzulage wird nachträglich am Ende der Vertragslaufzeit vom Finanzamt auf das Konto des Leistungsempfängers überwiesen. Die vermögenswirksamen Leistungen des Arbeitgebers sind sowohl sozialversicherungs- als auch lohnsteuerpflichtig.

Bei staatlich geförderten Anlageformen mit Beteiligungscharakter ist zu beachten:

- Bei Sparverträgen über Wertpapiere und andere Vermögensbeteiligungen müssen die Sparleistungen eines Kalenderjahres spätestens bis zum Ende des folgenden Kalenderjahres in Wertpapieren angelegt worden sein. Die mit den Leistungen erworbenen Wertpapiere müssen unverzüglich nach ihrem Erwerb bis zum Ablauf der Sperrfrist für sieben Jahre festgelegt werden. Über die Wertpapiere darf bis zum Ablauf der Sperrfrist nicht durch Rückzahlung, Abtretung oder Beleihung verfügt werden.
- Beim Wertpapier-Kaufvertrag müssen die Wertpapiere bis zum Ende des Kalenderjahres, das auf das Jahr der Sparleistung folgt, erworben werden.

Wohnungsbau-Prämiengesetz

Das Wohnungsbau-Prämiengesetz sieht eine Förderung bestimmter Sparleistungen für wohnungswirtschaftliche Zwecke vor. Damit soll vor allem der Eigenheimbau breiter Bevölkerungsschichten gefördert werden.

Unbeschränkt einkommensteuerpflichtige natürliche Personen mit Wohnsitz oder gewöhnlichem Aufenthalt in Deutschland, deren zu versteuerndes Einkommen im Jahr der Sparleistung die Grenzen von

- 25.600,00 EUR für Alleinstehende oder
- 51.200,00 EUR für Verheiratete

nicht übersteigt, können für den Sparhöchstbetrag von

- 512,00 EUR im Jahr bei Alleinstehenden oder
- 1.024,00 EUR im Jahr bei Verheirateten

Wohnungsbau-Prämie erhalten.

Die Wohnungsbau-Prämie beträgt 8,8 % der erbrachten Sparleistung, das sind höchstens 45,06 EUR bzw. 90,11 EUR für Ledige bzw. Verheiratete im Jahr. Die Zinsen für Bausparguthaben sind ebenfalls prämienberechtigt. Dabei werden nur Beträge von mindestens 50,00 EUR im Jahr je Bausparkasse gefördert. Der Sparer kann allerdings für eine Sparleistung nur eine staatliche Förderung in Anspruch nehmen (Kumulierungsverbot). Die Antragsfrist beträgt zwei Jahre, d. h. bis zum 31.12. des übernächsten Jahres, das auf das Sparjahr folgt.

Verfügt der Sparer vorzeitig über eine staatlich geförderte Anlage, so muss er grundsätzlich mit der Zurückbelastung der gewährten Vergünstigungen rechnen. Prämienunschädliche Verfügungen sind nur in wenigen Fällen zulässig:

- bei Verwendung der Mittel im Wohnungsbau,
- bei Tod oder völliger Erwerbsunfähigkeit des Bausparers oder seines Ehegatten,
- bei Arbeitslosigkeit des Bausparers, sofern diese nach Vertragsabschluss eingetreten ist, mindestens ein Jahr ununterbrochen bestanden hat und zum Zeitpunkt der vorzeitigen Verfügung weiterhin besteht.

Vertragsart	**Sperrfristen (Bindungsfristen)**
Lebensversicherung nach dem 5. VermBG	12 Jahre nach Vertragsabschluss
Kontensparverträge nach dem 5. VermBG	7 Jahre ab 01. Januar des Jahres der ersten Einzahlung
Bausparen nach dem 5. VermBG	7 Jahre ab Vertragsschluss oder bei Zuteilung des Bausparvertrages und Verwendung für wohnwirtschaftliche Maßnahmen
Beteiligungssparen (z. B. Aktienfonds) nach dem 5. VermBG	7 Jahre ab 01. Januar des Jahres der ersten Einzahlung
Bausparen nach dem WoPG	Fällig bei Zuteilung des Bausparvertrages und Verwendung für wohnwirtschaftliche Maßnahmen. Ausnahme: Freie Verwendung des Guthabens nach sieben Jahren, wenn der Bausparer bei Vertragsschluss das 25. Lebensjahr noch nicht vollendet hatte.

3.5 Bausparen

Bausparen ist ein kollektives Zwecksparen mit dem Ziel, ein zinsgünstiges Bauspardarlehen außerhalb des Kapitalmarktes zu erhalten.

Lernsituation

Frau Ingrid Schierbaum (23 Jahre alt) hat nach ihrer erfolgreichen Ausbildung zur Kauffrau für Bürokommunikation einen Arbeitsvertrag mit der Nordex AG in Norderstedt abgeschlossen. Im Arbeitsvertrag wurde vereinbart, dass zum monatlichen Gehalt von 2.500,00 EUR der Arbeitgeber monatlich vermögenswirksame Leistungen in Höhe von 35,00 EUR zahlt. Frau Schierbaum ist Privatkundin der Nordbank AG in Norderstedt. Sie sind Kundenberater/in der Nordbank AG. Heute beraten Sie die Kundin über die Anlage ihrer vermögenswirksamen Leistungen.

Frau Schierbaum teilt Ihnen mit, dass sie in etwa 5 Jahren eine Eigentumswohnung erwerben möchte. Sie hat von der Möglichkeit gehört, dass eine Eigentumswohnung auch über ein Bauspardarlehen finanziert werden kann. Frau Schierbaum bittet Sie um Informationen über das Bausparen.

Aufgaben

a) Zunächst möchte Frau Schierbaum von Ihnen wissen, wie das Bausparen funktioniert. Erklären Sie der Kundin das Grundprinzip des Bausparens.

Da Frau Schierbaum von ihrem Arbeitgeber vermögenswirksame Leistungen erhält, informieren Sie Frau Schierbaum über die staatliche Sparförderung im Zusammenhang mit einem Bausparvertrag.

b) Erläutern Sie Frau Schierbaum, welche staatlichen Förderungsmaßnahmen sie in Verbindung mit einem Bausparvertrag nutzen kann.

c) Frau Schierbaum möchte zusätzlich zu den vermögenswirksamen Leistungen monatlich 100,00 EUR in den Bausparvertrag einzahlen.

d) Welche staatliche Sparförderung kann dem Bausparkonto von Frau Schierbaum jährlich höchstens gutgeschrieben werden?

e) Erläutern Sie Frau Schierbaum zwei weitere Vorteile des Bausparens.

Frau Schierbaum entscheidet sich für den Abschluss eines Bausparvertrags über 25.000 EUR. Sie teilt Ihnen mit, dass in der Sparphase das Guthaben möglichst hoch verzinst werden sollte. In der Darlehensphase würde sie allerdings einen möglichst geringen Zinssatz bei einer möglichst langen Tilgungszeit des Bauspardarlehens bevorzugen.

f) Welchen Bauspartarif würden Sie Frau Schierbaum empfehlen? Begründen Sie Ihren Vorschlag.

Die Nordbank AG bietet ihren Bausparern die nachstehenden Vertragskonditionen an:

Sparphase:

	Classic **	**Classic ****	**Classic-Top Finanz**	**Classic-Mini**
Mindest-BS*	10.000,00 EUR	10.000,00 EUR	50.000,00 EUR	10.000,00 EUR
Monatlicher Regelsparbeitrag je 1.000,00 EUR BS*	4,00 EUR	4,00 EUR	4,00 EUR	4,00 EUR
Guthabenzins p.a.	0,5 %	0,5 %	0,25 %	0,5 %
Mindestansparung (in % der BS*)	40 %	40 %	40%	40 %
Mindestsparzeit	18 Monate	18 Monate	18 Monate	18 Monate

Darlehensphase:

	Classic**	**Classic****	**Classic-Top Finanz**	**Classic-Mini**
Darlehenszins p.a.	2,75 %	2,75 %	2,25 %	1,75 %
Effektiver Jahreszins (gem. PAngV)	2,95 %	3,04 %	2,52 %	2,08 %
Maximaler Darlehensanspruch (in % der BS*)	60 %	60 %	60 %	60 %
Zins- und Tilgungsbeitrag je 1.000,00 EUR BS*	4,00 EUR	6,00 EUR	6,00 EUR	8,00 EUR
Tilgungsdauer bei max. Darlehen	203 Monate	121 Monate	115 Monate	81 Monate

* BS = Bausparsumme

** In der Tarifvariante Classic kann der Bausparer bis zur Zuteilung zwischen einem Zins- und Tilgungsbeitrag von 6,00 EUR oder 4,00 EUR für je 1.000,00 EUR Bausparsumme wählen.

Sie erklären Frau Schierbaum, dass der Bausparvertrag vom Abschluss bis zur Darlehensrückzahlung in mehreren Schritten abgewickelt wird.

g) Beschreiben Sie drei dieser Schritte.

Für den Abschluss des Bausparvertrages benötigen Sie noch die Höhe der Bausparsumme.

h) Ermitteln Sie unter Angabe des Rechenwegs die Höhe der Bausparsumme bei einem angenommenen Regelsparbeitrag von vier Promille der Bausparsumme pro Monat (Ergebnis auf volle Tausend EUR aufrunden).

INFO

Beim Bausparen handelt es sich um ein Zwecksparen. Ziel des Bausparers ist es, nach Erreichen bestimmter Voraussetzungen die Zuteilung der Bausparsumme zu erhalten. Die Bausparsumme setzt sich zusammen aus dem angesparten Guthaben und einem zinsgünstigen nachrangigen Bauspardarlehen. Die Konditionen sind beginnend mit Vertragsabschluss festgeschrieben und garantiert, obwohl das Darlehen meist erst Jahre später beansprucht wird und die Zinssituation auf dem Kapitalmarkt dann völlig anders als bei Vertragsabschluss sein kann.

Der Bausparer erwirbt neben dem Forderungsrecht für die Zukunft ein Anrecht auf ein zinsgünstiges Darlehen, sodass er von Hochzinsphasen nicht betroffen wird. Das Bausparen ist ein Finanzierungsinstrument, bei dem Eigenkapital angespart wird, bevor das Darlehen gegeben wird. Dieses Vorsparen wird staatlich gefördert durch die Wohnungsbau-Prämie und Arbeitnehmer-Sparzulage.

Die Vorschriften des Geldwäschegesetzes gelten auch für Bausparkassen bei entsprechenden Kontoeröffnungen.

Durch unterschiedlich aufgebaute Tarife haben sich die Bausparkassen den unterschiedlichen Bedürfnissen der Bausparer flexibel angepasst. Die Wartezeit bis zur Zuteilung des Bauspardarlehens hat sich in den letzten Jahren verlängert. Bei Sofortauffüllung eines Bausparvertrags auf z.B. 50% der Bausparsumme beträgt die Wartezeit i.d.R. 4 Jahre. Spezialtarife mit höherer Ansparquote und kürzerer Laufzeit führen zu einer früheren Zuteilung der Bausparsumme.

Zuteilung heißt, dass zu diesem Zeitpunkt die Bausparsumme aus der Zuteilungsmasse zugeteilt wird. Die Zuteilungsvoraussetzungen müssen jedoch erfüllt sein. Der Bausparvertrag nimmt an den Zuteilungen innerhalb einer Zuteilungsperiode teil, wenn die Mindestbewertungszahl an dem der jeweiligen Zuteilungsperiode vorausgehenden Bewertungsstichtag erreicht war.

Das Bausparen kann in vier Phasen eingeteilt werden:

1. Abschluss des Vertrags: Es gibt viele Vertrags- und Kombinationsmöglichkeiten, z.B. Langzeittarif, Standardtarif, Schnelltariftarif sowie Optionstarif mit Tarif-Wechselmöglichkeit.
2. Sparphase: Der Bausparer zahlt die Bausparraten bis zum Erreichen des Mindestsparguthabens ein.
3. Zuteilung: Voraussetzung für eine Zuteilung ist das Erreichen der Mindestbewertungszahl und des Mindestguthabens.
4. Tilgungsphase des Darlehens: Nach der Zuteilung und der Auszahlung des Bausparguthabens und des Darlehens erfolgt die Rückzahlung mit monatlichem Zins- und Tilgungsbetrag von 4 bis 8 Promille der Bausparsumme.

Voraussetzungen für die Zuteilung eines Bausparvertrages:

1. Mindestsparguthaben: Nach den meisten Tarifen müssen 50% der Bausparsumme als Mindestsparguthaben erreicht sein.
2. Ausreichende Höhe der Bewertungszahl: Die Bewertungszahl ist je nach Tarif das 0,4- bis 1,8-fache der bis zum Bewertungsstichtag erzielten Guthabenzinsen im Verhältnis zu einem Tausendstel der Bausparsumme. Je nach Vertrag muss eine Mindestbewertungszahl erreicht sein.
3. Erreichen der Zielbewertungszahl: Das ist die Bewertungszahl, die gerade noch für eine Zuteilung ausreicht. Bei knappen Zuteilungsmitteln ist die Zielbewertungszahl hoch, bei reichlichen Mitteln niedrig. Dadurch wird die Verteilung der Mittel auf die Bausparer reguliert.

Die Bausparförderung im Überblick

	Vermögenswirksame Leistungen mit Arbeitnehmer-Sparzulage für Arbeitnehmer nach dem 5. Vermögensbildungsgesetz	Eigene Sparleistungen mit Wohnungsbau-Prämie nach dem Wohnungsbau-Prämiengesetz
Maximal zu versteuerndes Einkommen pro Jahr (Für Verheiratete gelten die doppelten Beträge)	17.900,00 EUR/ 35.800,00 EUR	25.600,00 EUR/ 51.200,00 EUR
Erbringung der Leistung	Vermögenswirksame Leistungen (Überweisung durch den Arbeitgeber)	Eigene Sparleistung (Überweisung oder Lastschrift durch den Sparer)
Geförderte Höchstbeträge jährlich	470,00 EUR	512,00 EUR
Fördersatz	9% Arbeitnehmer-Sparzulage	8,8% Wohnungsbau-Prämie
Höchstmögliche staatliche jährliche Sparförderung	43,00 EUR/86,00 EUR	45,06 EUR/90,11 EUR
Bindungsfristen	7 Jahre	

Die Förderung unterliegt unter steuerlichen Gesichtspunkten einer absoluten Zweckbindung auch über die Bindungsfrist hinaus.

Steuerliche Behandlung der Zinsen auf Bausparguthaben

Zinsen auf Bausparguthaben unterliegen grundsätzlich der Abgeltungsteuer von 25%. Dabei gelten die Freibeträge von zurzeit 801,00 EUR für Ledige und 1.602,00 EUR für Verheiratete. Darüber hinaus fällt der Solidaritätszuschlag in Höhe von 5,5% auf die Abgeltungsteuer an. Wenn der Bausparer seiner Bausparkasse einen Freistellungsauftrag in ausreichender Höhe erteilt hat, wird keine Abgeltungsteuer sowie Solidaritätszuschlag erhoben. Auch wenn Wohnungsbau-Prämie gutgeschrieben wird, wird im laufenden Jahr keine Ertragsteuer (Abgeltungsteuer) erhoben.

In Konfliktfällen mit der Bausparkasse können sich Verbraucher an den Ombudsmann der privaten Bausparkassen wenden.

Auszug aus dem Wohnungsbau-Prämiengesetz (WoPG)

§ 1 Prämienberechtigte

Unbeschränkt einkommensteuerpflichtige Personen ..., die das 16. Lebensjahr vollendet haben oder Vollwaisen sind, können für Aufwendungen zur Förderung des Wohnungsbaus eine Prämie erhalten. Voraussetzung ist, dass

1. die Aufwendungen nicht vermögenswirksame Leistungen darstellen, für die Anspruch auf Arbeitnehmer-Sparzulage ... Vermögensbildungsgesetzes besteht, und

2. das maßgebende Einkommen des Prämienberechtigten die Einkommensgrenze nicht überschritten hat. Die Einkommensgrenze beträgt 25.600 Euro, bei Ehegatten 51.200 Euro. Maßgebend ist das zu versteuernde Einkommen.

§ 2 Prämienbegünstigte Aufwendungen

(1) Als Aufwendungen zur Förderung des Wohnungsbaus ... gelten

1. Beiträge an Bausparkassen zur Erlangung von Baudarlehen, soweit die an dieselbe Bausparkasse geleisteten Beiträge im Sparjahr ... mindestens 50 Euro betragen.

§ 3 Höhe der Prämie

(1) Die Prämie bemisst sich nach den im Sparjahr ... geleisteten prämienbegünstigten Aufwendungen. Sie beträgt 8,8 Prozent der Aufwendungen.

(2) Die Aufwendungen des Prämienberechtigten sind je Kalenderjahr bis zu einem Höchstbetrag von 512 Euro, bei Ehegatten ... zusammen bis zu 1.024 Euro prämienbegünstigt. Die Höchstbeträge stehen den Prämienberechtigten gemeinsam zu (Höchstbetragsgemeinschaft).

§ 5 Verwendung der Prämie

(2) Die Prämien für die ... bezeichneten Aufwendungen sind zusammen mit den prämienbegünstigten Aufwendungen zu dem vertragsmäßigen Zweck zu verwenden. Geschieht das nicht, so hat das Unternehmen dem Finanzamt unverzüglich Mitteilung zu machen.

(3) Über Prämien, die für Aufwendungen... ausgezahlt werden, kann der Prämienberechtigte verfügen, wenn das Geschäftsguthaben beim Ausscheiden des Prämienberechtigten aus der Genossenschaft ausgezahlt wird.

§ 6 Steuerliche Behandlung der Prämie

Die Prämien gehören nicht zu den Einkünften im Sinne des Einkommensteuergesetzes.

Auszug aus der Wohnungsbauprämien-Durchführungsverordnung (WoPDV)

§ 1a Aufzeichnungs- und Aufbewahrungspflichten

(1) Die Bausparkasse hat Aufzeichnungen zu führen über

1. den Namen und die Anschrift des Bausparers sowie des Abtretenden und des Abtretungsempfängers der Ansprüche aus einem Bausparvertrag,
2. die Vertragsnummer und das Vertragsdatum des Bausparvertrags,
3. die prämienbegünstigten Aufwendungen je Sparjahr,
4. die ermittelte oder festgesetzte Prämie je Sparjahr,
5. die ausgezahlte Prämie je Sparjahr,
6. den Anlass der Anmeldung .... ,
7. den ... mitgeteilten Prämienanspruch,
8. das Finanzamt, das ... die Prämie festgesetzt hat.

(3) Der Antrag auf Wohnungsbauprämie und die sonstigen Unterlagen sind geordnet zu sammeln und nach Ende des Sparjahrs zehn Jahre lang aufzubewahren. ...

§ 2 Wegfall des Prämienanspruchs und Rückzahlung der Prämien

(1) Der Prämienanspruch entfällt, soweit bei Bausparverträgen

1. prämienschädlich verfügt wird, oder
2. die für die Zusatzförderung ... erforderlichen Voraussetzungen nicht erfüllt werden.

Bereits ausgezahlte Prämien sind an die Bausparkasse oder an das zuständige Finanzamt zurückzuzahlen. Bei einer Teilrückzahlung von Beiträgen kann der Bausparer bestimmen, welche Beiträge als zurückgezahlt gelten sollen. Das gilt auch, wenn die Bausparsumme zum Teil ausgezahlt oder die ausgezahlte Bausparsumme teilweise schädlich verwendet wird oder Ansprüche aus dem Vertrag zum Teil abgetreten oder beliehen werden.

3.6 Eigenvorsorge nach dem Altersvermögensgesetz

Zur gesetzlichen Rentenversicherung kann der Aufbau einer zusätzlichen Altersvorsorge als private kapitalgedeckte Altersvorsorge oder als betriebliche Altersvorsorge erfolgen. Diese Art der Förderung wird auch „Riesterrente" genannt.

Lernsituation

Sie sind Kundenberater/in der Nordbank AG. Die Eheleute Axel und Silvia Krane haben mit Ihnen für heute einen Gesprächstermin vereinbart. Axel Krane ist 40 Jahre alt, arbeitet als Tischlermeister in einem Unternehmen für Küchenmöbel und hatte im Jahr 2020 einen Bruttoarbeitslohn von 37.000,00 EUR. Seine Frau Silvia ist 35 Jahre alt, arbeitet als Angestellte im öffentlichen Dienst und hatte im Jahr 2020 einen Bruttoarbeitslohn von 24.000,00 EUR. Die zwei Kinder der Familie Krane sind 3 bzw. 12 Jahre alt. Die Eheleute Krane interessieren sich für staatlich geförderte Möglichkeiten der privaten Altersvorsorge sowie für eine Geldanlage für ihre Kinder.

Aufgaben

a) Begründen Sie, warum es tendenziell immer wichtiger wird, neben der gesetzlichen Rentenversicherung auch private finanzielle Vorsorge für das Alter zu treffen.

b) Beschreiben Sie dem Ehepaar die beiden Begriffe „Versorgungslücke" und „demografischer Wandel".

c) Stellen Sie fest, ob Herr und Frau Krane zum geförderten Personenkreis der staatlich geförderten privaten Altersvorsorge gehören, und begründen Sie jeweils Ihre Entscheidung.

Die Eheleute Krane möchten wissen, welche Beträge sie aus eigenen Mitteln aufbringen müssen, um die staatliche Förderung für die private Altersvorsorge in voller Höhe zu erhalten. Zur Berechnung legen Sie den Eheleuten Krane die folgende aus dem Gesetz abgeleitete Übersicht vor:

Gesamtbeitrag pro Jahr (in % des sozialversicherungspflichtigen Vorjahreseinkommens	Maximale jährliche Grundzulage	Maximale jährliche Kinderzulage je Kind
4 %, maximal 2.100,00 EUR	175,00 EUR	185,00 EUR für Kinder, die bis zum 31.12.2007 geboren sind, 300,00 EUR für Kinder, die ab dem 01.01.2008 geboren sind

Berufseinsteiger, die zu Beginn des Kalenderjahres ab 25. Lebensjahr noch nicht vollendet haben, erhalten einmalig eine um 200,00 EUR erhöhte Grundzulage.

d) Ermitteln Sie unter Angabe des Rechenweges, welchen Eigenbeitrag Frau Krane und ihr Ehemann mindestens aufbringen müssen, um Anspruch auf die staatliche Förderung in voller Höhe zu erhalten. Die Kinderzulage ist Frau Krane zugeordnet.

Sie haben die Eheleute Krane von den Vorteilen der staatlich geförderten privaten Altersvorsorge überzeugt. Herr Krane fragt nach den hierfür bestehenden Anlagemöglichkeiten.

e) Nennen Sie zwei Beispiele für staatlich geförderte Altersvorsorgeprodukte.

f) Nennen Sie vier Voraussetzungen, die die Eheleute Krane erfüllen müssen, damit sie in den Genuss der staatlichen Förderung nach dem Altersvermögensgesetz kommen können.

Im weiteren Verlauf des Beratungsgesprächs verwenden Sie den Begriff der „nachgelagerten Besteuerung“ im Zusammenhang mit der Rentenbesteuerung im Alter.

g) Beschreiben Sie die Auswirkungen der „nachgelagerten Besteuerung“ für die Zeit der Ansparung und der Auszahlung eines geförderten Altersvorsorgevertrags.

Herr Krane teilt Ihnen mit, dass sie ein Grundstück besitzen und in den nächsten sechs bis sieben Jahren bauen möchten. Aus diesem Grund möchte das Ehepaar Krane monatlich einen festen Betrag für den geplanten Hausbau ansparen. Sie empfehlen der Familie Krane den Abschluss eines Bausparvertrages.

h) Beschreiben Sie anhand von drei Aspekten den Kundennutzen dieses Produkts.

Das Ehepaar Krane entscheidet sich für den Abschluss eines nach Wohn-Riester-geförderten Bausparvertrags auf den Namen der Ehefrau. Die Kinder werden Frau Krane zugerechnet.

i) Ermitteln Sie für Frau Krane die Höhe der Wohn-Riester-geförderten Bausparsumme. Legen Sie für Ihre Berechnungen einen Regelsparbeitrag von 4 Promille der Bausparsumme pro Monat zugrunde. Runden Sie das Ergebnis auf volle TEUR auf.

Auch Herr Krane möchte auf seinen Namen einen geförderten Altersvorsorgevertrag abschließen. Sie empfehlen Herrn Krane eine fondsgebundene Lebensversicherung.

j) Erklären Sie Herrn Krane zwei Vorteile dieses Produkts im Rahmen seiner Altersvorsorge.

Das Ehepaar möchte noch wissen, wie sie die staatlichen Zulagen jährlich beantragen müssen.

k) Nennen Sie die beiden Möglichkeiten.

Am Ende des Beratungsgesprächs möchte das Ehepaar noch wissen, wann es frühestens über die Riester-Renten verfügen kann.

l) Nennen Sie zwei Beispiele für eine:

l1) unschädliche Verwendung des Altersvorsorgevermögens.

l2) schädliche Verwendung des Altersvorsorgevermögens.

m) Nennen Sie zwei mögliche Folgen, die eine schädliche Verwendung für die Eheleute Krane hätte.

INFO

Riester-Rente	
Voraussetzungen für die staatliche Förderung	- Der Anleger gehört zum förderungsfähigen Personenkreis. - Die Anlage erfolgt in einem zertifizierten Altersvorsorgevertrag. - Der Anleger erbringt einen einkommensabhängigen Eigenbeitrag.
Geförderter Personenkreis	- Arbeitnehmer, die in der gesetzlichen Rentenversicherung pflichtversichert sind.

	- Bezieher von Lohnersatzleistungen, wie Arbeitslosengeld I und II. - Beamte - nicht erwerbstätige Eltern in den Kindererziehungszeiten - Wehr- und Zivildienstleistende - Bezieher von Vorruhestandsgeld
Nicht geförderter Personenkreis	- Selbstständige, die nicht in der gesetzlichen Rentenversicherung pflichtversichert sind. - geringfügig Beschäftigte - Rentner und Pensionäre
Besonderheiten bei Eheleuten	Jeder Ehegatte kann unabhängig vom Partner einen eigenen Altersvorsorgevertrag mit dem Anspruch auf staatliche Förderung abschließen. Auch wenn nur ein Ehegatte zum förderfähigen Personenkreis gehört, erhält der eigentlich nicht förderberechtigte Ehegatte ebenfalls die staatliche Förderung, sofern er einen Altersvorsorgevertrag auf seinen Namen abschließt (abgeleiteter Zulagenanspruch).
Anlageformen	Private Altersvorsorge: Banksparplan, Investmentsparplan, Rentenversicherung Betriebliche Altersvorsorge: Direktversicherungen, Pensionskassen, Pensionsfonds Beachte: Förderungsfähig sind nur Anlageformen, die im Alter durch lebenslange Zahlungen die gesetzliche Rente ergänzen.
Zertifizierung der geförderten Anlageformen durch BaFin	Merkmale: - Die Auszahlungen dürfen nicht vor dem 60. Lebensjahr beginnen. Das Risiko Erwerbsunfähigkeit und die Hinterbliebenen können zusätzlich abgesichert werden. - Zu Beginn der Auszahlungsphase muss mindestens das eingezahlte Kapital zur Verfügung stehen (Kapitalgarantie). - Die Auszahlung erfolgt grundsätzlich als lebenslange Leibrente (Kapitalverrentung). Bis zu 30% des bei Rentenbeginn zur Verfügung stehenden Kapitals kann sich der Anleger jedoch zu Beginn der Auszahlungsphase direkt auszahlen lassen. - Die Abschluss- und Vertriebskosten sind auf 5 Jahre zu verteilen. - Der Anleger hat das Recht, den Vertrag ruhen zu lassen, zu kündigen und zu wechseln sowie vorübergehend Mittel zum Wohnungsbau zu entnehmen. Der Anleger ist bei Vertragsabschluss zu informieren über: - die Anlage des Geldes, - die kalkulierte Rendite, - das mit der Anlage verbundene Risiko, - die Höhe und Verteilung der Abschluss- und Vertriebskosten, - die Kosten für die Verwaltung der Geldanlage sowie die Kosten beim Wechsel zu einem anderen Produkt. Der Anleger ist jährlich zu informieren über: - die Beitragsverwendung,

	- die Kapitalverwendung, - die Kosten und Erträge, - ob der Anbieter ethische, soziale oder ökologische Belange bei der Geldanlage berücksichtigen will.
Beiträge und staatliche Förderung	Die Einzahlungen auf den Altersvorsorgevertrag (Gesamtbeitrag) setzen sich zusammen aus dem Eigenbeitrag des Anlegers und der staatlichen Altersvorsorgezulage, die aus einer Grundzulage und einer Kinderzulage besteht. Zum Erhalt der vollen staatlichen Förderung ist ein jährlicher Gesamtbeitrag (Eigenbeitrag) zu leisten. Bei einem niedrigeren Eigenbeitrag verringert sich die staatliche Förderung anteilig.
Gesamtbeitrag pro Jahr (in % des sozialversicherungspflichtigen Vorjahreseinkommens)	4%, max. aber 2.100 EUR
maximale jährliche Grundzulage	175 EUR
maximale jährliche Kinderzulage je Kind	185 EUR Kinder, die nach dem 01.01.2008 geboren sind, erhalten eine Kinderzulage von 300 EUR. Eine Kinderzulage gibt es für jedes Kind, für das Kindergeld gezahlt wird. Bei Eheleuten wird die Kinderzulage grundsätzlich der Mutter zugeordnet, auf Antrag beider Eltern dem Vater. Bei Alleinerziehenden steht die Kinderzulage dem Elternteil zu, in dessen Haushalt das Kind lebt. Wenn beide Eheleute zum geförderten Personenkreis gehören, ist der Mindestgesamtbeitrag für jeden Ehegatten getrennt zu ermitteln. Das Einkommen des Ehegatten ist dabei nicht zu berücksichtigen. Ein Ehegatte mit abgeleitetem Zulagenanspruch muss auf seinen Vertrag keine eigenen Mittel einzahlen. Der Mindesteigenbeitrag ist nur für den förderfähigen Ehegatten zu ermitteln. Dabei mindern die beiden Eheleuten zustehenden Zulagen seine selbst aufzubringenden Eigenleistungen.

Sockelbetrag von 60 EUR	Der Gesamtbeitrag besteht aus der Summe von Eigenbeitrag des Anlegers und der staatlichen Förderung. Dies würde bei einem niedrigen Einkommen dazu führen, dass der Anleger selbst nur sehr niedrige oder keine eigenen Zahlungen leisten müsste. Deshalb fordert der Staat vom Anleger die Zahlung eines Sockelbetrages von 60 EUR. Bei Eheleuten ist der Sockelbetrag getrennt festzustellen. Bei nicht berufstätigen Ehegatten mit abgeleitetem Zulagenanspruch entfällt der Sockelbetrag (Ausnahme: Erziehungsurlaub). Beispiel: Jährliche Ausbildungsvergütung im Vorjahr beträgt für ledige Auszubildende 5.000 EUR. 4% von 5.000 EUR = 200 EUR. Bei einer Grundzulage von 175 EUR beträgt der Eigenbeitrag pro Jahr 200 EUR - 175 EUR = 25 EUR. In diesem Fall muss der Sockelbetrag von jährlich 60 EUR eingezahlt werden.
Sonderausgabenabzug und Günstigerprüfung	Altervorsorgeaufwendungen (Eigenbeitrag des Anlegers plus staatliche Zulagen) sind grundsätzlich bis zu einem bestimmten Höchstbetrag als Sonderausgaben bei der Einkommensteuer abzugsfähig. Die Gewährung einer Zulage schließt jedoch den Sonderausgabenabzug aus. Im Rahmen einer sog. Günstigerprüfung prüft das Finanzamt von Amts wegen, ob die Steuerersparnis höher als die Zulagen ist. Ggf. erstattet das Finanzamt die Differenz im Rahmen der Einkommensteuerveranlagung.
Zulagenantrag	Die staatlichen Zulagen sind beim Anbieter des Altersvorsorgesparplanes zu beantragen, der den Antrag an die Zulagenstelle für Altersvermögen (ZfA) weiterleitet. Diese überweist die Zulage auf das Anlagekonto des Anlegers. Bei einem Dauerzulagenantrag bevollmächtigt der Anleger den Anbieter zur jährlichen Antragstellung, sodass der Anleger selbst keinen Antrag stellen muss. Der Anleger ist jedoch verpflichtet, alle Änderungen, die sich auf die Höhe der Zulage auswirken können, z.B. Streichung des Kindergeldes, unverzüglich dem Anbieter mitzuteilen. Zur Feststellung des auf den Vertrag einzuzahlenden Gesamtbeitrages fragt die ZfA direkt beim Rentenversicherungsträger das sozialversicherungspflichtige Einkommen des Anlegers ab.
Zulagenschädliche Verwendung des angesparten Kapitals	Bei förderschädlichen Verfügungen sind alle Zulagen und Steuervorteile zurückzuzahlen. Zudem sind die im Auszahlungsbetrag enthaltenen Erträge zu versteuern.

Berechnungsbeispiel für Grund- und Kinderzulage	
Vorjahresbruttoeinkommen des Ehemanns	38.000 EUR
Vorjahresbruttoeinkommen der Ehefrau	24.000 EUR
3 Kinder: 2 Kinder Geburt nach 01.01.2008 1 Kind Geburt vor 01.01.2008	
Geförderter Gesamtbeitrag für den Ehemann	4 % von 38.000 = 1.520 EUR

Geförderter Gesamtbeitrag für die Ehefrau	4 % von 24.000 = 960 EUR
Grundzulage für jeden Ehepartner	175 EUR
Kinderzulage für 1 Kind Kinderzulage für 2 Kinder	185 EUR 600 EUR
Eigenbeitrag für den Ehemann	1.520 – 175 = **1.345 EUR**
Rechnerisch ermittelter Eigenbeitrag für die Ehefrau	960 – 175 – 785 = 0 EUR
Eigenbeitrag für die Ehefrau	**Sockelbetrag 60 EUR**

Wohn-Riester	
Wesen	Das Eigenheimrentengesetz 2008 (Wohn-Riester) hat die selbstgenutzte Immobilie in den Kreis der staatlich geförderten Vorsorgewege aufgenommen. Die Eigenheimrente (ersparte Miete) tritt gleichrangig neben die Geldrente. Damit profitieren Wohneigentümer schon mit dem Einzug in die eigenen vier Wände von ihrer Altersvorsorge. Beim Wohn-Riestern handelt es sich um ein verzinsliches Ansparen von Guthaben zum Bau eines Hauses. Der Anleger erwirbt z. B. mit Abschluss eines Bausparvertrages einen bedingten Anspruch auf ein zinsgünstiges Darlehen für den Wohnungsbau. Die staatliche Förderung ist während der Anspar- und der Tilgungsphase beim Bausparvertrag bzw. der Inanspruchnahme des zinsgünstigen Bauspardarlehens möglich.
Beispiel für einen Wohn-Riester-Bausparvertrag:	Anja Müller (29 Jahre, Arbeitnehmerin, 2 Kinder, die vor 2008 geboren wurden, jährliches beitragspflichtiges Einkommen 20.000,00 EUR) möchte einen nach Wohn-Riester geförderten Bausparvertrag abschließen. Der maximal staatlich geförderte Betrag beträgt: 4 % von 20.000 EUR = 800,00 EUR Frau Müller muss auf den Bausparvertrag jährlich aus eigenen Mitteln einen Eigenbeitrag leisten: 800 EUR – 175 EUR (Grundzulage) – 370 EUR (Kinderzulage) = 251,00 EUR
	Der monatliche Eigenbeitrag beträgt: 251 EUR : 12 = 20,92 EUR Der Regelsparbeitrag auf den Bausparvertrag beträgt monatlich: 800 EUR : 12 = 66,67 EUR Bei einem Regelsparbeitrag von 4 Promille der Bausparsumme ergibt sich für Frau Müller der Abschluss eines Bausparvertrages mit einer Bausparsumme von: 66,67 x 1000 : 4 = 16.667,50 EUR aufgerundet auf volle 1.000 EUR = 17.000,00 EUR

Vorteile der Riester-Altervorsorgeprodukte	- **Steuerstundungseffekt:** Der Nutzer der staatlichen Fördermaßnahme für die Altersvorsorge verwendet unversteuertes Einkommen zum Aufbau einer privaten Altersvorsorge, das erst in der Rentenphase versteuert wird. - **Zinseszinseffekt:** Ersparte Steuern können als Sonderzahlungen bzw. Sondertilgungen in die Finanzierung eingebracht werden. - **Steuerprogressionseffekt:** In der Regel in der Rentenphase deutlich niedrigere Steuersätze
Steuerschädliche Verfügungen	Sobald das eigengenutzte Haus oder die Wohnung verkauft oder vermietet wird, handelt es sich um eine steuerschädliche Verwendung. In diesem Fall muss das in der Immobilie gebundene steuerlich geförderte Kapital (= Stand des Wohnförderkontos) versteuert werden. **Ausnahmen:** Der Förderberechtigte legt sich innerhalb von 4 Jahren erneut ein Eigenheim zu oder er zahlt die geförderten Beträge innerhalb eines Jahres in einen Riester-Sparvertrag ein. Auch die vorübergehende Vermietung nach einem beruflich bedingten Umzug ist möglich. Allerdings muss die Absicht bestehen, dass der Steuerpflichtige die Selbstnutzung wieder aufnimmt. Diese Intention muss er spätestens mit Vollendung des 67. Lebensjahres umgesetzt haben.
Anpassungen von Wohn-Riester-Regelungen veranlasst durch den EuGH:	- Die Bestimmung, wonach Rentner die Förderung zurückzahlen müssen, wenn sie ins Ausland abwandern, widerspricht der Freizügigkeit und hat abschreckenden Charakter und wurde deshalb abgeschafft. - Die Bestimmung, dass das mit Wohn-Riester-Verträgen geförderte Kapital nur für den Kauf von Immobilien in Deutschland verwendet werden darf, wurde ebenfalls aufgehoben.

3.7 Versicherungssparen

Versicherungen sollen den Einzelnen vor den wirtschaftlichen Folgen beim Eintritt von Schadensereignissen schützen. Lebensversicherungen dienen der Absicherung des wirtschaftlichen Risikos, das sich aus der Unsicherheit über die Dauer des menschlichen Lebens ergibt. Sie bieten finanzielle Sicherheit für die Hinterbliebenen im Todesfall und finanzielle Sicherheit für das Alter, bei Berufsunfähigkeit, für die Ausbildung von Kindern usw.

Lernsituation

Friedhelm (geb. 15.03.1983) und Vanessa (geb. 18.03.1984) Saxinger sind seit zwei Jahren verheiratet. Sie haben zwei Kinder, die 1 und 2 Jahre alt sind. Herr Saxinger ist Prokurist bei einem Hamburger Export-Import-Unternehmen. Frau Saxinger ist Industriekauffrau. Sie ist zurzeit nicht erwerbstätig. Das Familieneinkommen beträgt 4.500,00 EUR netto. Herr Saxinger zahlt den Höchstbeitrag zur gesetzlichen Rentenversicherung. Eine betriebliche Altersvorsorge besteht nicht. Altersvorsorge und Hinterbliebenenschutz sind unzureichend. Damit besteht eine erhebliche Versorgungslücke.

Die von Friedhelm Saxinger zu erwartende Rente aus der gesetzlichen Sozialversicherung wird nach den heutigen Berechnungen weniger als 45% des gegenwärtigen Nettoeinkommens der Familie ausmachen. Sie wird nicht einmal die gegenwärtigen laufenden monatlichen Ausgaben in Höhe von 1.950,00 EUR decken. Eine weitere Versorgungslücke besteht bei Berufsunfähigkeit oder Tod. Zur aktuellen Vorsorge gehört somit auch eine private Berufsunfähigkeitsversicherung.

Die Empfehlung des Beraters der Nordbank AG für Friedhelm Saxinger lautet:

- Abschluss einer dynamischen Kapitallebensversicherung auf den Todes- und Erlebensfall mit Unfallzusatzversicherung sowie
- Abschluss einer Berufsunfähigkeitsversicherung und
- Abschluss einer fondsgebundenen Rentenversicherung mit Beitragsgarantie (sog. Riester-Rente zur privaten Altersvorsorge mit staatlicher Förderung).

Aufgaben

a) Erläutern Sie die Ziele des Versicherungssparens aus der Sicht des Anlegers.

b) Aus welchen Komponenten setzt sich die Versicherungsprämie zusammen?

c) Wodurch unterscheiden sich Versicherungssumme und Ablaufleistung bei Kapitallebensversicherungsverträgen?

d) Wegen der Langfristigkeit der Kapitalanlage möchte Herr Saxinger wissen, welche Folgen eine vorzeitige Verfügung über den bis dahin angesparten Betrag hat.

e) Erläutern Sie Herrn Saxinger den Rückkaufswert beim Versicherungssparen.

f) Am Ende des Beratungsgesprächs informiert der Anlageberater der Nordbank AG das Ehepaar Saxinger noch über die steuerliche Behandlung der Erträge aus einer Kapitallebensversicherung im Falle der Auszahlung der Versicherungssumme im Alter.

f1) Beschreiben Sie die beiden Möglichkeiten der steuerlichen Behandlung von Kapitallebensversicherungserträgen.

Angenommen Herr Saxinger zahlt 20 Jahre lang monatlich 100,00 EUR in eine Kapitallebensversicherung ein.

f2) Bei Fälligkeit der Versicherung ist Herr Saxinger 62 Jahre alt und erhält eine Versicherungsleistung von 35.000,00 EUR. Ermitteln Sie den Ertrag nach Steuern.

f3) Ermitteln Sie den Ertrag nach dem Halbeinkünfteverfahren. Der für die Besteuerung der Erträge maßgebliche persönliche Einkommensteuersatz beträgt 32 %.

g) Erläutern Sie Vor- und Nachteile des Versicherungssparens für Herrn Saxinger.

INFO

Für Lebensversicherungsverträge, die ab dem 1. Januar 2017 geschlossen wurden, kalkulieren die deutschen Versicherungsunternehmen mit dem neuen Garantiezinssatz von 0,90%. Gleichzeitig haben die meisten Lebensversicherer ihren Kunden mitgeteilt, dass die laufende Überschussbeteiligung geringer ausfallen wird als ursprünglich angenommen, da die erzielbaren Renditen an den Kapitalmärkten geringer ausfallen.

Durch den Abschluss einer privaten Lebensversicherung durch eine Privatperson werden folgende Ziele angestrebt: Sofortiger Schutz und Vorsorge. Unter bestimmten Voraussetzungen sind die Erträge steuerfrei, beispielsweise wenn die Verträge mindestens 12 Jahre laufen. Mögliche Steuervorteile im Rahmen der Sonderausgaben kommen häufig nicht zum Zuge, da die Sonderausgaben meist schon ausgeschöpft sind.

Bei den Lebensversicherungen unterscheidet man besonders zwischen

- Todesfallversicherung (Risikoversicherung),
- Todes- und Erlebensfallversicherung (Kapitalversicherung) und
- Leibrentenversicherung mit Kapitalwahlrecht.

Bei der Kapitallebensversicherung fließen unter bestimmten Voraussetzungen sowohl die versicherte Summe als auch die Gewinnanteile aus der Lebensversicherung dem Berechtigten steuerfrei zu, soweit es sich um begünstigte Verträge handelt.

Identifizierung nach dem Geldwäschebekämpfungsgesetz

Die Bestimmungen, die für Kreditinstitute gelten, sind auch auf Lebensversicherer anwendbar. Bei Abschluss eines Versicherungsvertrages besteht für die Lebensversicherer die Verpflichtung, den Vertragspartner zu identifizieren. Grundsätzlich kann die Identifizierung auch durch einen Versicherungsvertreter erfolgen. Identifizierungspflicht besteht, wenn die Höhe der während eines Jahres fälligen Prämien 1.000 EUR oder mehr beträgt oder wenn eine Einmalzahlung von mehr als 2.500 EUR geleistet wird. Die Pflicht zur Identifizierung gilt als erfüllt, wenn der Versicherer bei Vertragsabschluss feststellt, dass die Prämienzahlungen über ein Konto des Versicherungsnehmers abzuwickeln ist. Dieses für die Versicherungsunternehmen erleichterte Identifizierungsverfahren hängt damit zusammen, dass bei bestehenden Konten eine Identifizierung des Kontoinhabers seitens des Kreditinstituts bei der Eröffnung des Bankkontos stattgefunden hat.

Einkommensteuerliche Behandlung von Kapitallebensversicherungen

Der Ertrag einer Kapitallebensversicherung ist die Differenz zwischen der Versicherungsleistung (Ablaufleistung) und den eingezahlten Beiträgen. Man unterscheidet zwischen steuerlich begünstigten und nicht begünstigten Kapitallebensversicherungen.

Voraussetzungen für die steuerliche Begünstigung von Kapitallebensversicherungen:

- Auszahlung der Versicherungsleistung nach Vollendung des 62. Lebensjahres ,
- Vertragslaufzeit mindestens zwölf Jahre ,
- Todesfallschutz mindestens 50 % der Beitragssumme .

Der Ertrag aus einer steuerlich begünstigten Versicherung ist nur zur Hälfte mit dem persönlichen Einkommensteuersatz (Halbeinkünfteverfahren) zu versteuern. Die gezahlte Kapitalertragsteuer ist eine Vorauszahlung auf die Einkommensteuer.

Bei einer steuerlich nicht begünstigten Kapitallebensversicherung unterliegt der gesamte Ertrag einer Abgeltungsteuer von 25 % zuzüglich 5,5 % Solidaritätszuschlag.

Bei der Auszahlung der Versicherungsleistung führt die Versicherung stets 25 % Kapitalertragsteuer zuzüglich 5,5 % Solidaritätszuschlag von dem Gesamtertrag an das Finanzamt ab.

Die Erträge aus einer Kapitallebensversicherung bleiben im Todesfall einkommensteuerfrei.

Verrentung der Kapitallebensversicherungsansprüchen

Eine Verrentung der Ablaufleistung gilt als Verfügung. Die Differenz zwischen Versicherungsleistung und den eingezahlten Beiträgen ist zu versteuern. Die Rentenzahlungen werden mit dem Ertragsanteil versteuert.

Der Versicherungsvertrag

Motive für den Abschluss von Lebensversicherungen

- Aufbau einer Alters- und Hinterbliebenenversorgung
- Schließen von Versorgungslücken aus der gesetzlichen Rentenversicherung, z.B. bei Berufsunfähigkeit
- Bildung von Vermögen mit garantiertem Zuwachs
- Absicherung von kreditfinanzierten Investitionen
- Nutzung von Steuervorteilen
- Sicherung der Ausbildung von Kindern, z.B. Studium

Abschluss des Vertrags

Der Lebensversicherungsvertrag wird zwischen dem Versicherungsnehmer und dem Versicherer geschlossen. Er kann durch die Vermittlung eines Kreditinstituts zustande kommen. Der Antragsteller muss festlegen, wer im Todes- oder Erlebensfall die Versicherungsleistung erhalten soll. Die Beitragszusammensetzung bei einer Risikoversicherung besteht aus dem Risikobeitrag und dem Kostenbeitrag. Der Versicherungsbeitrag bei Kapital- und privaten Rentenversicherungen besteht aus dem Risikobeitrag plus Sparbeitrag und Kostenbeitrag.

Versicherungsbeitrag

Die Höhe des Versicherungsbeitrags hängt ab von der Versicherungssumme, der Art und Laufzeit der Versicherung, dem Eintrittsalter, dem Gesundheitszustand und dem Geschlecht des Versicherten sowie von den Rechnungsgrundlagen. Der Versicherungsbeitrag gilt für die gesamte Laufzeit der Versicherung.

Risikobeitrag

Der *Risikobeitrag* deckt das Todesfallrisiko. Stirbt die versicherte Person vor Ablauf des Vertrages, wird das riskierte Kapital (Differenz zwischen Versicherungssumme und den zu diesem Zeitpunkt angesammelten Sparbeitragen) aus den Risikobeiträgen der Versicherungsnehmer gedeckt (Solidargemeinschaft der Versicherten).

Sparbeitrag

Der *Sparbeitrag* dient der Ansparung der Versicherungssumme. Der Sparanteil wird von der Versicherung ertragbringend (z. B. Anleihen, Aktien, Immobilien) angelegt. Dem Versicherten wird i. d. R. eine Garantieverzinsung von zurzeit 0,90 % (maximal Rechnungszinssatz) zugesagt. Die zu 0,90 % aufgezinsten Sparanteile für die Laufzeit der Versicherung ergeben die Versicherungssumme. Der über die Garantieverzinsung hinausgehende Mehrertrag (Zinsgewinn) steht dem Versicherten zu mindestens 90 % zu. Bei Fälligkeit der Versicherung sollen Sparbeiträge und Zinsen die Versicherungssumme abdecken.

Kostenbeitrag

Der *Kostenbeitrag* deckt die Vertriebskosten und die laufenden Verwaltungskosten und die Inkassokosten. Ist der tatsächliche Aufwand geringer als kalkuliert, entsteht ein Kostengewinn, der den Versicherten zu mindestens 50 % zusteht.

Ablaufleistung

Die Ablaufleistung besteht aus der Versicherungssumme und der Überschussbeteiligung (Sterblichkeitsgewinn zuzüglich Mehrertrag zuzüglich Kostengewinn). An dem erzielten Überschuss sind die Versicherten zu beteiligen.

Bei Fälligkeit der Versicherung wird die *Ablaufleistung* an den Versicherten ausgezahlt. Durch die Überschussbeteiligung erhöht sich die Ablaufleistung oft erheblich. Bei einer Laufzeit von 25 Jahren wird bei Ablauf der Versicherung ca. das Doppelte der Versicherungssumme ausgezahlt. Da zukünftige Entwicklungen, z.B. Höhe der Kapitalmarktzinsen, Entwicklung der Aktienkurse die Höhe der Überschussbeteiligung bestimmen, ist bei Vertragsabschluss die Ablaufleistung der Versicherung im Voraus jedoch nicht genau zu ermitteln.

Widerruf des Vertrages

Der Versicherungsnehmer kann den Versicherungsvertrag binnen 30 Tagen schriftlich widerrufen. Für Wahrung der Frist genügt die rechtzeitige Absendung des Widerrufs nach § 152 VVG. Das Widerrufsrecht beginnt mit Zusendung der Versicherungspolice. Dabei muss der Versicherer nachweisen, wann er die Police dem Versicherungsnehmer zugeschickt hat.

Deckungsstock (Prämienreservefonds)

Die Versicherung muss ein Deckungskapital bilden, um nach Ablauf der Versicherungsdauer bzw. im Todesfall die Versicherungssumme zahlen zu können. Für diesen Deckungsstock gelten besondere Vorschriften:

- Der Deckungsstock muss getrennt vom Vermögen der Versicherung verwaltet werden.
- Ein Treuhänder wird zur Überwachung bestellt.
- Folgende Anlagen sind zulässig: Hypotheken- und Grundschulddarlehen, alle inländischen fest verzinslichen Wertpapiere, Investmentfonds, Aktien, die an einem regulierten Markt gehandelt werden, Darlehen an Bund, Länder und Gemeinden, Grundstücke und Gebäude, Termineinlagen bei Kreditinstituten.

Rückkaufswert (Zeitwert)

Der Rückkaufswert gibt den Betrag an, der dem Versicherungsnehmer bei vorzeitiger Kündigung ausgezahlt wird. Bei einer vorzeitigen Kündigung erhält der Versicherungsnehmer unter Berücksichtigung der Abschlusskosten sein Deckungskapital bestehend aus den verzinsten Sparanteilen seiner Einzahlungen zuzüglich der bisher angefallenen Überschussbeteiligung. Der Rückkaufswert ist in den ersten Versicherungsjahren relativ niedrig. Der Rückkaufswert bestimmt auch den Beleihungswert für die Beleihung einer Lebensversicherung.

Lebensversicherungen haben lange Laufzeiten. Der Versicherungsbeitrag ist für die gesamte Laufzeit fest vereinbart. Da eine Beitragserhöhung während der Vertragslaufzeit nicht möglich ist, wird der Versicherungsbeitrag mit Sicherheitszuschlägen kalkuliert. Auch die rechnerischen Grundlagen, mit denen die Beiträge kalkuliert wurden, können sich stark verändern. In der Regel wird bei der Anlage der Sparanteile ein höherer Zins als der rechnerisch kalkulierte erzielt. Weitere Gewinne ergeben sich durch eine vorsichtige Kalkulation des Sterblichkeitsrisikos und der Kosten. Die Gewinne werden nicht laufend ausgeschüttet, sondern in eine Gewinnreserve eingestellt und bei Fälligkeit der Versicherungsleistung ausgezahlt. Überschussbeteiligungen werden auch bei vorzeitigem Rückkauf berücksichtigt.

Beurteilung von Kapitallebensversicherung aus der Sicht des Versicherten	
Vorteile	**Nachteile**
1. Absicherung der Familie im Todesfall 2. Hohe Ablaufleistung durch Überschussbeteiligung 3. Sicherung des Lebensstandards im Alter und für den Fall der Berufs- und Erwerbsunfähigkeit 4. Steuervorteile 5. Anlage der vermögenswirksamen Leistungen (keine Arbeitnehmer-Sparzulage) 6. Darlehenssicherung und –tilgung	1. Lange Laufzeiten 2. Bei vorzeitiger Kündigung erhält der Versicherte nur den Rückkaufswert. 3. Die Ablaufleistung ist nicht bekannt. 4. Evtl. niedrigere Renditen als bei anderen Anlageformen. Als Alternative kann der Abschluss einer preiswerten Risiko-Lebensversicherung in Verbindung mit einem Bank- oder Fondssparplan empfohlen werden.

4 Kreditgeschäft Teil 1

Die Kreditinstitute verstehen unter einem Kredit die zeitlich befristete Überlassung von Kapital, wobei die Zinsen das Entgelt für die Überlassung des Kapitals darstellen.

Ein Darlehensvertrag verpflichtet das Kreditinstitut, dem Privatdarlehensnehmer einen bestimmten Geldbetrag für die vereinbarte Laufzeit zur Verfügung zu stellen. Der Privatdarlehensnehmer verpflichtet sich, die vereinbarten Zinsen zu zahlen und das Darlehen am Ende der Laufzeit zurückzuzahlen (§ 488 BGB).

4.1 Kreditfähigkeit und Kreditwürdigkeit

Kreditfähig sind Verbraucher, die in der Lage sind, rechtswirksam einen Kreditvertrag abzuschließen. Vor dem Abschluss eines Darlehensvertrages muss das Kreditinstitut neben der Kreditfähigkeit auch die Kreditwürdigkeit des Verbrauchers prüfen.

Lernsituation 1

Herr Rainer Ulmbauer ist 17 Jahre alt und hat gerade seine Ausbildung zum Logistikkaufmann bei der Speditions-AG begonnen. Herr Ulmbauer ist aufgrund einer Erbschaft seiner Großeltern vermögender Kunde der Nordbank AG und unterhält dort bereits ein Girokonto. Herr Ulmbauer plant den Kauf eines Elektrofahrrades, um damit schnell und Flexibel morgens zu seinem Ausbildungsbetrieb zu fahren bzw. seinem Berufsschulunterricht pünktlich nachzukommen.
Rainer möchte das Elektrofahrrad von der Nordbank AG mit einem Ratenkredit finanzieren lassen. Das Elektrofahrrad soll 3.000,00 EUR kosten.
Sie sind Kundenberater/in der Nordbank AG und wollen sich zuerst Informationen zur Kreditfähigkeit von Herrn Ulmbauer beschaffen.

Aufgaben

a) Mit welcher Unterlage können Sie die Kreditfähigkeit von Herrn Ulmbauer überprüfen?
b) Begründen Sie, warum Sie sich diese Information beschaffen müssen.
c) Prüfen Sie, ob Herr Ulmbauer kreditfähig ist (vgl. auch Kapitel 1.1.1 Konten Minderjähriger, insbesondere den Auszug aus dem BGB §§ 104 ff.).
d) Unter welchen Voraussetzungen kann ein Verbraucherdarlehen in diesem Fall rechtswirksam zustande kommen?

Aufgabe 2

Herr Ulmbauer hat die notwendigen Unterlagen für die Beantragung des Verbraucherdarlehens beschafft. Im Rahmen der Prüfung der Kreditwürdigkeit von Herrn Ulmbauer benötigen Sie weitere Informationen.

W. Grundmann und M. Leuenroth, *Bankwirtschaft in kundennahen Lernsituationen*, https://doi.org/10.1007/978-3-658-34412-2_4

a) Nennen Sie notwendige Informationen und Unterlagen, die Sie für die Prüfung der Kreditwürdigkeit von Herrn Ulmbauer benötigen!
b) Welche Aspekte müssen im Kreditgespräch mit Herrn Ulmbauer und seinen Eltern angesprochen werden?

INFO

Kreditwürdigkeitsprüfung bei Privatkunden

Aspekte	Details	Unterlagen
persönliche Verhältnisse	- Familienstand - Anzahl der Kinder - Beruf - Dauer des Arbeitsverhältnisses - Ordnungsgemäße Erfüllung bisheriger Kreditverpflichtungen - Kontoführung	- Selbstauskunft - Kontounterlagen - Schufa-Auskunft - Arbeitsverträge - Ggf. Bankauskünfte von anderen Kreditinstituten
wirtschaftliche Verhältnisse	- Ermittlung des frei verfügbaren Resteinkommens	- Gehaltsnachweise der letzten 3 Monate - Haushaltsrechnung mit einer Gegenüberstellung der monatlichen Einnahmen und Ausgaben - Selbstauskunft
	- Vermögen	- Konto- und Depotunterlagen - Ggf. Nachweise von Guthaben und Depotbeständen bei anderen Kreditinstituten - Ggf. Grundbuchauszug

Auszug aus dem Bürgerlichen Gesetzbuch (BGB)

§ 505 a (Pflicht zur Kreditwürdigkeitsprüfung bei Verbraucherdarlehensverträgen)

(1) Der Darlehensgeber hat vor dem Abschluss eines Verbraucherdarlehensvertrags die Kreditwürdigkeit des Darlehensnehmers zu prüfen. Der Darlehensgeber darf den Verbraucherdarlehensvertrag nur abschließen, wenn aus der Kreditwürdigkeitsprüfung hervorgeht, dass bei einem Allgemein-Verbraucherdarlehensvertrag keine erheblichen Zweifel daran bestehen ...dass der Darlehensnehmer seinen Verpflichtungen, die im Zusammenhang mit dem Darlehensvertrag stehen, vertragsgemäß nachkommen wird.

§ 505 b (Grundlage der Kreditwürdigkeitsprüfung bei Verbraucherdarlehensverträgen)

(1) Bei Allgemein-Verbraucherdarlehensverträgen können Grundlage für die Kreditwürdigkeitsprüfung Auskünfte des Darlehensnehmers und erforderlichenfalls Auskünfte von

Stellen sein, die geschäftsmäßig personenbezogene Daten, die zur Bewertung der Kreditwürdigkeit von Verbrauchern genutzt werden dürfen, zum Zweck der Übermittlung erheben, speichern, verändern oder nutzen.

§ 505 d (Verstoß gegen die Pflicht zur Kreditwürdigkeitsprüfung)

(1) Hat der Darlehensgeber gegen die Pflicht zur Kreditwürdigkeitsprüfung verstoßen, so ermäßigt sich

1. ein im Darlehensvertrag vereinbarter gebundener Sollzins auf den marktüblichen Zinssatz am Kapitalmarkt für Anlagen in Hypothekenpfandbriefe und öffentliche Pfandbriefe, deren Laufzeit derjenigen der Sollzinsbindung entspricht ...

Wichtige Inhalte, die im Kreditgespräch angesprochen werden müssen:

- Höhe und Verwendungszweck des Kredits,
- Zeitpunkt der Bereitstellung,
- Laufzeit des Kredits,
- Rückzahlung des Kredits,
- mögliche Kreditsicherheiten,
- Einwilligung zur Einholung einer Schufa-Auskunft,
- Abschluss einer Restschuldversicherung.

Persönliche Kreditwürdigkeit

Für die persönliche Kreditwürdigkeit von Privatkunden sind insbesondere der Beruf, die Branche des Arbeitgebers und die Beschäftigungsdauer wichtig. Die Beschäftigungsdauer kann den Arbeitsverträgen entnommen werden. Außerdem ist es wichtig, zu prüfen, ob befristete oder unbefristete Arbeitsverträge vorliegen.

Bei einem Allgemeinverbrauchervertrag gilt der Darlehensnehmer als kreditwürdig, wenn keine erheblichen Zweifel daran bestehen, dass er seinen Verpflichtungen vertragsgemäß nachkommen wird. Zur Beurteilung der Kreditwürdigkeit ermittelt das Kreditinstitut auf der Grundlage der persönlichen und wirtschaftlichen Verhältnisse des Kunden eine Ausfallwahrscheinlichkeit für das beantragte Darlehen. Bei der Kreditwürdigkeitsprüfung sind zu unterscheiden.

- Persönliche Kreditwürdigkeit: Beurteilung der persönlichen Verhältnisse und der Vertrauenswürdigkeit des Kreditnehmers.
- Materielle Kreditwürdigkeit: Beurteilung der wirtschaftlichen Verhältnisse der Kreditnehmer.

Lernsituation 2

Simone Richterich, 38 Jahre, beantragt heute bei der Nordbank AG ein Darlehen zur Finanzierung eines Motorrads. Im Rahmen der Kreditwürdigkeitsprüfung beurteilen Sie die Bonität der Kundin mithilfe des nachfolgend **abgebildeten Scoringbogens**.

Weitere Informationen über Simone Richterich:

- Die Ermittlung der Kapitaldienstfähigkeit hat eine Deckung in Höhe von 35 % ergeben.
- ledig, keine Kinder
- seit sieben Jahren als Beamtin bei der örtlichen Kreisverwaltung tätig
- SCHUFA-Auskunft: keine laufenden Darlehen, ein erledigtes Darlehen
- Frau Richterich ist bislang noch keine Kundin der Nordbank AG.

Ermitteln Sie die Summe des Scores.

Nordbank AG Scoringbogen

Berater: Kunden-Nr./Konto Nr.

Anlage .... zum Kreditantrag vom

Name:

Bonitätsmerkmale	Score
1. Kapitaldienstfähigkeit	
(aus Bogen Selbstauskunft)	
Deckung bis 5%	0
Deckung bis 20%	10
Deckung über 20%	20
2. Alter des Kreditnehmers	
unter 21 Jahre0	
21 - 25 Jahre	2
26 - 45 Jahre	5
46 - 65 Jahre	4
66 - 70 Jahre	2
über 70 Jahre0	0

3. Familienstand	ohne Kind	mit Kind
verheiratet	10	8
ledig/verwitwet	6	4
geschieden	4	2
getrennt lebend	2	1

Bonitätsmerkmale	Score
4. Ausgeübte Tätigkeit/Funktion	
Meister/Abteilungsleiter etc. (gehobene Funktion)	10
Geselle, Facharbeiter	8
Hilfsarbeiter, Sonstige (ohne Ausbildung)	2
Beamte/Pensionäre/Rentner*	30

* erhalten keine Punkte für die Merkmale 5 und 6 (Branche des Arbeitgebers sowie Beschäftigungsdauer)

Bonitätsmerkmale	Score
5. Branche des Arbeitgebers	
Handwerk	13
Handel	11
Industrie	11
Dienstleistung	8
öffentlicher Dienst	15
6. Beschäftigungsdauer	
< 6 Monate	0
> 6 Monate bis 3 Jahre	2
> 3 Jahre	5
7. Schufa	
erledigte Kredite	5
laufende Kredite	2
8. Kontoführung	
Ratenkredit	
keine Zahlungsstörungen	5
kein Ratenkredit,	
aber Giroverbindung > 3 Jahre	5
Geldanlage> 2000 EUR	5
Girokonto	
keine Überschreitung des Dispos in den letzten 6 Monaten	20
Überschreitung des Dispos zzgl. Toleranz	5
Verfügungssperre	0

Endsumme:

Entscheidungsregeln — kein Kredit:
- Alter unter 18 Jahren
- Alter über 70 Jahre
- Unterdeckung Haushaltsrechnung
- Zwangsvollstreckung (insbesondere Lohnpfändung)
- Kreditkündigung
- Kreditlaufzeit länger als Aufenthaltserlaub-nis
- Antragsteller arbeitslos/ohne eigenes Ein-kommen

4.2 Verbraucherdarlehen

Der Gesetzgeber versteht unter einem Verbraucherdarlehen grundsätzlich ein Gelddarlehen, also die Überlassung von Verfügungsmöglichkeiten über Geld oder die direkte Überlassung von Zahlungsmitteln.

Bevor die Vertragspartner in die eigentlichen Verhandlungen über Kreditmodalitäten eintreten, ist es notwendig, sich über einige wichtige Sachverhalte klar zu werden. Nach dem neuen Schuldrecht haben Rechtsprechung und Gesetzgeber diesen Verträgen maßgebliche Normen zugeordnet. So ist es wichtig, dass der Verbraucher detailliert über die Bankkonditionen des Produkts informiert wird. Dabei sollten die persönlichen Verhältnisse des Kunden berücksichtigt werden.

Lernsituation:

Anja und Thomas Kettschau haben vor kurzem geheiratet und in Hamburg-Eimsbüttel eine 3-Zimmer-Wohnung angemietet. Die Wohnungseinrichtung soll durch ein entsprechendes Anschaffungsdarlehen finanziert werden. Zur Finanzierung der Wohnungseinrichtung beantragen die Eheleute bei der Nordbank AG in Hamburg ein Anschaffungsdarlehen von 15.000 EUR. Das Ehepaar Kettschau hat noch keine Kinder. Größere Ersparnisse bzw. Vermögen sind nicht vorhanden. Bei der Festlegung eines Beratungstermins mit dem Kundenberater Stefan Wolf wurde das Ehepaar gebeten, verschiedene Unterlagen zum Gesprächstermin mitzubringen:

- Gehaltsabrechnungen der Antragsteller für die letzten drei Monate,
- Gültige Personalausweise der Antragsteller,
- Kopien der Kreditverträge bei Fremdverbindlichkeiten oder Restschuldbescheinigungen,
- Nachweis über Unterhaltsverpflichtungen,
- Nachweis über Zusatzeinkommen, z.B. Mieten.

Frau Kettschau ist seit 2010 als Arbeitsvermittlerin bei der Arbeitsagentur in Hamburg beschäftigt; Herr Kettschau ist Angestellter bei der Jungheinrich AG seit 2009. Die Einkommen beider Ehepartner scheinen mittelfristig gesichert zu sein.

Bei den Lebenshaltungskosten vergleicht Herr Wolf die Kundenangaben mit den Pauschalwerten der Nordbank AG.

Pauschalwerte für die monatlichen Lebenshaltungskosten (Lebensunterhalt, Miete, Nebenkosten, Pkw-Kosten u.a.) der Nordbank AG	
Alleinstehende	800,00 EUR
Ehepaare/zusammenlebende Paare	1.100,00 EUR
je Kind	200,00 EUR

Die Pauschalwerte sind heranzuziehen, wenn die Lebensführung der Kreditnehmer den „normalen“ Verhältnissen entspricht. Bei einer aufwendigen bzw. sparsamen Lebensführung können die Pauschalwerte ggf. angepasst werden. Die Plausibilität der angegebenen Werte kann durch die Kontoführung überprüft werden.

Herr Wolf stellt ein frei verfügbares Einkommen des Ehepaars von 450,00 EUR fest.

Für die Besicherung des Privatkredits des Ehepaars Kettschau kommen folgende Sicherheiten in Frage:

- Lohn- und Gehaltsabtretung,
- Abtretung der Rechte und Ansprüche aus einer Kapitallebensversicherung,
- Verpfändung von Kontoguthaben,
- AGB-Pfandrecht,
- Bürgschaft.

Aufgaben

a) Das Ehepaar Kettschau ist überrascht über die Vielzahl von Angaben, die die Nordbank von ihnen verlangt. Begründen Sie den Informationsbedarf der Nordbank AG.

b) Welche zentralen Sachverhalte müssen in einem Verbraucherkreditvertrag geregelt sein?

c) Die Nordbank AG verlangt im Rahmen der Kreditverhandlung Sicherheiten von der Familie Kettschau. Prüfen Sie, welche Sicherheiten die Eheleute anbieten könnten.

d) Beurteilen Sie folgende Sicherheiten nach ihrer Qualität aus der Sicht der Nordbank AG!

Abtretung von Geldforderungen

Die Nordbank AG verlangt von ihren Privatkunden bei der Besicherung von Anschaffungsdarlehen die Abtretung der Lohn- und Gehaltsansprüche. Aus der Sicht der Nordbank AG ist der Kredit mit den beiden Gehaltsabtretungen des Ehepaars Kettschau ausreichend abgesichert. Sollten bei weiteren Kreditverträgen mit dem Ehepaar Kettschau die Gehaltsabtretungen nicht ausreichen, wäre auch – falls vorhanden -

- die Abtretung von Ansprüchen aus Kapitallebensversicherungen oder
- Sparguthaben möglich.

Zusätzlich könnte noch der Abschluss einer Restschuldversicherung in Betracht gezogen werden.

Kreditvorschlag und Prüfung des Kreditantrags

Herr Wolf unterbreitet dem Ehepaar Kettschau ein Finanzierungsangebot. Dabei geht Herr Wolf von der persönlichen Situation und der Kapitaldienstfähigkeit des Ehepaares aus. Herr Wolf erläutert das Angebot und erklärt den Kunden insbesondere die Effektivverzinsung und die anfallenden Kreditkosten. Danach prüft Herr Wolf die Kapitaldienstfähigkeit. Hierzu zählen z.B. die Überprüfung der Selbstangaben mit der Kontoführung und die Schufa-Abfrage.

Im Einzelnen enthält das Kreditangebot folgende Angaben:

Finanzierungsangebot	
Benötigter Kreditbetrag	15.000,00 EUR
Kreditlaufzeit	47 Monate
Restschuldversicherung	1,85 % vom Kreditbetrag
Nominalzinssatz	8,5 % p.a.
Effektivverzinsung	8,63 % p.a.
Monatsrate	381,00 EUR monatlich
Auszahlungsbetrag	15.000,00 EUR

e) Prüfen Sie, ob das Kreditangebot der Nordbank AG die vertragswesentlichen Angaben nach Artikel 247 § 3 Abs. 2 des Einführungsgesetzes zum Bürgerlichen Gesetzbuches!

Der Kundenberater Stefan Wolf bittet vor Abschluss des Darlehensvertrags das Ehepaar Kettschau, die Widerrufserklärung folgenden Inhalts zu unterschreiben:

„Wir sind an unsere auf den Abschluss des Verbraucherdarlehens gerichtete Willenserklärung nicht mehr gebunden, wenn wir sie binnen zwei Wochen widerrufen."

f) Wie informiert Herr Wolf das Ehepaar Kettschau korrekt über sein Widerrufsrecht?

g) Herr Kettschau hat von seinem Arbeitgeber das Angebot eines Auslandsaufenthalts für 12 Monate bekommen. Geben Sie ihm Auskunft über eine vorzeitige Beendigung des Kreditverhältnisses!

INFO

Voraussetzungen für die Kreditgewährung sind Kreditfähigkeit und Kreditwürdigkeit der Antragsteller:

Kreditfähigkeit

Kreditfähig sind Personen, die in der Lage sind, rechtswirksam einen Kreditvertrag abzuschließen. Die Kreditfähigkeit entspricht der Geschäftsfähigkeit.

Kreditwürdigkeit

Kreditwürdig sind Personen, von denen eine vertragsgerechte Erfüllung der Verpflichtungen aus dem Kreditverhältnis erwartet werden kann.

Bei der Kreditwürdigkeitsprüfung wird zwischen der persönlichen und materiellen Kreditwürdigkeit unterschieden:

- Die persönliche Kreditwürdigkeit bedeutet die Beurteilung der Vertrauenswürdigkeit des Kreditnehmers.
- Die materielle Kreditwürdigkeit bedeutet die Beurteilung der wirtschaftlichen Verhältnisse des Kreditnehmers.

Wichtige Inhalte, die im Kreditgespräch angesprochen werden müssen:

- Höhe und Verwendungszweck des Kredits,
- Zeitpunkt der Bereitstellung,
- Laufzeit des Kredits,
- Rückzahlung des Kredits,
- mögliche Kreditsicherheiten,
- Einwilligung zur Einholung einer Schufa-Auskunft,
- Abschluss einer Restschuldversicherung.

Persönliche Kreditwürdigkeit

Für die persönliche Kreditwürdigkeit von Privatkunden sind insbesondere der Beruf, die Branche des Arbeitgebers und die Beschäftigungsdauer wichtig. Die Beschäftigungsdauer kann den Arbeitsverträgen entnommen werden. Außerdem ist es wichtig, zu prüfen, ob befristete oder unbefristete Arbeitsverträge vorliegen.

Kreditbesicherung

Für den Fall einer nicht ordnungsgemäßen Rückführung des Kredits während der Kreditlaufzeit verlangen Kreditinstitute i.d.R. eine Besicherung ihrer Ansprüche. Die Kreditsicherheit hat die Aufgabe, den Rückzahlungsanspruch und damit das Ausfallrisiko abzusichern. Eine Sicherheit kann nur verwertet werden, wenn die gesicherte Forderung zur Rückzahlung fällig ist. Die Art der Verwertung richtet sich dabei nach der Art der Sicherheit und den entsprechenden Vorschriften.

Bei der Kreditsicherung müssen die Kreditinstitute folgende Grundsätze beachten:

Werthaltigkeit

Der Wert des Sicherungsgutes und dessen Wertbeständigkeit sollte in einem angemessenen Verhältnis zur Kredithöhe und Kreditlaufzeit stehen.

Verwertbarkeit

Die Sicherheiten sollen nach Fälligkeit des Kredites kurzfristig und mit geringem Aufwand verwertbar sein.

Rechtswirksamkeit

Die Sicherungsvereinbarung muss rechtlich wirksam und praktisch durchführbar sein; so ist z.B. der Sicherungsgegenstand genau zu bestimmen.

Angemessenheit

Neben dem Absicherungsinteresse des Kreditinstituts sind auch die wirtschaftlichen Interessen des Kreditnehmers zu beachten. So darf der Kredit nicht übersichert werden.

Wirtschaftlichkeit

Viele Arten von Sicherheiten sind rechtlich möglich. In ihrem Bearbeitungsaufwand und Sicherheitenwert unterscheiden sie sich oft erheblich. Daher muss bei der Auswahl der Besicherung neben einer rechtswirksamen Bestellung insbesondere auch auf die Wirtschaftlichkeit der Besicherung geachtet werden. So werden aus Gründen der Wirtschaftlichkeit Kredite in geringer Höhe nicht besichert. Auch die Ansammlung mehrerer Sicherheiten mit geringem Sicherheitswert wird vermieden.

Sicherungszweck

Jede Sicherheit haftet nur dann für einen Kredit, wenn der Sicherungszweck konkret vereinbart ist. Dies geschieht im betreffenden Kreditvertrag und darüber hinaus in einem speziellen Sicherheitenvertrag, der Sicherungszweckerklärung. Denn der Kreditnehmer braucht nur die Inanspruchnahme der Sicherheit zu dulden, wenn die Verwertung in Übereinstimmung mit dem vereinbarten Sicherungszweck geschieht.

Man unterscheidet einen weiten und einen engen Sicherungszweck:

- Die Vereinbarung eines weiten Sicherungszwecks bedeutet, dass die Sicherheit sowohl für das Darlehen als auch für alle bestehenden, künftigen und bedingten Ansprüche, die der Bank gegen den Darlehensnehmer zustehen, dient. Bei weiteren Darlehen an den gleichen Darlehensnehmer ist daher kein neuer Sicherheitenvertrag notwendig. Dennoch muss die Sicherheit in dem neuen Darlehensvertrag als Sicherheit aufgeführt werden.

- Bei der Vereinbarung eines engen Sicherungszwecks dient die Sicherheit nur für die Forderungen, die im Sicherheitenvertrag aufgeführt sind. Bei Umschuldung oder Neufinanzierung muss dann ein neuer Sicherheitenvertrag abgeschlossen und damit eine neue Sicherheitenerklärung eingeholt werden. Gemäß Ziffer 14 der AGB erhält die Bank ein Pfandrecht an Werten jeder Art, die im Rahmen des bankmäßigen Geschäftsverkehrs in den Besitz einer inländischen Geschäftsstelle sind.

Bewertung der Kreditsicherheiten

Bei der Kreditentscheidung muss die Bank den Wert der gestellten Sicherheiten für den Kreditausfall während der Kreditlaufzeit berücksichtigen. Bei der Bewertung der Sicherheit kann die Bank entweder vorrangig die Liquidierbarkeit der Sicherheit oder deren Werthaltigkeit heranziehen. Welcher Ansatz zum Tragen kommt, hängt von der gewählten Finanzierung, der Kreditlaufzeit und den vorhandenen Sicherheiten ab. Ggf. muss bei der Bewertung der Sicherheit ein Sicherheitsabschlag berücksichtigt werden. Dadurch können Erlöseinbußen und Verwertungskosten (z.B. Gerichtskosten) berücksichtigt werden, die aus einer zwangsweisen Verwertung resultieren.

Bei der Auswahl der Sicherheiten muss die Bank beachten, dass sie die wirtschaftliche Freiheit des Kreditnehmers nicht unangemessen einschränkt, sodass der Kreditnehmer seine freie finanzielle Selbstbestimmung behält (vgl. § 1248 BGB).

Rechtsauffassung des BGH zur Abtretung bei Verbraucherdarlehen

Eine formularmäßige Gehaltsabtretung ist nur wirksam, wenn sie zur Vermeidung von Übersicherung betragsmäßige Begrenzungen sowie Regelungen über die Verwertungsbefugnis einschließlich der Androhung der Verwertung und Einhaltung einer angemessenen Frist enthält. Die Abtretung ist auf einen Höchstbetrag von 120% des Kapitalbetrages des zu sichernden Kredits zu beschränken. In dem abzusichernden Betrag können der Nettokreditbetrag, die Kreditkosten und Rechtsverfolgungskosten berücksichtigt werden.

Im Sicherungsvertrag der Bank werden geregelt:

Der Sicherungszweck

Bei der Gehaltsabtretung handelt es sich um eine abstrakte Sicherheit, deshalb muss der Kreditsicherungsvertrag eine Sicherungsabrede enthalten, die den Sicherungszweck regelt, und die Sicherheit mit der besicherten Forderung verknüpft.

Die Verwertungsbefugnis

Bei der Verwertung der Sicherheit ist zu regeln, unter welchen Voraussetzungen die Bank die ihr übertragene Forderung verwerten darf.

Der Rückübertragungsanspruch

Wird die Sicherheit nicht benötigt, ist eine Rückübertragung an den Sicherungsgeber zu regeln.

Arbeitsverhältnissen im öffentlichen Dienst

In Einzelfällen muss die Abtretung gemäß § 411 BGB durch eine amtlich beglaubigte Urkunde angezeigt werden.

Die Abtretung wird in §§ 398 ff. BGB geregelt. Sie ist ein Vertrag, durch den eine Forderung übertragen wird. Vertragsparteien sind der bisherige Forderungsinhaber (Zedent) und der neue Forderungsinhaber (Zessionar). Bei der Sicherungsabtretung überträgt der Zedent Forderungen an den Zessionar, um diesem eine Sicherung für seine Forderungen gegen ihn oder einen Dritten zu verschaffen. Eine Mitwirkung des Schuldners der abgetretenen Forderungen (= Drittschuldner) ist nicht erforderlich. Die Abtretung ist formfrei gültig. Sie wird jedoch aus Beweisgründen immer schriftlich vereinbart. Als Kreditsicherheit können sowohl Forderungen als auch sonstige Rechte des Kreditnehmers dienen, sofern sie aus der Sicht der Nordbank AG einen wirtschaftlichen Wert haben. Da die Abtretung der Gehaltsforderungen nur sicherungsweise erfolgt, erwirbt die Nordbank AG die Forderungen treuhänderisch (fiduziarisch) für die Kreditlaufzeit. Die Nordbank AG darf die Forderungen nur im Falle der Nichterfüllung des Kreditvertrags bis zur Höhe der tatsächlichen Forderung verwerten. Die Forderung wird bei der Nordbank AG nicht bilanziert.

Rechtsfolgen der Abtretung

Die Abtretung von Forderungen hat folgende rechtliche Auswirkungen:

Mit der Abtretung der Forderung erfolgt ein Gläubigerwechsel. Der neue Gläubiger tritt in vollem Umfang in die Rechte des Kreditnehmers ein. Sobald der Drittschuldner durch eine Offenlegung von der Forderungsabtretung Kenntnis erlangt hat, kann er nur noch an die Bank schuldbefreiend zahlen.

Nicht abtretbar sind Forderungen, die kraft Vereinbarung zwischen Sicherungsgeber und Drittschuldner nicht abtretbar sind. Forderungen, die in von der Bank selbst herausgegebenen Sparbüchern verbrieft worden sind, können nicht an die Bank abgetreten werden. Denn damit würden Gläubiger- und Schuldnerstellung sich vereinigen. In diesem Fall wäre nur eine Verpfändung des Sparguthabens zugunsten der Bank möglich.

Beurteilung einer Gehaltsabtretung

Der Wert einer Gehaltsabtretung ist von der Bonität des Kreditnehmers und der Sicherheit seines Arbeitsplatzes abhängig. Deshalb müssen Faktoren wie Ausbildungsstand, Qualifikationen und Alter des Kreditnehmers sowie branchenspezifische Kriterien in die Sicherheitenbewertung mit einfließen. Darüber hinaus hängt die Wertigkeit dieser Sicherheit von der Höhe des pfändungsfreien Betrages und vom Umfang der Unterhaltsverpflichtungen des Arbeitnehmers ab.

Die Abtretung bezieht sich nur auf den pfändbaren Teil des Gehalts (§§ 850 ff. ZPO). Die formularmäßige Gehaltsabtretung enthält i.d.R. folgende Regelungen:

- Die Abtretung darf von dem Arbeitgeber nicht vertraglich ausgeschlossen worden sein.
- Die Abtretung wird auf den Gesamtkreditbetrag begrenzt.
- Der Sicherungsgeber versichert, dass die abgetretenen Forderungen anderweitig weder abgetreten noch verpfändet oder gepfändet sind.
- Eine Offenlegung erfolgt nur, wenn die Kreditnehmer sich seit mindestens zwei Monatsraten in Verzug befinden, die Offenlegung angedroht wurde und eine Frist von einem Monat seit der Androhung vergangen ist.
- Die Sicherungsgeber sind verpflichtet, jeden Wechsel des Arbeitgebers unverzüglich anzuzeigen.

Abtretung von Ansprüchen aus Lebensversicherungen

Ansprüche aus einem Kapitallebensversicherungsvertrag können als Sicherheit für einen Kredit dienen, da die Versicherung bereits während der Vertragslaufzeit einen Rückkaufswert hat. Der Anspruch auf Auszahlung des Rückkaufswertes bei Vertragskündigung durch den Versicherungsnehmer ist abtretbar. Der Rückkaufswert steigt sukzessive mit der Vertragslaufzeit. Sicherungsgeber ist der Kreditnehmer. Sofern bei der Kapitallebensversicherung eine unwiderrufliche Bezugsberechtigung eines Dritten besteht, muss dieser der Abtretung zustimmen. Dies erfolgt durch Mitunterzeichnung des Abtretungsvertrages.

Da Zahlungen aus dem Versicherungsvertrag regelmäßig die Vorlage des Versicherungsscheins erfordern, verlangt die Bank diesen vom Sicherungsgeber bei Vertragsabschluss. Die Bank muss sich vergewissern, dass die AGB des Versicherers die Abtretung von Ansprüchen gestatten, ggf. ist die Versicherung von der Abtretung zu informieren.

Der Rückkaufswert einer Kapitallebensversicherung ist zu Beginn der Vertragslaufzeit sehr gering, da die Beiträge zunächst für Provisionszahlungen, Bearbeitungsgebühren und die Absicherung der Risikovorsorge verbraucht werden. Die Abtretung von Ansprüchen aus Kapitallebensversicherungen kann steuerschädlich sein. Der Kunde muss auf diesen Sachverhalt hingewiesen werden.

Restschuldversicherung

Bei der Restschuldversicherung handelt es sich um eine Risikoversicherung mit fallender Versicherungssumme zur Sicherung der Restschuld von Darlehen bei Tod, Erwerbsunfähigkeit oder Arbeitslosigkeit der Kreditnehmer. Im Versicherungsfall zahlt die Versicherung bei Erwerbsunfähigkeit oder Arbeitslosigkeit die Raten für eine vereinbarte Zeitdauer bzw. im Todesfall umgehend die Restschuld. Bei Ratenkrediten wird die Prämie einmalig im Voraus bei Abschluss des Kreditvertrags gezahlt.

Für alle Verbraucherkreditverträge ist die Schriftform zwingend vorgesehen (§ 492 BGB).

Verbraucherdarlehen müssen folgende Pflichtangaben enthalten:

- Nettodarlehensbetrag und ggf. Höchstgrenze des Darlehens,
- Gesamtrückzahlungsbetrag inklusiv Zinsen und sonstiger Kosten,
- Rückzahlungsmodalitäten (Höhe, Anzahl und Fälligkeit der Raten),
- Sollzinssatz und sonstige Kreditkosten, z.B. Restschuldversicherungskosten,
- effektiver Jahreszins oder anfänglicher effektiver Jahreszins gemäß den Vorschriften der Preisangabenverordnung,
- Kosten einer Restschuld- oder sonstigen Versicherung, die im Zusammenhang mit dem Verbraucherdarlehen abgeschlossen wird,
- zu bestellende Sicherheiten,
- Widerrufsrecht,
- Recht auf vorzeitige Rückzahlung bzw. Kündigungsrechte,
- Höhe der Vorfälligkeitsentschädigung bei vorzeitiger Rückzahlung des Kredites,
- Auszahlungsbedingungen z. B. in einer Summe oder in Teilbeträgen,
- Warnhinweis zu den Folgen ausbleibender Zahlungen z. B. Mahnkosten,
- Verzugszinssatz.

Der Darlehensnehmer kann vom Kreditinstitut einen Entwurf des Darlehensvertrages verlangen. Dem Verbraucher sind angemessene Erläuterungen zu geben, ob der Vertrag dem von ihm verfolgten Zweck und seinen Vermögensverhältnissen gerecht wird. Außerdem muss auf die Folgen hingewiesen werden, wenn ein Zahlungsverzug eintritt. Zweck der Erläuterungen ist es, den Verbraucher über alle Aspekte des Vertrages zu informieren, damit er auf dieser Grundlage eine fundierte Entscheidung treffen kann.

Widerrufsbelehrung als Vorvertragliche Informationspflicht bei Verbraucherdarlehen nach § 491 a BGB, Art. 247 EGBGB

Vor dem Abschluss eines Darlehensvertrages ist der Verbraucher in Textform nach einem Muster für „Europäische Standardinformationen für Verbraucherkredite" zu informieren. Dem Verbraucherdarlehensnehmer steht nach § 495 BGB ein Widerrufsrecht zu. Mit der fristgerechten Erklärung des Widerrufs gegenüber dem Kreditinstitut ist der Kreditnehmer nicht mehr an seine auf den Abschluss des Kreditvertrages gerichtete Willenserklärung gebunden.

Die Widerrufsbelehrung muss entweder in einer gesonderten schriftlichen Vereinbarung oder in die vom Darlehensnehmer zu unterzeichnende Vertragserklärung aufgenommen und dort deutlich hervorgehoben werden. Der Ablauf der Widerrufsfrist von zwei Wochen beginnt erst, wenn der Verbraucher zutreffend und formgerecht vor Abschluss des Darlehensvertrags über sein Widerrufsrecht belehrt wurde. Zur Fristwahrung genügt die rechtzeitige Absendung des Widerrufs. Die alleinige Rücksendung des Kaufgegenstands löst einen Widerruf nicht aus. Der Widerruf kann vom Verbraucher schriftlich oder in Textform als E-Mail oder brieflich aber auch telefonisch ausgelöst werden. Da der Verbraucher die Beweislast für einen rechtzeitigen Widerruf trägt, ist es zweckmäßig, den Widerruf brieflich oder per E-Mail dem Empfänger zuzusenden. Die Frist beginnt mit Vertragsabschluss, jedoch erst, wenn der Darlehensnehmer über sein Widerrufsrecht belehrt wurde. Außerdem muss der Darlehensnehmer eine ordnungsgemäße Vertragsurkunde mit allen gesetzlichen Pflichtangaben nach § 492 BGB und Art. 247 des EGBGB erhalten haben. Andernfalls beginnt die Frist erst mit Nachholung dieser Angaben. In diesem Fall beträgt die Widerrufsfrist nach § 356 b BGB einen Monat, längstens 12 Monate und 14 Tage. Wurde das Darlehen bereits an den Darlehensnehmer ausgezahlt, muss er den erhaltenen Betrag binnen 30 Tagen nach Absendung des Widerrufs zurückzahlen. Für den Zeitraum zwischen der Auszahlung und der Rückzahlung des Darlehens ist vom Darlehensnehmer nach § 357 a BGB der vereinbarte Sollzinssatz zu zahlen.

Insbesondere muss in der Widerrufsbelehrung enthalten sein:

- Belehrung über das Recht zum Widerruf innerhalb von zwei Wochen,
- der ausdrückliche und unmissverständliche Hinweis auf den Fristbeginn und die Fristwahrung durch rechtzeitige Absendung des Widerrufs,
- Name und Anschrift desjenigen, dem gegenüber der Widerruf zu erklären ist,
- die Belehrung über die verlangte Textform des ggf. zu erklärenden Widerrufs und der Hinweis, dass eine Begründung des Widerrufs nicht erforderlich ist.

Damit die Widerrufsbelehrung ordnungsgemäß und damit Frist auslösend ist, hat der Darlehensgeber dem Verbraucher eine eindeutige und deutlich gestaltete Belehrung entsprechend den Erfordernissen des eingesetzten Kommunikationsmittels vor Abschluss des Darlehensvertrages zur Verfügung zu stellen.

Die Belehrung muss dem Verbraucher gemäß § 355 Abs. 2 Satz 1 BGB in Textform mitgeteilt werden und ist demnach auch mittels Telekopie, E-Mail oder anderer Telekommunikationsmittel möglich. Eine mündliche Widerrufserklärung ist nicht ausreichend.

Unterbleibt eine Widerrufsbelehrung oder ist sie unzureichend, so wird der Lauf der Widerrufsfrist nicht in Gang gesetzt.

Auszug aus dem BGB

§ 355 (Widerrufsrecht bei Verbraucherverträgen)

(1) Wird einem Verbraucher durch Gesetz ein Widerrufsrecht ... eingeräumt, so sind der Verbraucher und der Unternehmer an ihre auf den Abschluss des Vertrags gerichteten Willenserklärungen nicht mehr gebunden, wenn der Verbraucher seine Willenserklärung fristgerecht widerrufen hat. Der Widerruf erfolgt durch Erklärung gegenüber dem Unternehmer. Aus der Erklärung muss der Entschluss des Verbrauchers zum Widerruf des Vertrags eindeutig hervorgehen. Der Widerruf muss keine Begründung enthalten. Zur Fristwahrung genügt die rechtzeitige Absendung des Widerrufs.
(2) Die Widerrufsfrist beträgt 14 Tage. Sie beginnt mit Vertragsschluss, soweit nicht anders bestimmt ist.
(3) Im Falle des Widerrufs sind die empfangenen Leistungen unverzüglich zurückzugewähren. Bestimmt das Gesetz eine Höchstfrist für die Rückgewähr, so beginnt diese für den Unternehmer mit dem Zugang und für den Verbraucher mit der Abgabe der Widerrufserklärung. Ein Verbraucher wahrt diese Frist durch die rechtzeitige Absendung der Waren. Der Unternehmer trägt bei Widerruf die Gefahr der Rücksendung der Waren.

§ 356 (Widerrufsrecht bei außerhalb von Geschäftsräumen geschlossenen Verträgen und Fernabsatzverträgen)

(1) Der Unternehmer kann dem Verbraucher die Möglichkeit einräumen, das Muster-Widerrufsformular nach Anlage 2 zu Art. 246 a § 1 Abs. 2 Satz 1 Nr. 1 des EGBGB oder eine andere eindeutige Widerrufserklärung auf der Webseite des Unternehmers auszufüllen und zu übermitteln. Macht der Verbraucher von dieser Möglichkeit Gebrauch, muss der Unternehmer dem Verbraucher den Zugang des Widerrufs unverzüglich auf einem dauerhaften Datenträger bestätigen.
(2) ...
(3) Die Widerrufsfrist beginnt nicht, bevor der Unternehmer den Verbraucher entsprechend den Anforderungen des Art. 246 a § 1 des EGBGB unterrichtet hat. Das Widerrufsrecht erlischt spätestens zwölf Monate und 14 Tage nachdem ... genannten Zeitpunkt. ...

§ 356 b (Widerrufsrecht bei Verbraucherdarlehensverträgen)

(1) Die Widerrufsfrist beginnt auch nicht, bevor der Darlehensgeber dem Darlehensnehmer eine für diese Bestimmte Vertragsurkunde, den schriftlichen Antrag des Darlehensnehmers oder eine Abschrift der Vertragsurkunde ... zur Verfügung gestellt hat.
(2) Enthält bei einem Allgemein-Verbraucherdarlehensvertrag die dem Darlehensnehmer ... zur Verfügung gestellte Urkunde die Pflichtangaben nach § 492 Abs. 2 nicht, beginnt die Frist erst mit Nachholung dieser Angaben ... Enthält bei einem Immobiliar-Verbraucherdarlehensvertrag die dem Darlehensnehmer ... zur Verfügung gestellte Urkunde die Pflichtangaben zum Widerrufsrecht nach § 492 Abs. 2 ... nicht, beginnt die Frist erst mit Nachholung dieser Angaben gemäß § 492 Abs. 6. In den Fällen der Sätze 1 und 2 beträgt die Widerrufsfrist einen Monat. Das Widerrufsrecht bei einem Immobiliar-Verbraucherdarlehensvertrag erlischt spätestens zwölf Monate und 14 Tage nach dem Vertragsschluss oder nach dem in Abs. 1 gennannten Zeitpunkt, wenn dieser nach dem Vertragsschluss liegt.

(3) Die Widerrufsfrist beginnt im Falle des § 494 Abs. 7 bei einem Allgemein-Verbraucherdarlehnsvertrag erst, wenn der Darlehensnehmer die dort bezeichnete Abschrift des Vertrags erhalten hat.

§ 357 (Rechtsfolgen des Widerrufs von außerhalb von Geschäftsräumen geschlossenen Verträgen und Fernabsatzverträgen mit Ausnahme von Verträgen über Finanzdienstleistungen)

(1) Die empfangenen Leistungen sind spätestens nach 14 Tagen zurückzugewähren.

...

(6) Der Verbraucher trägt die unmittelbaren Kosten der Rücksendung der Waren, wenn der Unternehmer dem Verbraucher nach Art. 246 a d... des EGBGB von dieser Pflicht unterrichtet hat.

§ 357 a (Rechtsfolgen des Widerrufs von Verträgen über Finanzdienstleistungen)

(1) Die empfangenen Leistungen sind spätestens nach 30 Tagen zurückzugewähren.
(2) Im Falle des Widerrufs von außerhalb von Geschäftsräumen geschlossenen Verträgen oder Fernabsatzverträgen über Finanzdienstleistungen ist der Verbraucher zur Zahlung von Wertersatz für die vom Unternehmer bis zum Widerruf erbrachte Dienstleistung verpflichtet, wenn er

1. vor Abgabe seiner Vertragserklärung auf diese Rechtsfolge hingewiesen worden ist und
2. ausdrücklich zugestimmt hat, dass der Unternehmer vor Ende der Widerrufsfrist mit der Ausführung der Dienstleistung beginnt.

(3) Im Falle des Widerrufs von Verbraucherdarlehensverträgen hat der Darlehensnehmer für den Zeitraum zwischen der Auszahlung und der Rückzahlung des Darlehens den vereinbarten Sollzins zu entrichten. Bei einem Immobiliar-Verbraucherdarlehen kann nachgewiesen werden, dass der Wert des Gebrauchsvorteils niedriger war als der vereinbarte Sollzins. In diesem Fall ist nur der niedrigere Betrag geschuldet. ...

§ 398 (Abtretung)

Eine Forderung kann von dem Gläubiger durch Vertrag mit einem anderen auf diesen übertragen werden (Abtretung). Mit dem Abschluss des Vertrags tritt der neue Gläubiger an die Stelle des bisherigen Gläubigers.

§ 488 (Vertragstypische Pflichten beim Darlehensvertrag)

(1) Durch den Darlehensvertrag wird der Darlehensgeber verpflichtet, dem Darlehensnehmer einen Geldbetrag in der vereinbarten Höhe zur Verfügung zu stellen. Der Darlehensnehmer ist verpflichtet, einen geschuldeten Zins zu zahlen und bei Fälligkeit das zur Verfügung gestellte Darlehen zurückzuzahlen.
(2) Die vereinbarten Zinsen sind, ... nach dem Ablauf je eines Jahres und, wenn das Darlehen vor dem Ablauf eines Jahres zurückzuerstatten ist, bei der Rückzahlung zu entrichten.
(3) Ist für die Rückzahlung des Darlehens eine Zeit nicht bestimmt, so hängt die Fälligkeit davon ab, dass der Darlehensgeber oder der Darlehensnehmer kündigt. Die Kündigungsfrist beträgt drei Monate. Sind Zinsen nicht geschuldet, so ist der Darlehensnehmer auch ohne Kündigung zur Rückzahlung berechtigt.

§ 489 (Ordentliches Kündigungsrecht des Darlehensnehmers)

(1) Der Darlehensnehmer kann einen Darlehensvertrag mit gebundenem Sollzinssatz ganz oder teilweise kündigen,

1. wenn die Sollzinsbindung vor der für die Rückzahlung bestimmten Zeit endet und keine neue Vereinbarung über den Sollzinssatz getroffen ist, unter Einhaltung einer Kündigungsfrist von einem Monat frühestens für den Ablauf des Tages, an dem die Sollzinsbindung endet; ...

(2) Der Darlehensnehmer kann einen Darlehensvertrag mit veränderlichem Zinssatz jederzeit unter Einhaltung einer Kündigungsfrist von drei Monaten kündigen.

§ 490 (Außerordentliches Kündigungsrecht)

(1) Wenn in den Vermögensverhältnissen des Darlehensnehmers oder in der Werthaltigkeit einer für das Darlehen gestellten Sicherheit eine wesentliche Verschlechterung eintritt oder einzutreten droht, durch die die Rückzahlung des Darlehens, auch unter Verwertung der Sicherheit, gefährdet wird, kann der Darlehensgeber den Darlehensvertrag vor Auszahlung des Darlehens im Zweifel stets, nach Auszahlung nur in der Regel fristlos kündigen.

(2) Der Darlehensnehmer kann einen Darlehensvertrag, bei dem der Sollzinssatz gebunden und das Darlehen durch ein Grund- oder Schiffspfandrecht gesichert ist, unter Einhaltung der Fristen des § 489 Absatz 1 Nr. 2 vorzeitig kündigen, wenn seine berechtigten Interessen dies gebieten und seitdem vollständigen Empfang des Darlehens sechs Monate abgelaufen sind. Ein solches Interesse liegt insbesondere vor, wenn der Darlehensnehmer ein Bedürfnis nach einer anderweitigen Verwertung der zur Sicherung des Darlehens beliehenen Sache hat. Der Darlehensnehmer hat dem Darlehensgeber denjenigen Schaden zu ersetzen, der diesem aus der vorzeitigen Kündigung entsteht (Vorfälligkeitsentschädigung).

§ 491 (Verbraucherdarlehensvertrag)

(1) Die Vorschriften dieses Kapitels gelten für Verbraucherdarlehensverträge,.... Verbraucherdarlehensverträge sind Allgemein-Verbraucherdarlehensverträge und Immobiliar-Verbraucherdarlehensverträge.

(2) Allgemein-Verbraucherdarlehensverträge sind entgeltliche Darlehensverträge zwischen einem Unternehmen als Darlehensgeber und einem Verbraucher als Darlehensnehmer. ...

(3) Immobiliar-Verbraucherdarlehensverträge sind entgeltliche Darlehensverträge ... , die

durch ein Grundpfandrecht oder eine Reallast besichert sind oder

für den Erwerb oder die Erhaltung des Eigentumsrechts an Grundstücken, an bestehenden oder zu errichtenden Gebäuden ...

§ 491 a (Vorvertragliche Informationspflichten bei Verbraucherdarlehensverträgen)

(1) Der Darlehensgeber ist verpflichtet, den Darlehensnehmer ... zu informieren.

(2) Der Darlehensnehmer kann vom Darlehensgeber einen Entwurf des Verbraucherdarlehensvertrags verlangen. ... Unterbreitet der Darlehensgeber bei einem Immobiliar-Verbraucherdarlehensvertrag dem Darlehensnehmer ein Angebot ... so muss er dem Darlehensnehmer anbieten, einen Vertragsentwurf auszuhändigen ... ;

(3) Der Darlehensgeber ist verpflichtet, dem Darlehensnehmer vor Abschluss eines Verbraucherdarlehensvertrags angemessene Erläuterungen zu geben, damit der Darlehensnehmer in die Lage versetzt wird, zu beurteilen, ob der Vertrag dem von ihm verfolgten

Zweck und seinen Vermögensverhältnissen gerecht wird. Hierzu sind ggf. die vorvertraglichen Informationen gemäß Abs. 1, die Hauptmerkmale der vom Darlehensgeber angebotenen Verträge sowie ihre vertragstypischen Auswirkungen auf den Darlehensnehmer, einschließlich der Folgen bei Zahlungsverzug, zu erläutern. Werden mit einem Immobiliar-Verbraucherdarlehensvertrag Finanzprodukte oder –dienstleistungen im Paket angeboten, so muss dem Darlehensnehmer erläutert werden, ob sie gesondert gekündigt werden können und welche Folgen die Kündigung hat.

§ 492 (Schriftform, Vertragsinhalt)

(1) Verbraucherdarlehensverträge sind, soweit nicht eine strengere Form vorgeschrieben ist, schriftlich abzuschließen. Der Schriftform ist genügt, wenn Antrag und Annahme durch die Vertragsparteien jeweils getrennt schriftlich erklärt werden. Die Erklärung des Darlehensgebers bedarf keiner Unterzeichnung, wenn sie mit Hilfe einer automatischen Einrichtung erstellt wird.
(2) Der Vertrag muss die für den Verbraucherdarlehensvertrag vorgeschriebenen Angaben nach Art. 247 §§ 6 bis 13 des EGBGB enthalten.
(3) Nach Vertragsschluss stellt der Darlehensgeber dem Darlehensnehmer eine Abschrift des Vertrags zur Verfügung. ...

§ 494 (Rechtsfolgen von Formmängeln)

(1) Der Verbraucherdarlehensvertrag und die auf Abschluss eines solchen Vertrags vom Verbraucher erteilte Vollmacht sind nichtig, wenn die Schriftform insgesamt nicht eingehalten ist oder wenn eine der in Art. 247 §§ 6 und 10 bis 13 des EGBGB für den Verbraucherdarlehensvertrag vorgeschriebenen Angaben fehlt.
(2) Ungeachtet eines Mangels nach Absatz 1 wird der Verbraucherdarlehensvertrag gültig, soweit der Darlehensnehmer das Darlehen empfängt oder in Anspruch nimmt. Jedoch ermäßigt sich der dem Verbraucherdarlehensvertrag zugrunde gelegter Sollzinssatz auf den gesetzlichen Zinssatz, wenn die Angabe des Sollzinssatzes, des effektiven Jahreszinses oder des Gesamtbetrags fehlt.
(3) ...
(4) Nicht angegebene Kosten werden vom Darlehensnehmer nicht geschuldet. Ist im Vertrag nicht angegeben, unter welchen Voraussetzungen Kosten oder Zinsen angepasst werden können, so entfällt die Möglichkeit, diese zum Nachteil des Darlehensnehmers anzupassen.
(5) ...
(6) Fehlen im Vertrag Angaben zur Laufzeit oder zum Kündigungsrecht, ist der Darlehensnehmer jederzeit zur Kündigung berechtigt. Fehlen Angaben zu Sicherheiten, so können Sicherheiten nicht gefordert werden; ...
(7) Der Darlehensgeber stellt dem Darlehensnehmer eine Abschrift des Vertrags zur Verfügung, in der die Vertragsänderungen berücksichtigt sind, die sich aus den Absätzen 2 bis 6 ergeben.

§ 495 (Widerrufsrecht; Bedenkzeit)

(1) Dem Darlehensnehmer steht beim Verbraucherdarlehensvertrag ein Widerrufsrecht nach § 355 zu.

§ 498 (Gesamtfälligstellung bei Teilzahlungsdarlehen)

(1) Der Darlehensgeber kann den Verbraucherdarlehensvertrag bei einem Darlehen, das in Teilzahlungen zu tilgen ist, wegen Zahlungsverzugs des Darlehensnehmers nur dann kündigen, wenn ...

der Darlehensnehmer

a) mit mindestens zwei aufeinander folgenden Teilzahlungen ganz oder teilweise in Verzug ist,
b) bei einer Vertragslaufzeit bis zu drei Jahren mit mindestens 10 % oder bei einer Vertragslaufzeit von mehr als drei Jahren mit mindestens 5 % des Nennbetrags des Darlehens in Verzug ist und

1. der Darlehensgeber dem Darlehensnehmer erfolglos eine zweiwöchige Frist zur Zahlung des rückständigen Betrags mit der Erklärung gesetzt hat, dass er bei Nichtzahlung innerhalb der Frist die gesamte Restschuld verlange.

Der Darlehensgeber soll dem Darlehensnehmer spätestens mit der Fristsetzung ein Gespräch über die Möglichkeiten einer einverständlichen Regelung anbieten.

(2) Bei einem Immobiliar-Verbraucherdarlehensvertrag muss der Darlehensnehmer ... mit mindestens 2,5 % des Nennbetrages des Darlehens in Verzug sein.

§ 500 (Kündigung des Darlehensnehmers; vorzeitige Rückzahlung)

(1) Der Darlehensnehmer kann einen Allgemein-Verbraucherdarlehensvertrag, bei dem eine Zeit für die Rückzahlung nicht bestimmt ist, ganz oder teilweise kündigen, ohne eine Frist einzuhalten. ...
(2) Der Darlehensnehmer kann seine Verbindlichkeiten aus einem Verbraucherdarlehensvertag jederzeit ganz oder teilweise vorzeitig erfüllen. Abweichend von Satz 1 kann der Darlehensnehmer eines Immobilar-Verbraucherdarlehensvertrags, für den ein gebundener Sollzinssatz vereinbart wurde, seine Verbindlichkeiten im Zeitraum der Sollzinsbindung nur dann ganz oder teilweise vorzeitig erfüllen, wenn hierfür ein berechtigtes Interesse des Darlehensnehmers besteht.

§ 501 (Kostenermäßigung)

Soweit der Darlehensnehmer seine Verbindlichkeiten vorzeitig erfüllt ... vermindern sich die Gesamtkosten ... um die Zinsen und sonstigen laufzeitabhängigen Kosten, die bei gestaffelter Berechnung auf die Zeit nach der Fälligkeit oder Erfüllung entfallen.

§ 502 (Vorfälligkeitsentschädigung)

(1) Der Darlehensgeber kann im Fall der vorzeitigen Rückzahlung eine angemessene Vorfälligkeitsentschädigung für den unmittelbar mit der vorzeitigen Rückzahlung zusammenhängenden Schaden verlangen, wenn der Darlehensnehmer zum Zeitpunkt der Rückzahlung Zinsen zu einem gebundenen Sollzinssatz schuldet.

Auszug aus dem Einführungsgesetz zum BGB

Artikel 247 EGBGB

§ 1 (Vorvertragliche Informationen bei Immobilar-Verbraucherdarlehensverträgen)

(1) Bei einem Immobiliar-Verbraucherdarlehensvertrag muss der Darlehensgeber dem Darlehensnehmer mitteilen, welche Informationen und Nachweise er innerhalb welchen Zeitraums von ihm benötigt, um eine ordnungsgemäße Kreditwürdigkeitsprüfung durchfüh-

ren zu können. Er hat den Darlehensnehmer darauf hinzuweisen, dass eine Kreditwürdigkeitsprüfung für den Abschluss des Darlehensvertrags zwingend ist und nur durchgeführt werden kann, wenn die hierfür benötigten Informationen und Nachweise richtig sind und vollständig beigebracht werden.

(2) Der Darlehensgeber muss dem Darlehensnehmer die vorvertraglichen Informationen in Textform übermitteln, und zwar unverzüglich nachdem er die Angaben ... erhalten hat und rechtzeitig vor Abgabe der Vertragserklärung des Darlehensnehmers. .. . .

§ 3 (Inhalt der vorvertraglichen Information bei Allgemein-Verbraucherdarlehensverträgen)

(1) Die Unterrichtung vor Vertragsschluss muss folgende Informationen enthalten:

den Namen und die Anschrift des Darlehensgebers,

die Art des Darlehens,

den effektiven Jahreszins,

den Nettodarlehensbetrag,

den Sollzinssatz,

die Vertragslaufzeit,

Betrag, Zahl und Fälligkeit der einzelnen Teilzahlungen,

den Gesamtbetrag

die Auszahlungsbedingungen,

1. alle sonstigen Kosten, insbesondere im Zusammenhang mit der Auszahlung oder der Verwendung eines Zahlungsautentifizierungsinstruments, mit dem sowohl Zahlungsvorgänge als auch Abhebungen getätigt werden können, sowie die Bedingungen, unter denen die Kosten angepasst werden können,
2. den Verzugszinssatz und die Art und Weise seiner etwaigen Anpassung sowie ggf. anfallende Verzugskosten,

einen Warnhinweis zu den Folgen ausbleibender Zahlungen,

das Bestehen oder Nichtbestehen eines Widerrufsrechts,

das Recht des Darlehensnehmers, das Darlehen vorzeitig zurückzuzahlen,

die sich aus § 491 a Abs. 2 des BGB ergebenden Rechte,

die sich aus § 29 Abs. 7 des Bundesdatenschutzgesetzes ergebenden Rechte.

(2) Gesamtbetrag ist die Summe aus Nettodarlehensbetrag und Gesamtkosten. Nettodarlehensbetrag ist der Höchstbetrag, auf den der Darlehensnehmer aufgrund des Darlehensbetrags Anspruch hat. Die Gesamtkosten und der effektive Jahreszins sind ... zu berechnen.

§ 4 (Weitere Angaben bei der vorvertraglichen Information bei Allgemein-Verbraucherdarlehensverträgen)

(1) Die Unterrichtung muss ... folgende Angaben enthalten, ...:

1. einen Hinweis, dass der Darlehensnehmer infolge des Vertragsabschlusses Notarkosten zu tragen hat,
2. Sicherheiten, die der Darlehensgeber verlangt,
3. den Anspruch auf Vorfälligkeitsentschädigung und dessen Berechnungsmethode, ...
4. ggf. den Zeitraum, für den sich der Darlehensgeber an die übermittelten Informationen bindet.

§ 6 (Vertragsinhalt)

(1) ...
(2) Besteht ein Widerrufsrecht nach § 495 BGB, müssen im Vertrag Angaben zur Frist und zu anderen Umständen für die Erklärung des Widerrufs sowie ein Hinweis auf die Verpflichtung des Darlehensnehmers enthalten sein, ein bereits ausbezahltes Darlehen zurückzuzahlen und Zinsen zu vergüten.

§ 14 (Tilgungsplan)

(1) Verlangt der Darlehensnehmer ... einen Tilgungsplan muss aus diesem hervorgehen, welche Zahlungen in welchen Zeitabständen zu leisten sind und welche Bedingungen für diese Zahlungen gelten. ...

4.3 Sicherheiten bei Privatkundenkrediten

Kreditsicherheiten sind Vermögensgegenstände (Sachen und Rechte), die den Gläubiger gegen das Ausfallrisiko (Kreditrisiko) aus einer Kreditgewährung absichern sollen. Auf Sicherheiten bestehen Kreditinstitute im mittel- und langfristigen Bereich, weil dort der Verlass auf die weiter bestehende Kreditwürdigkeit (Bonität) des Kreditnehmers angesichts der nicht vorhersehbaren künftigen wirtschaftlichen Entwicklungen oft nicht gegeben und daher die Gewährung eines Blankokredites mit nicht vertretbaren Risiken verbunden ist.

Lernsituation 1

Ihr Kunde Rolf Bilfinger möchte sich für private Zwecke ein neues Auto kaufen, das er bei der Nordbank AG über einen Ratenkredit in Höhe von 12.000,00 EUR finanzieren lassen will. Die Nordbank AG fordert als Sicherheit eine selbstschuldnerische Bürgschaft von Herrn Jürgen Bilfinger, dem Bruder von Rolf Bilfinger.

Aufgaben

a) Beschreiben Sie das Zustandekommen der Bürgschaft. Machen Sie in diesem Zusammenhang die Rechtsbeziehungen bei der Bürgschaft zwischen Herrn Rolf Bilfinger, der Nordbank AG und Herrn Jürgen Bilfinger anhand einer grafischen Darstellung deutlich.
b) Erläutern Sie die Verpflichtungen, die Jürgen Bilfinger und die Bank aus dem Bürgschaftsvertrag übernehmen.
c) Wann endet die Bürgschaftsverpflichtung für Herrn Bilfinger?

Lernsituation 2

Frau Juliane Wilde, 31 Jahre alt, beantragt bei der Nordbank AG ein Darlehen in Höhe von 40.000,00 EUR zur Finanzierung einer Wohnungseinrichtung. Als Sicherheiten können folgende Vermögenswerte herangezogen werden:

Kontoart	Kontoinhaber	Kurswert vom 13. 11. 2017
Depot	Juliane Wilde	13.891,45 EUR
		verschiedene Aktienwerte (Inhaberpapiere)

Das Vermögen von Frau Wilde reicht zur Sicherstellung der Darlehensforderung der Nordbank AG nicht aus.

Daraufhin wird ein Sparguthaben der Eltern von Frau Wilde als Sicherheit herangezogen. Das Sparkonto wird bei der Unionbank AG geführt. Als Urkunde ist ein Sparbuch ausgegeben.

Aufgaben

a) Beschreiben Sie das Zustandekommen des Pfandrechts an der Spareinlage der Eltern von Frau Wilde.

b) Welche Sicherheitsvorkehrungen wird die Nordbank AG bei der Verpfändung von Spareinlagen treffen?

c) Aus welchem Grund ist eine Abtretung der Ansprüche aus der Spareinlage in diesem Fall nicht möglich?

Lernsituation 3

Herr Björn Steiner (ledig) ist Privatkunde der Nordbank AG. Herr Steiner möchte einen Wohnwagen zum Kaufpreis von 15.000 EUR bei der Nordbank AG finanzieren. Als Kundenberater(in) verlangen Sie zur Absicherung dieses Verbraucherdarlehens eine Gehaltsabtretung auf dem banküblichen Formular. Herr Steiner arbeitet bei der Tele AG. Sein Arbeitgeber hat die Abtretung von Gehaltsforderungen nicht ausgeschlossen.

Aufgaben

a) Wie kommt der Sicherungsvertrag rechtswirksam zustande?

b) Prüfen Sie, ob die Gehaltsabtretung der Tele AG offengelegt werden muss.

Zur Beurteilung des Sicherungswertes der Gehaltsabtretung sollen Sie für das Einkommen von Herrn Steiner den pfändbaren Betrag anhand des § 850 c ZPO ermitteln. Herr Steiner hat keine Unterhaltsverpflichtungen gegenüber anderen Personen.

	Einkommen von Herrn Steiner
Bruttolohn:	3.180,00 EUR
Abzüge für Lohnsteuer und Sozialversicherung	1.240,00 EUR
Nettolohn	1.490,00 EUR

c) Ermitteln Sie den derzeit pfändbaren Betrag des Einkommens von Herrn Steiner.

Auszug aus § 850 a ZPO

Seit dem 1. Juli 2019 beträgt der **monatlich unpfändbare Grundbetrag 1 178,58 Euro.** Dieser Betrag erhöht sich, wenn gesetzliche Unterhaltspflichten zu erfüllen sind, um monatlich 404,16 Euro.

Lernsituation 4

Herr Georg Ehring Ist Privatkunde der Nordbank AG. Zur Absicherung eines Anschaffungsdarlehens wegen einer Pkw-Finanzierung wird das Fahrzeug sicherungsübereignet.

Aufgaben

a) Beschreiben Sie das Zustandekommen des Sicherungsübereignungsvertrages zwischen Herrn Ehring und der Nordbank AG.

b) Welche Bedeutung hat die Zulassungsbescheinigung II (vormals Kraftfahrzeugbrief) für die Nordbank AG?

Herr Ehring ist verheiratet. Beide Ehepartner sind berufstätig mit einem monatlichen Gesamtnettoeinkommen von 4.000,00 EUR.

c) Aus welchem Grund könnte in diesem Fall die Mitverpflichtung der Ehefrau von Herrn Ehring für die Nordbank AG zweckmäßiger sein als die Sicherungsübereignung des Pkw?

INFO

Mitverpflichtung des Ehegatten

Bei Verbraucherdarlehen verlangen Kreditinstitute häufig die Mitverpflichtung der Ehepartner in Form einer Schuldmitübernahme als Mitantragsteller. Sie übernehmen damit die vertragliche Gewähr, dass die Verpflichtungen des Kreditnehmers erfüllt werden. Der Sicherungsgeber haftet wie der Kreditnehmer mit seinem gesamten Vermögen. Der Wert einer Personensicherheit hängt daher von den Vermögensverhältnissen und der Bonität des Sicherungsgebers ab.

Bürgschaft

Kreditinstitute verlangen i.d.R. selbstschuldnerische Höchstbetragsbürgschaften. Dabei ist sicherzustellen, dass der Bürge über eine ausreichende Bonität verfügt (ausreichendes Einkommen, hinreichendes Vermögen). Die Bürgschaften werden stets mit einem engen Sicherungszweck verbunden, beschränken sich also nur auf den vergebenen Kredit.

Abtretung von Lohn- und Gehaltsansprüchen

Bei der Lohn- und Gehaltsabtretung erfolgt die sicherungsweise Abtretung nur in Höhe des pfändbaren Teils der monatlichen Bezüge.

Abtretung von Kapitallebensversicherungsansprüchen

Die Abtretung der Ansprüche aus Kapitallebensversicherungsverträgen erfolgt grundsätzlich als offene Zession. Sie bezieht sich während der Erlebensphase auf den Rückkaufswert und im Todesfall auf die Versicherungssumme.

Da die Versicherungsunternehmen die Auszahlung von Ansprüchen an die Vorlage des Versicherungsscheins knüpfen, verlangen die Kreditinstitute grundsätzlich dessen Aushändigung. Um den Versicherungsschutz nicht zu verlieren, werden regelmäßig die Prämienzahlungen des Versicherungsnehmers überwacht.

Abtretung von Ansprüchen aus Sparguthaben

Bei der Abtretung von Ansprüchen aus Sparguthaben ist die Übergabe des Sparbuches nur dann erforderlich, wenn die Spareinlage bei einem anderen Kreditinstitut geführt wird. Wird das Sparguthaben vom kreditgebenden Kreditinstitut geführt, ist nur eine Verpfändung des

Guthabens möglich. Ansonsten wäre das kreditgebende Institut Gläubiger und Schuldner zugleich (vgl. § 181 BGB).

Restschuldversicherung

Bei Verbraucherdarlehen wird üblicherweise vom Kreditnehmer eine Restschuldversicherung abgeschlossen. Sie sichern folgende Risiken während der Kreditlaufzeit ab:

- Tod des Kreditnehmers
- Berufsunfähigkeit und
- Arbeitslosigkeit.

Für den Fall der Arbeitslosigkeit werden die Kreditraten i.d.R. zeitlich nur begrenzt übernommen.

Auszug aus dem BGB

§ 398 (Abtretung)

Eine Forderung kann von dem Gläubiger durch Vertrag mit einem anderen auf diesen übertragen werden (Abtretung). Mit dem Abschluss des Vertrags tritt der neue Gläubiger an die Stelle des bisherigen Gläubigers.

§ 410 (Aushändigung der Abtretungsurkunde)

(1) Der Schuldner ist dem neuen Gläubiger gegenüber zur Leistung nur gegen Aushändigung einer von dem bisherigen Gläubiger über die Abtretung ausgestellten Urkunde verpflichtet ...

§ 411 (Gehaltsabtretung)

Tritt ... ein Beamter ... den übertragbaren Teil des Diensteinkommens ... oder des Ruhegehalts ab, so ist die auszahlende Kasse durch Aushändigung einer von dem bisherigen Gläubiger ausgestellten, öffentlich ... beglaubigten Urkunde von der Abtretung zu benachrichtigen. Bis zur Benachrichtigung gilt die Abtretung als der Kasse nicht bekannt.

§ 765 (Vertragstypische Pflichten bei der Bürgschaft)

(1) Durch den Bürgschaftsvertrag verpflichtet sich der Bürge gegenüber dem Gläubiger eines Dritten, für die Erfüllung der Verbindlichkeit des Dritten einzustehen.

§ 766 (Schriftform der Bürgschaftserklärung)

Zur Gültigkeit des Bürgschaftsvertrags ist schriftliche Erteilung der Bürgschaftserklärung erforderlich. ...

§ 929 (Einigung und Übergabe bei Eigentumsübergang)

Zur Übertragung des Eigentums an einer beweglichen Sache ist erforderlich, dass der Eigentümer die Sache dem Erwerber übergibt und beide darüber einig sind, dass das Eigentum übergehen soll. Ist der Erwerber im Besitze der Sache, so genügt die Einigung über den Übergang des Eigentums.

§ 930 (Besitzkonstitut)

Ist der Eigentümer im Besitze der Sache, so kann die Übergabe dadurch ersetzt werden, dass zwischen ihm und dem Erwerber ein Rechtsverhältnis vereinbart wird, vermöge dessen der Erwerber den mittelbaren Besitz erlangt.

§ 931 (Abtretung des Herausgabeanspruchs)

Ist ein Dritter im Besitze der Sache, so kann die Übergabe dadurch ersetzt werden, dass der Eigentümer dem Erwerber den Anspruch auf Herausgabe der Sache abtritt.

Pfandrecht an beweglichen Sachen

§ 1204 (Begriff)

(1) Eine bewegliche Sache kann zur Sicherung einer Forderung in der Weise belastet werden, dass der Gläubiger berechtigt ist, Befriedigung aus der Sache zu suchen (Pfandrecht).
(2) Das Pfandrecht kann auch für eine künftige oder eine bedingte Forderung bestellt werden.

§ 1205 (Bestellung)

(1) Zur Bestellung des Pfandrechts ist erforderlich, dass der Eigentümer die Sache dem Gläubiger übergibt und beide darüber einig sind, dass dem Gläubiger das Pfandrecht zustehen soll ...

§ 1210 (Umfang der Haftung des Pfandes)

(1) Das Pfand haftet für die Forderung in deren jeweiligem Bestand, insbesondere auch für Zinsen und Vertragsstrafen ...
(2) Das Pfand haftet für die Ansprüche des Pfandgläubigers auf Ersatz von Verwendungen, für die dem Pfandgläubiger zu ersetzenden Kosten der Kündigung und der Rechtsverfolgung sowie für die Kosten des Pfandverkaufs.

§ 1215 (Verwahrungspflicht)

Der Pfandgläubiger ist zur Verwahrung des Pfandes verpflichtet.

§ 1220 (Androhung der Versteigerung)

(1) Die Versteigerung des Pfandes ist erst zulässig, nachdem sie dem Verpfänder angedroht worden ist; die Androhung darf unterbleiben, wenn das Pfand dem Verderb ausgesetzt und mit dem Aufschube der Versteigerung Gefahr verbunden ist ...
(2) Der Pfandgläubiger hat den Verpfänder von der Versteigerung unverzüglich zu benachrichtigen; im Falle der Unterlassung ist er zum Schadensersatze verpflichtet.

§ 1221 (Freihändiger Verkauf)

Hat das Pfand einen Börsen- oder Marktpreis, so kann der Pfandgläubiger den Verkauf aus freier Hand durch einen zu solchen Verkäufen öffentlichen Handelsmäkler oder durch eine zur öffentlichen Versteigerung befugte Person zum laufenden Preise bewirken.

§ 1223 (Rückgabepflicht ...)

(1) Der Pfandgläubiger ist verpflichtet, das Pfand nach dem Erlöschen des Pfandrechts dem Verpfänder zurückzugeben.

§ 1234 (Verkaufsandrohung; Wartefrist)

(1) Der Pfandgläubiger hat dem Eigentümer den Verkauf vorher anzudrohen ...
(2) Der Verkauf darf nicht vor dem Ablauf eines Monats nach der Androhung erfolgen ...

§ 1235 (Öffentliche Versteigerung; freihändiger Verkauf)

(1) Der Verkauf des Pfandes ist im Wege öffentlicher Versteigerung zu bewirken.

(2) Hat das Pfand einen Börsen- oder Marktpreis, so findet die Vorschrift des § 1221 Anwendung.

Pfandrecht an Rechten

§ 1273 (Grundsatz)

(1) Gegenstand des Pfandrechts kann auch ein Recht sein.
(2) Auf das Pfandrecht an Rechten finden die Vorschriften über das Pfandrecht an beweglichen Sachen entsprechende Anwendung ...

§ 1274 (Bestellung)

(1) Die Bestellung eines Pfandrechts an einem Rechte erfolgt nach den für die Übertragung des Rechtes geltenden Vorschriften. Ist zur Übertragung des Rechtes die Übergabe einer Sache erforderlich, so finden die Vorschriften der §§ 1205, 1206 Anwendung.

§ 1277 (Befriedigung durch Zwangsvollstreckung)

Der Pfandgläubiger kann seine Befriedigung aus dem Rechte nur auf Grund eines vollstreckbaren Titels nach dem für die Zwangsvollstreckung geltenden Vorschriften suchen ...

§ 1280 (Anzeige an den Schuldner)

Die Verpfändung einer Forderung, zu deren Übertragung der Abtretungsvertrag genügt, ist nur wirksam, wenn der Gläubiger sie dem Schuldner anzeigt.

§ 1289 (Erstreckung auf die Zinsen)

Das Pfandrecht an einer Forderung erstreckt sich auf die Zinsen der Forderung. ... an die Stelle der Beschlagnahme tritt die Anzeige des Pfandgläubigers an den Schuldner, dass er von seinem Einziehungsrechte Gebrauch mache.

§ 1290 (Einziehung bei mehrfacher Verpfändung)

Bestehen mehrere Pfandrechte an einer Forderung, so ist zur Einziehung nur derjenige Pfandgläubiger berechtigt, dessen Pfandrecht den übrigen Pfandrechten vorgeht.

§ 1293 (Pfandrecht an Inhaberpapieren)

Für das Pfandrecht an einem Inhaberpapier gelten die Vorschriften über das Pfandrecht an beweglichen Sachen.

§ 1294 (Einziehung und Kündigung)

Ist ... ein Inhaberpapier Gegenstand des Pfandrechts, so ist ... der Pfandgläubiger zur Einziehung und ... zur Kündigung berechtigt und kann der Schuldner nur an ihn leisten.

§ 1296 (Erstreckung auf Zinsscheine)

Das Pfandrecht an einem Wertpapier erstreckt sich auf die zu dem Papiere gehörenden Zins-, ... oder Gewinnanteilscheine nur dann, wenn sie dem Pfandgläubiger übergeben sind. ...

4.4 Mietaval und Mietkaution

Kreditinstitute übernehmen im Auftrag ihrer Kunden gegenüber Dritten die Haftung für Zahlung einer Geldsumme durch Stellung einer Bürgschaft oder Garantie. Zur Anlage von Mietkautionen für Wohnraum legen Kreditinstitute sog. Mietkautionskonten an.

Zur Stellung von Mietsicherheiten bieten die Kreditinstitute i.d.R. drei Möglichkeiten an:

- Sparkonto auf den Namen des Vermieters,

- Sparkonto auf den Namen des Mieters,
- Mietaval.

Lernsituation

Frau Bettina Sanders ist Kundin der Nordbank AG. Vor kurzem hat Frau Sanders von der Nordbank AG folgendes Schreiben erhalten:

„... übernehmen wir gegenüber der NordImmobilien AG für deren Forderungen aus dem Mietverhältnis unter Verzicht auf die Einreden der Vorausklage, der Anfechtung und der Aufrechnung die selbstschuldnerische Bürgschaft bis zum Höchstbetrag von 2.500,00 EUR einschließlich Zinsen und Kosten mit der Maßgabe, dass wir nur auf Zahlung in Geld in Anspruch genommen werden dürfen ...“

Aufgaben

a) Erläutern Sie die dem Schreiben zu Grunde liegende Kreditart.

b) Erläutern Sie in einem Schema die Beteiligten der Vertragsverhältnisse und deren Rechtsbeziehungen zwischen Frau Sanders, der Nordbank AG und der Nord-Immobilien AG.

c) Erläutern Sie, wie die Nordbank gegenüber Frau Sanders die Berechnung der Avalprovision rechtfertigen kann.

Alternativ käme die Einrichtung eines Mietkautionskontos bei der Nordbank AG in Betracht, das von der Nord-Immobilien AG beantragt werden müsste.

d) Erläutern Sie in einem Schema die Vertragsverhältnisse und die Rechtsbeziehungen zwischen den drei Beteiligten.

e) Wie wird sichergestellt, dass die Mietkaution nicht für Kreditverbindlichkeiten der Nord-Immobilien AG zur Haftung herangezogen wird?

f) Vergleichen Sie die beiden Problemlösungen aus der Sicht von Frau Sanders.

INFO

Sparkonto auf den Namen des Vermieters

Die Grundform der Stellung einer Mietkaution leitet sich aus dem § 551 BGB ab. Hierbei ist der Vermieter verpflichtet, die Mietkaution verzinslich anzulegen. Als Mindestverzinsung ist der Zinssatz für Spareinlagen mit dreimonatiger Kündigungsfrist verbindlich. Die Zinserträge stehen zwar wirtschaftlich dem Mieter zu, verbleiben aber auf dem Sparkonto, was zu einer Erhöhung der Sicherheit führt.

Die Erteilung eines Freistellungsbetrages ist bei dieser Form der Mietkaution nicht möglich. Deswegen werden grundsätzlich Abgeltungsteuer und Solidaritätszuschlag fällig. Hierfür erteilt die Bank dem Vermieter eine Steuerbescheinigung, die dieser an den Mieter weiterzureichen hat. Das Kreditinstitut verzichtet bei diesen Spareinlagen i.d.R. auf ihr AGB-Pfandrecht. Nach dem Geldwäschegesetz ist nach § 8 ist der Mieter der wirtschaftlich Berechtigte der Einlage. Aus diesem Grund werden Namen und Anschrift im Kontovertrag festgehalten. Daraus erwächst dem Mieter jedoch kein Verfügungsrecht. Wegen der Angabe des Mieters als wirtschaftlich Berechtigten stellt diese Anlageform ein offenes Treuhandkonto dar.

Sparbuch auf den Namen des Mieters

Hierbei eröffnet der Mieter ein Sparkonto auf seinen eigenen Namen und lässt es als Mietkautionskonto kennzeichnen (z.B. durch den Zusatz wegen Mietkaution). Zur Erlangung der Verfügungsrechtes an der Spareinlage lässt sich der Vermieter das Guthaben verpfänden. Für die Rechtswirksamkeit der Verfügungsbeschränkung des Mieters ist eine Pfandanzeige an das kontoführende Kreditinstitut erforderlich. Zum Schutz vor unberechtigter Verfügung durch den Vermieter werden Abhebungen erst nach einer Frist von ca. 4 Wochen nach Anmeldung der Forderung zulässig. Der Mieter wird dann über den Auszahlungswunsch des Vermieters benachrichtigt, um rechtlich gegen die Ansprüche vorgehen zu können. Die Zinsen stehen dem Mieter zu, der in diesem Fall auch dem Kreditinstitut einen Freistellungsauftrag erteilen kann. Das Pfandrecht erlischt durch die Freigabeerklärung des Vermieters.

Stellung eines Mietavals

Die Initiative beim Mietaval geht vom Mieter aus. Hierbei verbürgt sich die Hausbank des Mieters für die Zahlung des Kautionsbetrages an den Vermieter. Beim Mietaval handelt es sich um eine Kreditleihe, weil das Kreditinstitut keine Geldsumme an den Kreditnehmer auszahlt. Die Hausbank des Mieters übernimmt eine selbstschuldnerische Bürgschaft gegenüber dem Vermieter. Die Bürgschaftsurkunde wird durch die Bank ausgestellt und an den Vermieter weitergereicht. Hierin verpflichtet sich das Kreditinstitut, den Kautionsbetrag auf erste Anforderung an den Vermieter zu überweisen. Auf erste Anforderung bedeutet, dass der Begünstigte auf Verlangen sofort Zahlung von der Bank erhält. Eventuelle Gegenansprüche des Mieters werden nicht berücksichtigt. Allerdings ist der Auftraggeber des Avals unverzüglich von der Zahlungsaufforderung des Vermieters zu benachrichtigen. Die Bank ihrerseits belastet unmittelbar nach Zahlung aus dem Aval das Konto des Auftraggebers (Mieter). In diesem Zusammenhang verpflichtet sich der Auftraggeber, die Bank von allen weiteren Aufwendungen freizuhalten. Der Avalkreditvertrag regelt das Innenverhältnis zwischen dem Mieter als Auftraggeber und der Bank. Im Außenverhältnis verpflichtet sich die Bank, den Kautionsbetrag auf Abruf an den Vermieter zu zahlen (einseitig verpflichtender Vertrag). Anders als bei der Überlassung von Geld im Rahmen eines Kreditverhältnisses stellt das Kreditinstitut keine Zinsen sondern eine Provision pro Jahr in Rechnung. Sie beträgt zurzeit ca. 3,5 % pro Jahr vom Avalkreditbetrag. Für die Erstellung der Bürgschaftsurkunde wird i.d.R. eine Einmalgebühr in Höhe von ca. 50 EUR dem Mieter in Rechnung gestellt. Auch für derartige Kredite verlangen Kreditinstitute häufig Sicherheiten.

Auszug aus dem Bürgerlichen Gesetzbuch (BGB)

§ 551 (Begrenzung und Anlage von Mietsicherheiten)

(1) Hat der Mieter dem Vermieter für die Erfüllung seiner Pflichten Sicherheiten zu leisten, so darf diese ... höchstens das Dreifache der auf einen Monat anfallenden Miete ... betragen.

(2) ...

(3) Der Vermieter hat eine ihm angebotene Geldsumme bei einem Kreditinstitut zu dem für Spareinlagen mit dreimonatiger Kündigungsfrist üblichen Zinssatz anzulegen. ...

Prüfungsteil B

5. Geldanlage in Wertpapieren

Die Vermögensanlage in Wertpapieren unterscheidet sich nach folgenden wesentlichen Merkmalen:

- Funktion
- Ausstattung
- Emittent
- Besonderheiten

Die Funktion des Wertpapiers besteht in der Beschaffung von Eigen- und Fremdkapital auf der Emittentenseite und der Kapitalanlage auf der Anlegerseite.

Bei der Ausstattung des Wertpapiers unterscheidet man Laufzeit, Tilgung (Rückzahlung) Verzinsung, Währung und Rang im Insolvenzfall.

Die Emittenten von Wertpapieren unterscheiden sich hinsichtlich ihrer Finanzkraft und Bonität. Dieses ist entscheidend für die Höhe der Forderung nach der Risikoprämie in Form von Zinsen und Dividenden.

Grundsätzlich unterscheidet man Gläubiger- und Teilhabereffekten. Gläubigereffekten sind dadurch gekennzeichnet, dass die Rückzahlung und ein Zinsanspruch verbrieft werden. Bei Teilhabereffekten, z.B. Aktien wird ein Miteigentumsrecht an einem Unternehmen erworben. Der Ertragsanspruch (Dividende) richtet sich nach der wirtschaftlichen Situation des Unternehmens.

Zusätzlich gibt es Wertpapiere, bei denen die Zuordnung zu Gläubiger- bzw. Teilhabereffekten problematisch ist. Beispiele hierfür wären die Wandel- und die Optionsanleihe sowie der Genussschein. Bei der Wandelanleihe besteht ein Umtauschanspruch in Aktien; bei der Optionsanleihe besteht das Recht auf Bezug zusätzlicher Aktien. Beim Genussschein wird zusätzlich zu einer Basisverzinsung noch ein Recht auf Anteil am Unternehmensgewinn verbrieft.

5.1 Gläubigereffekten

Der Erwerber eines verzinslichen Wertpapiers ist Gläubiger des Emittenten. Er hat Anspruch auf den vereinbarten Zins auf den Nominalbetrag und i.d.R. auf Rückzahlung des Nominalbetrages.

5.1.1 Inhaberschuldverschreibungen

Der Inhaber einer Schuldverschreibung erwirbt einen verbrieften Kredit, der in Teilschuldverschreibungen an Anleger verkauft wird. Der Anleger ist Anleihegläubiger. Der Emittent der Schuldverschreibung ist Anleiheschuldner, der sich verpflichtet, den verbrieften Kreditbetrag analog den Anleihebedingungen zu verzinsen und zurückzuzahlen.

W. Grundmann und M. Leuenroth, *Bankwirtschaft in kundennahen Lernsituationen*, https://doi.org/10.1007/978-3-658-34412-2_5

Lernsituation

Der Kunde der Nordbank AG, Herr Klaus Hagen, möchte 10.000,00 EUR in verzinslichen Wertpapieren anlegen. Der Kundenberater legt folgendes Anlageangebot vor.

Form und Ausstattung der Nordbank Schuldverschreibung	
Nennbetrag	100,00 EUR
Wertpapier-Kennnummer(ISIN)	DE0002574207
Verzinsung	4,25%
Name des Emittenten	Nordbank AG
Emissionskurs/Ausgabekurs	100,25 %
Laufzeit	Beginn: 05. Januar 20.. Ende: nach fünf Jahren Laufzeit am 04. Januar 20..
Erster Zinszahlungstermin	05. Januar nach dem ersten Laufzeitjahr
Rückzahlungstermin	nach fünf Jahren am 05. Januar 20..
Währung	EUR
Kündigung	Eine vorzeitige Kündigung der Schuldverschreibung ist ausgeschlossen.
Emissionsvolumen	50.000.000,00 EUR
Stückelung	100,00 /1.000,00/5.000,00 EUR
Auslieferung	Eine Globalurkunde über das gesamte Emissionsvolumen wird bei der Clearstream Banking AG hinterlegt. Die Ausgabe von Einzelurkunden ist nicht vorgesehen.
Zinsberechnungsmethode	actual/actual (taggenau)
Börseneinführung	01.04.20..
Börsenplatz	Frankfurt am Main

Aufgaben

a) Herr Hagen möchte wissen, mit welchem Zinsbetrag er jährlich rechnen kann, wenn er den Gesamtbetrag in diesen Schuldverschreibungen anlegt.

b) Erstellen Sie die Abrechnung, wenn Herr Hagen am 04.01.20.. zum Emissionskurs kauft und keine weiteren Kosten anfallen.

c) Wie erfolgt die Zinszahlung bei dieser Anlage?

d) Wie kann Herr Hagen seine Gläubigeransprüche nachweisen?

e) Der Kunde möchte wissen, ob und wie er ggf. vorzeitig über seine Kapitalanlage verfügen kann.

INFO

Ausstattungsmerkmale von Schuldverschreibungen

Übertragung der Rechte

Schuldverschreibungen können als Inhaberpapiere wie bewegliche Sachen durch Einigung und Übergabe der Urkunde übertragen werden.

Laufzeit

Laufzeit ist der Zeitraum zwischen dem in den Anleihebedingungen genannten Verzinsungsbeginn und der Fälligkeit der Anleihe. Kurzfristige Anleihen haben eine Laufzeit von bis zu 4 Jahren, mittelfristige Anleihen von 4 bis 8 Jahren und langfristige Anleihen von mehr als 8 Jahren. Ewige Anleihen haben keine von Vornherein festgelegte Laufzeit.

Verzinsung

Festzinsanleihen haben i.d.R. eine gleich bleibende Verzinsung (Nominalzins) über die gesamte Laufzeit. Der Zins kann aber auch während der Laufzeit abgestuft steigen oder fallen. Die Zinsen werden in Deutschland meist jährlich, in anderen Ländern häufig halbjährlich nachträglich gezahlt.

Anleihen mit veränderlichen Zinssätzen gewähren keinen festen, sondern einen variablen Zinsertrag. Der für jede Zinsperiode gültige Zinssatz wird auf der Grundlage eines Referenzzinssatzes, z.B. EURIBOR oder LIBOR jeweils neu festgesetzt.

Bei Anleihen ohne Zinsschein (Null-Kupon-Anleihen) werden während der Laufzeit der Anleihe keine Zinszahlungen geleistet. Der Zinsertrag des Anlegers ergibt sich aus der Differenz zwischen Rückzahlungskurs und Emissionskurs. Der Anleger erhält statt periodischer Zinszahlungen eine Einmalzahlung bei Fälligkeit der Schuldverschreibung. I.d.R. werden Null-Kupon-Anleihen mit Abschlag (Disagio) auf den Nennwert emittiert und im Tilgungszeitpunkt zum Kurs von 100% (zu pari) zurückgezahlt.

Bei gesamtfälligen Anleihen wird der gesamte Anleihebetrag am Ende der Laufzeit in einer Summe zurückgezahlt.

Bei Tilgungsanleihen wird der Anleihebetrag über die Laufzeit der Anleihe verteilt in Teilbeträgen (Raten) zurückgezahlt. Die Tilgung erfolgt durch Auslosung von Serien oder Gruppen oder Endziffern bzw. Rückkauf von Anleihestücken an der Börse.

Ausstattungsmerkmale und Kennzeichnung von Schuldverschreibungen	
Aussteller (Emittent, Anleiheschuldner)	Öffentliche Anleihen - z.B. Bundesanleihe, Bundesobligationen - Länderanleihen - Staatsanleihen - Kommunalanleihen Banken und Versicherungen - Bankschuldverschreibungen - Inhaberschuldverschreibungen - Optionsanleihen - Wandelanleihen - Genussscheine

	Industrieunternehmen - Industrieanleihen - Optionsanleihen - Wandelanleihen - Genussscheine Ausland - EUR-Anleihen - USD-Anleihen - andere Währungsanleihen Realkreditinstitute - Hypothekenpfandbriefe - Öffentliche Pfandbriefe
Emissionsrhythmus	Einmalemission = Einmalemittenten gehen nur gelegentlich an den Kapitalmarkt Daueremission = Daueremittenten, z.B. Realkreditinstitute, beschaffen sich laufend Mittel am Kapitalmarkt.
Anleger	Anleihegläubiger
Rechte des Erwerbers	Zinsanspruch Rückzahlungsanspruch
Anleihebetrag	Gesamtvolumen der Anleihe
Anleihewert	Emissionskurs oder Ausgabekurs meist zu 100% = pari Emissionskurs über 100% = über pari, z.B. 100,50% Emissionskurs unter 100% = unter pari z.B. 99,50% Kurswert an der Börse als Prozentnotiz, z.B. 100,84% oder 100,84 (ohne Prozentzeichen)
Zinssatz	i.d.R. fester Zinssatz über die gesamte Laufzeit, z.B. Bundesanleihe zu 4,25% p.a. Variabler Zins, z.B. 0,5% über dem EURIBOR 6 Monate 2,7845 beginnend am 1.4.05 Keine laufende Verzinsung, z.B. Null-Kupon-Anleihe (Verzinsung ergibt sich über einen um die Zinsen und Zinseszinsen verminderten Ausgabepreis bei einer Rückzahlung zum Nennwert von 100% oder pari)
Verzinsung der Anleihe	Nominalverzinsung, z.B. 4% p.a. Laufzeit 10 Jahre bei einem Emissionskurs von 98,50% Effektivverzinsung = (Gesamtertrag pro Jahr x 100) : Erwerbskurs (Gesamtertrag = Zinsertrag pro Jahr +/- Rückzahlungsgewinn/-verlust pro Jahr) (Effektivverzinsung auch Rendite) Bezogen auf obiges Beispiel: 4,213% (4,15 x 100 : 98,50)
Zinszahlung	ganzjährige Zinszahlung (z.B. 1.4. gzj. oder 1.4. ff.) z.B. Bundesobligationen halbjährliche Zinszahlung, z.B. 1.2. hj.

Zinslauf	1.2. gzj. bedeutet: die Zinsen werden nachträglich vom 1.2. des laufenden Jahres einschließlich bis zum 31.1. des darauf folgenden Jahres nachträglich gezahlt. Die Zinszahlung erfolgt am 1.2. für den zurückliegenden Zinslauf.
Rückzahlung	I.d.R. am Ende der Laufzeit zu 100% (pari) in einer Summe in Raten, z.B. nach einer 5-jährigen tilgungsfreien Zeit in 5 gleichen Rückzahlungsraten nach Serien, Gruppen, Nummern durch den Emittenten an der Börse in unregelmäßigen Abständen
Kündigung der Emission während der Laufzeit	Für den Anleihegläubiger i.d.R. ausgeschlossen, da Börsenhandel der Anleiheschuldner behält sich oft ein Kündigungsrecht vor, z.B. ab einem bestimmten Zeitpunkt der Laufzeit der Anleihe
Laufzeiten von Anleihen	Ewige Renten, keine Rückzahlung vorgesehen Bundesanleihen 10 bis 30 Jahre Bundesobligationen 5 Jahre Anleihen mit kleineren Restlaufzeiten von 1 Monat bis 30 Jahren an der Börse
Verjährung	Zinsansprüche: bei Zins- und Gewinnanteilsscheinen beträgt die Vorlegungsfrist vier Jahre. Die Frist beginnt mit dem Schluss des Jahres, in welchem die für die Leistung bestimmte Zeit eintritt. Nach erfolgter Vorlegung verjährt der Anspruch in zwei Jahren von dem Ende der Vorlegungsfrist an (§ 801 BGB). Rückzahlungsanspruch: Die Vorlegungsfrist endet 30 Jahre nach Fälligkeit. Der Eintritt der Verjährung gibt dem Schuldner ein Leistungsverweigerungsrecht.
Sicherheit von Schuldverschreibungen	Mündelsicherheit (einwandfreie Bonität des Emittenten). Genauere Anforderungen stehen im § 807 BGB. Deckungsstockfähigkeit (einwandfreie Bonität des Emittenten) Besicherung der Anleihe mittels Grundschulden Negativklausel

5.1.2 Bundeswertpapiere

Die Bundesrepublik Deutschland emittiert laufend verzinsliche Wertpapiere. Bundeswertpapiere sind Inhaberschuldverschreibungen und dienen der Haushaltsfinanzierung. Bei der Emission haben nur Kreditinstitute, die der „Bietergruppe Bundesemissionen" angehören, die Möglichkeit zum Ersterwerb. Dabei werden die Wertpapiere im Rahmen eines Tenderverfahrens versteigert. Nach der Platzierung der Emission werden die Wertpapiere in den Börsenhandel eingeführt und können dort von allen Anlegern jederzeit zum aktuellen Kurs gekauft und verkauft werden. Eine vorzeitige Rückgabe an den Emittenten ist nicht möglich. Die Zinsberechnung erfolgt nach der taggenauen Methode „act/act. Zu den Bundeswertpapieren gehören Bundesschatzanweisungen, Bundesobligationen und Bundesanleihen. Die Ausgabe effektiver Stücke bei Bundeswertpapieren ist gesetzlich ausgeschlossen. Im Wesentlichen werden von den Kreditinstituten die Bundesanleihe, die Bundesobligation als Anlagemöglichkeiten angeboten.

Lernsituation

Frau Gisela Marx ist Kundin der Nordbank AG. Sie unterhält ein Girokonto, ein Termingeldkonto und ein Depotkonto. Frau Marx kommt am 5. Mai 20.. zu Ihnen an den Beratungspoint, da ein Termingeld in Höhe von 30.000,00 EUR an diesem Tag frei geworden ist. Frau Marx teil Ihnen mit, dass ihr Bekannter geraten hat, das Geld in sicheren Bundeswertpapieren anzulegen. Frau Marx bittet Sie als Kundenberater/in, sie über Bundeswertpapiere zu informieren.

Aufgaben

Frau Marx hatte bisher noch nicht in Bundeswertpapieren investiert. Ihr sind die Modalitäten dieser Wertpapiere nicht bekannt. Frau Marx möchte daher von Ihnen über die Unterschiede dieser Anlageform informiert werden.

a) Machen Sie Frau Marx die Unterschiede von Bundesschatzanweisungen, Bundesobligationen und Bundesanleihen anhand der nachstehenden Kriterien deutlich.:

- Liquidität der Anlage (Börsenhandel, vorzeitige Rückgabe)
- Stückelung
- Mindestauftragsgröße beim Erwerb
- Zinszahlung
- Laufzeit
- Rückzahlung
- Kosten und Gebühren bei Verwaltung durch die Depotbank

Frau Marx teilt Ihnen mit, dass sie das freigewordene Termingeld für etwa 3 bis 5 Jahre in Bundeswertpapieren neu anlegen möchte. Sie stellen Frau Marx eine Bundesanleihe mit einer Nominalverzinsung und einer variablen Verzinsung mit jeweiligen unterschiedlichen Renditen vor.

Zunächst möchte Frau Marx über die Risiken von Bundeswertpapieren informiert werden.

b) Beschreiben Sie Frau Marx...

b1) das Emittentenrisiko von Bundeswertpapieren.

b2) das Kursrisiko bei Änderung des Kapitalmarktzinsniveaus von Bundeswertpapieren.

Frau Marx sind die Begriffe „Nominalverzinsung“, „variable Verzinsung“ und „Rendite“ nicht geläufig.

c) Erklären Sie Frau Marx die Begriffe Nominalverzinsung, variable Verzinsung und Rendite bei Bundesanleihen.

Sie schlagen Frau Marx eine Anlage in Bundesanleihe mit einer 0,25 prozentigen Verzinsung und einer Restlaufzeit von drei Jahren vor.

Frau Marx ist über den geringen Zinssatz dieser Bundesanleihe irritiert. Sie teilt Ihnen mit, dass die Inflationsrate in Deutschland zurzeit wieder leicht ansteigt. Frau Marx möchte nun von Ihnen wissen, wie sie sich bei dieser Anlage vor zukünftigen erwarteten höheren Inflationsraten schützen und damit ihren jährlichen Zinsertrag sichern kann.

d) Erklären Sie Frau Marx die Anlageform einer inflationsindexierten Bundesanleihe.

Frau Marx entschließt sich im Anschluss an das Beratungsgespräch, Bundesanleihen mit einem Nominalwert von 30.000,00 EUR zu erwerben.

Frau Marx erteilt der Nordbank AG rechtzeitig am 05.05.20.. (Freitag) folgenden Kaufauftrag:

30.000,00 EUR Nennwert, 0,25 % Bundesanleihen, Restlaufzeit drei Jahre, Börsenkurs 103,50 %, Zinstermin 19.08. jedes Jahres, Fälligkeit 19.08.2023, Kosten 0,5 % Provision vom Kurswert, mindestens aber vom Nennwert, 0,75 Promille Courtage vom Nennwert.

e) Ermitteln Sie die Kaufabrechnung unter Berücksichtigung der Stückzinsen.

f) Ermitteln Sie das Datum, an dem das Girokonto von Frau Marx mit dem Abrechnungsbetrag belastet wird.

Abschließend möchte Frau Marx von Ihnen wissen, mit welchem Betrag sie bei der nächsten Zinszahlung ihrer Bundesanleihen zu rechnen hat. Frau Marx gehört keiner steuerpflichtigen Religionsgemeinschaft an. Der Freistellungsbetrag von Frau Marx ist bereits ausgeschöpft.

g) Ermitteln Sie die Zinsgutschrift für Frau Marx unter Berücksichtigung der Abgeltungsteuer von 25 % und des Solidaritätszuschlags von 5,5 %.

Nach einer Woche setzt sich Frau Marx noch einmal wegen ihrer Anlage in Bundesanleihen mit Ihnen telefonisch in Verbindung. Sie teilt Ihnen mit, dass sie in einem Artikel ihrer Zeitung gelesen habe, dass bei Bundesanleihen der Kapitalwert und die Zinskupons getrennt und gesondert an der Börse gehandelt werden können. Ihr sei der Sachverhalt unklar.

h) Erklären Sie Frau Marx das Stripping bei Bundesanleihen.

i) Welche Bedeutung hat das Stripping für die Anleger?

INFO

Bundesschatzanweisungen

Es sind festverzinsliche Inhaberschuldverschreibungen mit Anfangslaufzeiten von zwei Jahren. Sie liegen damit unterhalb der Laufzeiten von Bundesanleihen und Bundesobligationen. Die kleinste handelbare Einheit ist 0,01 EUR. Für Börsenorders gilt kein Mindestauftragsvolumen. Die Zinsen werden jährlich nachträglich ausgezahlt. Die Rückzahlung erfolgt zum Nennwert von 100 %. Die Zinsberechnungsmethode ist actual/actual. Die Bundesschatzanweisungen können von jedermann erworben und jederzeit vorzeitig über die Börse zum Tageskurs verkauft werden. Bei vorzeitigem Verkauf über die Finanzagentur gilt der Einheitspreis der Frankfurter Wertpapierbörse als Festpreis. Die jährlich anfallenden Kapitalerträge unterliegen der Abgeltungsteuer.

Bundesanleihen (Bunds): Sie haben Anfangslaufzeiten von zehn oder 30 Jahren. Zwei- bis dreimal pro Jahr werden zehnjährige Anleihen ausgegeben, mindestens einmal im Jahr kommt eine dreißigjährige Anleihe auf den Markt. Börsennotierte Bundesanleihen haben Laufzeiten von einem Monat bis zu 30 Jahren. Der Nennwert (Stückelung) der Bundesanleihen beträgt 0,01 EUR. An der Börse eingeführte Anleihen können börsentäglich zum amtlichen Kurs gekauft und veräußert werden. Die Zinszahlung erfolgt jährlich. Die Rückzahlung erfolgt zum Nennwert. Bei Neuemissionen mit festem Zinssatz erfolgt die Zinsberechnung taggenau. Bei Neuemissionen von Bundesanleihen mit variablem Zins auf der Basis des europäischen Geldmarkt-Referenzzinssatzes EURIBOR (European Interbank Offered Rate) erfolgt die Zinsberechnung nach der actual/360-Methode (also tatsächliche Tage/Monat/Jahr zu 360 Tagen). Bundesanleihen sind besonders für eine mittel- bis langfristige Anlage geeignet. Den Kurschancen stehen bei vorzeitigem Verkauf Kursverluste gegenüber.

Bei Neuemissionen von Bundesanleihen mit variabler Verzinsung (Floater) gilt bezüglich des Referenzzinssatzes der EURIBOR.

Inflationsindexierte Bundesanleihen („Linker“ oder „Bund-Ei“)

Seit einigen Jahren emittiert der Bund an den Preisindex gebundene Anleihen. Grundlage und zugleich Referenzzins für die Zinszahlung und den Rückzahlungsbetrag ist der „unrevidierte, harmonisierte Verbraucherpreisindex der Eurozone“. Mit dieser Anleihe sichert sich der Käufer die Realwerterhaltung des eingesetzten Kapitals. Der Inflationsschutz kostet allerdings Rendite, da die Ausgaberendite nicht einmal die Hälfte der Rendite der „normalen“ Bundesanleihe beträgt. Die Rendite ist dann attraktiv, wenn die Inflationsrate entsprechend steigt.

Stripping von Bundesanleihen

Für die zehn- und dreißigjährigen Bundesanleihen ist die Möglichkeit des Stripping gegeben. Unter Stripping einer Anleihe versteht man das Trennen von Kapitalbetrag (Mantel) und Zinsansprüchen (Kupons). So können Anleihe und Zinskupons separat gehandelt werden. Der Kapitalbetrag (Mantel) stellt dadurch eine Nullkuponanleihe (Zerobonds) mit unterschiedlichen Restlaufzeiten dar. Der Mindestbetrag beträgt 50.000,00 EUR.

Die Bestandteile einer dreißigjährigen Bundesanleihe nach dem Stripping:

- Kupons und Schuldurkunde (Mantel) werden zerlegt.
- Der Mantel wird als Null-Kuponanleihe in 30 Jahren fällig (Kapital-Strip oder Anleihe ex also ohne die Kupons). Man erkennt dies im Kursteil der Tageszeitung durch den Kurszusatz „ex“.
- Die 30 Kupons (Zins-Strips) haben als Nullkuponanleihen Laufzeiten von einem Jahr bis zu 30 Jahren.

Im Vergleich zu kupontragenden Anleihen haben die durch das Strippen entstehenden Nullkuponanleihen den Vorteil, dass sich das Problem der Wiederanlage von Zinszahlungen und damit nicht bekannten Zinssätzen und Renditen nicht stellt.

Bundesobligationen

Sie bieten neben den lang laufenden Bundesanleihen eine mittelfristige Anlage mit einer Laufzeit von vier bis sieben Jahren. Als Daueremission des Bundes stehen sie grundsätzlich ständig zum Verkauf. Der Erwerb ist ab 110,00 EUR möglich. Die Stückelung beträgt 0,01 EUR. Nach Verkaufsschluss einer Serie können Bundesobligationen jederzeit an der Börse zum Tageskurs gekauft oder verkauft werden. Bei vorzeitigem Verkauf über die Finanzagentur wird eine Verkaufsgebühr von 0,4 % des Einheitspreises der Frankfurter Wertpapierbörse als Festpreis berechnet. Am Ende der Laufzeit werden sie zum Nennwert von 100 % zurückgezahlt. Die Zinsen werden jährlich ausgezahlt. Die Bundesobligationen dürfen im Direkterwerb bei der Finanzagentur nur von natürlichen Personen und von Gebietsansässigen Einrichtungen, die gemeinnützigen, mildtätigen oder kirchlichen Zwecken dienen, sowie bestimmten Wohnungseigentümergemeinschaften, erwerben werden. Nach der Börseneinführung können Bundesobligationen von jedermann, auch von Kreditinstituten und von Unternehmen, gekauft werden.

Die Zinserträge unterliegen der Abgeltungsteuer mit 25 %, sofern kein entsprechendes Freistellungsvolumen oder eine NV-Bescheinigung vorliegt.

Tenderverfahren

Bundesschatzanweisungen, Bundesanleihen und Bundesobligationen werden im Tenderverfahren platziert. Die Deutsche Bundesbank fordert im Wege der öffentlichen Ausschreibung die Anleger zur Abgabe von Zeichnungs-Geboten auf. Die Gebote enthalten den gewünschten Betrag und den Kurs, den der einzelne Anleger maximal zu zahlen bereit ist. An den Ausschreibungen können sich nur Mitglieder der „Bietergruppe Bundesemissionen" unmittelbar beteiligen. Mitglieder der Bietergruppe sind in- und ausländische Kreditinstitute sowie Wertpapierhandelsunternehmen. Der Bietergruppe gehören zurzeit ca. 35 Kreditinstitute an.

Sammelschuldbuchforderungen

Wertpapiere des Bundes werden als unverbriefte Wertrechte begeben und in das Bundesschuldbuch eingetragen. Das Bundesschuldbuch wird von der Finanzagentur in Frankfurt geführt. Da Bundeswertpapiere nicht effektiv ausgeliefert werden können, erfolgt die Buchung von Bundeswertpapieren auf Depotkonten. Treuhänderische Gläubigerin von Bundeswertpapieren ist die Clearstream Banking AG, die im Bundesschuldbuch eingetragen wird. Der Anleger erwirbt die Rechte an den Bundeswertpapieren, in dem er eine Beteiligung an dieser Sammelschuldbuchforderung erhält.

Zinsberechnungsmethoden für Bundeswertpapiere

Titel	Zinsberechnungsmethode	Referenzzinssatz bei Floatern
Bundesanleihen mit festem Zins	actual/actual	-
Bundesobligationen	actual/actual	-
Bundesschatzanweisungen	actual/actual	-

Wertstellung/Valutierung bei Abwicklungsgechäften und Stückzinsberechnung

Geldvaluta	2 Geschäftstage nach Ordererteilung
Zinsvaluta	2 Geschäftstage minus ein Tag

Beispiel einer Kaufabrechnung mit Stückzinsberechnung	
Anlagebetrag	30.000,00 EUR
Aktueller Börsenkurs	102,50
Zinssatz	3,575 %
Fälligkeit der Anleihe	03.11.2022
Zinstermin	03.11. gzj.
Auftragserteilung	04.05.20.. (Donnerstag)
Provision	0,5 % vom Kurswert mindestens vom Nennwert
Maklercourtage	0,75 Promille vom Nennwert
Anlagebetrag (30.000 x 102,50) =	30.750,00 EUR
+ Stückzinsen für 186 Tage (30.000 x 3,575 x 186) : (100 x 365)	546,53 EUR
+ 0,5 % Provision vom Kurswert	153,75 EUR
+ 0,75 Promille vom Nennwert	22,50 EUR
Belastungsbetrag	31.472,78 EUR

5.1.3 Stückzinsberechnung

Beim Verkauf festverzinslicher Wertpapiere wird neben dem Kurswert noch ein Posten mit der Bezeichnung „Stückzinsen" abgerechnet. Dabei handelt es sich um den bis zum Verkaufszeitpunkt aufgelaufenen Zinsanspruch des Wertpapiers. Dieser Anspruch steht dem Verkäufer des Wertpapiers zu. Bei der Berechnung spielt der Zeitpunkt des Eigentumsübergangs die entscheidende Rolle für die Höhe des Zinsausgleiches. Deshalb muss der Käufer dem Verkäufer den Zinsanspruch erstatten. Der Zeitpunkt des Eigentumsübergangs wird Erfüllungsvaluta genannt, weil Börsengeschäfte zwei Börsentage nach dem Handelstag erfüllt werden. Mit der Erfüllungsvaluta wird das Geldkonto des Käufers belastet und das des Verkäufers erfährt die Gutschrift. Daneben erfolgt auf dem Konto des Käufers die Depotgutschrift und auf dem des Verkäufers die Depotbelastung.

Lernsituation

Am Donnerstag, 5. Oktober 20.., führte die Nordbank AG im Auftrag der Depotkundin Annika Rose eine Wertpapier-Verkaufsorder aus.

Verkauf 25.000,00 EUR 0,35% Bundesobligationen Emission 2016/2021, August gzj.

Kurs 100,500%

Provision 0,500% vom Kurswert, mindestens vom Nennwert

Courtage 0,075% Vom Kurswert, mindestens 10,00 EUR

Aufgaben

a) Nennen Sie das Datum (TT.MM.JJJJ) für die Wertstellung der Gutschrift auf dem Konto von Frau Rose.

b) Nennen Sie die Zinsvaluta und ermitteln Sie die für Frau Rose zustehenden Stückzinsen.

c) Ermitteln Sie den gutzuschreibenden Zinsbetrag (auf 2 Stellen nach dem Komma runden). Der Freistellungsauftrag von Frau Rose ist bereits voll ausgeschöpft.

d) Welcher Betrag wird dem Konto von Frau Rose gutgeschrieben?

INFO

Stückzinsberechnung

Beim Kauf z. B. einer Bundesanleihe zahlt der Käufer neben dem Kurswert auch die aufgelaufenen Stückzinsen an den Verkäufer. Der Käufer erhält bei Fälligkeit des nächsten Zinskupons die Zinsen für die gesamte Zinsperiode, obwohl die Zinsen bis zum Kauf nicht ihm, sondern dem Verkäufer zustehen. Deshalb muss der Käufer dem Verkäufer die anteiligen Stückzinsen vom Beginn des Zinslaufs bis zum Datum des Kaufs in der Kaufabrechnung erstatten.

Geldvaluta

Börsengeschäfte werden zwei Börsentage nach dem Abschluss des Kaufvertrages erfüllt. Mit der Erfüllungsvaluta wird das Geldkonto des Käufers belastet und die Depotgutschrift erteilt. Außerdem werden die Effekten aus dem Depot des Verkäufers ausgebucht und die Kontogutschrift erteilt.

Stückzinsvaluta

Für die Berechnung der Stückzinsen ist maßgeblich der Kalendertag vor dem Erfüllungsvalutatag maßgeblich. Die Berechnung der Stückzinsen erfolgt bei Anleihen mit fester Verzinsung nach der international üblichen taggenauen Methode „actual/actual". Die Stückzinstage werden kalendermäßig gezählt. Das Jahr hat 365 bzw. 366 (Schaltjahr) Zinstage. Bei Anleihen mit variabler Verzinsung werden die Stückzinsen nach der Methode „actual/36" ermittelt.

5.1.4 Pfandbriefe

Pfandbriefe werden in Deutschland von Pfandbriefbanken emittiert. Pfandbriefbanken emittieren laufend neue Pfandbriefserien (Daueremissionen). Für Pfandbriefe haften nicht nur die emittierende Bank, sondern auch die mit der Pfandbriefmasse finanzierten Immobilien. Damit sind Pfandbriefe grundsätzlich sicherer als andere Anleihen von Kreditinstituten. Nach der Deckung sind die Pfandbriefe in Hypothekenpfandbriefe, Öffentliche Pfandbriefe und Schiffspfandbriefe eingeteilt. Während die Hypothekenpfandbriefe durch Grundstücke und Immobilien zusätzlich gesichert sind, werden Öffentliche Pfandbriefe durch Forderungen durch Darlehen an staatliche Stellen gedeckt. Schiffspfandbriefe sind durch Schiffshypotheken gedeckt. Die Gläubiger von Pfandbriefen haben ein Recht auf Zins- und Rückzahlung.

Lernsituation

Frau Kramer (41 Jahre alt) ist Kundin der Nordbank AG. Ihr wurde kürzlich vom Nachlassgericht Norderstedt das Erbe ihres verstorbenen Vaters Thomas Kemper zugesprochen. Bei Sichtung des Nachlasses entdeckt Frau Kramer eine Kaufabrechnung sowie eine Erträgnisgutschrift der Nordbank AG. Der verstorbene Thomas Kemper hatte zu Lebzeiten ein Depotkonto und ein Girokonto bei der Nordbank AG. Sie haben als zuständige/r Kundenberater/in mit Frau Kramer einen Beratungstermin vereinbart.

Wertpapierabrechnung Kauf (Auszug)

Währung	Nennwert	Schlusstag	Börse
EUR	80.000,00	02.02.2014	Frankfurt

Zinssatz	Wertpapierbezeichnung	Tilgung	Kurs	ISIN
1,100%	Deutsche Pfandbriefbank - Hypothekenpfandbrief 1012	01.08.2020	103,56%	DE0008119108

Kurswert	82.848,00 EUR
Stückzinsen	+ 450,85 EUR
Courtage (0,075% v. Nennwert)	+ 60,00 EUR
Provision (0,50% v. Nennwert)	+ 400,00 EUR
Belastung	83.758,85 EUR
Wertstellung	04.02.2014

Die Stückzinsen haben wir im allgemeinen Verlustverrechnungstopf vorgemerkt.

Erträgnisgutschrift

Währung	Nennwert
EUR	80.000,00

Zahltag	01.08.2014
Zinsen	880,00 EUR
Abgeltungsteuer	- 220,00 EUR
Solidaritätszuschlag	- 12,10 EUR
Gutschrift	647,90 EUR

Aufgaben

Nachdem sich Frau Kramer als Erbin legitimiert hat, legt sie Ihnen die Kaufabrechnung vor und möchte wissen, was für ein Wertpapier ihr Vater seinerzeit erworben hat.

a) Beschreiben Sie den Pfandbrief unter den Aspekten Sicherheit und Liquidität.

b) Eine Kursabfrage ergibt, dass die Pfandbriefe zurzeit mit 106,50% notiert werden. Begründen Sie den Kursanstieg der Wertpapiere gegenüber dem Kaufkurs.

c) Frau Kramer zeigt Ihnen die Erträgnisgutschrift für die Pfandbriefe. Sie bittet um Erläuterung des Gutschriftsbetrages. Erklären Sie der Kundin das Zustandekommen des Gutschriftsbetrages.

d) Frau Kramer bittet Sie um Aufklärung über die in der Kaufabrechnung aufgeführte Position „Stückzinsen 450,85 EUR". Erklären Sie den Hinweis in der Kaufabrechnung, dass die Stückzinsen im allgemeinen Verrechnungstopf vorgemerkt werden.

e) Zum Schluss des Beratungsgesprächs möchte Frau Kramer von Ihnen wissen, ob sie sich die zukünftigen Zinstermine des Hypothekenpfandbriefes in ihrem Terminkalender vormerken müsse, um rechtzeitig die Zinszahlung vom Emittenten zu veranlassen. Sie informieren Frau Kramer darüber, dass die Pfandbriefe ja in Ihrem Wertpapierdepot bei der Nordbank AG verwahrt werden und die jeweiligen Zinsgutschriften von der Depotbank veranlasst und automatisch Ihrem Girokonto gutgeschrieben werden. Dieser Sachverhalt hat den Vorteil, dass Zins- und Rückzahlungstermine nicht vergessen und somit die Verjährung der Ansprüche verhindert werden.

f) Erklären Sie Frau Kramer den Sachverhalt der Verjährung von Zins- und Rückzahlungsansprüchen.

g) Bestimmen Sie jeweils für den Zins- und Rückzahlungsanspruch das Ende der Vorlegungsfrist.

h) Wann verjährt der Rückzahlungsanspruch des Hypothekenpfandbriefs, wenn der Rückzahlungsanspruch rechtzeitig wahrgenommen wurde?

INFO

Pfandbriefe sind festverzinsliche Wertpapiere, die von Pfandbriefbanken emittiert werden (Daueremissionen). Die Laufzeit bei Neuemissionen ist ca. vier bis zehn Jahre. Eine vorzeitige Rückgabe an den Emittenten ist nicht möglich. Pfandbriefe werden an der Börse gehandelt. Das Bonitätsrisiko von Pfandbriefbanken ist wegen der Sicherheitsmerkmale sehr gering. Bei einer vorzeitigen Veräußerung an der Börse besteht allerdings bei steigenden Marktzinsen das Kursrisiko. Der jederzeitige Handel der Pfandbriefe an der Börse zu marktgerechten Preisen wird durch die Kurspflege der emittierenden Pfandbriefbank gewährleistet.

Pfandbriefe	
Wesen	Pfandbriefe sind von Pfandbriefbanken ausgegebene, gedeckte Schuldverschreibungen.
Arten	- Hypothekenpfandbriefe - Öffentliche Pfandbriefe - Schiffspfandbriefe
Rechte des Anlegers	- Zinsertrag - Rückzahlung - Insolvenzvorrecht
Sicherheitsmerkmale	Deckungsregister: Die zur Deckung der Pfandbriefe verwendeten Deckungswerte sind in das jeweilige Deckungsregister einzutragen.

Deckungskongruenz: Der Gesamtbetrag der umlaufenden Pfandbriefe einer Gattung muss in Höhe des Nennwerts jederzeit durch Werte von mindestens gleicher Höhe und mindestens gleichem Zinsertrag gedeckt sein.

Treuhänder: Die BaFin bestellt einen Treuhänder, der darauf zu achten hat, dass jederzeit die vorschriftsmäßige Deckung vorhanden und im Deckungsregister eingetragen ist. Der Treuhänder verwahrt die in den Deckungsregistern eingetragenen Werte und Urkunden unter dem Mitverschluss der Pfandbriefbank.

Risikomanagement: Die Pfandbriefbank muss über ein geeignetes Risikomanagementsystem verfügen.

Transparenzvorschriften: Die Pfandbriefbank muss in Quartalsberichten alle wesentlichen Daten (z. B. Umlauf der Pfandbriefe, Deckungsmasse) veröffentlichen.

Insolvenzvorrecht: Im Falle der Insolvenz der Pfandbriefbank fallen die in den Deckungsregistern eingetragenen Werte nicht in die Insolvenzmasse. Die Forderungen der Pfandbriefgläubiger sind aus den im Deckungsregister eingetragenen Werten voll zu befriedigen.

Auszug aus dem Bürgerlichen Gesetzbuch (BGB)

Schuldverschreibung auf den Inhaber

§ 801 (Erlöschen; Verjährung)

(1) Der Anspruch aus einer Schuldverschreibung auf den Inhaber erlischt mit dem Ablauf von 30 Jahren nach dem Eintritt der für die Leistung bestimmten Zeit, wenn nicht die Urkunde vor dem Ablauf der 30 Jahre dem Aussteller zur Einlösung vorgelegt wird. Erfolgt die Vorlegung, so verjährt der Anspruch in zwei Jahren von dem Ende der Vorlegungsfrist an. Der Vorlegung steht die gerichtliche Geltendmachung des Anspruchs aus der Urkunde gleich.

(2) Bei Zins-, Renten- und Gewinnanteilscheinen beträgt die Vorlegungsfrist 4 Jahre. Die Frist beginnt mit dem Schluss des Jahres, in welchem die für die Leistung bestimmte Zeit eintritt.

(3) Die Dauer und der Beginn der Vorlegungsfrist können von dem Aussteller in der Urkunde anders bestimmt werden.

§ 804 (Verlust von Zins- oder ähnlichen Scheinen)

(1) Ist ein Zins-, Renten- oder Gewinnanteilschein abhandengekommen oder vernichtet und hat der bisherige Inhaber den Verlust dem Aussteller vor dem Ablauf der Vorlegungsfrist angezeigt, so kann der bisherige Inhaber nach dem Ablauf der Frist die Leistung von dem Aussteller verlangen. Der Anspruch ist ausgeschlossen, wenn der abhanden gekommene Schein dem Aussteller zur Einlösung vorgelegt oder der Anspruch aus dem Schein gerichtlich geltend gemacht worden ist, es sei denn, dass die Vorlegung oder die gerichtliche Geltendmachung nach dem Ablauf der Frist erfolgt ist. Der Anspruch verjährt in 4 Jahren.

(2) In dem Zins-, Renten- oder Gewinnanteilschein kann der in Abs. 1 bestimmte Anspruch ausgeschlossen werden.

5.1.5 Floating Rate Notes (Floater)

Schuldverschreibungen mit variabler Verzinsung (Floater) sind Wertpapiere, bei denen der Zins nicht fest vereinbart wird. Der Zinssatz wird regelmäßig an einen Referenzzins als Bezugsgröße angepasst. Ein Referenzzinssatz ist z. B. der EURIBOR, dem Durchschnittszins im Interbankengeschäft für entsprechende Laufzeiten in der Eurozone oder dem LIBOR am Londoner Finanzmarkt.

Lernsituation

Frau Jola Rodowicz ist Kundin der Nordbank AG. Frau Rodowicz ist 55 Jahre alt, alleinstehend und Abteilungsleiterin einer Möbelgroßhandlung. Frau Rodowicz besucht Sie als Kundenberater/in der Nordbank AG am 30. Mai zu einem Beratungsgespräch. Sie möchte 75.000,00 EUR anlegen. Ihr Freistellungsbetrag ist bereits vollständig ausgeschöpft. Frau Rodowicz hat sich aus dem Handelsblatt die Daten von zwei sie interessierenden Wertpapieren deutscher Emittenten herausgeschrieben, in die sie zum Zwecke der Altersvorsorge investieren möchte.

Xetra-Handel	Laufzeit	Zinstermine	Kurs	Rendite	Rating Moody`s	Rating S&P
Floating Rate Notes Versicherungs AG	2014/2024	24. April/ Oktober	98,72	-	Aa1	AA+
0,75% Bundesanleihe	2014/2024	05.06. gzj.	104,28	0,05 %	Aaa	AAA

Aufgaben

Frau Rodowicz sind die Unterschiede zwischen festverzinslichen und variabel verzinslichen Wertpapieren noch nicht geläufig.

a) Erläutern Sie drei Besonderheiten dieser variabel verzinslichen Anleihe (Floater) im Vergleich zu der Bundesanleihe.

b) Wie beurteilen Sie das Bonitätsrisiko der beiden Wertpapiere?

Frau Rodowicz wundert sich, dass die aktuellen Börsenkurse der beiden Wertpapiere so unterschiedlich sind.

c) Erklären Sie Frau Rodowicz diesen Sachverhalt und erläutern Sie ihr die Einflussfaktoren, die den Kurs der variabel verzinslichen Anleihe beeinflussen können.

Frau Rodowicz fällt auf, dass bei der variabel verzinslichen Anleihe die Renditeangabe fehlt.

d) Erklären Sie Frau Rodowicz diesen Sachverhalt.

e) Frau Rodowicz fragt Sie, welches Risiko sie hat, wenn sie diese Papiere wider Erwarten vorzeitig während der Laufzeit der Wertpapiere verkaufen muss.

f) Erläutern Sie die Auswirkungen auf den Börsenkurs bei festverzinslichen Wertpapieren, wenn in Zukunft mit einem leicht steigenden Zinsniveau gerechnet wird.

INFO

Floater	
Wesen	Floating Rate Notes (Floater) sind eine Anleihe, bei der der Zinssatz viertel- oder halbjährlich im Voraus unter Bezug auf einen Referenzzinssatz des Geldmarktes (z. B. EURIBOR) zuzüglich eines Aufschlags oder abzüglich eines Abschlags festgelegt wird. Die Höhe des Auf- oder Abschlags richtet sich nach der Bonität des Emittenten, der Laufzeit der Anleihe sowie der Marktlage. Sie wird bei Emission für die gesamte Laufzeit festgelegt. Floater werden am Euro-Kapitalmarkt und mit Bindung an den EURIBOR am deutschen Kapitalmarkt emittiert. Da der Zinssatz variabel ist, wird eine Verbindung zwischen Geld- und Kapitalmarkt hergestellt.
Laufzeit	i. d. R. 5 bis 10 Jahre
Kündigungsmöglichkeit	Ein Kündigungsrecht des Schuldners während der Laufzeit ist üblich, z. B. Kündigung zu Zinszahlungsterminen oder zu jedem Termin.
Unterschiede zu den festverzinslichen Wertpapieren	- variabler Zinssatz - Geldmarktausrichtung des Zinssatzes - größere Häufigkeit der Zinszahlung
Emittenten	Kreditinstitute, Unternehmen, Regierungen und supranationale Organisationen
Zinssatz	Der Zinssatz ist variabel und liegt meist unter dem Kapitalmarktzinssatz. Der Zinssatz orientiert sich am Referenzzinssatz EURIBOR oder LIBOR.
Vorteile	- Der Schuldner profitiert von einem evtl. fallenden Zinsniveau. Der Schuldner trägt das aber Zinsänderungsrisiko. - Werden Floater von Kreditinstituten emittiert, so können diese hiermit langfristig zugesagte, zinsvariable Darlehen refinanzieren und damit eine entsprechende Konditionengestaltung vornehmen. - Ein Anleger kann aufgrund der unterjährigen Zinszahlungen bei einer Wiederanlage der Zinserträge einen Zinseszinseffekt erzielen.
Anleger	überwiegend Banken
Liquidität	Erstklassige Floater sind sehr liquide, soweit ein funktionsfähiger Sekundärmarkt existiert.
Risiken	- Das Kursrisiko ist begrenzt. Es kommt bei einwandfreier Bonität des Schuldners nur zu geringen Abweichungen vom Nennwert, da die Zinssätze in relativ kurzen Zeitabständen den aktuellen Geldmarktkonditionen angepasst werden. - Ist der Schuldner nicht in der Lage, steigende Zinsen zu zahlen, so erhöht sich das Bonitätsrisiko für den Anleger.

Beispiel für einen Floater

Ein Kunde erteilt der Nordbank AG am 27. November (Mittwoch) die Order zum Kauf von nominal 20.000,00 EUR der folgenden Anleihe:

Nordhypothekenbank AG variabel verzinster öffentlicher Pfandbrief Serie 03/20..

Zinstermine: vierteljährlich 10. März/Juni/September/Dezember (act/360)

Zinssatz: 3-Monats-EURIBOR am 5. des Monats der Zinszahlung + 0,5 Prozentpunkte

Fälligkeit: Dezember 20..

Aktueller Börsenpreis: 98,2 %

Am 5. September 20.. betrug der 3-Monats-EURIBOR 0,9 %.

Ermittlung des ausmachenden Betrag, den der Kunde zu zahlen hat:

Kurswert 98,2 % von 20.000,00 EUR	19.640,00 EUR
+ Stückzinsen für 80 Tage (20.000 x 80 x 1,4) : 36.000	62,22 EUR
= ausmachender Betrag	**19.702,22 EUR**

Ermittlung der Zinszahlung am 10.12.20..

Zinsen für 91 Tage bei einem Anlagebetrag von 20.000,00 EUR (20.000 x 91 x 1,4) : 36.000	**70,78 EUR**

5.2 Teilhabereffekten

Die Teilhabereffekten verbriefen ein Miteigentumsanteil an einer Aktiengesellschaft oder einem Sondervermögen einer Kapitalanlagegesellschaft. Damit verbunden ist auch ein Anspruch auf anteilmäßigen Gewinn.

5.2.1 Die Aktie

Die Aktie ist ein Bruchteil des satzungsgemäßen Grundkapitals einer Aktiengesellschaft.

Lernsituation

Sebastian Kaufmann ist Depotkunde der Nordbank AG. Herr Kaufmann interessiert sich für die Anlage in Aktien.

Aufgaben

a) Da Herrn Kaufmann die Unterscheidung der verschiedenen Aktienarten noch nicht so geläufig ist, bittet er Sie um Auskunft. Erklären Sie Herrn Kaufmann drei Arten marktgängiger Aktienarten.

b) Welche Rechte erwirbt Herr Kaufmann mit dem Kauf von Aktien?

c) Wie wirken sich hohe Ausschüttungen der Aktiengesellschaften an die Anteilseigner auf den Aktienmarkt aus?

d) Beschreiben Sie Herrn Kaufmann Motive eines Anlegers für eine Aktienanlage.

e) Unter welchen Voraussetzungen konnte ein Aktionär der Siemens AG im Januar 2019 an der Hauptversammlung in München teilnehmen?

f) Der Aktionär Uwe Bauer hat 100 Druckmaschinen AG-Aktien in seinem Depot. Die Hauptversammlung der AG findet am 09.05.20.. (Dienstag) in Düsseldorf statt. Die Hauptversammlung beschließt eine Bardividende in Höhe von 2,30 EUR je Stückaktie. An welchem Tag erhält Herr Bauer seine Kontogutschrift über die Bardividende?

INFO

Aktiengesellschaft

Die Aktiengesellschaft ist eine Gesellschaft mit eigener Rechtspersönlichkeit. Rechtsgrundlage für die Aktiengesellschaft ist das Aktiengesetz. Für die Verbindlichkeiten der Aktiengesellschaft haftet den Gläubigern nur das Gesellschaftsvermögen. Das Grundkapital der Aktiengesellschaft ist in Aktien zerlegt. Der Mindestnennbetrag des Grundkapitals beträgt 50.000 Euro. Aktien können auf den Inhaber oder auf einen Namen lauten. Eine Verbriefung der Aktien kann durch Satzung der Aktiengesellschaft ganz oder teilweise ausgeschlossen werden.

Wertpapierrechtlich sind Aktien Anteilscheine, die eine Aktiengesellschaft im Rahmen einer Eigenkapitalbeschaffungsmaßnahme ausgegeben hat. Der Inhaber von Aktien ist Miteigentümer entsprechend seinem Anteil an der Summe aller Aktiva der Aktiengesellschaft.

Der Ertrag der Aktien richtet sich nach dem Teil des Gewinns, den die Hauptversammlung der AG als Dividende an die Aktionäre auszuschütten beschließt. Gehandelt werden die Aktien an den Wertpapierbörsen in Deutschland, Europa und Übersee. Aktien werden an den deutschen Wertpapierbörsen Berlin, Düsseldorf, Frankfurt am Main, Hamburg/Hannover, München und Stuttgart in Euro pro Stück notiert.

Rechte der Aktionäre

Aktien sind entweder Nennbetragsaktien, die auf mindestens einen Euro lauten müssen. Stückaktien dagegen lauten auf einen Anteil am Grundkapital. Der Anteil am Grundkapital bestimmt sich nach der Zahl der Aktien.

- Teilnahmerecht an der Hauptversammlung

  Die Aktionäre üben ihre Aktionärsrechte in der Hauptversammlung aus. Die Jahreshauptversammlung hat in den ersten acht Monaten des Geschäftsjahres stattzufinden.
- Stimmrecht in der Hauptversammlung

  Die Satzung der Aktiengesellschaft kann eine Stimmrechtsbeschränkung vorsehen, z.B. auf 5% des Grundkapitals für einen einzelnen Aktionär.
- Dividendenrecht

  Die Aktionäre haben Anspruch auf den Bilanzgewinn. Der auf die einzelne Aktie entfallende Gewinnanteil ist die Dividende.
- Auskunftsrecht

  Jedem Aktionär ist auf Verlangen in der Hauptversammlung vom Vorstand Auskunft über Angelegenheiten der Gesellschaft zu geben, soweit sie zur sachgerechten Beurteilung des Gegenstands der Tagesordnung erforderlich ist.
- Angabe der Bezüge des Vorstands

  Bei börsennotierten Aktiengesellschaften müssen die gesamten Bezüge für jedes einzelne Vorstandsmitglied offen gelegt werden. Die Veröffentlichung kann unterbleiben, wenn die Hauptversammlung dies mit ¾ des bei der Beschlussfassung vertretenen Grundkapitals beschließt.
- Bezugsrecht

  Bei Kapitalerhöhungen muss jedem Aktionär ein seinem Anteil an dem bisherigen Grundkapital entsprechender Teil der neuen Aktien zugeteilt werden.
- Anteil am Liquidationserlös

  Bei Auflösung der Gesellschaft wird das nach Abzug der Verbindlichkeiten verbleibende Vermögen der Gesellschaft unter den Aktionären verteilt.

Aktienarten

- Stammaktien als Inhaberaktien

  Sie verbriefen die gewöhnlichen gesetzlichen und satzungsmäßigen Aktionärsrechte. Sie können formlos durch Einigung und Übergabe übertragen werden.
- Berichtigungsaktien

  Bei einer Kapitalerhöhung aus Gesellschaftsmitteln durch Umwandlung der Kapitalrücklage und von Gewinnrücklagen in Grundkapital (§ 207 AktG) stehen die neuen Aktien, die Berichtigungsaktien, den Aktionären im Verhältnis ihrer Anteile am bisherigen Grundkapital zu. Da es keine Zuzahlungen gibt, nennt man diese Aktienart auch Gratisaktien. Teilrechte können entstehen, wenn der Altbestand eines Aktionärs nicht nur ganze Berichtigungsaktien entstehen lässt. Teilrechte können durch die Vermittlung eines Kreditinstituts entweder veräußert oder hinzu erworben werden. Die Berichtigungsaktien werden von der Depotbank unter Vorlage des als Berichtigungsnachweises dienenden Dividendenscheins von der Gesellschaft oder deren Konsortialbank abgefordert und dem Depot des Kunden beigefügt.

- Vorzugsaktien
  Vorzugsaktien gewähren Vorrechte gegenüber den Rechten der Stammaktionäre. Häufig werden die Vorzugsaktien mit einem Dividendenvorzug ausgestattet. Der Dividendenvorzug kann eine Vorausdividende, eine Zusatzdividende oder eine Dividendennachzahlung für dividendenlose Jahre sein. Bei Vorzugsaktien ist i.d.R. das Stimmrecht in der Hauptversammlung ausgeschlossen. Bei Dividendenrückständen kann das Stimmrecht für die Aktionäre wieder aufleben.
- Namensaktien
  In den USA und zum Teil von Versicherungsaktiengesellschaften und anderen Aktiengesellschaften in Deutschland werden Namensaktien begeben. Als Vorteil von Namensaktien für die Gesellschaft wird häufig angeführt, dass der Gesellschaft ihre Aktionäre auf Grund des erforderlichen Eintrags im Aktienbuch bekannt sind. Die Satzung einer AG kann zudem vorsehen, dass die Übertragung von Aktien von der Zustimmung der Gesellschaft abhängig ist (sog. vinkulierte Namensaktien). Diese Aktienart wird primär von Versicherungsgesellschaften gewählt, wenn Aktien noch nicht voll eingezahlt sind und die Gesellschaft wegen der Resteinzahlungsverpflichtung ein Interesse an der Bonität des Aktionärs hat. Außerdem können Namensaktien zusätzlich auch an amerikanischen Börsen eingeführt und gehandelt werden.
- Junge oder neue Aktien
  Bei der Erhöhung des Grundkapitals einer Aktiengesellschaft haben die Aktionäre ein gesetzliches Bezugsrecht, d.h. ein Recht auf Zuteilung eines ihrem Anteil am bisherigen Grundkapital entsprechenden Teils der neuen Aktien (§186 AktG). Für die Ausübung des Bezugsrechts wird i.d.R. eine Frist von zwei Wochen (gesetzliche Mindestfrist) bestimmt. Depotkunden werden bei einer Kapitalerhöhung aufgefordert, innerhalb dieser Frist eine Weisung zu erteilen, ob die Bezugsrechte ausgeübt werden sollen – evtl. unter Hinzukauf oder Verkauf einer Spitze. Bleibt eine Weisung aus, verkauft die Depotbank die Bezugsrechte am letzten Bezugrechtshandelstag bestens.
- Vinkulierte Namensaktie
  Vinkulierte Namensaktien sind solche Namensaktien, bei denen der Emittent jede Übertragung an seine besondere Zustimmung gebunden hat, z.B. bei nicht voll eingezahlten Aktien.

Motive einer Aktienanlage

Mit einer Geldanlage in Aktie kann der Aktionär verschiedene Ziele verfolgen. Die wichtigsten Motive sind:

- Ertragsmotiv
  Der Anleger beteiligt sich an einer Aktiengesellschaft wegen der ertragsbringenden Kapitalanlage.
- Sachwertmotiv
  Der Anleger erwirbt Aktien, um Vermögen durch Anlage in Sachwerten gegen Geldwert-

verluste (Inflation) zu sichern und um über die Sachwertbeteiligung an Wertsteigerungen teilzunehmen.

- Spekulationsmotiv
  Der Anleger erwirbt Aktien, um durch Kurssteigerungen über An- und Verkäufe von Aktien Gewinne zu erzielen.
- Mitsprache- oder Beherrschungsmotiv
  Der Anleger beteiligt sich an einer Aktiengesellschaft, um Einfluss auf die Geschäftsführung zu nehmen.

Dividenden auf Rekordniveau (Börsen-Zeitung vom 30. Mai 20..)

Die Anteilseigner der 30 größten börsennotierten Konzerne Deutschlands werden für das Geschäftsjahr 20.. so hohe Dividenden einnehmen wie niemals zuvor. Das Volumen dürfte auf rund 33,6 Mrd. Euro klettern. Dies wäre im Vergleich zum Vorjahr, in dem die Ausschüttungen bereits ein Rekordvolumen erreichten, ein Anstieg um weitere 17 %. Der positive Trend bei den Dividenden hält schon seit 2003 an. Damals schütteten die Konzerne lediglich 10,6 Mrd. Euro an die Aktionäre aus.

Munich RE, Henkel, Siemens, SAP, Allianz, BMW und Bayer zahlen von Jahr zu Jahr konstante oder steigende Dividenden. Diese Dividendenkontinuität lässt sich als Indikator dafür interpretieren, dass diese Unternehmen in der Lage sind, das Geschäftsmodell schnell an veränderte Bedingungen anzupassen. Im Durchschnitt wird die Dividendenrendite 3,0 % betragen. Der Wert ist attraktiv im Vergleich zur Rendite zehnjähriger Staatsanleihen, die derzeit kaum Rendite abwirft.

Mehr als 90 % der Gesamtsumme der Dividenden wurde innerhalb weniger Wochen im April und Mai 20.. ausgeschüttet. Der damit verbundene Liquiditätsanstieg stützte den Dax. Historisch betrachtet tritt bei Einzeltiteln ein positiver Effekt für den Aktienkurs immer kurz vor dem Auftakt der Dividendensaison ein. Als weitere Stütze kann der Gesamtmarkt auf Aktienrückkäufe bauen. Im Januar 20.. gab allein die Allianz AG ein Rückkaufsprogramm mit einem Volumen von mehr als 3 Mrd. Euro bis 2020 bekannt.

Tagesordnung der Siemens Aktiengesellschaft am 01. Februar 20..

1. Vorlage des festgestellten Jahresabschlusses und des gebilligten Konzernabschlusses sowie des zusammengefassten Lageberichts für die Siemens AG ... sowie des Berichts des Aufsichtsrats und des Corporate-Governance-Berichts zum Geschäftsjahr 2018/2019

   Die genannten Unterlagen enthalten auch den Vergütungsbericht ... . Der Aufsichtsrat hat den vom Vorstand aufgestellten Jahresabschluss und Konzernabschluss bereits gebilligt.
2. Beschlussfassung über die Verwendung des Bilanzgewinns der Siemens AG zur Ausschüttung einer Dividende

   Aufsichtsrat und Vorstand schlagen vor, den Bilanzgewinn der Siemens AG aus dem abgelaufenen Geschäftsjahr in Höhe von 3.060.000.000,00 EUR wie folgt zu verwenden:

   Ausschüttung einer Dividende von 3,60 EUR je für das abgelaufene Geschäftsjahr dividendenberechtigte Stückaktie ...
3. Beschussfassung über die Entlastung der Mitglieder des Vorstands
4. Aufsichtsrat und Vorstand schlagen vor, die Mitglieder des Vorstands im Geschäftsjahr für diesen Zeitraum zu entlasten.
5. Beschlussfassung über die Entlastung der Mitglieder des Aufsichtsrats

Aufsichtsrat und Vorstand schlagen vor, die Mitglieder des Aufsichtsrats im Geschäftsjahr für diesen Zeitraum zu entlasten.

6. Beschlussfassung über die Bestellung des Abschlussprüfers und Konzernabschlussprüfers sowie des Prüfers für die prüferische Durchsicht des Zwischenberichts

   Der Aufsichtsrat schlägt.. vor, die Ernst & Jung GmbH Wirtschaftsprüfungsgesellschaft, Stuttgart zum Abschlussprüfer und Konzernabschlussprüfer für das Geschäftsjahr zu bestellen.

   Weitere Angaben und Hinweise

   Gesamtzahl der Aktien und Stimmrechte

   Im Zeitpunkt der Einberufung der Hauptversammlung ist das Grundkapital der Gesellschaft in 850.000.000 Stück Aktien ohne Nennbetrag eingeteilt, von denen jede eine Stimme gewährt. Die Gesamtzahl der Stimmrechte beläuft sich somit auf 850.000.000 . Von den 850.000.000 Stück Aktien entfallen zum Zeitpunkt der Beschlussfassung von Aufsichtsrat und Vorstand über den Gewinnverwendungsvorschlag 40.605.813 Stück auf eigene Aktien, aus denen der Gesellschaft keine Rechte zustehen.

Voraussetzungen für die Teilnahme an der Hauptversammlung und die Ausübung des Stimmrechts

Zur stimmberechtigten Teilnahme an der Hauptversammlung sind diejenigen Aktionäre berechtigt, die im Aktienregister als Aktionäre der Gesellschaft eingetragen und rechtszeitig angemeldet sind. Die Anmeldung muss spätestens bis Mittwoch 25. Januar 20.., bei der Gesellschaft eingegangen sein.

Aktionäre, die im Aktienregister eingetragen sind, können sich in Textform in deutscher und englischer Sprache bei der Siemens AG unter der Anschrift .... Oder unter Nutzung des passwortgestützten Internetservice zur Hauptversammlung elektronisch unter der Internetadresse ... anmelden. Den Online-Zugang erhalten Sie durch Eingabe Ihrer Aktionärsnummer und der zugehörigen individuellen Zugangsnummer ...

Nach erfolgter rechtszeitiger Anmeldung steht Ihnen unser Internetservice für Änderungen Ihrer Eintrittskartenbestellung, Briefwahl oder Vollmachts- und Weisungserteilung bis zum Ende der Generaldebatte am Tag der Hauptversammlung zur Verfügung. Bei Anmeldungen durch Kreditinstitute, Aktionsvereinigungen ... gelten Besonderheiten in Bezug auf die Nutzung unseres Internetservice.

5.2.2 Bezugsrechte

Bei dem Bezugsrecht handelt es sich um das dem Aktionär zustehende Recht an einer Kapitalerhöhung im Umfang seiner bisherigen Anteile zu partizipieren (§ 181 Abs. 1 AktG).

Lernsituation

Die Hauptversammlung der FHW Neukölln AG hat im laufenden Geschäftsjahr am 10. April beschlossen, das Grundkapital der Gesellschaft durch die Ausgabe von Stückaktien mit einem rechnerischen Anteil am Grundkapital von jeweils 1,00 EUR um 13 Mio. EUR auf 78 Mio. EUR zu erhöhen. Diese Aktien werden den Aktionären zum Preis von 50,00 EUR angeboten. Sie haben weder einen Dividendenvorteil noch einen Dividendennachteil. Die Bezugsrechte auf diese Aktien werden in der Zeit vom 15. Mai 20.. (Montag) bis zum 29. Mai 20..

(Montag) einschließlich an den deutschen Börsenplätzen gehandelt. Die alten Aktien werden vor Beginn der Bezugsfrist an der Berliner Wertpapierbörse mit 83,00 EUR notiert.

Aufgaben

a) Berechnen Sie das Bezugsverhältnis.

b) Berechnen Sie den rechnerischen Wert des Bezugsrechts.

c) An welchem Tag wird die Aktie mit dem Kurszusatz „ex BR" notiert? Nennen Sie das Datum (TT.MM.JJJJ).

d) Im Aktiengesetz wird zwischen einer Kapitalerhöhung gegen Bareinlagen und einer Kapitalerhöhung aus Gesellschaftsmitteln unterschieden. Worin unterscheiden sich die beiden Arten der Kapitalerhöhung?

e) Was versteht man unter einem „Aktiensplit" und welche Bedeutung hat er für die Aktiengesellschaft?

INFO

Bei der Ausgabe von neuen oder jungen Aktien zum Zwecke der Kapitalerhöhung sowie bei der Ausgabe von Gewinn- und Wandelschuldverschreibungen steht dem Aktionär das Bezugsrecht auf diese Wertpapiere zu. Rechtsgrundlage für eine Kapitalerhöhung ist der Beschluss auf der Hauptversammlung der Aktiengesellschaft mit mindestens ¾-Mehrheit des vertretenen Kapitals (§ 179 AktG ff.). Dabei unterscheidet man zwischen einer Kapitalerhöhung gegen Bareinlagen (ordentliche Kapitalerhöhung) und einem genehmigten Kapital.

Bei der Kapitalerhöhung gegen Bareinlagen erhält die AG zusätzliche liquide Mittel in Höhe des Kurswertes der emittierten jungen Aktien. Das gezeichnete Kapital erhöht sich um den Nennwert, die Kapitalrücklage erhöht sich um das Agio der emittierten Aktien. Jede Aktie besitzt ein Bezugsrecht. Das Bezugsrecht wird durch den nächsten Dividendenschein verkörpert.

Kapitalerhöhung gegen Bareinlagen

Das Bezugsrecht kann nur durch einen ¾-Mehrheitsbeschluss des in der Hauptversammlung vertretenen Kapitals ausgeschlossen werden. Ein Ausschluss des Bezugsrechts ist insbesondere dann zulässig, wenn die Kapitalerhöhung gegen Bareinlagen 10% des Grundkapitals nicht übersteigt und der Ausgabebetrag den Börsenpreis nicht wesentlich unterschreitet. Als Ausschluss des Bezugsrechts ist es nicht anzusehen, wenn die neuen Aktien von einem Kreditinstitut mit der Verpflichtung übernommen werden sollen, sie den Aktionären zum Bezug anzubieten unter Angabe des Entgelts und der Frist für die Annahme des Angebots.

Beim genehmigten Kapital wird der Vorstand von der Hauptversammlung ermächtigt, für einen Zeitraum von maximal 5 Jahren das Grundkapital um einen bestimmten Höchstbetrag zu erhöhen. Diese Ermächtigung darf sich maximal auf 50 % des bilanzierten Grundkapitals beziehen. Vorteil des genehmigten Kapitals ist es, dass es an keinen bestimmten Finanzierungsanlass gebunden ist. Der Vorstand kann somit in der finanziellen Disposition flexibel reagieren und die Kapitalerhöhung in voller Höhe oder teilweise ausnutzen. Dadurch kann die Kapitalmarktsituation für das Unternehmen profitabel ausgenutzt werden. Eine zeitnahe Festlegung des Bezugspreises minimiert das Kursrisiko.

Der Aktionär hat bei der Kapitalerhöhung gegen Einlagen folgende Möglichkeiten:

- Verkauf aller Bezugsrechte,
- Verkauf eines Teils der Bezugsrechte,
- Zukauf von Bezugsrechten.

Die Dividendenberechtigung für die jungen Aktien wird unterschiedlich geregelt. Während die alten Aktien für das gesamte Geschäftsjahr dividendenberechtigt sind, sind junge Aktien oft nur für einen Teil des Geschäftsjahres dividendenberechtigt, sodass ein Dividendennachteil entsteht. Handelt es sich bei den jungen Aktien um Vorzugsaktien, sind sie hinsichtlich der Dividendenberechtigung oft mit einem Vorzug ausgestattet, sodass ein Dividendenvorteil entsteht.

Aktiensplit:

Die Hauptversammlung kann eine Neueinteilung des Grundkapitals durch die Ausgabe neuer Aktien (Aktiensplit) beschließen. Ein Aktiensplit wird in erster Linie bei nennwertlosen Stückaktien durchgeführt. Der auf die einzelne Aktie entfallende rechnerische Anteil am Grundkapital sinkt dadurch. Die neuen Aktien stehen den Aktionären der Gesellschaft entsprechend ihrer bisherigen Beteiligung zu. Die neuen Aktien werden von den Depotbanken am Tag der Neueinteilung ohne besondere Weisung in das Depot eingebucht. Die Beteiligung des Aktionärs an der Gesellschaft verändert sich durch einen Aktiensplit nicht. Ziel des Aktiensplits ist die Verringerung des Aktienkurses, um die Verkehrsfähigkeit der Aktie zu erhöhen. Durch einen Aktiensplit darf der Nennbetrag einer Stückaktie 1,00 EUR nicht unterschreiten.

Rechnen mit Bezugsrechten

Umfang der Kapitalerhöhung (Verhältnis)

$$\text{Bezugsverhältnis} = \frac{\text{bisheriges Grundkapital (gezeichnetes Kapital)}}{\text{Erhöhungskapital}}$$

Beispiel:

Bisheriges Grundkapital 200 Mio. EUR

Erhöhungskapital 50 Mio. EUR

Lösung:

Bezugsverhältnis 4 : 1

Rechenweg: 200 : 50

Ermittlung des rechnerischen Wertes des Bezugsrechts

Grundformel:

$$\text{Durchschnittskurs} = \frac{(m \times K_a) + (n \times K_n)}{m + n}$$

Vereinfachte Rechenformel:

$$\text{Wert des Bezugsrechts} = \frac{K_a - K_n}{\frac{m}{n} + 1}$$

Symbole:

m Anzahl der alten Aktien

K_a Kurs der alten Aktien innerhalb der Bezugsfrist

n Anzahl der jungen Aktien
K_n Kurs der jungen Aktien
B Wert des Bezugsrechts

Beispiel:

Eine AG erhöht ihr Grundkapital um 50 Mio. EUR auf 250 Mio. EUR. Der Kurs der alten Aktie beträgt 359 EUR. Der Kurs der jungen Aktie soll 150 EUR betragen. Das Bezugsverhältnis soll 4 : 1 sein.

Lösung:
Rechnerischer Wert des Bezugsrechts = 41,80 EUR
Rechenweg: (359 – 150) : ((4 : 1) + 1)

Rechnerischer Wert des Bezugsrechts bei Dividendennachteil bzw. Dividendenvorteil der jungen Aktien

Bezugsrecht bei Dividendennachteil

$$B = \frac{K_a - (K_n + D_n)}{\frac{m}{n} + 1}$$

Beispiel:

Kapitalerhöhung um 50 Mio. EUR auf 250 Mio. EUR.

Kurs der alten Aktie 35 EUR

Kurs der jungen Aktie 15 EUR

Dividendennachteil der neuen Aktie 5 EUR

Lösung:

Bezugsverhältnis = 4 : 1

Rechnerischer Wert des Bezugsrechts = 3 EUR

Rechenweg: ((35 – (15 + 5)) : ((4 : 1) + 1)

Bezugsrecht bei Dividendenvorteil

$$B = \frac{K_a - (K_n - D_n)}{\frac{m}{n} + 1}$$

Beispiel:

Kapitalerhöhung um 50 Mio. EUR auf 250 Mio. EUR, Kurs der alten Aktie 35 EUR. Kurs der jungen Aktie 15 EUR, Dividendenvorteil der neuen Aktie 5 EUR

Lösung:

Bezugsverhältnis = 4 : 1

rechnerischer Wert des Bezugsrechts = 5 EUR Rechenweg: ((35 – (15 – 5) : ((4 : 1) + 1)

Rechnerischer Wert des Bezugsrechts bei Kapitalerhöhungen aus Gesellschaftsmitteln

Berichtigungsabschlag = (Ka – 0) : (m:n) + 1

Beispiel:

Kapitalerhöhung um 50 Mio. EUR auf 250 Mio. EUR aus Gesellschaftsmitteln
Kurs der alten Aktie 35,00 EUR

Lösung:
Bezugsverhältnis = 4 : 1
Berichtigungsabschlag = (35 – 0) : (4: 1) + 1

Bezugsrechtsausnutzung ohne zusätzlichen Mitteleinsatz (operation blanche)

Anzahl der zu beziehenden Aktien =

$$\frac{\text{Anzahl der Bezugsrechte x Wert des Bezugsrechts}}{\text{Bezugspreis der jungen Aktien + (Bezugsrechtswert x Bezugsverhältnis)}}$$

Beispiel:

Kurs der jungen Aktie 150,00 EUR; Bezugsverhältnis = 4 : 1
Rechnerischer Wert des Bezugsrechts 41,80 EUR
200 Aktien befinden sich im Depot

Lösung:

vorhandenes Kapital in Form von Bezugsrechten:
200 x 41,80 = 8360,00 EUR

Gesamtaufwand für eine junge Aktie: 4 x 41,80 + 150,00 = 317,20 EUR

möglicher Bezug ohne Kapitaleinsatz: 8360,00 : 317,20 = 26,36 Stück

26 junge Aktien können ohne zusätzliches Kapital bezogen werden.

Es werden dafür 26 x 4 = 104 Bezugsrechte benötigt und die verbleibenden 96 Bezugsrechte (200 – 104 = 96) werden verkauft.

Aus dem Erlös 96 x 41,80 = 4012,80 EUR werden 26 junge Aktien 26 x 150,00 = 3.900,00 EUR gekauft, sodass noch 112,80 EUR Rest verbleiben.

5.3 Investmentzertifikate

Investmentfonds bündeln die Gelder vieler Anleger nach dem Prinzip der Risikomischung. Kapitalanlagegesellschaften vertreiben derartige Produkte nach dem Kapitalanlagegesetz (KAGG). Die finanziellen Mittel werden in einem Fonds angesammelt und von Experten in Wertpapieren verschiedener Art angelegt. Der Anleger erwirbt einen Anteil an diesem Sondervermögen, das durch ein Investmentzertifikat verbrieft wird.

Lernsituation 1

Frau Auerberg ist Depotkundin der Nordbank AG. In einem Beratungsgespräch teilt Ihnen Frau Auerberg mit, dass Sie von einer verstorbenen Tante 1500 Anteile des Internet Investmentfonds geerbt habe. Frau Auerberg hat bisher noch keine Erfahrungen mit der Geldanlage in Wertpapieren und möchte sich deshalb heute von Ihnen zu den geerbten Wertpapieren beraten lassen.

a) Nennen Sie das Dokument, das Sie gemäß den Vorschriften des Wertpapierhandelsgesetzes (WphG) im Rahmen des Beratungsgesprächs mit Frau Auerberg ausfüllen müssen!
b) Nennen Sie die vier Informationen, die Sie gemäß WpHG von Frau Auerberg bei der Beratung einholen müssen!

Die Anteile an einem Investmentfonds verbriefen Frau Auerberg bestimmte Rechte.

c) Nennen Sie Frau Auerberg drei Rechte gemäß Kapitalanlagegesetzbuch (KAGB)!

Frau Auerberg bittet Sie, ihr auch Informationen über die Sicherheit einer Geldanlage in Investmentanteilen zu geben. Sie erklären der Kundin, dass es gesetzliche Vorschriften gibt, die die Sicherheit der Geldanlage in Anteilen an Investmentfonds gewährleisten sollen.

d) Erläutern Sie Frau Auerberg zwei Vorschriften des Kapitalanlagegesetzbuchs (KAGB)!
e) Sie teilen Frau Auerberg im Rahmen des Beratungsgesprächs mit, dass Anlagepolitik und –ziele bei einzelnen Fonds unterschiedlich sind. In der Abhängigkeit von Anlageschwerpunkten können die mit der Fondsanlage verbundenen Chancen und Risiken niedrig, aber auch sehr groß sein. In diesem Zusammenhang erklären Sie Frau Auerberg drei Fondsarten:
   1) Offene Publikumsfonds, z. B. Aktien- oder Rentenfonds
   2) spezielle Aktienfonds, z. B. Indexfonds
   3) Ertragsfonds und thesaurierende Fonds.
f) Erklären Sie Frau Auerberg diese drei Fondsarten!

Lernsituation 2

Der Investmentfonds „Pecunia 1“ weist in seinem Zwischenbericht für den Fonds „Pecunia“ folgende Vermögenswerte auf:

Wertpapiervermögen	345.789.400,00 EUR
Bankguthaben	52.200.000,00 EUR

Sonstiges Vermögen	560.000,00 EUR
Verbindlichkeiten	130.000,00 EUR
Wert des Sondervermögens	

Aufgaben

a) Ermitteln Sie den Gesamtwert des Sondervermögens des „Pecunia 1“ Investmentfonds.

b) Ermitteln Sie den Inventarwert je Anteil. Das Fondsvermögen des „Pecunia 2“ Investmentfonds beträgt 376.830.000,00 EUR. Die umlaufenden Anteile betragen 3.698.417 Stück.

c) Ermitteln Sie Ausgabe- und Rücknahmepreis des „Pecunia 2“ Investmentfonds. Der Ausgabeaufschlag beträgt 5 %. Der Rücknahmepreis entspricht dem Anteilwert abzüglich 0,75 %.

Lernsituation 3

Im Rahmen einer Anlageberatung haben Sie Ihrer Privatkundin Frau Gerda Mühlmann Investmentzertifikate angeboten. Frau Mühlmann bittet Sie um nähere Erläuterungen zu diesem Produkt.

Aufgaben

a) Informieren Sie Frau Mühlmann über die Fondsarten „Geldmarktfonds“, Rentenfonds, und Aktienfonds und stellen Sie die Unterschiede dieser Fondsarten heraus. Verwenden Sie hierfür die Vergleichskriterien: Anlageschwerpunkte, Anlegerziele, Risiken, Mindestanlagedauer, Ausgabeaufschlag und Verwaltungsvergütung.

b) In dem Beratungsgespräch informiert der Kundenberater Frau Mühlmann über die Vorteile des Investmentsparens nach der Cost-Average-Strategie. Erläutern Sie kurz die Vorteile dieser Anlagestrategie.

Lernsituation 4

Frau Birte Schönfeld ist Depotkundin der Nordbank AG. Frau Schönfeld hatte bisher nur in fest verzinslichen deutschen Wertpapieren angelegt. Im Rahmen eines Beratungsgesprächs teilt Ihnen Frau Schönfeld mit, dass sie 10.000,00 EUR neu anlegen möchte. Aufgrund des derzeit niedrigen Zinsniveaus möchte sie diesen Betrag entweder direkt in Aktien oder alternativ in Investmentanteilen eines Investmentfonds anlegen.

Aufgaben

Aufgrund der bisherigen Erfahrungen mit Wertpapieren von Frau Schönfeld halten Sie als Kundenberater/in der Nordbank AG die Geldanlage in einen Aktienfonds anstatt der Direktanlage in Aktien für den Anlagehorizont von Frau Schönfeld für zweckmäßig.

a) Erläutern Sie Frau Schönfeld anhand von selbst gewählten Aspekten, warum Sie ihr eine Anlage in Aktienfonds empfehlen!

Frau Schönfeld ist an einer Geldanlage in Aktienfonds interessiert. Aufgrund der von der Kundin erhaltenen Informationen stellen Sie ihr die nachfolgenden Aktienfonds vor:

Fondsname	Anlagestrategie	Fondstyp	Verwaltungskosten	Ertragsverwendung	Ausgabepreis	Rücknahmepreis
WEKANord Europa Aktienfonds	europäische Standardwerte	Typ A	0,75 % p.a.	ausschüttend	26,67	25,40
		Typ T	1,75 % p.a.	thesaurierend	25,17	25,17

Im weiteren Gesprächsverlauf gehen Sie auf die unterschiedlichen Ausstattungsmerkmale der vorgestellten Aktienfonds ein.

b) Erläutern Sie Frau Schönfeld Chancen und Risiken, die sich aus der Anlage in die europaweit investierenden Fonds ergeben können!

Frau Schönfeld ist der Begriff „thesaurierend" unbekannt.

c) Erläutern Sie der Kundin die unterschiedliche Ertragsverwendung der beiden Fonds!

d) Beschreiben Sie die sich aus der unterschiedlichen Ertragsverwendung ergebende Auswirkung auf den jeweiligen Anteilspreis!

Lernsituation 5

Kevin Kreuzer ist Depotkunde der Nordbank AG. Im Rahmen eines Beratungsgesprächs teilt Ihnen als Kundenberater/in der Nordbank AG mit, dass er einen fälligen Betrag in Höhe von 10.000,00 EUR anlegen möchte. Bisher hatte Herr Kreuzer Geldanlagen in festverzinslichen Wertpapieren getätigt. Sie schlagen Herrn Kreuzer aufgrund seiner bisherigen Erfahrungen mit Geldanlagen eine Anlage in einen Rentenfonds vor.

Es stehen zwei Rentenfonds zur Auswahl, zu denen u. a. die folgenden Informationen vorliegen:

Rentenfonds	Währung	Fondsvolumen	Ausgabeaufschlag	Verwaltungsvergütung	Ertragsverwendung
NordRenta A	EUR	2,8 Mrd. EUR	2,25 %	0,75 % p.a.	Thesaurierend
NordRenta B	USD	10,5 Mrd. USD	3,0 %	1,0 % p.a.	Ausschüttend

a) Welches Risiko geht Herr Kreuzer ein, wenn er sich für NordRenta B (anstelle von NordRenta A) entscheidet!

Sie erklären Herrn Kreuzer, dass die typischen Risiken einer Geldanlage in Rentenpapieren durch die Geldanlage in einen Rentenfonds reduziert werden können.

b) Erklären Sie Herrn Kreuzer das Bonitätsrisiko bei Rentenpapieren!

c) Erklären Sie Herrn Kreuzer das Kursrisiko bei einer Geldanlage in Rentenpapieren, wenn sich das Zinsniveau am Kapitalmarkt ändert!

d) Erklären Sie Herrn Kreuzer, inwieweit die Geldanlage in einen Rentenfonds diese beiden Risiken reduzieren kann!

e) Welche Rechte sind mit dem Erwerb von Anteilen an einen Rentenfonds für den Anleger verbunden?

f) Welche Arten von Erträgen fallen in einem Rentenfonds an?

Sie informieren Herrn Kreuzer, dass er anstelle der beiden vorgestellten aktiv gemanagten Rentenfonds auch einen RentenIndexfonds erwerben kann.

g) Wie unterscheiden sich die Anlagestrategien dieser beiden Fondstypen voneinander.

h) Beschreiben Sie Herrn Kreuzer einen Vorteil und einen Nachteil des Renten-Indexfonds gegenüber einem aktiv gemanagten Rentenfonds!

INFO

Preisermittlung

Die Kapitalanlagegesellschaften ermitteln börsentäglich nach Börsenschluss einen Ausgabepreis und einen Rücknahmepreis. Grundlage für die Berechnung ist der Inventarwert. Der Ausgabepreis für einen Anteil muss dem Wert des Anteils am Sondervermögen entsprechen. Auf den Anteilwert kann ein Ausgabeaufschlag erhoben werden, mit dem die Erwerbskosten für die Wertpapiere und die Ausgabekosten für die Anteilscheine gedeckt werden sollen. Der Rücknahmepreis entspricht häufig dem Inventarwert je Anteil. Er kann um einen Rücknahmeabschlag gemindert werden, wenn die Vertragsbedingungen es vorsehen. Ausgabe- und Rücknahmepreise werden börsentäglich veröffentlicht.

Fondsarten

Merkmale	**Geldmarktfonds**	**Rentenfonds**	**Aktienfonds**
Anlageschwerpunkte	- Geldmarktanlagen - variabel verzinsliche Anleihen	- fest verzinsliche EUR- und Währungsanleihen - Laufzeiten 2 bis 10 Jahre	- z. B. Standardwerte: Blue Chips, insbesondere DAX- und Euro-Stoxx-Werte
Anlegerziele	- kurzfristige Geldanlage ohne Kursrisiko - täglich verfügbare Liquiditätsreserve - marktgerechte Verzinsung	- Erträge entsprechend den Renditen an Kapitalmärkten - Nutzung von Kurschancen an Rentenmärkten - breit gestreutes Rentendepots	- Beteiligung an den Kurschancen und der Dividende großer deutscher und internationaler Unternehmen - Wertentwicklung entsprechend z. B. der DAX- bzw. Stoxx-Entwicklung

Risiko	- Währungsrisiko	- Zinsänderungsrisiko - Währungsrisiko - Kursrisiko	- Kursrisiko z. B. der Standardaktien - Währungsrisiko
Mindestanlage-dauer	auch für kurzfristige Anlagen geeignet	ca. zwei Jahre	ca. fünf Jahre
Ausgabeauf-schlag	kein Ausgabeauf-schlag	ca. 3 %	ca. 3 % bis 5 %
Verwaltungsver-gütung	ca. 0,2 % bis 0,3 %	ca. 0,5 %	0,5 % bis 1 %

Cost-Average-Effekt

Die regelmäßige Anlage eines gleichbleibenden Betrags ergibt einen niedrigeren durchschnittlichen Einstandspreis gegenüber dem regelmäßigen Kauf einer bestimmten Anzahl von Anteilen. Durch regelmäßige Anlage eines bestimmten Geldbetrages in Investmentanteilen erlangt der Anleger einen Preisvorteil: In dem bei hohen Ausgabepreis automatisch weniger, bei niedrigen Ausgabepreis jedoch mehr Investmentanteile erworben werden, wird ein günstiger Durchschnittserwerbspreis erzielt.

Monat	Ausgabepreis	Alternative 1: Monatlicher Erwerb Von drei Anteilen	Alternative 2: Monatliche Anlage Von 150,00 EUR
Januar	40,00 EUR	120,00 EUR	150 : 40 = 3,75 Anteile
Februar	60,00 EUR	180,00 EUR	150 : 60 = 2,50 Anteile
März	50,00 EUR	150,00 EUR	150 : 50 = 3,00 Anteile
		9 Anteile für 450,00 EUR Durchschnittspreis 50,00 EUR	450,00 EUR 9,25 Anteile Durchschnittspreis 48,65 EUR

Arten von Investmentfonds

Publikumsfonds: Die Anteile können von allen Anlegern erworben werden.

Spezialfonds

Die Anteile können nur von professionellen Anlegern erworben werden. Professionelle Anleger verfügen über ausreichende Erfahrungen, Kenntnisse und Sachverstand, um ihre Anlageentscheidung selbst treffen und die damit verbundenen Risiken beurteilen zu können.

Spezielle Aktienfonds haben folgende Anlageschwerpunkte z. B. in Aktien:

- Nebenwerte (Smallcap-Fonds): Aktien mittlerer und kleinerer Unternehmen,
- Branchen-Themenfonds: Aktien bestimmter Industriezweige oder Wirtschaftssektoren z. B. Rohstofffonds, Technologiefonds, Medienfonds
- Indexfonds: Nachbildung eines bestimmten Aktienindexes, z. B. DAX-Fonds
- Länderfonds: Aktien aus einzelnen Ländern, z. B. USA-Fonds, Russland-Fonds
- Offene Investmentfonds: Es werden laufend neue Anteile ausgegeben. Offene Publikumsfonds haben eine unbegrenzte Anzahl von Anlegern. Geschäftsberichte, Halbjahresberichte, Verkaufsprospekte sowie die Ausgabe- und Rücknahmepreise der Anteile sind laufend zu

veröffentlichen. Der Anleger hat keinen Einfluss auf die Ausschüttungs- und Anlagepolitik des Fondsmanagements. Mindesthaltefristen und die zeitweise Aussetzung oder Beschränkung der Rücknahme sind zulässig.

- Geschlossene Investmentfonds: Anlagesumme ist begrenzt. Der Fonds wird geschlossen, wenn die für die Finanzierung des Investmentvermögens benötigte Geldsumme erreicht wurde. Eine Rückgabe der Anteile zulasten des Fondsvermögens ist i. d. R. während der Laufzeit nicht möglich. Nach Ablauf der geplanten Investitionsdauer wird das Investmentvermögen liquidiert und an die Anleger ausgeschüttet.
- Dachfonds: Dachfonds investieren die Fondsmittel ausschließlich in andere Investmentfonds.
- Ausschüttende Fonds: Die Fondserträge werden an die Anleger z. B. einmal jährlich ausgeschüttet.
- Thesaurierende Fonds: Die Erträge werden wieder in Fondswerte angelegt.
- Aktiv verwaltete Fonds: Das Management verfolgt eine eigene Strategie und versucht mit dieser, die zuvor festgelegte Benchmark zu schlagen.
- Passiv verwaltete Fonds oder Indexfonds sind an die Wertentwicklung eines Index gekoppelt.

Anlegerschutzbestimmungen des Kapitalanlagegesetzes (KAGB)

Vertragsbedingungen: Sie sind vor Ausgabe der Anteile schriftlich festzulegen und müssen von der Bundesanstalt für Finanzdienstleistungsaufsicht genehmigt werden. Die Vertragsbedingungen und ein Verkaufsprospekt sind dem Anleger bereit zu stellen.

Zulässige Wertpapiere: Die Wertpapiere eines Investmentfonds müssen an einer Börse oder an einem organisierten Markt gehandelt werden.

Sondervermögen: Das Investmentvermögen ist getrennt vom eigenen Vermögen der Kapitalanlagegesellschaft zu halten.

Depotbank: Die Auswahl einer Depotbank bedarf der Zustimmung der BaFin. Die im Sondervermögen enthaltenen Wertpapiere sind in einem Sperrdepot zu verwahren.

Diversifikationsgebot: Maximal 10 % eines Investmentvermögens dürfen in Wertpapieren desselben Emittenten angelegt werden. Der Gesamtwert der Wertpapiere, deren Anteil am Investmentvermögen 5 % übersteigt, darf jedoch nicht mehr als 40 % des Investmentvermögens betragen.

Maximal 10 % des Grundkapitals einer AG dürfen für alle von der KVG verwalteten Wertpapier-Investmentvermögen erworben werden.

Begrenzung der Kreditaufnahme: Die KVG darf für gemeinschaftliche Rechnung der Anteilinhaber kurzfristige Kredite bis zur Höhe von 10 % des Investmentvermögens aufnehmen, wenn die Bedingungen der Kreditaufnahme marktüblich sind und dies in den Vertragsbedingungen vorgesehen ist.

Pflicht zur Rücknahme der Anteilscheine: Jeder Anteilinhaber kann verlangen, dass ihm gegen Rückgabe seiner Anteile sein Anteil am Investmentvermögen ausgezahlt wird. In den Vertragsbedingungen kann vorgesehen werden, dass die KVG die Rücknahme der Anteile aussetzen darf, wenn außergewöhnliche Umstände vorliegen.

Publizitätspflicht: Die KVG hat für jedes Investmentvermögen am Ende des Geschäftsjahres einen Jahresbericht zu erstellen.

Vorteile

- Anlage durch Experten: Management der Kapitalanlagegesellschaft verwaltet den Fonds und analysiert den Markt.
- Risikobegrenzung: Management investiert mittels Risikostreuung im Rahmen der Fondsbedingungen bzw. des Investmentgesetzes.
- Risikomischung: Der Anleger erwirbt Miteigentum am Sondervermögen, das in verschiedenen Anlageformen investiert wird.
- Kleine Stückelung/Cost-Average-Effekt: Der Anleger hat die Möglichkeit der Wertpapieranlage in kleineren Beträgen und kann den Cost-Average-Effekt nutzen.

Nachteile

- Kurs- und Ertragsrisiko: Der Anleger hat das Risiko der Kurs- und Ertragsschwankungen.
- Währungsrisiko: Bei der Anlage in ausländischen Wertpapieren ist das Risiko von Währungsschwankungen gegeben.
- Kosten: Es fallen beim Investmentsparen Kosten an, z. B. Ausgabeaufschlag und Verwaltungsprovision.

5.4 Aktienanleihe

Aktienanleihen sind Schuldverschreibungen mit einer festen Laufzeit und zählen zu den Finanzinstrumenten. Die Prämie wird in Form einer Zinszahlung am Ende der Laufzeit in einer Summe gezahlt. Die Zinsen unterliegen der pauschalen Abgeltungsteuer in Höhe von 25 % zuzüglich Solidaritätszuschlag und ggf. Kirchensteuer.

Lernsituation

Sarah Weichmuth ist Depotkundin der Nordbank AG. Sie sind Kundenberater/-in der Nordbank AG. Ihre Kundin Sarah Weichmuth hat mit Ihnen für heute einen Gesprächstermin vereinbart, da sie einen Geldbetrag von 5.000,00 EUR anlegen möchte. Zur Vorbereitung auf das Beratungsgespräch haben Sie sich die nachstehende Übersicht über das Depot der Kundin ausgedruckt.

Depotwerte	Stück bzw. Nennwert	aktueller Kurs in EUR bzw. Prozent
Energie AG-Aktie	350 Stück	7,48 EUR
2,75 % Verbraucherbank AG-Anleihe von 2015	nom. 17.500,00 EUR	102,75 %

Aufgaben

Im Zusammenhang mit der beabsichtigten Neuanlage von 5.000,00 EUR teilt Ihnen Frau Weichmuth mit, dass sie im Internet von einer Aktienanleihe der Verbraucherbank AG gelesen hat. Dem Intranet Ihres Hauses entnehmen Sie die abgebildeten Informationen zu dieser Aktienanleihe:

Emittentin	Verbraucherbank AG
Stückelung	1.000,00 EUR Nennwert
Ausgabetag	27, April 2019
Zinssatz	5,65 %
Zinstermin	27. April
Fälligkeit	27. April 2021
Basiswert	Windkraft AG -Aktie
Feststellungstag	18. April 2021
Tilgung	Nennwert oder 28 Aktien je 1.000,00 EUR Nennwert
Basispreis	32,55 EUR

Frau Weichmuth möchte von Ihnen über Unterschiede dieser Aktienanleihe zu der in ihrem Depot befindlichen Verbraucherbank AG- Anleihe informiert werden.

a) Erläutern Sie der Kundin, wie sich diese beiden Anleihen im Zusammenhang mit ihrer Rückzahlung unterscheiden!

b) Erläutern Sie Frau Weichmuth, warum die Aktienanleihe deutlich höher verzinst wird als die vor wenigen Monaten emittierte Anleihe der Verbraucherbank AG in ihrem Depot!

Frau Weichmuth möchte von Ihnen über die Risiken der Anlage in diese Aktienanleihe aufgeklärt werden.

c) Erläutern Sie Frau Weichmuth, warum der Kurs der Aktienanleihe während der Laufzeit sinken könnte!

Frau Weichmuth entscheidet sich zum Erwerb von nominal 5.000,00 EUR dieser Aktienanleihe. Sie weisen Frau Weichmuth darauf hin, dass der Abrechnungsbetrag auch Stückzinsen enthalten wird.

d) Erläutern Sie Frau Weichmuth, warum im vorliegenden Fall Stückzinsen berechnet werden!

Der Auftrag wird noch heute, 2. Mai 2019, zu einem Kurs von 99,85 % ausgeführt. Folgende Entgelte sind zu berücksichtigen:

Bankprovision: 1 % vom Kurswert, mindestens vom Nennwert

Börsenentgelt:0,5 ‰ vom Nennwert

e) Mit welchem Betrag wird das Konto von Frau Weichmuth belastet?

Abschließend möchte Frau Weichmuth noch über das Ertrags- und Verlustpotenzial der erworbenen Aktienanleihe bei Fälligkeit informiert werden.

f) Berechnen Sie für Frau Weichmuth (ohne Berücksichtigung von Steuern, Bankprovision und Börsenentgelt) den Nettoerfolg für den von ihr erworbenen Nennwert der Aktienanleihe! Legen Sie einen Aktienkurs der Windkraft AG von 39,00 EUR am Feststellungstag zugrunde. Gehen Sie davon aus, dass sich der Kurs bis zum Fälligkeitstag der Aktienanleihe nicht verändert.

g) Berechnen Sie für Frau Weichmuth (ohne Berücksichtigung von Steuern, Bankprovision und Börsenentgelt) den Nettoerfolg für den von ihr erworbenen Nennwert der Aktienanleihe! Legen Sie einen Aktienkurs der Windkraft AG von 24,00 EUR am Feststellungstag zugrunde! Gehen Sie davon aus, dass sich der Kurs bis zum Fälligkeitstag der Aktienanleihe nicht verändert.

INFO

Aktienanleihen

Aktienanleihen sind Schuldverschreibungen mit einer festen Laufzeit und zählen zu den Finanzinstrumenten. Die Art der Rückzahlung des eingesetzten Kapitals hängt davon ab, ob der der Anleihe zugrundeliegende Basiswert, also eine Einzelaktie oder ein Index, an einem zuvor festgelegten Stichtag einen bestimmten Kurs (Basispreis) erreicht hat. Bei Aktienanleihen besteht neben dem Emittentenrisiko ein Aktienkursrisiko. Notiert die Aktie am Stichtag zum Basispreis oder über dem festgelegten Basispreis, wird die Anleihe zum Nennbetrag getilgt. Notiert der Basiswert unter dem Basispreis erhält der Anleger eine bestimmte Anzahl von Aktien zum Basispreis.

Steigen die Aktienkurse nur leicht, sind höhere Renditen eher möglich als mit der getrennten Anlage in Aktien und Anleihen.

Beispiel :

Ein Kunde erwirbt eine 5 %ige Aktienanleihe zum Kurswert von 99,50 %, Laufzeit 2 Jahre, Basiswert ist die Auto AG-Aktie, Anlagebetrag 1.000,00 EUR. Es gelten folgende Konditionen:

Emittentin	Verbraucherbank AG
Stückelung	1.000,00 EUR Nennwert
Ausgabetag	27. April 2019
Zinssatz	5 %
Zinstermin	27. April
Fälligkeit	27. April 2021
Basiswert	Auto AG -Aktie
Feststellungstag	20. April 2021
Tilgung	Nennwert oder 30 Aktien je 1.000,00 EUR Nennwert
Basispreis	31,25 EUR

Am Feststellungstag notiert die Aktienanleihe zu 99,50 %, der Basiswert notiert mit einem Kurs von 35,00 EUR.

Zinsertrag für 2 Jahre 5 % von 1.000,00 EUR	100,00 EUR
Kursgewinn: 99,50 % von 1.000	5,00 EUR
Gewinn	105,00 EUR

Am Feststellungstag notiert die Aktienanleihe zu 99,50 %, der Basiswert notiert mit einem Kurs von 25,00 EUR.

Zinsertrag für 2 Jahre	100,00 EUR
+ Kursgewinn	5,00 EUR
+ Kurswert der 30 Aktien zu 25,00 Kurs	750,00 EUR
Zwischensumme	855,00 EUR
- Kapitaleinsatz	995,00 EUR
Verlust	140,00 EUR

5.5 Wandelanleihen

Eine Wandelanleihe (Convertible Bond) ist ein verzinsliches Wertpapier, das dem Inhaber innerhalb einer bestimmten Frist in einem festgelegten Umtauschverhältnis ggf. unter Zuzahlung das Recht einräumt, die Anleihe in Aktien der emittierenden Gesellschaft umzutauschen.

Lernsituation

In dem Wirtschaftsteil einer Tageszeitung finden Sie das nachstehende Bezugsangebot:

Die SolarTech AG begibt eine Wandelschuldverschreibung

Vorstand und Aufsichtsrat der SolarTech AG haben heute die Ausgabe von Wandelanleihen im Rahmen einer Bezugsrechtsemission mit einem Gesamtvolumen von bis zu 14,3 Millionen Euro beschlossen.

Die Anleihen haben eine Laufzeit von 4 Jahren und werden am Ende der Laufzeit zu 100% zurückbezahlt und haben eine Verzinsung von 0,75% p.a. Jede Teilschuldverschreibung im Nennwert von 100,00 EUR kann in drei auf den Inhaber lautende Stückaktie der SolarTech AG gewandelt werden. Dieses Umtauschverhältnis bleibt auch im Falle einer Kapitalherabsetzung unberührt. Ein börslicher Handel der Bezugsrechte ist nicht vorgesehen. Teilschuldverschreibungen, die nicht von Aktionären gezeichnet werden, sollen im Rahmen einer Privatplatzierung Investoren angeboten werden. Das Umtauschrecht kann bis zum Ende der Laufzeit der Wandelanleihe ohne Zuzahlung ausgeübt werden.

Die Zuflüsse aus der Emission sollen zur Stärkung des „working capital" und zur weiteren Verbesserung der Finanzierungsstruktur dienen.

SolarTech AG Inhaberaktien o. N.	
WKN	744360
ISIN	DE0007443608
Aktueller Börsenkurs	34,55 EUR
52-Wochen Hoch/Tief	34,99 EUR/14,40 EUR
Monats-Hoch/Tief	34,58 EUR/29,53 EUR
Bezugsrecht	10 Aktien der SolarTech AG berechtigen zum Bezug von 100,00 EUR Nennwert Wandelanleihe
Stückelung	1.000,00 EUR
Fälligkeit	30. Oktober 2023
Nominalzinssatz	0,75 % p.a.
Emissionspreis	105 %
Wandlungsrecht	100,00 EUR Nennwert Wandelanleihe können in drei Aktien der SolarTech ohne Zuzahlung gewandelt werden
Wandlungsfrist	30. Oktober 2019 bis 29. Oktober 2023

Aufgaben

a) Aus welchem Grund könnte die SolarTech AG diese Wandelanleihe emittiert haben?

b) Kennzeichnen Sie anhand der Wandelanleihe der SolarTech AG die Rechte des Erwerbers.

c) Welche wichtigen Ausstattungsmerkmale hat diese Wandelanleihe?

d) Angenommen ein Anleger hat 500 Aktien der SolarTech AG in seinem Depot. Ermitteln Sie die Höhe des Nennwerts der Wandelanleihe, den dieser Anleger aufgrund seines Aktienbestandes beziehen kann.

e) Erläutern Sie Risiken, die mit dem Erwerb von Wandelanleihen verbunden sind.

f) Angenommen, ein Anleger bezieht für 5.000,00 EUR Nennwert Wandelanleihen der SolarTech AG. Wie viele neue Aktien der SolarTech AG kann der Anleger im Rahmen der Wandlung maximal beziehen?

g) Prüfen Sie, ob es für den Erwerber dieser Wandelanleihe sinnvoll ist, gleich nach Emission der Wandelanleihe in Aktien der SolarTech AG umzutauschen.

h) Vergleichen Sie eine Aktie, eine Wandelanleihe und eine Bundesanleihe anhand folgender Aspekte:

- Rechtsstellung des Anlegers,
- Mittelbeschaffung des Emittenten,
- Rückzahlung,
- mögliche Risiken der Anlagen,
- möglicher Ertrag des Anlegers.

INFO

Wesen der Wandelanleihe

Wandelanleihen, auch Convertible Bonds genannt, verbriefen ein Forderungsrecht aus der Schuldverschreibung, ein Zinszahlungsrecht und ein Umtauschrecht der Anleihe in Aktien der ausgebenden Gesellschaft innerhalb einer bestimmten Frist nach Maßgabe der in den Anleihebedingungen festgelegten Konditionen. Mit dem Umtausch erlischt das Forderungsrecht. Der Obligationär wird zum Aktionär. Die Wandelanleihe vereinigt die Sicherheit von Anleihen mit den Gewinnchancen von Aktien. Sie besitzt alle Eigenschaften der Obligation wie feste Verzinsung und Kapitalrückzahlung, solange der Anleger nicht gewandelt hat. Nicht gewandelte Schuldverschreibungen werden am Ende der Laufzeit getilgt.

Der Reiz der Wandelanleihe liegt darin, dass der Anleger das Recht hat, die Anleihe in eine bestimmte Anzahl von Aktien umzutauschen. Dafür ist die Anleihe mit einem niedrigeren Zinssatz (Kupon) ausgestattet. Der Inhaber hat die Chance, von evtl. Kurssteigerungen der Aktie zu profitieren, da er zum vereinbarten Kurs wandelt.

Der Börsenkurs wird überwiegend vom Kurs der Aktie bestimmt. Kurssteigerungen der Aktie bewirken steigende Kurse der Wandelanleihen. Kursverluste sind durch die feste Verzinsung und durch den Rückzahlungsanspruch zum Nennwert begrenzt. Die Umwandlung in Aktien erfolgt zu einem im Voraus festgelegten Umtauschverhältnis (Wandlungsverhältnis) während einer bestimmten Umtauschfrist (Wandlungsfrist) und einer u.U. erforderlichen Zuzahlung.

Ein Wandlungsverhältnis von 2 : 1 bedeutet zum Beispiel, dass zwei Anleihestücke im Nennwert (meist 100 EUR) in eine Aktie getauscht werden können. Die Zuzahlung soll die erwartete Wertsteigerung der Aktie berücksichtigen und zu einem frühen Umtausch Anreiz geben. Der Emittent kann in den Anleihebedingungen festlegen, dass bei der Wandlung eine Barzahlung zu leisten ist, z.B. vom 1. bis 3. Jahr eine Zuzahlung von 10 EUR, vom 4. bis 6. Jahr eine Zuzahlung von 25 EUR und ab dem 6. Jahr eine Zuzahlung von 50 EUR.

Der Umtauschpreis (Wandlungspreis) setzt sich aus dem Kaufpreis der Wandelanleihen plus Zuzahlung zusammen. Bei zwischenzeitlichen Kapitalerhöhungen wird i. d. R. ein sog. Verwässerungsschutz eingeräumt durch Gewährung eines Bezugsrechts, Herabsetzung der Zuzahlung oder Änderung des Wandlungsverhältnisses oder des Wandlungspreise.

Die Vorzüge einer Wandelanleihe zeigen sich besonders, wenn der Aktienkurs in der Nähe des Wandlungspreises notiert. Denn dann reagiert die Wandelanleihe ebenso auf Schwankungen des Aktienkurses wie auch auf Veränderungen des Anleihemarktes.

Wie sicher oder wie spekulativ eine Wandelanleihe ist, zeigt die sog. Wandelprämie. Diese Prämie, die dem Aufgeld bei Optionen entspricht, signalisiert dem Käufer, um wie viel Prozent der Erwerb der Aktie mittels Wandelanleihe teurer oder billiger ist als der direkte Kauf des Teilhaberpapiers. Ergibt sich eine positive Prämie, so weiß der Anleger, dass er für den indirekten Erwerb der Aktie über die Wandelanleihe mehr zahlt, als wenn er die Aktie direkt gekauft hätte. Der Umtausch lohnt sich, wenn der Börsenkurs der Aktie über dem Wandlungspreis liegt.

Eine Sonderform der Wandelanleihe ist die Umtauschanleihe. Bezieht sich das Wandelrecht nicht auf Aktien der ausgebenden Gesellschaft, sondern eines anderen Unternehmens, handelt es sich um Umtauschanleihen.

Steuerliche Behandlung

Zinsen und beim Erwerb von Wandelanleihen auch die Stückzinsen unterliegen der Abgeltungsteuer in Höhe von 25 %.

5.6 Genussscheine

Genussscheine nehmen eine Zwitterstellung zwischen Aktie und Anleihe ein. Sie sind nicht gesetzlich geregelt, aber in § 221 Aktiengesetz wird auf sie Bezug genommen. Genussscheine verbriefen Gläubigerrechte auf Beteiligung am Gewinn, ggf. auch Beteiligung am Verlust eines Unternehmens. Wie festverzinsliche Wertpapiere verbriefen sie die Rückzahlung des eingesetzten Kapitals zum Ende der Laufzeit sowie regelmäßige Ausschüttungen.

Lernsituation

Ihr Kunde Volkmar Reichert ist Aktionär der Nordbank AG. Herr Reichert hat folgendes Bezugsangebot erhalten:

Auszug aus dem Bezugsangebot für Genussscheine:

Emittent:	Nordbank AG
Verkaufskurs	101 %
Laufzeitbeginn	12. Mai 2020
Rückzahlung	12. Mai 2027 zum Nennwert
Mindestzeichnungssumme	1.000 EUR und ein Vielfaches
Ausschüttung	7 % p.a. vom Nennwert; jeweils zahlbar am 12. Mai eines Jahres, erstmals zahlbar am 12. Mai 2021; die Ausschüttung entfällt, soweit sie zu einem Bilanzverlust führt
Nachrangigkeit	Genussrechtskapital kann im Falle der Insolvenz der Bank erst nach Befriedigung der nicht nachrangigen Gläubiger der Bank zurückgefordert werden.
Teilnahme am Verlust	Genussrechtskapital nimmt während der Dauer der Laufzeit bis zur vollen Höhe am Bilanzverlust der Bank teil.

Aufgaben

a) Informieren Sie Herrn Reichert über die wesentlichen Merkmale von Genussscheinen.

b) Erläutern Sie Herrn Reichert die Haftungssituation bei Verlusten der AG für den Anleger.

c) Welche Chancen bietet der Genussschein für den Anleger?

d) Vergleichen Sie eine Industrieschuldverschreibung mit einem Genussschein.

INFO

Wesen der Genussscheine

Genussscheine sind Gläubigerpapiere, die individuelle Vermögensrechte verbriefen, auf einen Nominalwert lauten und mit einem Gewinnanspruch verbunden sind.

Genussscheine sind gesetzlich nicht definiert und gestatten daher dem Emittenten vielfältige Gestaltungsmöglichkeiten. Je nach Ausstattung ähneln sie eher der Aktie oder Anleihe. Gemeinsames Merkmal aller Genussscheine ist, dass sie keine gesellschaftlichen Mitwirkungsrechte verbriefen, d. h. keine Teilnahme an der Hauptversammlung und kein Stimmrecht.

Genussscheine sind häufig an den Verlusten des emittierenden Unternehmens in Form der Herabsetzung des Rückzahlungsbetrags beteiligt. Ferner sind sie meist mit einer Nachrangabrede ausgestattet, d. h. dass im Insolvenzfall oder bei Liquidation des Unternehmens die Inhaber der Genussscheine den anderen Gläubigern des Unternehmens bei der Befriedigung ihrer Ansprüche im Rang nachstehen.

Die Emission von Genussscheinen kann von Unternehmen jeglicher Rechtsform erfolgen. Bei Aktiengesellschaften muss ein entsprechender Hauptversammlungsbeschluss vorliegen. Aktionäre haben ein Bezugsrecht.

Grundsätzlich lassen sich vier Kernformen von Genussscheinen unterscheiden:

Genussscheine	
Genussscheine mit fester Verzinsung	Dieser Genussschein ähnelt stark den verzinslichen Anleihen und ermöglicht neben den festen Ausschüttungen Kursgewinne in Zeiten fallender Zinsen. Die Rendite errechnet sich aus dem aktuellen Börsenkurs und der festen Ausschüttung entsprechend der jeweiligen Lage am Kapitalmarkt. Er eignet sich insbesondere für den konservativen Anleger.
Genussscheine mit ertragsunabhängiger Ausschüttung	Bei diesem Genussschein wird der Anleger verstärkt am Unternehmenserfolg beteiligt. Die jährliche Ausschüttung orientiert sich meist an der Dividendenausschüttung für Aktionäre der Gesellschaft. Häufig wird eine feste Mindestausschüttung vorgesehen oder die Zahlung wird an bestimmte Bilanzdaten geknüpft. Der Kurs schwankt entsprechend der Ertragslage des Unternehmens, gegen Ende der Laufzeit nähert er sich dem Rückzahlungswert.
Genussscheine mit Wandelrecht	Bei dieser spekulativeren Form der Genussscheine kann der Anleger wählen, ob er das Papier während der Laufzeit (evtl. gegen Zuzahlung) in eine Aktie des Unternehmens umtauscht oder bis zum Fälligkeitstermin behält.
Genussscheine mit Optionsrecht	Dem Genussschein ist ein Optionsschein beigefügt, der den Anleger zum Bezug der Aktie des Unternehmens gegen eine festgelegte Optionsprämie berechtigt. Bei Ausübung des Optionsrechts bleibt der Genussschein in vollem Umfang bestehen.

Die Ausstattungsprofile von Genussscheinen lassen sich nach anleihen- und aktienähnlichen Merkmalen strukturieren:

Anleiheähnliches Profil	Aktienähnliches Profil
- Ausschüttung unabhängig vom Unternehmenserfolg - Gewährung eines Nachzahlungsanspruches - Vorrangigkeit der Gewinnansprüche - Begrenzte Laufzeit - Feste Tilgungsmodalitäten - Fehlende Verlustbeteiligung - Fehlende Beteiligung am Liquidationserlös	- Ausschüttung in Abhängigkeit vom Unternehmenserfolg - Bezugsrechte - Aktienähnliche Auskunftsrechte - Unbegrenzte Laufzeit und Kündigungsbedingungen - Ungewisse Tilgungsmodalitäten - Verlustbeteiligung und Besserungsabrede - Wandel- und Optionsrechte - Nachrangabrede - Beteiligung am Liquidationserlös

Im Unterschied zu den Aktien muss der Inhaber eines Genussscheins auf das Stimmrecht verzichten. Ferner hat er u. U. Nachteile bei der Verteilung des Liquidationserlöses zu berücksichtigen.

Im Vergleich zu Anleihen kann der Genussscheininhaber am Verlust des Unternehmens beteiligt werden; ferner muss er ein Kündigungsrecht einkalkulieren. Für die Übernahme des erhöhten Risikos wird er mit einem höheren Ertrag entgolten.

Die Kursbildung von Genussscheinen wird vom Aktienkurs des emittierenden Unternehmens und/oder vom Kapitalmarktzins beeinflusst. Bei rückläufigen Kursen der entsprechenden Aktie und bei ansteigenden Zinsen am Kapitalmarkt ist der Genussschein einem Kursrisiko ausgesetzt. Kursgewinne kann der Anleger u. a. erzielen, wenn der Kapitalmarktzins unter den Ausschüttungssatz des Genussscheins fällt. Dabei ist zu berücksichtigen, dass sich die zeitanteilige Ausschüttung bis zum Ausschüttungstermin im Kurs ansammelt. Genussscheine werden einschließlich Zinsen („flat") gehandelt. Stückzinsen fallen somit nicht an.

Spezielle Risiken bei Genussscheinen

Ausschüttungsrisiko: Die Verzinsung des Genussscheins ist, falls keine vom Bilanzergebnis abhängige Mindestverzinsung in den Bedingungen garantiert wird, an das Vorhandensein eines Gewinns verknüpft, der zur Ausschüttung ausreicht. Im Fall des Verlustes der Gesellschaft erhält der Inhaber keine Ausschüttung.

Rückzahlungsrisiko: Ein während der Laufzeit des Genussscheins eintretender Verlust der Gesellschaft kann u. U. zu einem Reduzieren des Rückzahlungsbetrags führen.

Kündigungsrisiko: Falls ein Kündigungsrecht in den Bedingungen verankert ist, kann dies zu einer vorzeitigen Rückzahlung führen. Sind die Kapitalmarktzinsen gesunken, sind die Wiederanlagemöglichkeiten ungünstig.

Haftungsrisiko: Der Inhaber des Genussscheins wird im Falle der Insolvenz oder der Liquidation des Emittenten meist nachrangig behandelt. Er erhält den Kapitaleinsatz nur dann zurück, wenn alle anderen Gläubiger befriedigt wurden.

Die Emission von Genussscheinen erfolgt insbesondere aus Gründen der Kapitalbeschaffung. Dabei handelt es sich bei dieser Kapitalform wirtschaftlich um Eigenkapital, rechtlich und steuerlich um Fremdkapital. Ausschüttungen können im Gegensatz zu Dividenden bei Aktien steuerlich als gewinnmindernde Betriebsausgaben vom Emittenten geltend gemacht werden. Einige Unternehmen emittieren Genussscheine aus Gründen der Gewinnbeteiligung von Mitarbeitern. Diese Vermögensanlage zählt zu den geförderten Vermögensanlagen nach dem 5. Vermögensbildungsgesetz.

Für Kreditinstitute bietet das Genussrechtskapital neben den allgemeinen Emissionsgründen insbesondere den Vorteil, dass es unter bestimmten Voraussetzungen bei der Ermittlung des haftenden Eigenkapitals als Ergänzungskapital (bis zur vollen Höhe des Kernkapitals) anerkannt wird und damit das Kreditvergabepotential des Kreditinstituts vergrößert.

Voraussetzungen für die Anerkennung als Ergänzungskapital (§ 10 Abs. 5 KWG):

- Teilnahme der Einlage in voller Höhe am Verlust, im Verlustfall Aufschub der Zinszahlungen
- Rückzahlung bei Insolvenz oder Liquidation erst nach Befriedigung aller nicht nachrangigen Gläubiger
- Ursprungslaufzeit wenigstens 5 Jahre und auf Verlangen der Gläubiger nicht vorzeitig rückzahlbar
- Restlaufzeit wenigstens zwei Jahre
- Begrenzung der Besserungsabreden für Nachzahlung von durch Verlusten gekürzten Rückzahlungsansprüchen aus späteren Gewinnen auf maximal 4 Jahre

Chancen und Risiken für den Anleger:

- relativ hohe Erträge
- Ausschüttungs-, Rückzahlungs-, Kündigungs- und Haftungsrisiko
- Kursrisiko bzw. Kurschance
- eingeschränkte Liquidierbarkeit an der Börse, da teilweise nur geringe Nachfrage

Steuerliche Behandlung von Genussscheinen für den Anleger

Steuerlich betrachtet werden zwei Genussscheintypen unterschieden:

- Genussscheine mit verbrieften Genussrechten, die eine Beteiligung am Gewinn und Liquidationserlös beinhalten
- Genussscheine mit verbrieften Genussrechten, die eine feste oder variable Verzinsung ohne Beteiligung am Liquidationserlös beinhalten

Die laufenden Kapitalerträge unterliegen der Abgeltungsteuer in Höhe von 25 % zuzüglich Solidaritätszuschlag und ggf. der Kirchensteuer. Die Veräußerungsgewinne unterliegen ohne Einhaltung einer Haltefrist ebenfalls der Abgeltungsteuer.

Vergleich von Schuldverschreibung, Genussschein und Aktie			
	Schuldverschreibung	**Genussschein**	**Aktie**
Art des verbrieften Rechts	Gläubigerrechte, besonderes Recht auf Zinszahlung und Tilgung	- Gläubigerrechte - meist gewinnunabhängige Mindestverzinsung - kein Stimmrecht - kein Anfechtungsrecht dazu teilweise - Gewinnbeteiligung - Verlustbeteiligung - Kontrollrechte	Teilhaberrechte an der AG, d. h. der Eigentümer einer Aktie ist mit dem Nennwert seiner Aktie am Grundkapital der AG beteiligt
Charakter des Kapitals	Fremdkapital	je nach Ausgestaltung Eigen- oder Fremdkapital, wird wirtschaftlich wie haftendes Eigenkapital behandelt, steuerlich: Fremdkapital	Eigenkapital
Einfluss auf die Unternehmensführung	grundsätzlich nicht möglich	grundsätzlich nicht möglich	grundsätzlich über Stimmrecht möglich
Haftung	grundsätzlich keine Teilnahme am Verlust	theoretisch abhängig vom Charakter des Kapitals, praktisch häufig nachrangiges Haftkapital	als Risikokapital bis zur vollen Höhe Teilnahme am Verlust
Ausschüttung	feste, von der Ertragssituation des Emittenten unabhängige Verzinsung	grundsätzlich gewinnabhängige Ausschüttung, häufig mit festem Basiszins kombiniert	variable, vom Ertrag der Aktiengesellschaft abhängige Dividende; körperschaftsteuerpflichtige Gewinnverteilung
Laufzeit	begrenzt	begrenzt oder unbegrenzt; meist Kündigungsrecht des Emittenten	unbegrenzt

§ 221 Aktiengesetz (Wandelschuldverschreibungen. Gewinnschuldverschreibungen. Genussrechte)

(1) Schuldverschreibungen, bei denen den Gläubigern ein Umtausch- oder Bezugsrecht auf Aktien eingeräumt wird (Wandelschuldverschreibungen), und Schuldverschreibungen, bei denen die Rechte der Gläubiger mit Gewinnanteilen von Aktionären in Verbindung gebracht werden (Gewinnschuldverschreibungen), dürfen nur auf Grund eines Beschlusses der Hauptversammlung ausgegeben werden. Der Beschluss bedarf einer Mehrheit, die mindestens drei Viertel des bei der Beschlussfassung vertretenen Grundkapitals umfasst. ...

(2) Eine Ermächtigung des Vorstandes zur Ausgabe von Wandelschuldverschreibungen kann höchstens für fünf Jahre erteilt werden. Der Vorstand und der Vorsitzende des Aufsichtsrats haben den Beschluss über die Ausgabe der Wandelschuldverschreibungen sowie eine Erklärung über deren Ausgabe beim Handelsregister zu hinterlegen. Ein Hinweis auf den Beschluss und die Erklärung ist in den Gesellschaftsblättern bekanntzumachen.

(3) Absatz 1 gilt sinngemäß für die Gewährung von Genussrechten.

(4) Auf Wandelschuldverschreibungen, Gewinnschuldverschreibungen und Genussrechte haben die Aktionäre ein Bezugsrecht. ...

5.7 Optionsanleihe

Optionsanleihen sind verzinsliche Schuldverschreibungen. Sie verbriefen ein Forderungsrecht aus der Schuldverschreibung und gewähren ein zusätzliches Recht (Option) auf den Bezug von Aktien des Emittenten. Das Forderungsrecht wird durch die Ausübung des Bezugsrechts nicht berührt.

Lernsituation

Sie sind Kundenberater(in) der Nordbank AG und haben mit Ihrem Depotkunden Karl-Heinz Renne (41 Jahre) ein Beratungsgespräch für den 23.11.20.. vereinbart. Herr Renne interessiert sich für eine Optionsanleihe, die von der Chemie AG emittiert wird. In seinem Depot befinden sich u. a. 1.600 Stück Chemie AG Aktien. Er legt Ihnen das nachstehende Bezugsangebot vor:

Aufforderung zum Bezug einer Optionsanleihe der Chemie AG

Aufgrund des Beschlusses der Hauptversammlung vom 27. Juni 20.. emittieren wir eine

Optionsanleihe im Gesamtnennbetrag von 32.000,000,00 EUR.

Ein Bankenkonsortium hat die nominal 32.000.000,00 EUR Optionsschuldverschreibungen mit der Verpflichtung übernommen, sie den Aktionären unserer Gesellschaft zum Bezug anzubieten.

Die Aktionäre können die Optionsschuldverschreibungen im nachstehenden Verhältnis beziehen:

Auf je 400 Stückaktien entfällt eine Optionsschuldverschreibung über nominal 1.000,00 EUR zum Ausgabekurs von 120 %.

Gemäß den Anleihe- und Optionsbedingungen hat die Optionsanleihe folgende wesentliche Ausstattungsmerkmale:

Stückelung: Die Optionsanleihe ist eingeteilt in unter sich gleichberechtigte, auf den Inhaber lautende Optionsschuldverschreibungen im Nennbetrag von 1.000,00 EUR.

Verzinsung: Die Optionsschuldverschreibungen werden vom 5. Dezember 20.. an mit jährlich 3,25 % verzinst. Die Zinsen sind nachträglich am 5. Dezember der nächsten zehn Jahre fällig. Die erste Zinszahlung erfolgt am 5. Dezember des nächsten Jahres.

Laufzeit und Rückzahlung: Die Laufzeit der Optionsanleihe beträgt zehn Jahre. Die Gesellschaft ist verpflichtet, die Optionsschuldverschreibungen am 5. Dezember 2029 zum Nennbetrag zurückzuzahlen.

Bedingtes Kapital: Zur Gewährung von Optionsrechten stehen 256.000 neue Aktien zur Verfügung.

Optionsscheine: Jeder Optionsschuldverschreibung im Nennbetrag von 1.000,00 EUR sind 8 Inhaberoptionsscheine mit Berechtigung zum Bezug von je 1 Stückaktie unserer Gesellschaft beigefügt.

Optionsrecht: Die Inhaber der Optionsscheine sind berechtigt, die auf den Optionsscheinen angegebene Anzahl von Stückaktien unserer Gesellschaft zum Optionspreis von 80,00 EUR je Stückaktie zu beziehen. Die Aktien sind gewinnberechtigt vom Beginn des Geschäftsjahres an, in dem sie aufgrund der Ausübung von Optionsrechten entstehen.

Optionsfrist: Das Optionsrecht kann vom 10. Mai 2020 bis zum 27. November 2029 einschließlich ausgeübt werden.

Zum **Bezug einer Optionsschuldverschreibung** im Nennbetrag von 1.000,00 EUR zum Kurs von 120 % berechtigen die Gewinnanteilscheine Nr. 11 von 400 Stückaktien.

Das **Bezugsrecht** auf die Optionsschuldverschreibungen wird vom 20. November 20.. bis 01. Dezember 20.. einschließlich an allen deutschen Wertpapierbörsen gehandelt und amtlich notiert. Die Bezugsstellen sind bereit, den An- und Verkauf von Bezugsrechten nach Möglichkeit zu vermitteln.

Aufgaben

a) Erklären Sie zwei Motive, die die Chemie AG veranlasst haben könnten, eine Optionsanleihe aufzulegen und zurzeit keine Aktienemission durchzuführen.

b) Erklären Sie drei Gründe, die Herrn Renne dazu veranlassen könnten, Optionsanleihen zu zeichnen.

Herr Renne hat ein gesetzliches Bezugsrecht.

c) Erklären Sie zwei Gründe für die Einräumung des Bezugsrechtes im deutschen Aktienrecht.

Herr Renne entschließt sich, seine Bezugsrechte zunächst auf die Optionsanleihe und später auf die Aktien voll auszunutzen.

d) Ermitteln Sie den Nominalbetrag der Optionsanleihe den er bei seinem derzeitigen Depotbestand beziehen kann.

e) Welchen Betrag muss Herr Renne hierfür bezahlen?

f) Wie viele Aktien kann er später aus diesen Optionsanleihen beziehen?

g) Welchen Betrag muss er bei Ausübung der Option für die Aktien bezahlen?

INFO

Eine Optionsanleihe besteht aus der Schuldverschreibung und den dazugehörigen Optionsscheinen (Warrants). Gegen Hergabe des Optionsscheins kann der Inhaber der Optionsanleihe innerhalb der Optionsfrist eine bestimmte Anzahl Aktien zu im Voraus festgelegten Konditionen beziehen. Statt der Lieferung von Aktien kann auch ein Barausgleich (Cash Settlement) vorgesehen sein. Die Optionsanleihe bleibt bis zur Rückzahlung bestehen.

Hinsichtlich der Verzinsung von Optionsanleihen wird unterschieden nach:

- Aufgeldvariante: Die Optionsanleihe wird marktgerecht verzinst, die Optionsscheine werden mit einem Aufpreis ausgestattet (ca. 20 % bis 40 % des Nominalwerts der Anleihe).
- Abgeldvariante: Der Zinssatz für die Optionsanleihe liegt unterhalb des Marktzinsniveaus als Ausgleich für den Erhalt der Optionsscheine.

Der Optionsschein kann selbstständig an der Börse gehandelt werden. Somit kann es für eine Optionsanleihe bis zu drei verschiedene Börsennotierungen geben:

- Optionsanleihe mit Optionsschein (m.O., cum) = Rentenhandel

- Optionsanleihe ohne Optionsschein (o.O., ex) = Rentenhandel
- Optionsschein allein (Warrant) = Optionsscheinhandel

Der Kurs der Optionsanleihe ohne Optionsschein wird beeinflusst vom jeweiligen Kapitalmarktzins unter Berücksichtigung der Restlaufzeit. Je nach Intensität dieser Einflussfaktoren ist der Kurs anfangs auf Grund des meist niedrigen Nominalzinses relativ niedrig.

Der Kurs des Optionsscheins wird beeinflusst vom Kurs der jeweiligen Aktie. Die Kursschwankungen des Optionsscheins sind deutlich höher als die der jeweiligen Aktie. Damit erhöhen sich auch die Chancen bzw. Risiken der Anlage in Optionsscheinen, der Kapitaleinsatz ist deutlich geringer als bei der Aktie.

Die emittierende Aktiengesellschaft erhält Fremdkapital zu meist günstigen Zinssätzen und sichert sich die Möglichkeit des späteren Erhalts von zusätzlichem Eigenkapital. Rechtliche Voraussetzung für die Emission von Optionsanleihen ist eine bedingte Kapitalerhöhung, d. h. die Hauptversammlung der AG muss mit ¾-Mehrheit des vertretenen Grundkapitals der Emission zustimmen. Der Vorstand der AG kann maximal für 5 Jahre im Voraus zur Ausgabe von Optionsanleihen ermächtigt werden. Den Aktionären steht ein Bezugsrecht zu.

Auszug aus dem Aktiengesetz

Kapitalerhöhung gegen Einlagen

§ 182 (Voraussetzungen)

(1) Eine Erhöhung des Grundkapitals gegen Einlagen kann nur mit einer Mehrheit beschlossen werden, die mindestens drei Viertel des bei der Beschlussfassung vertretenen Grundkapitals umfasst. Die Satzung kann eine andere Kapitalmehrheit ... bestimmen. ... Die Kapitalerhöhung kann nur durch Ausgabe neuer Aktien ausgeführt werden. Bei Gesellschaften mit Stückaktien muss sich die Zahl der Aktien in demselben Verhältnis wie das Grundkapital erhöhen.

§ 184 (Anmeldung des Beschlusses)

(1) Der Vorstand und der Vorsitzende des Aufsichtsrats haben den Beschluss über die Erhöhung des Grundkapitals zur Eintragung in das Handelsregister anzumelden. ...

§ 185 (Zeichnung der neuen Aktien)

(1) Die Zeichnung der neuen Aktien geschieht durch schriftliche Erklärung (Zeichnungsschein), aus der die Beteiligung nach der Zahl und bei Nennbetragsaktien nach dem Nennbetrag ... hervorgehen muss. ...

§ 186 (Bezugsrecht)

(1) Jedem Aktionär muss auf sein Verlangen ein seinem Anteil an dem bisherigen Grundkapital entsprechender Teil der neuen Aktien zugeteilt werden. Für die Ausübung des Bezugsrechts ist eine Frist von mindestens zwei Wochen zu bestimmen.
(2) Der Vorstand hat den Ausgabebetrag und zugleich eine ... bestimmte Frist in den Gesellschaftsblättern bekannt zu machen.
(3) Das Bezugsrecht kann ganz oder zum Teil nur im Beschluss über die Erhöhung des Grundkapitals ausgeschlossen werden. ... Ein Ausschluss des Bezugsrechts ist insbesondere dann zulässig, wenn die Kapitalerhöhung gegen Bareinlagen 10 vom Hundert des Grundkapitals nicht übersteigt und der Ausgabebetrag den Börsenpreis nicht wesentlich unterschreitet.

(4) Ein Beschluss, durch den das Bezugsrecht ganz oder zum Teil ausgeschlossen wird, darf nur gefasst werden, wenn die Ausschließung ausdrücklich und ordnungsgemäß ... bekanntgemacht worden ist. Der Vorstand hat der Hauptversammlung einen schriftlichen Bericht über den Grund für den teilweisen oder vollständigen Ausschluss des Bezugsrechts vorzulegen; ...
(5) Als Ausschluss des Bezugsrechts ist es nicht anzusehen, wenn nach dem Beschluss die neuen Aktien von einem Kreditinstitut ... mit der Verpflichtung übernommen werden sollen, sie den Aktionären zum Bezug anzubieten. Der Vorstand hat das Bezugsangebot des Kreditinstituts ... unter Angabe des für die Aktien zu leistenden Entgelts und einer für die Annahme des Angebots gesetzten Frist in den Gesellschaftsblättern bekannt zu machen; ...

§ 188 (Anmeldung und Eintragung der Durchführung)

(1) Der Vorstand und der Vorsitzende des Aufsichtsrats haben die Durchführung der Erhöhung des Grundkapitals zur Eintragung in das Handelsregister anzumelden.

§ 189 (Wirksamwerden der Kapitalerhöhung)

Mit der Eintragung der Durchführung der Erhöhung des Grundkapitals ist das Grundkapital erhöht.

Bedingte Kapitalerhöhung

§ 192 (Voraussetzungen)

(1) Die Hauptversammlung kann eine Erhöhung des Grundkapitals beschließen, die nur soweit durchgeführt werden soll, wie von einem Umtausch- oder Bezugsrecht Gebrauch gemacht wird, das die Gesellschaft auf die neuen Aktien (Bezugsaktien) einräumt (bedingte Kapitalerhöhung).
(2) Die bedingte Kapitalerhöhung soll nur zu folgenden Zwecken beschlossen werden:
1. zur Gewährung von Umtausch- oder Bezugsrechten an Gläubiger von Wandelschuldverschreibungen;
2. zur Vorbereitung des Zusammenschlusses mehrerer Unternehmen;
3. zur Gewährung von Bezugsrechten an Arbeitnehmer und Mitglieder der Geschäftsführung der Gesellschaft oder eines verbundenen Unternehmens im Wege des Zustimmungs- oder Ermächtigungsbeschlusses.
(3) Der Nennbetrag des bedingten Kapitals darf die Hälfte und der Nennbetrag des nach Abs. 2 Nr. 3 beschlossenen Kapitals den zehnten Teil des Grundkapitals, das zur Zeit der Beschlussfassung über die bedingte Kapitalerhöhung vorhanden ist, nicht übersteigen. ...
(4) Ein Beschluss der Hauptversammlung, der dem Beschluss über die bedingte Kapitalerhöhung entgegensteht, ist nichtig.
(5) Die folgenden Vorschriften über das Bezugsrecht gelten sinngemäß für das Umtauschrecht.

§ 193 (Erfordernisse des Beschlusses)

(1) Der Beschluss über die bedingte Kapitalerhöhung bedarf einer Mehrheit, die mindestens drei Viertel des bei der Beschlussfassung vertretenen Grundkapitals umfasst. Die Satzung kann eine größere Kapitalmehrheit und weitere Erfordernisse bestimmen. ...
(2) Im Beschluss müssen auch festgestellt werden

1. der Zweck der bedingte Kapitalerhöhung;
2. der Kreis der Bezugsberechtigten;
3. der Ausgabebetrag oder die Grundlagen, nach denen dieser Betrag errechnet wird.

5.8 Optionsschein

Optionsscheine verbriefen das Recht, eine bestimmte Menge eines Basiswertes zu kaufen (Call-Optionsschein) oder zu verkaufen (Put-Optionsschein). Optionsscheine sind eigenständige Wertpapiere, die von Kreditinstituten und anderen Unternehmen emittiert werden. Im Unterschied zu den traditionellen Optionsscheinen im Zusammenhang mit einer Optionsanleihe, bei denen der Optionsscheininhaber Aktien des emittierenden Unternehmens erhalten kann, beziehen sich diese Optionsscheine auf Aktien anderer Unternehmen. Diese Scheine werden als gedeckte Optionsscheine (Covered Warrants) oder als ungedeckte Optionsscheine (Naked Warrants) emittiert.

Lernsituation

Die Nordbank AG emittiert Optionsscheine, die zum Bezug von Aktien der Sport AG zu folgenden Bedingungen berechtigen:

Bezugsverhältnis	10:1 - Je 10 Optionsscheine berechtigen zum Bezug einer Sport AG Aktie
Basispreis	180,00 EUR
Kurs der Sport AG Aktie	160,00 EUR
Kurs des Optionsscheins	2,40 EUR
Bezugsfrist	2 Jahre

Aufgaben

Ermitteln Sie

a) den Hebel,

b) den inneren Wert,

c) das absolute Aufgeld und das Aufgeld in Prozent,

d) das relative Aufgeld pro Jahr,

e) den Zeitwert des Optionsscheins.

INFO

Rechte des Optionsscheininhabers

Der Inhaber des Optionsscheins hat das Recht

- eine bestimmte Anzahl (Optionsverhältnis) des Basiswertes (Underlying)
- zu einem im Voraus festgelegten Basispreis (Optionspreis/Strike)
- innerhalb eines festgelegten Zeitraums (Optionsfrist)
- zu kaufen (Call) bzw. zu verkaufen (Put)
- oder sich den inneren Wert des Optionsscheins auszahlen zu lassen.

Basiswert

Der Basiswert ist das Finanzinstrument, auf das sich der Optionsschein bezieht. Als Basiswert kommen in Frage: Aktien, Aktienkörbe, Indizes, Anleihen, Währungen und Rohstoffe. Der Basispreis ist der im Voraus festgelegte Preis, zu dem der Optionsscheininhaber den Basiswert kaufen oder verkaufen kann. Sehen die Emissionsbedingungen stattdessen einen Barausgleich (Cash Settlement) vor, so dient der Basispreis zur Berechnung des Differenzbetrags (Differenz zwischen vereinbarten Preis und aktuellem Marktwert des Basiswertes), der an den Optionsscheininhaber ausgezahlt wird.

Optionsfrist

Die Optionsfrist ist der Zeitraum, in dem der Optionsscheininhaber seine Rechte ausüben kann. Sie kann wesentlich von der Laufzeit des Optionsscheins abweichen denn die Ausübung ist bei vielen Optionsscheinen nicht während der gesamten Laufzeit möglich, teilweise sogar nur an deren Ende. Mit amerikanischem Optionsrecht (American Style) ausgestatte Optionsscheine können während der gesamten Laufzeit ausgeübt werden, das europäische Optionsrecht (European Style) sieht das Ausübungsrecht nur am Ende der Laufzeit vor. Die meisten an den deutschen Börsen gehandelten Optionsscheine sind mit amerikanischem Optionsrecht ausgestattet.

Optionsverhältnis

Das Optionsverhältnis legt fest, wie viele Optionsscheine benötigt werden, um eine Einheit des Basiswertes kaufen oder verkaufen zu können. So bedeutet ein Optionsverhältnis von 5:1 bei einem Aktien-Warrant, das fünf Optionsscheine für den Bezug einer Aktie benötigt werden. Der Put-Optionsschein berechtigt zum Verkauf des Basiswertes.

Funktionsweise von Optionsscheinen

Für das im Optionsschein verbriefte Recht hat der Käufer einen Preis zu zahlen, der sich durch Angebot und Nachfrage ergibt. Der aktuelle Preis des Optionsscheins steht dabei in enger Beziehung zu dem des Basiswertes, wobei allerdings der Preis des Optionsscheins im Verhältnis zu dem des Basiswertes meist sehr gering ist. Als Konsequenz daraus löst jede Preisänderung beim Basiswert meist eine prozentual stärkere Veränderung im Preis des Optionsscheins aus (Hebelwirkung oder „Leverage-Effekt"). Der Inhaber eines Optionsscheins partizipiert überdurchschnittlich an Kursgewinnen wie auch an Kursverlusten eines Basiswertes.

Käufer von Call-Optionsscheinen und Käufer von Put-Optionsscheinen haben unterschiedliche Erwartungen hinsichtlich der Preisentwicklung des Basiswertes. Der Käufer eines Call-Optionsscheins erwartet, dass während der Laufzeit des Optionsscheins der Preis des Basiswertes steigt. Tritt diese Marktentwicklung ein, gewinnt das Optionsrecht i. d. R. an Wert. Der Käufer des Put-Optionsscheins erwartet, dass während der Laufzeit des Optionsscheins der Preis des Basiswertes sinkt. Tritt diese Marktentwicklung ein, gewinnt der Optionsschein i. d. R. an Wert. Der Käufer eines Optionsscheins übt allerdings das Optionsrecht nicht aus, sondern will den Optionsschein noch während der Laufzeit zu einem höheren Preis wieder verkaufen und dadurch einen Gewinn erzielen.

Bewertungskriterium und Preisbildungsfaktoren

Um eine qualitative Beurteilung von Optionsscheinen vornehmen zu können, bedient man sich u. a. sogenannter statischer Kennzahlen, die eine Bewertung zu einem bestimmten Zeitpunkt ermöglichen. Hierzu zählen innerer Wert, Zeitwert, Aufgeld, Break-even-Point und Hebel. Diese Kennzahlen bieten dem Anleger eine Hilfestellung bei der Kaufentscheidung, wenn es um die Auswahl eines Optionsscheins und um dessen Kauf oder Verkauf geht.

Innerer Wert

Der Innere Wert ergibt sich aus der Differenz zwischen dem Basispreis und dem Aktienkurs des Basiswertes, wobei das Optionsverhältnis als Faktor zu berücksichtigen ist.

Formel:

$$\text{Innerer Wert} = \frac{\text{Aktienkurs} - \text{Basispreis}}{\text{Bezugsverhältnis}}$$

- „In the money": Ein Optionsschein weist einen inneren Wert auf, wenn beim Call (Put) der aktuelle Kurs des Basiswertes über (unter) dem Basispreis liegt. In diesem Fall ist der Optionsschein „im Geld" oder „in the money".
- „At the money": Sind Basispreis und aktueller Kurs identisch, hat der Optionsschein keinen innern Wert. Der Optionsschein ist „am Geld" oder „at the money".
- „Out of the money": Ebenfalls keinen inneren Wert hat ein Optionsschein, wenn der aktuelle Kurs des Basiswertes unter dem Basispreis des Calls bzw. über dem Basispreis des Puts liegt. Der Optionsschein ist in diesem Fall „aus dem Geld".

Der innere Wert ist umso höher, je weiter der Optionsschein „im Geld" notiert.

Beispiel:

Index-Optionsschein (Call) auf den Dax (Basiswert)

Basispreis	11.600 Punkte
Aktuelle Dax-Notierung	12.000 Punkte
Innerer Wert des Calls	(12.000 – 11.600) x 0,01 = 4,00 EUR

Bei Puts errechnet sich der innere Wert nach dem gleichen Prinzip, nur wird hier umgekehrt der Kurs des Basiswertes vom Basispreis abgezogen.

Anlageüberlegung:

Der Optionsschein ist	
im Geld:	Ausübung ist sinnvoll.
Am Geld:	Ausübung bringt keinen Gewinn bzw. Verlust.
Aus dem Geld:	Ausübung ist nicht sinnvoll.

Zeitwert

Der Zeitwert eines Optionsscheins errechnet sich aus der Differenz zwischen Optionsscheinkurs und innerem Wert. Besitzt der Optionsschein keinen inneren Wert, ergibt sich der Optionsscheinkurs vollständig aus dem Zeitwert des Optionsscheins. Der Zeitwert ist der „Unsicherheitsaufschlag", der u. a. die Wahrscheinlichkeit von Kursschwankungen des Basiswertes bis zur Fälligkeit des Optionsscheins widerspiegelt.

Formel:

Zeitwert = Kurs des Optionsscheins – positiver innerer Wert des Optionsscheins

Die Höhe des Zeitwerts wird wesentlich von der Restlaufzeit des Optionsscheins sowie von der Volatilität des Basiswertes (Häufigkeit und Intensität von Kursschwankungen während eines bestimmten Zeitraums) bestimmt: Je kürzer die verbleibende Zeit bis zum Verfalltag und je niedriger die Volatilität des Basiswertes, desto niedriger ist der Zeitwert, da mit abnehmender Restlaufzeit die Wahrscheinlichkeit einer Preisveränderung beim Basiswert sinkt. Wegen der damit abnehmenden Gewinnchance für den Käufer des Optionsscheins haben Optionsscheine mit kürzeren Restlaufzeiten bei gleichem Basiswert und gleichem Basispreis meist niedrigere Zeitwerte als solche mit längerer Laufzeit.

Jeder Optionsschein verliert unweigerlich an Zeitwert, bis dieser am Ende der Laufzeit gleich Null ist. Am Verfalltag selbst wird der Wert des Optionsscheins allein von seinem inneren Wert bestimmt.

Aufgeld

Das Aufgeld gibt bei einem Call-Optionsschein an, um wie viel teurer der Erwerb des Basiswertes durch Kauf und sofortige Ausübung des Optionsrechts zum Betrachtungszeitpunkt gegenüber dem direkten Erwerb des Basiswertes ist. Bei einem Put-Optionsschein gibt das Aufgeld an, um wie viel teurer der Verkauf des Basiswertes durch Kauf und sofortige Ausübung des Optionsrechts zum Betrachtungszeitpunkt gegenüber dem direkten Verkauf des Basiswertes ist.

Ist der Optionsschein „in the money", so drückt das Aufgeld den Zeitwert des Optionsscheins in Prozenten des aktuellen Kurses des Basiswertes aus.

Formeln:

Absolutes Aufgeld = Optionsscheinkurs x Bezugsverhältnis + Basispreis – Kurs des Basiswertes

$$\textbf{Aufgeld in Prozent} = \frac{\text{Aufgeld x 100}}{\text{Aktienkurs}}$$

Einfacher Hebel

Der Hebel eines Optionsscheins charakterisiert das Verhältnis von demjenigen Kapitalbetrag, der zum Kauf des entsprechenden Basiswertes aufgewendet werden müsste (Kurs des Basiswertes), und dem für den Kauf des Optionsscheins notwendigen Kapital (Kurs des Optionsscheins). Die Größe des Hebels bietet einen Anhaltspunkt dafür, in welchem Maße der Käufer eines Optionsscheins an einer Kursveränderung des Basiswertes positiv oder negativ partizipiert.

$$\text{Hebel} = \frac{\text{Aktienkurs} \qquad a}{\text{Bezugsverhältnis x Kurs des Optionsscheins}}$$

Beispiel:

Call-Optionsschein	
Optionsverhältnis	2:1 2 Optionsscheine berechtigen zum Bezug einer Aktie.
Aktienkurs	400,00 EUR
Kurs des Optionsscheins	40,00 EUR
Einfacher Hebel	5 = 400 : (2 x 40)
Der Optionsschein verstärkt prozentuale Kursbewegungen der Aktie um das Fünffache.	

5.9 Börse

Bei der Börse handelt es sich um einen organisierten Markt für den Handel mit Vermögenswerten. Der Begriff „Börse“ bezeichnet einen Markt, an dem zu festgelegten Zeiten bestimmte austauschbare Güter (Waren, Wertpapiere, Edelmetalle, Devisen usw.) gehandelt werden.

Die Börse selbst erfüllt dabei im Wesentlichen folgende Funktionen:

- Zusammenführung von Angebot und Nachfrage (Marktfunktion),
- Bereitstellung eines Umfelds, in dem Unternehmen durch Emission von Wertpapieren Geldkapital aufnehmen können (Mobilisationsfunktion),
- Gewährleistung der Verkaufs- und Übertragungsmöglichkeit von Wertpapieren zu jeder Zeit (Substitutionsfunktion),
- Feststellung des aktuellen Marktpreises für das einzelne Wertpapier und damit des Marktwertes für das betreffende Unternehmen (Bewertungsfunktion).

Kennzahlen für die Größe einer Börse sind der Börsenumsatz und die Marktkapitalisierung.

5.9.1 Organisation der Börse

Das deutsche Börsengesetz unterstellt die hiesigen Börsen der Aufsicht der Bundesländer. Den Börsenorganen, insbesondere dem Börsenrat und der Börsengeschäftsführung, überträgt es bestimmte hoheitliche Aufgaben, so insbesondere den Erlass der Börsenordnung (mit Regeln für den Börsenhandel) und der Geschäftsbedingungen der Börse. Über die Errichtung oder Aufhebung einer Börse entscheidet die oberste Landesaufsichtsbehörde (Börsenaufsichtsbehörde).

Entsprechend ihrem geschäftlichen Schwerpunkt werden Börsen nach folgenden Kriterien unterteilt:

- Art der Handelsobjekte (Wertpapierbörsen, Edelmetall-, Devisen- und Warenbörsen)
- Geschäftsart (Kassamarkt, Terminmarkt)
- Organisationsformen (Parketthandel, vollelektronischer Computerhandel)

Wertpapierbörse

An Börsen im ursprünglichen Sinn werden Wertpapiere oder Derivate im Sinne des Wertpapierhandelsgesetzes gehandelt. In der Praxis werden an Wertpapierbörsen ausschließlich Wertpapiere (Aktien, öffentliche Anleihen, Pfandbriefe, Kommunal- und Industrieobligationen u. a.) gehandelt; der Derivatehandel findet ausschließlich an Terminbörsen statt. In Deutschland gibt es gegenwärtig sechs Wertpapierbörsen: Frankfurt, Düsseldorf, Stuttgart, Hamburg/Hannover, München und Berlin.

An allen sechs Börsen wird Parketthandel betrieben. Die mit Abstand größte davon ist die FWB Frankfurter Wertpapierbörse.

Parkettbörse

Es handelt sich um den traditionellen Börsenhandel, bei dem sich die Handelsteilnehmer zu festen Zeiten physisch an einem Ort (Börsensaal) treffen, um Geschäfte im eigenen Namen oder im Auftrag von Kunden abzuschließen (Parketthandel). Sie wird im Gegensatz zur Computerbörse auch als Präsenzbörse bezeichnet. Nach den Gepflogenheiten einer Parkettbörse genügt für die Rechtswirksamkeit eines Geschäfts das gesprochene Wort (Open Outcry).

Handelsteilnehmer an einer Parkettbörse sind Skontroführer, Finanzdienstleister, Kreditinstitute und deren Börsenhändler. Skontroführer üben ihre Tätigkeit im Börsensaal in besonders abgegrenzten Zonen, den sog. Maklerschranken, aus.

An der Börse Frankfurt wird der Handel über Xontro abgewickelt. Im Gegensatz zum vollelektronischen Handelssystem Xetra werden Aufträge von Skontroführern ausgeführt. Dies kann besonders in weniger liquiden Werten vorteilhaft sein. Vor allem Privatanleger nutzen die Parkettbörsen, da die Skontroführer in den größten deutschen Aktien Teilausführung vermeiden und Handel ohne Spread anbieten. Bei einem Spread findet ein gleichzeitiger Kauf und Verkauf von Kontrakten statt, deren Kurse miteinander in Verbindung stehen und die sich bezüglich der Fälligkeit unterscheiden. Dabei wird erwartet, dass aufgrund der Veränderung der Kursdifferenz ein Gewinn entsteht. Bei Optionsscheinen ist der Spread die Spanne zwischen Geld- und Briefkurs.

Der Handel auf dem Parkett der Frankfurter Börse findet von 9 bis 20 Uhr statt. Anleihen sowie die meisten Anlage- und Hebelprodukte werden ausschließlich über die Parkettbörse gehandelt.

Computerbörse

Es handelt sich um ein weitgehend automatisiertes, elektronisches System für den Abschluss von Börsengeschäften. Eine Computerbörse ist ein Handelssystem, bei dem die Auftragseingabe und -weiterleitung, die Zusammenführung der Kauf- und Verkaufsorder sowie die Preisfindung über ein elektronisches System erfolgen. Zumeist sind der Clearing- und Settlement-Prozess, die Handelsüberwachung und die Veröffentlichung von Handelsinformationen in das System integriert. Die Handelszeiten im Xetra-Handel sind zwischen 9 und 17:30 Uhr.

Im Gegensatz zu einer ortsgebundenen Präsenzbörse ist der Zugang zu einer Computerbörse geografisch nicht beschränkt. Der Handel kann sowohl permanent (24 Stunden pro Tag) als auch innerhalb fixierter Zeiträume stattfinden. Als Vorteile können neben niedrigen Kosten eine perfekte Abwicklung, eine schnelle Reaktionszeit, flexible Märkte und die Möglichkeit der Internationalisierung des Handels angeführt werden. Computerbörsen in Deutschland sind die Eurex für den Terminmarkt und das Handelssystem Xetra für den Kassamarkt. Teilnehmer an einer Computerbörse müssen zum elektronischen Handelssystem zugelassen sein.

An den Effektenbörsen wird lediglich der Kaufertrag (Verpflichtungsgeschäft) geschlossen. Das Erfüllungsgeschäft (Verfügungsgeschäft) erfolgt am zweiten Börsentag nach Abschluss des Geschäftes über die Wertpapiersammelbank (Clearstream Banking AG).

Lernsituation

In der Berufsschulklasse A 12016 in Hamburg sollen sich die Bankauszubildenden heute im Internet Informationen über Wertpapierbörsen in Deutschland verschaffen.

Aufgaben

a) Was sind Wertpapierbörsen, und welche Funktionen haben sie?

b) Nennen Sie Wertpapierbörsen in Deutschland!

c) Innerhalb welcher Zeit eines Börsentages werden an der Frankfurter Wertpapierbörse und im elektronischen Xetra-Handel Wertpapiere gehandelt?

Die Nordbank AG ist zugelassenes Kreditinstitut an der Hanseatischen Wertpapierbörse zu Hamburg. Die Nordbank AG übermittelt am 28.08.20.. um 11:13 Uhr (Montag) dem Skontroführer einen Aktienkaufauftrag über 400 Telecom-Aktien, limitiert zu 16,55 EUR, Ultimo gültig. Eine entsprechende Verkaufsorder über 400 Telecom-Aktien, Kurslimit 16,55 EUR liegt dem Skontroführer vor.

d) Prüfen Sie, ob der Kontrakt (Verpflichtungsgeschäft) zustande kommt.

e) An welchem Tag erfolgt die Depotgutschrift (Erfüllungsgeschäft) und die Geldvaluta?

f) Beschreiben Sie das Handelssystem Xetra.

g) Prüfen Sie, ob dieser Kaufauftrag im Handelssystem Xetra hätte ausgeführt werden können.

h) Kennzeichnen Sie die Marktsegmente der nachstehenden Wertpapiere.

- Allianz AG-Aktien
- Wacker Chemie AG-Aktien
- Borussia Dortmund AG-Aktien
- Porsche SE-Aktien
- die meisten Auslandsaktien

INFO

Der Regulierte Markt

Beim Regulierten Markt handelt es sich um ein Zulassungssegment für Wertpapiere mit besonders strengen Zulassungsvoraussetzungen und Folgepflichten.

Das Unternehmen muss seit mindestens drei Jahren bestehen; der voraussichtliche Kurswert der zuzulassenden Aktien oder – falls eine Schätzung nicht möglich ist – das Eigenkapital des Unternehmens muss mindestens 1,25 Millionen EUR, der Streubesitzanteil mindestens 25 Prozent betragen.

Der Regulierte Markt ist ein „organisierter Markt" im Sinne von § 2 Abs. 5 des Wertpapierhandelsgesetzes. Das bedeutet, dass die Zulassungsvoraussetzungen und die Folgepflichten der Teilnehmer sowie die Organisation des Handels selbst gesetzlich geregelt sind.

Ein emittierendes Unternehmen muss vor Aufnahme des Handels am Regulierten Markt ein öffentlich-rechtliches Zulassungsverfahren durchlaufen: Zusammen mit mindestens einem Kreditinstitut, einem Finanzdienstleister oder einem Unternehmen, das nach § 53 Abs. 1, Satz 1 oder § 51 b Abs. 1, Satz 1 des Gesetzes über das Kreditwesen tätig ist, muss es einen Antrag bei der Geschäftsführung der FWB Frankfurter Wertpapierbörse einreichen. Gehört der Emittent selbst zu einer dieser Gruppen, so kann er die Zulassung eigenständig beantragen. Die Zulassungsvoraussetzungen sind im Börsengesetz, in der Börsenzulassungsverordnung, im Wertpapierprospektgesetz und in der Börsenordnung geregelt.

Zusätzlich zum Zulassungssegment entscheiden sich die Emittenten an der Frankfurter Wertpapierbörse für einen Transparenzstandard. Emittenten im Regulierten Markt können den Prime Standard oder den General Standard wählen, Emittenten im Open Market den Entry Standard. Von dieser Wahl hängen die Zulassungsfolgepflichten ab.

Prime Standard

Die im Prime Standard gelisteten Unternehmen verpflichten sich zu hoher Transparenz, die internationalen Anforderungen entspricht:

- Quartalsberichte nach den Vorgaben der Börsenordnung,
- Jahresabschluss nach internationalen Rechnungslegungsstandards (IFRS oder US-GAAP),
- Mindestens eine Analystenkonferenz pro Jahr,
- Unternehmenskalender,
- Ad-hoc-Mitteilungen in englischer Sprache.

General Standard

Es gelten die gesetzlichen Mindestanforderungen:

- Jahresbericht/Halbjahresbericht,
- Ad-hoc-Mitteilungen in deutscher Sprache.

Dieses Marktsegment ist vor allem für kleinere und mittlere Unternehmen geeignet, die überwiegend nationale Investoren ansprechen. Die Notierung im General Standard verursacht niedrige Kosten als die im Prime Standard.

Die Kurs- bzw. Performanceentwicklung der im Prime Standard notierten Aktien spiegelt sich in verschiedenen von der Deutsche Börse AG veröffentlichten Indizes wieder. Zu den Indizes der Deutsche Börse AG zählen u.a. DAX, MDAX, SDAX, TecDAX sowie CDAX.

Freiverkehr

Der Freiverkehr ist ein bestimmter Rechtsbegriff aus dem Aktienrecht.

In den Freiverkehr sind Wertpapiere einzubeziehen, die nicht zum Börsenhandel im regulierten Markt zugelassen sind. An den von der Deutschen Börse AG betriebenen Handelsplätzen, der Frankfurter Wertpapierbörse und dem Xetra-System, wird der Freiverkehr als Open Market bezeichnet.

Neben deutschen Aktien werden im Freiverkehr vor allem ausländische Aktien, Anleihen deutscher und ausländischer Emittenten sowie Zertifikate und Optionsscheine gehandelt. Der Freiverkehr zeichnet sich durch die folgenden Besonderheiten aus:

- Die Kurse werden durch freie Makler ermittelt,
- Rechtsgrundlage sind die an den einzelnen Börsen geltenden Freiverkehrsrichtlinien,
- der Freiverkehr stellt gemäß § 2 Abs. 5 WpHG (Wertpapierhandelsgesetz) keinen organisierten bzw. geregelten Markt dar.

Die Wertpapiere dürfen nicht gleichzeitig im regulierten Markt zugelassen sein.

- Im Freiverkehr notierte Gesellschaften sind nach § 3 Abs. 2 AktG keine börsennotierten Gesellschaften im Sinne des Aktienrechts.

Kreditinstitute und Aktionärsvereinigungen raten unerfahrenen Privatanlegern von im Freiverkehr gehandelten Wertpapieren ab, da diese wesentlich weniger Transparenz bieten und weniger kontrolliert werden als im regulierten Markt notierte Unternehmen.

Entry Standard

Ein Teilsegment des Freiverkehrs (Open Market) an der Frankfurter Wertpapierbörse ist der Entry Standard, in dem etwas strengere Vorschriften gelten:

- Veröffentlichung der testierten Jahresabschlüsse ,
- Unverzügliche Veröffentlichung von kursbewegenden Nachrichten im Internet ,
- Benennung eines Designated Sponsors, der laufend Geld- und Briefkurse an der Börse stellt.

Der Entry Standard soll kleineren Unternehmen eine kostengünstige Börsennotierung ermöglichen.

Beispiele für Notierungen im Regulierten Markt

1. Prime Standard

Unternehmen	Allianz		Wacker Chemie	
ISIN	DE0008404005		DE000WCH8881	
W-Typ	vkNA			
Div./Ex-Tag o. HV/Nennw.	9,00 ex3.5...		3,50 ex 30.5...	
Börsenkap.	20,59		9508,98	
Börse	Fr	Xe	Fr	Xe
Letzter	19öö9,20	199,40	69,35	69,55
Umsatz	27.332	3.937.359	4.142	180.024
Gesamtumsatz	3.996.088		186.646	

2. General Standard

Unternehmen	Borussia Dortmund		Porsche	
ISIN	DE0005493092		DE0006937733	
W-Typ			VZO	
Div./Ex-Tag o.HV/Nennw.	VO 27.11./EUR r1		9,-ex 29.5...../r2,6	
Börsenkap.	103,19		13.518,75	
Börse	Fr	Xe	Fr	Xe
Letzter	6,68	6,69	58,41	58,50
Umsatz	57.164	17.359	2.161	120.001
Gesamtumsatz	76.668		123.242	

5.9.2 Preisermittlung an der Effektenbörse

Der Kurs eines Wertpapiers ist der Preis, den die Marktteilnehmer in einer gegebenen Situation für die mit diesem Papier verbundenen Rechte zu zahlen bereit sind. Er richtet sich an der Börse nach Angebot und Nachfrage. Die Kursfestsetzung durch die Skontroführer geschieht dabei nach der Maßgabe des größten möglichen Umsatzes. Der Skontroführer stellt also die vorliegenden Kauf- und Verkaufaufträge einander gegenüber und ermittelt den Kurs, zu dem die größte Stückzahl abgewickelt werden kann.

Lernsituation 1

Zu Beginn des Börsenhandels auf dem Frankfurter Parkett liegen dem Skontroführer die nachstehenden Aufträge zur Ermittlung des Eröffnungskurses in der Automobil-Aktie vor:

Kauf/Stück	Limit/EUR pro Stück	Verkauf/Stück	Limit/EUR pro Stück
36	Billigst	80	bestens
42	358,00	53	353,50
100	357,00	32	355,00
72	356,00	36	357,00
15	354,00	41	357,60
22	353,50	10	358,00
90	352,00	-	-
Summe 377		Summe 252	

Lernsituation 2

Der Depotkunde Rainer Krause beauftragt die Nordbank AG rechtzeitig vor Börsenbeginn, für ihn 100 Stahl AG-Aktien billigst zu erwerben. Als Börsenplatz hatte der Kunde die Präsenzbörse in Frankfurt angegeben. An diesem Tag werden für die Stahl AG-Aktie die nachstehenden Kurse festgestellt.

Stahl AG-Aktien

ISIN	DE000750000
Letzte Div.	0,75
Div.-Sch. für 20..	1,25
Börsenkap. in Mill. Euro	7892,3
Eröffnung	45,75 b
Tages H/T	45,85 45,22
Schluss	45,45 b
Xetra (E)	45,67
Tages H/T	45,73 45,19
Xetra (S)	45,32

Aufgaben

a) Ermitteln Sie den Eröffnungskurs und den entsprechenden Kurszusatz für die Automobil-Aktie.

b) Ermitteln Sie den Umsatz, der beim Eröffnungskurs der Automobil-Aktie zustande kommt.

c) Zu welchem Kurs werden die Stahl AG-Aktien abgerechnet?

INFO

Auszug aus der Börsenordnung für die Frankfurter Wertpapierbörse

Feststellung der Börsenpreise durch Skontroführer

§ 26 (Eröffnung und Schluss der Börse)

Eröffnung und Schluss der Börse in den Börsensälen (Präsenzhandel) werden durch ein akustisches Zeichen angekündigt.

§ 27 (Amtliche Feststellung der Börsenpreise; Preise in Euro)

(1) Börsenpreise im Präsenzhandel werden durch Skontroführer nach Maßgabe der Geschäftsführung in Prozent des Nennbetrages oder in Euro je Stück festgestellt.

(2) Als Börsenpreis ist derjenige Preis festzustellen, welcher der wirklichen Geschäftslage des Handels an der Börse entspricht. Die Skontroführer haben alle zum Zeitpunkt der Feststellung vorliegenden Aufträge gleich zu behandeln. Sie sind berechtigt, offensichtliche Fehler im Zusammenhang mit der Preisfeststellung nachtäglich rückwirkend und unverzüglich, spätestens bis zum Beginn der Preisfeststellung am folgenden Börsentag zu korrigieren.

(3) Die Geschäftsführung entscheidet über die Einzelheiten der Preisfeststellung, soweit in dieser Börsenordnung nichts anderes bestimmt ist; die Entscheidungen sind zu veröffentlichen. ...

§ 27 a (Skontroführer)

(1) Als Skontroführer können auf Antrag Kreditinstitute ... zugelassen werden, wenn sie und ihre Geschäftsleiter über die für die Skontroführung erforderliche Zuverlässigkeit verfügen. Die für die Skontroführer handelnden Personen müssen zuverlässig sein und die für die Skontroführung erforderliche Eignung haben.

(2) Über die Zulassung von Antragstellern ... und die Skontrobildung entscheidet die Geschäftsführung nach pflichtgemäßen Ermessen. Die Zuteilung von Wertpapieren im Rahmen der Skontrobildung erfolgt längstens für die Dauer von fünf Jahren.

§ 28 (Feststellung der Eröffnungs-, Einheits- und Schlusspreise)

(1) Eröffnungs-, Einheits- und Schlusspreise sind gerechnete Preise.

(2) Bei den Wertpapieren, die nicht in die fortlaufende Notierung einbezogen sind, erfolgt die Preisfeststellung börsentäglich nur zum Einheitspreis. Für die in die fortlaufende Notierung einbezogenen Wertpapiere werden die gerechneten Preise und ggf. variable Preise festgestellt....

(3) Der Eröffnungspreis ist zu Beginn des Präsenzhandels auf der Grundlage der dem Skontroführer bis dahin vorliegenden und für den fortlaufenden Handel geeigneten Aufträge festzustellen.

(4) Die Feststellung des Einheitspreises beginnt für die fortlaufend gehandelten Wertpapiere zu einem von der Geschäftsführung bestimmten Zeitpunkt. In die Errechnung des Einheitspreises sind alle vorliegenden Aufträge einzubeziehen.

(5) Der Schlusspreis wird zu dem von der Geschäftsführung bestimmten Zeitpunkt festgestellt. ...

§ 29 (Berücksichtigung von Aufträgen bei der Feststellung des Börsenpreises)

Bei der Feststellung des Börsenpreises sind diejenigen Aufträge zu berücksichtigen, die dem Skontroführer bis zum Beginn der Preisfeststellung vorliegen.

§ 32 (Verfahren bei der Preisfeststellung)

(1) Vor der Feststellung eines Börsenpreises ist das entsprechende Wertpapier aufzurufen.

(2) Die Feststellung eines Börsenpreises erfolgt auf der Basis der Auftragslage. Es ist derjenige Preis festzustellen, zu dem der größte Umsatz bei größtmöglichen Ausgleich der dem Skontroführer vorliegenden Aufträge stattfindet. Im Übrigen hat sich der Skontroführer um eine Preisfeststellung zu bemühen, welche unter Berücksichtigung der zwischenzeitlich eingetretenen Tendenz die geringste Abweichung zum letzten notierten Preis aufweist.

(3) Vor der Feststellung eines Börsenpreises hat der Skontroführer die auf Basis der Auftragslage ermittelte unverbindliche Taxe oder ein verbindliches Geschäftsangebot (Kauf-, Verkaufsangebot, Spanne) bekannt zu geben, innerhalb derer die Preisfeststellung erfolgen soll.

§ 33 (Zusätze und Hinweise bei der Preisfeststellung (Kursfeststellung))

Der Skontroführer hat nach Maßgabe der Ausführungsmöglichkeiten der vorliegenden Aufträge bei der Preisfeststellung folgende Kurszusätze und Hinweise zu verwenden:

I. Zusätze

Zu den festgestellten Kursen bei Ziffern 1 bis 5 außer den unlimitierten Kauf- und Verkaufsaufträgen alle über dem festgestellten Kurs limitierten Kaufaufträge und alle unter dem festgestellten Kurs limitierten Verkaufsaufträge ausgeführt sein. Inwieweit die zum festgestellten Kurs limitierten Kauf- und Verkaufsaufträge ausgeführt werden können, ergeben die Kurszusätze.

1. b oder Kurs ohne Zusatz = bezahlt: Alle Aufträge sind ausgeführt;
2. bG = bezahlt Geld: Die zum festgestellten Kurs limitierten Kaufaufträge müssen nicht vollständig ausgeführt sein; es bestand weitere Nachfrage;
3. bB = bezahlt Brief: Die zum festgestellten Kurs limitierten Verkaufsaufträge müssen nicht vollständig ausgeführt sein; es bestand weiteres Angebot;
4. ebG = etwas bezahlt Geld: Die zum festgestellten Kurs limitierten Kaufaufträge konnten nur zu einem geringen Teil ausgeführt werden;
5. ebB = etwas bezahlt Brief: Die zum festgestellten Kurs limitierten Verkaufsaufträge konnten nur zu einem geringen Teil ausgeführt werden;
6. ratG = rationiert Geld: Die zum Kurs und darüber limitierten sowie die unlimitierten Kaufaufträge konnten nur beschränkt ausgeführt werden;
7. ratB = rationiert Brief: Die zum Kurs und niedriger limitierter sowie die unlimitierten Verkaufsaufträge konnten nur beschränkt ausgeführt werden;
8. * = Sternchen: Kleine Beträge können ganz oder teilweise nicht gehandelt werden.

II. Hinweise

Außerdem werden folgende Hinweise verwendet:

1. G = Geld: Es fand kein Umsatz statt, zu diesem Preis bestand nur Nachfrage;
2. B = Brief: Es fand kein Umsatz statt, zu diesem Preis bestand nur Angebot;
3. - = gestrichen: Ein Kurs konnte nicht festgestellt werden;
4. – G = gestrichen Geld: Ein Kurs konnte nicht festgestellt werden. Es bestand unlimitierte Nachfrage;
5. – B = gestrichen Brief: Ein Kurs konnte nicht festgestellt werden. Es bestand unlimitiertes Angebot;
6. – T = gestrichen Taxe: Ein Kurs konnte nicht festgestellt werden; der Preis ist geschätzt;
7. – GT = gestrichen Geld/Taxe: Ein Kurs konnte nicht festgestellt werden, da der Preis auf der Nachfrageseite geschätzt ist;
8. – BT = gestrichen Brief/Taxe: Ein Kurs konnte nicht festgestellt werden, da der Preis auf der Angebotsseite geschätzt ist;
9. ex D(iv) = nach Dividende: Erste Notiz unter Abschlag der Dividende;
10. ex A = nach Ausschüttung: Erste Notiz unter Abschlag einer Ausschüttung;
11. ex BR = nach Bezugsrecht: Erste Notiz unter Abschlag eines Bezugsrechts;
12. ex BA = nach Berichtigungsaktien: Erste Notiz nach Umstellung des Kurses auf das aus Gesellschaftsmitteln berichtigte Aktienkapital;
13. ex SP = nach Splitting: Erste Notiz nach Umstellung des Kurses auf die geteilten Aktien;
14. ...

§ 34 (Preisfeststellung im fortlaufenden Handel)

(1) Vor der Feststellung eines Börsenpreises hat der Skontroführer die aus Angebot und Nachfrage ermittelte Spanne bekannt zu geben, innerhalb derer die Preisfeststellung erfolgen soll; den Handelsteilnehmern müssen die Angebote zugänglich und deren Annahme möglich sein. ...
(2) Bei der Feststellung von Preisen im fortlaufenden Handel hat der Skontroführer die ihm vorliegenden Aufträge zu berücksichtigen.

§ 35 (Bekanntgabe zugrunde liegender Umsätze)

Der Skontroführer hat unverzüglich den festgestellten Preis und den zu diesem Preis ermittelten Umsatz durch Ausrufen und durch Eingabe in das EDV-System bekannt zu geben.

§ 39 (Veröffentlichung von Preisen)

Die Geschäftsführung veröffentlicht die festgestellten Preise. Art und Umfang der Veröffentlichung werden vorab von der Geschäftsführung bekannt zu geben.

Handelbar sind bei Aktien und Optionsscheinen ein Stück oder ein Vielfache. Bei Anleihen werden 0,01 EUR oder ein Vielfaches gehandelt.

Kursnotierung von Effekten

- Stücknotierung
- Prozentnotierung

Bei Stücknotierungen notiert der Kurs in Euro je Stück, z. B. Aktien, Optionsscheine oder Bezugsrechte.

Bei der Prozentnotierung notiert der Kurs in Prozent des Nennwertes, z. B. Anleihen, Genussscheine und Optionsanleihen.

Die Ermittlung von Börsenpreisen erfolgt im elektronischen Handel oder durch Skontroführer an der Präsenzbörse.

5.9.3 Kurszusätze

Kurszusätze sind Bemerkungen der Skontroführer zu einem Börsenkurs. Sie geben dem Anleger nähere Informationen über die Börsennotierung und sollen einer besseren Einschätzung der aktuellen Marktlage in dem jeweiligen Papier dienen.

Lernsituation

Dem Skontroführer Fred Tonnemacher liegen zu Beginn der Börsenversammlung an der Frankfurter Wertpapierbörse die nachstehenden Kauf- und Verkaufsaufträge in der Touristik-Aktie zur Eröffnungskursermittlung vor:

Kaufaufträge/ Stückzahl	Kurslimit	Verkaufsaufträge/ Stückzahl	Kurslimit	Bei einem Kurs von ... finden ... Umsätze statt.
7500	Billigst	8000	Bestens	
2500	64,05	5500	64,80	
2700	64,20	4500	64,75	
2500	64,35	500	64,70	
4700	64,60	5700	64,60	
4000	64,70	3000	64,20	
2000	64,80	3000	64,10	

Aufgaben

a) Ermitteln Sie den Eröffnungskurs für die Touristik-Aktie.

b) Ermitteln Sie den Umsatz, der beim Eröffnungskurs zustande kommt.

c) Wie kann der Skontroführer Tonnemacher in dieser Marktkonstellation reagieren? Legen Sie zwei mögliche Kurszusätze fest.

INFO

Kurszusätze und –hinweise sind eine ergänzende Erläuterung zu den entsprechenden Kursen, sie lassen u.a. erkennen, ob und wie die Wertpapieraufträge ausgeführt wurden. Sie vermitteln zudem Informationen über die Marktlage.

Kurszusätze	Bezeichnung	Bedeutung
b oder Kurs ohne Zusatz	bezahlt	Alle Aufträge wurden ausgeführt.
bG	bezahlt Geld	Die zum festgestellten Kurs limitierten Kaufaufträge sind nicht vollständig ausgeführt worden. Es bestand weitere Nachfrage.
bB	bezahlt Brief	Die zum festgestellten Kurs limitierten Verkaufsaufträge sind nicht vollständig ausgeführt worden. Es bestand weiteres Angebot.
ebG	etwas bezahlt Geld	Die zum festgestellten Kurs limitierten Kaufaufträge konnten nur zu einem geringen Teil ausgeführt werden.
ebB	etwas bezahlt Brief	Die zum festgestellten Kurs limitierten Verkaufsaufträge konnten nur zu einem geringen Teil ausgeführt werden.
ratG	rationiert Geld	Die zum Kurs darüber limitierten sowie die unlimitierten Kaufaufträge konnten nur beschränkt ausgeführt werden.
ratB	rationiert Brief	Die zum Kurs und niedriger limitierten sowie die unlimitierten Verkaufsaufträge konnten nur beschränkt ausgeführt werden.

Bei den Kurszusätzen „b“ oder Kurs ohne Zusatz, „bG“, „bB“, „ebG“ und „ebB“ müssen alle über dem festgestellten Kurs limitierten Kaufaufträge und alle unter dem festgestellten Kurs limitierten Verkaufsaufträge ausgeführt worden sein.

Hinweise	Bezeichnung	Bedeutung
G	Geld	Zu diesem Preis bestand nur Nachfrage.
B	Brief	Zu diesem Preis bestand nur Angebot.
-	gestrichen	Ein Kurs konnte nicht festgestellt werden (Kursaussetzung).
-G	gestrichen Geld	Ein Kurs konnte nicht festgestellt werden, da überwiegend Nachfrage bestand.
-B	gestrichen Brief	Ein Kurs konnte nicht festgestellt werden, da überwiegend Angebot bestand.
-T	gestrichen Taxe	Ein Kurs konnte nicht festgestellt werden. Der Preis wurde geschätzt.
exD	ohne Dividende	Erste Notiz unter Abschlag der Dividende
exBR	ohne Bezugsrecht	Erste Notiz unter Abschlag eines Bezugsrechts
exBA	ohne Berichtigungsaktien	Erste Kursnotiz nach Umstellung des Kurses auf das berichtigte (neue) Aktienkapital
ausg	ausgesetzt	Die Kursnotierung ist ausgesetzt.

Plus- und Minusankündigungen erfolgen, wenn ein Skontroführer auf Grund der vorliegenden Aufträge feststellt, dass der Kurs erheblich von der letzten Kursnotierung abweichen wird.

5.9.4 Wertpapierindizes

Unter einem Index versteht man eine Kennziffer (Messzahl). Indizes dienen der Darstellung der allgemeinen Kurs- und Ertragsentwicklung.

Lernsituation

In der Berufsschulklasse A 19016 sollen sich die Bankauszubildenden heute auf das Thema Wertpapierindizes vorbereiten. Als Informationsquelle stehen den Auszubildenden Recherchen im Internet zur Verfügung.

Aufgaben

a) Was versteht man unter einem Preisindex?

b) Worin unterscheidet sich ein Preisindex von einem Performanceindex? Führen Sie für die beiden Indizes jeweils ein Beispiel an.

c) Welche Bedeutung hat ein Aktienindex, z. B. der DAX für den Kapitalanleger?

d) Nennen Sie jeweils 3 nationale und internationale Börsenindizes.

INFO

Man unterscheidet:

Kursindex/Preisindex: Reine Kursindizes spiegeln allein die Preisentwicklung eines konstant gehaltenen Wertpapierdepots wieder. Die Menge der im Index enthaltenen Wertpapiere wird beibehalten. Ausschüttungen u.a. führen zu Rückgängen im Index.

Performance-Index: Performance-Indizes stellen die Wertentwicklung eines Portefeuilles dar, in das die laufenden Erträge (z.B. Dividendenzahlungen und Bezugsrechtserlöse) rechnerisch wieder in das jeweilige Wertpapier reinvestiert werden. Ausschüttungen führen dadurch nicht zu Indexrückgängen. Beispiel: Dax-30

Preisgewichteter Index: Dieser Index berücksichtigt nur die Kurse der im Index vertretenen Wertpapiere. Beispiel: Dow Jones Index

Marktgewichteter Index: Dieser Index berücksichtigt das „Marktgewicht" eines Wertpapiers und gibt einem regelmäßig stärker vertretenen Wertpapier einen größeren Anteil am Index. Beispiel: Dax-30

Indizes werden von der Wirtschaftspresse, von Banken, von Spezialunternehmen und auch vom Statistischen Bundesamt ermittelt. Sie stellen Hilfen für die Einschätzung von Wertpapiermärkten dar und können insbesondere für die technische Analyse genutzt werden. Für die Beurteilung von Teilmärkten stehen Subindizes bzw. Branchenindizes zur Verfügung. Der Anleger kann die Indizes als Vergleichsmaßstab heranziehen, wenn er die Entwicklung des eigenen Portefeuilles (Depots) oder eines Investmentfonds bewerten will.

Die wichtigsten Aktienindizes der Deutschen Börse:

Name	Kurzbeschreibung
Dax	Enthält die 30 größten und liquidesten deutschen Aktien des Prime-Segments der Deutschen Börse AG aus den klassischen Wirtschaftsbereichen und der Technologiebranche.
TecDax	Bildet die 30 größten und liquidesten deutschen und internationalen Technologie-Werte des Prime-Segments der Deutschen Börse AG ab, die nicht gleichzeitig im Dax vertreten sind.
MDax	Umfasst die 50 größten und liquidesten deutschen und internationalen Aktien des Prime-Segments aus klassischen Branchen unterhalb des Dax.
SDax	Setzt sich aus den 50 größten und liquidesten deutschen und internationalen Aktien des Prime-Segments aus klassischen Bereichen unterhalb des MDax zusammen
CDax	Fasst segmentübergreifend alle deutschen Werte in Prime Standard und in General Standard zusammen.

Über Veränderungen in den Indizes entscheidet in regelmäßigen Abständen der Vorstand der Deutschen Börse AG. Grundlage der Entscheidungen sind z.B. Veränderungen in der Marktkapitalisierung der Gesellschaft oder Verlust der Eigenständigkeit durch Fusion.

Ausländische Aktienindizes stehen dem Anleger ebenfalls zur Verfügung, z.B.:

Name	Kurzbeschreibung
EURO-STOXX 50	Die 50 wichtigsten und höchst kapitalisierten Unternehmen aus Euroland werden erfasst.
Dow Jones Stoxx	Enthält die 50 wichtigsten und höchst kapitalisierten Unternehmen aus Gesamteuropa.
Dow Jones (USA)	Im Dow Jones Industrial Average sind 30 Großunternehmen der amerikanischen Börse vertreten.
S&P 500	Bildet branchenübergreifend die 500 größten amerikanischen Unternehmen ab.
Nasdaq 100	Enthält die 100 wichtigsten Technologie- und Wachstumswerte.
CAC 40 (Paris)	Der Cotation Assistee en Continu 40 Index setzt sich aus den 40 umsatzstärksten Aktien der Pariser Börse zusammen.
Nikkei 225 (Tokio)	Erfasst 225 an der Börse Tokio gehandelte Aktien, Berechnung durch die Finanzzeitung Nihon Kejzai.

Rentenindizes für verschiedene verzinsliche Wertpapiere (Euro-Staatsanleihen, Bundesanleihen, Pfandbriefe (Jumbo), Unternehmensanleihen, Emerging Markets Anleihen) werden veröffentlicht.

Der REX ist ein Kursindex und beinhaltet Anleihen, Obligationen und Schatzanweisungen mit fester Verzinsung und einer Restlaufzeit zwischen 1 und 10 Jahren (Markt der Staatspapiere). Er ist ein gewogener Durchschnitt aus den Kursen von 30 fiktiven Anleihen.

Der Dax enthält die 30 größten Aktiengesellschaften Deutschlands.

Der TecDax bildet die 30 größten Unternehmen der Technologie-Branchen ab.

Der MDax setzt sich aus 50 Werten der klassischen Branchen zusammen.

Der SDax umfasst 50 Werte kleinerer und mittelständischer Unternehmen.

5.9.5 Abwicklung von Kauf- und Verkaufsaufträgen

Effektenkauf- und -verkaufsaufträge werden telefonisch, schriftlich oder online erteilt. Bei einer Kauforder ist zu prüfen, ob die Aufklärungs- und beratungspflichten nach dem Wertpapierhandelsgesetz (WpHG) erfüllt sind. Beim Kauf von Wertpapieren einer höheren Risikoklasse ist der Kunde vor der Auftragsausführung zu einem Beratungsgespräch einzuladen. Aus dem Auftrag müssen alle für die Auftragsausführung wichtigen Daten hervorgehen.

Lernsituation 1

Die Depotkundin Cordula Thiele erteilt der Nordbank AG per Internet einen Online- Kaufauftrag über 100 Stück Reifen-Inhaber-Aktien o.N., ISIN DE0005439004.

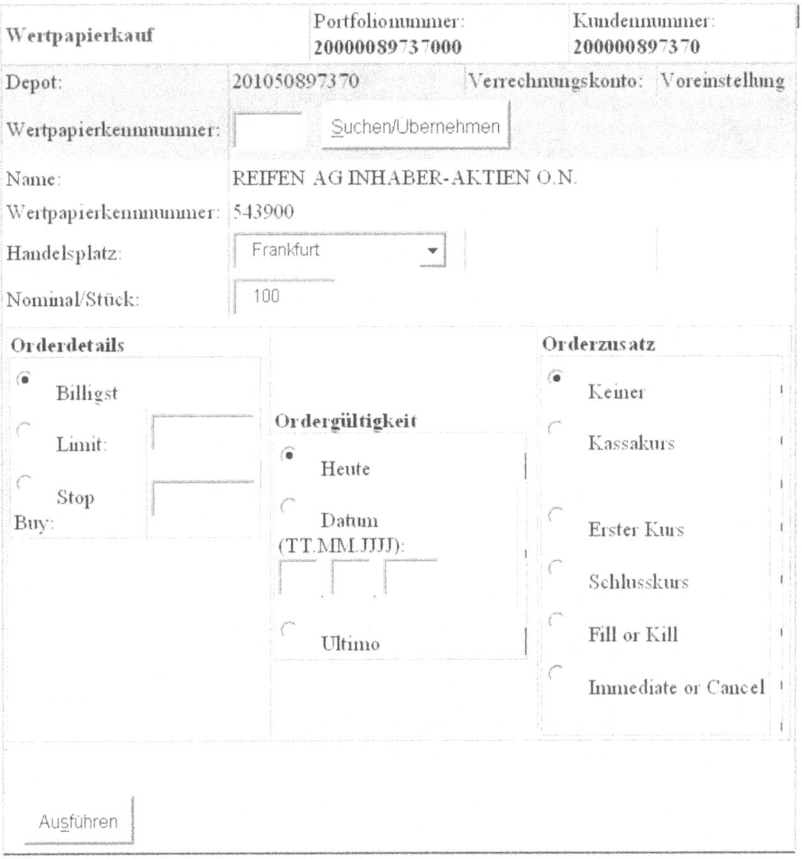

Wertpapierkauf | Portfolionummer: 200000897370000 | Kundennummer: 200000897370

Depot: 201050897370 | Verrechnungskonto: Voreinstellung

Wertpapierkennnummer: [ ] Suchen/Übernehmen

Name: REIFEN AG INHABER-AKTIEN O.N.

Wertpapierkennnummer: 543900

Handelsplatz: Frankfurt

Nominal/Stück: 100

Orderdetails

- (•) Billigst
- ( ) Limit:
- ( ) Stop Buy:

Ordergültigkeit

- (•) Heute
- ( ) Datum (TT.MM.JJJJ):
- ( ) Ultimo

Orderzusatz

- (•) Keiner
- ( ) Kassakurs
- ( ) Erster Kurs
- ( ) Schlusskurs
- ( ) Fill or Kill
- ( ) Immediate or Cancel

Ausführen

Aufgaben

a) Begründen Sie die im obigen Kaufauftrag enthaltenen Angaben, die erforderlich sind, um diesen Auftrag kundengerecht ausführen zu können.

Der Kaufauftrag wurde am 14.06.20.. zum Kurs von 59,60 EUR ausgeführt.

b) Erstellen Sie die Abrechnung.

c) Wann wird der Kunde mit dem Betrag belastet (TT.MM.JJJJ)?

Gebührenübersicht	
Provision bei Aktienerwerb	1% vom Kurswert, mindestens 20,00 EUR
Maklercourtage	0,1% vom Kurswert, mindestens 5,00 EUR

Lernsituation 2

Der Kunde Rainer Freese hatte der Nordbank AG einen Verkaufsauftrag über 100 Nordleben Aktien, ISIN DE000840400, Kurslimit 94,80 EUR erteilt. Der Auftrag sollte am 02.10.20.. ausgeführt werden, längstens jedoch bis Ultimo gültig sein.

In den folgenden Tagen notierte die Nordleben Aktie wie folgt:

Nordleben-Aktie

Datum	Eröffnung	Fortl. Notierung Tief/Hoch	Schlusskurs
02.10.20..	91,54	90,11 - 92,83	92,10 b
03.10.20..	89,99	89,95 – 90,54	90,32 b
04.10.20..	89,78	89,18 – 90,25	89,95 b
05.10.20..	87,45	87,29 exD – 88,36	87,98 b
06.10.20..	88,45	88,05 – 88,98	88,10 G
07.10.20..	89,34	89,10 – 90,89	90,45 b
08.10.20..	90,00	89,67 – 90,18	90,05 b
09.10.20..	91,89	90,55 – 92,76	92,70 bB
10.10.20..	92,86	92,70 - 94,65	93,90 b
11.10.20..	94,85	93,70 – 94,95	94,60 bG

Aufgaben

a) Erklären Sie die unterschiedlichen Kurszusätze der Nordleben-Notierung in der obigen Kursübersicht!

b) Prüfen Sie, welche Wirkungen eine Dividendenzahlung und die Aufnahme des Bezugsrechtshandels auf die bis zu diesem Zeitpunkt noch nicht ausgeführten Kauf- und Verkaufsaufträge in der Nordleben-Aktie haben.

c) Prüfen Sie, ob und ggf. wann der Verkaufsauftrag ausgeführt wird.

INFO

Das Wertpapierhandelsgesetz schreibt in § 34 vor:

(1) Ein Wertpapierdienstleistungsunternehmen hat bei der Erbringung von Wertpapierdienstleistungen aufzuzeichnen

1. den Auftrag und hierzu erteilte Anweisungen des Kunden sowie die Ausführung des Auftrags,

2. den Namen des Angestellten, der den Auftrag des Kunden angenommen hat, sowie die Uhrzeit der Erteilung und die Ausführung des Auftrags,

3. die dem Kunden für den Auftrag in Rechnung gestellten Provisionen und Spesen,

4. ...

Zum Auftrag gehören:

- Name und Anschrift des Auftraggebers,
- eine eindeutige Bezeichnung als An- oder Verkaufsauftrag,
- Nominalwert (Nennbetrag oder Nennwert), Stückzahl,
- die genaue Bezeichnung des Wertpapiers, z.B. Wertpapierkennnummer oder ISIN,
- die Angabe billigst (beim Kauf) oder bestens (beim Verkauf) oder Angabe einer, Kursbegrenzung, eines Limits. Billigst oder bestens bedeutet, dass der Auftrag auf jeden Fall ausgeführt werden soll. Der Kunde ist mit jedem erzielten Kurs einverstanden. Das Limit ist der Betrag, den der Kunde höchstens ausgeben will, bzw. den er mindestens zu erhalten wünscht. Stopp-loss-Aufträge sind Verkaufsaufträge, die bestens ausgeführt werden, sobald der Kurs das vom Anleger gesetzte Limit unterschreitet. Stopp-buy-Aufträge sind Kaufaufträge, die billigst ausgeführt werden, sobald der Kurs ein gesetztes Limit überschreitet. Die Stopp-Aufträge müssen über 50 Stück oder ein Mehrfaches davon lauten. Sie können gegenwärtig nur für die 30 Werte des DAX erteilt werden. Gültigkeitsdauer des Auftrag: Ein preislich unlimitierter Auftrag besitzt Tagesgültigkeit. Preislich limitierte unbefristete Aufträge gelten bis Ultimo. Aufträge, die am letzten Börsentag eines Monats eingehen und nicht am gleichen Tag ausgeführt werden können, gelten für den gesamten nächsten Monat. Wenn an einer inländischen Börse die Preisfeststellung wegen besonderer Umstände unterbleibt (Kursaussetzung), erlöschen sämtliche Aufträge für die betreffenden Wertpapiere.

Gültigkeitsdauer bei Dividendenzahlungen	Gültigkeitsdauer bei Einräumung von Bezugsrechten, Kapitalerhöhungen aus Gesellschaftsmitteln	Gültigkeitsdauer beim Bezugsrechtshandel
Preislich limitierte Aufträge in Aktien erlöschen bei Dividendenzahlungen und sonstigen Ausschüttungen mit Ablauf des letzten Börsentages vor dem Dividendenabschlag.	Preislich limitierte Aufträge zum Kauf oder Verkauf von Aktien erlöschen mit Ablauf des Börsentages, vor dem Beginn der Bezugsrechtshandelsfrist.	Unlimitierte Aufträge zum Kauf oder Verkauf von Bezugsrechten sind für die Dauer des Bezugsrechtshandels gültig. Limitierte Aufträge erlöschen mit Ablauf des vorletzten Tags des Bezugsrechtshandels.

- die Verwahrungsart, in welcher zu kaufende Wertpapiere verwahrt oder aus welcher zu liefernde Wertpapiere entnommen werden sollen (Girosammel-, Streifbandverwahrung, effektive Auslieferung),
- Angabe der Börse, wenn der An- oder Verkauf an einem bestimmten Platz durchgeführt werden soll. Best Execution: Wertpapierdienstleistungsunternehmen werden ausdrücklich zur bestmöglichen Ausführung von Kundenaufträgen verpflichtet, die sich auf den Kauf und Verkauf von Finanzinstrumenten beziehen. Diese Pflicht, hält Wertpapierdienstleistungsunternehmen an, Grundsätze zur Auftragsdurchführung festzulegen, um das bestmögliche Ergebnis für die Kunden zu erreichen, und diese mindestens einmal jährlich zu überprüfen.

Sicherzustellen ist ferner, dass die Ausführung jedes Kundenauftrags nach Maßgabe dieser Ausführungsgrundsätze vorgenommen wird. Damit wird zwar kein Recht des Kunden begründet, tatsächlich den besten Kurs zu erhalten, aber die Bank muss sich an die von ihr definierten und transparent gemachten Kriterien halten. Einschlägig sind die Best-Execution-Regeln jedoch lediglich für Finanzkommissionsgeschäfte, Eigenhandel und Abschlussvermittlung.

Die Best-Executions-Verpflichtungen finden indessen dann keine Anwendung, wenn der Kunde als sog. geeignete Gegenpartei einzustufen ist, was beim Emittenten regelmäßig und etwa bei großen Finanzinvestoren der Fall sein dürfte, wenn diese im Engagement Letter dieser Kategorisierung zugestimmt haben. Ansonsten muss die Emissionsbank die Ausführungsgrundsätze (z. B. die Platzierung außerhalb der Handelsplätze und die Abhängigkeit des Umfangs und des Preises der platzierten Wertpapiere vom Nachfrageverhalten) vorab bekannt machen und in ihrem Engagement Letter mit dem Emittenten und den verkaufenden Aktionären hierauf verweisen.

- Kontonummern des Geld- und des Depotkontos,
- Datum und Uhrzeit der Auftragsannahme, Unterschrift.

Auszug aus den Geschäftsbedingungen der Frankfurter Wertpapierbörse

§ 6 (Behandlung laufender Aufträge)

(1) Dividendenzahlungen/Änderung der Wertpapier-Kenn-Nummer/Sonstige Ausschüttungen: Laufende Aufträge in deutschen Aktien erlöschen bei Dividendenzahlungen und sonstigen Ausschüttungen am ersten Börsentag nach dem Tag der Hauptversammlung. Tag der Hauptversammlung ist der erste Tag, zu dem die Hauptversammlung ordnungsgemäß einberufen wurde. Laufende Aufträge in ausländischen Aktien erlöschen am ersten Börsentag nach dem Tag, an dem die Aktien letztmalig einschließlich Dividende oder des Rechts auf sonstige Ausschüttungen an der Heimatbörse gehandelt wurden ...

(2) Bezugsrechte/Kapitalberichtigung: Bei der Einräumung eines Bezugsrechts erlöschen sämtliche Aufträge mit Ablauf des letzten Börsentages vor dem Beginn des Bezugsrechtshandels. Das Gleiche gilt bei einer Kapitalerhöhung aus Gesellschaftsmitteln mit der Maßgabe, dass an die Stelle des Beginns des Bezugsrechtshandels der Beginn der Frist zur Einreichung der Berechtigungsnachweise tritt. Unbeschadet von Sonderregelungen bei der Einräumung von Bezugsrechten versteht sich der Handel „ex Bezugsrecht" oder „ex Berichtigungsaktien" vom ersten Tage des Bezugsrechtshandels bzw. der Frist zur Einreichung des Berechtigungsnachweises an. Werden Aktionären im Zusammenhang mit einer Kapitalerhöhung Aktien zum Erwerb angeboten und findet ein börslicher Bezugsrechtshandel nicht statt, kann die Geschäftsführung auf Antrag eines zum Börsenhandel zugelassenen Kreditinstituts oder von sich aus bestimmen, dass sämtliche Aufträge in diesem

Wertpapier mit Ablauf des letzten Börsentages vor dem Tag erlöschen, ab dem das Erwerbsangebot angenommen werden kann. Der Beschluss ist zu veröffentlichen.

(3) Veränderung der Einzahlungsquote/des Nennwertes und Aktiensplitting: Bei Veränderung der Einzahlungsquote teileingezahlter Aktien oder des Nennwertes von Aktien, insbesondere im Falle des Aktiensplittings erlöschen sämtliche Aufträge mit Ablauf des Börsentages vor dem Tag, an dem die Aktien mit erhöhter Einzahlungsquote, mit dem veränderten Nennwert bzw. gesplittet notiert werden.

(4) Aussetzung der Preisnotierung: Wird wegen besonderer Umstände im Bereich des Emittenten die Preisnotierung ganztägig oder zeitweise ausgesetzt, erlöschen im Präsenzhandel sämtliche Aufträge. Sie erlöschen ferner, wenn aus den in Satz 1 erwähnten Gründen der Handel im elektronischen Handelssystem vor Beginn der Präsenzhandelszeit ausgesetzt wird ...

(5) Auslosungen: Aufträge in auslosbaren Wertpapieren erlöschen mit Ablauf des letzten Notierungstages vor der Auslosung.

(6) Kündigungen: Aufträge in gesamtfälligen oder gekündigten Schuldverschreibungen sowie in Wandelschuldverschreibungen, Optionsanleihen und Optionsscheinen erlöschen am letzten Notierungstag (§ 28 Abs. 2).

(7) Rücknahme der Lieferbarkeit: Bei Rücknahme der Lieferbarkeit einer Wertpapiergattung oder bestimmter Stücke oder Stückelungen ... erlöschen die Aufträge, soweit sie erkennbar nicht ausgeführt werden können.

(8) Erlöschen: Aufträge in Schuldverschreibungen erlöschen im Falle der Redenominierung in Euro mit Ablauf des letzten Notierungstages vor der Redenominierung.

§ 10 (Bezugsrechtshandel)

(1) Bei der Einräumung von Bezugsrechten ist das Bezugsangebot spätestens am 3. Werktag vor Beginn der Bezugsfrist zu veröffentlichen.

(2) Der Bezugsrechtshandel beginnt ... am 1. Tag der Bezugsfrist und erstreckt sich über die gesamte Bezugsfrist mit Ausnahme der letzten beiden Börsentage dieser Frist.

(3) Bezugsrechte werden nur zum Einheitspreis notiert.

(4) Aufträge sollen dem zuständigen Skontroführer bis zu dem von der Geschäftsführung festgelegten Zeitpunkt erteilt werden. ...

(5) Lassen die dann vorliegenden Aufträge eine Preisbildung im Rahmen der Taxe zu, schließt der Skontroführer die Auftragsannahme. Für die Altaktie soll eine Preisfeststellung vorgehen. Ab 12.00 Uhr stellt der Skontroführer den Preis für das Bezugsrecht fest.

(6) ...

(7) Mit Ablauf des vorletzten Handelstages werden alle limitierten und bis zum letzten Handelstag gültigen Aufträge automatisch gelöscht.

5.9.6 Wichtige Börsenbegriffe

Ad-hoc-Publizität

Es ist die Verpflichtung eines Emittenten von Wertpapieren, Insiderinformationen, die ihn unmittelbar betreffen, unverzüglich zu melden und zu publizieren. Sie ist in § 15 des Wertpapierhandelsgesetzes geregelt. Die Pflicht zu Ad-hoc-Publizität soll dem Missbrauch von Insiderkenntnissen entgegenwirken und die Markttransparenz erhöhen. Ein Verstoß kann mit einer Geldbuße geahndet werden.

Aktienanalyse

Die Aktienanalyse kann prinzipiell auf zwei Arten erfolgen. Im Rahmen der Fundamentalanalyse wird eine Aktiengesellschaft aufgrund von Kennzahlen bewertet. Wichtigste Größen sind hierbei die Profitabilität (Erträge), die Finanzkraft (Cash-Flow, Zinsaufwendungen etc.), KGV (Kurs-Gewinn-Verhältnis), Wachstumschancen und konjunkturelle sowie fiskalpolitische Rahmenbedingungen. Mit diesen Informationen wird versucht, die Geschäftstätigkeit und deren Rentabilität zu analysieren und zu prognostizieren und daraus Kurspotential abzuleiten.

Die technische Analyse orientiert sich an der graphischen Darstellung der historischen Kursverläufe und leitet aufgrund von Indikatoren und charttypischen Formationen Aussagen über mögliche Kursentwicklungen ab.

Aktienindex

Ein Aktienindex ist eine Kennziffer zur Darstellung der Kursentwicklung oder Wertentwicklung (Performanceindex) von Aktien. Das Verhalten eines Aktienkursindex wird vor allem durch die Kurse der im Index enthaltenen Aktien beeinflusst, aber meist auch durch eine Gewichtung der Einzelwerte. Aktienindizes unterscheiden sich vor allem durch ihre Gestaltung (Kurs- oder Performanceindex), die Anzahl der enthaltenen Papiere oder durch die Index-Gewichtung.

Kursindizes: Auch Preisindizes genannt, resultieren Veränderungen des Indexstandes allein aus der Veränderung der Aktienkurse.

Performance-Indizes: Bei Ermittlung eines Performanceindex wird unterstellt, dass Dividenden und sonstige mit dem Besitz der Aktie verbundene Einnahmen, etwa aus Bezugsrechten wieder in Aktien des Index reinvestiert werden. Sie werden damit in den Indexstand mit eingerechnet.

Als Börsenbarometer liefert der Aktienindex übergreifende Informationen über die Kursentwicklung an den Aktienmärkten. Darüber hinaus dienen Aktienindizes z.B. Managern von Investmentfonds und ihren Kunden als Benchmark (Maßstab), an der sie den Erfolg einer Anlagestrategie messen.

Aktienregister

Es handelt sich um das Register einer Aktiengesellschaft, in dem jeder Aktionär, der Namensaktien hält, mit Namen, Geburtsdatum und Adresse verzeichnet ist. Emittenten von Namensaktien sind zur Führung eines Aktienregisters verpflichtet. Das Aktienregister gibt die aktuelle Aktionärsstruktur und deren Veränderung wieder. Jeder Aktionär hat das Recht, seine eigenen Daten im Aktienregister einzusehen.

Aktienrückkauf

Es ist der Kauf eigener Unternehmensanteile durch eine Aktiengesellschaft über die Börse. Unternehmen können bis zu 10 Prozent ihrer eigenen Aktien über die Börse zurückkaufen, wobei die Aktionäre der AG dem Rückkauf auf einer Hauptversammlung zustimmen müssen. Unternehmen kaufen eigene Aktien zurück, wenn sie Kapital anlegen, eine feindliche Übernahme erschwerten oder die Aktien als Tauschwährung bei einer Unternehmensübernahme einsetzen wollen. Durch den Rückkauf steigt meist der Aktienkurs, da sich der Gewinn pro Aktie aufgrund der geringeren Zahl der am Markt verbleibenden Aktien erhöht.

Aktiensplit

Mit einem Aktiensplit wird der aktuelle Aktienbestand einer AG in eine größere Zahl von Aktien aufgeteilt. Dadurch werden diese optisch günstiger. Für den Aktionär ändert sich an seinem Anteil an der AG nichts, da sich sein Kapitalanteil nach dem Split lediglich auf eine größere Anzahl von Aktien verteilt.

Analystenrating

Analysten von Banken, aber auch unabhängigen Analysehäusern bewerten Aktien und sprechen Handelsempfehlungen aus. Diese können je nach Größe des Bankhauses bzw. Ansehen des Analysten großen Einfluss auf den Kurs einer Aktie haben. Dabei benutzt jedes Bankhaus in der Regel eine eigene Terminologie.

Dabei sind die bekanntesten Ratings:

Strong Buy = unbedingte Kaufempfehlung

Buy = Kaufempfehlung

Hold = Halten

Sell = Verkaufsempfehlung

Strong Sell = unbedingte Verkaufsempfehlung

Accumulate = Akkumulieren (das heißt bei einem kurzfristigen Rückgang nach-/zukaufen)

Outperform = Schätzung, dass sich die Aktie im angegebenen Zeitraum besser entwickeln wird als der Index.

Bardividende

Sie ist die an einen Akti0när tatsächlich ausgezahlte Dividende. Unternehmen zahlen auf ausgeschüttete Gewinne Körperschaftsteuer. Die an einen Aktionär ausgezahlte Dividende ist daher um die Körperschaftsteuer vermindert und wird als Bardividende oder Nettodividende bezeichnet.

Benchmark

Es handelt sich um einen Referenz- bzw. Vergleichswert, der zur Beurteilung des Erfolgs einer Anlage herangezogen werden kann. Als Benchmark bei der Beurteilung der Performance von Aktien, Fonds und Rentenanlagen werden zumeist Indizes verwendet. Beispielsweise können ein Anleger, der ein moderates Risiko bei mittlerer Rendite bevorzugt, als Entscheidungsgrundlage beim Aktienkauf den Dax-Index als Benchmark heranziehen.

Börsenordnung

Sie bildet als die von der jeweiligen Landesregierung genehmigte Satzung die Geschäftsgrundlage der einzelnen Börse und enthält Bestimmungen zur Organisation der Börse, zur Kursveröffentlichung, zur Zusammensetzung und Wahl der Börsenorgane.

Börsenprospekt

Vor Zulassung eines Wertpapiers zum Handel an einer Börse hat das entsprechende Unternehmen bzw. das für dieses tätig werdende Kreditinstitut die Öffentlichkeit in bestimmten überregionalen Zeitungen (Börsenpflichtblättern) über die beabsichtigte Einführung an der Börse zu informieren. Zu diesem Zweck muss bei Zulassung zu den wichtigeren und stärker regulierten Handelssegmenten ein Börsen- oder Emissionsprospekt vorgelegt werden. Dieser muss unter anderem Informationen zum bisherigen und erwarteten Geschäftsverlauf enthalten, zur Produktpalette, zur letzten Bilanz uvm. Falsche oder unzutreffende Angaben können Ansprüche geschädigter Anleger gegenüber den die Emission betreibenden Beteiligten begründen.

Dividendenausschüttungen

Seit dem 1. Januar 2017 ist eine Änderung des Aktiengesetzes (AktG, § 58, Abs. 4) in Kraft. Ziel dieser Änderung war es, das Wertpapiergeschäft EU-weit zu harmonisieren. Dividendenzahlungen werden taggleich bei Eingang dem Konto des Aktionärs gutgeschrieben. Allerdings erhält die Bank die Zahlungen frühestens am dritten Arbeitstag nach der Hauptversammlung, es sei denn, die Hauptversammlung oder Satzung bestimmt eine spätere Fälligkeit. Voraussetzung für eine Dividendenzahlung ist es, dass der Aktionär am Tag der Hauptversammlung nach Handelsschluss im Besitz der entsprechenden Wertpapiere ist. Am ersten Handelstag nach der Hauptversammlung wird die Aktie mit dem Kurszusatz „ex Dividende“ gehandelt.

Ein Beispiel für eine Dividendenzahlung..:

Hauptversammlung der Allianz AG am 03.05.20.. (Mittwoch)

Kursnotiz der Allianz AG-Aktie am 04. Mai 20.. ex D

Dividendenzahlung und Gutschrift auf dem Konto des Aktionärs am 08. Mai 20.. (Montag)

Ebit

Die Abkürzung Ebit steht für Earnings before interest and taxes und bezeichnet den Gewinn vor Zinsen und Steuern und außerordentlichem Ergebnis. Es handelt sich daher um eine bereinigte Gewinngröße, die gerne auch als operatives Ergebnis oder Betriebsergebnis bezeichnet wird. Insbesondere im ersten Fall ist die Gleichsetzung nicht unumstritten, da im Ebit auch Ab- und Zuschreibungen auf das Anlagevermögen enthalten sind.

Effektengiroverkehr

Der Effektengiroverkehr zwischen Banken ermöglicht die stückelose Übertragung von Effekten. Die Banken hinterlegen die zur Girosammelverwahrung zugelassenen Stücke bei einer Wertpapiersammelbank, so dass die Effekten buchmäßig übertragen werden können.

Entry Standard

Es ist ein Teilbereich des Open Market der Frankfurter Wertpapierbörse mit zusätzlichen Transparenzanforderungen. Der Entry Standard soll insbesondere kleinen und mittelgroßen

Unternehmen einen kostengünstigen Zugang zum Kapitalmarkt eröffnen. Die Einbeziehung in den Entry Standard ist keine Börsennotierung an einem organisierten Markt im Sinne des § 2 Abs. 5 des Wertpapierhandelsgesetzes. Im Entry Standard gelten entsprechend wesentliche Regularien für organisierte Märkte nicht. In erster Linie richtet sich der Entry Standard an qualifizierte Anleger gemäß § 2 Nr. 6 des Wertpapierprospektgesetzes, die in der Lage sind, etwaige erhöhte Risiken im Zusammenhang mit der Anlage in Aktien der hier notierten Gesellschaften einzuschätzen und zu übernehmen.

Freiverkehr

Das Handelssegment „Freiverkehr" der Frankfurter Wertpapierbörse wird auch als Open Market bezeichnet. Es ist neben dem Segment „Regulierter Markt" ein privatrechtlich organisiertes Segment. Im weiteren Sinne wird auch der unregulierte, außerbörsliche Handel bisweilen als Freiverkehr bezeichnet.

Die Wertpapiere bzw. die Unternehmen unterliegen wenig strengen Einbeziehungsvoraussetzungen und die Emittenten keinen Folgepflichten. Bei Wertpapieren, die an keinem organisierten Markt gehandelt werden, muss der Antragsteller nähere Angaben über den Emittenten in Form eines von der nationalen Aufsichtsbehörde gebilligten Prospekts oder Exposés vorlegen. Zudem ist der Antragsteller verpflichtet die Deutsche Börse AG über wesentliche Umstände bezüglich der einbezogenen Wertpapiere bzw. der Emittenten unverzüglich und schriftlich zu informieren.

Der weitaus größte Teil der gehandelten Wertpapiere entfällt auf Optionsscheine und Zertifikate, während Aktien und Anleihen nur einen kleinen Teil des Marktes ausmachen. Aktienemissionen im Freiverkehr sind meist von geringer Größe, entweder weil die Unternehmen selbst klein sind oder aber weil der Streubesitz gering ist. Auch der „Entry Standard" gehört zum Freiverkehr.

General Standard

Es ist ein Transparenzlevel für Unternehmen, die die vom Gesetzgeber vorgeschriebenen Zulassungsfolgepflichten erfüllen. Der Generalstandard ist ein Teilbereich des Regulierten Marktes. Für Unternehmen im General Standard gelten die Zulassungsfolgepflichten des Regulierten Marktes, u. a.:

- Veröffentlichung von Ad-hoc-Mitteilungen
- Anwendung internationaler Rechnungslegungsstandards (IFRS oder US-GAAP),
- Veröffentlichung eines Zwischenberichts.

ISIN

Es ist die Abkürzung für „International Security Identification Number". Die ISIN dient der eindeutigen internationalen Identifikation von Wertpapieren und wird von der jeweiligen nationalen Behörde herausgegeben. Sie besteht aus einem zweistelligen Ländercode (z. B. DE für Deutschland), gefolgt von einer neunstelligen alphanumerischen nationalen Kennnummer NSIDN (National Security Identification Number) und einer einstelligen numerischen Prüfziffer am Ende. Die ISIN wird parallel zur Wertpapierkennnummer (WKN) verwandt.

Kurs

Es ist der Preis für ein an der Börse gehandeltes Wertpapier.

Kurszusätze

Es sind Kürzel, die im Präsenzhandel dem Preis zugefügt werden und die angeben, wie die jeweilige Auftragslage bei der Preisfeststellung berücksichtigt werden konnte.

Kursbildung

Die Kurse werden an der Präsenzbörse vom Skontroführer ermittelt, in dem alle offenen Kauf- und Verkaufsorders gegenübergestellt werden und der Kurs mit dem höchsten Umsatz festgestellt wird. Der Kurs eines Wertpapiers ist der Preis, den die Marktteilnehmer in einer gegebenen Situation für die mit diesem Papier verbundenen Rechte zu zahlen bereit sind. Er richtet sich an der Börse nach Angebot und Nachfrage. Die Kursfestsetzung durch die Skontroführer geschieht dabei nach der Maßgabe des größten möglichen Umsatzes. Der Skontroführer stellt also die vorliegenden Kauf- und Verkaufaufträge einander gegenüber und ermittelt den Kurs, zu dem die größte Stückzahl abgewickelt werden kann.

Kurstaxe

Die Kurstaxe ist der von einem Skontroführer geschätzte Kurs für ein Wertpapier. Die Taxe gibt an, dass aufgrund nicht zustande gekommener Kurse nur eine Schätzung möglich ist.

Kurswert

Der Kurswert entspricht bei Wertpapieren dem Börsenkurs und dient der steuerlichen Bewertung von Aktien.

Marktkapitalisierung

Die Marktkapitalisierung spiegelt den aktuellen Börsenwert einer börsennotierten Firma wieder. Es ergibt sich, indem man den aktuellen Aktienkurs mit der gesamten Aktienanzahl multipliziert. Dadurch unterliegt die Marktkapitalisierung ständigen Veränderungen.

Marktsegment

Es ist ein Teilmarkt im Wertpapierhandel. Bei einer Notierung von Aktien an der Börse Frankfurt können Unternehmen zwischen den drei Marktsegmenten Prime Standard, General Standard oder Entry Standard im Open Market wählen.

Prime Standard

Es ist ein Teilbereich des Regulierten Marktes der Deutsche Börse AG für Unternehmen, die besonders hohe Transparenzstandards erfüllen. Die Aufnahme in den Prime Standard setzt die Erfüllung der folgenden Transparenzanforderungen voraus:

- Abschluss nach internationalem Rechnungslegungsstandards (IFRS oder US-GAAP),
- Veröffentlichung von Quartalsberichten auch in englischer Sprache,
- Pflege eines Unternehmenskalenders,
- Durchführung mindestens einer Analystenkonferenz pro Jahr,
- Veröffentlichung von Ad-hoc-Mitteilungen zusätzlich in englischer Sprache. Die Aufnahme in den Prime Standard ist Voraussetzung für die Aufnahme in einen der Auswahlindizes der Deutsche Börse AG.

Prospekthaftung

Stellt sich heraus, dass im Emissionsprospekt unwahre oder irreführende Angaben zum Nachteil von Käufern der Neuemission gemacht wurden, haften der Emittent und das Konsortium für entstandene Schäden.

Publizitätspflicht

Einer Publizitätspflicht unterliegen Aktien- und Fondsgesellschaften, wenn sie an einer Börse zum Handel zugelassen werden wollen. Sie verpflichtet die AG/KAG zur Veröffentlichung von regelmäßigen und detaillierten Angaben zur Geschäftsentwicklung und soll dazu dienen, einen einheitlichen Mindestinformationsgrad der Aktionäre zu ermöglichen. Kommt eine AG/KAG ihrer Publikationspflicht nicht nach, kann sie vom Handel ausgesetzt werden.

Realtime-Kurs

Dieser Kurs wird in dem Augenblick übermittelt, in dem er tatsächlich entsteht.

Shareholder Value

Aus dem (Kurs-)Wert der entsprechenden Aktie multipliziert mit der Summe der gehaltenen Anteile besteht der Vermögenswert (Value), den ein Anteileigner (Shareholder) einer Aktiengesellschaft besitzt. Den Kurswert der Aktien und damit den Marktwert des Gesamtunternehmens zu maximieren, wird daher eine auf Shareholder Value angelegte Unternehmenspolitik versuchen. Managementstrategie, die eine Steigerung des Unternehmenswertes in den Vordergrund sämtlicher Entscheidungen stellt. Nur auf diese Weise wird gemäß dem Ansatz die gewünschte Steigerung des Börsenkurses erreicht. Das Prinzip des Shareholder Value, zu deutsch "Wert für den Aktionär", stammt ursprünglich aus den USA. Dort forderten zuerst institutionelle Anleger, beispielsweise Pensionsfonds von Firmen, die Aktionärsinteressen in den Mittelpunkt zu stellen. Heute wird das Shareholder-Value-Prinzip weltweit von Unternehmen angewandt. Umfassend wird darunter nicht allein eine kurzfristige Steigerung des Börsenkurses, sondern eine langfristige Optimierung der Wettbewerbsfähigkeit und Profitabilität verstanden.

Skontroführer

Der Skontroführer ist ein zur Feststellung von Börsenpreisen bestimmtes bzw. zugelassenes Finanzdienstleistungs- oder Kreditinstitut. Skontroführer stellen im börslichen Präsenzhandel das Bindeglied zwischen Käufer und Verkäufer eines Wertpapiers dar. Dabei ist für jedes Wertpapier nur ein Skontroführer zuständig. Laut Börsenordnung sind Skontroführer bei der Preisfeststellung gehalten, diejenigen Aufträge zu berücksichtigen, die bis zum Beginn der Preisfeststellung vorliegen. Die Skontroführer führen zu diesem Zweck ein Orderbuch (Skontro), als eine Bestandsliste, in der alle Kauf- und Verkaufsaufträge vermerkt sind. Auf Basis dieser Auftragsdaten und ggf. unter Berücksichtigung eines Referenzmarktes bilden Skontroführer den Preis. Das Preisfeststellungsverfahren der Skontroführer wird von den Handelsüberwachungsstellen der jeweiligen Börsen überwacht. Zurzeit sind 15 Skontroführer für alle Werte im Präsenzhandel der Börse Frankfurt zuständig.

Squeeze out

Dieses Verfahren erlaubt es Mehrheitsaktionären, Restbestände von Kleinaktionären per Barabfindung aus dem Unternehmen herauszudrängen. In Deutschland ab einem Mehrheitsanteil von 95 Prozent zulässig.

Stopp-loss-Order

In den USA ist diese Art eines Verkaufsauftrags weit verbreitet. Der Auftrag wird automatisch an die Börse gegeben, wenn ein bestimmter Wertpapierkurs erreicht bzw. unterschritten wird. Strategisch lassen sich solche Aufträge günstigstenfalls so platzieren, dass das Limit für eine solche Order automatisch der Kursentwicklung nach oben angepasst wird und erst dann zum Zuge kommt, wenn der Wertpapierkurs innerhalb dieser Entwicklung einen Rückschlag um einen bestimmten Prozentsatz (z. B. 5% oder 10%) hinnehmen muss.

Streubesitz

Es handelt sich um frei handelbare Aktien eines Unternehmens im Besitz vieler Aktionäre, synonym Freefloat. Zum Streubesitz zählen alle Aktien, die nicht von Großaktionären (Anteil am Aktienkapital von über 5 %) gehalten werden, also vom breiten Publikum erworben und gehandelt werden können. Je höher der Streubesitzanteil ist, desto höher ist in der Regel die Handelbarkeit einer Aktie. Die Werte in den Aktienindizes der Deutsche Börse AG werden nach Börsenumsatz und Marktkapitalisierung auf Basis des Streubesitzes gewichtet.

Tafelgeschäft

Dabei handelt es sich um Wertpapiergeschäfte am Bankschalter, bei denen die effektiven Wertpapiere, also die physischen Stücke selbst, dem Kunden ausgehändigt werden. In diesem Fall übernimmt der Anleger selbst die Verwahrung und Verwaltung der Wertpapiere, sorgt also auch für die Einlösung der mitgegebenen Zins- oder Dividendenscheine o.ä. Tafelgeschäfte dienen nicht selten der mehr oder weniger bewusst vorgenommenen, staatlicherseits aber tolerierten Steuerhinterziehung.

Variabler Handel

Es handelt sich um eine Handelsform im Präsenzhandel, bei der während der Börsenzeit jederzeit ein Wertpapierpreis festgestellt werden kann. Beim variablen Handel in Aktien werden Wertpapierpreise je nach Auftragslage zum nächstmöglichen Zeitpunkt festgestellt. Mindestschlussgröße ist ein Stück.

Volatilität

Ist ein Schwankungsbereich während eines bestimmten Zeitraums von Wertpapierkursen, von Rohstoffpreisen, von Zinssätzen oder auch von Investmentfonds-Anteilen. Sie ist eine mathematische Größe (Standardabweichung) für das Maß des Risikos einer Kapitalanlage. Z. B. wird hier ein Durchschnittswert für die Entwicklung des Fonds in einem Monat gebildet. Als Standard werden die Schwankungen dieses Werts genommen und gemessen, wie weit sich der Fonds in einem Monat von diesem Durchschnittswert entfernt hat. Also errechnet man die Schwankungsbreite um den Mittelwert herum. Je größer diese Schwankungsbreite ist, desto volatiler und damit risikoreicher ist ein Fonds. Für das Risiko ist z. B. eine weitere Messgröße der Maximale Verlust.

Wertpapierkennnummer (WKN)

Die WKN ist eine sechsstellige Zahl, die jedes Wertpapier eindeutig identifiziert, wie der Fingerabdruck eines Menschen.

Xetra-Handel

Xetra bedeutet Exchange Electronic Trading und ist das elektronische Handelssystem der Deutsche Börse AG für den Handel mit Wertpapieren. Xetra ist als ordergetriebenes Handelssystem mit automatischem Geschäftsabschluss (Matching) konzipiert, das alle Aufträge (Orders) in einem zentralen Orderbuch zusammenführt. Das Orderbuch kann von allen Xetra-Teilnehmern eingesehen werden. Dies soll allen Teilnehmern die Möglichkeit bieten, gezielter auf Marktveränderungen zu reagieren. Xetra bietet als Handelsformen die Auktion und den fortlaufenden Handel.

Die Auktion entspricht in den Grundzügen der Feststellung des Einheitskurses. Sie besteht aus der Aufrufphase und der Preisermittlungsphase. Während der Aufrufphase besteht die Möglichkeit, Aufträge in das Orderbuch einzustellen, zu ändern oder zu löschen. Nach dem Ende der Aufrufphase wird der Auktionspreis auf der Grundlage der vorliegenden Aufträge ermittelt.

Auktionspreis ist der Preis, zu dem der größtmögliche Umsatz zustande kommt. Alle zu diesem Preis nicht oder nur teilweise ausgeführten Aufträge werden in den fortlaufenden Handel übernommen.

Kern des fortlaufenden Handels ist ein offenes Orderbuch mit Kauf- und Verkaufseite. Bei jedem neu eintreffenden Auftrag wird sofort dessen Ausführbarkeit geprüft. Der Ausführungspreis wird durch das jeweils höchste Kauf- oder niedrigste Verkaufslimit des Auftrags im Orderbuch bestimmt. Sofern ein Auftrag nicht sofort ausführbar ist, wird er in das Orderbuch übernommen.

Der Xetra-Handel vollzieht sich in den Phasen:

- Vorhandel: Hier haben die Marktteilnehmer die Möglichkeit, Aufträge zur Vorbereitung des eigentlichen Handels einzugeben, zu ändern oder zu löschen. In dieser Phase ist das Orderbuch geschlossen, so dass kein Einblick in die Orderbuchlage möglich ist.
- Eröffnungsauktion
- fortlaufender Handel
- Schlussauktion
- im Nachhandel können bei wiederum geschlossenem Orderbuch Geschäfte bearbeitet werden, bis die Übertragung der Schlussnoten eingeleitet wird.

5.10 Depotgeschäft

Das Depotgeschäft ist für die Kreditinstitute ein Massengeschäft, da bei großen börsennotierten Unternehmen die Zahl der Aktionäre im sechsstelligen Bereich liegt. Bietet die Bank für den Depotkunden das Vollmachtsstimmrecht an, sind die mit der Vollmachtsvertretung verbundenen Dienstleistungen für die Banken mit erheblichem Aufwand verbunden. Sie müssen entweder als Kosten vom Emittenten erstattet oder über die Depotgebühr vom Kunden bezahlt werden.

Zur Wahrnehmung seiner Rechte ist der Aktionär auf die Dienstleistung von Intermediären wie Kreditinstituten angewiesen. Dies gilt für die Vereinnahmung der Dividende, aber auch für die Vertretung des Aktienbesitzes in der Hauptversammlung, sofern keine unmittelbare Kommunikation zwischen Emittent und Anteilsinhaber möglich ist. Neben der Depotbank des Aktionärs, die die Wertpapiere verwaltet, sind dabei oft weitere Kreditinstitute als Verwahrstellen oder Clearinghäuser eingeschaltet. Bei grenzüberschreitendem Aktienbesitz kann diese Verwahrkette leicht drei- bis fünfgliedrig sein.

Die Dienstleistungspalette der Kreditinstitute umfasst bei der Stimmrechtsausübung bei Inhaberaktien und den sog. Nominee-Beständen der Namensaktien, d. h. Eintragungen von Verwahrbanken oder sonstigen Intermediären mit Fremdbesitz in einem Aktienregister, den Versand der Hauptversammlungsunterlagen, die Bearbeitung der Anmeldungen, das Ausstellen der Eintrittskarten und die Weiterleitung bzw. Ausübung von Vollmachten.

5.10.1 Offenes und geschlossenes Depot

Depotgeschäfte der Kreditinstitute umfassen insbesondere die Verwahrung und Verwaltung von Wertpapieren sowie die Verwahrung von Gegenständen.

Lernsituation 1

Die Kundin Tanja Cabus teilt Ihnen als Kundenberater(in) der Nordbank AG mit, dass sie in Kürze für etwa sechs Monate in die USA verreist. Wegen der Verwahrung einiger Wertsachen bittet sie Sie um Beratungshilfe.

Aufgaben

a) Welche Verwahrarten würden Sie Frau Cabus für die nachstehenden Wertsachen und -gegenstände empfehlen:

- Urkunde über einen Sparbrief der Nordbank AG, Nennwert 20.000,00 EUR
- 5 Sparbücher, Guthaben zwischen 3.000,00 EUR und 20.000,00 EUR
- Orderscheck-Vordrucke
- wertvoller Schmuck und Münzen
- ein wertvolles Gemälde eines spanischen Meisters, derzeitiger Wert 50.000,00 EUR
- Briefmarkenalbum mit wertvollen Briefmarken
- 10 auf Frau Cabus lautende Aktien der EOS-Versicherungs-AG (vinkulierte Namensaktien)
- Inhaberpfandbriefe, Nennwert 30.000,00 EUR

- 30 Stück auf den Inhaber lautende EuropeGrowth Investmentanteile

b) Welche Prüfungen müssen Sie vornehmen, wenn Ihnen effektive Wertpapiere zur Verwahrung eingeliefert werden?

c) Vergleichen Sie die Depot- bzw. Verwahrgeschäfte der Kreditinstitute anhand der nachstehenden Aspekte.

	Girosammel-depot	**Streifband-depot**	**Schließfach**	**Verwahrstück**
Beispiele				
Vertragsart				
Kennzeichnung				
Verwaltungs-arbeiten im Zusammenhang mit dieser Verwahrung				
Kosten				
Rechte und Pflichten der Vertragspartner				

Lernsituation 2

Frau Anja Simon (43 Jahre alt) hatte aufgrund einer Erbschaft eine Inhaberschuldverschreibung der Handelsbank AG im Nennwert von 50.000,00 EUR erhalten, Restlaufzeit 6 Jahre. Für Frau Simon wurde für diese Schuldverschreibungen von der Nordbank AG ein Girosammeldepot eröffnet. In einem Beratungsgespräch mit Frau Simon gehen Sie u.a. auch auf die Verwahrung und Verwaltung dieser Schuldverschreibungen ein.

a) Beschreiben Sie Frau Simon anhand von zwei Aspekten die Girosammelverwahrung.

b) Nennen Sie Frau Simon drei Tätigkeiten der Nordbank AG im Rahmen der Depotverwaltung ihrer Schuldverschreibungen.

INFO

Grundlagen des Depotgeschäfts

- Verwahrung und Verwaltung im offenen Depot, bei denen Wertpapiere unverschlossen übergeben, vom Verwahrer in Sammelverwahrung (Regelfall) oder Sonderverwahrung verwahrt und verwaltet werden.
- Verwahrung im geschlossenen Depot, bei der Gegenstände in Tresorräumen des Kreditinstituts aufbewahrt werden. Die Kreditinstitute bieten ihren Kunden in dem Zusammenhang die Vermietung eines Schließfaches und in wenigen Fällen auch die Annahme eines Verwahrstücks an.

Verwahrung im geschlossenen Depot

	Vermietung von Schließfächern	**Aufbewahrung von Verwahrstücken**
Rechtsgrundlagen	Mietvertrag §§ 535 ff. BGB	Verwahrvertrag §§ 688 ff. BGB
Ansprüche des Hinterlegers	Überlassung des Schließfachs	feuer- und diebstahlsichere Aufbewahrung der Verwahrstücke
Pflichten des Hinterlegers	- Schließfachmiete - keine Aufbewahrung von gefährlichen Sachen	- Verwahrgebühr - keine Aufbewahrung von gefährlichen Sachen
Haftung des Kreditinstituts	bei grobem Verschulden	bei grobem Verschulden bis zur vereinbarten Höchstgrenze
Ansprüche des Kreditinstituts	- Schließfachmiete - Pfandrecht am Inhalt des Schließfachs bei Nichtzahlung der Miete	- Verwahrgebühr - Zurückbehaltungsrecht am Verwahrstück bei Nichtzahlung der Verwahrgebühr

Sammelverwahrung und Sonderverwahrung

Bei der **Sammelverwahrung** darf der Verwahrer vertretbare Wertpapiere, die zur Sammelverwahrung zugelassen sind, einer Wertpapiersammelbank zur Sammelverwahrung anvertrauen, falls der Hinterleger (Wertpapierkunde) nicht ausdrücklich die Sonderverwahrung verlangt. Der Hinterleger verliert durch die Einlieferung sein Alleineigentum an den Wertpapieren und wird Miteigentümer nach Bruchteilen an einem Wertpapiersammelbestand. Sammelverwahrfähig sind effektive Stücke, Globalurkunden und Wertrechte.

Aktiengesellschaften dürfen Globalurkunden für ihre Aktionäre selbst verwahren, wenn es sich um eine nicht börsennotierte AG mit weniger als 500 Arbeitnehmern handelt, die Verwahrung für maximal 100 Aktionäre unentgeltlich erfolgt und alle Aktionäre dieser Verwahrung zustimmen. Nach der BAFin ist die Verwahrung in diesem Fall kein erlaubnispflichtiges Bankgeschäft.

Bei der **Sonderverwahrung** hat der Verwahrer die Wertpapiere der Hinterleger unter äußerlich erkennbarer Bezeichnung jedes einzelnen Hinterlegers gesondert von seinen eigenen Wertpapierbeständen und von denen Dritter aufzubewahren, wenn

- es sich um Wertpapiere handelt, die nicht zur Sammelverwahrung zugelassen sind, oder
- der Hinterleger eine Sonderverwahrung ausdrücklich verlangt.

Der Hinterleger ist Alleineigentümer an den genau bestimmten Wertpapieren.

Wertpapierrechnung

Für Wertpapiere, die im Ausland verwahrt werden, erhalten die deutschen Wertpapierkunden unter Angabe des jeweiligen Lagerortes eine Gutschrift in Wertpapierrechnung. Eigentümer dieser Wertpapiere ist das Gutschrift erteilende deutsche Kreditinstitut. Der Wertpapierkunde erhält kein Allein- bzw. Miteigentum an diesen Wertpapieren. Der Wertpapierkunde hat lediglich einen Herausgabeanspruch (Lieferungsanspruch).

Auszug aus dem Depotgesetz

§ 2 (Sonderverwahrung)

> Der Verwahrer ist verpflichtet, die Wertpapiere unter äußerlich erkennbarer Bezeichnung jedes Hinterlegers gesondert von seinen eigenen Beständen und von denen Dritter aufzubewahren, wenn es sich um Wertpapiere handelt, die nicht zur Sammelverwahrung durch eine Wertpapiersammelbank zugelassen sind, oder wenn der Hinterleger die gesonderte Aufbewahrung verlangt. ...

§ 5 (Girosammelverwahrung)

> (1) Der Verwahrer darf vertretbare Wertpapiere, die zur Sammelverwahrung durch eine Wertpapiersammelbank zugelassen sind, dieser zur Sammelverwahrung anvertrauen, es sei denn, der Hinterleger hat nach § 2 die gesonderte Aufbewahrung der Wertpapiere verlangt. Anstelle der Sammelverwahrung durch eine Wertpapiersammelbank darf der Verwahrer die Wertpapiere ungetrennt von seinen Beständen derselben Art oder von solchen Dritter selbst aufbewahren oder einem Dritten zur Sammelverwahrung anvertrauen, wenn der Hinterleger ihn dazu ausdrücklich und schriftlich ermächtigt hat. ...

§ 6 (Miteigentum am Sammelbestand ...)

> (1) Werden Wertpapiere in Sammelverwahrung genommen, so entsteht mit dem Zeitpunkt des Eingangs beim Sammelverwahrer für die bisherigen Eigentümer Miteigentum nach Bruchteilen an den zum Sammelbestand des Verwahrers gehörenden Wertpapiere derselben Art. Für die Bestimmung des Bruchteils ist der Wertpapiernennbetrag maßgebend, bei Wertpapieren ohne Nennbetrag die Stückzahl.

§ 7 (Auslieferungsansprüche des Hinterlegers bei der Sammelverwahrung)

(1) Der Hinterleger kann im Falle der Sammelverwahrung verlangen, dass ihm aus dem Sammelbestand Wertpapiere in Höhe des Nennbetrages ... ausgeliefert werden; die von ihm eingelieferten Stücke kann er nicht zurückfordern.

Auszug aus den Bedingungen für die Vermietung von Kundensafes der Nordbank AG

Die Nordbank AG vermietet Kundensafes zur Unterbringung von Wertgegenständen und Urkunden, die der Mieter unter dem Schutz der Stahlkammer bzw. des Stahlschrankes der Nordbank AG selbst aufbewahren will, unter folgenden Bedingungen:

1. Mietdauer, Mietpreis

(1) Der Kundensafe wird auf die bei Abschluss des Mietvertrages vereinbarte Zeit vermietet. ...

(2) Der Mietpreis richtet sich nach der Größe des Kundensafes.

2. Verschluss, Schlüssel

(1) Der Kundensafe steht je nach technischer Ausgestaltung der Kundentresoranlage in den einzelnen Filialen entweder

- unter dem Verschluss des Mieters und dem Mitverschluss der Nordbank AG (Mitverschluss) oder
- unter Alleinverschluss des Mieters.

(2) Beim Mitverschluss können Mieter und Nordbank AG den Kundensafe nur gemeinsam öffnen. Dabei kann die Nordbank AG die Entriegelung auch elektronisch vornehmen.

(3) Kundensafes mit Alleinverschluss sind mit einem Schlüssel-/Buchstaben-Kombinationsschloss oder einem ähnlichen Doppelverschluss ausgestattet. Die Nordbank AG nimmt von der vom Mieter gewählten Verschlusskombination keine Kenntnis.

(4) In allen Fällen ist es alleinige Aufgabe des Mieters, den Kundensafe ordnungsgemäß zu verschließen. ...

4. Verantwortlichkeit für den Inhalt des Kundensafes

(1) Die Vermieterpflichten der Nordbank AG erstrecken sich nicht auf die von dem Mieter im Kundensafe verwahrten Sachen. Die Nordbank AG nimmt von dem Inhalt des Kundensafes keine Kenntnis; der Mieter hat dafür zu sorgen, dass der Inhalt des Kundensafes nicht durch in den eingebrachten Gegenständen selbst begründete Schadensursache - wie z. B. durch Feuchtigkeit, Rost oder Motten - leidet.

5. Zutritt, Vollmacht

(3) Der Zutritt zum Kundensafe steht dem Mieter oder seinem Bevollmächtigten jederzeit während der Geschäftsstunden der Nordbank AG frei.

(4) Je nach technischer Ausstattung der Kundentresoranlage erhält der Mieter Zugang zu seinem Kundensafe durch

- Schlüssel und Unterschrift oder
- Schlüssel und Verschlusskombination oder
- Schlüssel und BankCard oder
- Schlüssel, BankCard und Eingabe einer persönlichen Geheimzahl.

Darüber hinaus ist die Nordbank AG nicht verpflichtet, jedoch berechtigt, die Identität des Benutzers zu prüfen. ...

Auszug aus den Bedingungen für die Annahme von Verwahrstücken der Nordbank AG

Die Nordbank AG nimmt verpackte Gegenstände wie Kisten, Koffer und ähnliche Behältnisse (Verwahrstücke) zur Aufbewahrung in ihren Tresorräumen oder Stahlschränken unter folgenden Bedingungen entgegen:

1. Einlieferung

   (1) Das Verwahrstück ist so zu verschließen, dass sein Inhalt nicht erkennbar ist, und so zu versiegeln oder zu plombieren, dass es ohne Verletzung des Siegels oder der Plombe nicht geöffnet werden kann. Name und Anschrift des Hinterlegers sind auf dem Verwahrstück deutlich zu vermerken.

   (2) Die Nordbank AG versieht jedes Verwahrstück mit einer Nummer und erteilt eine Empfangsbestätigung.

3. Haftung der Nordbank AG

   (1) Die Nordbank AG wird als Verwahrerin die im Verkehr erforderliche Sorgfalt anwenden. Sie haftet grundsätzlich nur für grobes Verschulden; wird der Nordbank AG die Rückgabe eines Verwahrstückes unmöglich, so haftet sie auch für leichte Fahrlässigkeit, jedoch beschränkt auf 5.000,00 EUR für jedes Verwahrstück.

6. Vergütung

   Die Vergütung richtet sich nach der Größe der Verwahrstücke. Sie wird bei Abschluss des Verwahrungsvertrags vereinbart und ist im Voraus zu entrichten. ...

8. Herausgabe, Öffnung

   (1) Die Nordbank AG gibt das Verwahrstück gegen Quittung des Hinterlegers heraus. ...

Auszug aus den Sonderbedingungen für Wertpapiergeschäfte

17. Prüfungspflicht der Nordbank AG

    Die Nordbank AG prüft anhand der Bekanntmachungen in den „Wertpapier-Mitteilungen" einmalig bei der Einlieferung von Wertpapierurkunden, ob diese von Verlustmeldungen (Opposition), Zahlungssperren und dergleichen betroffen sind. Die Überprüfung auf Aufgebotsverfahren zur Kraftloserklärung von Wertpapierurkunden erfolgt auch nach Einlieferung.

20. Sonstiges

    (2) Einlieferung

    Diese Sonderbedingungen gelten auch, wenn der Kunde der Nordbank AG in- oder ausländische Wertpapiere zur Verwahrung effektiv einliefert oder Depotguthaben von einem anderen Verwahrer übertragen lässt.

5.10.2 Depotstimmrecht

Aktionären steht auf Hauptversammlungen ein Stimmrecht, in der Regel in Höhe ihres Anteils am Aktienkapital zu. Verzichtet der Anleger auf die Wahrnehmung des Stimmrechts, kann er dieses im Einzelfall nach genau spezifizierten Weisungen, üblicherweise mittels Pauschalerklärung an die depotführende Bank oder einer Aktionärsvereinigung übertragen.

Lernsituation

Dem Kunden Rainer Walden werden durch die Nordbank AG die nachfolgenden Tagesordnungspunkte der Internet AG für die Hauptversammlung am 25. Mai des laufenden Jahres zugesandt.

Auszug aus den Tagesordnungspunkten

1. Vorlage des festgestellten Jahresabschlusses und des Konzernabschlusses zum 31. Dezember des Vorjahres, des zusammengefassten Lageberichts für die Internet AG und den Konzern sowie des Berichts des Aufsichtsrats über das abgelaufene Geschäftsjahr.

2. Beschlussfassung über die Verwendung des Bilanzgewinns. Vorstand und Aufsichtsrat schlagen vor, den Bilanzgewinn von 488.000.000,00 EUR wie folgt zu verwenden:

- Ausschüttung einer Dividende von 0,62 EUR je Stückaktie ...

- Einstellung in die anderen Gewinnrücklagen ...

- Vortrag auf neue Rechnung ...

3. Beschlussfassung über die Entlastung des Vorstands für das abgelaufene Geschäftsjahr. Vorstand und Aufsichtsrat schlagen Entlastung vor.

4. Beschlussfassung über die Entlastung des Aufsichtsrats für das abgelaufene Geschäftsjahr. Vorstand und Aufsichtsrat schlagen Entlastung vor.

5. Wahlen zum Aufsichtsrat. Es ist ein Mitglied des Aufsichtsrats zu wählen ... Der Aufsichtsrat schlägt vor, anstelle des ausgeschiedenen Mitgliedes Herrn Dr. Günter Busse ... für die restliche Amtszeit des ausgeschiedenen Aufsichtsratsmitglieds ... als Vertreter der Anteilseigner in den Aufsichtsrat zu wählen.

6. Beschlussfassung über die Bestellung des Abschlussprüfers ... für das laufende Geschäftsjahr ...

7. Beschlussfassung über die Neugestaltung der Vergütung des Aufsichtsrats ab dem abgelaufenen Geschäftsjahr und die entsprechende Satzungsänderung ...

8. Beschlussfassung über die Schaffung eines neuen genehmigten Kapitals und die entsprechende Satzungsänderung ...

9. Beschlussfassung über ein bedingtes Kapital zur Bedienung des Aktienoptionsplans der Internet AG und die entsprechende Satzungsänderung ...

12. Beschlussfassung über den Ausschluss des Anspruchs auf Ausstellung von Mehrfachurkunden, die Form der Erteilung von Stimmrechtsvollmachten und die entsprechenden Satzungsänderungen ... Unter § 19 der Satzung soll ein neuer Absatz 2 betreffend der Voraussetzungen der Stimmrechtsausübungen eingefügt werden: ... „Der Aktionär kann Stimmrechtsvollmacht nach Maßgabe der gesetzlichen Vorschriften auch im Wege elektronischer Post (E-Mail) mit einem von der Gesellschaft zu bestimmenden üblichen Echtheitsnachweis erteilen."

13. Beschlussfassung über die Ermächtigung zum Erwerb eigener Aktien. Nach § 71 Abs. 1 Nr. 8 Aktiengesetz wird der Internet AG ermöglicht, eigene Aktien zu erwerben. Aufsichtsrat und Vorstand schlagen vor, folgenden Beschluss zu fassen: ... Die Internet AG wird dazu ermächtigt, Aktien der Gesellschaft zu erwerben, um Aktien der Internet AG an ausländischen Börsen einzuführen, an denen sie nicht gehandelt werden, Aktien im Rahmen des Zusammenschlusses mit Unternehmen oder im Rahmen des Erwerbs von Unternehmen oder Betei-

ligungen daran anbieten zu können, oder Aktien einzuziehen. Die Ermächtigung ist auf den Erwerb von höchstens 10 % des Grundkapitals ... beschränkt. Die Ermächtigung kann ganz oder in Teilbeträgen, einmal oder mehrmals ausgeübt werden. Die Ermächtigung wird am 25. Mai des laufenden Jahres wirksam und gilt bis zum 15. November des nachfolgenden Jahres.

Aufgaben

a) Welche der in der Tagesordnung bestimmten Beschlüsse werden mit einer

- einfachen Mehrheit in der Hauptversammlung bzw.

- mit einer 75%igen Mehrheit in der Hauptversammlung entschieden?

b) In Tagesordnungspunkt 13 soll beschlossen werden, dass der Vorstand der Internet AG ermächtigt werden soll, eigene Aktien zu erwerben. Aus welchen Gründen könnte dies zweckmäßig sein?

c) Erklären Sie die Begriffe „genehmigtes Kapital“ und „bedingtes Kapital“.

d) Der Depotkunde Rainer Walden möchte, dass die Nordbank AG für ihn das Stimmrecht in der Hauptversammlung ausübt.

d1) Nennen Sie die Voraussetzungen der Stimmrechtsausübung für Ihren Depotkunden.

Herr Walden erteilt der Nordbank AG die Weisung, aus Gründen einer verfehlten Geschäftspolitik mit der Anzahl seiner Stimmrechte gegen die Entlastung des Vorstands der Internet AG abzustimmen.

d2) Prüfen Sie, ob die Nordbank an die Weisung ihres Kunden gebunden ist.

e) Wie kann sichergestellt werden, dass Herr Walden zum Zeitpunkt der Hauptversammlung der Internet AG noch Eigentümer der Internet AG-Aktien ist?

Herr Walden möchte in Zukunft sein Stimmrecht einer weitgehend unabhängigen Aktionärsvertretung übertragen.

f) Nennen und beschreiben Sie zwei Aktionärsvereinigungen, die Aktionäre in Hauptversammlungen vertreten können.

g) Beschreiben Sie, wie Herr Walden das Vollmachtsstimmrecht seiner Internet AG-Aktien (Namensaktien) auf eine Aktionärsvereinigung übertragen könnte.

INFO

Die depotführenden Kreditinstitute übernehmen im Rahmen der Depotverwaltung verschiedene Dienstleistungen, u. a. die Ausübung von Stimmrechten. Beabsichtigt das Kreditinstitut, in der Hauptversammlung das Stimmrecht für Aktionäre auszuüben, so hat es dem Aktionär eigene Vorschläge für die Ausübung des Stimmrechts zu den einzelnen Tagesordnungspunkten mitzuteilen. Bei den Vorschlägen hat sich das Kreditinstitut vom Interesse des Aktionärs leiten zu lassen und organisatorische Vorkehrungen dafür zu treffen, dass Eigeninteressen an deren Geschäftsbereichen nicht einfließen.

Zusammen mit seinen Vorschlägen hat das Kreditinstitut den Aktionär um Erteilung von Weisungen für die Stimmrechtsausübung zu bitten und darauf hinzuweisen, dass es, wenn der Aktionär nicht rechtzeitig eine andere Weisung erteilt, das Stimmrecht entsprechend den eigenen Vorschlägen ausüben wird. Die Erteilung von Weisungen ist dem Aktionär zu erleichtern, z. B. durch Online-Zugriff auf entsprechende Formulare.

Möchte das Kreditinstitut dagegen wie die Gesellschaft abstimmen, hat es dem Aktionär seine Vorschläge zur Stimmrechtsausübung zugänglich zu machen, z. B. im Wege des Online-Banking auf der Homepage des Kreditinstituts.

Wünscht der Kunde selbst an der Hauptversammlung teilzunehmen, um das Stimmrecht auszuüben, fordert das Kreditinstitut die Eintrittskarten bei der Hinterlegungsstelle der AG an und leitet sie dem Aktionär zu. Das Kreditinstitut gibt in diesem Fall eine Verfügungssperre über die Aktien bis zum Tag der Hauptversammlung ein.

Der Aktionär kann dem Kreditinstitut eine Vollmacht (z. B. schriftlich) zur Stimmrechtsausübung erteilen. Das Kreditinstitut kann das Stimmrecht in der Hauptversammlung offen oder verdeckt ausüben.

Die Stimmrechtsvertretung kann durch folgende Vollmachten erfolgen:

- Die **Einzelvollmacht** gilt für depotverwahrte Aktien eines Unternehmens.
- Die **allgemeine Vollmacht** gilt für alle depotverwahrten Aktien.

Bei einer allgemeinen Vollmacht hat das Kreditinstitut den Aktionär jährlich darauf hinzuweisen, dass der jederzeitige Widerruf sowie die Beauftragung eines anderen Vertreters möglich ist, z. B. Dachverband der kritischen Aktionärinnen und Aktionäre www.kritischeaktionaere.de oder die Schutzgemeinschaft der Kleinaktionäre www.sdk.de sowie die Deutsche Schutzvereinigung für Wertpapierbesitz www.dsw-info.de. Der entsprechende Hinweis kann auch auf dem jährlichen Depotauszug erscheinen.

Aktionärsvertretungen

Schutzgemeinschaft der Kleinaktionäre e.V. (SdK)

Alle Aktionäre sind Miteigentümer einer Aktiengesellschaft. In dieser Eigenschaft steht ihnen das Recht zu, einmal im Jahr auf der Hauptversammlung an wichtigen Unternehmensentscheidungen teilzunehmen. Wer sein Stimmrecht nicht selbst ausüben will oder kann, der kann sich durch Beauftragte vertreten lassen. Die SdK nimmt dabei ausschließlich die Rechte und Interessen der Kleinaktionäre wahr und vertritt diese in besonderen Fällen auch vor Gericht. Die SdK ist unabhängig und ihre Sprecher sind ausnahmslos ehrenamtlich tätig.

Deutsche Schutzvereinigung für Wertpapierbesitz e.V. (DSW)

Die DSW versucht u. a. Einfluss auf die aktienrelevante Gesetzgebung zu nehmen.

Die DSW ist Mitglied in den Beiräten der Regionalbörsen in Düsseldorf, Berlin, München, Hannover und Stuttgart sowie im Freiverkehrsausschuss der Börse Stuttgart. Außerdem ist die DSW in der Übernahmekommission der BaFin, dem Verbraucherbeirat der BaFin sowie der Börsensachverständigen-Kommission (BSK) in Frankfurt vertreten. Auf europäischer Ebene ist die DSW z. B. in der Financial Services User Group der EU-Kommission vertreten.

Dachverband der Kritischen Aktionärinnen und Aktionäre e.V.

"Die Kritischen Aktionärinnen und Aktionäre fragen nicht zuerst, wie hoch ihre Dividende ausfällt, sondern woher sie stammt." In den Hauptversammlungen zahlreicher deutscher Unternehmen setzen sie sich für die Verankerung von Umweltschutz, Frauenförderung, Produkthaftung und sozialer Gerechtigkeit in den Unternehmenszielen ein. Anteilseigner können die Stimmrechte ihrer Aktien vom Dachverband ausüben lassen.

Inhaberaktien und Depotstimmrecht

Bei Inhaberaktien wissen nur der Aktionär und die Depotbank, wie viele Anteile einer Aktiengesellschaft der Aktionär besitzt.

Die Aktiengesellschaft schickt die Einladungen zu ihren Hauptversammlungen an die Depotbank. Diese leitet die Unterlagen an den Aktionär weiter. Falls der Aktionär einem Vertreter eine Vollmacht erteilt, erfährt davon ebenfalls nur seine Depotbank.

Wenn der Aktionär Stimmrechte von Inhaberaktien übertragen möchte, schicken die Aktionärsvereinigungen ihm dann Vollmachtsvordrucke, mit denen er die jeweilige Aktionärsvereinigung bis auf Widerruf bevollmächtigen kann. Gleichzeitig beauftragt der Aktionär damit seine Depotbank, alle Eintrittskarten, die ihm zustehen, automatisch auf die jeweilige Aktionärsvereinigung auszustellen und an diese zu weiterzuleiten.

Namensaktien und Aktienregister

Aktiengesellschaften können auch Namensaktien ausgeben, z. B. haben Allianz AG, Siemens AG sowie die Deutsche Bank AG Namensaktien emittiert.

Um alle Aktionärsrechte wahrnehmen zu können, müssen sich die Aktionäre bei Namensaktien im Aktienregister der Unternehmung eintragen lassen. Damit kennt das Unternehmen den Namen, die Anschrift, das Geburtsdatum und die Zahl der Aktien ihrer jeweiligen Aktionäre. Die Einladung zur Hauptversammlung erhalten die Aktionäre dann nicht mehr von ihrer Depotbank, sondern direkt von der jeweiligen Aktiengesellschaft. Bei ihr müssen die Aktionäre auch Eintrittskarten bestellen, um eine Hauptversammlung besuchen zu können.

Wenn der Aktionär seine Stimmrechte an eine Bank oder Aktionärsvereinigung übertragen möchte, muss er die speziellen Formulare verwenden, die ihm die Aktiengesellschaft dafür zuschickt. Auf diesen Formularen steht der Name des Aktionärs. Die Unternehmung erfährt also, an wen der Aktionär seine Stimmen weitergibt.

Auf der Rückseite der Vollmacht kann der Aktionär der jeweiligen Aktionärsvereinigung Weisungen erteilen. Die Vollmacht ist jedoch auch ohne Weisungen gültig. Diese Vollmacht muss der Aktionär zu jeder Hauptversammlung erneut erteilen, denn eine Dauervollmacht ist bei Namensaktien nicht möglich.

Stimmrechtsausübung auf virtuellen Hauptversammlungen

Virtuelle Hauptversammlungen (Online-Hauptversammlungen) gewinnen zunehmend an Popularität. Bei der virtuellen Hauptversammlung können die Aktionäre von einem beliebigen Ort aus über das Internet an der Hauptversammlung teilnehmen und ihre Stimmrechte durch Weisung an einen von der AG bestimmten Stimmrechtsvertreter (Proxy Voter) ausüben. Das Abstimmungsverhalten des Proxy Voters richtet sich nach den Weisungen, die er vorab erhalten hat oder in Realtime per Internet von den Aktionären erhält.

Alle Beiträge der Hauptversammlung werden live mittels Audio- und Videostreaming auf der Website in einen geschlossenen Benutzerkreis übertragen. Auf der Website befindet sich ebenfalls das Weisungssystem mit den Buttons „Ja“, „Nein“ und „Enthaltung“.

Kapitalerhöhung

Kapitalerhöhungen auf der Grundlage des Aktiengesetzes		
Arten	**Rechtsgrundlage**	**Kennzeichnung**
Kapitalerhöhung gegen Einlagen: ordentliche Kapitalerhöhung und Genehmigtes Kapital	Die Hauptversammlung beschließt eine konkrete Kapitalerhöhung (ordentliche Kapitalerhöhung) oder sie ermächtigt den Vorstand, das Grundkapital in einem Zeitraum von maximal fünf Jahren bis zu maximal 50 % des bisherigen Grundkapitals zu erhöhen (Genehmigtes Kapital, sog. Vorratsbeschluss).	Die Hauptversammlung kann mit Dreiviertel des anwesenden Kapitals die Erhöhung des Grundkapitals durch Ausgabe neuer Aktien gegen Bezahlung des Ausgabepreises (ordentliche Kapitalerhöhung/Genehmigtes Kapital) beschließen. Mit der Eintragung ihrer Durchführung in das Handelsregister ist das Grundkapital erhöht. Da der Ausgabepreis der neuen Aktien in der Regel niedriger ist als der Börsenkurs der alten Aktien, wird deren Wert nach der Aktienausgabe sinken (Verwässerungseffekt). Der Kursverlust der alten Aktie (Bezugsrechtsabschlag) entspricht dem Wert des Bezugsrechts.
Bedingte Kapitalerhöhung	Die Hauptversammlung beschließt eine konkrete Kapitalerhöhung bzw. sie ermächtigt den Vorstand, das Grundkapital in einem Zeitraum von maximal fünf Jahren bis zu maximal 50 % des bisherigen Grundkapitals zu erhöhen.	Die Hauptversammlung kann mit Dreiviertel des anwesenden Kapitals eine Erhöhung des Grundkapitals beschließen, die nur insoweit durchgeführt werden soll, wie von einem Umtausch- oder Bezugsrecht (Wandelanleihen, Optionsanleihen) Gebrauch gemacht wird, das die Gesellschaft auf die neuen Aktien einräumt. Die bedingte Kapitalerhöhung soll nur zu folgenden Zwecken beschlossen werden: - Gewährung von Umtausch- oder Bezugsrechten an die Gläubiger von Wandel-/Optionsanleihen - Vorbereitung des Zusammenschlusses der Gesellschaft mit anderen Unternehmen - Ausgabe von Belegschaftsaktien Der Nennbetrag des bedingten Kapitals darf 50% des bisherigen Grundkapitals nicht übersteigen.

Kapitalerhöhungen auf der Grundlage des Aktiengesetzes		
Arten	**Rechtsgrundlage**	**Kennzeichnung**
Kapitalerhöhung aus Gesellschaftsmitteln und Aktiensplitt	Die Hauptversammlung beschließt eine konkrete Kapitalerhöhung bzw. sie ermächtigt den Vorstand, das Grundkapital in einem Zeitraum von maximal fünf Jahren bis zu maximal 50 % des bisherigen Grundkapitals zu erhöhen.	Die Hauptversammlung kann mit Dreiviertel des anwesenden Kapitals die Erhöhung des Grundkapitals durch Umwandlung von Kapital- und Gewinnrücklagen in Grundkapital beschließen. Mit der Eintragung des Beschlusses über die Erhöhung des Grundkapitals in das Handelsregister ist das Grundkapital erhöht. Die neuen Aktien (Berichtigungsaktien) gelten als voll eingezahlt. Sie stehen den Aktionären im Verhältnis ihrer Anteile am bisherigen Grundkapital zu. Die Hauptversammlung kann eine Neueinteilung des Grundkapitals durch die Ausgabe neuer Aktien (Aktiensplitt) beschließen. Der auf die einzelne Aktie entfallende anteilige Betrag des Grundkapitals (Nennbetrag) sinkt dadurch. Die neuen Aktien stehen den Aktionären der Gesellschaft entsprechend ihrer bisherigen Beteiligung zu. Ziel von Aktiensplitts ist die Verringerung des Aktienkurses, um die Verkehrsfähigkeit der Aktie zu erhöhen.

5.11 Emissionsgeschäft

Die Emission (Ausgabe) von Wertpapieren umfasst die Ausstellung der Wertpapiere, ihre Unterbringung auf dem Kapitalmarkt und die Einführung in die jeweiligen Märkte (Primärmarkt und Sekundärmarkt) an den Effektenbörsen. Der Zweck der Emission von Wertpapieren ist die Beschaffung von Eigenkapital oder Fremdkapital. Die Emission erfolgt entweder direkt (Selbstemission), z. B. bei eigenen Wertpapieren der Banken) oder durch Vermittlung durch Kreditinstituten (Fremdemission), z. B. bei Wertpapieren von Staaten, internationalen Organisationen oder Unternehmen. Bei der Fremdemission übernimmt in der Regel ein Emissionskonsortium das Emissionsrisiko und die technische Abwicklung der Emission.

Lernsituation

Die Lagerhaus AG geht an die Börse: Im Hinblick auf den geplanten Börsengang beginnt die Lagerhaus AG im Oktober 20.. mit der Vermarktung ihrer Aktien. Das geplante Angebot wird neben einer Kapitalerhöhung mit einem Bruttoemissionserlös von rund 100 Mio. Euro mehrheitlich aus einer Umplatzierung von Aktien aus dem Bestand des Bundeslandes Niedersachsen bestehen. Mit den Erlösen aus dem Börsengang will die Lagerhaus AG die Eigenkapitalbasis für weitere Investitionen in ihre Containerterminals, ihr Hinterlandnetzwerk und ihre Logistikaktivitäten stärken.

Das Management der Lagerhaus AG präsentiert die Eckdaten der Transaktion und die Unternehmensstrategie ab Oktober 20.. deutschen und internationalen Investoren. Im Bookbuilding-Verfahren wird die Preisspanne erst zu einem späteren Zeitpunkt auf der Basis der Resonanz aus Investorengesprächen festgelegt. Die Angebotsfrist, innerhalb welcher Investoren die Aktie zeichnen können, beginnt zeitgleich mit der Veröffentlichung der Preisspanne voraussichtlich frühestens am 26. Oktober 20.. und endet spätestens am 15. November 20... Die Erstnotiz der Aktien im regulierten Markt an der Frankfurter Wertpapierbörse (Prime Standard) sowie im regulierten Markt an der Börse Hamburg/Hannover wird voraussichtlich am ersten Bankarbeitstag nach Ablauf des Angebotszeitraums erfolgen.

Das geplante Angebot wird sich aus einem öffentlichen Angebot in Deutschland, das sich sowohl an Privatanleger als auch an institutionelle Investoren richtet, und internationalen Privatplatzierungen zusammensetzen. Im Rahmen des Angebots sollen neue Aktien aus einer Kapitalerhöhung platziert werden, so dass der Lagerhaus AG ein Bruttoemissionserlös von rund 100 Mio. Euro zufließt. Insgesamt wird ein Streubesitz von rund 30 Prozent angestrebt.

Die Lagerhaus AG bietet ihren Mitarbeitern die Möglichkeit, im Rahmen des Angebots Aktien im Gegenwert von bis zu 2.800,00 Euro mit einem Preisnachlass von 50 % bevorrechtigt zu erwerben.

Die Aktien der Lagerhaus AG sollen unter der ISIN DE000A0S8488 an der Frankfurter Wertpapierbörse sowie an der Börse Hamburg/Hannover gehandelt werden. Gemeinsame Globale Koordinatoren und Joint Bookrunners sind Citi und JPMorgan. Co-Lead Manager und Koordinator der Aktienvermarktung an Privatanleger ist die Commerzbank. Das Bankhaus Lampe begleitet den Börsengang als Selling Agent.

Der Wertpapierprospekt zum Börsengang wurde von der Bundesanstalt für Finanzdienstleistungsaufsicht gebilligt und ist auf der Internetseite der Lagerhaus AG veröffentlicht. Der Prospekt ist sowohl bei der Gesellschaft als auch den Konsortialbanken als gedruckte Version verfügbar.

Unternehmensbeschreibung

Die Lagerhaus AG ist einer der führenden Hafenlogistik-Konzerne in der europäischen Nordrange. Mit ihren Segmenten Container, Intermodal und Logistik ist die Lagerhaus AG vertikal entlang der Transportkette aufgestellt. Effiziente Containerterminals, leistungsstarke Transportsysteme und umfassende Logistikdienstleistungen bilden ein komplettes Netzwerk zwischen Überseehafen und europäischem Hinterland.

Die Lagerhaus AG hat die Wachstumschancen des anhaltend attraktiven Marktumfelds im ersten Halbjahr 20.. genutzt und seinen profitablen Wachstumskurs fortgeführt. So steigerten die Lagerhaus AG Containerterminals ihr Umschlagvolumen gegenüber dem entsprechenden Zeitraum des Vorjahres um 13,6 Prozent auf 3,3 Millionen Standardcontainer (TEU).

Umsatz und Ergebnis der Lagerhaus AG haben sich im 1. Halbjahr 20.. weiter erfreulich entwickelt. Der Konzernumsatz stieg gegenüber dem entsprechenden Vorjahreszeitraum um 15,7 Prozent auf 561,3 Millionen Euro. Das Ergebnis vor Steuern (EBT) erhöhte sich um 64,5 Prozent auf 123,0 Millionen Euro, der Konzernüberschuss nach Steuern um 71,5 Prozent auf 79,3 Millionen Euro.

Aufgaben

a) Aus welchen Gründen hat die Lagerhaus AG 30 Prozent ihres Aktienkapitals über die Börse an private Investoren platziert?

b) Beschreiben Sie das Bookbuilding-Verfahren, mit dem die Aktien an der Frankfurter Wertpapierbörse platziert wurde.

c) Welche Vorteile hat dieses Verfahren im Vergleich zum Festpreisverfahren?

Der Börsengang der Lagerhaus AG wurde von einem Bankenkonsortium begleitet.

d) Was versteht man unter einem Bankenkonsortium?

e) Welche Aufgaben übernimmt das Bankenkonsortium bei der Emission von Wertpapieren?

Insgesamt wurden im Rahmen des Börsengangs 22 Millionen Aktien (inklusive Greenshoe) platziert. Der Streubesitz beträgt nach Ausübung der Mehrzuteilungsoption rund 30 Prozent des Grundkapitals. Die Aktie des Hafenbetreibers gewann am 07.11.2017 knapp 4,6 Prozent auf 67,23 EUR. Damit kommt die Lagerhaus AG auf eine Marktkapitalisierung von fast 4,9 Milliarden EUR.

f) Erklären Sie die Begriffe

- Greenshoe,
- Streubesitz und
- Marktkapitalisierung.

g) Welche Bedeutung hat der Greenshoe im Rahmen des Emissionsverfahrens?

INFO

Bookbuilding-Verfahren

Es handelt sich um ein Preisfindungs- und Zuteilungssystem im Rahmen eines Börsenganges. Die Kapitelgeber werden in die Preisfindung mit einbezogen. Das Bookbuilding gliedert sich in drei Phasen:

- Während des **Pre-Marketings** werden auf der Grundlage einer komplexen Analyse des Unternehmens verschiedene Methoden der Unternehmensbewertung angewandt und einzelne Großinvestoren angesprochen. Dabei wird die Zeichnungsspanne von in der Regel 10 bis 15 Prozent eruiert, wobei sich die Konsortialbanken oftmals die Möglichkeit einer späteren Veränderung der Zeichnungsspanne offen lassen.
- In der anschließenden **Marketingphase** präsentiert sich das Unternehmen auf einer Roadshow, während der Investoren ihre Order im Rahmen der Zeichnungsspanne abgeben. Diese werden in einem elektronischen Buch gesammelt. Der Konsortialführer gewinnt in dieser Zeit Klarheit hinsichtlich des quantitativen und qualitativen Ordervolumens.
- In der **Bookbuildingphase** legt der Konsortialführer in Absprache mit dem Emittenten den Emissionspreis und die Zuteilungskriterien fest.

Das Bookbuilding-Verfahren minimiert das Risiko möglicher Fehleinschätzungen des Emissionspreises. Des Weiteren kann eine langfristig orientierte und ausgewogene Aktionärsstruktur entwickelt werden.

Emissionskonsortium

Das Emissionskonsortium ist als Gesellschaft bürgerlichen Rechts (BGB-Gesellschaft) organisiert. Der Konsortialvertrag regelt insbesondere den Zweck des Emissionskonsortiums, die Zusammensetzung, den Konsortialführer sowie Fragen der Haftung. Außer Übernahme und Unterbringung einer Emission obliegen dem Emissionskonsortium auch die Börseneinführung und die Kurspflege. In der Bundesrepublik Deutschland sind Emissionskonsortien üblich, die sowohl die Wertpapiere vom Emittenten übernehmen als auch die Emission vertreiben. Die Funktionen des Emissionskonsortiums ergeben sich aus dem mit dem Emittenten geschlossenen Emissionsvertrag, der auch die Emissionskosten und den Emissionskurs regelt.

Festpreisverfahren

Beim Festpreisverfahren liegt der Verkaufspreis vor Zeichnungsbeginn fest. Die Anleger werden im Verkaufsprospekt aufgefordert, ihre Zeichnungsangebote unter Angabe eines bestimmten Nennbetrages bzw. einer bestimmten Stückzahl abzugeben. Während der Zeichnungsfrist gilt der im Zeichnungsprospekt veröffentlichte Preis. Ist der Emissionsbetrag gezeichnet, kann die Zeichnung vorzeitig geschlossen werden. Im Rahmen der Konsortialquote entscheidet jede Konsortialbank autonom über die Zuteilung.

Greenshoe

Der Greenshoe ist eine Kaufoption, die dem Emissionskonsortium vom Emittenten im Rahmen eines Börsenganges eingeräumt wird. Über die zu platzierende Anzahl von Aktien hinaus werden dem Emissionskonsortium weitere Anteile (in der Regel 10 bis 15 Prozent des Emissionsvolumens) vom Unternehmen per Option zugeteilt, welche bei hoher Überzeichnung während der Zuteilung den Investoren verkauft werden, oder bis zu 30 Tage nach dem Initial Public Offering (IPO) über die Börse auch in Tranchen verkauft werden können. Nach Ende der Greenshoe-Periode muss das Bankenkonsortium die offene Position schließen. Im Falle der Nichtzuteilung des Greenshoes müssen die Aktien an die Altaktionäre zurückgegeben werden. Bei einer Ausübung des Greenshoes muss der Verkaufserlös abgeführt werden.

Mit dem Greenshoe als Platzierungsreserve wird stabilisierend auf den Kursverlauf eingewirkt, da bei hoher Nachfrage das Angebot erhöht werden kann. Wird der Greenshoe während des Emissionsverfahrens zugeteilt, können die Konsortialbanken in den ersten Börsenwochen auch kursstützend tätig werden, indem sie Aktien, welche im Rahmen des Greenshoes ausgegeben wurden, nun über die Börse zurückkaufen.

Marktkapitalisierung

Die Marktkapitalisierung ist eine Kennziffer, die durch Multiplikation des Börsenkurses einer Aktie mit der Anzahl der ausgegebenen Aktien der Gesellschaft ermittelt wird.

Streubesitz

Beim Streubesitz gibt es verteilte Investoren, die jeweils nur einen relativ geringen Anteil am Grundkapital der betreffenden Aktiengesellschaft haben.

Gründe für einen Börsengang

Unternehmen geben verschiedene Gründe für ihren Börsengang an, dabei sind Mehrfachnennungen möglich:

Wachstum finanzieren	70 %
Akquisitionen	65 %
Eigenkapital stärken	45 %
Mitarbeiterbeteiligung	40 %
Abhängigkeit von Fremdkapital senken	40 %
Bekanntheitsgrad steigern	50 %
Internationalisierung	35 %
Übernahme von Unternehmen	30 %

5.12 Anlageberatung und Aktienanalyse

Anlageberatung ist die Abgabe von persönlichen Empfehlungen an Kunden, die sich auf Geschäfte mit bestimmten Finanzinstrumenten beziehen, sofern die Empfehlung auf eine Prüfung der persönlichen Umstände des Anlegers gestützt oder als für ihn geeignet dargestellt wird (§ 2 Abs. 8 Nr. 9 WpHG). Eine qualifizierte Anlageberatung verursacht einen erheblichen Aufwand. Neben dem Personalaufwand für die Berater sind auch die Kosten des Beraterplatzes zu berücksichtigen. Zudem unterliegt die Anlageberatung im Rahmen von Wertpapiergeschäften besonderen gesetzlichen Vorschriften.

Lernsituation

Frau Verena Brinkmann ist Kundin der Nordbank AG. Frau Brinkmann hatte vor kurzem 50.000,00 EUR Geerbt und bittet Sie als Kundenberater/in der Nordbank AG um einen Beratungstermin. Sie möchte den Betrag längerfristig mit einer akzeptablen Rendite anlegen. Sie sind Kundenberater/in der Nordbank AG und bereiten das Anlagegespräch strukturiert vor.

Aufgaben

a) Beschreiben Sie, wie Sie das Anlagegespräch strukturiert nach den gesetzlichen Vorschriften des Wertpapierhandelsgesetzes vorbereiten.
b) Was versteht man unter dem Begriff „Cross-Selling“?

INFO

Wie das Beratungsgespräch in der Bank ablaufen könnte:

Eine Methode, wie ein Beratungsgespräch ablaufen kann, bietet die KIV-Formel. Die drei Buchstaben KIV stehen für die drei Phasen, in die ein Beratungsgespräch gegliedert sein soll:

- Kontaktphase
- Informationsphase
- Verkaufsphase

Die Kontaktphase

Die Kontaktphase dient dem Einstieg in das Kundengespräch. Es sollte Ihnen in der Kontaktphase gelingen, eine gute Verkaufsatmosphäre aufzubauen. Geben Sie dem Kunden das Gefühl, gut bei Ihnen aufgehoben zu sein. Der erste Eindruck ist wichtig. Die Kontaktphase umfasst zwar nur wenige Sätze, dennoch ermöglicht eine gute Kontaktaufnahme ein wesentlich entspannteres Gesprächsumfeld. Zum Einstieg in das Kundengespräch bietet sich der Smalltalk an. Es ist nicht gut, gleich mit der Tür ins Haus zu fallen und über Geschäfte zu reden. Bereiten Sie den Kunden erst vor, und versuchen Sie eine angenehme Beziehungsebene aufzubauen. Denkbare Gesprächsthemen sind das Wetter, der Parkplatz oder der Weg zur Bank sowie ein freudiger Anlass des Kunden, z.B. Geburt, Hochzeit oder Hobby. Es gibt aber auch Themen, die Sie nicht in der Kontaktphase ansprechen sollten, wie z.B. Fußball-Bundesliga oder Politik. Bei diesen Themen laufen Sie Gefahr, dass Ihr Kunde und Sie unterschiedlicher Meinung sind. Dies kann evtl. den kompletten weiteren Verlauf des Gespräches negativ beeinflussen. Es wird gerne gesehen, wenn Sie dem Kunden eine Tasse Kaffee oder Tee oder ein Mineralwasser anbieten.

Die Informationsphase

In der Informationsphase werden die Kenntnisse und Erfahrungen des Kunden in Bezug auf Geschäfte mit bestimmten Arten von Wertpapieren und Wertpapierdienstleistungen, über seine finanziellen Verhältnisse (Einkommen, Vermögen, Immobilienbesitz, regelmäßige finanzielle Verpflichtungen) einschließlich der Fähigkeit, Verluste zu tragen ermittelt. Außerdem werden Informationen über seine Anlageziele (Zeitraum und Zweck der Anlage) einschließlich der Risikobereitschaft und über seinen Bildungsstand und Beruf eingeholt.

Danach werden die Kundendaten analysiert und geeignete Finanzinstrumente ermittelt. Der Kunde wird dann über alle wesentlichen Aspekte der Geldanlage informiert.

Die Informationsphase ist die wichtigste Phase des Beratungsgesprächs. Die Zeit, in der Sie Informationen vom Kunden einholen und sie ihm Informationen über Wertpapieranlagen vermittelnund sie mit seinen finanziellen Möglichkeiten überprüfen, ist der längste Gesprächsteil. Fragen Sie viel! Sie laufen sonst leicht Gefahr, die eine oder andere wichtige Auskunft vom Kunden nicht einzuholen. Das Einholen der Informationen vom Kunden ist der Kern dieses Gesprächsabschnittes. Fragen Sie Ihren Kunden alles, was irgendwie im Zusammenhang mit seinen Bedürfnissen stehen könnte.

Zu Beginn der Informationsphase weisen Sie den Kunden darauf hin, dass Sie einige Informationen von ihm benötigen, um ihn optimal beraten zu können. Kündigen Sie auch an, dass Sie sich einige Notizen machen, damit Ihr Kunde sich darauf einstellen kann. Ihre Notizen sind von großer Wichtigkeit. Mit ihrer Hilfe können Sie sich leichter merken, was der Kunde Ihnen bereits erzählt hat. Darüber hinaus leisten Sie Ihnen wertvolle Dienste in der späteren Verkaufsphase. Achten Sie darauf, dass Sie Ihre Notizen strukturiert aufzeichnen. Gerade im Anlagegespräch ist dies von großer Bedeutung.

Stellen Sie offene Fragen. Offene Fragen sind solche, die Ihnen eine Menge Informationen bieten, ohne dass Sie viel sagen müssen. Diese sogenannten W-Fragen erkennen Sie sehr leicht an den Fragewörtern „wie“, „wann“ und „was“ am Satzanfang.

Beispiel für eine W-Frage:

Kundenberater/Kunde	Text
Sie:	Wie lange möchten Sie das Geld anlegen, Herr Krause?
Kunde:	Na ja, nächsten Monat fliege ich mit meiner Frau nach Tunesien. Daher möchte ich das Geld nur für einen Monat oder maximal 40 Tage anlegen.

Beispiel ohne W-Frage (Geschlossene Fragen)

Kundenberater/Kunde	Text
Sie:	Möchten Sie das Geld für ein Jahr anlegen?
Kunde:	Nein.
Sie:	Brauchen Sie das Geld früher?
Kunde:	Ja.
Sie:	Wann benötigen Sie denn das Geld wieder?
Kunde:	In spätesten 40 Tagen, denn dann ...

Mit den W-Fragen erhalten Sie mehr Informationen vom Kunden in kürzerer Zeit.

Fragenkatalog Geldanlage:

- Welchen Betrag möchten Sie anlegen?
- Wie lange soll das Geld angelegt werden?
- Für welchen Zweck sparen Sie das Geld?
- Welche Anlagen haben Sie oder hatten Sie bereits?
- Wann wird Ihr anderer Vertrag fällig?
- Welche konkreten Vorstellungen haben Sie bezüglich Ihrer Geldanlage?
- Was haben Sie für Ihre private Altersvorsorge schon getan?
- Wo und wie haben Sie Ihre vermögenswirksamen Leistungen angelegt?
- Wie hoch ist Ihr zu versteuerndes Jahreseinkommen?
- Wie viel Rente möchten Sie später einmal bekommen?
- Wie hoch ist Ihr Freistellungsauftrag?
- Bei welchen Banken haben Sie noch Konten?
- Wie haben Sie Ihre Kinder abgesichert?
- Wann werden die Gelder voraussichtlich eingehen?

Besonders wichtig ist in einer Anlageberatung die Frage nach dem Risiko. Das Risiko lässt sich nur schwierig mit W-Fragen abklopfen, da auch kaum Spielraum bei der Beantwortung der Frage bleibt.

Beispiel für eine unnötige W-Frage:	
Kundenberater/Kunde	Text
Sie:	Wie haben Sie sich das Risiko Ihrer Geldanlage vorgestellt?
Kunde:	Wie, welches Risiko? Sie haben doch gar nichts vom Risiko gesagt.

Mit dieser W-Frage haben Sie keine passenden Informationen vom Kunden erhalten. Sie müssen wissen, dass nicht alle Kunden einen derart großen Sachverstand haben wie Sie selbst. Wenn Sie also lediglich eine Entscheidung des Kunden herbeiführen möchten, dann stellen Sie eine Frage, die Ihr Kunde nur mit „Ja“ oder „Nein“ beantwortet.

Beispiel für eine Entscheidungsfrage	
Kundenberater/Kunde	Text
Sie:	Wären Sie bereit, ein gewisses Risiko einzugehen, um eine höhere Rendite zu erzielen?
Kunde:	Ja. / Nein.

Wenn Sie nur eine Entscheidung des Kunden herbeiführen wollen, dann stellen Sie eine Entscheidungsfrage.

Weitere Beispiele für Entscheidungsfragen:

- Wäre das etwas für Sie?
- Sind Sie damit einverstanden?
- Habe ich das soweit richtig notiert?
- Möchten Sie eine Tasse Kaffee?
- Ist Ihnen das zu teuer?
- Ist das nicht ein günstiges Angebot?

Besonders wichtig sind diese Entscheidungsfragen auch dann, wenn es darum geht, genaue Produktmodalitäten einzubeziehen oder Kosten abzuklären.

Sie werden in den Fällen, bei denen Ihr Kunde zwischen verschiedenen Anlage- oder Produktformen wählen kann, oft erklären müssen, wo die besonderen Vor- und Nachteile des jeweiligen Produktes liegen.

Beispiele:

- Investmentsparen oder Direktanlage
- Rentenfonds oder Aktienfonds
- Bundesanleihe oder Bundesobligation

Zusammenfassung:

Holen Sie von Ihrem Kunden zunächst alle Informationen mit Hilfe der W-Fragen ein. Hat der Kunde bei verschiedenen Fragen Verständnisprobleme, so erklären Sie ihm die einzelnen Produktmodalitäten oder Möglichkeiten. Stellen Sie ihm im Anschluss eine Entscheidungsfrage, welches Produkt oder welche Möglichkeit Ihrem Kunden am besten gefällt.

Verkaufsphase und Vertragsabschluss

Die Verkaufsphase schließt das Gespräch ab. In diesem Gesprächsabschnitt schlagen Sie dem Kunden ein für ihn passendes Produkt vor. Wenn Sie alle relevanten Informationen eingeholt haben, wird Ihr Kunde in aller Regel mit Ihrem Vorschlag einverstanden sein. Tragen Sie gedanklich alle Informationen des Kunden zusammen und wägen Sie sorgfältig ab, welches Produkt in Frage kommt. Anschließend wiederholen Sie noch einmal die wichtigsten Kundenbedürfnisse und präsentieren Ihren Produktvorschlag.

Beispiel für eine Verkaufsphase:	
Kundenberater/Kunde	Test
Sie:	Ich wiederhole noch einmal kurz, was ich mir notiert habe. Herr Krause, Sie möchten 5.000 EUR sicher für ein Jahr anlegen. Sie möchten keine weiteren Beträge mehr einzahlen und auch keine vorzeitigen Verfügungen vornehmen. Habe ich das soweit richtig notiert, Herr Krause?
Kunde:	Ja, das ist korrekt.
Sie:	Dann habe ich genau das richtige für Sie. Bei dieser Geldanlage bekommen Sie einen festen Zinssatz für die gesamte Laufzeit von 4,25%. Die Anlage ist völlig risikolos. Das sind über 200 EUR Zinsen im Jahr. Damit haben Sie schon den halben Mallorca-Urlaub im Sommer bezahlt. Die Anlageform heißt .... Wäre das das Richtige für Sie?
Kunde:	Ja, genau so habe ich mir meine Geldanlage vorgestellt.

Sie sollten in der Verkaufsphase in der beschriebenen Art vorgehen. Vergewissern Sie sich zuerst, ob Sie alle Kundenbedürfnisse richtig verstanden haben. Wenn ein Punkt von Ihnen anders verstanden wurde, als der Kunde es eigentlich wollte, dann kehren Sie in die Informationsphase zurück. Es ist nichts peinlicher, als dem Kunden einen Vorschlag zu unterbreiten, den er nicht akzeptieren will.

Haben Sie die Bedürfnisse Ihres Kunden nicht richtig wiedergegeben, wird er Ihre Frage „Habe ich das soweit richtig notiert?" verneinen. Nachdem Sie wissen, dass Sie alles richtig verstanden haben, können Sie Ihren Kunden einen geeigneten Produktvorschlag machen. Zeigen Sie die wichtigsten Merkmale des Produktes noch einmal kurz auf. Fragen Sie anschließend, ob Ihr Gesprächspartner damit einverstanden ist.

Die geführten Beratungsgespräche müssen aufgezeichnet und für mindestens fünf Jahre gespeichert werden. Der Kunde ist über die Aufzeichnung des Gespräches zu informieren. Wenn der Kunde der Aufzeichnung widerspricht, darf die Bank keine Wertpapierdienstleistungen erbringen. Der Anlageberater hat nun die Aufgabe, diejenigen Finanzinstrumente zu ermitteln, die in optimaler Weise zur Befriedigung der Bedürfnisse der Kunden geeignet sind. Bei der Ermittlung geeigneter Finanzinstrumente sind die persönlichen Umstände des Kunden von ausschlaggebender Bedeutung.

Cross-Selling

Mit „Cross-Selling" ist gemeint, nach dem eigentlichen Produktabschluss noch einen Zusatzverkauf zu erreichen. In Ihrer Informationsphase ist es Ihnen in aller Regel gelungen, jede Menge Informationen zu erhalten. Dabei erzählt der Kunde oft etwas, das Ihnen einen zusätzlichen Verkauf ermöglicht. Nutzen Sie diese Informationen, um Ihrem Kunden einen geeigneten Vorschlag machen zu können. Beachten Sie unbedingt, dass Sie einen kundenorientierten Ansatz brauchen.

Nachdem Sie mit Ihrem Kunden in der Verkaufsphase einen Vertrag abgeschlossen haben, tragen Sie anschließend den Cross-Selling-Ansatz vor.

Ausschnitt aus einer möglichen Info-Phase:	
Kundenberater/Kunde	Text
Sie:	… Zu welchem Zweck möchten Sie das Geld anlegen, Herr Krause?
Kunde:	Na ja, ich möchte mir mit meiner Frau ein kleines Häuschen kaufen. Daher wollen wir das Geld auf keinen Fall verschleudern …

Ausschnitt aus der Verkaufsphase:	
Kundenberater/Kunde	Text
Sie:	… Wäre das etwas für Sie?
Kunde:	Ja, genauso habe ich mir meine Geldanlage vorgestellt.
Sie:	Fein. Dann unterschreiben Sie bitte hier …
Sie:	Sie sagten vorhin, dass Sie sich mit Ihrer Frau ein kleines Häuschen kaufen möchten. Darf ich Ihnen hierzu noch eine Frage stellen?
Kunde:	Ja, gerne, wenn mich das meinem Ziel näher bringen kann.

Sie haben damit das Gespräch wieder in die Informationsphase gelenkt. In diesem Fall stellen Sie Ihrem Kunden noch einige weitere Fragen. Je nachdem, welche Antworten er Ihnen dabei gibt, haben Sie evtl. die Chance, dem Kunden wegen seines Eigenheimplanes einen Bausparvertrag anzubieten.

Beispiel eines Anlagegesprächs mit einer Anlageempfehlung in fünf Schritten.

Beratungsdauer: 1,5 bis zwei Stunden

1. Umfassender Überblick: Der Anlageberater verschafft sich gemeinsam mit seinem Kunden einen Überblick über seine Pläne und seine persönliche und finanzielle Lebenssituation.
2. Richtige Anlageform: Der Berater erklärt, welche Anlageformen für seine Geldanlage in Frage kommen, Spareinlage oder Wertpapiere und die richtige Mischung von beiden Anlagearten.
3. Passendes Depotmodell: Der Berater findet gemeinsam mit dem Kunden bei Wertpapieranlagen das richtige Depotmodell, je nachdem ob der Kunde eigenständig investieren oder sein Geld von Experten verwalten lassen möchte.
4. Persönliche Risikoneigung: Der Berater ermittelt gemeinsam mit dem Kunden, welches Verhältnis von Chancen und Risiken für seine persönliche Situation die richtige ist.
5. Individuelle Anlageempfehlung: Der Kunde erhält eine individuell passende Anlageempfehlung.

Verzicht auf die Beratung des Kunden

Direktbanken bieten ihre Leistungen ohne jede Beratungsleistung an. Der Kunde kann die Bankgeschäfte zu günstigen Konditionen tätigen. Auch Filialbanken bieten ihren Kunden Onlinebanking bei Verzicht auf eine Anlageberatung zu verminderten Kosten an. Dies setzt voraus, dass der Kunde seine Anlageentscheidung entsprechend seinen finanziellen Verhältnissen in eigener Verantwortung trifft. Die Kreditinstitute sind aber trotzdem gehalten, von den Kunden Angaben über ihre Erfahrungen im Wertpapiergeschäft und ihre Anlageziele zu erfragen. Aufgrund dieser Angaben wird der Kunde einer Wertpapier-Risikoklasse zugeteilt, d. h., ohne eine Beratung kann er nur Wertpapiere dieser Risikoklasse kaufen (§ 64 ff. WpHG). Zusätzlich lassen die Banken von dem Kunden eine Bestätigung unterschreiben, dass die Aufträge ohne Beratungsleistung erfolgten, der Kunde keine Haftungsansprüche wegen einer fehlenden Beratung geltend machen kann und der Kunde alle Vermögensverluste der Anlage selbst zu tragen hat.

5.12.1 Fundamentalanalyse

Aktienanalysen sind ein Versuch, Daten für die Prognose der künftigen Kursentwicklung zu gewinnen.

Man unterscheidet Fundamentalanalyse und technische Analyse.

Die Fundamentalanalyse versucht den „inneren Wert" einer Aktie zu bestimmen.

Lernsituation

Herr Walter Bühl (45 Jahre alt) ist Depotkunde der Nordbank AG. Frau Susanne Pohl ist Kundenberaterin der Nordbank AG. Herr Bühl unterhält ein Depot mit einem Gesamtwert von ca. 40.000,00 EUR mit festverzinslichen Wertpapieren, Bundesanleihen, Bundesobligationen und Investmentanteilen an einem Rentenfonds bei der Nordbank AG. Herr Bühl kommt heute zur Beratung zu Frau Pohl, da er einen Betrag von ca. 16.000,00 EUR in Aktien anlegen will. Weder Frau Pohl noch einer ihrer Kollegen haben in der Vergangenheit Herrn Bühl über eine Direktanlage in Aktien beraten.

Aufgaben

a) Nennen Sie drei Tätigkeiten, zu denen Frau Pohl als Beraterin der Nordbank AG im Rahmen dieser Beratung gemäß Wertpapierhandelsgesetz (WpHG) verpflichtet ist.

b) Nennen und erklären Sie Herrn Bühl drei Motive für eine Direktanlage in Aktien.

c) Die Anlage in Aktien ist mit Risiken verbunden. Erklären Sie Herrn Bühl drei Möglichkeiten, wie er seine Risiken bei einer Anlage in Aktien begrenzen kann.

Herr Bühl hat zwei Kaufempfehlungen von Freunden erhalten. Er möchte evtl. in diese beiden Aktien investieren. Folgende Angaben liegen Ihnen vor:

Touristik AG:

Reisebranche; Streubesitz: 78%; Wochenumsatz: 19.600

Aktueller Kurs	Jahreshöchstkurs	Tief	Veränd. Aktie	Veränd. Branche	Dividende 2015	Dividende 2016	Dividende 2017	Div.Rendite	KGV	Volatilität
4,96 EUR	6,25 EUR	4,55 EUR	-1,59%	18,43%	0,15 EUR	0,12 EUR	0,15 EUR	3,0%	9,0	11,20

Energie-Aktie:

Branche: Windenergie; Streubesitz: 35,46%; Wochenumsatz: 428.886

Aktueller Kurs	Jahreshöchstkurs	Tief	Veränd. Aktie	Veränd. Branche	Dividende 2015	Dividende 2016	Dividende 2017	Div.Rendite	KGV	Volatilität
4,15 EUR	17,50 EUR	4,05 EUR	64,07%	26,41%	0,08 EUR	0,08 EUR	0,08 EUR	1,9%	5,9	67,42

d) Erklären Sie die Dividendenrendite und ihre Aussagekraft für seine Anlageentscheidung.

e) Erklären Sie das Kurs-Gewinn-Verhältnis und seine Aussagekraft für seine Anlageentscheidung.

INFO

Die Anlageberatung unterliegt den strengen gesetzlichen Regelungen des Wertpapierhandelsgesetzes. Die Anlageberater der Kreditinstitute und anderer Wertpapierdienstleistungsunternehmen müssen Wertpapierdienstleistungen mit der erforderlichen Sachkenntnis, Sorgfalt und Gewissenhaftigkeit im Interesse ihrer Kunden erbringen. Sie müssen sich um die Vermeidung von Interessenkonflikten bemühen und dafür sorgen, dass bei unvermeidbaren Interessenkonflikten das Kundeninteresse Vorrang vor den Eigeninteressen hat. Kreditinstitute müssen von ihren Kunden Angaben verlangen über ihre Erfahrungen oder Kenntnisse mit Wertpapieren. Anlageberater müssen zudem ihre Wertpapierkunden nach ihren mit den Wertpapiergeschäften verfolgten Zielen und ihren finanziellen Verhältnissen befragen. Außerdem müssen die Anlageberater ihren Kunden alle produktspezifischen Risikoinformationen geben, soweit dies zur Wahrung der Interessen des Kunden und seiner Zielsetzung erforderlich ist. Kreditinstitute geben ihren Kunden regelmäßig Basisinformationen über Vermögensanlagen in festverzinsliche Wertpapiere, Investmentfonds, Aktien, Genussscheinen und Zertifikaten, Optionsscheinen und über Termingeschäfte.

Kreditinstitute erstellen für die Kundenberatung spezielle Kundenprofile. Wichtige Angaben für das Kundenprofil sind:

- Kenntnisse und Erfahrungen in den jeweiligen Wertpapierarten,
- Anlageziele des Kunden, z.B. kurzfristige oder langfristige Anlagen, Anlagen für die Altersvorsorge oder Anlagen für die spätere Ausbildung der Kinder,
- finanzielle Verhältnisse: Einkommens- und Vermögensverhältnisse, Besteuerung der Anlagen, Liquidität der Anlagen.

Über jede Anlageberatung ist nach § 34 WpHG ein schriftliches Beratungsprotokoll und eine Geeignetheitserklärung anzufertigen und vom Berater zu unterzeichnen. Dem Kunden ist vor einem Geschäftsabschluss das Protokoll und die Geeignetheitserklärung auszuhändigen bzw. zuzusenden. Sollten sich die Informationen im Beratungsprotokoll als unrichtig erweisen, kann der Kunde innerhalb einer Woche nach Zugang des Protokolls vom Vertrag zurücktreten. Der Kunde muss über das Rücktrittsrecht informiert werden.

Das Protokoll muss enthalten:

- vollständige Angaben
- Anlass und die Dauer des Beratungsgesprächs
- die der Beratung zugrunde liegenden Informationen über die persönliche und wirtschaftliche Situation des Kunden, seine Anlageziele und Kenntnisse sowie Erfahrungen
- die Finanzinstrumente und Wertpapierdienstleistungen, die Gegenstand der Anlageberatung sind
- die vom Kunden geäußerten wesentlichen Anliegen und deren Gewichtung
- die erteilten Empfehlungen und die für diese Empfehlungen maßgeblichen Gründe

Beraterpflichten

Wenn eine Bank ihren Kunden Anlageempfehlungen geben will, muss sie ihren Kunden und Anlageberatern aktuelle Informationen über das Anlageobjekt verschaffen. Dazu gehört die Auswertung der Wirtschaftspresse, z. B.

„Börsen-Zeitung“, „Financial Times Deutschland“, „Handelsblatt“ und „Frankfurter Allgemeine Zeitung“. Nicht erforderlich ist hingegen nach Auffassung des Bundesgerichtshofes die Auswertung sämtlicher Brancheninformationsdienste.

Um das Anlegerrisiko nicht vollständig auf den Anlageberater zu verlagern, kann die Bank selbst entscheiden, welche Auswahl sie trifft, solange sie nur über ausreichende Informationsquellen verfügt. Wenn die Bank aber negative Berichte von Brancheninformationsdiensten kennt, dann muss der Bericht bei der Prüfung des Anlageobjekts berücksichtigt werden.

Kritischer Sachverstand

Werden dem Kunden infolge einer Kapitalerhöhung einer Aktiengesellschaft z.B. neue Aktien zum Bezug angeboten, ist die Bank aufgrund des mit dem Kunden bestehenden Beratungsvertrags nicht nur zu einer Plausibilitätsprüfung des Emissionsprospekts verpflichtet, sondern zu einer eigenen Prüfung mit „banküblichem kritischem Sachverstand“. Hat die Bank das Produkt in ihr Anlageprogramm aufgenommen, so kann der Kunde davon ausgehen, dass die Bank es für „gut“ befunden hat. Bei einer positiven Prüfung muss der Anlageberater den Anlageinteressenten auf alle bei ordnungsgemäßer banküblicher Überprüfung erkennbaren Risiken der Anlage hinweisen.

Grenzen der Haftung

Für eine mögliche Haftung der Bank kommen zwei Bedingungen in Frage:

- Bei Prüfung eines Anlageprodukts war ein Risiko erkennbar, über das der Anleger hätte aufgeklärt werden müssen,
- oder die Anlageempfehlung war nicht anleger- und objektgerecht.

Fundamentalanalyse

Die Fundamentalanalyse bedient sich der „Top-Down-Analyse", die sich in drei Schritten vollzieht:

1. Globalanalyse Analyse der gesamtwirtschaftlichen Entwicklung und Prognose der Entwicklung des Kapitalmarkts allgemein	Grundlage der Analyse: Allgemeine nationale/internationale Wirtschaftsdaten, z.B. Konjunkturverlauf, Zinsen, Wechselkurse, Geldmenge, Preise
2. Branchenanalyse Analyse der branchenspezifischen Entwicklung	Grundlage der Analyse: Nationale/internationale Faktoren, z.B. Auftragseingänge, Branchenklima, Lagerbestände, Gewinnentwicklung
3. Unternehmensanalyse Analyse der unternehmensspezifischen Entwicklung (Schwerpunkt der Analyse)	Quantitative Analyse (z.B.): - Jahresabschluss - Presseberichte - Unternehmensinformationen - Kennziffern u.a.: $\text{Dividendenrente} = \frac{\text{Bardividende je Aktie} \times 100}{\text{Kurs einer Aktie}}$ $\text{Kurs} - \text{Gewinn} - \text{Verhältnis} = \frac{\text{Kurs einer Aktie}}{\text{geschätzter Gewinn je Aktie}}$ $\text{Kurs} - \text{Cash} - \text{Flow} - \text{Verhältnis} = \frac{\text{Kurs einer Aktie}}{\text{Cash} - \text{Flow je Aktie}}$ Qualitative Analyse (z.B.): - Beurteilung des Managements - Wettbewerbsposition

Liegt der berechnete innere Wert einer Aktie unter (über) ihrem Börsenkurs, so gilt die Aktie als unterbewertet (überbewertet) und es wird eine Kaufempfehlung (Verkaufsempfehlung) ausgesprochen.

Anlageberatung

Vor Beginn der Beratung und vor Abschluss des Beratungsvertrages ist der Kunde in verständlicher Form darüber zu informieren, ob die Anlageberatung als unabhängige Honorar-Anlageberatung erbracht wird oder nicht.

Vergütungssysteme:	Provisionsbasierte Anlageberatung: Dem Kunden wird die Beratungsleistung nicht ausdrücklich in Rechnung gestellt, sondern bei einem Geschäftsabschluss fällt eine Provision an. Honorar-Anlageberatung: Bei einer unabhängigen Honorar-Anlageberatung erhält die Bank ausschließlich eine Vergütung vom Kunden, deren Höhe zumeist von der Dauer und Komplexität der Anlageberatung abhängig ist. Der Berater muss seinen Empfehlungen eine nach Art und Anbieter hinreichend gestreute Anzahl von Finanzprodukten zugrunde legen, die nicht auf verbundene Unternehmen beschränkt sein dürfen.
Sachkundennachweis für Anlageberater/-innen:	Anlageberater/-innen müssen die für eine qualifizierte Beratung erforderliche Sachkunde besitzen. Dazu gehören Kenntnisse in den Bereichen Kundenberatung, Rechtsgrundlagen, Fachkenntnisse.
Kundengruppen:	- Privatkunden: Zu einem Vermögensaufbau werden dem Kunden in erster Linie standardisierte Produkte in den Geschäftsstellen der Bank angeboten. Die Produkte sind auf die Bedürfnisse der unterschiedlichen Kundengruppen zugeschnitten und so gestaltet, dass sie dem Kunden ohne aufwendigen Beratungsbedarf erläutert werden können. - Vermögende Privatkunden: Kriterien für die Zuordnung zu dieser Kundengruppe sind das Jahreseinkommen und das Vermögen der Kunden. Die Kunden werden aktiv von besonderen Beratern in speziellen Beratungszentren betreut und beraten. - Firmenkunden: Bei dieser Kundengruppe werden komplexe Finanzierungsfragen, z. B. Zahlungsverkehrsleistungen, Unternehmensbeteiligungen und –übernahmen, Kreditgewährungen, Devisengeschäfte und –absicherungen, Anlagemöglichkeiten gelöst.
Verhaltensregeln nach dem Wertpapierhandelsgesetz: (WpHG)	Das WpHG unterscheidet professionelle Kunden und Privatkunden. Professionelle Kunden sind Kunden, die über ausreichende Erfahrungen, Kenntnisse und Sachverstand verfügen, um ihre Anlageentscheidungen zu treffen und die damit verbundenen Risiken angemessen beurteilen zu können. Die Informations- und Aufklärungspflichten gegenüber diesen Kunden sind gering. Privatkunden sind vor dem Abschluss von Finanzdienstleistungsgeschäften umfangreich über die Art des Geschäftes und die damit verbundenen Risiken aufzuklären.

	Allgemeine Regel: Ein Wertpapierdienstleistungsunternehmen muss alle Leistungen ehrlich, redlich und professionell im bestmöglichen Interesse seiner Kunden erbringen. Außerdem muss das Unternehmen angemessene organisatorische Maßnahmen treffen, um Interessenskonflikte zu vermeiden. Über trotzdem bestehende Interessenskonflikte ist der Kunde vor einem Geschäftsabschluss zu informieren. Das Unternehmen darf keine Anreize für Mitarbeiter schaffen, nicht im bestmöglichen Interesse ihrer Kunden zu handeln. Insbesondere dürfen Mitarbeiter nicht durch Vergütungsvereinbarungen oder Verkaufsziele Anreize erhalten, einem Privatkunden bestimmte Produkte zu empfehlen, obwohl ein anderes Finanzinstrument eigentlich geeigneter für ihn ist. Das Unternehmen muss Finanzinstrumente so ausgestalten, dass sie den Bedürfnissen eines bestimmten Zielmarktes entsprechen. Das WpHG verbietet, anderen unter Ausnutzung ihrer Unerfahrenheit zu Börsenspekulationsgeschäften zu verleiten. Das sind insbesondere Termin- und Optionsgeschäfte, die darauf gerichtet sind, aus dem Unterschied zwischen dem für die Lieferzeit festgelegten Preis und dem zur Lieferzeit vorhandenen Börsen- oder Marktpreis einen Gewinn zu erzielen.
Bearbeitung von Kundenaufträgen:	Ein Wertpapierdienstleister muss geeignete Vorkehrungen treffen, um - Kundenaufträge unverzüglich auszuführen, - Vergleichbare Kundenaufträge nach der Reihenfolge ihres Eingangs auszuführen.
Aufzeichnungs- und Aufbewahrungspflicht:	Ein Wertpapierdienstleister muss Aufzeichnungen erstellen über die von ihm erbrachten Wertpapierdienstleistungen sowie die von ihm getätigten Geschäften und über Vereinbarungen mit Kunden, die die Rechte und Pflichten der Vertragsparteien festlegen. Die Aufzeichnungen sind mindestens fünf Jahre ab dem Zeitpunkt der Erteilung aufzubewahren.
Anlageberatung:	Anlageberatung ist die Abgabe von persönlichen Empfehlungen an Kunden, die sich auf Geschäfte mit bestimmten Finanzinstrumenten beziehen, sofern die Empfehlung auf eine Prüfung der persönlichen Umstände des Anlegers gestützt oder als für ihn geeignet dargestellt wird. Vor einer Anlageberatung ist der Kunde darüber zu informieren, - ob die Anlageberatung als unabhängige Honorar-Anlageberatung erbracht wird oder nicht. Kreditinstitute erbringen die Anlageberatung i. d. R. nicht als unabhängige Honorar-Anlageberatung. Sie stellen dem Kunden kein zeitabhängiges Honorar für die Anlageberatung in Rechnung, sondern berechnen Provisionen und erhalten oft Zuwendungen von Vertriebspartnern. - ob sich die Anlageberatung auf eine umfangreiche Analyse

	verschiedener Finanzinstrumente von mehreren Emittenten stützt oder auf eine eher beschränkte Auswahl bezieht. - ob der Wertpapierdienstleister dem Kunden regelmäßig eine Beurteilung der Geeignetheit der empfohlenen Finanzinstrumente zur Verfügung stellt.
Ablauf einer Anlageberatung:	Eine Anlageberatung vollzieht sich in folgenden Stufen: - Einholung der erforderlichen Kundeninformationen - Analyse der Kundendaten und Ermittlung geeigneter Finanzinstrumente - Information des Kunden über alle wesentlichen Aspekte der Geldanlage - Vertragsabschluss Die geführten Beratungsgespräche müssen aufgezeichnet und für mindestens fünf Jahre gespeichert werden. Der Kunde ist vorab über die Aufzeichnung des Gesprächs zu informieren. Wenn der Kunde der Aufzeichnung widerspricht, darf die Bank keine Wertpapierdienstleistungen erbringen.
Schadensersatz bei Falschberatung:	Bei einer fehlerhaften Beratung hat der Kunde einen Anspruch auf Schadensersatz. Im Streitfall ist die Geeignetheitserklärung ein wichtiges Beweismittel und sollte deshalb sorgfältig ausgefüllt werden. Es ist üblich, dass der Berater am Schluss der Beratung noch einmal mit dem Kunden die Geeignetheitserklärung durchgeht und sich die Richtigkeit der Dokumentation vom Kunden unterzeichnen lässt. Schadensersatzansprüche verjähren nach drei Jahren.

Typische Fehler von Anlegern

Sie streuen zu wenig oder falsch und handeln zu häufig.

Auszug aus einem Beitrag der FAZ vom 18.01.2019

Anleger verhalten sich nicht immer völlig rational, sondern legen häufig Verhaltensweisen an den Tag, die sich zum Nachteil des Ertrags ihrer Kapitalanlagen entwickeln. Zu diesem Ergebnis gelangt die Deutsche Bundesbank in einem Aufsatz in ihrem jüngsten Monatsbericht.

Der erste typische Fehler besteht in einer zu geringen Streuung von Kapitalanlagen. So haben Befragungen ergeben, dass in Deutschland jeder fünfte private Haushalt nur ein Finanzprodukt besitzt. 46 % der Haushalte besitzen zwei bis drei verschiedene Finanzprodukte – darunter üblicherweise Sparbücher, Lebensversicherungen und Bausparverträge. Eine breitere Streuung der Kapitalanlage zum Beispiel durch den Kauf von Aktien unterbleibt häufig.

Dagegen unterläuft Anlegern, die ihre Anlagen breiter streuen, ein anderer typischer Fehler, den Fachleute als „naive Diversifikation" bezeichnen. Damit wird eine Vermögensstreuung bezeichnet, die keinem erkennbaren rationalen Kalkül folgt, sondern zum Beispiel irgendwelchen „Daumenregeln". Zur naiven Diversifikation zählt auch die Neigung von Privatanlegern, einen übergroßen Teil ihres Vermögens in ihrem Heimatland anzulegen, obgleich diese Neigung seit der Liberalisierung der Kapitalmärkte und der Einführung des Euro deutlich nachgelassen hat.

Ein weiterer typischer Fehler mancher Anleger besteht in der Neigung, zu häufig an der Börse zu handeln. Untersuchungen belegen, dass diese Strategie in vielen Fällen nicht erfolgreich ist, weil den Kosten des Handelns kein entsprechender zusätzlicher Ertrag gegenübersteht. Verantwortlich für diese Handlungsweise ist vor allem eine Selbstüberschätzung der Anleger.

Schließlich gibt es den sogenannten Dispositionseffekt. Damit wird die Neigung vieler Anleger bezeichnet, Kursgewinne früh zu realisieren, Kursverluste aber in der Hoffnung auf bessere Zeiten länger auszusitzen. Ein solches Verhalten lässt sich vor allem bei Aktien, aber auch bei Fonds beobachten.

Anlageberatung nach dem Wertpapierhandelsgesetz	
Definition	Nach § 2 WpHG ist die Anlageberatung die Abgabe von persönlichen Empfehlungen an Kunden, die sich auf Geschäfte mit bestimmten Finanzinstrumenten beziehen, sofern die Empfehlung auf eine Prüfung der persönlichen Umstände des Anlegers gestützt oder als für ihn geeignet dargestellt wird.
Kundengruppen	- Professionelle Kunden verfügen über ausreichende Erfahrungen und Kenntnisse sowie Sachverstand um ihre Anlageentscheidung zu treffen und Risiken einzuschätzen. - Privatkunden (nicht professionelle Kunden): Aufklärung dieser Kunden vor Abschluss von Finanzgeschäften über Art und Risiken des Finanzgeschäfts.
Prüfung der persönlichen Situation des Kunden	- allgemeine Informationen (Beruf, Bildungsstand) - finanzielle Verhältnisse (Vermögen, Einkommen, Belastungen) - Kenntnisse und Erfahrungen (Selbsteinschätzung der Kenntnisse; Dauer, Anzahl sowie Volumen der bisher getätigten Geschäfte) - Anlageziele (Anlagezweck, Anlagedauer, sowie Rentabilität, Liquidität und Risikobereitschaft) Prüfung, ob das Finanzprodukt, das vom Berater empfohlen wird, zum Kunden passt: Das Anlageprodukt ist geeignet, wenn - es den Zielen des Anlegers entspricht, - die Anlagerisiken für den Anleger finanziell tragbar sind und - der Anleger das Anlageprodukt verstanden hat.
Risikoklassen	Konservativ (ertragsorientiert): - niedriges Risiko der Anlagen - Substanzerhaltung - Renditeerwartung auf Kapitalmarktzinsniveau - Anlagebeispiele: Kurzfristige Anlagen, z. B. Geldmarktfonds und festverzinsliche Wertpapiere

	Risikobewusst (wachstumsorientiert): - mittleres Risiko der Anlagen - Verlustrisiken werden begrenzt übernommen. - Renditeerwartung über dem Kapitalmarktzinsniveau - Anlagebeispiele: festverzinsliche Wertpapiere, Blue Chips (z. B. DAX-Aktien), Investmentfonds Spekulativ (chancenorientiert): - hohes Risiko der Anlagen - Verluste werden in Kauf genommen. - hohe Renditeerwartungen durch Kursgewinne - Anlagebeispiele: Auslandsaktien, Optionen, Futures
Beraterpflichten	Wenn eine Bank ihren Kunden Anlageempfehlungen geben will, muss sie ihren Kunden und Anlageberatern aktuelle Informationen über das Anlageobjekt verschaffen. Dazu gehört die Auswertung der Wirtschaftspresse, z. B. „Börsen-Zeitung", „Financial Times Deutschland", „Handelsblatt" und „Frankfurter Allgemeine Zeitung". Nicht erforderlich ist hingegen nach Auffassung des Bundesgerichtshofes die Auswertung sämtlicher Brancheninformationsdienste. Um das Anlegerrisiko nicht vollständig auf den Anlageberater zu verlagern, kann die Bank selbst entscheiden, welche Auswahl sie trifft, solange sie nur über ausreichende Informationsquellen verfügt. Wenn die Bank aber negative Berichte von Brancheninformationsdiensten kennt, dann muss der Bericht bei der Prüfung des Anlageobjekts berücksichtigt werden.
Prüfungspflichten und kritischer Sachverstand	Werden dem Kunden infolge einer Kapitalerhöhung einer Aktiengesellschaft z. B. neue Aktien zum Bezug angeboten, ist die Bank aufgrund des mit dem Kunden bestehenden Beratungsvertrags nicht nur zu einer Plausibilitätsprüfung des Emissionsprospekts verpflichtet, sondern zu einer eigenen Prüfung mit „banküblichem kritischem Sachverstand". Hat die Bank das Produkt in ihr Anlageprogramm aufgenommen, so kann der Kunde davon ausgehen, dass die Bank es für „gut" befunden hat. Bei einer positiven Prüfung muss der Anlageberater den Anlageinteressenten auf alle bei ordnungsgemäßer banküblicher Überprüfung erkennbaren Risiken der Anlage hinweisen.
Beratungsprotokoll	Über jede Anlageberatung ist nach § 34 WpHG ein schriftliches Beratungsprotokoll anzufertigen und vom Berater zu unterzeichnen. Dem Kunden ist vor einem Geschäftsabschluss das Protokoll auszuhändigen bzw. zuzusenden. Sollte sich das Beratungsprotokoll als unrichtig erweisen, kann der Kunde innerhalb einer Woche nach Zugang des Protokolls vom Vertrag zurücktreten. Der Kunde muss über das Rücktrittsrecht informiert werden.

Inhalt der Geeignetheitserklärung und des Beratungsprotokolls	Sie müssen enthalten: - vollständige Angaben - Anlass und die Dauer des Beratungsgesprächs - die der Beratung zugrunde liegenden Informationen über die persönliche und wirtschaftliche Situation des Kunden, seine Anlageziele und Kenntnisse sowie Erfahrungen - die Finanzinstrumente und Wertpapierdienstleistungen, die Gegenstand der Anlageberatung sind - die vom Kunden geäußerten wesentlichen Anliegen und deren Gewichtung - die erteilten Empfehlungen und die für diese Empfehlungen maßgeblichen Gründe
Grenzen der Haftung	Für eine mögliche Haftung der Bank kommen zwei Bedingungen in Frage: - Bei Prüfung eines Anlageprodukts war ein Risiko erkennbar, über das der Anleger hätte aufgeklärt werden müssen, - oder die Anlageempfehlung war nicht anleger- und objektgerecht.

5.12.2 Technische Analyse

Die technische Analyse ist die reine Zeitreihenanalyse, also die Analyse von historischen Kursen, mit dem Ziel, den weiteren Kursverlauf zu prognostizieren. Dabei bedient man sich der sogenannten Charts, der grafischen Abbildung historischer Kursverläufe. (auch Charttechnik)

Die Technische Analyse beschäftigt sich nicht mit Unternehmenskennziffern also den traditionellen Feldern der klassischen Fundamentalanalyse - auch nicht mit dem mathematischen Analyseansatz.

Lernsituation

Herr Bühl, Kunde der Nordbank AG, hat auf Anraten seiner Anlageberaterin Frau Pohl seinem Depot zur Performanceverbesserung einige Aktienwerte hinzugefügt. Leider erfüllte dieses Engagement nicht die Erwartungen. Ursache war der jeweilige Zeitpunkt zu dem Käufe oder Verkäufe getätigt wurden.

Aufgaben

a) Stellen Sie Herrn Bühl die graphische Darstellung von Kursen vor. Insbesondere wie es zu den „zackigen“ Darstellungen kommt!

b) Klären Sie Herrn Bühl auf, wie er einen Trend erkennen kann!

c) Erklären Sie an Beispielen die Signale, die aus der Charttechnik herausgelesen werden können.

d) Wie kommt es zu einem Signal im Zusammenhang mit einer Trendlinie?

e) Erklären Sie Widerstands- und Unterstützungslinien!

INFO

Verfahren zur Beurteilung von Unternehmen oder Aktien.

Bärenfalle

Eine Bärenfalle ist ein charttechnisches Verkaufssignal, das sich im nachhinein als Fehlsignal entpuppt. Der Kurs bricht aus einem kontinuierlichen Kursverlauf nach unten aus und lässt ein Verkaufssignal erkennen. Jedoch folgt ein scharfer Richtungswechsel und hebt das Wertpapier wieder über den Trend. (vgl. Bullenfalle)

Balkenchart

Ein Balkenchart ist eine charttechnische Darstellung eines Kursverlaufes. Ein vertikaler Strich (Balken) stellt den Höchst- und Tiefstkurs meist eines Tages dar. Er wird durch einen kleinen horizontalen Strich links (Eröffnung) und rechts (Schluss) ergänzt.

Benchmark

ist ein Vergleichsindex, an dem der Anlageerfolg gemessen wird. Bei Aktien kann das der Aktienindex DAX sein.

Blue Chips (Standardwerte)

Bezeichnung für Aktien der größten, international bekannten Unternehmen mit hohem Anteil am Börsenumsatz. Die 30 größten deutschen Unternehmen sind z.B. im DAX enthalten.

Bullenfalle

Eine Bullenfalle ist ein charttechnisches Kaufsignal, welches sich im Nachhinein als Fehlsignal entpuppt. Der Kurs bricht aus einem kontinuierlichen Kursverlauf nach oben aus und kündigt ein Kaufsignal an. Danach folgt jedoch ein heftiger Kurseinbruch, der auf das alte Niveau einschwenkt.

Chart

Es ist eine graphische Darstellung von beobachteten Kursverläufen einzelner Wertpapiere. Dabei bilden die jeweiligen Tageskurse jeweils einen Punkt in einem Diagramm.

Durchschnittslinien

Bei Durchschnittslinien werden die letzten z. B. 38 Tageskurse gemittelt(alle addiert und durch 38 dividiert). In den folgenden Tagen fällt jeweils der früheste Kurs heraus und der jüngste wird hinzugefügt. Während die 38-Tage-Linie eher kurzfristige Signale gibt, nimmt man langfristig 200 Tage an.

Signale

Im engeren Sinne gibt es nur zwei Signale. Das eine ist „**kaufen**" und das andere „**verkaufen**". Je nach Temperament reicht/reichen für eine Entscheidung ein oder mehrere Signale aus. Ist der Markt hochgradig reagibel, hat man bei mehreren Signalen den günstigsten Zeitpunkt meist verpasst.

Kursformationen:

Wimpel

Ein Wimpel ist eine Kursformation, bei der die Kursbewegungen immer geringer werden. Ein Ausbruch aus der Formation ist nahezu unausweichlich und weist auf eine neue Trendentwicklung hin.

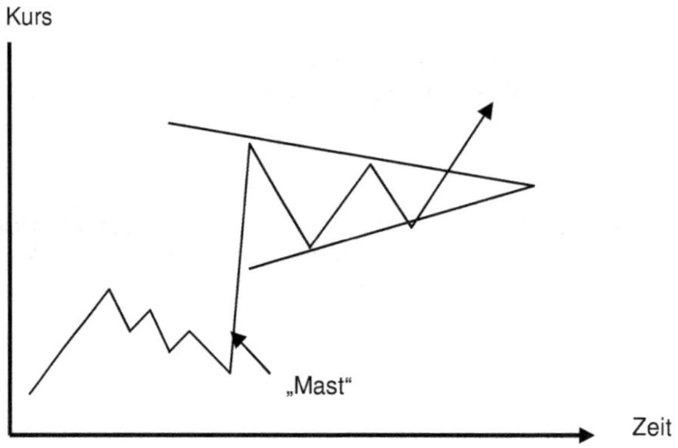

Flagge

Eine Flagge verläuft oft antizyklisch zum Trend und weist auf eine Fortsetzung hin. Die obere und untere Trendlinien verlaufen weitgehend parallel . Ein deutlicher Ausbruch des Kursverlaufs deutet häufig auf eine Trendwende hin.

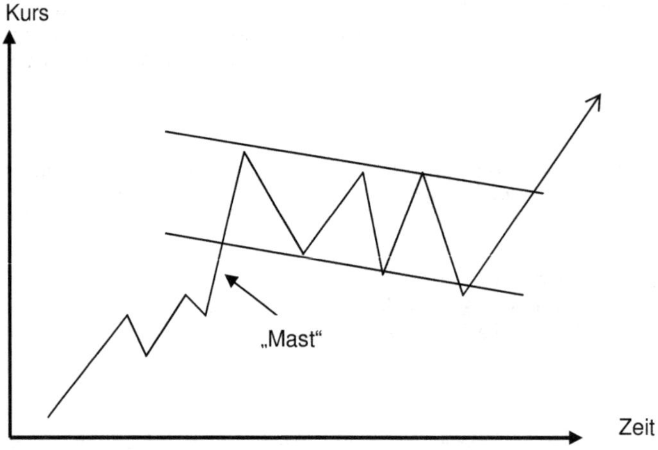

Balkenchart

Bei einem **Balkenchart** werden die Kurse eines Tages in einer Senkrechten abgebildet. Liegen signifikante Kursdaten, wie Schluss- oder Eröffnungskurse mehrfach am unteren oder oberen Ende der Chartlinie, lassen sich daraus Signale für einen Trendwechsel ablesen.

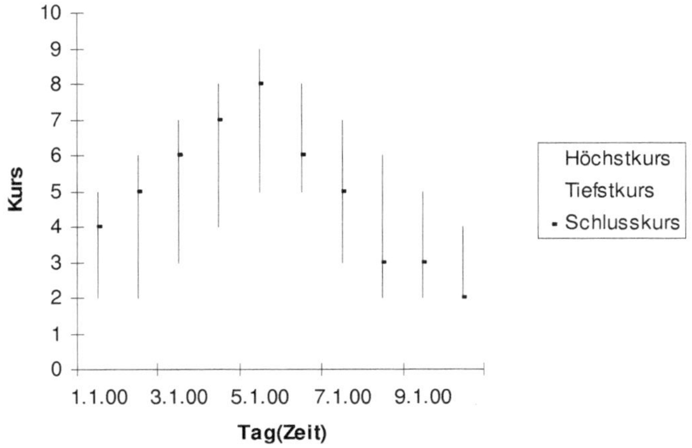

Keilverlauf

Bei einem **Keil** verlaufen im Gegensatz zum **Dreieck** die Kurse stetig zusammen und es zeichnet sich erst langfristig ein Schnittpunkt der Geraden ab. Es kann manchmal Jahre dauern, bis fertige Keilmuster entstanden sind.

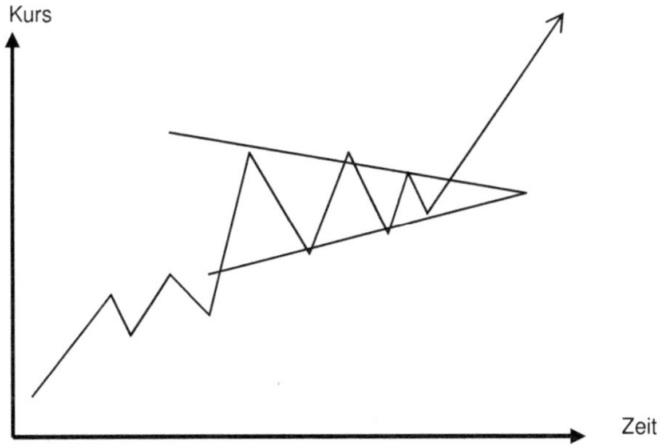

Unterstützungslinien

Unterstützungslinien sind analog zu den Widerstandslinien Parallelen zur x-Achse. Fällt der Kurs eines Wertpapiers mehrmals bis auf einen bestimmten Kurs zurück, um im Anschluss daran wieder zu steigen, so spricht man von einer Unterstützung. Wird eine Unterstützung jedoch nach unten durchbrochen lassen sich Schlüsse auf die weitere Kursentwicklung ziehen.

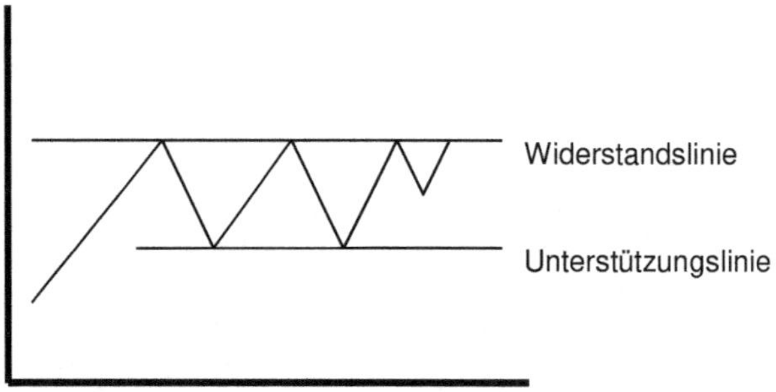

Widerstand

Steigt der Kurs eines Wertpapiers mehrmals hintereinander bis auf ein bestimmtes Niveau an, um im Anschluss daran wieder zurückzufallen, so spricht man von einer Widerstandslinie.

Das Durchbrechen einer Widerstandslinie lässt eine weitere Kurssteigerung erwarten.

5.13 Besteuerung von Zinsen, Dividenden und Kursgewinnen

Kapitalerträge unterliegen einer pauschalen 25%igen Abgeltungssteuer. Kreditinstitute halten von den Kapitalerträgen die 25%ige Abgeltungssteuer zuzüglich 5,5% Solidaritätszuschlag (SolZ) und ggf. Kirchensteuer (KiSt) ein und führen die Steuern an das Finanzamt ab. Damit ist die Steuerpflicht des Anlegers abgegolten.

Lernsituation 1

Frau Birte Fröhlich ist Depotkundin der Nordbank AG. Frau Fröhlich hat 22.500,00 EUR Nennwert, 5,75 %ige Schuldverschreibungen der Industrie AG in ihrem Depot. Am 01.11.20.. ist der nächste Zinstermin.

Aufgaben

a) Frau Fröhlich möchte von der Nordbank AG wissen, mit welchem Zinsertrag sie rechnen kann, wenn ihr Freistellungsbetrag von 801,00 EUR bereits vollständig ausgeschöpft ist. Frau Fröhlich ist nicht kirchensteuerpflichtig.

b) Angenommen, Frau Fröhlich hat noch einen Freistellungsbetrag in Höhe von 225,50 EUR. Mit welchem Zinsertrag kann sie in diesem Fall rechnen?

Lernsituation 2

Tim-Yannick Blanke ist Depotkunde der Nordbank AG. Herr Blanke hat 400 Namensaktien der Chemie AG in seinem Depot. Die Chemie AG hat auf der Hauptversammlung beschlossen, eine Dividende je Aktie von 0,80 EUR an ihre Aktionäre auszuschütten.

Aufgaben

a) Ermitteln Sie den Betrag, den die Nordbank AG Herrn Blanke aufgrund seines Depotbestandes in Chemie AG-Aktien gutschreibt. Ein Freistellungsauftrag liegt der Nordbank AG nicht vor. Herr Blanke ist nicht kirchensteuerpflichtig.

b) Ermitteln Sie den Dividendenertrag für Herrn Blanke, wenn zum Zeitpunkt der Dividendenzahlung der Nordbank AG noch ein Freistellungsbetrag von 100,00 EUR vorliegt.

Lernsituation 3

Ein Kunde der Nordbank AG erhielt am 01.04.20.. eine Zinszahlung in Höhe von 100,00 EUR. Ermitteln Sie den Steuerabzug, um den die Zinszahlung vermindert wird, wenn der Kunde kirchensteuerpflichtig ist. Der Kirchensteuersatz beträgt 9 %. Ein Freistellungsbetrag liegt der Nordbank AG nicht vor.

Veräußerungsgewinne bei Wertpapierverkäufen zählen zu den Einkünften aus Kapitalvermögen und unterliegen der Abgeltungssteuer. Ein Veräußerungsgewinn ist die Differenz zwischen dem bei dem Erwerb gezahlten Kaufpreis und dem bei der Veräußerung erzielten Verkaufserlös unter Berücksichtigung der An- und Verkaufskosten.

Lernsituation 4

Michael Kubera ist Depotkunde der Nordbank AG. Herr Kubera hatte am 03.04.diesen Jahres 100 Aumann AG-Aktien im Gesamtwert von 4.267,33 EUR im Xetra-Handel erworben. Am 28.08.diesen Jahres verkaufte Her Kubera seinen Gesamtbestand von 100 Aumann AG-Aktien zum Gesamtwert von 6.378,69 EUR.

Ermitteln Sie seinen Gesamtertrag, wenn der Nordbank AG zum Zeitpunkt des Verkaufs der Aktien noch ein Freistellungsbetrag von 100,00 EUR vorliegt. Im Verlustverrechnungstopf, der von der Nordbank AG für Herrn Kubera geführt wird, ist zurzeit kein Bestand vorhanden. Herr Kubera ist nicht kirchensteuerpflichtig.

Lernsituation 5

Simon Kurz ist Kunde der Nordbank AG. Aufgrund eines Aktienverkaufs erzielte Herr Kurz einen Kursgewinn von 1.600,00 EUR. Zum Zeitpunkt des Kursgewinns hatte Herr Kurz noch einen Freistellungsbetrag von 801,00 EUR. Im Verlustverrechnungstopf ist aus Aktienverkaufsverlusten noch ein Bestand von 1.100,00 EUR vorhanden. Der allgemeine Verrechnungstopf weist keinen Bestand auf. Herr Kurz ist nicht kirchensteuerpflichtig.

Ermitteln Sie den Betrag, den die Nordbank AG Herrn Kurz aufgrund seines Veräußerungsgewinns gutschreibt.

Lernsituation 6

Die Nordbank AG führt am 23.11.20.. für den Depotkunden Rainer Wohltmann den folgenden Kaufauftrag aus:

- 50.000,00 EUR Nennwert 4,0 % SAP-Inhaberschuldverschreibungen
- Zinstermin: 13. September, ganzjährig.

Der Auftrag wird zum Kurs von 100,75 % ausgeführt. Weder der von der Nordbank AG für Herrn Wohltmann geführte allgemeine Verlustverrechnungstopf noch das Steuerverrechnungskonto (Steuerverrechnungstopf) weisen einen Bestand auf. Zurzeit liegt weder ein Freistellungsauftrag noch ein Hinweis zur Einbehaltung der Kirchensteuer vor.

Herr Wohltmann muss für diesen Kaufauftrag für 73 Zinstage 400,00 EUR Stückzinsen an den Veräußerer zahlen.

In welchen Verrechnungstopf werden diese gezahlten Stückzinsen eingestellt?

Lernsituation 7

Herr Jens Müller ist Depotkunde der Nordbank AG. Ein Freistellungsauftrag von 500,00 EUR liegt der Nordbank AG für das laufende Jahr vor. Herr Müller hatte im März bereits eine Zinsgutschrift in Höhe von 200,00 EUR erhalten, die auf den Freistellungsbetrag angerechnet wurde.

Am 05.05. hatte Herr Müller eine Unternehmensanleihe im Nennwert von 30.000,00 EUR erworben. Für diesen Kauf waren Herrn Müller Stückzinsen in Höhe von 1.052,88 EUR berechnet worden, die in seinem Allgemeinen Verlustverrechnungstopf eingestellt wurden.

Die laufende Zinsgutschrift in Höhe von brutto 2.100,00 EUR aus der Unternehmensanleihe hatte Herr Müller am 06.11. erhalten. Ermitteln Sie die Zinsgutschrift für diese Anleihe.

INFO

Übersicht über die Besteuerung von Kapitalerträgen

Besteuerung von Zinsen und Dividenden	Kapitalerträge unterliegen einer pauschalen 25 %igen Abgeltungssteuer. Kreditinstitute halten von den Kapitalerträgen die 25 %ige Abgeltungssteuer zuzüglich 5,5 % Solidaritätszuschlag (SolZ) und ggf. Kirchensteuer (KiSt) ein und führen die Steuern an das Finanzamt ab. Damit ist die Steuerpflicht des Anlegers abgegolten.
Besteuerung von Veräußerungsgewinnen	Veräußerungsgewinne bei Wertpapierverkäufen zählen zu den Einkünften aus Kapitalvermögen und unterliegen der Abgeltungssteuer. Ein Veräußerungsgewinn ist die Differenz zwischen dem bei dem Erwerb gezahlten Kaufpreis und dem bei der Veräußerung erzielten Verkaufserlös unter Berücksichtigung der An- und Verkaufskosten.
Abgeltungssteuer und Kirchensteuer	Wenn man einer Religionsgemeinschaft angehört, die Kirchensteuer verlangt, ist die Kirchensteuer eine Pflichtsteuer, die zusätzlich zur Abgeltungssteuer gezahlt werden muss. Die Kirchensteuer beträgt 8 % in Bayern und Baden-Württemberg. In allen anderen Bundesländern 9 %, prozentual berechnet von der Höhe der Abgeltungssteuer. Da man allerdings die Kirchensteuer als Sonderausgabe absetzen kann, ist die genaue Berechnungsgrundlage der Kirchensteuer nicht 9 % von 25 %, sondern die 25 % Abgeltungssteuer abzüglich des möglichen Sonderausgabenabzuges. Da die Kirchensteuer bei der Einkommensteuer als Sonderausgabe abzugsfähig ist, errechnet sich die Abgeltungssteuer nach folgender Formel: Abgeltungssteuer = Kapitalerträge : (4 + (Kirchensteuersatz : 100)) Bei 9 % Kirchensteuer ergibt dies die Berechnungsgrundlage von 24,45 %. Bei 8 % Kirchensteuer ist die Berechnungsgrundlage 24,51 %. Falls man zu den Steuerpflichtigen gehört, die 9 % Kirchensteuer zu zahlen haben, ergibt sich dann folgende zu zahlende Gesamtsumme bei schon abgezogenen Sonderausgaben: Für

	100,00 EUR Zinsen, Dividenden oder Kursgewinne 24,45 EUR Abgeltungssteuer, 1,34 EUR Solidaritätszuschlag (berechnet von 24,45 EUR) und 2,20 EUR Kirchensteuer, also insgesamt 27,98 EUR.
Verlustverrechnungstöpfe	Veräußerungsverluste können als negative Kapitalerträge mit positiven Kapitalerträgen verrechnet werden. Wenn keine sofortige Steuerverrechnung möglich ist, wird der Verlust in ein Verlustverrechnungskonto eingestellt. Veräußerungsverluste aus Aktiengeschäften dürfen nur mit Gewinnen aus Aktiengeschäften verrechnet werden. Veräußerungsgewinne aus Aktiengeschäften können hingegen mit allen anderen negativen Kapitalerträgen verrechnet werden. Andere negative Kapitalerträge (z. B. Veräußerungsverluste bei Zertifikaten oder Investmentanteilen, gezahlte Stückzinsen beim Erwerb von Anleihen oder Zwischengewinne beim Erwerb von Investmentanteilen) können mit allen positiven Kapitalerträgen (z. B. Zinserträgen, Dividenden, Veräußerungsgewinnen bei Aktien oder Zertifikaten) verrechnet werden. Die Bank führt deshalb den Aktienverlustverrechnungstopf (Erfassung der Veräußerungsverluste aus Aktiengeschäften; Verrechnung nur mit späteren Gewinnen aus Aktiengeschäften) und den allgemeinen Verlustverrechnungstopf (Erfassung aller anderen negativen Kapitalerträge; Verrechnung mit allen späteren positiven Kapitalerträgen einschl. der Gewinne aus Aktiengeschäften). Die Verlustverrechnung hat Vorrang vor der Belastung des Freistellungsauftrags.
Nichtveranlagungs-Bescheinigung (NV-Bescheinigung)	Bei Vorlage einer NV-Bescheinigung zahlt das Kreditinstitut die Kapitalerträge ohne Steuerabzug aus. Eine NV-Bescheinigung stellt das Finanzamt auf Antrag des Steuerpflichtigen aus, wenn seine Kapitalerträge voraussichtlich nicht einkommensteuerpflichtig sind. Die betraglich nicht begrenzte NV-Bescheinigung gilt für maximal drei Jahre und muss nach Fristablauf neu beim Finanzamt beantragt werden.

5.14 Besteuerung von Investmentfonds und Investmenterträgen

Die Investmentsteuerreform ist mit Wirkung zum 1. Januar 2018 in Kraft getreten. Dadurch ergaben sich zahlreiche Neuerungen bei der Besteuerung von Erträgen aus Investmentfonds. Diese Reform bezieht sich unter anderem auf Aktienfonds, Mischfonds sowie Immobilienfonds.

Die Erträge der Investmentfonds stellen nach deutschem Recht „Einkünfte aus Kapitalvermögen" dar, die separat von anderen Einkünften besteuert werden (sog. Abgeltungsteuer). Sie unterliegen grundsätzlich einer 25%igen Kapitalertragsteuer, die sich um den Solidaritätszuschlag und ggf. um die Kirchensteuer erhöht.

Dabei gilt derjenige als unbeschränkt steuerpflichtig, der in Deutschland seinen Wohnsitz oder gewöhnlichen Aufenthalt hat und mit seinen Einkünften der deutschen Einkommensteuerpflicht unterliegt.. Ausländische Privatanleger, die weder ihren Wohnsitz noch ihren gewöhnlichen Aufenthalt in Deutschland haben, unterliegen nicht dem Kapitalertragsteuerabzug in Deutschland.

Zahlung von Körperschaftsteuer aus dem Fondvermögen
Seit der Investmentsteuerreform müssen deutsche Fonds Körperschaftsteuer auf bestimmte inländische Erträge in Höhe von 15 % aus dem Fondsvermögen zahlen. Inländische Dividenden und Immobilienerträge werden also bereits auf Fondsebene mit einer Körperschaftsteuer von 15 % (bei Immobilienerträgen. zzgl. SolZ) belastet. Damit behandelt der Gesetzgeber deutsche und ausländische Fonds im Hinblick auf deren Einkünfte aus Deutschland steuerlich gleich. Die Fonds zahlen Anlegern somit geringere Kapitalbeträge aus. Als Ausgleich bekommen Anleger je nach Fondsart eine Teilfreistellung für Dividenden und Verkaufsgewinne.

Teilfreistellung von der Abgeltungssteuer
Um die Vorbelastung mit Körperschaftsteuer und die mangelnde Anrechnungsfähigkeit ausländischer Quellensteuer zu kompensieren, gewährt der Gesetzgeber je nach Fondsart eine sogenannte Teilfreistellung von der Abgeltungsteuer.

Die Anleger von Publikumsfonds unterliegen jetzt einer pauschalen Besteuerung von Investmenterträgen. Dazu zählen Ausschüttungen, die sogenannte Vorabpauschale sowie Gewinne aus der Rückgabe bzw. Veräußerung von Fondsanteilen.

Teilfreistellung von Investmentfonds	Freistellungsquote
Aktienfonds (mind. 51 % Aktien)	30 %
Mischfonds (mind. 25 % Aktien)	15 %
Immobilienfonds (mind. 51 % Immobilien/ Immobiliengesellschaften)	60 %
Immobilienfonds mit Schwerpunkt im Ausland (mind. 51 % ausländische Immobilien / Immobiliengesellschaften)	80 %

Die Fondsanleger müssen selbst die Mittel zur Zahlung der Steuer bereitstellen. Daher darf die depotführende Stelle die erforderlichen Beträge zur Abführung der Steuer auf die Vorabpauschale direkt vom Girokonto oder von einem anderen Referenzkonto des Anlegers einziehen — auch ohne dessen Einwilligung.

Vorabpauschale
Mit der Vorabpauschale soll sichergestellt werden, dass ein bestimmter Mindestbetrag versteuert wird, auch dann, wenn ein Fonds keine oder eine zu geringe Ausschüttung vornimmt.

Diese sogenannte Vorabpauschale wird jährlich ermittelt und bezieht sich immer auf das Vorjahr. Die Vorabpauschale ist eine vorweggenommene Besteuerung zukünftiger Wertsteigerungen. Daher wird die Vorabpauschale beim Verkauf der Fondsanteile auch vom tatsächlichen Veräußerungsgewinn abgezogen. Basis für die Berechnung bildet die langfristig erzielbare Rendite öffentlicher Anleihen. Der Basiszins orientiert sich am Zinssatz, den die Deutsche Bundesbank jeweils auf den ersten Börsentag des Jahres errechnet.

Auf die Vorabpauschale wird am Anfang des folgenden Kalenderjahres von der depotführenden Stelle Abgeltungsteuer einbehalten. Um eine Doppelbesteuerung zu vermeiden, kann auf die Vorabpauschale die einbehaltene Steuer später von den tatsächlichen Veräußerungsgewinnen beim Verkauf der Fondsanteile wieder abgezogen werden.

Die Vorabpauschale ist die Differenz zwischen dem sogenannten Basisertrag des Fonds und der Ausschüttung. Hierzu wird zunächst zu Beginn eines Kalenderjahres für das vorangegangene Kalenderjahr der Basisertrag nach der Formel berechnet: Basisertrag = 70 % des jährl. Basiszinses x Rücknahmepreis der Fondsanteile zum Jahresbeginn des vorangegangenen Kalenderjahres (z. B. 1.1.2018). Dann wird vom Basisertrag die Ausschüttung des letzten Kalenderjahres (z. B. in 2018) abgezogen: Vorabpauschale = Basisertrag - Ausschüttung des letzten Kalenderjahres.

Die Vorabpauschale kann niemals negativ werden. Der Basisertrag kann nicht höher sein als der Mehrbetrag, der sich aus dem zwischen dem ersten und dem letzten im Kalenderjahr festgesetzten Rücknahmepreis zuzüglich der Ausschüttungen innerhalb des Kalenderjahres ergibt.

Beispiel für die Vorabpauschale:

Gegeben sind folgende Daten:

- Fondspreis zum 1. Januar 2019: 100 EUR
- Fondspreis zum 31. Dezember 2019: 120 EUR
- Basiszins (angenommen): 1 %
- Ausschüttung für das Geschäftsjahr: 0,50 EUR je Anteil

Der Anleger besitzt 500 Fondsanteile eines Aktienfonds.

Der Basisertrag beträgt (70 % von 1 %) 0,7 % x 100 EUR = 0,70 EUR. Die Vorabpauschale beträgt somit 0,70 EUR - 0,50 EUR = 0,20 EUR je Anteil.

Die Erträge aus dem Fonds für das Geschäftsjahr 2019 umfassen die Ausschüttung in Höhe von 0,50 EUR je Anteil und die Vorabpauschale in Höhe von 0,20 EUR je Anteil, insgesamt also 0,70 EUR je Anteil. Davon sind nur 70 % steuerpflichtig (Teilfreistellung 30 %) = 0,49 EUR je Anteil bzw. bei 500 Anteilen insgesamt 245 EUR. Diese werden auf den Freistellungsauftrag angerechnet.

Für thesaurierende Fonds und Fonds mit Teilausschüttungen ergeben sich unterschiedliche Ergebnisse, die sich auf den Zeitpunkt der Steuerpflicht auswirken:

Einbehalt der Steuer

Die Abgeltungsteuer ist ein Abzug der Steuer direkt an der Quelle. In den meisten Fällen wird daher die Abgeltungsteuer durch deutsche Kreditinstitute einbehalten.

Das gilt auch für die Kirchensteuer, die seit 2015 automatisch einbehalten wird und über das Betriebsstätten-Finanzamt der Kreditinstitute an die Religionsgemeinschaften weitergeleitet wird. Zu diesem Zweck fragen die Banken einmal jährlich im Zeitraum vom 1. September bis 31. Oktober beim Bundeszentralamt für Steuern die Religionszugehörigkeit ihrer Kunden zum Stichtag 31. August des Jahres ab.

Anleger können dem automatischen Datenabruf beim Bundeszentralamt für Steuern schriftlich widersprechen, indem sie einen Sperrvermerk einlegen. Der Sperrvermerk entbindet nicht von der Kirchensteuerpflicht. Sie müssen dann die Kirchensteuer auf die Abgeltungsteuer über die Steuererklärung ans Finanzamt abführen. Das Bundeszentralamt für Steuern ist gesetzlich verpflichtet, das zuständige Finanzamt über die Sperre zu informieren.

Verlustverrechnung

Für in einem Depot verwahrte Fondsanteile führt das inländische Kreditinstitut u. a. einen allgemeinen Verlustverrechnungstopf um fortlaufend eine Verrechnung von Erträgen und Veräußerungsgewinnen mit Veräußerungsverlusten und anderen negativen Kapitalerträgen vorzunehmen.

Auch die Teilfreistellung ist auf Verluste aus der Veräußerung der Fondsanteile anwendbar.

Lernsituation 1

Der WEKA Nord Investmentfonds (Aktienfonds) erwirtschaftete im Geschäftsjahr 2020/2021 Erträge in Höhe von 25 Mio. EUR. Die Körperschaftsteuer beträgt 15%.

Aufgabe

Ermitteln Sie für diesen Fonds die Körperschaftsteuer, die der WEKA Nord aus seinem Fondsvermögen an das zuständige Finanzamt abführen muss!

Lernsituation 2

Für den thesaurierenden Fonds „Thesaurus" wurde am 02.01.2020 ein Rücknahmepreis pro Anteil von 150,00 EUR ermittelt. Am 30.12.2020 wurde ein Rücknahmepreis je Anteil von 170,00 EUR ermittelt. 80 % des Fondsvermögens wird in inländischen und ausländischen Aktien angelegt. Die laufenden Erträge verbleiben im Fonds und werden an die Anleger nicht ausgeschüttet, sondern in neue Anlagen investiert. Der konfessionslose Depotkunde Ullrich Raabe besitzt 500 Anteile dieses Fonds.

Aufgaben

a) Ermitteln Sie die Vorabpauschale für die 500 Investmentanteile für Herrn Raabe unter Berücksichtigung einer 70 %igen Teilfreistellung und bei einem Basiszinssatz von 1 %.

Herr Raabe hatte seiner depotführenden Stelle Anfang 2021 einen Freistellungsauftrag in Höhe von 801,00 EUR erteilt. Ermitteln Sie

b) den verbleibenden Freistellungsbetrag von Herrn Raabe.

c) die Höhe der Abgeltungsteuer und des Solidaritätszuschlags, den Herr Raabe zu tragen hat.

Lernsituation 3

Am 1. Februar 2021 gibt Herr Raabe seine „Thesaurus" Fondsanteile zum Rücknahmepreis von 180,00 EUR an den Fonds zurück.

Ermitteln Sie den Kapitalertrag, den die depotführende Stelle Herrn Raabe unter Berücksichtigung der bereits gezahlten Vorabpauschale gutschreibt.

Lernsituation 4

Am 02.01. 2021 veröffentlichte der Aktienfonds TS3 folgende Infos an seine Anleger:

Der TS3 investiert mindestens 51 % des Fondsvermögens in inländische und ausländische Aktien.

Basiswert (Rücknahmepreis) am 02.01.2020 135,00 EUR;

Ausschüttung 2020 pro Anteil 0,30 EUR.

Rücknahmepreis am 30.12.2020 140,00 EUR.

Die Depotkundin Britta Opitz besitzt 1.500 Anteile des TS3-Invetmentfonds. Ein Freistellungsauftrag in Höhe von 500,00 EUR wurde der Depotbank für 2021 erteilt. Frau Opitz gehört keiner Religionsgemeinschaft an.

Aufgaben

a) Ermitteln Sie für Frau Opitz die Vorabpauschale und den steuerpflichtigen Betrag für diese 1500 Fondsanteile (Basiszinssatz 1 %).

b) Mit welchem Steuerbetrag (Abgeltungsteuer + SolZ) wird Frau Opitz von der depotführenden Stelle aufgrund ihres Anteilbesitzes am TS3 Fonds belastet?

b1) für die Ausschüttung im Jahr 2020 ?

b2) für die Vorabpauschale für 2021?

5.15 Eurex Deutschland

Futures und Optionen werden an der Computerbörse EUREX (European Exchange) elektronisch gehandelt. Die Eurex Frankfurt AG und die Eurex Zürich AG sind Tochtergesellschaften der Deutsche Börse AG. Die Eurex vermittelt Verträge über Optionen und Futures zwischen den Marktteilnehmern. Für den Handel in Aktienoptionen an der Eurex Deutschland wurde eine Anzahl von Titeln ausgewählt, die ein breites Spektrum der deutschen Wirtschaft repräsentieren. Käufe und Verkäufe basieren auf standardisierten Kontrakten mit Laufzeiten von ein, zwei, drei, sechs, neuen, zwölf, 18 und 24 Monaten. Zu jedem Call und Put stehen für jede Fälligkeit mindestens drei Serien mit je einem Basispreis in Geld (In-the-Money), am Geld (At-the-Money) und aus dem Geld (Out-of-the-Money) für den Handel zur Verfügung. Unter einer Optionsserie sind alle Kontrakte mit gleichem Optionstyp, Basiswert und Verfalltermin zu verstehen. Bei den Eurex-Aktienoptionen handelt es sich um sog. amerikanische Optionen. Kommt es zu einer Optionsausübung, erfolgt die Erfüllung des Kontraktes durch Übernahme bzw. Lieferung der effektiven Stücke. Zu einer physischen Kontrakterfüllung kommt es allerdings selten. In der Regel werden die Positionen vor ihrem Ablauf durch entsprechende Gegengeschäfte glattgestellt. Der Gewinn ergibt sich aus der Differenz zwischen gezahltem und vereinnahmtem Optionspreis. Ermöglicht wird die vorzeitige Liquidation von Optionspositionen durch die in jedes Geschäft eingeschaltete Clearingstelle der Terminbörse (Eurex Clearing AG), die die Garantie für die Erfüllung der Kontrakte gegenüber Käufer und Verkäufer übernimmt.

Zur Teilnahme am Terminhandel sind natürliche und juristische Personen berechtigt, die vom Börsenvorstand als Börsenteilnehmer oder Börsenhändler zugelassen sind.

Market Maker stellen laufend verbindliche Geld- und Briefkurse (Quotes) für bestimmte Optionen in das elektronische Orderbuch ein und erhöhen die Marktliquidität, da sie sowohl als Käufer (Geldkurs) als auch als Verkäufer (Briefkurs) jederzeit Geschäfte tätigen.

Lernsituation 1

Nach einer Zeit überwiegend steigender Aktienkurse und entsprechend hoher Kursgewinne sucht der Depotkunde Carsten Schönfeld Ende Dezember 20.. nach einer Möglichkeit, seine noch nicht realisierten Kursgewinne durch Einzelwertabsicherungen zu sichern, ohne seine Aktien verkaufen zu müssen.

Vor etwa 1 1/2 Jahren hatte Herr Schönfeld einen größeren Betrag in vier deutsche Aktienpositionen angelegt. Insbesondere in den letzten Wochen bescherte die Entwicklung am deutschen Aktienmarkt Herrn Schönfeld ansehnliche Kursgewinne. Er möchte jedoch seine Aktien noch nicht verkaufen, da er der Ansicht ist, dass seine niedrigen Kaufkurse nicht wieder erreicht werden. Stattdessen wünscht er sich bis Juni des nächsten Jahres eine Absicherung gegen vorübergehende drohende Kursverluste seiner vier Aktienpositionen.

Das Aktiendepot von Herrn Schönfeld zeigt folgendes Bild:

Gesellschaft	Stück	Einstandspreis in EUR	aktueller Wert in EUR	nicht realisierter Kursgewinn in EUR
Chemie AG	1000	29,50	45,65	16.150,00
Elektro AG	500	51,25	116,70	32.725,00

Stahl AG	1000	21,45	32,10	10.650,00
Tele AG	1000	39,80	56,40	34.400,00

Sie sind Berater(in) der Nordbank AG.

Aufgaben

a) Erläutern Sie Herrn Schönfeld eine Strategie für seiner Depotabsicherung.

b) Prüfen und begründen Sie, mit welchen Verträgen Herr Schönfeld seine Aktienpositionen absichern kann.

c) Welchen Betrag muss Herr Schönfeld für eine möglichst hundertprozentige Depotsicherung auf sechs Monate aufwenden (ohne Transaktionskosten)? Verwenden Sie bei der Ermittlung des Optionspreises die entsprechenden „bezahlt-Preise".

Calls

Basiswert	Kontrakt		Letztbezahlt	Tageshoch	Tagestief	Volumen	Offene Kontrakte
Chemie AG	01	42,00	4,63	4,63	3,28	156	3916
		44,00	3,15	3,15	1,90	429	2408
		46,00	1,80	1,80	1,15	146	
	06	42,00	6,10	6,10	5,10	13	12300
		44,00	5,20	5,20	4,00	60	2232
		46,00	3,98	3,98	2,98	204	2146
Elektro AG	01	110,00	11,30	11,33	10,20	26	2242
		115,00	8,00	8,00	6,05	178	2632
		120,00	4,50	4,90	4,50	63	1140
	06	110,00					529
		115,00	13,00	13,00	13,00	5	10
		120,00	11,20	11,20	10,83	23	2791
Stahl AG	01	30,00	3,60	3,60	2,10	195	591
		32,00	2,50	2,50	2,50	12	54
		34,00	1,55	1,60	1,00	533	
	06	30,00	5,50	5,84	5,50	65	1683
		32,00					20
		34,00	3,50	3,50	3,90	105	
Tele AG	01	55,00	4,91	5,15	4,28	1799	28836
		57,50	3,09	3,09	3,09	2	6594

		60,00	2,38	2,52	2,09	574	9944
	06	50,00	10,60	10,60	10,60	5	6433
		55,00	8,55	8,65	7,80	738	3658
		60,00	5,50	5,50	5,50	3	2187

Puts

Basis-wert	Kontrakt		Letztbe-zahlt	Tages-hoch	Tagestief	Volumen	Offene Kontrakte
Chemie AG	01	42,00	0,55	0,75	0,55	252	1548
		44,00	1,06	1,35	0,97	209	184
		46,00	1,90	1,90	1,90	15	
	06	42,00	2,70	2,70	2,70	5	580
		44,00					137
		46,00					
Elektro AG	01	110,00	3,63	3,63	3,04	78	1428
		115,00	4,95	5,50	4,90	40	3213
		120,00	7,25	7,25	7,25	15	45
	06	110,00					196
		115,00	10,50	10,50	10,50	10	6
		120,00					110
Stahl AG	01	30,00	0,65	0,92	0,60	130	250
		32,00	1,35	1,58	1,35	70	
		34,00					
	06	30,00	2,54	2,60	2,54	127	56
		32,00	3,13	3,13	3,13	55	
		34,00					
Tele AG	01	55,00	2,73	3,10	2,48	1552	8308
		57,50	4,40	4,40	4,20	6	3635
		60,00	5,75	5,75	5,50	41	3498
	06	50,00	4,00	4,03	4,00	53	10366
		55,00					2728
		60,00	8,64	8,64	8,50	51	119

Lernsituation 2

Jens Hartenstein ist vermögender Depotkunde der Nordbank AG. Er hat sich in den vergangenen Jahren ein Depot zugelegt, das streng nach dem für den deutschen Markt maßgeblichen Aktienindex Dax aufgebaut ist.

Depotbestand 30 Dax-Werte

Einstandspreis in EUR	Aktueller Wert im Dezember in EUR	Nicht realisierter Kursgewinn in EUR
300.000,00	700.000,00	400.000,00

Herr Hartenstein bittet Sie Ende Dezember 20.. wegen einer Gesamtdepotabsicherung bis März des nächsten Jahres um Beratung!

Aufgaben

a) Aus welchem Grund könnte eine Gesamtdepotabsicherung für Herrn Hartenstein zweckmäßig sein?

b) Sie empfehlen Herrn Hartenstein eine Gesamtdepotabsicherung und bieten ihm zur Kursabsicherung Dax-Optionen oder Dax-Futures an. Erläutern Sie Herrn Hartenstein den Unterschied zwischen einer Dax-Option und einem Dax-Future.

c) Für welche Absicherungsalternative, eine Dax-Option oder einen Dax-Future, sollte sich Herr Hartenstein entscheiden bei einem aktuellen Dax-Stand von 7.833,95. Verwenden Sie bei der Berechnung des Optionspreises für Dax-Optionen den letztbezahlt-Preis. Gehen Sie bei Ihrer Empfehlung von einem 10%en Rückgang gegenüber dem aktuellen Dax-Stand aus.

Dax-Optionen

	Kontrakt		Letztbezahlt	Tageshoch	Tagestief	Volumen	Offene Kontrakte
Call	03	10000	1845,00	1845,00	1845,00	14	234
		10500	1410,00	1410,00	1350,00	7	4182
		11000	914,00	922,80	914,00	4	5137
		11500	577,00	577,00	500,40	182	34932
		11800	382,00	382,00	314,80	4049	1399
		12100	223,50	225,00	178,80	909	11524
		12300	149,50	150,00	115,00	837	9502
		12500	90,00	93,50	70,00	203	71
		12700	55,00	55,00	38,50	690	289
Put	03	10000	21,50	21,50	21,50	105	1542
		10500	45,00	45,00	44,00	33	21971
		11000	94,00	98,00	92,60	477	14742
		11500	195,00	204,00	190,40	3810	6860
		11800	294,00	309,00	288,80	5811	33
		12100	460,00	460,00	460,00	2	277
		12300	575,00	575,00	575,00	1	1069
		12500	730,00	730,00	730,00	3	
		12700	855,00	855,00	855,00	50	

Dax-Future Eurex (Index x 25 Euro, multipliziert mit dem Faktor 2)

16.12./ 16.06.	Eröffnung	Hoch	Tief	Schluss	Umsatz	Offene Kontrakte
Dezember	11733,00	11839,50	11731,50	11832,00	45804	129522
März	11790,00	11898,00	11790,00	11889,50	25182	89942
Juni	11881,50	11932,50	11865,50	11928,00	701	8312

INFO

Grundpositionen von Optionsgeschäften			
Kaufoption (Call)		Verkaufsoption (Put)	
Kauf einer Kaufoption (Long Calll)	Verkauf einer Kaufoption (Short Call)	Kauf einer Verkaufsoption (Long Put)	Verkauf einer Verkaufsoption (Short Put)
Käufer erwartet steigende Kurse des Basiswertes während der Laufzeit der Option. Sein Verlustrisiko ist auf den ursprünglich bezahlten Optionspreis begrenzt.	Verkäufer (Stillhalter in WP) erwartet gleich bleibende oder leicht fallende Kurse des Basiswertes während der Laufzeit der Option. Er trägt das Risiko, dass er den Basiswert liefern muss. Bei Ausübung einer Kaufoption hängt das Risiko des Stillhalters maßgeblich davon ab, ob er den Basiswert in seinem Depot hat (gedeckter Call) oder erst beschaffen muss (nackter Call.	Käufer erwartet fallende Kurse des Basiswertes während der Laufzeit der Option. Sein Verlustrisiko ist auf den ursprünglich bezahlten Optionspreis begrenzt.	Verkäufer (Stillhalter in Geld) erwartet gleich bleibende oder leicht steigende Kurse des Basiswertes während der Laufzeit der Option. Er trägt das Risiko, dass er den Basiswert abnehmen muss.

Optionsstrategien an der Eurex Deutschland	
Long Put = Kauf einer Verkaufsoption	Die Markterwartung eines Putkäufers ist negativ. Puts bieten die einzige Möglichkeit, ein bestehendes Aktiendepot so abzusichern, dass ein im Voraus bestimmter Verkaufspreis nicht unterschritten wird. Ein feststehender maximaler Kursverlust wird nicht überschritten. Der Anleger koppelt sich von negativen Börsenentwicklungen für die Zeit der Absicherung ab. Long Put ist die optimale Position für die Absicherung von aufgelaufenen Aktienkursgewinnen nach einer Hausse (Kursaufschwung). Liegt der Kurs des Basiswertes am Verfalltag tatsächlich entsprechend der Markterwartung unterhalb des Basispreises, so ist der Käufer des Put im Gewinn. Während seine Aktien im Depot an Wert verlieren, gewinnt er mit der Optionssicherung. Liegt der Kurs des Basiswerts am Verfalltag über dem Basispreis, wird die Option wertlos ausgebucht. Der Anleger hat die Optionsprämie verloren.

Short Put – Verkauf einer Verkaufsoption	Anleger, die diese Position eingehen, erwarten stagnierende bis leicht steigende Kurse. Der größtmögliche Gewinn ist hier die vereinnahmte Optionsprämie. Stagniert der Markt oder steigt der Kurs des Basiswertes, wird die Gegenseite den Put nicht ausüben und der Verkäufer einer Verkaufsoption erzielt den größtmöglichen Gewinn, weil er die erhaltene Optionsprämie vollständig verdient. Fällt der Kurs des Basiswerts unter den Basispreis, reduziert sich zunächst der Gewinn aus der erhaltenen Optionsprämie. Bei weiter fallenden Kursen übersteigt der Verlust die erhaltene Prämie unter Umständen um ein Vielfaches, so dass bei nicht eingetretener Marktprognose erhebliche Verlustrisiken bestehen. Ziel eines Put-Verkäufers ist es, die Depotrendite eines bestehendes Aktiendepots durch zusätzliche Prämieneinnahmen zu erhöhen.
Long Call – Kauf einer Kaufoption	Der Käufer einer Kaufoption erwartet steigende Kurse und möchte davon über Calls profitieren. Sein Gewinn-/Verlustprofil ähnelt dem eines Aktienkäufers mit dem Unterschied, dass der Kapitaleinsatz bei Optionen geringer ist. Der maximale Verlust des Long Calls ist die eingesetzte Optionsprämie. Notiert der Basiswert am Verfalltag unter dem Basispreis, wird die Option wertlos ausgebucht und die Optionsprämie ist verloren. Erfüllt sich dagegen die Markterwartung des Optionskäufers und der Kurs des Basiswerts steigt über den Basispreis, so ist der theoretisch mögliche Gewinn der Option unbegrenzt.
Short Call – Verkauf einer Kaufoption	Diese Position kann nur eröffnet werden, wenn auf der anderen Seite ein Marktteilnehmer mit einer entgegensetzten Markterwartung vorhanden ist. Der Verkäufer einer Kaufoption erwartet also eine fallende oder zumindest stagnierende Kursentwicklung des Basiswerts. Steht der Kurs des Basiswerts am Verfalltag über dem Basispreis, so wird der Käufer des Calls die Option ausüben und der Verkäufer (Stillhalter = Short Call) muss die festgelegte Anzahl Aktien zu einem Kurs liefern, der unter dem aktuellen Börsenpreis liegt. Befinden sich die Aktien bereits in seinem Besitz, so vermindert dieser Kursverlust die eingenommene Optionsprämie, oder die eingenommene Prämie wird ganz von Kursverlusten aufgezehrt. Muss der Stillhalter der Option die Aktien erst am Markt zu höheren Kursen eindecken, mindert sich ebenfalls der Ertrag aus der eingenommenen Optionsprämie. Geht allerdings seine Markterwartung auf und die Kurse des Basiswertes fallen, wird die Gegenseite die Option nicht ausüben. Der Stillhalter muss den Basiswert nicht liefern und kann die erhaltene Optionsprämie als Gewinn für sich verbuchen.

Formeln

$$\frac{\text{Marktpreis des Depotbestandes} \times \beta}{\text{Dax} - \text{Stand} \times 5} = \text{Kontraktgröße für Dax} - \text{Optionen}$$

$$\frac{\text{Marktpreis des Depotbestandes} \times ß}{\text{Dax} - \text{Stand} \times 25} = \text{Anzahl der benötigten Futurekontrakte } (= \text{Hedge} - \text{Ratio})$$

β = Verhältnis des Future zum Dax (im Beispiel angenommen = 1)

Wichtige Begriffe

Optionspreis/Optionsprämie

Preis für das Optionsrecht

Basiswert

Bezugsobjekt des jeweiligen Kontraktes, z.B. Basiswert Stammaktie Consors AG

für einen Optionskontrakt über Stammaktien der Consors AG, Basiswert Deutscher Aktienindex für einen Dax-Future.

Basispreis

Bei Vertragsabschluss festgelegter Preis des Basiswerts, zu dem der Stillhalter den Basiswert bei Ausübung der Option durch den Käufer des Optionskontrakts zu liefern (Short Call) bzw. abzunehmen (Short Put) hat.

Transaktionskosten

Kosten für den Abschluss und die Abwicklung des Termingeschäfts.

Indexprodukte der Eurex

Indexprodukte sind Futures und Optionen auf Stoxx, Dax und SMI (Swiss Market Index). Die Kontrakte werden durch Barausgleich basierend auf dem Schlussabrechnungspreis erfüllt.

Dax-Optionen

Eine Option auf den Dax zielt auf die Tendenz des Gesamtmarktes ab und nicht auf die Kursentwicklung einer Einzelaktie. Sie erlaubt es, bestehende oder auch geplante Aktiendepots mit nur einer Transaktion gegen das Risiko unerwünschter Kursbewegungen zu versichern. Da eine Option nur das Recht, aber nicht die Pflicht zur Ausübung einräumt, hat der Inhaber die größtmögliche Flexibilität hinsichtlich seiner Entscheidung nach dem Kauf.

Die Eurex-Dax-Option ist ein Indexoptionskontrakt. Ein Index ist im Gegensatz zu einer Aktie kein handelbares Gut. Daraus ergeben sich andere Abrechnungsmodalitäten für Dax-Optionen. Jeder Dax-Options-Kontrakt ist 10 mal den aktuellen Dax-Stand wert. Bei einem Dax-Stand von 10.000 Punkten ist der Wert eines Kontraktes also 100.000 EUR. Der Dax ist ein künstliches Rechengebilde, das die Kurse der 30 größten deutschen Aktien in bestimmten, festgelegten Anteilen einer Größe zusammenfasst. Es wäre also außerordentlich schwierig, bei Ausübung einer Dax-Option alle 30 Werte in den richtigen Größenordnungen zu liefern. Deshalb gibt es bei Indexoptionskontrakten nicht den Anspruch auf Lieferung des Basiswertes, sondern die Dax-Option wird über einen Barausgleich erfüllt. Der jeweils zu zahlende Betrag ergibt sich aus der Differenz zwischen Basispreis und Indexstand bei Ausübung multipliziert mit dem Indexmultiplikator 10.

Kauft Herr Hartenstein z.B. einen Dax-Put auf der Basis eines aktuellen Dax-Standes von 11500 Punkten mit Fälligkeit im März 20.., erwirbt er damit das Recht, nicht aber die Pflicht, sich die Differenz, um die der Indexstand bei Ausübung der Option den Basispreis von 11500 Punkten unterschreitet, multipliziert mit 10 auszahlen zu lassen. Beträgt der Dax entsprechend Herrn Hartensteins Markterwartung bei Ausübung 11200 Punkte, bekommt Herr Hartenstein 3.000,00 EUR vom Verkäufer des Puts ausgezahlt.

Dax-Future

Ein Future begründet dagegen eine feste Verpflichtung und gestattet kein Wahlrecht.

Ein Future ist eine feste vertragliche Vereinbarung, eine standardisierte Menge eines bestimmten Finanzinstruments (Basiswert), zu einem im Voraus festgelegten Preis (Future-Preis) und zu einem späteren Zeitpunkt (Liefertag, Fälligkeit) zu liefern (Verkäufer des Futures) oder abzunehmen (Käufer des Futures). Der Preis für den Basiswert wird also heute festgelegt und die Erfüllung findet zu einem bestimmten zukünftigen Datum statt. Wie bei der Dax-Option liegt auch dem Dax-Future ein abstrakter, künstlicher Basiswert zugrunde und ein für die Zukunft fest vereinbarter Preis. Käufer und Verkäufer haben unterschiedliche Pflichten:

- Der Käufer eines Dax-Futures (Long Position) hat die Verpflichtung, am Erfüllungstermin ein standardisiertes Vielfaches des Dax zu einem im Voraus festgelegten Preis zu kaufen.
- Der Verkäufer eines Dax-Futures hat die Verpflichtung, am Erfüllungstermin ein standardisiertes Vielfaches des Dax zu einem im Voraus festgelegten Preis zu verkaufen.

Ebenso wie die Dax-Option schafft der Dax-Future die Möglichkeit, den gesamten deutschen Aktienmarkt in einem Instrument zu handeln. Das spart Zeit und Kosten für Herrn Hartenstein. Der Preis des Dax-Futures steigt mit dem Dax und fällt ebenso mit dem Dax. Wer steigende Kurse erwartet, wird also Dax-Futures kaufen und wer fallende Kurse erwartet wird Dax-Futures verkaufen. Gehen die jeweiligen Markterwartungen in Erfüllung, kann der Anleger seine Position mit Gewinn wieder schließen, in dem er die gleiche Anzahl Dax-Future-Kontrakte mit dem entgegen gesetzten Geschäft wieder schließt. Eine Long-Position wird durch eine Short-Position geschlossen und umgekehrt. Es findet keine effektive Lieferung des Basiswertes statt.

6 Kreditgeschäft

Die Kreditinstitute verstehen unter einem Kredit die zeitlich befristete Überlassung von Kapital, wobei die Zinsen das Entgelt für die Überlassung des Kapitals darstellen.

6.1 Privatdarlehen

6.1.1 Baufinanzierung

Es ist eine meist langfristige Finanzierung von Immobilien aller Art durch einzelne Finanzierungsbausteine oder Verbundkredite. Die Zusammensetzung ist häufig vielfach: Langfristige Hypothek bis 60% des Beleihungswertes, nachrangiges Darlehen (Bank- oder Bausparspardarlehen) bis 80% des Beleihungswertes. Der Rest der Baukosten wird von den Eigentümern durch Eigenkapital und Eigenleistungen erbracht. Die Kredite werden je nach der jeweiligen Zinssituation oder den individuellen Kundenwünschen entweder für einen längeren Zeitraum festgeschrieben oder auch variabel gestaltet.

Lernsituation

Das Ehepaar Frank und Sylvia Bollin möchten ein Grundstück für 180.000,00 EUR erwerben und darauf ein Fertighaus mit zu vermietender Einliegerwohnung errichten lassen. Das Ehepaar Bollin wendet sich an Sie als Mitarbeiter(in) der Nordbank AG in Hamburg. In einer Selbstauskunft gibt das Ehepaar Bollin die nachstehenden Daten an:

Selbstauskunft		
	Frank Bollin	Sylvia Bollin
Geburtsdatum	12.10.1975	18.03.1981
Beruf	Speditionskaufmann	Notarfachgehilfin
Arbeitgeber	Speditions-AG	Anwaltssozietät Lorsbach Wischnewski & Partner
Beschäftigt seit	Februar 1993	August 2001
Nettoeinkünfte p.m.	3.900,00 EUR	1.900,00 EUR
Freie Eigenmittel	250.000,00 EUR	
Derzeitige Warmmiete	1.000,00 EUR	
Sonstige Haushaltsausgaben	800,00 EUR	

Über das Bauvorhaben liegen folgende Daten vor:

Objektdaten	
Grundstücksgröße	600 qm

W. Grundmann und M. Leuenroth, *Bankwirtschaft in kundennahen Lernsituationen*, https://doi.org/10.1007/978-3-658-34412-2_6

Grundstückspreis	300,00 EUR/qm
Erschließungskosten	20.000,00 EUR
Baukosten	650,00 EUR/cbm
Nebenkosten (8% der Baukosten, abgerundet auf volle 1.000 EUR)	
Umbauter Raum	800 cbm
Außenanlagen	5 % der Herstellungskosten
Wohnungsgrößen	136 qm + 55 qm
Ortsübliche Kaltmiete	15,00 EUR/qm

Aufgaben

a) Erläutern Sie, welche Objektunterlagen von dem Ehepaar Bollin zur Ermittlung des Beleihungswertes eingereicht werden müssen.

b) Erstellen Sie einen Finanzierungsplan für das Ehepaar Bollin.

Die Gesamtkosten des Bauvorhabens einschließlich Notarkosten sowie 6,5 % Grunderwerbsteuer auf den Grundstückspreis werden mit 750.000,00 EUR angesetzt.

Von seinem Vater hatte Herr Bollin den zuteilungsreifen Bausparvertrag Trend 1 der Bauspar AG mit einer Vertragssumme von 200.000,00 EUR mit den folgenden Konditionen geerbt:

Bausparübersicht der Bauspar AG			
Vertragsart	Classik	Trend 1	Trend 2
Guthabenverzinsung	0,01 %	0,05 %	0,05 %
Rückzahlung, Rate pro Monat I	8 Promille der Bausparsumme	6 Promille der Bausparsumme	4 Promille der Bausparsumme
Darlehenszinssatz	1,25 %	2,35 %	2,95 %
Mindestansparsumme Abschlussgebühr	50 % der Bausparsumme	40 % der Bausparsumme	40 % der Bausparsumme
Abschlussgebühr	2 % der Bausparsumme	2 % der Bausparsumme	2 % der Bausparsumme

c) Ermitteln Sie den Beleihungswert (gesamte Kosten für die Baumaßnahme einschließlich Grundstück) für das Einfamilienhaus (Herstellungskosten auf volle 10.000 EUR abrunden).

Die Nordbank AG ist bereit, bei entsprechender Kapitaldienstfähigkeit des Ehepaars die Gesamtfinanzierung durchzuführen. Die Finanzierung soll unter Einbeziehung der vorhandenen Eigenmittel des Ehepaars mit einem Annuitätendarlehen der Nordbank AG erfolgen, das mit einer erstrangigen Grundschuld abgesichert werden soll.

Die Nordbank legt die Beleihungsgrenze für Grundschulddarlehen auf 60% des Beleihungswertes fest.

d) Ermitteln Sie unter Berücksichtigung des Sachwertes (Bodenwert + Bauwert) die Beleihungsgrenze für das Grundschulddarlehen nach dem Abschlagsverfahren und dem Ertragswertverfahren. Gehen Sie beim Ertragswertverfahren von einem Kapitalisierungsfaktor von 20,0000 aus. Runden Sie die Ergebnisse auf volle 10.000,00 EUR ab.

Die Nordbank AG bietet ihren Kunden folgende Konditionen für Annuitätendarlehen an:

Konditionen				
Zinsbindung	2 Jahre	5 Jahre	10 Jahre	15 Jahre
Zinssatz p.a. Nominal anfänglich effektiv	 1,81 % 1,83 %	 2,05 % 2,09 %	 1,91% 2,07%	 2,61% 2,67%
Auszahlung	100 %	100 %	100%	100%
Tilgung	2 %	2 %	1%	1%

e) Welche Annuitätendarlehen würden Sie dem Ehepaar Bollin empfehlen, wenn davon ausgegangen wird, dass das Zinsniveau in Zukunft ansteigen wird.

Die Nordbank AG legt für die Ermittlung des Kreditbedarfs für dieses Objekt das Ertragswertverfahren zugrunde.

f) Prüfen Sie, ob das Ehepaar Bollin in der Lage ist, die anfänglichen finanziellen Belastungen der Baumaßnahme zu tragen. Begründen Sie Ihre Entscheidung.

Zur Sicherung des erstrangigen Annuitätendarlehens soll zu Gunsten der Nordbank AG eine Grundschuld bestellt werden.

g) Beschreiben Sie den Ablauf dieser Grundschuldbestellung.

Sie legen dem Ehepaar Bollin eine notarielle Urkunde über die Grundschuldbestellung vor. Sie enthält die nachfolgenden Textpassagen:

- Die Grundschuld ist von heute an mit 15% jährlich zu verzinsen.
- Die Grundschuld ist fällig.
- Wegen der Grundschuldbestellung und der Zinsen unterwirft sich der Besteller der sofortigen Zwangsvollstreckung in den belasteten Grundbesitz.

h) Das Ehepaar Bollin möchte von Ihnen wissen, welche Bedeutung die drei Textpassagen für das Ehepaar haben.

INFO

Baufinanzierung von A bis Z:

Ablauf einer Grundschuldbestellung

- Belastungsvollmacht

  Der Verkäufer bevollmächtigt den Käufer, Grundpfandrechte zur Finanzierung des Kaufpreises eintragen zu lassen. Dabei sind zu beachten:

  - Sicherungsabrede: Der Grundschuldgläubiger darf Rechte aus der Grundschuld nur geltend machen, wenn er tatsächlich Zahlung mit Tilgungswirkung auf die Kaufpreisschuld des Käufers geleistet hat.

- Zahlungsanweisung: Zahlung des Grundschuldgläubigers sind ausschließlich auf das im Vertrag benannte Konto des Verkäufers zu leisten.
- Persönliche Zahlungspflichten und Kosten: Der Käufer trägt alle Kosten der Grundschuldbestellung. Der Verkäufer übernimmt keinerlei persönliche Zahlungsverpflichtungen, die mit der Grundschuldbestellung zusammenhängen.
- Fortbestand der Grundschuld: Nach Zahlung des vollständigen Kaufpreises gehen alle Rechte auf den Käufer über.

Die Bank bestätigt Sicherungsabrede und Zahlungsanweisung zu beachten.

- Grundschuldbestellungsurkunde

Der Notar beurkundet die Grundschuldbestellungsurkunde und der Käufer bewilligt die Eintragung der Grundschuld.

- Eintragung der Grundschuld ins Grundbuch

Der Notar stellt den Antrag auf Eintragung der Grundpfandrechte erst, wenn die Bank als Grundschuldgläubigerin schriftlich bestätigt hat, die Sicherungsabrede und die Zahlungsanweisung zu beachten.

Auszahlung des Darlehens an den Verkäufer: Der Käufer bzw. seine Bank überweist den Kaufpreis an den Verkäufer erst, wenn der Eigentumsanspruch des Käufers gesichert ist.

Eintragung des Käufers als Eigentümer: Nach Zahlung des Kaufpreises stellt der Notar beim Grundbuchamt den Antrag auf Eintragung des neuen Eigentümers.

Abschlagsverfahren

Beispiel für die Ermittlung des Beleihungswertes und der Beleihungsgrenze des eigengenutzten Einfamilienhauses (Neubau) der Familie Bollin nach dem Abschlagsverfahren:

1. Ermittlung des Bodenwertes		
Grundstücksgröße: 600 qm		
Gezahlter Kaufpreis: 300 EUR/qm		
Angemessener Kaufpreis: 200 EUR/qm		120.000,00 EUR
Erschließungskosten		20.000,00 EUR
Bodenwert		**140.000,00 EUR**

2. Ermittlung des Bauwertes		
Umbauter Raum: 800 cbm		
Angemessene Baukosten: 650 EUR/cbm		520.000,00 EUR
+ Baunebenkosten (8%, abgerundet)		41.000,00 EUR
Angemessene Herstellungskosten		561.000,00 EUR
./.25% Risikoabschlag		140.250,00 EUR
Herstellungskosten		**420.750,00 EUR**

abgerundet		**420.000,00 EUR**
+ Außenanlagen 5 % der Herstellungskosten		21.000,00 EUR
Bauwert		**441.000,00 EUR**

3. Ermittlung des Sachwertes		
Bodenwert		140.000,00 EUR
Bauwert		441.000,00 EUR
Sachwert		**581.000,00 EUR**

4. Ermittlung des Ertragswertes		
Wohnfläche: 191 qm		
Geschätzter Mietertrag: 15 EUR/qm		
Jahresrohertrag	34.380,00 EUR	
./. Bewirtschaftungskosten (25%)	8.595,00 EUR	
Zwischensumme		25.785,00 EUR
- 5 % Bodenwertverzinsung vom Bodenwert von 180.000,00 EUR		9.000,00 EUR
Jahresreinertrag		16.785,00 EUR
Kapitalisierungsfaktor = 20 bei einem Kapitalisierungszinsfuß von 5 %		335.700,00 EUR
+ Bodenwert		180.000,00 EUR
Ertragswert		**515.700,00 EUR**

5. Ermittlung der Beleihungsgrenze nach dem Ertragswertverfahren		
Beleihungswert		**515.700,00 EUR**
Beleihungsgrenze = 60 % des Beleihungswertes		309.420,00 EUR
Abgerundet auf volle 10.000,00 EUR		**300.000,00 EUR**

6. Ermittlung der Beleihungsgrenze nach dem Abschlagsverfahren		
Beleihungswert		**581.000,00 EUR**
Beleihungsgrenze = 60 % des Beleihungswertes		348.600,00 EUR
Abgerundet auf volle 10.000,00 EUR		**340.000,00 EUR**

Altenteil

Eine heutzutage hauptsächlich in ländlichen Gegenden noch häufig bestellte Reallast. Bei der Übergabe des Anwesens an seinen Sohn lässt der Landwirt in der Regel im notariellen Übergabevertrag für sich und seine Frau festschreiben, dass der Übernehmer zur Gewährung von Unterhaltsverpflichtungen durch Leistungen in Geld oder Naturalien verpflichtet ist. Häufig ist damit ein Wohnrecht verbunden, das spätestens mit dem Tod des Berechtigten erlischt.

Annuitätendarlehen

Ein Darlehen zur Deckung der für Finanzierungsmittel zu entrichtenden Zinsen und Tilgungen. Bei öffentlich geförderten Wohnobjekten werden die Mittel als öffentliche Mittel bezeichnet, die anstelle von öffentlichen Baudarlehen als Darlehen zur Deckung der für Finanzierungsmittel zu entrichtenden Zinsen oder Tilgungen bewilligt werden.

Anschlussgebühren

Gebühren für den Anschluss an die gemeindlichen Ver- und Entsorgungseinrichtungen wie Strom, Wasser, Gas und Kanal. Anschluss- und Benutzungszwang besteht.

Auflassung

Im Grundstücksverkehr beurkundete Eintragung über den Eigentumsübergang des Grundstücks. Die Auflassung findet beim Notar nach erfolgter Beurkundung des Kaufvertrages statt.

Auflassungsvormerkung

Im Grundbuch eingetragene Ankündigung des Eigentumswechsels. Sie dient dem Schutz des Grundstückskäufers bis zur Eigentumsumschreibung. Sie bewirkt die Unwirksamkeit späterer Eintragungen.

Außenanlagen

Zu den Außenanlagen gehören Entwässerungs- und Versorgungsanlagen ab Hausanschluss, die Hofbefestigung, Einfriedungen und Gartenanlagen. Sie bettragen durchschnittlich etwa 5% der Baukosten.

Bauwert

Es ist der ermittelte Verkehrswert eines Objekts. Es ist der Betrag anzusetzen, mit dem ein gleichartiges Gebäude unter Berücksichtigung der örtlichen Verhältnisse errichtet werden kann. Je nach Alter ist ein entsprechender Abschlag zu machen. Ausschlaggebend ist der Zeitwert. Für die Berechnung bedient man sich zweier verschiedener Methoden, dem Sachwertverfahren und dem Ertragswertverfahren. In Ausnahmefällen kann hier auch ein Mittelwert herangezogen werden.

Bauzeichnung

Es ist eine maßgerechte Zeichnung eines Bauwerks, d.h. aller Geschosse und Außenansichten sowie eines Schnitts durchs Treppenhaus. Alle Schnittstellen sind mit Maßen versehen. Zum Bauantrag wird ein Satz Zeichnungen im Maßstab 1:100 eingereicht. Dem Finanzierer ermöglicht die Einsicht eines ersten Überblicks über den Zuschnitt der Wohnungen, die Aufteilung der Zimmer, die Grundrissgestaltung usw.

Beleihungswert

Es ist eine vom jeweiligen Finanzierungsinstitut festgelegte Größe zur Beleihung einer Immobilie. Dieser Wert ist maßgeblich für die Bestimmung des Sicherheitenwertes und der Beleihungsgrenze. In der Regel liegt dieser Beleihungswert niedriger als der geschätzte Marktwert.

Bodenwert

Der Verkehrswert eines jeden Grundstücks wird durch den Preis bestimmt, der in dem Zeitpunkt, auf den sich die Ermittlung bezieht, zu erzielen wäre. Bei der Ermittlung sind alle Wert beeinflussenden Faktoren wie z.B. Abstandszahlungen, Ersatzleistungen, Steuern, Gebühren usw. mit zu berücksichtigen. Ebenfalls grundstücksbezogene Rechte, wie z.B. Durchfahrtsrecht. Die Bodenbeschaffenheit kann die Bebauung erheblich verteuern, somit den Bodenwert beeinflussen. Wichtig sind auch Oberflächenbeschaffenheit (Geländeneigung), Baugrund (aufgefülltes Gelände, Grundwasserstand), Bodenvorkommen (kies, Ton, Sand). Des Weiteren sind der Grundstückszuschnitt zu berücksichtigen, sowie der Erschließungsaufwand und der Zustand.

Erschließungskosten

Kosten für Straßen, Bürgersteige usw., die von der Gemeinde auf die Anwohner umgelegt werden.

Ertragswertverfahren

Es ist ein Verfahren zur Ermittlung des Verkehrswertes. Nach diesem Verfahren wird überwiegend der Gebäudewert ermittelt. Dabei ist von den nachhaltig erzielbaren Nettomieten auszugehen. In der Bankpraxis wird dieses Verfahren grundsätzlich bei vermieteten Objekten angewendet. In Ausnahmefällen wird der Mittelwert oder der Sachwert herangezogen. Erbbaugrundstücke sind grundsätzlich nach dem Ertragswertverfahren zu berechnen.

Festdarlehen

Langfristiges Darlehen, bei dem während der Laufzeit nur Zinsen anfallen, die Tilgung erfolgt in einer Summe am Ende der Laufzeit.

Finanzierungsplan

Auflistung der Eigenmittel, z.B. Bankguthaben, Wertpapiervermögen und Bausparguthaben. Auch Eigenleistungen zählen zu den Eigenmitteln, dürfen aber einen bestimmten Prozentsatz der Eigenmittel nicht überschreiten. Als fremde Mittel gelten Darlehen von der Kreditanstalt für Wiederaufbau (KfW—Kredite), Bank- und Bauspardarlehen.

Flurkarte

Die Gemarkungskarten der Katasterämter sind nach den natürlichen Zusammenhängen der Liegenschaften angelegt. Sie brauchen sich nicht mit den Grenzen der Gemeinde decken. Da sich das Kartenbild einer ganzen Gemarkung nicht immer auf einem Blatt darstellen lässt, ist oft eine Aufteilung auf mehrere Blätter erforderlich, die als Flurkarte bezeichnet werden.

Gespaltenes Ertragswertverfahren

Bei diesem Verfahren wird der Jahresreinertrag (Kaltmieten – Bewirtschaftungskosten) anteilig dem Boden (Grundstück und dem Gebäude zugeordnet).

Ermittlung des Ertragswertes:

Der Jahresrohertrag wird ermittelt durch die Multiplikation von Wohnfläche und Mietpreis pro Quadratmeter Kaltmiete. Vom Jahresrohertrag werden die Bewirtschaftungskosten abgezogen, und erhält so den Jahresreinertrag. Zu den Bewirtschaftungskosten zählen z. B. Verwaltungskosten und Instandhaltungskosten, Mietausfallrisiken.

Vom Jahresreinertrag wird die Bodenwertverzinsung abgezogen.

Ermittlung der Bodenwertverzinsung: Bodenwert x Kapitalisierungszinssatz : 100

Der Jahresreinertrag ist um die Bodenwertverzinsung zu vermindern, da der Bodenwert später getrennt erfasst wird.

Ermittlung des Gebäudereinertrags: Gebäudereinertrag x Vervielfältiger unter Berücksichtigung der Restnutzungsdauer

Der Ertragswert der Immobilie errechnet sich durch die Addition von Gebäudereinertrag und Bodenwert.

Formel:
Ertragswert = ((Jahresreinertrag – Bodenwertverzinsung) x Vervielfältiger) + Bodenwert

Grundbuch

Es ist ein öffentliches Register, welches beim zuständigen Amtsgericht über alle Grundstücke des betreffenden Bezirks geführt wird. Es genießt öffentlichen Glauben. Die Einsichtnahme in das Grundbuch ist für Berechtigte möglich. Das Grundbuch gibt Auskunft über das Bestandsverzeichnis, Abteilung I des Grundbuches über den Eigentümer des Grundstücks, Abteilung II des Grundbuchs über die Lasten und Beschränkungen des Eigentums, z.B. Nießbrauchrechte, Abteilung III des Grundbuches über eingetragene Hypotheken, Grundschulden und Rentenschulden.

Die bisher papiergebundenen Grundbücher werden zunehmend auf elektronische Medien umgestellt. Zu diesem Zweck werden die Grundbuchdaten in einer Datenbank abgelegt, die ausschließlich als Original gilt. Für die Abfrage benötigt der Berechtigte eine Zugriffserlaubnis.

Grunddienstbarkeit

Es handelt sich um eine Grundstücksbelastung zugunsten des jeweiligen Eigentümers eines anderen Grundstücks. Dabei sind bestimmte Nutzungen erlaubt oder gewisse Handlungen dürfen nicht vorgenommen werden. Der Eigentümer des herrschenden Grundstücks erhält also Rechte am dienenden Grundstück.

Grunderwerbsteuer

Es ist die steuerliche Belastung, die beim Kauf/Erwerb von bebauten und unbebauten Grundstücken anfällt. Sie beträgt zurzeit in den jeweiligen Bundesländern zwischen 3 % und 6,5 % des Kaufpreises.

Grundstückskaufvertrag	
§ 1 Kaufgegenstand	Grundstück, eingetragen im Grundbuch von Harksheyde, Blatt 2536

§ 2 Kaufpreis	Der Kaufpreis beträgt 180.000,00 EUR (in Worten: Einhundertachtzigtausend Euro). Er ist fällig am ..., sofern bis zu diesem Zeitpunkt eine Verzichtserklärung der Gemeinde Harksheyde auf ihr Vorkaufsrecht vorliegt und eine Auflassungsvormerkung zu Gunsten des Käufers im Grundbuch eingetragen ist.
§ 3 Wirtschaftlicher Übergang	Als wirtschaftlichen Übergangs vereinbaren die Beteiligten den ..., sofern die vollständige Kaufpreiszahlung erfolgt ist. Mit Übergabe gehen alle Nutzungsrechte und alle Lasten auf den Käufer über.
II Auflassung	
Die Beteiligten sind sich darüber einig, dass das Eigentum an dem aufgeführten Grundbesitz auf den Käufer übergeht.	
III Auflassungsvormerkung	
Zur Sicherung des Anspruchs auf Eigentumsübertragung beantragt und bewilligt der Verkäufer die Eintragung einer Auflassungsvormerkung zu Gunsten des Käufers.	
IV Kosten	
Die Kosten des Vertrages trägt der Käufer.	
V Antragstellung	
Die Beteiligten bevollmächtigen den Notar, die erforderlichen Genehmigungen einzuholen und die Grundbuchänderung zu veranlassen.	
Diese Niederschrift wurde den Erschienenen vom Notar vorgelesen, von ihnen genehmigt und von ihnen sowie dem Notar eigenhändig unterschrieben.	

Grundschuld

Die Grundschuld kann als Briefgrundschuld oder Buchgrundschuld bestellt werden. Sie kennt im Gegensatz zur Hypothek keine Bindung an eine persönliche Forderung und stellt eine unbedingte Zahlungsverpflichtung aus dem Grundstück dar. Sie setzt nach dem Gesetz eine Forderung nicht voraus, dient aber i.d.R. durch Vereinbarung von Gläubiger und Schuldner zur Sicherung einer persönlichen Forderung. Die Verbindung von Forderung zur Grundschuld wird über den Sicherungszweck hergestellt. Die Sicherungsabrede darf nicht in das Grundbuch eingetragen werden.

Hypothek

Es ist die dingliche Sicherung einer persönlichen Forderung an einem Grundstück. Anders als bei der Grundschuld ist die Hypothek abhängig von der ihr zugrunde liegenden Forderung. Ist diese aus speziellen Gründen nichtig, so ist auch die Hypothek zu löschen. Umgangssprachlich wird als Hypothek jede mögliche Form der Baufinanzierungskredite bezeichnet. Daher ist dieser Name auch in vielen Baufinanzierungsprodukten enthalten.

Liegenschaftsbuch

Es wird beim zuständigen Katasteramt geführt. Dort sind alle Grundstücke eines Bezirks erfasst. Die angegebenen Größen sind verbindlich und entsprechen den aktuellen Vermessungsergebnissen. Zu den Beleihungsunterlagen zählt der Auszug aus dem Liegenschaftsbuch.

Löschungsbewilligung

Es ist eine öffentlich-beglaubigte Erklärung des Berechtigten, dass er der Löschung einer zu seinen Gunsten eingetragenen Grundschuld zustimmt.

Öffentlicher Glaube des Grundbuchs

Auf den Inhalt des Grundbuchs und seine Richtigkeit kann sich jedermann verlassen. Beim Bestandsverzeichnis gilt dies nur für die Angaben zur Gemarkung, Flur und Flurstück.

Rangregeln

Die zeitliche Reihenfolge des Eintrags beim Grundbuchamt ist ausschlaggebend für die Reihenfolge der eingetragenen Rechte. Innerhalb einer Abteilung gilt die nummerische Reihenfolge.

Rentenschuld

Es ist eine Sonderform der Grundschuld, da kein Kapital, sondern eine Rente aus dem Grundstück zu zahlen ist. Dabei wird eine Grundschuld in der Weise bestellt, dass in regelmäßig wiederkehrenden Terminen eine bestimmte Geldsumme aus dem Grundstück zu zahlen ist. Bei der Bestellung ist eine Ablösesumme im Grundbuch anzugeben. Das Recht zur Ablösung steht dem Eigentümer zu. Die Rentenschuld kommt häufig vor bei Altenteilverträgen.

Sachwertverfahren

Dieses Berechnungsverfahren wird nur auf den Gebäudeteil angewendet. Dabei sind die Herstellungskosten des Gebäudes sowie die Außenanlagen und die Nebenkosten unter Berücksichtigung der technischen und wirtschaftlichen Wertminderung zu würdigen.

Selbstauskunft

Es handelt sich hierbei um ein meist vorgefertigtes Formular zur Selbstbefragung eines Kreditantragstellers über seine Einkommens- und Vermögenssituation. Die Selbstauskunft ersetzt nicht die Notwendigkeit, nach § 18 Kreditwesengesetz die Einkommenssituation eines Kreditkunden genau zu überprüfen.

Tilgungsdarlehen

Langfristiges Darlehen mit regelmäßigen Ratentilgungen. Die Restschuld nimmt mit fortschreitender Zeitdauer insofern ab, dass der Tilgung der freiwerdende Zinsanteil zugeschlagen wird.

Unbedenklichkeitsbescheinigung

Bestätigung des Finanzamtes, dass die Grunderwerbsteuer bezahlt wurde. Sie ist die Voraussetzung der Eigentumsumschreibung im Grundbuch.

Verkehrswert

Der Verkehrswert stellt einen geschätzten Verkaufspreis dar und bildet die Grundlage für Wertgrenzen (z.B. die Ermittlung des Beleihungswertes).

Zwangsvollstreckungsklausel

Kreditinstitute verlangen, dass sich der Eigentümer bereits durch eine entsprechende Willenserklärung in der Urkunde zur Bestellung des Grundpfandrechts freiwillig der Zwangsvollstreckung unterwirft. Die Zwangsvollstreckungsklausel wird bei dem betreffenden Grundpfandrecht in das Grundbuch eingetragen. Das Kreditinstitut als Grundpfandrechtsgläubiger gelangt damit ohne langwieriges Prozessverfahren zu einem vollstreckbaren Titel. Durch Befriedigung des Gläubigers im Wege der Zwangsvollstreckung erlischt das Grundpfandrecht kraft Gesetz.

Zwischenfinanzierung

Es ist die Bereitstellung kurz- und mittelfristiger Bargelder, deren Ablösung durch Mittel der Endfinanzierung sichergestellt ist. Häufig wird ein zuteilungsreifer, aber noch nicht zugeteilter Bausparvertrag durch eine Zwischenfinanzierung vorfinanziert. Das Darlehen wird dann in Höhe der Bausparsumme von der Bausparkasse oder der Geschäftsbank vorfinanziert. Die Sicherung erfolgt gleichfalls durch eine Grundschuld zugunsten der Bausparkasse oder des finanzierenden Kreditinstituts. Die Rückzahlung des Darlehens erfolgt bei Zuteilung des Bausparvertrags.

Auszug aus der Zivilprozessordnung (ZPO)

§ 800 (Vollstreckbare Urkunde gegen den jeweiligen Grundstückseigentümer)

> (1) Der Eigentümer kann sich in einer ... in einer aufgenommenen Urkunde in Ansehung einer Hypothek, einer Grundschuld oder einer Rentenschuld der sofortigen Zwangsvollstreckung in der Weise unterwerfen, dass die Zwangsvollstreckung aus der Urkunde gegen den jeweiligen Eigentümer des Grundstücks zulässig sein soll. Die Unterwerfung bedarf in diesem Falle der Eintragung in das Grundbuch.
> (2) Bei der Zwangsvollstreckung gegen einen späteren Eigentümer, der im Grundbuch eingetragen ist, bedarf es nicht der Zustellung der den Erwerb des Eigentums nachweisenden öffentlichen oder öffentlich beglaubigten Urkunde.
> (3) Ist die sofortige Zwangsvollstreckung gegen den jeweiligen Eigentümer zulässig, so ist für die ... Klagen das Gericht zuständig, in dessen Bezirk das Grundstück gelegen ist.

Ermittlung des Sachwertes:

Bodenwert = Grundstücksfläche x Grundstückspreis pro qm

Bauwert = Herstellungswert – Abschreibungen + Außenanlagen – Sicherheitsabschlag + Baunebenkosten

6.1.2 Finanzierung einer Eigentumswohnung durch Bauspardarlehen

Das Bauspardarlehen ist der Anspruch auf ein für wohnwirtschaftlich zu verwendendes Tilgungsdarlehen. Die Voraussetzungen für die Inanspruchnahme sind die Erreichung der Mindestansparsumme und der notwendigen Bewertungskennziffer. Die Darlehenshöhe ergibt sich aus der Differenz zwischen der Bausparsumme und dem Bausparguthaben.

Lernsituation

Gerhard Lange (32 Jahre alt) hat von seinem verstorbenen Vater einen Bausparvertrag geerbt. Auf Anfrage teilt ihm die Bauspar AG am 20. Dezember 20.. folgende Daten mit:

Bausparübersicht	
Bausparsumme	75.000,00 EUR
Bausparguthaben	29.522,00 EUR
Sparzinssatz	0,10% p.a.
Darlehenszinssatz	2,35% p.a.
Mindestansparsumme	40%
Mindestlaufzeit	18 Monate
Regelsparbeitrag	3 Promille der Bausparsumme pro Monat
Leistung nach Valutierung	6 Promille der Bausparsumme pro Monat
Zuteilung	30. Juni des nächsten Jahres
Vertragsabschluss	16. Mai vor vier Jahren

Aufgaben

Da Herr Lange einige Informationen dieses Auszuges nicht ganz versteht, wendet er sich an seinen Kundenberater bei der Nordbank AG.

a) Erläutern Sie Herrn Lange,

- was für ihn die Inanspruchnahme der „Zuteilung des Bausparvertrages" bedeutet und
- welche zusätzliche Voraussetzungen für die Zuteilung erfüllt sein müssen.

b) Herr Lange möchte wissen, ob er die Regelsparbeiträge weiter leisten muss, um bis zum 30. Juni des nächsten Jahres.. die Mindestansparsumme zu erreichen. Begründen Sie Ihre Entscheidung.

c) Ermitteln Sie die monatliche Belastung nach erfolgter Zuteilung des Bauspardarlehens.

Herr Lange möchte sofort eine Eigentumswohnung mit Tiefgaragenstellplatz erwerben, die von der NordImmobilien AG aktuell angeboten wird. Die Gesamtkosten belaufen sich auf 195.000,00 EUR. Das Angebot der NordImmobilien AG ist auf Ende Februar 2018 befristet. Herrn Lange stehen keine weiteren Eigenmittel zur Verfügung. Wegen der Finanzierung bittet Herr Lange die Nordbank AG um ein Kreditgespräch.

Sie als Kundenberater/in der Nordbank AG bereiten das Kreditgespräch vor.

d) Beschreiben Sie kurz die einzelnen Phasen dieses Kreditgesprächs.

e) Ermitteln Sie den Eigenfinanzierungsanteil von Herrn Lange.

Aufgrund seines gesicherten und hohen Einkommens ist seine personelle und materielle Kreditwürdigkeit jedoch ohne jeden Zweifel.

f) Wie kann die Nordbank AG Herrn Lange bei Finanzierung des Erwerbs der Eigentumswohnung helfen?

g) Entwickeln Sie einen Vorschlag zur zweckmäßigen Sicherung der notwendigen Darlehen.

Herr Lange und die NordImmobilien AG einigen sich über die Verkaufsmodalitäten. Der Verkauf wird vereinbarungsgemäß abgewickelt:

Abwicklung des Verkaufs

05.02.20..	Abschluss des Kaufvertrages
09.02.20..	Notarieller Abschluss des Kaufvertrages
09.02.20..	Auflassung
14.02.20..	Eintragung einer Auflassungsvormerkung zu Gunsten von Herrn Lange und erste Teilzahlung des Kaufpreises
14.03.20..	Eintragung der Eigentumsübertragung im Grundbuch und zweite Teilzahlung des Kaufpreises
28.03.20..	Eintragungsbestätigung des Notars und Aushändigung des neuesten Grundbuchauszuges
03.04.20..	Übergabe der Schlüssel zur frisch renovierten Eigentumswohnung und Restzahlung des Kaufpreises

h) An welchem Tag hat Herr Lange einen schuldrechtlichen Anspruch auf die Eigentumsübertragung erworben?

i) Aus welchem Grund wurde für Herrn Lange eine Auflassungsvormerkung eingetragen?

j) An welchem Tag hat Herr Lange das Eigentum an der Wohnung erworben?

Im Kaufvertrag zur Eigentumswohnung findet Herr Lange den Hinweis, dass er als Käufer der Eigentumswohnung ein Sondereigentum, gemeinschaftliches Eigentum und ein Sondernutzungsrecht erwirbt.

Herr Lange bittet Sie als Kundenberater/in der Nordbank AG, ihm diese drei Rechte zu erklären.

k) Erklären Sie Herrn Lange diese drei Rechte im Kaufvertrag.

INFO

Annuitätendarlehen

Es ist ein Kredit, der in gleich bleibenden Raten getilgt wird. Dabei setzt sich die Rate aus dem Zins und der Tilgung zusammen. Im Zeitablauf steigt der Tilgungsanteil zu Lasten des Zinsanteils an.

Ansparphase

In der Ansparphase wird notwendige Mindestguthaben durch regelmäßige Sparbeiträge und eventuelle Sonderzahlungen angesammelt. Die Höhe für die Guthabenzinsen hängt vom jeweiligen Tarif ab.

Darlehensphase

In der Darlehensphase wird das vereinbarte Bauspardarlehen zurückgezahlt. Dabei gelten die bei Vertragsschluss vereinbarten Darlehenszinsen. I.d.R. beläuft sich der Rückzahlungsbetrag (Tilgung + Zinsen) auf monatlich 6 Promille der Bausparsumme.

Laufzeit

Bei Bauspardarlehen werden feste Zins und Tilgungsleistungen zugrunde gelegt. Deswegen lässt sich schon bei Darlehensauszahlung die Laufzeitdauer genau berechnen.

Sicherheiten

Als Sicherheit werden i.d.R. nachrangige Grundpfandrechte verwendet. Sie belaufen sich auf 80% des Beleihungswertes.

Tilgungsverrechnung

Bei der taggenauen Tilgungsverrechnung werden die Rückzahlungsbeträge grundsätzlich taggenau analog der Kontokorrentmethode auf die Restschuld verrechnet.

Zuteilung

Mit der Zuteilung erreicht der Bausparer sein Vertragsziel. Er kann ohne Kündigung und nach Stellung ausreichender Sicherheiten über das Bauspardarlehen verfügen.

Zwischenfinanzierung

Bereitstellung von kurz- und mittelfristigen Baugeldern, die durch die Endfinanzierungsmittel, z.B. durch ein Bauspardarlehen abgelöst werden.

Ablauf eines Immobiliarkredit-Beratungsgesprächs

Phase 1

Bereitstellung allgemeiner Produktinformationen durch jeden Mitarbeiter bzw. Primärbetreuer nach § 675 a Abs. 2 BGB

Phase 2

Beratungsgesprächsanbahnung entweder Online oder stationär durch den Primärbetreuer

Vgl. § 511 BGB / Art. 247 § 18 EGBGB –

Aushändigung vorvertraglicher Informationen, Beratungsvertrag

Aushändigung des Standardisierten Informationsblatts zur Kreditwürdigkeitsprüfung , vgl. Art. 247 § 1 Abs. 1 Satz 2 EGBGB –

Phase 3

Kundenkontakt und Beratungsgespräch mit dem Baufinanzierungsspezialisten

Darlehensvermittlung nach § 655 a BGB

Beratung und Dokumentation

Phase 4

Produktauswahl und Bonitätsanalyse durch den Baufinanzierungsspezialisten

Kreditwürdigkeitsprüfung nach § 505 a, b, d BGB –§ 511 Abs. 3 BGB –

Schriftliche Produktempfehlung nach Art. 247 § 1 Abs. 2 EGBGB - und Bereitstellung ESIS – Formular (Europäisches Standardinformationsblatt)

Phase 5

Beleihungswertermittlung / Beschlussvorlage / Bewilligung / Verträge

Immobilienbewertung nach § 505 c BGB –

Phase 6

Vertragslaufzeit vereinbaren;

Hinweis auf Vorzeitige Rückzahlung und Vorfälligkeitsentschädigung bei vorzeitiger Rückzahlung nach § 493 Abs. 5 und § 500 Abs. 2 BGB –Art. 247 § 15 Abs. 2 EGBGB – Hinweis auf Änderungszinssatz bei Folgefinanzierung

Hinweis auf Außerordentliche Kündigung § 498 BGB –

Hinweis auf Widerrufsrecht nach § 355 BGB

6.1.3 Grundpfandrechte

Ein Grundpfandrecht ist die Belastung eines Grundstücks mit einer Hypothek oder Grundschuld, vornehmlich zum Zweck der Kreditbesicherung. Grundpfandrechte können auch zu Lasten von grundstücksgleichen Rechten (Wohnungseigentum, Erbbaurecht) bestellt werden. Über die Hypothek oder Grundschuld wird grundsätzlich ein Brief erteilt. Ist der Brief vertraglich ausgeschlossen, wird im Grundbuch ein Vermerk eingetragen, z. B. brieflos oder Grundschuld ohne Brief.

6.1.3.1 Grundstückskaufvertrag und Beurkundung

Der Grundstückskaufvertrag verpflichtet einen Vertragspartner, das Eigentum an einem Grundstück zu erwerben und bedarf der notariellen Beurkundung. Der Vertrag ist die Grundlage einer späteren Eigentumsübertragung (Auflassung).

Lernsituation

Susanne Mertens ist 35 Jahre alt. Frau Mertens beabsichtigt mit ihrer Familie in Appen im Landkreis Pinneberg, ein Einfamilienhaus errichten zu lassen. Sie ist verheiratet und hat zwei Kinder im Alter von 6 und 8 Jahren. Jens Mertens (38 Jahre alt) absolviert zurzeit ein Fernstudium an der Fernuniversität Hagen und ist hauptsächlich für die Versorgung der Kinder zuständig.

Die Bauunternehmung Eurobau GmbH in Pinneberg hat Frau Mertens bereits ein interessantes Baugrundstück gezeigt, auf dem insgesamt 10 Einfamilienhäuser errichtet und schlüsselfertig zum Preis von je 480.000,00 EUR am 01.11.20.. übergeben werden sollen.

Bevor der Grundstückskaufvertrag notariell beurkundet wird, bittet Frau Mertens den Notar Hans Eichhorn aus Pinneberg um einige Auskünfte über das Grundstück.

Aufgaben

a) Warum werden Grundstückskaufverträge grundsätzlich notariell beurkundet?
b) Welche Rechtshandlungen sind zur Eigentumsübertragung aus gesetzlichen Gründen erforderlich?

INFO

Beurkundung von Grundstückskaufverträgen

Notar

Der Notar ist als unabhängiger Träger eines öffentlichen Amtes unparteiischer Betreuer der Beteiligten.

Notarielle Beurkundung

Ein Vertrag über die Übertragung oder den Erwerb von Eigentum an einem Grundstück sowie die Belastung eines Grundstücks bedarf einer notariellen Beurkundung. Ist die Vereinbarung nicht beurkundet, ist sie nichtig.

Formvorschriften bei Grundstücksgeschäften

Die Urkunde muss den Beteiligten vollständig vorgelesen werden. Dabei sollen sie Gelegenheit haben, Zwischenfragen zu stellen. Auch die Anlagen, wie Baubeschreibung müssen ggf. vorgelesen werden. Karten und Zeichnungen sind der Niederschrift beizufügen. (gemäß §§ 8 bis 16 Beurkundungsgesetz)

Auszug aus dem Beurkundungsgesetz

§ 11 (Feststellung über die Geschäftsfähigkeit)

(1) Fehlt einem Beteiligten nach der Überzeugung des Notars die erforderliche Geschäftsfähigkeit, so soll die Beurkundung abgelehnt werden. ...

§ 13 (Vorlesen, genehmigen, unterschreiben)

(3) Die Niederschrift muss in Gegenwart des Notars den Beteiligten vorgelesen, von ihnen genehmigt und eigenhändig unterschrieben werden ... Die Niederschrift soll den Beteiligten auf Verlangen vor der Genehmigung auch zur Durchsicht vorgelegt werden.

Prüfungs- und Belehrungspflichten

§ 17 (Grundsatz)

(1) Der Notar soll den Willen der Beteiligten erforschen, den Sachverhalt klären, die Beteiligten über die rechtliche Tragweite des Geschäfts belehren und ihre Erklärungen klar und unzweideutig in der Niederschrift wiedergeben. Dabei soll er darauf achten, dass Irrtümer und Zweifel vermieden sowie unerfahrene und ungewandte Beteiligte nicht benachteiligt werden.
(2) Bestehen Zweifel, ob das Geschäft dem Gesetz oder dem wahren Willen der Beteiligten entspricht, so sollen die Bedenken mit den Beteiligten erörtert werden.

§ 20 (Gesetzliches Vorkaufsrecht)

Beurkundet der Notar die Veräußerung eines Grundstücks, so soll er, wenn ein gesetzliches Vorkaufsrecht in Betracht kommen könnte, darauf hinweisen und dies in der Niederschrift vermerken.

§ 21 (Grundbucheinsicht, Briefvorlage)

(1) Bei Geschäften, die im Grundbuch eingetragene oder einzutragene Rechte zum Gegenstand haben, soll sich der Notar über den Grundbuchinhalt unterrichten.

Auszug aus dem Bürgerlichen Gesetzbuch (BGB)

§ 311 b (Verträge über Grundstücke ...)

(1) Ein Vertrag, durch den sich der eine Teil verpflichtet, das Eigentum an einem Grundstück zu übertragen oder zu erwerben, bedarf der notariellen Beurkundung. Ein ohne Beachtung dieser Form geschlossener Vertrag wird seinem ganzen Inhalt nach gültig, wenn die Auflassung und die Eintragung in das Grundbuch erfolgen.

Erwerb und Verlust des Eigentums an Grundstücken

§ 925 (Auflassung)

(1) Die zur Übertragung des Eigentums an einem Grundstück nach § 873 erforderlich Einigung des Veräußerers und des Erwerbers (Auflassung) muss bei gleichzeitiger Anwesenheit beider Teile vor einer zuständigen Stelle geklärt werden. Zur Entgegennahme der Auflassung ist ... jeder Notar zuständig. ...

§ 925 a (Urkunde über Grundgeschäft)

Die Erklärung einer Auflassung soll nur entgegengenommen werden, wenn die nach § 313 Satz 1 erforderliche Urkunde über den Vertrag vorgelegt oder gleichzeitig errichtet wird.

§ 926 (Zubehör des Grundstücks)

(1) Sind der Veräußerer und der Erwerber darüber einig, dass sich die Veräußerung auf das Zubehör des Grundstücks erstrecken soll, so erlangt der Erwerber mit dem Eigentum an dem Grundstück auch das Eigentum an den zur Zeit des Erwerbs vorhandenen Zubehörstücken, soweit sie dem Veräußerer gehören. Im Zweifel ist anzunehmen, dass sich die Veräußerung auf das Zubehör erstrecken soll.

6.1.3.2 Wesentliche Bestandteile und Zubehör eines Grundstücks

Zu den wesentlichen Bestandteilen eines Grundstücks gehören mit dem Grundstück fest verbundene Sachen, z.B. Gebäude sowie Erzeugnisse des Grundstücks, z.B. Pflanzen und damit verbundene Früchte. Zum Zubehör eines Grundstücks zählen alle beweglichen Sachen, die ohne wesentlicher Bestandteil des Grundstücks zu sein dem wirtschaftlichen Zwecke der Hauptsache dienen.

Lernsituation

Das Ehepaar Rienke plant den Bau eines Einfamilienhauses. Die Bauunternehmung Eurobau GmbH in Pinneberg hat Familie Rienke ein interessantes Baugrundstück von 934 qm angeboten, auf das das geplante Einfamilienhaus errichtet werden soll. Bisher wurde das Flurstück von insgesamt 10.000 qm forst- und landwirtschaftlich genutzt. Es befinden sich auf dem Grundstück ein paar Apfel- und Birnbäume. Bevor der Grundstückskaufvertrag notariell beurkundet wird, bittet Frau Rienke den Notar Hans Eichhorn aus Pinneberg um einige Auskünfte über das Grundstück.

Aufgaben

a) Da das Grundstück zum Teil für das Bauvorhaben vorbereitet werden muss, möchten beide Ehepartner auch aus Kostengründen wissen, wer für die Beseitigung z.B. einiger Bäume auf dem Grundstück zuständig ist.

b) Erklären Sie an Beispielen die Begriffe
- „wesentliche Bestandteile" und
- „Zubehör" eines Grundstücks.

c) Ordnen Sie die folgenden Sachen den Begriffen „wesentliche Bestandteile" und „Zubehör" sowie den wesentlichen Bestandteilen und dem Zubehör nicht zuzuordnenden Sachen zu:

Sache	wesentlicher Bestandteil	Zubehör
1. Altes Stallgebäude, halbunterkellert		
2. landwirtschaftliche Geräte, z.B. Mähmaschine, Traktor, die im Stallgebäude untergebracht sind		
3. Ein Wohnwagen, der auf dem Grundstück abgestellt ist		
4. 10 ca. 13 m hohe Fichten		
5. Äpfel an 5 Apfelbäumen		
6. 5 Stapel Kaminholz		

d) Stellen Sie fest, inwieweit die oben angeführten Sachen für die Bewertung des Grundstücks bedeutsam sind.

e) Wer trägt die Kosten für die Beseitigung und Entsorgung wesentlicher Bestandteile des Grundstücks, z. B. einiger Bäume und des Stallgebäudes?

INFO

Auszug aus dem Bürgerlichen Gesetzbuch (BGB)

§ 93 (Wesentliche Bestandteile einer Sache)

Bestandteile einer Sache, die voneinander nicht getrennt werden können, ohne dass der eine oder andere zerstört oder in seinem Wesen verändert wird (wesentliche Bestandteile), können nicht Gegenstand besonderer Rechte sein.

§ 94 (Wesentliche Bestandteile eines Grundstücks oder Gebäudes)

(1) Zu den wesentlichen Bestandteilen eines Grundstücks gehören die mit dem Grund und Boden fest verbundenen Sachen, insbesondere Gebäude, sowie die Erzeugnisse des Grundstücks, solange sie mit dem Boden zusammenhängen. Samen wird mit dem Aussäen, eine Pflanze wird mit dem Einpflanzen wesentlicher Bestandteil des Grundstücks.
(2) Zu den wesentlichen Bestandteilen eines Gebäudes gehören die zur Herstellung des Gebäudes eingefügten Sachen.

§ 95 (Nur vorübergehender Zweck)

(1) Zu den Bestandteilen eines Grundstücks gehören solche Sachen nicht, die nur zu einem vorübergehenden Zwecke mit dem Grund und Boden verbunden sind. ...

§ 97 (Zubehör)

(1) Zubehör sind bewegliche Sachen, die, ohne Bestandteile der Hauptsache zu sein, dem wirtschaftlichen Zwecke der Hauptsache zu dienen bestimmt sind und zu ihr in einem dieser Bestimmung entsprechenden räumlichen Verhältnisse stehen. Eine Sache ist nicht Zubehör, wenn sie im Verkehre nicht als Zubehör angesehen wird.

6.1.3.3 Das Grundbuch

Das Grundbuch ist ein amtliches Register, das in Teilen öffentlichen Glauben genießt. Es legt die Rechtsverhältnisse eines Grundstücks offen und gibt Auskunft über Lasten und Beschränkungen eines Grundstücks.

Das Grundbuch gliedert sich in folgende Bereiche:

- Aufschrift, bestehend aus dem Bezirk, in dem das Grundbuch geführt wird sowie Band- und Blattnummer.
- Bestandsverzeichnis, nennt die Lage, Größe und Wirtschaftsart eines Grundstücks. Zudem wird das Recht des herrschenden Grundstücks hier eingetragen, z.B. ein Wegerecht des Eigentümers über ein anderes Grundstück.
- Die Abteilung I enthält die Eigentumsverhältnis und die Grundlage der Eintragung, z.B. Auflassung, Erbschein.
- Die Abteilung II gibt Auskunft über die Lasten und Beschränkungen des Grundstücks.
- In der Abteilung III werden Grundpfandrechte eingetragen; die Grundschulden, als Sonderform Rentenschuld mit Gesamtablösungsbetrag, und Hypothekenschulden.

Lernsituation

In der II. Abteilung eines Grundbuchauszuges befinden sich die nachstehenden Eintragungen:

Eintragungen in der II. Abteilung des Grundbuchs	Art der Belastung und Beschränkung
1. Die Mobilcom AG hat das Recht, eine Mobilfunkantenne auf dem Grundstück zu unterhalten. Unter Bezugnahme auf die Bewilligung vom 12. August 1998 eingetragen am 20. September 1998	
2. Die Holzbrücke auf Grundstück „Flur 12“, Flurstück 123/2, auf Dauer in benutzbarem Zustand zu halten. Gemäß Bewilligung vom 14. Juli 20.. eingetragen am 1. August 20.. .	
3. Niesbrauch für Cäcilie Caspari geb. Kuberra aus Ap-	

pen geboren am 2. November 1918. Zur Löschung genügt der Nachweis des Todes der Berechtigten. Gemäß Bewilligung vom 6. Juni 20.. eingetragen am 21. Juli 20.. .	
4. Das Grundstück ist bei einer Veräußerung an Dritte zunächst dem Jens Wilke, Pinneberg, zum Kauf anzubieten. Gemäß Bewilligung vom 3. November 20.. eingetragen am 17. November 20.. .	
5. Vormerkung zur Sicherung des Rechts auf Eigentumsübertragung zu Gunsten von Daniel Schwertfeger, geb. 27. Oktober 1962. Unter Bezugnahme auf die Bewilligung vom 21. März 2002 eingetragen am 18. April 2002.	
6. Lebenslanges unentgeltliches Wohnrecht für Bernd Harms, geb. 12. August 1948. Zur Löschung des Rechts genügt der Nachweis des Todes. Unter Bezugnahme auf die Bewilligung vom 6. Februar 2011 eingetragen am 15. April 2011.	
Eintragungen in Abteilung III:	Art der Belastung
Lfd. Nr. 1: Fünfzigtausend Euro Grundschuld, brieflos, mit 15 vom Hundert jährlich verzinslich für die Nordbank AG. Der jeweilige Eigentümer ist der sofortigen Zwangsvollstreckung unterworfen. Unter Bezugnahme auf die Eintragungsbewilligung vom 02.08.2013 eingetragen am 12.09.2013.	

Aufgaben

a) Aus welchen Gründen könnten diese Eintragungen vorgenommen worden sein?

b) Wie können Eintragungen im Grundbuch grundsätzlich veranlasst werden?

c) Bestimmen Sie die Rangfolge der eingetragenen Rechte im Grundbuch.

d) Welche Bedeutung hat die Eintragung Nr. 4 für den Käufer des Grundstücks ?

e) Welchen rechtlichen Wert hat die Eintragung Ziffer 5?

In Abteilung II des Grundbuchs ist ein Geh- und Fahrrecht eingetragen.

i) Beschreiben Sie eine Pflicht, die sich für den Grundstückseigentümer aus der in Abteilung II des Grundbuchs eingetragenen Last ergibt!

j) Entscheiden Sie, wie sich diese Eintragung auf den Wert der Immobilie auswirkt und begründen Sie Ihre Entscheidung!

Die Eintragung unter Nr. 3 soll aufgrund einer Abfindungsregelung mit Frau Caspari gelöscht werden. Herr Wilke möchte sein unter Nr. 4 eingetragenes Vorkaufsrecht nicht wahrnehmen.

h) Welche Schritte müssen zur Löschung dieser Rechte unternommen werden?

i) Im Kreditvertrag (wurde ein Darlehenszins von 2,3% p.a. vereinbart. Im Grundbuch (Nr. 1, Abteilung III) hatte die Nordbank eine Grundschuld mit einem Zinssatz von 15% eintragen lassen. Wie ist dieser Sachverhalt zu erklären?

j) Welche Bedeutung hat die Unterwerfung des Eigentümers im Grundbuch Nr. 1 Abteilung III?

INFO

Auflassungsvormerkung

Es ist eine Maßnahme zur Sicherung des schuldrechtlichen Anspruchs auf Übertragung des Eigentums an einem Grundstück.

Grunddienstbarkeit

Es sind Grundstücksbelastungen zugunsten des Eigentümers an einem anderen Grundstück. Sie beziehen sich auf bestimmte Benutzungen oder Unterlassungen von Handlungen. Der jeweilige Eigentümer des herrschenden Grundstücks erhält das Recht am dienenden Grundstück.

Beschränkt persönliche Dienstbarkeit

Es ist eine Grundstücksbelastung, die dem Begünstigten das Recht gibt, das Grundstück in bestimmter Weise zu nutzen. Das Besondere daran, dass dieses Recht nicht dem Eigentümer eines anderen Grundstücks sondern einer bestimmten Person zusteht.

Vorkaufsrecht

Der Begünstigte des eingetragenen Vorkaufsrechts kann verlangen, dass ihm das Grundstück im Veräußerungsfall zunächst zu den gleichen Bedingungen übertragen wird, die dem Dritten angeboten wurden.

Reallast

Es ist die dingliche Belastung eines Grundstücks in der Weise, dass an den Berechtigten eine wiederkehrende Leistung aus dem Grundstück zu entrichten ist.

Nießbrauch

Es ist die Belastung eines Grundstücks in der Weise, dass der Berechtigte eine entsprechende Nutzung erhalten kann.

Wohnrecht

Es ist eine Dienstbarkeit, die die Nutzung einer oder mehrerer Wohnungen beinhaltet.

Grundschuld

Die Grundschuld ist die Belastung eines Grundstücks in der Weise, dass eine bestimmte Geldsumme aus dem Grundstück zu zahlen ist. Sie dient dem Gläubiger zur Sicherung seiner Forderungen gegenüber dem Schuldner. Sie kann als Brief- oder Buchgrundschuld bestellt werden. Wird eine Buchgrundschuld gewünscht, muss die Ausstellung eines Grundschuldbriefes im Grundbuch ausgeschlossen werden.

Zwangsvollstreckungstitel nach § 800 Zivilprozessordnung

Er wird bei dem entsprechenden Grundpfandrecht eingetragen. Dabei unterwirft sich der Eigentümer des Grundstücks freiwillig der sofortigen Zwangsvollstreckung. Der Grundpfandrechtsgläubiger kann damit ohne langwieriges Prozessverfahren sein Recht im Zuge einer Zwangsversteigerung durchsetzen.

Hypothek

Die Hypothek ist die Belastung eines Grundstücks in der Weise, dass an denjenigen, zu dessen Gunsten sie eingetragen ist, eine bestimmte Geldsumme wegen einer ihm zustehenden Forderung zu zahlen ist.

Rentenschuld

Die Rentenschuld ist eine Sonderform der Grundschuld. Bei der Rentenschuld ist kein Kapital sondern eine wiederkehrende Leistung zu zahlen. Wichtig ist, dass bei der Bestellung der Rentenschuld eine Ablösesumme im Grundbuch anzugeben ist. Sie wird in Abteilung III des Grundbuchs eingetragen. Die Rentenschuld kommt häufig bei Altenteilverträgen und Instandhaltungsrücklagen vor.

Rangfolge der Eintragungen im Grundbuch

Bei der Befriedigung der Rechte aus Grundbucheintragungen gilt grundsätzlich die zeitliche Abfolge. Eine Abänderung davon ist im Grundbuch einzutragen (Rangvorbehalt). Innerhalb einer Abteilung gilt die nummerische Reihenfolge der Eintragungen.

Grundbuchbestellungen/Grundbucheintragungen

Eintragungen im Grundbuch werden nur auf Antrag vorgenommen (siehe Grundbuchordnung). Sie können sowohl vom Betroffenen als auch vom Begünstigten gestellt werden. Antragsberechtigt ist nur der Notar. Beim Grundbuchamt werden Anträge nach der Reihenfolge ihres Eingangs bearbeitet. Der Grundbucheintrag selbst wird nur mit Bewilligung desjenigen vorgenommen, dessen Rechte betroffen sind. Beispiel: Löschungsbewilligung.

Löschungsbewilligung

Es ist eine öffentlich beglaubigte Erklärung des Berechtigten, dass er sein Recht am betreffenden Grundstück aufgibt.

6.1.4 Der notleidende Kredit

Notleidende Kredite sind Darlehen, bei denen die Zins- und Tilgungszahlungen ausfallen oder die Werthaltigkeit der Sicherheit abnimmt.

Lernsituation

Herr Julian Sczymcak, wohnhaft in Hamburg, ist Privatkunde der Nordbank AG in Hamburg. Herr Sczymcak hatte ein Verbraucherdarlehen bei der Nordbank AG über 10.000,00 EUR aufgenommen.

Nach kurzer Zeit weist sein Konto keine Deckung mehr für die Zahlung der Kreditraten auf. Die Kreditraten können dem Girokonto von Herrn Sczymcak nicht mehr belastet werden. Seine Kundenberaterin, Frau Collin, versuchte mehrfach vergeblich, ihn telefonisch zu erreichen. Die Nordbank AG mahnte den Kunden dann insgesamt dreifach schriftlich, jedoch ohne Erfolg. Daraufhin wurde die Angelegenheit der Rechtsabteilung übergeben.

Aufgaben

a) Anhand welcher Merkmale kann die Nordbank AG erkennen, dass ein Kredit notleidend wird?

b) Welche Maßnahmen muss die Nordbank AG nach den BGB-Regeln zum Verbraucherdarlehen treffen, bevor sie das gerichtliche Mahn- und Klageverfahren einleitet?

c) Beschreiben Sie den Ablauf des Mahn- und Klageverfahrens!

d) Am Ende des Mahnverfahrens bzw. Klageverfahrens erhält die Nordbank AG einen vollstreckbaren Titel in Form eines rechtskräftigen Urteils. Welche Möglichkeiten bietet der Titel bei der Durchsetzung der Ansprüche?

e) Aufgrund der Kontoverbindung mit Herrn Sczymcak ist der Nordbank AG bekannt, dass Herr Sczymcak mehrere Kapitallebensversicherungsverträge bei der Allianz Lebensversicherungs AG abgeschlossen hatte. Wie kann die Nordbank AG verhindern, dass Herr Sczymcak sich den Rückkaufswert der Lebensversicherungen bar auszahlen lässt?

INFO

Die Rechtsabteilung kündigt den Kredit und schaltet die Rechtsanwaltssozietät Rechtsanwälte und Notare Becker, Müller & Partner ein. Die Rechtsanwälte beantragen einen Mahnbescheid beim Amtsgericht Hamburg. Hierzu zahlen die Rechtsanwälte die Gerichtskosten mittels Gerichtskostenmarke ein. Das Amtsgericht prüft nur die Einhaltung der Formalien, nicht aber die Richtigkeit der Forderung und stellt den Bescheid durch „Niederlegung als Schriftstück" Herrn Sczymcak zu. Von diesem Vorgang wird die Nordbank AG als Gläubigerin bzw. die prozessbevollmächtigten Anwälte informiert.

14 Tage sind seit der Zustellung des Mahnbescheids vergangen, es erfolgte keine Zahlung, aber noch fristgemäß geht beim Amtsgericht Hamburg ein formgerechter Widerspruch gegen den Mahnbescheid von Herrn Sczymcak ein. Hierzu wurde dem Amtsgericht lediglich kurz schriftlich mitgeteilt: „Ich erhebe Widerspruch. Der Widerspruch richtet sich gegen die Gesamtforderung. Klaus Sczymcak". Wenige Stunden nach Eingang des Widerspruchs beim Amtsgericht wird per Boten der Antrag auf Vollstreckungsbescheid der Rechtsanwälte Becker, Müller & Partner dem Amtsgericht Hamburg überstellt. Aufgrund des rechtzeitig erfolgten Widerspruchs gegen den Mahnbescheid fordert das Amtsgericht Hamburg einen Gerichtskostenvorschuss von den Rechtsanwälten und einen begründeten Klageantrag mit einer 6-Monats-Frist an. Der bereits geleistete Gerichtskostenvorschuss für den Mahnbescheid ist damit verfallen.

Die Rechtsanwälte Becker, Müller & Partner erheben Klage gegen Herrn Sczymcak vor dem Amtsgericht Hamburg, nachdem sie bei der Nordbank AG den Gerichtskostenvorschuss und den Auftrag zur Verfahrensübernahme angefordert haben. Das Amtsgericht ordnet ein schriftliches Verfahren an. Beide Parteien können sich nun schriftlich zur Sache äußern. Äußert sich der Beklagte Herr Sczymcak nicht binnen einer 14-Tage-Frist mit einer „Verteidigungsabsicht", ergeht auf Antrag der Klägerin ein Versäumnisurteil, weil der Beklagte die Frist versäumt hat. Teilt der Beklagte zu irgendeinem Zeitpunkt einmal mit, die Forderung ganz oder teilweise anzuerkennen, ergeht auf Antrag der Klägerin Anerkenntnisurteil. Rechtsanwälte stellen deshalb immer bereits bei Einreichung der Klage diese Anträge.

Nachdem ein vollstreckbarer Titel ergangen ist, kann die Nordbank AG die Zwangsvollstreckung einleiten. Der vollstreckbare Titel wird in diesem Fall ein vollstreckbares Urteil sein. Wird das gerichtliche Mahnverfahren durchgeführt, so steht am Ende des Verfahrens ein Vollstreckungsbescheid (vollstreckbarer Mahnbescheid). Die Zwangsvollstreckung geht entweder über einen Gerichtsvollzieher, der bei Herrn Sczymcak vorspricht und ihn zur Zahlung auffordert sowie ggf. Wohnung und Taschen („Taschenpfändung") von Herrn Sczymcak durchsucht und Wertgegenstände beschlagnahmt, oder durch richterlichen Pfändungs- und Überweisungsbeschluss vollzogen. Für einen Pfändungs- und Überweisungsbeschluss schicken die Rechtsanwälte Becker, Müller & Partner den vollstreckbaren Titel an das Amtsgericht Hamburg, zahlen entsprechende Gerichtskosten ein und bitten das Gericht, einen Pfändungs- und Überweisungsbeschluss gegenüber einem Drittschuldner (dies ist jemand, der wiederum Herrn Sczymcak Geld schuldet) auszubringen.

Der Nordbank AG ist aus den Kontoumsätzen bekannt, dass Herr Sczymcak drei Lebensversicherungen bei der Allianz Lebensversicherungs-AG hat. Sie kennt aus den Kontobuchungen sogar die Versicherungsnummern. Diesen Sachverhalt teilte die Nordbank den Rechtsanwälten mit und bittet um Pfändung der Versicherungsverträge sowie um Überweisung des Rückkaufswertes der Verträge. Da die Amtsgerichte längere Zeit für die Bearbeitung von Pfändungs- und Überweisungsbeschlüssen benötigen und die Rechtsanwälte sicher gehen wollen, dass Herr Sczymcak nicht in der Zwischenzeit seine Lebensversicherungsverträge selbst kündigt und sich auszahlen lässt, leiten die Rechtsanwälte eine „Vorpfändung" mittels „vorläufigem Zahlungsverbot" ein. Das „vorläufige Zahlungsverbot" untersagt dem Drittschuldner, zwischenzeitlich eine Zahlung an Dritte zu leisten. Der Allianz Lebensversicherung-AG wird also somit verboten, an Herrn Sczymcak zu zahlen, bevor die gerichtliche Pfändung eingetroffen ist. Das „vorläufige Zahlungsverbot" wirkt somit wie ein Arrest.

Das „vorläufige Zahlungsverbot" bleibt nur drei Wochen wirksam. Danach muss es entweder erneuert werden oder durch Pfändungs- und Überweisungsbeschluss beglichen werden. Reicht der Rückkaufswert der Lebensversicherungen aus, erhält die Nordbank Befriedigung für ihre Restkreditforderung zuzüglich Zinsen und bisheriger Gerichtskosten. Der vollstreckbare Titel wird Herrn Sczymcak dann entwertet zurückgegeben. Abschließend wird die Nordbank AG den Vorgang der Schufa melden.

Auszug aus dem Bürgerlichen Gesetzbuch (BGB)

§ 261 (Änderung der eidesstattlichen Versicherung; Kosten)

(1) Das Gericht kann eine den Umständen entsprechende Änderung der eidesstattlichen Versicherung beschließen.
(2) Die Kosten der Abnahme der eidesstattlichen Versicherung hat derjenige zu tragen, welcher die Abgabe der Versicherung verlangt.

§ 498 (Gesamtfälligstellung bei Teilzahlungsdarlehen)

(1) Der Darlehensgeber kann den Verbraucherdarlehensvertrag bei einem Darlehen, das in Teilzahlungen zu tilgen ist, wegen Zahlungsverzugs des Darlehensnehmers nur dann kündigen, wenn

1. der Darlehensnehmer

a) mit mindestens zwei aufeinander folgenden Teilzahlungen ganz oder teilweise in Verzug ist,

b) bei einer Vertragslaufzeit bis zu drei Jahren mit mindestens 10 % oder bei einer Vertragslaufzeit von mehr als drei Jahren mit mindestens 5 % des Nennbetrags des Darlehens in Verzug ist und

2. der Darlehensgeber dem Darlehensnehmer erfolglos eine zweiwöchige Frist zur Zahlung des rückständigen Betrags mit der Erklärung gesetzt hat, dass er bei Nichtzahlung innerhalb der Frist die gesamte Restschuld verlange.

Der Darlehensgeber soll dem Darlehensnehmer spätestens mit der Fristsetzung ein Gespräch über die Möglichkeiten einer einverständlichen Regelung anbieten.

(2) ...

Auszug aus der Zivilprozessordnung

Mahnverfahren

§ 688 (Zulässigkeit)

(1) Wegen eines Anspruchs, der die Zahlung einer bestimmten Geldsumme in Euro zum Gegenstand hat, ist auf Antrag des Antragstellers ein Mahnbescheid zu erlassen.

§ 690 (Mahnantrag)

(1) Der Antrag muss auf den Erlass eines Mahnbescheids gerichtet sein und enthalten:

die Bezeichnung der Parteien, ihrer gesetzlichen Vertreter und der Prozessbevollmächtigten;

die Bezeichnung des Gerichts, bei dem der Antrag gestellt wird;

die Bezeichnung des Anspruchs unter bestimmter Angabe der verlangten Leistung; ...

die Erklärung, dass der Anspruch nicht von einer Gegenleistung abhängt oder dass die Gegenleistung erbracht ist;

die Bezeichnung des Gerichts, das für ein streitiges Verfahren zuständig ist.

§ 692 (Mahnbescheid)

Der Mahnbescheid enthält:

die in § 690 Abs. 1 Nr. 1 bis 5 bezeichneten Erfordernisse des Antrags;

den Hinweis, dass das Gericht nicht geprüft hat, ob dem Antragsteller der geltend gemachte Anspruch zusteht;

die Aufforderung, innerhalb von zwei Wochen seit der Zustellung des Mahnbescheids, soweit der geltend gemachte Anspruch als begründet angesehen wird, die behauptete Schuld nebst den geforderten Zinsen und der dem Betrage nach bezeichneten Kosten zu begleichen oder dem Gericht mitzuteilen, ob und in welchem Umfang dem geltend gemachten Anspruch widersprochen wird;

den Hinweis, dass ein dem Mahnbescheid entsprechender Vollstreckungsbescheid ergehen kann, aus dem der Antragsteller die Zwangsvollstreckung betreiben kann, falls der Antragsgegner nicht bis zum Fristablauf Widerspruch erhoben hat;

für den Fall, dass Vordrucke eingeführt sind, den Hinweis, dass der Widerspruch mit einem Vordruck der beigefügten Art erhoben werden soll, der auch bei jedem Amtsgericht erhältlich ist und ausgefüllt werden kann;

für den Fall des Widerspruchs die Ankündigung, an welches Gericht die Sache abgegeben wird, mit dem Hinweis, dass diesem Gericht die Prüfung seiner Zuständigkeit vorbehalten bleibt.

§ 693 (Zustellung des Mahnbescheids)

Der Mahnbescheid wird dem Antragsgegner zugestellt.

Soll durch die Zustellung eine Frist gewahrt werden oder die Verjährung neu beginnen oder nach § 204 des BGB gehemmt werden, so tritt die Wirkung, wenn die Zustellung demnächst erfolgt, bereits mit der Einreichung oder Anbringung des Antrags auf Erlass des Mahnbescheids ein.

Die Geschäftsstelle setzt den Antragsteller von der Zustellung des Mahnbescheids in Kenntnis.

§ 694 (Widerspruch gegen den Mahnbescheid)

(1) Der Antragsgegner kann gegen den Anspruch ... bei dem Gericht, das den Mahnbescheid erlassen hat, schriftlich Widerspruch erheben, solange der Vollstreckungsbescheid nicht verfügt ist.

§ 696 (Verfahren nach Widerspruch)

(1) Wird rechtzeitig Widerspruch erhoben und beantragt eine Partei die Durchführung des streitigen Verfahrens, so gibt das Gericht, das den Mahnbescheid erlassen hat, den Rechtsstreit von Amts wegen an das Gericht ab, das in dem Mahnbescheid ... bezeichnet worden ist ...

§ 697 (Einleitung des Streitverfahrens)

(1) Die Geschäftsstelle des Gerichts, an das die Streitsache abgegeben wird, hat dem Antragsteller unverzüglich aufzugeben, seinen Anspruch binnen zwei Wochen in einer der Klageschrift entsprechenden Form zu begründen., ...

§ 699 (Vollstreckungsbescheid)

(1) Auf der Grundlage des Mahnbescheids erlässt das Gericht auf Antrag einen Vollstreckungsbescheid, wenn der Antragsgegner nicht rechtzeitig Widerspruch erhoben hat. Der Antrag kann nicht vor Ablauf der Widerspruchsfrist gestellt werden; er hat die Erklärung zu enthalten, ob und welche Zahlungen auf den Mahnbescheid geleistet worden sind ...

§ 700 (Einspruch gegen den Vollstreckungsbescheid)

Der Vollstreckungsbescheid steht einem für vorläufig vollstreckbar erklärten Versäumnisurteil gleich.

Die Streitsache gilt als mit der Zustellung des Mahnbescheids rechtshängig geworden.

Wird Einspruch eingelegt, so gibt das Gericht, das den Vollstreckungsbescheid erlassen hat, den Rechtsstreit von Amts wegen an das Gericht ab, das in dem Mahnbescheid ... bezeichnet worden ist ...

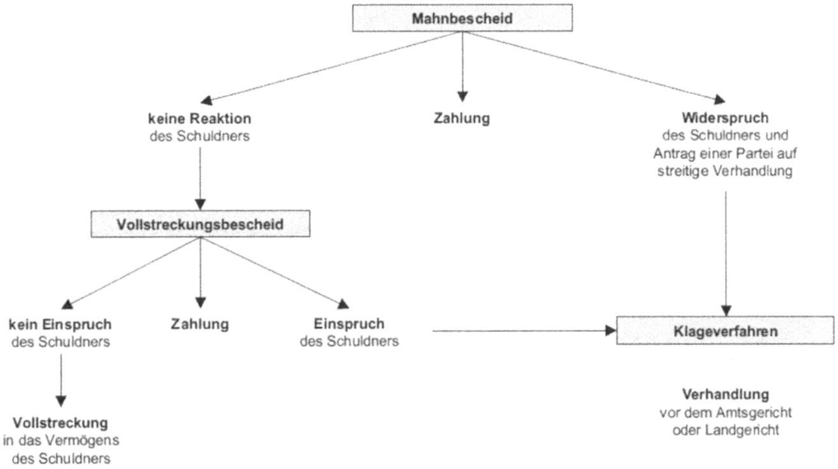

Die Abwicklung des gerichtlichen Mahnverfahrens

Wichtige Begriffe zum Mahn- und Klageverfahren

Anerkenntnisurteil

Im Zivilprozess besteht das Anerkenntnis – im Unterschied zum Geständnis, das sich nur auf Tatsachen bezieht – in der Erklärung des Beklagten, dass er gegen ihn erhobenen prozessualen Anspruch anerkenne. Das Anerkenntnis ist ausschließlich eine Prozesshandlung. Es bezieht sich auf den Streitgegenstand und führt in der Regel zum Anerkenntnisurteil.

Versäumnisurteil

Es ist ein Urteil, das gegen die säumige Partei ergeht, weil sie einen Termin zur mündlichen Verhandlung versäumt hat. Versäumnisurteile gibt es nur im Zivilprozess und im arbeitsgerichtlichen Verfahren. Ein Versäumnisurteil kann gegen den Kläger oder den Beklagten und nur auf Antrag der Gegenpartei ergehen. Es setzt voraus, dass die Klage zulässig und, wenn es gegen den Beklagten ergeht, auch schlüssig ist.

Vorpfändung („vorläufiges Zahlungsverbot")

Die Vorpfändung ist eine private Zwangsvollstreckungsmaßnahme des Gläubigers. Er oder in seinem Auftrag der Gerichtsvollzieher kann bei der Pfändung von Forderungen und sonstigen Rechten dem Drittschuldner und dem Schuldner eine Erklärung zustellen, aus der hervorgeht, das die Pfändung des Rechts oder der Forderung bevorstehe. Der Vorpfändung muss dann ein Pfändungsbeschluss des Vollstreckungsgerichts innerhalb von drei Wochen nachfolgen. Nur dann wahrt die Vorpfändung den dem Zeitpunkt der Zustellung entsprechenden Rang (Pfändungspfandrecht).

Mahnverfahren

Das Mahnverfahren soll für möglicherweise nicht bestrittene Ansprüche auf eine Geldsumme rasch ohne mündliche Verhandlung zu einem Vollstreckungstitel führen. Ausschließlich zuständig ist das Amtsgericht, bei dem der Antragsteller seinen Wohnsitz (Sitz) hat. Das Mahnverfahren wird eingeleitet durch den Antrag auf Erlass eines Mahnbescheids, der vereinfacht einer Klageschrift entsprechen muss.

Pfändung

Die Pfändung ist die staatliche Beschlagnahme eines Gegenstandes zu dem Zweck, den Gläubiger wegen einer Geldforderung zu befriedigen.

Gerichtskostenvorschuss

In verschiedenen gerichtlichen Verfahren wird die Tätigkeit des Gerichts von einem Gerichtskostenvorschuss abhängig gemacht, insbesondere in bürgerlichen Rechtsstreitigkeiten. Bei Erhebung einer Klage soll vor Einzahlung der Prozessgebühr und der Auslagen die Klage nicht zugestellt werden.

Vollstreckbare Urkunde

Sie ist ein Vollstreckungstitel, der von einem Gericht oder einem Notar aufgenommen und ausgefertigt wird. In eine vollstreckbare Urkunde können nur Ansprüche auf Zahlung einer bestimmten Geldsumme oder auf Leistung einer bestimmten Menge vertretbarer Sachen oder Wertpapiere aufgenommen werden. Der Schuldner muss sich darin der sofortigen Zwangsvollstreckung unterwerfen.

Widerspruch im Zivilprozess

Die Bezeichnung Widerspruch wird im Zivilprozess für verschiedene Rechtsbehelfe verwendet, die gegen bestimmte gerichtliche Entscheidungen stattfinden und zur Folge haben, dass die angefochtene Entscheidung in derselben Instanz überprüft wird. Der Widerspruch ist u.a. vorgesehen gegen den Mahnbescheid.

6.2 Firmenkundenkreditgeschäft

Es handelt sich hierbei um Kredite an Unternehmen und Selbstständige.

6.2.1 Investitionskredit

Mit dem Investitionskredit werden Gegenstände des Anlagevermögens finanziert. Vorstellbar sind auch langfristig geplante Finanzierungen von Vorratsinvestitionen. Die Laufzeit richtet sich bei der Anlagenfinanzierung i.d.R. nach der Abschreibungsdauer. Bei den Vorratsinvestitionen orientiert sich die Laufzeit an der Umschlagsgeschwindigkeit.

Lernsituation

Die Lumoprint GmbH ist eine Unternehmung, die Druckereierzeugnisse herstellt und im norddeutschen Raum vertreibt. Herr Harald Buschmann ist alleiniger Gesellschafter und Geschäftsführer der GmbH. Die Lumoprint GmbH unterhält ihre Kontoverbindung bei der Nordbank AG in Hamburg. Wegen eines Finanzierungsvorhabens bittet Herr Buschmann seinen Firmenkundenberater Herrn Klaus Riek um einen Beratungstermin. Mit Herrn Riek hat Herr Buschmann bereits in einem Vorgespräch das Investitionsvolumen und dessen Finanzierungsmöglichkeiten abgesprochen.

Investition	Kaufpreis	Durchschnittliche betriebliche Nutzungsdauer	Beleihungsgrenze in % des Marktwertes
2 Druckmaschinen	84.000,00 EUR	4 Jahre	45%, auf volle Tsd. EUR abrunden
2 Gabelstapler	Je 18.000,00 EUR	4 Jahre	60%, auf volle Tsd. EUR abrunden

Ertragslage, Umsatzentwicklung und Auftragsbestand der Lumoprint GmbH sind positiv. Aufgrund der internen und externen Auskünfte liegen der Nordbank AG über die Unternehmung keine nachteiligen Informationen vor. Die Kreditwürdigkeitsprüfung führte zu dem Ergebnis, dass bei Stellung angemessener Sicherheiten dem Kreditantrag entsprochen werden kann. Die Sicherheiten sollen aus den zu finanzierenden Vermögenswerten gestellt werden.

Aufgaben

a) Ermitteln Sie den erforderlichen Kapitalbedarf für die Investitionen.

b) Berechnen Sie die Summe, die die Nordbank AG aufgrund der Beleihungsgrenzen maximal als Kreditbetrag zur Verfügung stellen kann. Beschreiben Sie zwei Möglichkeiten für Herrn Buschmann zur Beschaffung der erforderlichen Eigenmittel, um die Investition komplett zu finanzieren.

Herr Buschmann wundert sich darüber, dass die Druckmaschinen trotz ihrer gleichlangen Nutzungsdauer im Vergleich zu den Gabelstaplern eine geringere Beleihungsgrenze haben.

c) Erklären Sie Herrn Buschmann einen Grund für die unterschiedlichen Beleihungssätze.

d) Welches Darlehen kommt für die Finanzierung in Frage? Begründen Sie Ihre Antwort. Stellen Sie heraus, warum die abgelehnten Kreditarten nicht geeignet erscheinen.

Kreditkonditionen der Nordbank AG			
Kreditart	Zinssatz	Tilgung	Laufzeit
Investitionskredit (Tilgungsdarlehen)	6,0% p.a.	25% jährlich, eine Kreditrate pro Jahr	4 Jahre
Investitionskredit (Festdarlehen)	6,5% p.a.	100% am Ende der Laufzeit in einer Summe	10 Jahre
Kontokorrentkredit	9,0%	unregelmäßig	bis auf Weiteres

e) Welche Art der Besicherung kommt für diesen Investitionskredit in Frage? Begründen Sie Ihre Antwort.

f) Beschreiben Sie die zur Sicherheitenbestellung erforderlichen Rechtshandlungen.

g) Die Lumoprint GmbH hat insgesamt 6 Druckmaschinen. Wie kann sichergestellt werden, dass nur die neu erworbenen Druckmaschinen als Sicherheit dienen? (2 Möglichkeiten)

Kreditvertrag und Kreditsicherungsvertrag werden am 10.12.diesen Jahres abgeschlossen. Die Kreditsumme kann in den nächsten 30 Tagen abgerufen werden. Am 20.12.diesen Jahres wird der Kaufvertrag über die Gabelstapler abgeschlossen, die Lieferung erfolgt am 10.01.des darauffolgenden Jahres.

Folgender Textabschnitt ist dem Kaufvertrag entnommen:

Das Eigentum an den Gabelstaplern geht erst mit der vollständigen Zahlung des Kaufpreises auf den Käufer über.

Der Rechnungsbetrag ist fällig innerhalb von 30 Tagen nach Lieferung der Gabelstapler. Bei Zahlung innerhalb von 10 Tagen gewähren wir 2% Skonto.

h) Wer ist Eigentümer der Gabelstapler mit Ablauf des 10.01.? Begründen Sie Ihre Meinung.

i) Wer ist Eigentümer der Gabelstapler nach Bezahlung der Rechnung? Begründen Sie Ihre Meinung.

j) Berechnen Sie den Vorteil der Skontoausnutzung gegenüber der Zahlung am Ende des Zahlungszieles. Die Kreditkosten betragen 6% p.a. (Berechnungsmethode 30/360). Die Rechnung über 36.000,00 EUR wird am letzten Tag der Skontofrist bezahlt.

k) Welche Möglichkeiten hat die Nordbank AG, die Bonität der Lumoprint GmbH zu beurteilen?

INFO

Bilanzanalyse

Bei der Bilanzanalyse handelt es sich um die Auswertung und Untersuchung einzelner Positionen des Vermögens und des Kapitals sowie die Ermittlung von Kennzahlen. I.d.R. wird auch die Analyse der Gewinn- und Verlustrechnung unter diesem Begriff verstanden.

Kapitaldienst

Der Kapitaldienst besteht in der Zahlung der Tilgungsraten und der Zinsen. Ist das Unternehmen in der Lage, den Kapitaldienst auf Dauer zu leisten, spricht man von der Kapitaldienstfähigkeit eines Unternehmens.

Kreditüberwachung

Sie dient zur Früherkennung von Kreditrisiken. Damit soll das Kreditinstitut in die Lage versetzt werden, möglichst früh Gegenmaßnahmen einzuleiten.

Kreditsicherheiten

Es sind Vermögensgegenstände in Form von Sachen oder Rechten, durch deren Verwertung sich der Gläubiger gegen das Ausfallrisiko eines Kredites absichern will.

Rating

Nachhaltige Kapitaldienstfähigkeit, Sicherheiten, Kreditvolumen, Laufzeit, Verwendungszweck und die bisher mit der Unternehmung gemachten Erfahrungen führen als wesentliche Faktoren eines Ratings zu einer Einschätzung der Bonität einer Unternehmung. Das Rating kann allerdings nicht alle in der Realität möglichen bonitätsrelevanten Risiken berücksichtigen.

Auszug aus dem Bürgerlichen Gesetzbuch (BGB)

Bedingung und Zeitbestimmung

§ 158 (Aufschiebende und auflösende Bedingung)

> Wird ein Rechtsgeschäft unter einer aufschiebenden Bedingung vorgenommen, so tritt die von der Bedingung abhängig gemachte Wirkung mit dem Eintritt der Bedingung ein.
>
> Wird ein Rechtsgeschäft unter einer auflösenden Bedingung vorgenommen, so endigt mit dem Eintritt der Bedingung die Wirkung des Rechtsgeschäfts; mit diesem Zeitpunkt tritt der frühere Rechtszustand wieder ein.

§ 449 (Eigentumsvorbehalt)

> Hat sich der Verkäufer einer beweglichen Sache das Eigentum bis zur Zahlung des Kaufpreises vorbehalten, so ist im Zweifel anzunehmen, dass das Eigentum unter der aufschiebenden Bedingung vollständiger Zahlung des Kaufpreises übertragen wird (Eigentumsvorbehalt).
>
> Auf Grund des Eigentumsvorbehalts kann der Verkäufer die Sache nur herausverlangen, wenn er vom Vertrag zurückgetreten ist.

Darlehensvertrag

§ 488 (Vertragstypische Pflichten beim Darlehensvertrag)

> Durch den Darlehensvertrag wird der Darlehensgeber verpflichtet, dem Darlehensnehmer einen Geldbetrag in der vereinbarten Höhe zur Verfügung zu stellen. Der Darlehensnehmer ist verpflichtet, einen geschuldeten Zins zu zahlen und bei Fälligkeit das zur Verfügung gestellte Darlehen zurückzuerstatten.
>
> Die vereinbarten Zinsen sind ... nach dem Ablauf je eines Jahres und, wenn das Darlehen vor dem Ablauf eines Jahres zurückzuerstatten ist, bei der Rückerstattung zu entrichten.

Ist für die Rückerstattung des Darlehens eine Zeit nicht bestimmt, so hängt die Fälligkeit davon ab, dass der Darlehensgeber oder der Darlehensnehmer kündigt. Die Kündigungsfrist beträgt drei Monate. Sind Zinsen nicht geschuldet, so ist der Darlehensnehmer auch ohne Kündigung zur Rückzahlung berechtigt.

6.2.2 Betriebsmittelkredit

Es ist in der Regel ein Kontokorrentkredit, der zur Finanzierung betrieblicher Umsatzprozesse, wie Vorratsbeschaffungen dient. Der Betriebsmittelkredit wird aus den Umsatzerlösen zurückgezahlt. Dadurch wird ebenfalls die Liquiditätslage der Unternehmung verbessert und somit ihre Dispositionsfreiheit erweitert.

Lernsituation

Die Nordbank AG hat der Alarm- und Sicherheitstechnik GmbH eine Kontokorrentkreditlinie über 300.000,00 EUR eingeräumt. Dieser Kredit ist durch eine werthaltige Grundschuld über 300.000,00 EUR am privaten Grundstück des Geschäftsführers Manfred Krause abgesichert. Bei steigenden Umsätzen wird der Kredit meistens voll ausgeschöpft, gelegentlich wird das eingeräumte Limit deutlich überschritten. Der Firmenkundenberater der Nordbank AG bittet deshalb Herrn Krause zu einem Gespräch.

Aufgaben

a) Begründen Sie mit zwei Argumenten, warum die Einladung zu diesem Gespräch aus der Sicht der Nordbank AG notwendig und sinnvoll ist.

In dem Beratungsgespräch stellt sich heraus, dass die Alarm- und Sicherheitstechnik GmbH aufgrund des schnell wachsenden Geschäfts inzwischen laufend ca. 400.000,00 EUR Forderungen an Kunden hat. Ferner erklärt Herr Krause, dass er die Zahlungsziele seiner Lieferanten von in der Regel 30 Tagen in Anspruch nimmt, obwohl er bei Zahlung innerhalb von 10 Tagen 2 % Skonto abziehen könnte(Lieferantenkredit). Der Firmenkundenberater empfiehlt, den Kontokorrentkredit um 200.000,00 EUR auf 500.000,00 EUR aufzustocken.

b) Stellen Sie Herrn Krause unter Angabe des Rechenwegs für einen fiktiven Rechnungsbetrag von 100.000,00 EUR dar, welchen Betrag in EUR die GmbH sparen würde, wenn sie den Kontokorrentkredit zu 10 % Zinsen p.a. in Anspruch nehmen würde, um 2 % Skonto abziehen zu können.

c) Erläutern Sie zwei weitere Argumente, die in diesem Fall für den Kontokorrentkredit anstelle des Lieferantenkredits als geeignete Kreditform sprechen.

Da die Nordbank AG den Kredit nicht ohne zusätzliche Sicherheiten erhöhen will, bietet Herr Krause alternativ die Abtretung von Forderungen in Form einer stillen Globalzession oder die Sicherungsübereignung von drei kürzlich angeschafften, neuwertigen und bereits bezahlten Montagewagen (Kaufpreis je Stück 45.000,00 EUR) an.

d) Stellen Sie die beiden angebotenen Kreditsicherheiten anhand der folgenden Kriterien gegenüber:

- Zustandekommen des Sicherungsvertrages,
- Bewertung und Wertbeständigkeit der Sicherheiten,

- Maßnahmen zur Überwachung der Wertbeständigkeit der Sicherheiten,
. Probleme bei der Verwertung der Sicherheiten.

e) Leiten Sie aus der in d) vorgenommenen Gegenüberstellung eine sinnvolle Entscheidung ab, welche Sicherheit Sie akzeptieren würden.

In dem Gespräch deutet Herr Krause die Absicht an, in Kürze weiteres Anlagevermögen zu kaufen und über den aufgestockten Kontokorrentkredit zu finanzieren.

f) Begründen Sie, warum Sie dies nicht für zweckmäßig halten und schlagen Sie Herrn Krause eine Finanzierungsalternative vor.

INFO

Auszug aus dem Bürgerlichen Gesetzbuch (BGB)

§ 398 (Abtretung)

Eine Forderung kann von dem Gläubiger durch Vertrag mit einem anderen auf diesen übertragen werden (Abtretung). Mit dem Abschluss des Vertrags tritt der neue Gläubiger an die Stelle des bisherigen Gläubigers.

§ 402 (Auskunftspflicht; Urkundenauslieferung)

Der bisherige Gläubiger ist verpflichtet, dem neuen Gläubiger die zur Geltendmachung der Forderung nötige Auskunft zu erteilen und ihm die zum Beweis der Forderung dienenden Urkunden, ... auszuliefern.

§ 404 (Einwendungen der Schuldner)

Der Schuldner kann dem neuen Gläubiger die Einwendungen entgegensetzen, die zurzeit der Abtretung der Forderung gegen den bisherigen Gläubiger begründet waren.

§ 406 (Aufrechnung gegenüber dem neuen Gläubiger)

Der Schuldner kann eine ihm gegen den bisherigen Gläubiger zustehende Forderung auch dem neuen Gläubiger gegenüber aufrechnen, ...

§ 409 (Abtretungsanzeige)

(1) Zeigt der Gläubiger dem Schuldner an, dass er die Forderung abgetreten habe, so muss er dem Schuldner gegenüber die angezeigte Abtretung gegen sich gelten lassen ...

§ 930 (Besitzkonstitut)

Ist der Eigentümer im Besitz der Sache, so kann die Übergabe dadurch ersetzt werden, dass zwischen ihm und dem Erwerber ein Rechtsverhältnis vereinbart wird, vermöge dessen der Erwerber den mittelbaren Besitz erlangt.

§ 931 (Abtretung des Herausgabeanspruchs)

Ist ein Dritter im Besitz der Sache, so kann die Übergabe dadurch ersetzt werden, dass der Eigentümer dem Erwerber den Anspruch auf Herausgabe der Sache abtritt.

6.2.3 Sicherheitenstellung im Firmenkundenkreditgeschäft

6.2.3.1 Die Bürgschaft

Die Bürgschaft ist ein Vertrag, durch den sich der Bürge verpflichtet, dem Gläubiger für die Erfüllung der Verbindlichkeiten eines Schuldners einzustehen. Sie ist ein einseitig verpflichtender Vertrag, da er nur den Bürgen verpflichtet. Das Bestehen einer Hauptschuld ist zwingend erforderlich. Damit ist die Bürgschaft eine akzessorische Sicherheit.

Lernsituation

Zur Sicherung eines bei der Nordbank AG beantragten Investitionskredits in Höhe von 80.000 EUR bietet Ihnen der Kreditnehmer Jens Paulsen & Söhne KG die Bürgschaftsübernahme des Kommanditisten Jürgen Spengler in gleicher Höhe an.

Aufgaben

a) Machen Sie die Rechtsbeziehungen zwischen den Vertragspartnern bei dieser Bürgschaft graphisch deutlich. Verwenden Sie hierzu auch die Regelungen im BGB §§ 765 ff.

b) Welche Ansprüche und Verpflichtungen ergeben sich für die Beteiligten aus dem Bürgschaftsvertrag?

c) Erläutern Sie anhand der banküblichen Höchstbetragsbürgschaft, welche Vereinbarungen Kreditinstitute in ihren Bürgschaftserklärungen abweichend von den Bestimmungen des BGB einarbeiten.

INFO

Die Bürgschaft ist von der Hauptschuld abhängig. Daraus folgt:

Die Bürgschaft kann auch für eine künftig entstehende Verbindlichkeit übernommen werden. Für die Höhe der Bürgschaft ist der Bestand der Hauptschuld maßgeblich. Erhöht sich z.B. das Darlehen des Kreditnehmers durch fällig gewordene Zinsen, so erhöht sich auch die Verbindlichkeit des Bürgen. Verringert sich das Darlehen, z.B. durch Tilgungsleistungen, so verringert sich auch die Bürgschaftsverpflichtung. Wird der Bürge von der Bank als Gläubigerin zur Zahlung aufgefordert, so kann er der Bank gegenüber alle Einreden geltend machen, die auch dem Hauptschuldner zustehen, z.B. die Einrede, dass der Gläubiger dem Schuldner die Forderung gestundet habe. Die Bürgschaft erlischt, wenn die Hauptschuld nicht mehr besteht. Gibt die Bank ein das Darlehen sicherndes Recht, z.B. Grundpfandrecht ohne Zustimmung des Bürgen auf, wird der Bürge in diesem Umfang von seiner Verpflichtung befreit.

Wenn der Bürge auf erste Anforderung das Darlehen anstelle des Kreditnehmers tilgt, geht die Forderung gegen den Hauptschuldner auf den Bürgen über. Kreditinstitute verlangen stets schriftliche Bürgschaftserklärungen.

Bei der selbstschuldnerischen Bürgschaft verzichtet der Bürge auf die Einrede der Vorausklage (§ 773 BGB). Damit ist der Bürge sofort zur Zahlung verpflichtet, wenn der Hauptschuldner bei Fälligkeit die verbürgte Verbindlichkeit nicht zahlt. Die Bürgschaft des Kaufmanns ist formfrei und immer eine selbstschuldnerische Bürgschaft (§§ 349 f. HGB), wenn die Bürgschaft für ihn ein Handelsgeschäft ist.

Der Wertansatz von Bürgschaften als Kreditsicherheit ist entscheidend von der Bonität des Bürgen abhängig. Bei der Bestellung der Bürgschaft ist darauf zu achten, dass das Einkommen und das Vermögen des Bürgen in einem angemessenen Verhältnis zur Bürgschaftssumme stehen. Als Bürge kommen nur Personen in Betracht, die über ein eigenes Einkommen oder Vermögen verfügen. Ferner ist zu beachten, dass der Bürge in der Lage sein muss, das Darlehen selbst zu bedienen. Bürgschaften vermögensloser Bürgen sind nicht nur ohne Sicherungswert, sondern auch sittenwidrig und damit rechtlich unwirksam. Problematisch sind in diesem Zusammenhang Bürgschaften von Familienangehörigen oder Lebenspartnern.

Auszug aus dem Bürgerlichen Gesetzbuch (BGB)

§ 765 (Vertragstypische Pflichten bei der Bürgschaft)

(1) Durch den Bürgschaftsvertrag verpflichtet sich der Bürge gegenüber dem Gläubiger eines Dritten, für die Erfüllung der Verbindlichkeit des Dritten einzustehen.

§ 766 (Schriftform der Bürgschaftserklärung)

Zur Gültigkeit des Bürgschaftsvertrags ist schriftliche Erteilung der Bürgschaftserklärung erforderlich.

§ 767 (Umfang der Bürgschaftsschuld)

(1) Für die Verpflichtung des Bürgen ist der jeweilige Bestand der Hauptverbindlichkeit maßgebend. ... Durch ein Rechtsgeschäft, das der Hauptschuldner nach der Übernahme der Bürgschaft vornimmt, wird die Verpflichtung des Bürgen nicht erweitert.
(2) Der Bürge haftet für die dem Gläubiger von dem Hauptschuldner zu ersetzenden Kosten der Kündigung und der Rechtsverfolgung.

§ 768 (Einreden des Bürgen)

(1) Der Bürge kann die dem Hauptschuldner zustehenden Einreden geltend machen. Stirbt der Hauptschuldner, so kann der Bürge sich nicht darauf berufen, dass der Erbe für die Verbindlichkeit nur beschränkt haftet.

§ 771 (Einrede der Vorausklage)

Der Bürge kann die Befriedigung des Gläubigers verweigern, solange nicht der Gläubiger eine Zwangsvollstreckung gegen den Hauptschuldner ohne Erfolg versucht hat (Einrede der Vorausklage).

§ 772 (Vollstreckungs- und Verwertungspflicht des Gläubigers)

(1) Besteht die Bürgschaft für eine Geldforderung, so muss die Zwangsvollstreckung in die beweglichen Sachen des Hauptschuldners an seinem Wohnsitz ... versucht werden.

§ 773 (Ausschluss der Einrede der Vorausklage)

(1) Die Einrede der Vorausklage ist ausgeschlossen:

1. wenn der Bürge auf die Einrede verzichtet, insbesondere wenn er sich als Selbstschuldner verbürgt hat,
3. wenn über das Vermögen des Hauptschuldners das Insolvenzverfahren eröffnet ist,
4. wenn anzunehmen ist, dass die Zwangsvollstreckung in das Vermögen des Hauptschuldners nicht zur Befriedigung des Gläubigers führen wird.

§ 774 (Gesetzlicher Forderungsübergang)

(1) Soweit der Bürge den Gläubiger befriedigt, geht die Forderung des Gläubigers gegen den Hauptschuldner auf ihn über ...

§ 775 (Anspruch des Bürgen auf Befreiung)

(1) Hat sich der Bürge im Auftrag des Hauptschuldners verbürgt ... so kann er von diesem Befreiung von der Bürgschaft verlangen:

1. wenn sich die Vermögensverhältnisse des Hauptschuldners wesentlich verschlechtert haben;
3. wenn der Hauptschuldner mit der Erfüllung seiner Verbindlichkeit in Verzug ist;

(2) Ist die Hauptverbindlichkeit noch nicht fällig, so kann der Hauptschuldner dem Bürgen, statt ihn zu befreien Sicherheit leisten.

§ 776 (Aufgabe einer Sicherheit)

Gibt der Gläubiger ein mit der Forderung verbundenes Vorzugsrecht, eine für sie bestehende Hypothek ... auf, so wird der Bürge insoweit frei, als er aus dem aufgegebenen Rechte nach § 774 hätte Ersatz erlangen können. ...

Auszug aus dem Handelsgesetzbuch (HGB)

§ 349 (Keine Einrede der Vorausklage)

Dem Bürgen steht, wenn die Bürgschaft für ihn ein Handelsgeschäft ist, die Einrede der Vorausklage nicht zu. ...

§ 350 (Formfreiheit)

Auf eine Bürgschaft, ein Schuldversprechen oder ein Schuldanerkenntnis finden, sofern die Bürgschaft auf der Seite des Bürgen, ... auf der Seite des Schuldners ein Handelsgeschäft ist, die Formvorschriften des § 766 des Bürgerlichen Gesetzbuches keine Anwendung.

6.2.3.2 Die sicherungsweise Abtretung von Forderungen

Die Forderungsabtretung geschieht im Kreditbereich i.d.R. nur zur Sicherheit. Die Zession ist ein Vertrag, bei dem der bisherigen Gläubiger seine Forderung gegenüber einem Dritten auf den Sicherungsnehmer überträgt. Die Abtretung von Forderung ist in den §§ 398 ff. BGB geregelt.

Lernsituation

Die Grabbert, Salomon & Partner (GRASPA) GmbH ist ein bekanntes Hamburger Unternehmen für speziellen Druckereibedarf, das Druckereien im gesamten norddeutschen Raum gegen Eigentumsvorbehalt beliefert. Der aktuelle Forderungsbestand der GRASPA GmbH beläuft sich am 15.10. auf 690.000,00 EUR. Die Hälfte der Forderungen bezieht sich auf Hamburger Kunden, ein Viertel auf Lübecker Kunden und der Rest verteilt sich auf Kunden in norddeutschen Kleinstädten. Der Forderungseingang wird in einem Zeitraum vom 15. November bis 15. Dezember erwartet.

An Geldanlagen verfügt die GRASPA GmbH zur Zeit über 50.000,00 EUR. An Barliquidität ist ca. 20.000,00 EUR vorhanden. Aufgrund der derzeit guten Auftragslage soll bei der Hausbank der GRASPA GmbH, der Nordbank AG, ein Kontokorrentkredit in Höhe von 100.000,00 EUR beantragt werden. Ertragslage, Auftragsbestand und Umsatzentwicklung der GRASPA GmbH werden von der Kreditabteilung der Nordbank AG positiv eingeschätzt. Die vorliegenden Bankauskünfte zeigen der Nordbank AG keine negativen Informationen über die GRASPA GmbH. Die Bonitätsprüfung führt zu dem Ergebnis, dass bei Stellung angemessener Sicherheiten dem Kreditantrag entsprochen werden kann. Die Sicherheiten sollen aus den zu finanzierenden Vermögenswerten gestellt werden.

Aufgaben

Die Auszubildende Renate Momsen ist in der Kreditabteilung tätig und wird von ihrer Ausbilderin Waltraud Früh aufgefordert, sich mit dem Kreditvorgang vertraut zu machen. Erst soll sich Frau Momsen überlegen, wie der Vertrag am zweckmäßigsten besichert werden kann.

a) Entwickeln Sie einen Vorschlag zur Besicherung des Kontokorrentkredits und beschreiben Sie die rechtlichen Vereinbarungen, die zwischen der GRASPA GmbH und der Nordbank AG zur Sicherung des Kontokorrentkredits zu treffen sind.
b) Wie kommt der Sicherungsvertrag rechtswirksam zustande? Tragen Sie die Rechtsbeziehungen in ein Diagramm ein.

Häufig werden Kontokorrentkredite durch die stille Abtretung von Forderungen besichert.

c) Warum verlangt die GRASPA GmbH im Sicherungsvertrag eine „stille Abtretung"?
d) Mit welcher Vereinbarung soll das Risiko der Mehrfachabtretung eingegrenzt werden?

Aus Sicherheitsgründen erwartet die Nordbank AG nur erstklassige Forderungen. Die Kreditabteilung verlangt daher von der GRASPA GmbH, dass 60% des Forderungsbestandes sicherungsweise abgetreten werden; bei einer Sicherheitsmarge von 20% auf den abzutretenden Forderungsbestand.

e) Errechnen Sie den Forderungsbestand, den die GRASPA GmbH der Nordbank AG zur Sicherung des Kontokorrentkredits abtreten sollte. Der abzutretende Forderungsbestand ist auf volle 10.000,00 EUR aufzurunden.
f) Kreditinstitute ziehen die Globalzession der Mantelzession vor. Nehmen Sie begründet Stellung.
g) Nennen Sie die Unterlagen, die im Zusammenhang mit der Sicherheitenbestellung und -überwachung von der GRASPA GmbH einzureichen sind.
h) Wie könnte die Nordbank AG die aus den nachfolgenden Situationen entstehenden Risiken absichern?
   I. Aufgrund günstiger Liefer- und Zahlungsbedingungen schließt die GRASPA GmbH auf der Grundlage eines Kontokorrentverhältnisses mit einem Lieferanten einen Jahresvertrag über die Lieferung von Druckereibedarf bis zu einem Betrag von 200.000,00 EUR ab. Die Wareneinkäufe sollen durch die eingehenden Verkaufserlöse der Kunden spätestens 60 Tage nach Lieferung der Druckereierzeugnisse beglichen werden. Die Druckerzeugnisse sollen unter Eigentumsvorbehalt geliefert werden. Zusätzlich lässt sich der Lieferant im Kaufvertrag die entstehenden Kundenforderungen als Sicherheit abtreten.
   II. Aufgrund von Beanstandungen einiger Kunden gewährt die GRASPA GmbH nachträglich einen Preisnachlass in Höhe von 20% auf die berechneten Verkaufspreise.
   III. Ein Lieferant liefert der GRASPA GmbH vertragsgemäß einen Posten Druckpapier im Wert von 20.000,00 EUR auf Ziel unter dem branchenüblichen verlängerten Eigentumsvorbehalt.

IV. Einige Kunden der GRASPA GmbH zahlen auf das Geschäftskonto bei der Unionbank AG Kontonummer 897370 ein. Andere Kunden zahlen gleich bei Lieferung der Druckerzeugnisse bar oder mit einem Verrechnungsscheck.

V. Aufgrund von Zahlungsschwierigkeiten einiger Kunden räumt die GRASPA GmbH diesen Kunden eine Verlängerung des Zahlungsziels von 30 Tagen ein.

Abschließend soll Frau Momsen noch folgende Fragen klären:

i) Welche Risiken kann die Nordbank AG auch durch eine offene Zession nicht ausschließen?

j) Welche Maßnahmen sieht die Bank bei einem möglichen Kreditausfall vor?

k) Die GRASPA GmbH führt den Kontokorrentkredit ordnungsgemäß zurück. Wie könnte die Freigabe der Sicherheiten in diesem Fall erfolgen?

INFO

Zessionar

(hier die Nordbank AG) ist derjenige, auf den die Forderung übertragen wird.

Zedent

(hier die GRASPA GmbH) ist derjenige, der die Forderung auf den neuen Gläubiger überträgt.

Drittschuldner

(hier die Kunden der GRASPA GmbH) ist derjenige, gegen den die ursprüngliche Forderung besteht.

Stille Abtretung von Forderungen

Die Abtretung von Forderungen ist in stiller Form zulässig. Hierbei wird der Drittschuldner über die Abtretung nicht informiert. Der Drittschuldner leistet mit schuldbefreiender Wirkung an den ursprünglichen Gläubiger. Der Zedent ist allerdings verpflichtet, den Forderungsbetrag an den Zessionar abzuführen. Bei der stillen Abtretung behält sich der Zessionar die Offenlegung der Forderungsabtretung vor. Zu diesem Zweck unterschreibt der Zedent blanko Offenlegungsformulare.

Offene Abtretung

Bei der offenen Zession wird der Drittschuldner von der Abtretung benachrichtigt. Er kann jetzt nur noch mit schuldbefreiender Wirkung an den neuen Gläubiger leisten.

In der Praxis ist die stille Zession üblich, damit der Drittschuldner keine Kenntnis von der Kreditaufnahme erhält.

Praxisübliche Vertragsform

Die Rahmenabtretung erfolgt in der Bankpraxis grundsätzlich nur noch als Globalzession. Hierbei werden bestehende und künftige Forderungen gegen die Drittschuldner, die entsprechend zu kennzeichnen sind, in der Form abgetreten, dass sie sofort bei ihrer Entstehung auf den neuen Gläubiger übergehen. Es können sowohl gegenwärtige als auch zukünftige Forderungen abgetreten werden. Bei der Globalzession ist eine hinreichende Bestimmbarkeit der abgetretenen Forderungen erforderlich. Dies geschieht durch eine Gruppierung der Schuldner, z.B. über die Anfangsbuchstaben von a bis h oder die regionale Zuordnung, z.B. Kundenforderungen aus Hamburg. Aus Gründen der Sicherheit verlangen Kreditinstitute vom Sicherungsgeber i.d.R. Debitorenlisten und Rechnungskopien.

Im Unterschied zur Globalzession werden bei der Mantelzession Forderungen erst dann auf den neuen Gläubiger übergehen, wenn die genau gekennzeichneten Forderungen in einer Debitorenliste dem neuen Gläubiger übergeben worden sind. Die Mantelzession ist nicht mehr praxisüblich.

Risiken der Globalzession

Einreden von Drittschuldnern können den Sicherungswert der abgetretenen Forderungen mindern. Z.B. nachträgliche eingeräumte Preisnachlässe, in Anspruch genommene Gewährleistungsansprüche der Kunden. Ebenso wäre eine unzulässige Mehrfachabtretung von Forderungen denkbar. Kreditinstitute sichern dieses Risiko durch eine ausreichende Sicherheitsmarge ab.

Auszug aus dem Bürgerlichen Gesetzbuch (BGB)

§ 398 (Abtretung)

Eine Forderung kann von dem Gläubiger durch Vertrag mit einem anderen auf diesen übertragen werden (Abtretung). Mit dem Abschluss des Vertrags tritt der neue Gläubiger an die Stelle des bisherigen Gläubigers.

§ 402 (Auskunftspflicht; Urkundenauslieferung)

Der bisherige Gläubiger ist verpflichtet, dem neuen Gläubiger die zur Geltendmachung der Forderung nötige Auskunft zu erteilen und ihm die zum Beweise der Forderung dienenden Urkunden ... auszuliefern.

§ 404 (Einwendungen des Schuldners)

Der Schuldner kann dem neuen Gläubiger die Einwendungen entgegensetzen, die zur Zeit der Abtretung der Forderung gegen den bisherigen Gläubiger begründet waren.

§ 406 (Aufrechnung gegenüber dem neuen Gläubiger)

Der Schuldner kann eine ihm gegen den bisherigen Gläubiger zustehende Forderung auch dem neuen Gläubiger gegenüber aufrechnen ...

§ 407 (Rechtshandlungen gegenüber dem bisherigen Gläubiger)

Der neue Gläubiger muss eine Leistung, die der Schuldner nach der Abtretung an den bisherigen Gläubiger bewirkt, ... gegen sich gelten lassen, es sei denn, dass der Schuldner die Abtretung bei der Leistung ... kennt.

§ 408 (Mehrfache Abtretung)

(1) Wird eine abgetretene Forderung von dem bisherigen Gläubiger nochmals an einen Dritten abgetreten, so finden ... zugunsten des Schuldners die Vorschriften des § 407 dem früheren Erwerber gegenüber entsprechende Anwendung.

§ 409 (Abtretungsanzeige)

Zeigt der Gläubiger dem Schuldner an, dass er die Forderung abgetreten habe, so muss der dem Schuldner gegenüber die angezeigte Abtretung gegen sich gelten lassen, auch wenn sie nicht erfolgt oder nicht wirksam ist. Der Anzeige steht es gleich, wenn der Gläubiger eine Urkunde über die Abtretung dem in der Urkunde bezeichneten neuen Gläubiger ausgestellt hat und dieser sie dem Schuldner vorlegt.

§ 410 (Aushändigung der Abtretungsurkunde)

Der Schuldner ist dem neuen Gläubiger gegenüber zur Leistung nur gegen Aushändigung einer von dem bisherigen Gläubiger über die Abtretung ausgestellten Urkunde verpflichtet.

§ 411 (Gehaltsabtretung)

Tritt ... ein Beamter ... den übertragbaren Teil des Diensteinkommens ... oder des Ruhegehalts ab, so ist die auszahlende Kasse durch Aushändigung einer von dem bisherigen Gläubiger ausgestellten, öffentlich ... beglaubigten Urkunde von der Abtretung zu benachrichtigen. Bis zur Benachrichtigung gilt die Abtretung als der Kasse nicht bekannt.

6.2.3.3 Die Sicherungsübereignung

Die Sicherungsübereignung besteht in der Übertragung von treuhänderischem Eigentum des Sicherungsgebers (Kreditnehmers) an den Sicherungsnehmer (Kreditinstitut). Nur bewegliche Sachen können sicherungsübereignet werden.

Lernsituation

Frau Regina Täubner ist alleinige Gesellschafterin und Geschäftsführerin einer neu eingerichteten Praxis für Krankengymnastik und Rehabilitationsmaßnahmen. Die Firma ist in der Abteilung B des Handelsregisters in Kiel als Täubner Reha und Fitness GmbH eingetragen. Zum Unternehmen gehört ein Rehashop mit Produkten aus dem Orthopädie- und Gesundheitsbereich, welche die therapeutischen Maßnahmen unterstützten sollen. Zu den Produkten zählen z.B. Sitz- und Nackenkissen, Hanteln und Sitzbälle.

Zur Finanzierung der Einrichtung der Praxis und des Rehashops stellt Frau Täubner ein Investitionsvolumen in Höhe von 220.000 EUR fest. Die GmbH verfügt über eigene Barmittel in Höhe von 100.000,00 EUR. Die Waren des Rehashops sollen über einen Kontokorrentkredit in Höhe von 40.000,00 EUR finanziert werden. Ein Darlehen über 80.000,00 EUR bei der Nordbank AG soll der Finanzierung der Praxiseinrichtung dienen.

Bevor die Nordbank AG der GmbH ein bindendes Kreditangebot macht, muss das interne Genehmigungsverfahren abgeschlossen sein. Hierzu bereitet der Firmenkundenberater der Nordbank AG einen internen Kreditantrag vor, der die Grundlage für die Entscheidung der entsprechenden Gremien ist.

Die Nordbank AG unterbreitet der Täubner Reha und Fitness GmbH folgendes Kreditangebot:

Kontokorrentkredit zu derzeit 10,5 % p.a. in Höhe von 40.000,00 EUR zur Finanzierung des zusätzlichen Lagerbedarfs und der erhöhten Betriebsausgaben. Innerhalb einer Anlaufzeit von zwei Jahren sollte der Kredit wieder zurückgeführt werden.

Darlehen über 80.000,00 EUR mit einem Festzins von 6,75 % als Abzahlungsdarlehen für den Zeitraum von 7 Jahren zur Restfinanzierung der Einrichtungsgegenstände.

Da Unternehmensräume und der Rehashop gemietet sind, stehen Grundpfandrechte nicht zur Verfügung. Die Abrechnung der Rezepte erfolgt über die gesetzlichen Krankenkassen, die Privatpatienten erhalten eine Rechnung. Die Produkte aus den Bereichen Rehabilitation und Gesundheit werden überwiegend bar bezahlt.

Als Sicherheiten stehen deshalb die Geschäftsausstattung und das Warenlager zur Verfügung. Ein neuwertiger Pkw steht im Eigentum der GmbH.

Aufgaben

a) Begründen Sie, welche Kreditsicherheiten den Bedürfnissen der Nordbank AG entsprechen.
b) Welche Verpflichtungen geht die Bank bei der Stellung von fiduziarischen Sicherheiten gegenüber dem Kreditnehmer ein?
c) Welche Merkmale können für die eindeutige Bestimmbarkeit eines sicherungsübereigneten Fahrzeugs, eines sicherungsübereigneten Warenlagers und eines fest installierten Vermögensgegenstandes, z.B. einer Ladeneinrichtung, herangezogen werden?
d) Begründen Sie, warum z.B. bei der Ladeneinrichtung ein Sicherheitsabschlag für die Bank unverzichtbar ist.
e) Warum lässt sich die Nordbank AG bei der Sicherungsübereignung des Fahrzeugs die Zulassungsbescheinigung II Teil 1 (Fahrzeugbrief) übergeben?
f) Beschreiben Sie Risiken bei der Sicherungsübereignung von Fahrzeugen und der Sicherungsübereignung eines Warenlagers.
g) Wie kann die Nordbank AG das Eigentum an Waren, die unter dem Eigentumsvorbehalt des Lieferanten geliefert wurden erlangen?

INFO

Grundelemente der Sicherungsübereignung

Bei der Sicherungsübereignung behält der Sicherungsgeber den unmittelbaren Besitz. Die Rechtsgrundlage der Sicherungsübereignung bilden die Bestimmungen der §§ 929 ff. BGB über die Übereignung beweglicher Sachen. Da das Eigentum an der beweglichen Sache der Bank nur als Kreditsicherheit dient, darf sie mit der ihr sicherungshalber übereigneten Sache nicht nach ihrem Belieben verfahren.

Die übereigneten Sachen müssen so bestimmt und bezeichnet sein, dass für jeden Außenstehenden ohne weiteres ersichtlich wird, welche Sachen übereignet sind.

Für den Eigentumserwerb ist die Übergabe gemäß § 929 BGB erforderlich. Wirtschaftlich ist die Übergabe der Sache aber nicht im Interesse der Beteiligten.

Deshalb wird die die Übergabe der Sache durch ein Besitzkonstitut ersetzt. Das Besitzkonstitut nach § 930 BGB ist die ausdrückliche Vereinbarung darüber, dass das Eigentum übergehen soll, auch wenn der Veräußerer unmittelbarer Besitzer bleibt. Das Recht zum Besitz wird dem Veräußerer durch einen Leih- oder Verwahrungsvertrag eingeräumt. Dieser Vertrag ersetzt die formelle Übergabe der Sache. Die Bank kann ihr Eigentumsrecht an den Sicherungsgegenständen nur mit Bezug auf den Sicherungsvertrag und den Besitzmittlungsvertrag nachweisen.

Daraus folgen zwei wesentliche Sachverhalte für die Sicherungsübereignung:

Im Sicherungsvertrag muss die übereignete Sache so genau beschrieben werden, dass aufgrund der Angaben im Vertrag ein Dritter die übereigneten Gegenstände eindeutig feststellen kann. Dies kann durch die Angabe von Gerätenummern, Markierungen oder Beschreibung des Raumes, in dem sich die Gegenstände befinden, passieren.

Ein gutgläubiger Erwerb vom Nichteigentümer setzt die Übergabe der Sache voraus. Die Bank kann erst dann Eigentümer werden, wenn sie die Gegenstände in Besitz nimmt. Sollte der Kreditnehmer unzulässigerweise einem Dritten Besitz an dem Sicherungsgut einräumen, kann dieser seinerseits gutgläubig das Eigentum daran erwerben. Die Sicherungsübereignung ist deshalb mit erheblichen Risiken belastet.

Sicherungsübereignung einzelner Gegenstände

Die Geschäftsausstattung kann von den Herstellern gemäß deren Lieferungsbedingungen unter Eigentumsvorbehalt geliefert worden sein. Die Ansprüche aus der Sachversicherung sind durch Anzeige an die Versicherung über den Eigentumswechsel an die Nordbank AG übergegangen. Der Versicherungsschein muss der Bank übergeben werden.

Sicherungsübereignung von Fahrzeugen

Die Bestimmung des Fahrzeugs wird entsprechend den technischen und amtlichen Angaben durchgeführt. Sie wird der Zulassungsbescheinigung II (Fahrzeugbrief) entnommen. Wegen der für ein Fahrzeug höheren Gefahren wird von den Kreditinstituten eine Vollkaskoversicherung verlangt. Bei grober Fahrlässigkeit des Kreditnehmers kann diese Versicherung jedoch nicht beansprucht werden. Ein Sicherungsschein wird von der Versicherung ausgestellt und dem Kreditinstitut übergeben. Die Zulassungsbescheinigung II wird der Bank übergeben, die sie bis zum vollständigen Ausgleichs des Kredits verwahrt.

In der Zulassungsbescheinigung II wird der Halter des Fahrzeugs eingetragen, der nicht mit dem Eigentümer identisch sein muss. Ein Wechsel des Eigentums am Fahrzeug muss - wenn nicht der Eigentumswechsel nur zur Sicherung erfolgt – unter Vorlage der Zulassungsbescheinigung II und Angabe des neuen Eigentümers der Zulassungsstelle angezeigt werden. Während für jeden Halter ein besonderer Fahrzeugschein, der immer mitzuführen ist, ausgestellt wird, begleitet die Zulassungsbescheinigung II das Fahrzeug auch bei mehreren Eigentümerwechseln bis zur Verschrottung. Es gilt der Grundsatz, dass nur derjenige, dem ein Fahrzeug mit der Zulassungsbescheinigung II übergeben wird, auch gutgläubig an die Verfügungsberechtigung des Veräußerers glauben kann.

Die Übergabe der Zulassungsbescheinigung II hat folgenden Zweck:

Prüfung der Fahrzeugdaten zur genauen Eintragung in den Sicherungsvertrag,

Prüfung, ob der Kreditnehmer als Halter eingetragen ist,

Sicherstellung, dass kein Dritter gutgläubig Eigentum an dem Fahrzeug erwerben kann. Die Briefübergabe kann deshalb an die Zulassungsstelle gemeldet werden, um möglichst zu verhindern, dass ein Ersatz ausgestellt wird.

Raumsicherungsvertrag

Für die Übereignung des Warenlagers der GmbH zur Sicherung wird ein Raumsicherungsvertrag geschlossen. Waren in einem Warenlager sind oft nur der Gattung nach zu bestimmen. Zudem sollen die Waren meist verarbeitet oder verkauft werden. Ein laufender Austausch der Waren ist also zu ermöglichen. Im Übereignungsvertrag wird daher vereinbart, dass alle Waren, die sich in dem Warenlager befinden, an die Bank übereignet sind, sobald sie in den Lagerraum eingebracht sind. Außerdem muss sichergestellt sein, dass die Übereignung möglich ist, z.B. der Eigentumsvorbehalt des Lieferanten aufgehoben ist. Die Waren dürfen im eigenen Namen der GmbH veräußert werden. Etwaige Forderungen gelten aber als von Anfang an abgetreten.

Um dem Erfordernis der Bestimmbarkeit Rechnung zu tragen, wird i.d.R. eine Lageskizze des Lagerraums mit den übereigneten Waren dem Sicherungsvertrag beigefügt. Waren mit Eigentumsvorbehalt werden erst mit dessen Aufhebung Eigentum der Bank. Die Bank lässt sich deshalb das Anwartschaftsrecht auf Eigentumserwerb an der Ware übertragen. Zukünftig eingelieferte Waren gelten bereits mit der Verbringung in das Lager als übereignet.

Auszug aus dem Bürgerlichen Gesetzbuch (BGB)

§ 854 (Erwerb des Besitzes)

Der Besitz einer Sache wird durch die Erlangung der tatsächlichen Gewalt über die Sache erworben.
Die Einigung des bisherigen Besitzers und des Erwerbers genügt zum Erwerb, wenn der Erwerber in der Lage ist, die Gewalt über die Sache auszuüben.

§ 868 (Mittelbarer Besitz)

Besitzt jemand eine Sache als Nießbraucher, Pfandgläubiger, ... vermöge dessen er einem anderen gegenüber auf Zeit zum Besitz berechtigt oder verpflichtet ist, so ist auch der andere Besitzer (mittelbarer Besitz).

§ 903 (Befugnisse des Eigentümers)

Der Eigentümer einer Sache kann, ... mit der Sache nach Belieben verfahren du andere von jeder Einwirkung ausschließen. ...

§ 929 (Einigung und Übergabe)

Zur Übertragung des Eigentums an einer beweglichen Sache ist erforderlich, dass der Eigentümer die Sache dem Erwerber übergibt und beide darüber einig sind, dass das Eigentum übergehen soll. Ist der Erwerber im Besitz der Sache, so genügt die Einigung über den Übergang des Eigentums.

§ 930 (Besitzkonstitut)

Ist der Eigentümer im Besitz der Sache, so kann die Übergabe dadurch ersetzt werden, dass zwischen ihm und dem Erwerber ein Rechtsverhältnis vereinbart wird, vermöge dessen der Erwerber den mittelbaren Besitz erlangt.

6.2.4 Bilanzanalyse

Nach § 18 Kreditwesengesetz sind Kreditinstitute verpflichtet, sich bei einer Kreditaufnahme von mehr als 750.000 EUR die wirtschaftlichen Verhältnisse, insbesondere durch Vorlage der Jahresabschlüsse, offen legen zu lassen. Daneben hat die Bank ein elementares Eigeninteresse an dem Zahlenmaterial, um die finanzielle Situation des Unternehmens beurteilen zu können. Zur Auswertung der Bilanzen und der Gewinn- und Verlustrechnungen der letzten 3 Jahre werden die Zahlen in einer sogenannten Strukturbilanz aufbereitet. In der Strukturbilanz werden aussagekräftige Kennzahlen und deren Veränderungen im Zeitablauf dargestellt.

Jahresabschlussanalyse

Finanzielle Kennzahlen dienen bei der Unternehmensbeurteilung durch den Kapitalmarkt als Maßstab für den innerbetrieblichen und zwischenbetrieblichen Vergleich. Kennzahlen sind Maßgrößen, die über quantitativ erfassbare Sachverhalte berichten. Ziel der Kennzahlen ist es, komplizierte betriebliche Informationen möglichst einfach und nachvollziehbar abzubilden.

Die Auswertung des Jahresabschlusses ergibt Informationen über die derzeitige Vermögens-, Finanz- und Ertragslage einer Unternehmung. Aus den Zahlen des Jahresabschlusses werden die einzelnen Kennzahlen gebildet. Eine interne Abschlussanalyse führt zu aussagefähigen Ergebnissen, da betriebsinterne Unterlagen aus der Finanzplanung zur Verfügung stehen. Eine externe Bilanzanalyse kann sich nur auf den veröffentlichten Jahresabschluss stützen.

Lernsituation

Die HAMA GmbH ist ein Hamburger Unternehmen, das Metallbearbeitungsmaschinen herstellt. Wegen der großen Nachfrage aus Südostasien beabsichtigt das Unternehmensmanagement, die Fertigungskapazitäten zu erweitern. Zu diesem Zweck soll die bisherige Kreditlinie bei der Nordbank AG von 1 Million Euro auf 6 Millionen Euro aufgestockt werden. Im Rahmen der Kreditwürdigkeitsprüfung analysiert die Nordbank die Jahresabschlüsse der letzten drei Jahre.

Bilanz der HAMA GmbH für die Jahre (alle Angaben in TEUR)							
Aktiva							Passiva
	2017	2018	2019		2017	2018	2019
A. Anlagevermögen				A. Eigenkapital			
I. Grundstücke und Gebäude	5800	6300	6300	I. Gezeichnetes Kapital	2500	2500	3000
II. Inventar, Maschinen	5950	6120	7570	II. Rücklagen	4950	4950	5250
				Gewinn-/Verlustvortrag	-950	-370	450
B. Umlaufvermögen				B. Rückstellungen	850	820	880
I. Roh-, Hilfs-, Betriebsstoffe	3400	4100	4840	davon Pensionsrückstellungen	300	320	340
II. Unfertige Erzeugnisse	4100	4300	3450				
III. Fertige Erzeugnisse	4490	5200	5700	C. Verbindlichkeiten			
IV. Forderungen aus Lieferungen und Leistungen	4730	4080	4560	I. Langfristige Verbindlichkeiten	13500	14200	14200
V. Kassenbestand, Bankguthaben	710	650	1360	II. Kurzfristige Bankverbindlichkeiten	5450	4900	5750
				III. Lieferantenverbindlichkeiten	2880	3750	4250
Summen	28180	30750	33780		28180	30750	33780

Gewinn- und Verlustrechnung der HAMA GmbH in TEUR			
	2017	2018	2019
1. Umsatzerlöse	32120	33230	39850
2. Erhöhung/Verminderung des Bestandes an fertigen und unf. Erzeugnissen	- 1100	+ 32040	+ 1840
3. Andere aktivierte Eigenleistungen	120	200	130
4. Gesamtleistung	31.140	36.670	41820
5. Sonstige betriebliche Erträge	10	20	30
6. Materialaufwand	- 12450	- 14100	- 16430
7. Personalaufwand	- 13150	- 16550	- 17800
8. Abschreibungen	- 1920	- 1410	- 1850
9. Sonstige betriebliche Aufwendungen	- 3610	- 3000	- 2850
10. Zinsaufwendungen	- 1520	- 1350	- 1240
11. Ergebnis der gewöhnlichen Geschäftstätigkeit	- 1590	280	1680
12. Außerordentliche Erträge	1800	80	20
13. Außerordentliche Aufwendungen	- 950	- 500	- 120
14. Steuern	- 210	- 230	- 890
15. Jahresüberschuss/Jahresfehlbetrag	- 950	- 370	750
16. Einstellung in die Rücklagen	0	0	- 200
17. Bilanzgewinn/Verlustvortrag	- 950	- 370	450

Aufgaben

a) Ermitteln Sie folgende Bilanzkennzahlen für die Jahre 2017 bis 2019.

b) Ermitteln Sie die Ertragskennziffern für die Jahre 2017 bis 2019.

c) Beurteilen Sie Anlagendeckung und Liquiditätslage der HAMA GmbH.

d) Vergleichen Sie Eigenkapital-, Gesamtkapital- und Umsatzrentabilität der Jahre 2017 bis 2019. Wie hat sich im Laufe der drei zurückliegenden Geschäftsjahre der Cash-Flow entwickelt?

e) Angenommen, die Nordbank AG gewährt der HAMA GmbH den gewünschten Kreditbetrag mit einer Verzinsung von 8% p.a. Prüfen Sie, ob der Kapitaldienst aus dem Cash-Flow finanziert werden kann, wenn die Maschinen in 5 Jahren bezahlt werden sollen.

INFO

Eigenkapitalquote

Bei der Ermittlung der Eigenkapitalquote werden alle in der Bilanz ausgewiesenen Eigenkapitalpositionen berücksichtigt, nicht aber eventuelle stille Reserven. Die Eigenkapitalquote gibt an, wie groß der Anteil des Eigenkapitals an der Bilanzsumme ist.

$$\text{Eigenkapitalquote} = \frac{\text{Eigenkapital} \times 100}{\text{Bilanzsumme}}$$

Ein hoher Eigenkapitalanteil gewährleistet der Unternehmensleitung Dispositionsfreiheit, schützt vor Unternehmenszusammenbrüchen infolge von Überschuldung, vermindert das Risiko für die Gläubiger und stellt eine gute Grundlage für neue Kreditaufnahmen dar. Je höher die Eigenkapitalquote ist, desto günstigere Konditionen lassen sich bei Kreditgesprächen aushandeln. Um ein abschließendes Urteil fällen zu können, kann ein Branchenvergleich sinnvoll sein, da bestimmte Branchen nur eine geringe Eigenkapitalausstattung haben. Die Eigenkapitalausstattung bei Industrieunternehmen liegt zwischen 15% und 40%.

Anlagendeckungsgrad

Das Anlagevermögen sollte möglichst mit Eigenkapital finanziert sein.

$$\text{Anlagendeckungsgrad I} = \frac{\text{Eigenkapital} \times 100}{\text{Anlagevermögen}}$$

$$\text{Anlagendeckungsgrad II} = \frac{(\text{Eigenkapital} + \text{langfristiges Fremdkapital}) \times 100}{\text{Anlagevermögen}}$$

Ein Anlagendeckungsgrad II unter 100% bedeutet eine Anlagenunterdeckung. Es wurde mittel- und/oder kurzfristiges Fremdkapital zur Finanzierung des Anlagevermögens eingesetzt.

Liquidität

Liquidität ist die Fähigkeit des Unternehmens, jederzeit fällige Zahlungsverpflichtungen erfüllen zu können. Je mehr die flüssigen Mittel die kurzfristigen Verbindlichkeiten decken, umso liquider ist das Unternehmen.

$$\text{Liquiditätsgrad I} = \frac{\text{liquide Mittel 1. Grades} \times 100}{\text{kurzfristiges Fremdkapital}}$$

Die Kennzahl „Liquidität I. Grades" zeigt, wie weit das kurzfristige Fremdkapital mit vorhandenen liquiden Mitteln (Kasse, Kontoguthaben, Scheck) zurückgezahlt werden kann. Üblicherweise sollten mindestens 20% der Rechnungen sofort beglichen werden können, um auch eine Skontoausnutzung zu ermöglichen.

$$\text{Liquiditätsgrad II} = \frac{\text{liquide Mittel 2. Grades} \times 100}{\text{kurzfristiges Fremdkapital}}$$

Die Liquidität 2. Grades gibt an, wie weit kurzfristig realisierbare Vermögenswerte das kurzfristige Fremdkapital decken. Sie sollte mindestens 100% betragen. Die liquiden Mittel 2. Grades setzen sich zusammen aus den liquiden Mitteln 1. Grades und den Forderungen aus Lieferungen und Leistungen sowie den Wertpapieren und gängigen Waren.

$$\text{Liquiditätsgrad III} = \frac{\text{liquide Mittel 3. Grades} \times 100}{\text{kurzfristiges Fremdkapital}}$$

Die liquiden Mittel 3. Grades setzen sich zusammen aus den liquiden Mitteln 2. Grades und den Vorräten.

Die liquiden Vermögensteile 1., 2. und 3. Grades (Umlaufvermögen) zusammengenommen müssen merklich größer sein als die kurzfristigen Verbindlichkeiten, wenn ein Bankkredit vertretbar sein soll. Bei der umsatzbedingten Liquidität 3. Grades liegt der kritische Wert bei 100%, denn dann könnten durch Umsetzung des Umlaufvermögen genau alle Verbindlichkeiten ausgeglichen werden. Liegt die Kennzahl unter 100%, hat das Unternehmen ernste Zahlungsschwierigkeiten (Insolvenzgefahr). Die Zielvorgabe liegt bei 120%. Liegt der Wert über 150%, so deutet dies möglicherweise auch ein zu großes Warenlager mit überhöhter Kapitalbindung hin.

Nachteil dieser Kennzahlen ist, dass die Kennzahlen zum Zeitpunkt der Berechnung längst überholt sind. Sie beziehen sich auf den Bilanzstichtag. Für die Einordnung in die Bilanz ist jeweils die Fristigkeit, d.h. die Gesamtlaufzeit, maßgeblich. Für die Liquidität ist dagegen die Fälligkeit, d.h. die Restlaufzeit, entscheidend.

Eigenkapitalrentabilität

Sie zeigt die Effizienz der Kapitalverwendung und ist Maßstab für den Erfolg des Betriebes.

$$\text{Eigenkapitalrentabilität} = \frac{\text{Jahresüberschuss vor Steuern} \times 100}{\text{Eigenkapital}}$$

Eigenkapitalrentabilität = Jahresüberschuss vor Steuern x 100 : Eigenkapital

Gesamtkapitalrentabilität

Sie gibt die Verzinsung des gesamten eingesetzten Kapitals an.

$$\text{Gesamtkapitalrentabilität} = \frac{(\text{Jahresüberschuss vor Steuern} + \text{Fremdkapitalzinsen}) \times 100}{\text{Gesamtkapital}}$$

Gesamtkapitalrentabilität = (Jahresüberschuss vor Steuern + Fremdkapitalzinsen) x 100 : Gesamtkapital

Umsatzrentabilität

Sie gibt Auskunft über die ordentlichen Betriebserfolge.

$$\text{Umsatzrentabilität} = \frac{\text{Gewinn einer Periode} \times 100}{\text{Jahresumsatz}}$$

Gewinn einer Periode x 100 : Jahresumsatz

Cash-Flow

Der Cash-Flow ist der Überschuss der zahlungswirksamen Erträge über die zahlungswirksamen Aufwendungen.

Jahresüberschuss
+ Abschreibungen
+/- Veränderungen der langfristigen Rückstellungen
Cash-Flow

Debitorenziel

Das Ergebnis gibt an, wie lange das Unternehmen durchschnittlich auf die Begleichung seiner Rechnungen warten muss.

$$\frac{\text{Forderungen aus Lieferungen und Leistungen zum Jahresende} \times 365}{\text{Umsatzerlöse}}$$

Kreditorenziel

Das Kreditorenziel gibt an, in welchem Umfang das Unternehmen Zahlungsziele bei seinen Lieferanten in Anspruch nimmt.

$$\frac{\text{Verbindlichkeiten aus Lieferungen und Leistungen zum Jahresende} \times 365}{\text{Materialaufwand bzw. Wareneinsatz}}$$

6.2.5 Finanzierungsleasing

Die deutsche Leasingbranche rechnet für dieses Jahr mit einem Rekordwachstum. Deutschland ist damit der zweitgrößte Leasingmarkt in Europa hinter Großbritannien.

Finanzierungsleasing ist die mittel- bis langfristige Gebrauchsüberlassung eines Wirtschaftsgutes an den Leasingnehmer. Dabei ist die Vertragslaufzeit regelmäßig kürzer als die betriebsgewöhnliche Nutzungsdauer. Im Gegensatz zu einem darlehensfinanzierten Kauf wird der Leasingnehmer nicht Eigentümer des Wirtschaftsgutes, sondern er erwirbt lediglich ein zeitlich begrenztes Nutzungsrecht. Mietkaufverträge weichen von dieser Systematik ab. Rechtlich handelt es sich beim Mietkauf um einen Kaufvertrag auf Teilzahlungsbasis. In Deutschland ist die Vertragsform Finanzierungsleasing von Bedeutung. Diese Vertragsform weist darauf hin, dass sie eine dem Kreditvertrag vergleichbare Funktion erfüllen soll, d.h. der Leasingnehmer trägt das Investitionsrisiko für das Leasingobjekt. Entsprechend sehen die Zahlungsverpflichtungen während der Vertragsdauer vor, dass mit den monatlichen Leasingraten die gesamten Anschaffungskosten oder Herstellungskosten einschließlich aller Nebenkosten des Leasinggebers für die Bereitstellung des Leasingobjektes aufgebracht werden müssen.

Lernsituation

Die Kora GmbH beabsichtigt die Anschaffung eines Firmenfahrzeugs für die Geschäftsführung. Der Pkw soll 46.000 EUR kosten und über die NordLeasing GmbH oder die HansaLeasing GmbH bzw. AutoLeasing GmbH finanziert werden. Die Geschäftsführung will den Pkw 36

Monate lang nutzen. Nutzungsdauer laut AfA-Tabelle (AfA = Abschreibung für Abnutzung) 6 Jahre.

Konditionen der NordLeasing GmbH	
Vertragsart	Leasingvertrag mit Mietverlängerungsoption
Grundmietzeit	40 – 90% der betriebsgewöhnlichen Nutzungsdauer
Leasingfaktor	3,25% pro Monat
Kilometerleistung	20.000 km pro Jahr
Der Pkw ist am Ende der Grundmietzeit der Nordleasing GmbH zu übergeben oder aufgrund eines Mietvertrages anzumieten.	

Konditionen der HansaLeasing GmbH	
Vertragsart	Leasingvertrag mit Mehrerlösbeteiligung
Grundmietzeit	40 – 90% der betriebsgewöhnlichen Nutzungsdauer
Verzinsung	7% p.a.
Restwert	25%
Kilometerleistung	20.000 km pro Jahr

Konditionen der AutoLeasing GmbH	
Vertragsart	Leasingvertrag mit fester Abschlussrate
Vertragslaufzeit	36 Monate
Anzahlung	15.000,00 EUR
Abschlussrate	60%der Anschaffungskosten
Kilometerleistung	20.000 km pro Jahr
Leasingrate	199,00 EUR pro Monat

Aufgaben

a) Erstellen Sie auf der Grundlage des Leasingfaktors der NordLeasing GmbH und der Konditionen der HansaLeasing GmbH bzw. der AutoLeasing GmbH die entsprechenden Angebote für die Kora GmbH. Ermitteln Sie in diesem Zusammenhang

a1) die Leasingrate,

a2) den Restwert und

a3) die Gesamtkosten der Investition.

b) Geben Sie an, um welche Verträge es sich in den obigen Angeboten handelt. Prüfen Sie, ob die drei Angebote den Vorschriften des Leasingerlasses entsprechen (Vollamortisationsvertrag/Teilamortisationsvertrag).

c) Für welches Angebot sollte sich die Kora GmbH entscheiden? Begründen Sie Ihre Entscheidung!

d) Angenommen die Kora GmbH schließt einen Leasingvertrag mit der HansaLeasing GmbH. Am Ende der Grundmietzeit erbringt der Firmenwagen nicht wie geschätzt 25% sondern 15% bzw. 30% der Anschaffungskosten. Prüfen Sie in den beiden Fällen (15% und 30% des Restwertes) die jeweiligen Ansprüche der beiden Vertragspartner, Kora GmbH und HansaLeasing GmbH.

e) Warum wäre ein Vollamortisationsvertrag für die Kora GmbH unwirtschaftlich?

f) Stellen Sie anhand des Angebots 2 die Restwertproblematik beim Abschluss von Teilamortisationsverträgen aus der Sicht des Leasingnehmers dar.

INFO

Berechnungsschema der monatlichen Leasingrate bei einem Vollamortisationsvertrag mit einer Grundmietzeit von 40 Monaten, Investitionskosten von 20.000,00 EUR und einem Kalkulationszinssatz von 10 % p.a.	
Anschaffungskosten	20.000,00 EUR
Anteil der Anschaffungskosten pro Monat: 20.000,00 : 40 =	500,00 EUR
Zinsen für die durchschnittliche Inanspruchnahme des Investitionsbetrages von 20.000,00 EUR pro Monat Durchschnittlich in Anspruch genommenes Kapital: (Anfangskapital + Endkapital) : 2 = (20.000 + 500) : 2 = 10.250,00 EUR Jahreszinsen: 10 % von 10.250,00 = 1.025,00 EUR Monatszinsen: 1.025,00 : 12 = 85,42 EUR	85,42 EUR
Leasingrate pro Monat	585,42 EUR
Leasingfaktor : Leasingrate x 100 : Anschaffungskosten 585,42 x 100 : 20.000,00 = 2,9271	2,927 %

Berechnungsschema der monatlichen Leasingraten bei einem Teilamortisationsvertrag mit einer Grundmietzeit von 40 Monaten, Investitionskosten von 20.000,00 EUR, einem Kalkulationszinssatz von 10 % p. a. und einem Restwert von 20 %	
Anschaffungskosten	20.000,00 EUR
Restwert 20 %	4.000,00 EUR
Über Leasingraten zu finanzierender Anteil der Anschaffungskosten	16.000,00 EUR
Monatlicher Anteil der über die Leasingraten zu finanzierenden Anteile der Anschaffungskosten 16.000,00 : 40 = 400,00 EUR	400,00 EUR

Zinsen für die durchschnittliche Inanspruchnahme des über die Leasingraten zu finanzierenden Investionsbetrages von 16.000,00 EUR pro Monat Durchschnittlich in Anspruch genommenes Kapital: (Anfangskapital + Endkapital) : 2 = (16.000 + 400) : 2 = 8.200,00 EUR Jahreszinsen: 10 % von 8.200 = 820,00 EUR Monatszinsen: 820,00 : 12 = 68,32 EUR	68,33 EUR
10 % Zinsen p. a. für Restwert von 4.000,00 EUR Jahreszinsen: 400,00 EUR Monatszinsen: 400 : 12 = 33,33 EUR	33,33 EUR
Leasingrate pro Monat	501,66 EUR
Leasingfaktor: Leasingrate x 100 : Anschaffungskosten = 501,66 x 100 : 20.000,00 EUR = 2,5083	2,508 %

Arten von Leasingverträgen

Man unterscheidet beim Finanzierungsleasing zwei wesentliche Vertragsarten:

- Vollamortisationsvertrag und
- Teilamortisationsvertrag.

Bei Finanzierungsleasingverträgen sehen die Zahlungsverpflichtungen während der Vertragsdauer vor, dass mit den monatlichen Leasingraten die gesamten Anschaffungskosten oder Herstellungskosten einschließlich aller Nebenkosten des Leasinggebers für die Bereitstellung des Leasingobjektes aufgebracht werden müssen.

Bei einem Vollamortisationsvertrag wird dies durch die Zahlung der monatlich fälligen Leasingraten erreicht. Bei Vertragsende ist der Leasinggegenstand an den Leasinggeber zurückzugeben. Da der Leasingnehmer nach der Vertragsdauer meist an einer weiteren Nutzung des Leasingobjektes interessiert ist, sehen die Vollamortisationsverträge häufig eine Kaufoption oder einen Anschlussleasingvertrag vor. Einigen sich die Vertragsparteien nicht über die Konditionen einer Folgevereinbarung, dann verwertet der Leasinggeber das Leasingobjekt selbst über den Markt.

Im Gegensatz zum Vollamortisationsvertrag führt die Summe der Leasingraten beim Teilamortisationsvertrag nicht zur Deckung aller Kosten. Erst durch den Verkauf des Leasingobjektes amortisiert die Leasinggesellschaft ihre Investitionskosten in voller Höhe. Gegen das Risiko eines Mindererlöses sichert sie sich durch eine Verkaufsoption gegenüber dem Leasingnehmer ab (Andienungsrecht an den Leasinggegenstand). Damit wird der Leasingnehmer zum Kauf für den Fall verpflichtet, dass eine anderweitige Verwertung des Leasinggegenstandes den Restwert nicht abdeckt. Der Kaufpreis entspricht dem kalkulierten Restwert. Liegt der Marktpreis über dem kalkulierten Restwert, nutzt die Leasinggesellschaft die Mehrerlöschance. Für den Leasingnehmer sehen Teilamortisationsverträge oftmals eine Beteiligung an dem Mehrerlös vor. Er erhält in diesem Fall bis zu 75% der Differenz aus dem Verkaufserlös und dem kalkulierten Restwert. Umgekehrt ist er verpflichtet, die Differenz zum kalkulierten Restwert auszugleichen, sobald sich ein Mindererlös ergibt. Voll- und Teilamortisationsverträge sind die gebräuchlichen

Fragen und Antworten zum Leasing

1. Was bedeutet "Leasing"?

Leasing bedeutet Nutzung von Gütern, ohne Eigentümer zu sein. Eine Finanzierung des Eigentumserwerbs entfällt hierbei. Je nach Zweck und Vertragsgestaltung gibt es unterschiedliche Formen des Leasing.

2. Wie funktioniert Leasing?

Der Begriff Leasing kommt aus dem Englischen und bedeutet „Mieten“ oder „Pachten“ von Investitionsgütern oder langlebigen Wirtschaftsgütern. Der Leasinggeber, der ein Objekt vermietet, bleibt juristischer und wirtschaftlicher Eigentümer. Allerdings überträgt er dem Mieter bzw. Nutzer des Objekts (Leasingnehmer) alle Rechte, Risiken und Pflichten, die bei „traditioneller“ Miete üblicherweise der Vermieter trägt. So haftet der Leasingnehmer für Schäden, er muss Reparaturen ausführen und das Objekt instand halten.

Wer zum Beispiel eine EDV-Anlage über eine Bank oder Leasinggesellschaft pachten will, geht zuerst zum PC-Händler und kauft ein Gerät seiner Wahl. Leasing schränkt weder bei der Auswahl des Händlers noch des Herstellers ein. Der Händler betrachtet den Kunden als Barzahler. Und wer „cash“ zahlt, hat einen gewissen Spielraum, wenn es um den Preis geht.

Nach Abschluss des Kaufvertrages ist der Kunde Besitzer und Eigentümer der Anlage. Danach schließt er einen Leasingvertrag ab, bekommt den gezahlten Kaufpreis von der Leasinggesellschaft zurück und überweist dafür monatlich oder quartalsweise seine Raten. Wenn der Vertrag ausläuft, entscheidet der „Mieter“, ob er das Gerät an die Leasinggesellschaft zurückgeben oder kaufen will.

Als „Vermieter“ fungieren entweder die Hersteller direkt oder reine Leasinggesellschaften, die die Produkte vom Hersteller kaufen und verpachten.

3. Wie kann Leasing nach dem Gegenstand, dem Nutzungsberechtigten und den Zusatzleistungen unterschieden werden?

- Nach dem Leasinggegenstand unterscheidet man Immobilienleasing an Gebäuden und Mobilienleasing an Investitions- und Konsumgütern. Der Hauptunterschied liegt hier in der Laufzeit des Leasingvertrags.
- Nach dem Nutzungsberechtigten gibt es Privatleasing und gewerbliches Leasing, die sich vor allem durch die steuerlichen Auswirkungen beim Nutzungsberechtigten unterscheiden.
- Je nachdem, welche Serviceleistungen vereinbart werden, spricht man vom Full-Service-Leasing z.B. bei Fahrzeugen, wenn alle Wartungen, Steuern, Reifen usw. von dem Eigentümer übernommen werden. Ein Vertrag ohne solche Leistungen beschränkt sich auf die Finanzierungsfunktion.

4. Wie unterscheidet sich das direkte vom indirekten Leasing?

- Bleibt der Hersteller auch Eigentümer und gibt nur die Nutzung ab, z.B. bei EDV-Anlagen oder Kopierern, handelt es sich um direktes Leasing oder Herstellerleasing. Beim direkten Leasing wird meistens wie bei einem normalen Mietvertrag dem Nutzungsberechtigten ein jederzeitiges Kündigungsrecht eingeräumt. Damit hat er die Möglichkeit, nach Bedarf immer neuere oder größere Geräte gegen Rückgabe der alten Geräte zu tauschen. Möglich ist auch ein zeitlich befristeter Vertrag mit Austauschrecht des Objektes. In diesen Fällen spricht man vom Operate-Leasing.

- Das direkte Leasing muss vertraglich und vom wirtschaftlichen Zweck her streng vom Finanzierungsleasing getrennt gesehen werden, bei dem immer eine nicht kündbare feste Mietdauer, die Grundmietzeit vereinbart wird. Wird eine besondere, rechtlich unabhängige Leasinggesellschaft eingeschaltet, bezeichnet man dies als indirektes Leasing.

5. Welche Vertragspartner sind beim Finanzierungsleasing beteiligt?

- Der Leasinggeber ist eine besondere Finanzierungsgesellschaft, die den Kaufvertrag mit dem Hersteller abschließt und den Kaufpreis an diesen entrichtet.
- Der Leasingnehmer schließt einen Vertrag mit dem Leasinggeber über die Nutzung des Gegenstandes und die Entrichtung der Leasingraten ab.
- Der Hersteller vereinbart mit dem Leasingnehmer die Art der Lieferung und die weiteren Lieferungsbedingungen.

6. Welche Vertragsformen sind beim Leasing zu unterscheiden?

Generell können verschiedene Vertragsformen unterschieden werden:

Vollamortisationsvertrag

Bei Vollamortisationsverträgen decken die Leasingraten die Anschaffungs-, Herstellungs-, Neben- und Finanzierungskosten, Gewinnspanne ab und der Vertrag wird über eine feste, unkündbare Grundvertragsdauer abgeschlossen

Vollamortisationsvertrag mit Kauf- und Verlängerungsoption sowie Recht auf Rückgabe

Der Finanzierungseffekt ist am günstigsten bei einer Laufzeit nahe 90 % der Afa-Zeit.

Nach Ablauf der Grundvertragsdauer hat der Leasingnehmer die Wahl zwischen :

1) dem Kauf des Wirtschaftsgutes,

2) der Vertragsverlängerung,

3) der Rückgabe des Wirtschaftsgutes.

Basis für 1) und 2): Restbuchwert bei linearer Abschreibung oder niedriger Zeitwert

Vorteile:

- volle Amortisation während der Grundvertragsdauer
- genaue Preiskalkulation durch feste Leasingraten
- Kauf des Wirtschaftsgutes ist nach Vertragsablauf vorgesehen.

Vollamortisationsvertrag ohne Kauf- und Verlängerungsoption

Vertragstyp für Absatzleasing mit Händlern und Herstellern

Dem Leasingnehmer wird weder Kauf- noch Verlängerungsoption eingeräumt.

Individuelle Vereinbarungen über Weiterverwendung des Wirtschaftsgutes können mit Herstellern und Händlern getroffen werden.

Teilamortisationsvertrag

Bei Teilamortisationsverträgen werden die Anschaffungskosten während der Grundvertragsdauer nur zum Teil gedeckt. Nicht amortisierte Anschaffungskosten werden durch Vertragsverlängerung oder durch den Verkauf des Wirtschaftsgutes an Mieter bzw. Dritte realisiert. Der Leasinggeber hat ein Andienungsrecht, d.h. der Leasingnehmer ist auf Verlangen verpflichtet, sofern ein Verlängerungsvertrag nicht zustande kommt, das Objekt zu dem bei Vertragsabschluss vereinbarten Preis zu kaufen. Der Leasingnehmer hat kein Recht, das Objekt zu erwerben. Der Leasinggeber kann vom Andienungsrecht Gebrauch machen.

Vorteile:

- Teilamortisation des Objektes während der Grundvertragsdauer
- Kosten- und Ertragsverläufe lassen bei hohen Restwertvereinbarungen den Abschluss eines Vollamortisationsvertrages nicht zweckmäßig erscheinen.
- Vertragsverlängerung erscheint nach Ablauf der Grundvertragsdauer sinnvoll.

Kündbarer Vertrag

Der Leasingvertrag läuft auf unbestimmte Zeit. Der Leasingnehmer kann den Leasingvertrag erstmals nach Grundvertragsdauer (mindestens 40 % der AfA-Zeit, mit 6-monatiger Kündigungsfrist) jeweils halbjährlich kündigen. Bei Kündigung ist eine Abschlusszahlung in Höhe der nicht gedeckten Gesamtkosten des Leasinggebers zu entrichten. Verkaufserlöse werden zu 100 % angerechnet.

Die Konditionen ermitteln sich unter Berücksichtigung der kalkulatorischen Laufzeit auf Basis eines Vollamortisationsvertrages.

Vorteile:

- bei Wirtschaftsgütern, die einer schnellen Weiterentwicklung unterliegen.
- wenn Flexibilität bei Veränderungen der Marktsituation notwendig ist.

7. Was bedeutet Vollamortisation?

Beim VA-Vertrag decken die Leasingzahlungen, die der Nutzungsberechtigte während der unkündbaren Grundmietzeit zu entrichten hat, die Anschaffungskosten des Leasinggegenstandes und die sonstigen Kosten des Eigentümers. Er wird meistens für Objekte abgeschlossen, die einem starken Preisverfall unterliegen können oder speziell nur für den Nutzungsberechtigten brauchbar sind. Sie sind typisch im Investitionsgüterleasing mit hohem Wertverlust oder Verschleiß oder bei Gütern, die an Dritte nur schwer veräußerbar sind.

8. Wie ist das Leasinggut bei Vollamortisationsverträgen steuerlich und bilanziell zu behandeln?

Das Leasinggut ist beim Leasinggeber, dem Eigentümer, zu bilanzieren, wenn der sog. Vollamortisationserlass der Finanzverwaltung beachtet wird. Die unkündbare Grundmietzeit muss danach mindestens 40% und darf höchstens 90% der betriebsgewöhnlichen Nutzungsdauer des betreffenden Wirtschaftsgutes betragen. In dieser Zeit hat der Leasingnehmer als Nutzungsberechtigter alle Anschaffungskosten und die sonstigen vom Eigentümer in die Rate einberechneten Bestandteile zu tragen. Diese Aufwendungen gelten dann bei ihm als steuerlich anerkannter Aufwand.

9. Welche Bedeutung hat ein Optionsrecht?

- Bei der Kaufoption hat der Leasingnehmer das Recht zum Kauf nach Ablauf der Grundmietzeit. Der Kaufpreis muss dem Zeitwert oder dem Restbuchwert entsprechen, um Steuernachteile zu vermeiden.

- Hat der Leasingnehmer die Mietverlängerungsoption muss die Mietverlängerungsgebühr dem Restbuchwert und der Restnutzungsdauer entsprechen.

10. Wann wird ein Teilamortisationsvertrag abgeschlossen?

Teilamortisationsverträge decken durch die Zahlungen während der Grundmietzeit nur einen Teil der Anschaffungs- und Nebenkosten ab. Nach Ablauf der Grundmietzeit kann das Objekt durch einen neuen Vertrag weitergenutzt oder vom Leasinggeber gebraucht weiterveräußert werden. Solche Verträge werden abgeschlossen, wenn ein sinnvoll kalkulierter Restwert nach einem bestimmten Zeitraum noch gegeben ist, z.B. bei Fahrzeugen oder Druckmaschinen.

11. Welche Bedeutung hat ein Andienungsrecht des Leasinggebers?

Der Leasingnehmer ist verpflichtet, auf Verlangen des Leasinggebers (Eigentümers) das Leasinggut zu einem von vornherein festgesetzten Restwert käuflich zu erwerben. Dieses Andienungsrecht wird der Leasinggeber immer dann ausüben, wenn er feststellt, dass nach Ablauf der unkündbaren Grundmietzeit das Leasinggut einen niedrigeren Zeitwert hat, als im Restbetrag vertraglich festgelegt ist. Das Risiko der Wertminderung liegt also beim Leasingnehmer.

12. Welche Vorschriften gelten für Leasingverträge, die mit Verbrauchern abgeschlossen werden?

Alle in den obigen Fragen beschriebenen Vertragsformen des Leasings fallen grundsätzlich unter die Regelungen zum Darlehensvertrag nach §§ 488 ff. BGB. Die Vorschriften des BGB sind bei Verträgen mit Verbrauchern anzuwenden. Der Leasingvertrag ist zwar kein Kredit, aber zumindest eine "sonstige Finanzierungshilfe" nach § 506 BGB. Für Finanzierungsleasingverträge in Form der § 495 Abs. 1: Es steht dem Leasingnehmer ein Widerrufsrecht nach § 355 BGB zu.

13. Welche Risiken übernimmt der gewerbliche Leasingnehmer?

- Das Investitionsrisiko liegt beim Leasingnehmer. Sucht er sich das falsche oder für seine Zwecke nicht passende Objekt aus, kann er es der Leasinggesellschaft als Eigentümerin nicht zur Verfügung stellen. Gewährleistungsansprüche muss der Leasingnehmer beim Hersteller geltend machen.
- Der Leasingnehmer übernimmt die technischen Risiken und verpflichtet sich zu der vom Hersteller vorgeschriebenen Wartung. Ein Fahrzeug muss regelmäßig in der Vertragswerkstatt "scheckheftgepflegt" werden. Beim Fahrzeugleasing wird regelmäßig eine Vollkaskoversicherung verlangt.

14. Kann der Leasingvertrag aufgehoben werden?

Während der Grundmietzeit ist der Leasingnehmer an den Vertrag gebunden. Eine vorzeitige Vertragsaufhebung kommt nur in Frage, wenn der Leasinggegenstand untergegangen oder so stark reparaturbedürftig ist, dass er nicht mehr benutzt werden kann. In diesem Fall kann der Vertrag beiderseitig aufgehoben werden. Der Leasingnehmer muss einen Schadensersatz leisten, der sich aus den noch ausstehenden Leasingraten, die abgezinst werden, ergibt. Mit dem etwaigen Restwert werden dann die ausstehenden Leasingraten verrechnet, nachdem die Abwicklungskosten abgezogen worden sind. Der Leasinggeber kann fristlos kündigen, wenn die Raten nicht ordnungsgemäß gezahlt werden oder der Leasingnehmer den Vertrag in anderer Hinsicht nicht erfüllt. Durch einseitige Kündigung von Seiten des Leasingnehmers kann der Vertrag also nicht aufgehoben werden.

15. Nach welchen Faktoren werden die Leasingraten kalkuliert?

- Wertminderung: Der Hauptkostenfaktor des Leasingentgelts besteht in dem Ausgleich der Anschaffungskosten des Leasingobjekts. Bei einem Vollamortisationsvertrag müssen während der Grundmietzeit die gesamten Anschaffungskosten gedeckt werden. Bei Teilamortisationsverträgen wird die Differenz aus Anschaffungskosten und geschätztem Restwert gedeckt. Die Wertminderung wird durch die Monate der Grundmietzeit geteilt.
- Zinsen für das überdurchschnittlich genutzte Kapital in banküblicher Höhe.
- Sonstige Kosten wie eine Risikoprämie für den Leasinggeber, kalkulierte Steuern, Entgelt für die erbrachten Dienstleistungen und eine Gewinnquote für den Leasinggeber.

16. Welche Vorteile hat das gewerbliche Leasing?

- Das Leasing ersetzt die Fremdfinanzierung in voller Höhe, wenn es das gesamte Objekt erfasst.
- Während der gesamten Vertragsdauer hat der Leasingnehmer eine klare Kalkulations- und Planungsgrundlage.
- Liquidität: Leasing ist eine 100 % off balance sheet-Finanzierung, bestehende Kreditspielräume bleiben erhalten.
- Das Leasingentgelt kann aus den laufend erwirtschafteten Erträgen bezahlt werden.
- Bilanzneutralität der Leasingraten: Die Bilanz wird "entlastet", da die Leasingobjekte und die entsprechenden Verpflichtungen nicht ausgewiesen werden. Die Verwaltung kann einfacher sein, insbesondere wenn Serviceverträge bestehen.
- Für den Leasingnehmer lösen die Leasingraten keine zusätzliche Gewerbesteuerbelastung aus, es fallen somit keine investitionsbezogenen Steuern an.
- Die Gesamtkosten sind im Vergleich zu anderen Finanzierungsalternativen niedriger.
- Kosten und Erträge der Investition verlaufen parallel.
- Der Entschluss zur Erneuerung der Anlage nach Ende der Mietzeit fällt leichter.
- Full-Service-Leasing: Einige Leasinggesellschaften bieten ihren Kunden zusätzlichen Service an, zum Beispiel Wartungs- und Versicherungsverträge oder Softwareservice. Das erstreckt sich beispielsweise bis hin zum kompletten Maschinen- und Fuhrparkmanagement oder zur Übernahme der Baubetreuung von Immobilien (so genannte Fullservice-Verträge). Diese Leistungen lassen sich die Gesellschaften über höhere Raten bezahlen. Der unmittelbare Kontakt zwischen Kunde und Hersteller kann sich dennoch lohnen: Der Hersteller ist mit dem Objekt bestens vertraut. Für ihn ergeben sich Synergieeffekte, da er den Kunden während der gesamten Leasingzeit betreut und auf spontane Kundenwünsche wie Kapazitätszuwachs, Produktverbesserungen reagieren kann. Für den Kunden kann dies ebenfalls vorteilhaft sein, da er alles aus einer Hand erhält – unter Umständen sogar preisgünstiger.
- Entsorgung: Gibt der Leasingnehmer das Objekt am Ende der Laufzeit zurück, fallen für ihn keine Entsorgungskosten an.

17. Welchen Inhalt hat ein Kilometer-Abrechnungsvertrag beim Kraftfahrzeug-Leasing?

Bei den oben erwähnten Fragen hat immer der Leasingnehmer das Restwertrisiko. Bei Fahrzeugleasingverträgen übernimmt der Eigentümer dieses Risiko, wenn dem Leasingnehmer eine bestimmte Kilometerleistung des Fahrzeugs innerhalb der Mietdauer zugebilligt wird. Mehrkilometer sind zusätzlich zu ersetzen, für Minderkilometer erhält der Leasingnehmer eine - gegenüber Mehrkilometer geringere - Vergütung. Das Fahrzeug muss selbstverständlich bei Rückgabe einen normalen Erhaltungszustand aufweisen. Bei Übernahme ist regelmäßig eine

Einmalzahlung zu leisten. Dieser Vertragstyp hat mehr Ähnlichkeit mit einem echten Mietvertrag als mit dem typischen Leasingvertrag. Er ist für Betriebe den anderen Verträgen, z. B. Vollamortisations- oder Teilamortisationsverträgen, steuerlich gleichgestellt, wenn die Mindestvertragsdauer 40% der betriebsgewöhnlichen Nutzungsdauer beträgt. Im Unterschied zum Teilamortisationsvertrag ist hier häufig dem Leasinggeber das Andienungsrecht im Zusammenhang mit dem Kilometerausgleich eingeräumt.

18. Wie wird ein Finanzierungsleasingvertrag beispielhaft abgeschlossen und abgewickelt?

Angenommen, dass der mittelständische Zulieferungsbetrieb Busch GmbH eine Werkzeugmaschine im Wert von 100.000 EUR beschaffen will. Die Finanzierung wird mit der FinanzLeasing AG verhandelt. Der Vertrag wird dann in folgenden Phasen abgewickelt:

1. Die Busch GmbH (Leasingnehmer) verhandelt mit dem Hersteller über Typ und Preis der Maschine einschließlich der Lieferungs- und Garantiebedingungen und gibt die Bestellung als Kaufantrag unter Hinweis auf die FinanzLeasing AG (Leasinggeber) ab.
2. Die Busch GmbH verhandelt mit der FinanzLeasing AG über die Bedingungen und schließt mit ihr den Leasingvertrag über die gewünschte Auftragssumme ab.
3. Die FinanzLeasing AG schließt mit dem Hersteller den Kaufvertrag ab.
4. Die Maschine wird vom Hersteller direkt an die Busch GmbH ausgeliefert. Das Eigentum wird an die FinanzLeasing AG übertragen.
5. Die FinanzLeasing AG zahlt den vereinbarten Kaufpreis an den Hersteller.
6. Die Busch GmbH nutzt die Werkzeugmaschine und zahlt an die FinanzLeasing AG die vereinbarten Leasingraten.

19. Worauf sollten Sie beim Abschluss eines Leasingvertrages achten?

Checkliste vor Abschluss des Leasingvertrages

- Ist der Leasinggegenstand genau beschrieben?
- Wie hoch wäre der Preis, würde man das Objekt kaufen?
- Werden Rabatte weitergegeben bzw. in der Kalkulation berücksichtigt?
- Wie hoch ist die Leasingsonderzahlung?
- Wie viele Raten muss ich zahlen?
- Wie hoch ist die Rate?
- Wie lang ist die Laufzeit des Vertrages?
- Wie hoch wird der Restwert sein?
- Handelt es sich um einen Voll- oder einen Teilamortisationsvertrag?
- Wird der „linearisierte Leasingfaktor" offengelegt (wird vom Finanzamt verlangt)?
- Ist der Vertrag kündbar?
- Wie und zu welchen Konditionen kann ich den Vertrag vorzeitig beenden?

Checkliste nach Ablauf der Leasingzeit

- Muss das Objekt gekauft werden (Andienungsrecht)?
- Kann die Mietzeit verlängert werden?
- Wie hoch sind die Raten bei Verlängerung?
- Ist man am Mehr- und Mindererlös, das heißt am höheren Marktwert, beteiligt, wenn das Objekt nach Vertragsablauf an einen Dritten verkauft wird?
- Welche Kosten entstehen nach Ablauf des Leasingvertrages – zum Beispiel Schlusszahlung, Transport- oder Abbaukosten?

6.2.6 Factoring

Es handelt sich bei dieser Finanzierungsform um den laufenden Ankauf von Geldforderungen gegen einen Drittschuldner. In der Regel handelt es sich um Forderungen aus Lieferungen und Leistungen.

Lernsituation

Zur Refinanzierung des Kfz-Leasinggeschäfts verkauft die NordLeasing GmbH im Jahresdurchschnitt 1/6 ihrer gewerblichen Leasingforderungen in Höhe von 30 Mio. EUR an die ABC-Factoring-Bank AG in Hamburg. Der Jahresumsatz (gewerbliche Leasingverträge) der NordLeasing GmbH beträgt 180 Mio. EUR.

Die ABC-Factoring-Bank bietet der NordLeasing GmbH die nachstehenden Konditionen zur Refinanzierung an:

Konditionen für den Forderungsverkauf:

Factoringgebühr	Sollzinsen	Habenzinsen	Auszahlung bei Ankauf	Bardepot
1,5‰ auf den Jahresumsatz	12% p.a. auf die Summe der angekauften Leasingraten	6% p.a. auf das Bardepot	90% des Forderungsbetrages	10% des Forderungsbetrages
Bonitätsprüfungsgebühr einmalig 0,15‰ auf die angekauften Leasingraten				

Aufgaben

a) Ermitteln Sie den Liquiditätsgewinn für die NordLeasing GmbH durch den Forderungsverkauf!

b) Unter welchen Voraussetzungen ist die ABC-Factoring GmbH bereit, die gewerblichen Leasingraten der NordLeasing GmbH anzukaufen?

c) Beschreiben Sie die Funktionen, die die ABC-Factoring GmbH in diesem Fall für die NordLeasing GmbH übernimmt.

d) Welcher Vorteil ergibt sich für die NordLeasing GmbH aus der Refinanzierung und welche Nachteile ergeben sich aus diesem Leasingratenankauf für die ABC-Factoring GmbH?

e) Errechnen Sie die Factoringkosten, die die ABC-Factoring-Bank der NordLeasing GmbH in Rechnung stellt.

INFO

Factoring

Unter Factoring versteht man den Ankauf von kurzfristigen Forderungen aus Lieferungen und Leistungen durch einen Factor. An einem Factoringgeschäft sind drei Seiten beteiligt. Der Factoringkunde (Anwender oder Anschlusskunde) liefert Waren an seinen Abnehmer. Der Abnehmer schuldet ihm aus diesem Geschäft den Kaufpreis der Ware, er ist Debitor. In der Regel gewährt der Lieferant seinem Abnehmer ein Zahlungsziel, d.h. der Abnehmer muss die

Lieferantenforderungen erst nach 30, 60 oder 90 Tagen bezahlen. Benötigt der Lieferant bereits vor Fälligkeit der Forderung sein Geld, so kann er die Forderung an ein Factoringinstitut, den sog. Faktor verkaufen.

Der Factoringvertrag ist ein Kaufvertrag, zu dessen Erfüllung der Factoringkunde die Forderung gegen seinen Debitor an den Factor abtritt (zediert). Dabei tritt ein Gläubigerwechsel ein, der dem Debitor in aller Regel angezeigt wird (offene Zession). Er kann dann mit schuldbefreiender Wirkung nur an die Factoringgesellschaft zahlen.

Funktionen des Factoring:

1. Finanzierungsfunktion

Durch den Verkauf der Forderungen vor deren Fälligkeit erhält der Factoringkunde sofort liquide Mittel. Ihm werden vom Factor 80 % bis 90% der Rechnungssummen abzüglich der Factoringgebühr ausgezahlt. Die restlichen 10 % bis 20% werden auf einem Sperrkonto, dem sog. Bardepotkonto gebucht. Sie dienen dem Factor als Sicherheit für etwaige Reklamationen und Abzüge (Skonti, Rabatte) des Abnehmers. Bei Zahlung des Abnehmers an die Factoringgesellschaft wird auch dieser Rest dem Anwender gutgeschrieben. Buchhalterisch ist Factoring ein Aktivtausch.

2. Delkrederefunktion

Mit dem Ankauf der Forderung übernimmt der Factor das Risiko für die Zahlungsunfähigkeit des Debitors. Man spricht vom Ausfall- oder Delkredererisiko. Der Delkrederefall gilt nach einer vertraglich vereinbarten Frist - i.d.R. 90 bis 120 Tage nach Fälligkeit der Forderung - als eingetreten. Der Factoringkunde muss die Zahlungsunfähigkeit des Debitors nicht nachweisen. Er haftet lediglich für den rechtlichen Bestand der Forderung. Die Eintreibung der Forderung ist nun das Problem des Factors. Um das Risiko überschaubar zu halten, prüft der Factor vor Abschluss des Factoringvertrages die Bonität der Debitoren des Factoringkunden und legt ein Kreditlimit für jeden einzelnen Debitor fest. Forderungen, die das festgesetzte Limit übersteigen, übernimmt der Factor zum Inkasso. Für diesen Teil der Forderungen bleibt das Ausfallrisiko beim Factoringkunden.

Die Leasinggesellschaft ist vor Zahlungsausfällen, die auf der Zahlungsunfähigkeit ihrer Abnehmer beruhen, gesichert. Zwar behalten die Factoringgesellschaften auch bei Übernahme des Delkredererisikos vorläufig ca. 10 bis 20% des Gegenwertes einer Forderung als Sicherheit ein. Dieser Sicherungseinbehalt dient jedoch nur der Verrechnung von evtl. nachträglich eingeräumten Rabatten, Skontoabzügen und ähnlichen Abzügen, die der zahlungspflichtige Kunde an der angekauften Forderung vornimmt. Sofern der Factor das Delkredererisiko übernommen hat, wird der (restliche) Sicherungseinbehalt auch im Fall der Nichtzahlung durch den Kunden an den Forderungsverkäufer ausgezahlt. Zur Übernahme des Delkredererisikos unterzieht der Factor die Abnehmer der Leasinggesellschaften einer intensiven Kreditwürdigkeitsprüfung, die im Ergebnis zur Festlegung eines Limits pro Abnehmer führt. Bis zu diesem Limit ist die Factoringgesellschaft bereit, das Delkredererisiko zu übernehmen.

3. Dienstleistungsfunktion

Der Factor übernimmt die Debitorenbuchhaltung für die angekauften Forderungen. Er überwacht Zahlungseingänge und übernimmt das Mahnwesen. Er kümmert sich auch um die Eintreibung notleidender Forderungen.

Finanzinstitute

Factoringesellschaften sind Finanzinstitute nach § 1 Abs. 3 KWG. Eine Factoring-Bank unterliegt auch dem § 18 KWG, nachdem sich die Bank bei Engagements über 750.000 EUR die wirtschaftlichen Verhältnisse des Kreditnehmers durch Vorlage der Jahresabschlüsse offen legen lassen muss.

Vorteile des Factoring

- Factoring verbessert die Liquidität des Factoringkunden, da er bereits vor Fälligkeit seiner Forderungen über 80% bis 90% der Rechnungsbeträge verfügen kann. Dadurch ist er in der Lage, seine Vorlieferanten schneller zu bezahlen und Skonti auszunutzen. Als prompter Zahler erhält er bei seinen Lieferanten ein besseres Standing.
- Bilanztechnisch bedeutet Factoring, dass die Bilanzsumme gekürzt wird, was zur Folge hat, dass der Eigenkapitalanteil erhöht wird. Da fast alle Kreditwürdigkeitsprüfungen der Banken auch eine Bilanzanalyse umfassen, steht ein Unternehmen bei seiner Hausbank in besserem Licht dar.
- Ein weiterer positiver Effekt kann sich aus einer Gewerbesteuerersparnis ergeben. Die Höhe der Gewerbesteuer bemisst sich nach dem Gewerbeertrag. Fremdkapital mit einer Laufzeit von mehr als einem Jahr (sog. Dauerschuld) ist Bestandteil des Gewerbekapitals: Die Zinsen werden dem Gewerbeertrag zugeschlagen. Dank der durch Factoring verbesserten Liquidität lässt sich eine solche Dauerschuld u.U. zurückführen. Durch eine Tilgung der Schuld verringern sich der Gewerbeertrag, sodass die Bemessungsgrundlage reduziert wird.
- Die Übernahme des Delkredererisikos durch den Factor erspart dem Factoringkunden Überraschungen mit Debitorenverlusten. Ein Abladen von schlechten Kunden auf den Factor dürfte jedoch nicht möglich sein, da dieser sich über die Bonität der Debitoren vergewissert und für zweifelhafte Abnehmer in der Regel kein Debitorenlimit gewähren wird.
- Die Zahlungen vom Factor können mit großer Sicherheit geplant werden, was bei zögerlicher Zahlung der Debitoren nicht immer möglich ist.
- Durch die Dienstleistungsfunktion wird die Buchhaltung des Factoringkunden spürbar entlastet. Er spart sowohl Personal- als auch Sachkosten, etwa Mahnporto, EDV-Kapazitäten und Anwaltskosten. Die Übertragung des Inkassowesens auf den Factor führt zu einer Versachlichung des Mahnwesens. Da der Factor Informationen über eine Vielzahl von Debitoren sammelt, kann er seine Kunden vor Geschäften mit dubiosen Abnehmern warnen.

Nachteile und Probleme des Factoring

Probleme mit Factoring können sich in rechtlicher Hinsicht und in Bezug auf die geschäftliche Reputation des Factoringkunden ergeben. Das deutsche Recht kennt den verlängerten Eigentumsvorbehalt und das Abtretungsverbot, die Factoring nicht begünstigen. Beim einfachen Eigentumsvorbehalt (§ 455 BGB) vereinbaren Käufer und Lieferant, dass das Eigentum an der gelieferten Ware erst mit deren vollständiger Bezahlung auf den Käufer übergeht. Häufig gehen die Lieferanten noch weiter und lassen sich die Forderungen aus dem Weiterverkauf der von ihnen gelieferten Produkte zur Besicherung ihrer Kaufpreisforderung abtreten. Dieser verlängerte Eigentumsvorbehalt ist häufig in den AGB des Lieferanten enthalten. Forderungen, die mit einer Abtretung aus verlängertem Eigentumsvorbehalt kollidieren, kommen für unechtes Factoring (keine Übernahme des Ausfallrisikos durch den Factor) nicht in Frage.

Eine zweite Hürde für das Factoring stellt das Abtretungsverbot dar. In § 399 BGB heißt es: "Eine Forderung kann nicht abtreten werden, wenn ... die Abtretung durch Vereinbarung mit dem Schuldner ausgeschlossen ist." Viele Schuldner haben dieses Abtretungsverbot in ihre AGB aufgenommen, vor allem wirtschaftlich starke Unternehmen der Automobilbranche, der chemischen Industrie sowie die meisten Kaufhäuser. Forderungen gegen diese Unternehmen sind vom Factoring ausgeschlossen. Durch das Abtretungsverbot möchte sich der Schuldner davor schützen, die gleiche Schuld zweimal begleichen zu müssen, da er versehentlich doch noch an den alten Gläubiger gezahlt hat.

Daneben hat Factoring auch mit einem Imageproblem zu kämpfen. Schuldner, denen die Abtretung der Forderungen gegen sie angezeigt wird, gehen häufig davon aus, dass der Lieferant kurz vor dem Konkurs steht. Dies ist dadurch zu erklären, dass Banken Zessionen i.d.R. erst dann offenlegen, wenn die kreditnehmende Firma kein langes Leben mehr vor sich hat. Beim Factoring ist dagegen die Offenlegung der Zession die Regel, da der Factor im Rahmen der Dienstleistungsfunktion die Forderung direkt beim Schuldner einzieht. Die Anzeige an den Schuldner hat nichts damit zu tun, dass dem Factoringkunden finanziell die Puste ausgeht.

Kosten des Factoring

Kosten entstehen dem Factoringkunden durch die Factoringgebühr als Entgelt für die Risikoübernahme und die Dienstleistungen sowie durch Zinsen für die Bevorschussung der Forderungen. Die Factoringgebühr lässt sich aufspalten in einen Dienstleistungs- und einen Delkredereanteil. Der Delkredereanteil ist das Entgelt für das übernommene Risiko des Forderungsausfalls. Dienstleistungs- und Delkredereanteil zusammen bewegen sich zwischen 0,5 und 2,5 Promille der angekauften Rechnungsbeträge.

Für die Finanzierung der Forderungen stellt der Factor zusätzlich zur Factoringgebühr Zinsen für den Zeitraum vom Ankauf der Forderung bis zum Eingang der Zahlung des Debitors in Rechnung. Zahlt der Debitor nicht, so berechnet der Factor Zinsen bis zum vereinbarten Zeitpunkt, zu dem die Forderung als ausgefallen gilt, üblicherweise 90 bis 120 Tage nach Fälligkeit der Forderung. Die Höhe der Zinsen entspricht banküblichen Sätzen für Kontokorrentkredite. In der Regel wird der Zins auf den gesamten Forderungsbetrag berechnet, obwohl nur 80 bis 90% der Forderung finanziert werden. Das vom Factor bis zum Zahlungseingang zurückgehaltene Bardepot verzinst sich dann mit einem niedrigeren Guthabenzins.

Gewerbesteuerliche Behandlung der Refinanzierung durch Factoring

Für die Leasinggesellschaft verbindet sich mit dem regresslosen Forderungsverkauf ein Gewerbesteuervorteil: Der Forderungsverkauf führt zu keiner Gewerbesteuer-Mehrbelastung, da der Verkaufserlös gewerbesteuerlich nicht als Dauerschuld, sondern als eine Vorauszahlung auf die noch zu erbringende Nutzungsüberlassung gilt. In der Bilanz der Leasinggesellschaft wird in Höhe des Verkaufserlöses ein passiver RAP eingestellt, der linear über die Vertragslaufzeit ergebniswirksam aufgelöst wird.

CPSIA information can be obtained
at www.ICGtesting.com
Printed in the USA
LVHW101657050721
691900LV00005B/386

9 783658 344115